lonely planet

Hongkong

„Hat man sich erst einmal zum Reisen entschlossen, ist das Wichtigste auch schon geschafft.

Also, los geht's!"

TONY WHEELER, GRÜNDER VON LONELY PLANET

Piera Chen
Chung Wah Chow

Inhalt

Reiseplanung 4

Hongkong erkunden 62

Hongkong verstehen 293

Praktische Informationen 329

Cityatlas 384

RICHARD I'ANSON/GETTY IMAGES ©

BRUCE YUANYUE BI/GETTY IMAGES ©

Links: Tian Tan Buddha (S. 205)

Oben: Grand Lisboa Casino (entworfen von Dennis Lau und Ng Chun Man; S. 263)

Rechts: Peak Tram (S. 82)

KIMBERLEY COOLE/GETTY IMAGES ©

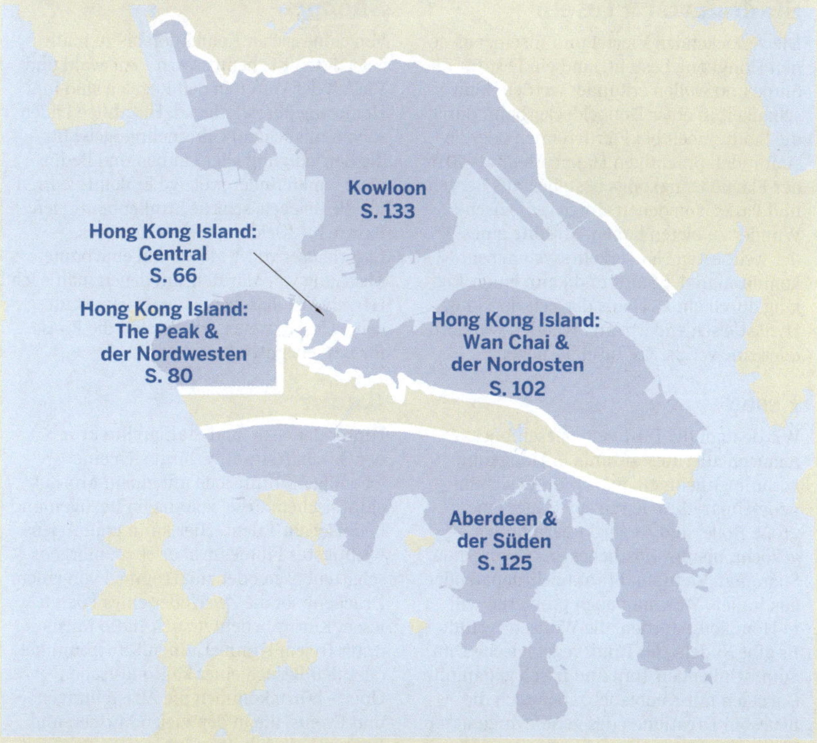

Willkommen in Hongkong

Die rätselhafte Stadt der hohen Türme, der uralten Riten und der Action-Filme ist sicher, freundlich und wunderbar wohlorganisiert.

Stadtviertel & Inseln

Die verlockenden Viertel und Inseln, aus denen Hongkong besteht, sind ein Fest für die Sinne und wollen erkundet werden. Man schaukelt in einer Doppeldeckerbahn durch die Stadt, jubelt bei Pferderennen oder bestaunt den prächtigen Hafen. Mehr als 70% der Fläche Hongkongs bestehen aus Bergen und Parks, von denen einige geologische Wunder zu bieten haben. Mithilfe eines der weltbesten Nahverkehrssysteme entkommt man der Stadt und kann einen Tag lang durch ein Dorf aus der Zeit der Song-Dynastie schlendern, an Stränden wandern oder eine verlassene Insel besuchen.

Essen

Würde man die Düfte und Geschmacksnuancen aller Restaurants in Hongkong zusammennehmen, man wähnte sich im Aromenparadies. Essen spielt hier eine große Rolle, und so wird unermüdlich gekocht, ob nun Köstliches aus Guangzhou, Shanghai, Vietnam, Frankreich, Japan oder aus Italien. Was man auch probieren will – in Hongkong werden alle Wünsche erfüllt. Es gibt Nudeln mit Rind, vegetarische Dim Sum, stinkenden Tofu und frisch gedämpfte Garnelen mit Knoblauch, aber auch die neuesten Kreationen des gerade angesagten Meisterkochs.

Shoppen

Von chinesischer Konfektion bis zu maßgefertigten Küchenmessern – Auswahl und Vielfalt der Waren in den Regalen sind in Hongkong überwältigend. Unzählige Läden sorgen mit echtem Unternehmergeist für die Befriedigung aller Launen und Bedürfnisse – man findet protzige Einkaufszentren für die Reichen, schicke Straßenboutiquen, Basare für Kleidung und Accessoires, Lagerhäuser voller Möbel und eine bunte Mischung von Märkten, auf denen man nach Herzenslust feilschen kann. Da die Stadt keine Umsatzsteuer erhebt, sind die Preise für Besucher attraktiv.

Kultur

Hinter der Glas- und Stahlarchitektur der Geschäftsstadt verbirgt sich eine lebendige Kulturszene mit einem Mix aus chinesischem Erbe, kolonialen Bezügen und heimischem Talent. Hier kann man Asiens wichtigstes Filmfestival erleben, morgens schattenboxen oder zur Trommel von einem Drachenboot die Zweizeiler eines Poeten lesen. Kultur bedeutet auch Indie-Musik unter freiem Himmel, einen Kunstbummel oder den Besuch einer kantonesischen Oper – hinzu kommen die Ausstellungen und Events, die in den vielen Museen und Konzerthallen stattfinden.

KIMBERLEY COOLE/GETTY IMAGES ©

Warum ich Hongkong so liebe

von Piera Chen, Autorin

Ich liebe Hongkong, weil die Vielgestaltigkeit der Stadt sich jeder Festlegung – selbst durch Einheimische – entzieht. Nahe der Grenze zu China kann ich auf Sinnsuche gehen, in einem Sikh-Tempel speisen, mir feine Küchenmesser zulegen und mich mit Modefans über ein Kleid unterhalten. Und das alles in nur fünf Stunden! Abends kann ich eine kantonesische Oper besuchen, Tango tanzen oder eine Karaoke-Bar aufsuchen. Hongkong steckt so voller Leben, dass ich froh bin, dass die Gesetze (und das Verkehrsnetz) ein Abgleiten ins Chaos verhindern. Aber selbst das Chaos wäre hier noch eine Lust. Hongkong ist einfach perfekt.

Mehr Infos über unsere Autoren gibt's auf S. 371.

Oben: Skyline von Hong Kong Island, Blick vom Victoria Peak (S. 87)

Hongkongs & Macaos Top 16

KIMBERLEY COOLE/GETTY IMAGES ©

Star Ferry von Kowloon nach Hong Kong Island *(S. 69)*

1 Die legendäre Star Ferry (Betriebsbeginn 1880) ist ein schwimmendes Stück Hongkonger Geschichte und eine spottbillige Attraktion: Für nur 2,50 HK$ bringt sie Familien, Studenten, Büroangestellte, Schiffsfans und Besucher quer über den ruhigen Victoria Harbour. So zählt der 15-minütige Törn mit Blick auf Wolkenkratzer an Dschungelhängen sicher zu den preiswertesten Bootstrips der Welt. In Richtung Island wirkt die Aussicht spektakulärer; der Kowloon Pier im Art-déco-Stil, der wie ein Finger zur Insel zeigt, ist aber wohl charmanter.

⊙ *Hong Kong Island: Central*

The Peak *(S. 93)*

2 Der Victoria Peak über dem Finanzzentrum von Hong Kong Island erlaubt einen Bombenblick auf die Stadt und die umgebenden Berge. Während die haarsträubende Peak Tram (Betriebsstart 1888) zum kühleren Gipfel hinauf fährt, zeigt sich unten ein belebtes Gewirr aus geldstrotzenden Wolkenkratzern und beengten Apartments. Und wenn die faszinierende Metropole abends ihre Lichter anwirft, glitzert der Victoria Harbour wie die Milchstraße auf einem Science-Fiction-Filmposter. Traumhaft!

AUSSICHTSPLATTFORM, VICTORIA PEAK

⊙ *Hong Kong Island: The Peak & der Nordwesten*

JOHN SONES SINGING BOWL MEDIA/GETTY IMAGES ©

3

5

Märkte *(S. 147)*

3 Mong Koks bunte Spezialitätenmärkte sind das beste Pflaster für lohnendes Shoppen. Die „Endlosgarderobe" des Tung Choi Street Market/Ladies' Market (S. 147) offeriert Klamotten von „I Love HK"-T-Shirts, Fußballtrikots und Oma-Badeanzügen bis hin zu sexy Dessous. Auf dem Blumenmarkt findet man exotisches Saatgut und Gartengeräte neben Eimern mit duftenden Blumen. Die Stände des Goldfischmarkts präsentieren diese exotischen Tiere im UV-Licht sanft summender Aquarien. Hinzu kommen senkrechte Einkaufsparadiese wie ein mehrstöckiges Computerkaufhaus oder ein Paradies für Handy- und Gadgetfans.

JADEMARKT (S. 159)

Kowloon

Man-Mo-Tempel *(S. 83)*

4 Man lasse Sohos Kneipen hinter sich und erlebe chinesischen Volksglauben in dieser Institution aus dem 19. Jh., die den Göttern der Literatur und des Krieges (Man und Mo) geweiht ist. Der beliebte, schummerige Tempel – dauerhaft vom dicken Sandelholzrauch glimmender Räucherstäbchen vernebelt – war früher ein kulturelles und politisches Zentrum hiesiger Chinesen. Heute lockt er aber weitaus mehr Besucher an als nur brave Studenten und Straßenkämpfer aller Art: Die Hongkonger praktizieren hier uralte Rituale und lassen sich ihre Zukunft voraussagen.

RÄUCHERSPIRALEN IM MAN-MO-TEMPEL

Hong Kong Island: The Peak & der Nordwesten

Restaurants in Wan Chai *(S. 112)*

5 Wer mit geschlossenen Augen ein beliebiges Lokal betreten und sich dabei quasi automatisch die Lippen lecken möchte, hat dazu in Wan Chai die allerbesten Chancen: Hier warten viele tolle Restaurants für jeden Geldbeutel. Ob chinesische Regionalküche, Asiatisches, östlich-westliche Fusionkost, elegant, mitteltener, am Verkaufsfenster … einfach überlegen, entscheiden und dann nichts wie hinunter zur Wanch – dort gibt's garantiert das Gewünschte.

GÄSTE BEIM DIM-SUM

Hong Kong Island: Wan Chai & der Nordosten

Temple Street Night Market *(S. 137)*

6 Unter nackten Glühbirnen verkaufen Hunderte Stände hier Kitsch, Klamotten, Koffer und sogar Sexspielzeug. Beim Stöbern nach praktischen Gadgets oder schrägen Souvenirs kann man seine Feilschfähigkeit testen. In schummrigen Zelten wird die Zukunft auf Englisch vorausgesagt; kantonesische Opernsänger posieren unter freiem Himmel. Viele Freiluftstände verkaufen Snacks oder ganze Seafood-Mahlzeiten. Sicherlich touristisch – doch wegen der hypnotisierenden, undurchdringlichen Aura fühlen sich selbst Einheimische wie willkommene Besucher.

Kowloon

Hong Kong Wetland Park *(S. 170)*

7 Das sumpfige, artenreiche Naturschutzgebiet (61 ha) im belebten Tin Shui Wai liegt unter einem mächtigen Bogen von Apartment-Türmen. Ein höchst surrealer Gegensatz von Stadt und Natur aber dennoch sehr harmonisch. In den kostbaren Ökosystemen in diesem einsamen, aber leicht erreichbaren Teil der New Territories liegen ruhige Habitate für Wasservögel und andere Tiere. Darum die von Menschen gemachte Welt vorübergehend vergessen und in die Mangrovenlandschaft mit Flüssen und Fischteichen eintauchen. WANDERWEG, HONG KONG WETLAND PARK

New Territories

6

Shoppen *(S. 156)*

8 Ein Nachmittag in Tsim Sha Tsuis Shoppingbezirken sollte manches Juwel zutage fördern. Geschenke im chinesischen Stil (z. B. Seidenumhänge, Teekannen, Billigschmuck) gibt's nahe dem Südende des Viertels. Glamourfans absolvieren zusammen mit Superreichen vom Festland einen 1 km langen Kreditkarten-Durchziehmarathon in den Designerläden und Luxus-Einkaufszentren entlang der Canton Rd. Lust auf Einzigartiges? Dann rüber zur Granville Rd für XXL-Blazer in Orange oder asymmetrische Ohrringe plus schenkelhohe Stiefel in einer nahe gelegenen Mini-Mall. EINKAUFSZENTRUM, KOWLOON TONG

Kowloon

Pferderennen im Happy Valley

(S. 109)

9 Jeden Mittwochabend erwecken acht fesselnde Starts samt begleitendem Bier- und Fressrummel die städtische Pferderennbahn im Happy Valley zum Leben. Dabei kann man sein Wettglück versuchen oder auch nur die heitere Geselligkeit und das Donnern der eisenbeschlagenen Hufe genießen. Die ersten Rennen wurden im 19. Jh. von europäischen Kaufleuten veranstaltet. Sie importierten stämmige Hengste aus der Mongolei und ritten sie selbst. Heute ist wöchentlich Galoppzeit – außer im schwülen Juli und August, wenn sich Jockeys und Rösser in klimatisiertem Komfort zurückziehen.

Hong Kong Island: Wan Chai & der Nordosten

Tian Tan Buddha

(S. 205)

10 Der weltgrößte sitzende Freiluftbuddha aus Bronze thront über Lantaus westlichen Hügeln und lockt einheimische Tagesausflügler sowie ausländische Besucher in Scharen an. Zu Buddhas Geburtstag im Mai ist diese bedeutende Pilgerstätte besonders belebt. Hinauf zu der erhabenen Riesenstatue fährt die malerische Seilbahn Ngong Ping 360. Das populäre vegetarische Restaurant des darunter gelegenen Po-Lin-Klosters serviert Mönchskost.

Outlying Islands

Straßenbahntrips

(S. 336)

11 Seit 1904 pendeln Straßenbahnen (lokaler Spitzname „Ding Dings") gemächlich zwischen dem Osten und dem Westen der Insel. 100 Jahre später pflügt die weltgrößte Flotte noch betriebener Doppeldecker-Straßenbahnen weiterhin klimafreundlich durch Hongkongs Höllenverkehr. „Ding-Ding"-Passagiere können entspannt beobachten, wie sich die Stadt nach Art eines Bilderkarussells offenbart – und dabei ihre Pläne für den nächsten Tag aushecken. Auch Spaß ist am Start: „High Fives" zwischen Insassen entgegenkommender Bahnen sollen nichts Ungewöhnliches sein.

DOPPELDECKER-STRASSENBAHN AUF DER QUEENS ROAD CENTRAL

Verkehrsmittel & -wege

9

10

11

百年名牌
百年名牌非過譽
香港優質自必然
保心安油
PO SUM ON MEDICINE OIL
保心安膏
PO SUM ON HEALING BALM
保心安膏

Tsim Sha Tsui East Promenade *(S. 136)*

12 Glitzernde Wolkenkratzer zwischen smaragdfarbenen Hügeln und einem tiefblauen Hafen mit kreuzenden Booten: Hongkongs berühmtestes Panorama ist das der Insel. Doch wie bei einem Hologramm schimmert diese Schönheit nur von der Tsim Sha Tsui East Promenade (Kowloon) aus ins Blickfeld – vor allem nach dem Sonnenuntergang. Zudem geht die Traumaussicht mit Kultur einher (u.a. einer Weltklasse-Konzerthalle, windumtosten Museen); an beides gleichzeitig kommt man wohl kaum näher heran, ohne beim Bummeln ins Wasser zu fallen.

Kowloon

12

13

Lamma erkunden *(S. 206)*

13 Reggae wäre hier richtig: Die entspannte Atmosphäre der Insel lockt Kräutergärtner, Musiker und New-Age-Therapeuten aller Art an. Die Dorfläden führen Prosecco, die örtlichen Mischlingshunde gehorchen auf Französisch. Also den Dorfvibe aufsaugen und dann zum nächsten Strand wandern! Bizarre Orientierungshilfen sind dabei drei Kohlekraftwerke, die vor der Skyline aber ziemlich abgefahren wirken. Nach einem relaxten Strandnachmittag geht's kurz vor der Dämmerung zurück, um gedünstete Garnelen, frittierten Tintenfisch und Bier am Pier zu genießen. BOOTE UND SEAFOOD-RESTAURANTS, SOK KWU WAN (S. 207)

Outlying Islands

Wandern auf dem Hong Kong Trail *(S. 60)*

14 Direkt am Stadtrand führt der Hong Kong Trail durch fünf Country Parks in smaragdfarbene Hügel und einsame Wälder. Unterwegs hat man einen tollen Blick auf den schroffen Süden und (nach dem Meistern des großartigen Dragon's Back) auch auf die Küstenbrandung. Vorbei an schönen Stauseen, kobaltblauen Buchten und Schlachtfeldern des Zweiten Weltkriegs verläuft die reizvolle Route (50 km) ab dem Peak über die ganze Länge der Hong Kong Island. Sightseeing oder Wandern pur?

HONG KONG TRAIL, SHEK O COUNTRY PARK

Sport & Aktivitäten

Ummauerte Dörfer *(S. 164)*

15 Die befestigten Dörfer von Yuen Long versetzen den Traveller über 500 Jahre zurück – in die wilde und stürmische Zeit der Piraterie entlang der südchinesischen Küste. Weit weg von Chinas Regierungszentrum war Hongkong mit seinen Bergen und tückischen Küsten ein ideales Piratenversteck. So umgaben die ersten Bewohner ihre Dörfer mit hohen Schutzmauern und versahen diese z. T. noch mit Kanonen. Innerhalb der Mauern sieht man heute (Ahnen-)Tempel, Innenhöfe, Pagoden, Brunnen und landwirtschaftliche Geräte – Überbleibsel aus Hongkongs vorkolonialer Zeit. AHNENTEMPEL, PING SHAN HERITAGE TRAIL (S. 164)

New Territories

15

16

Ruine der Pauluskirche, Macao *(S. 245)*

16 Als Macaos Eiffelturm und Freiheitsstatue steht ein tolles Tor rund 26 m über dem Meeresspiegel auf einem Hügel mitten in der Stadt. Eine geländerbewehrte Treppenflucht mit Podesten führt hinauf und dann ins Nichts. Die Granitfassade ist der Überrest einer abgebrannten Jesuitenkirche aus dem 17. Jh. Ihre schmucken Steinmetzarbeiten zeigen christliche, chinesische und japanische Elemente – ein faszinierendes Geschichtsfragment, das von Macaos einzigartiger, mediterran-asiatischer Kultur zeugt.

Macau

Was gibt's Neues?

Die neuen Trendviertel

Steigende Mieten haben Künstler und andere Freigeister an den West- bzw. Ostrand von Hong Kong Island getrieben. Sheung Wan und der Western District erlangen immer mehr den Ruf eines Bohème-Viertels: Hier eröffnen Restaurants, Cafés und Kunstgalerien (s. S. 93). Auf Island East wurden die Lagerhallen von Chai Wan in Ateliers und Galerien verwandelt, die auch beim Tag der Offenen Tür und den Ausstellungen im Rahmen der „Art East Island" eine prominente Rolle spielen (s. S. 110).

Rustikales europäisches Essen

In Central und in den Vierteln weiter westlich eröffneten viele stilvolle Mittelklasse-Restaurants. Sie servieren abenteuerlustigen, anspruchsvollen Gästen rustikale französische oder italienische Küche – auch Knochenmark und Kalbsbries (S. 73).

Asia Society Hong Kong Centre

Hongkongs ältestes noch erhaltenes Sprengstofflager wurde in dieses erstaunliche Zentrum verwandelt, in dem sich eine tolle Galerie, ein Restaurant, ein Theater und ein Buchladen befinden (S. 105).

Yau Ma Tei Theatre

Das historische Theater war früher ein Pumpwerk und wurde 2012 nach umfassender Renovierung wiedereröffnet. Heute dient es der kantonesischen Oper als Aufführungs- und Probenort. Lohnt sich auch, wenn's keine Aufführungen gibt (S. 145).

Denkmalgeschützte Hotels

Eine alte Polizeistation im Fischerdörfchen Tai O ist heute ein hübsches Boutiquehotel (S. 220), während das 96-jährige, elegante Gebäude Helena May in ein Hostel umgewandelt wurde (S. 281).

Livemusik

Hongkongs Livemusikszene ist so lebendig wie nie zuvor: Jedes Jahr findet das Indie-Musikfestival Clockenflap (www.clockenflap.com) statt, und es gibt immer mehr Läden wie das Hidden Agenda (S. 157).

Tanz

Tango, Salsa und Swing sind in Hongkong ganz groß, mindestens einmal pro Woche finden Events statt, an denen jeder teilnehmen kann (S. 45).

Foo Tak Building

Dieses Mietshaus in Wan Chai mit einem unabhängigen Buchladen bzw. Verlagen sowie mehreren Künstlerateliers wurde in den letzten Jahren immer angesagter (S. 121).

Ritz-Carlton

Das höchste Hotel der Welt (zur Zeit der Recherche) wurde 2011 eröffnet und erhebt sich 500 m in die Höhe. Wer es sich leisten kann, findet hier allen Luxus (S. 288).

Mandarin-Haus

Dieser elegante Ahnensitz eines berühmten Autors und Kaufmanns in Macao stammt aus dem 19. Jh. und wurde vor zwei Jahren nach einer Renovierung wieder eröffnet. In keinem anderen Labyrinth kann man sich stilvoller verirren (S. 251).

Weitere Empfehlungen und Kritiken gibt's auf **lonelyplanet.com/hong-kong**

Gut zu wissen

Währung
Hongkong-Dollar (HK$) in Hongkong und Pataca (MOP) in Macao.

Sprache
In Hongkong und Macao wird Kantonesisch gesprochen, aber auch Englisch ist weit verbreitet.

Visa
Für Besucher aus der EU und der Schweiz bei Aufenthalten von bis zu 30 Tagen nicht erforderlich.

Geld
Es gibt überall Geldautomaten. In den meisten Hotels und Restaurants werden Kreditkarten akzeptiert, aber ein paar Billigläden nehmen nur Bargeld.

Handy
Am besten schaltet man sein Telefon auf Roaming oder kauft sich eine örtliche SIM-Karte.

Zeit
Hong Kong Time (MEZ + 7 Std.)

Touristeninformation
Hong Kong Tourism Board (Karte S. 402; Star Ferry Concourse, Tsim Sha Tsui; ⏲8–20 Uhr) und Macau Government Tourist Office (Karte S. 252; Largo do Senado; ⏲9–18 Uhr).

Tagesbudget

Mit folgenden durchschnittlichen Kosten pro Tag muss man in Hongkong rechnen; Macao ist etwa 20–30 % billiger.

Budget unter 600 HK$

- Pension 130–350 HK$
- *Cha chaan tangs* (Tee-Cafés) und *dai pai dongs* (Essensstände) zur Verpflegung 60–100 HK$
- Museen mittwochs kostenlos; Nachtmärkte (freier Eintritt); Pferderennen (10 HK$)
- Bus, Tram, Star Ferry als Verkehrsmittel

Mittelklasse 600–1600 HK$

- Doppelzimmer (Hostel oder Budgethotel) 520–880 HK$
- Chinesisches Abendessen mit drei Gängen 300 HK$
- Getränke und Livemusik 400 HK$

Teuer über 1600 HK$

- Doppelzimmer im Boutique- oder Vier-Sterne-Hotel 2000 HK$
- Abendessen in chinesischen Luxusrestaurants ab 800 HK$
- Karte für die kantonesische Oper 400 HK$

Vor der Reise

Zwei Monate Sich über die Termine der chinesischen Feste informieren; Unterkünfte und Tickets für größere Aufführungen und Konzerte buchen; Tisch in Spitzenrestaurants reservieren.

Einen Monat Den Veranstaltungskalender konsultieren und Tickets für kleinere Festivals und Liveunterhaltung buchen; Restaurants fürs Abendessen recherchieren und in den beliebteren einen Tisch reservieren.

Zwei Wochen Hafenrundfahrten und andere Touren buchen; in E-Mail-Verteiler von diversen Veranstaltern und Anbietern eintragen, die an bevorstehende Events erinnern.

Eine Woche Schauen, was das Wetter macht.

Websites

- **Lonely Planet** (www.lonelyplanet.com/hong-kong, lonelyplanet.com/china/macau)
- **Discover Hong Kong** (www.discoverhongkong.com)
- **Urbtix** (www.urbtix.hk)
- **Time Out Hong Kong** (www.timeout.com.hk)
- **Hong Kong Observatory** (www.hko.gov.hk)
- **WOM Guide** (www.womguide.com)

REISEZEIT

Von Oktober bis Dezember ist bei gemäßigten Temperaturen die beste Reisezeit. Von Juni bis August ist es heiß und regnerisch. Im September können Taifune wüten.

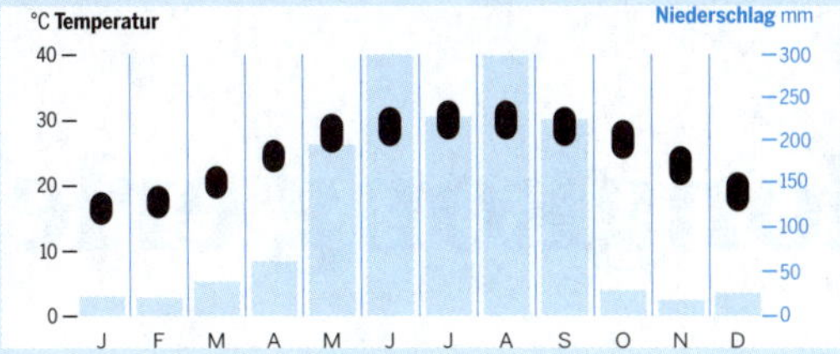

Ankunft in Hongkong

Hong Kong International Airport MTR-Airport-Express ins Zentrum fährt von 5.50–1.15 Uhr, 90–100 HK$; Busse in verschiedene Teile Hongkongs verkehren von 6–24 Uhr, 20–48 HK$; Taxis ins Zentrum 230–300 HK$.

Lo Wu und Lok Ma Chau MTR-Züge ins Zentrum von 6–24 Uhr, 30–45 HK$.

Fährterminal Macao MTR-Züge ins Zentrum von 6–24 Uhr, 4–11 HK$; Taxis 20–60 HK$.

Fährterminal China MTR-Züge ins Zentrum von 6–24 Uhr, 4–11 HK$; Taxis 20–70 HK$.

Mehr Infos zum Thema **Anreise** s. S. 330

Unterwegs vor Ort

Die Prepaid-Octopus Card gilt in fast allen öffentlichen Verkehrsmitteln in Hongkong. Ein- oder Dreitagestickets erlauben unbegrenzte Fahrten mit der MTR (an allen MTR-Stationen erhältlich).

- **MTR** Hongkongs U-Bahn- und Zugsystem deckt den Großteil der Stadt ab. Die meisten Linien fahren von 6–24 Uhr.
- **Bus** Weitreichendes Netz, ideal für kurze Fahrten. Die meisten Buslinien sind von 6–24 Uhr unterwegs.
- **Tram** Im nördlichen Teil von Hong Kong Island. Langsam, tolle Aussicht, von 6–24 Uhr.
- **Fähre** Die Star Ferry verbindet Hong Kong Island mit Kowloon. Verkehrt von 7.30–22.20 Uhr. Moderne Fährflotten pendeln zwischen Central und den äußeren Inseln.

Mehr zum Thema **Unterwegs vor Ort** gibt's auf S. 333.

Schlafen

Hongkong bietet die komplette Unterkunftspalette, von Zimmern in Wandschrankgröße bis hin zu palastartigen Suiten. Die Zimmer sind für asiatische Verhältnisse recht teuer, aber im Allgemeinen immer noch günstiger als in den USA oder Europa.

Die meisten Hotels befinden sich auf Hong Kong Island zwischen Central und Causeway Bay sowie auf beiden Seiten der Nathan Rd in Kowloon, wo es auch mehr Budgetoptionen gibt. Während der Nebensaison fallen die Preise dramatisch, besonders im Mittel- und Spitzenklassebereich. Bei Online-Buchungen zahlt man dann bis zu 60% weniger.

Nützliche Websites

- **Discover Hong Kong** (www.discoverhongkong.com) Bietet eine Hotelsuche nach Lage und Kategorie.
- **Asia Travel** (www.hongkonghotels.com) Hier gibt's bessere Deals als bei vielen anderen.
- **Hotel.com** (www.hotels.com/Hong-Kong) Auf billige Unterkünfte spezialisiert.

Näheres zum Thema **Schlafen**, s. S. 275

RAUCHEN

Alle Innenräume der Restaurants sind inzwischen eigentlich rauchfrei. Raucher suchen sich daher gern Restaurants, wo der Außenbereich nicht überdacht ist und für die das Rauchverbot nicht gilt. In Vierteln wie Soho sind die Restaurants meist nach vorn offen. Dort verschwinden die Gäste einfach nach draußen, um ihrer Sucht zu frönen.

Hongkong erleben

Tag Eins

The Peak & der Nordwesten (S. 80)

Am besten nimmt man die legendäre Standseilbahn Peak Tram hinauf zum **Victoria Peak**, um den unglaublichen Ausblick auf die Stadt zu genießen. Auf dem Weg hinunter nach **Sheung Wan** kommt man automatisch an den vielen Shoppingmöglichkeiten vorbei. Nach einem Zwischenstopp am **Man Mo Temple**, wo man ein bisschen Geschichte tankt, taucht man ein in die boomende Gemeinschaft auf der **Tai Ping Shan Street**.

Mittagessen Die Hollywood Rd (S. 88) quillt vor Restaurants über.

Kowloon (S. 133)

Mit der **Star Ferry** nach Kowloon. Dort genießt man die Aussicht bei einem Bummel auf der **Tsim Sha Tsui East Promenade** bis zum **Museum of History**, wo man die Eindrücke des Tages geschichtlich untermauern kann.

Abendessen Yè Shanghai (S. 151) schmackhafte Gerichte aus Shanghai.

The Peak & der Nordwesten (S. 80)

Nach dem Abendessen in Viertel **Tsim Sha Tsui** fährt man zum Ausgehen und Tanzen mit der Metro nach **Soho**.

Tag Zwei

Wan Chai & der Nordosten (S. 102)

Die (künstliche) Natur des wunderschönen **Hong Kong Parks** bestaunen, dann rüber zur Queen's Rd East, um die Sehenswürdigkeiten und Straßen des **alten Wan Chai** zu entdecken. Mit der Straßenbahn zum Causeway Bay zum Geschenke-Shoppen im **G.O.D.**

Mittagessen Irori (S. 115) ist ein sagenhafter Japaner.

Kowloon (S. 133)

Souvenirs findet man im **Chinese Arts & Crafts**. Danach kann man auf dem **Middle Road Children's Playground** entspannen und Leute beobachten, bevor man stilvoll seinen Nachmittagstee im **Peninsula** zu sich nimmt. Mit dem Bus gehts dann Richtung Norden nach **Yau Ma Tei**, wo man den **Tin-Hau-Tempel**, den **Jade Market** und traditionelle Läden entlang der **Shanghai Street** findet.

Abendessen Temple Street Night Market (S. 137), günstig, unter Sternen.

Kowloon (S. 133)

Erst die Zukunft voraussagen lassen, und wer dann noch Glück hat, bekommt im **Temple Street Night Market** eine kantonesische Oper geboten.

Tag Drei

Aberdeen & der Süden (S. 125)

Mit dem Bus fährt man nach **Aberdeen**, um durch den charmanten **Aberdeen Harbour** zu spazieren, dann gehts hinüber nach **Ap Lei Chau** zum **Indoormarkt** in der alten Stadt. Weiter geht's mit Shoppen (vor allem Feilschen um Designermöbel und -klamotten) im **Horizon Plaza** und zu einem späten Mittagessen in einem geräumigen und schönen Möbelladen.

Mittagessen Tree Cafe (S. 130) serviert Salate, Sandwiches und Kaffee.

Kowloon (S. 133)

Den Rest des Nachmittags und den frühen Abend verbringt man damit, die Tempel in New Kowloon zu bewundern: den taoistischen **Sik Sik Yuen Wong Tai Sin Temple** und den buddhistischen **Chi Lin Nunnery.**

Abendessen Chi Lin Vegetarian: (S. 153) chinesische vegetarische Kost.

Kowloon (S. 133)

Immer noch in New Kowloon begibt man sich im Ritz-Carlton ins **Ozone**, in die höchste Bar der Welt und genießt die besonders guten Drinks. Wenn einen dann wieder der Hunger überfällt, lässt man sich im **One Dim Sum** mit einem späten Dim Sum verwöhnen.

Tag Vier

Kowloon (S. 133)

Der vierte Tag beginnt mit einem **Tai-Chi-Kurs** an der Promenade von Tsim Sha Tsu. Boote nach **Macao** fahren um die Ecke am **China Ferry Terminal** ab – warum nicht mal kurz übersetzen?

Mittagessen Clube Militar de Macau (S. 254), tolle portugiesische Weine.

Macao (S. 244)

Die Sehenswürdigkeiten um den **Largo do Senado** bestaunen. Dann läuft man die Rua Central entlang durch einen großen Teil des zum Weltkulturerbe der Unesco gehörenden **Historic Centre of Macau**, einschließlich der **Ruinen der Kirche São Paulo**. Souvenirs bekommt man im **Macau Creations** am Fuß der Treppe. Dann mit dem Taxi in den Norden der Halbinsel Macao fahren, um die Designerläden und die historischen Stätten im atmosphärischen **St.-Lazarus-Viertel** auf sich wirken zu lassen.

Abendessen António (S. 269) tischt üppige portugiesische Klassiker auf.

Macao (S. 244)

Dann gehts zurück zur Halbinsel Macao, um im **MGM Grand Macau** ein Spielchen zu wagen oder Cocktails zu schlürfen, bevor man die Fähre zurück nach Hongkong nimmt.

Wie wär's mit…

Aussichtspunkte

Victoria Peak Für den tollen Blick auf die Stadt strömen Besucher aus aller Welt hierher. (S. 82)

Tsim Sha Tsui: Die Skyline von Hongkong genießt man am besten von der Hafenpromenade aus. (S. 136)

Bus 6 Diese Buslinie fährt die landschaftlich schönste Route – ein aufregender Trip entlang der südlichen Buchten. (S. 128)

High Island Reservoir: Den gewaltigen East Dam erklimmen und die großartigen Felsformationen bewundern. (S. 200)

Tung Ping Chau Das geschichtete Sedimentgestein auf der abgelegenen Insel ist ein Wunderwerk der Natur. (S. 198)

Lion Rock Von den Hügeln Kowloons aus kann man sich einen Eindruck darüber verschaffen, wie dicht gedrängt die Menschen in Hongkong leben. (S. 194)

Tsing Ma Bridge Die siebtlängste Hängebrücke der Welt ist einfach atemberaubend, ebenso wie die üppige Landschaft drumherum. (S. 153)

Pak Nai Der westlichste Zipfel Hongkongs – perfekt für einen Sundowner. (S. 170)

Moderne Architektur

HSBC Building Das Meisterwerk Norman Fosters ist für die Stadt und ihre Bewohner von ganz besonderer Bedeutung. (S. 68)

Bank of China Für manche ist das expressionistische Design von Leoh Ming Pei ein „futuristisches Fleischerbeil". (S. 70)

MICHAEL McQUEEN/GETTY IMAGES ©

Wolkenkratzer, in der Mitte der Turm der Bank of China, Hong Kong Island Central

Old Bank of China Das Art-Déco-Gebäude von 1937 steht bis heute für grandiose Modernität. (S. 70)

Jardine House Der erste echte Wolkenkratzer Hongkongs ist auch bekannt als „House of 1000 Arseholes" (Haus der 1000 Arschlöcher). (S. 71)

Asia Society Hong Kong Centre Ein wundervoller Dachgarten ziert ein überwachsenes ehemaliges Militärgelände. (S. 105)

Two International Finance Centre Handelt es ich hier vielleicht um einen Möchtegern-Angkor-Wat? Oder ist es eher der ultimative, phallische Tempel zu Ehren Mammons? (S. 73)

Hong Kong Convention & Exhibition Centre Wie ein Stachelrochen, der auf einer künstlich angelegten Insel angeschwemmt wurde. (S. 105)

Hong Kong Cultural Centre Warum gibt's ausgerechnet hier, im größten Gebäude der Stadt, keine Fenster? (S. 140)

Parks & Gärten

Victoria Peak Garden Der Gipfel über dem Gipfel. Dieser schön gestaltete Zufluchtsort bietet einen tollen Blick auf die Stadt. (S. 82)

Kowloon Walled City Park Das ehemalige „Sündenviertel" der Stadt ist seit 1995 ein hübscher Park in traditionellem südchinesischem Stil. (S. 145)

Nan Lian Garden Ein prachtvoller, traditioneller chinesischer Garten mit Pagode, Tee-Pavillon, Koi-Teich, besonderen Bäumen und wolkenförmigen Felsen. (S. 139)

Hong Kong Zoological & Botanical Gardens Dieses von Wolkenkratzern umgebene, natürliche Bollwerk schmückt die Stadt bereits seit 1871. (S. 70)

Hong Kong Park In diesem aufwendig angelegten Erholungsgebiet sind das älteste Kolonialgebäude der Stadt und eine regenwaldartige Vogelvoliere zu finden. (S. 104)

Ocean Park Die Meerestiere sind die absoluten Publikumsmagneten in diesem beliebten Freizeitpark. (S. 127)

Astropark Dieser wenig bekannte Park voller astronomischer Gerätschaften aus China und dem Westen weckt in jedem Besucher den Sternengucker. (S. 200)

Kowloon Park Die überstrapazierte grüne Lunge der Stadt verläuft entlang der Nathan Rd, der Hauptverkehrsstraße der Halbinsel. (S. 142)

Ungewöhnliche Leckereien

French Toast à la Hong Kong Das wahrscheinlich beliebteste einheimische Futter für die Seele. Monsterportionen! Großzügig aufgetragen in fast jedem *cha chaan tang*. (S. 131)

Schlangensuppe Ein Lieblingswintergericht, das von innen wärmen soll. (S. 91)

Ochsenzunge Weich und sehr saugfähig. Passt perfekt zu Spaghetti mit Tomaten. (S. 154)

Schweineblut mit Schnittlauch nach Chiu-Chow-Art Eine zeitlose Delikatesse in Form von wackeligen, rotbraunen Würfeln. (S. 92)

Gebratene Taube Nirgends werden Flugratten so knusprig und zart zubereitet. In Hongkong eine intensiv gewürzte Alternative zur Peking-Ente. (S. 195)

Rinderinnereien Günstig und nahrhaft. Man sieht sie in großen Kesseln hinter von Dampf beschlagenen Noodle-Shop-Fenstern köcheln. (S. 152)

Weitere Highlights in Hongkong:

- Essen (S. 34)
- Ausgehen & Nachtleben (S. 43)
- Unterhaltung (S. 48)
- Shoppen (S. 51)
- Sport & Aktivitäten (S. 57)

Turtle Jelly Ein bittersüßes Kräuterdessert – heutzutage ohne Schildkrötenanteil. Beliebt bei den Damen, da es angeblich gut für die Haut ist. (S. 88)

Yin Yeung Das Hongkong-Gemisch schlechthin: Tee mit Kaffee. (S. 88)

Hirschpenis In der chinesischen Medizin soll der Wein aus diesem althergebrachten Viagra helfen, Sportverletzungen zu heilen. (S. 88)

Wandern

Sai Kung East Country Der Weg durch die üppig bewachsene Berglandschaft führt zum idyllisch gelegenen Strand Tai Long Wan. (S. 197)

Dragons's Back Ein beliebter Streifzug mit Meerblick, der sich zu dem verschlafenen Fischerort Shek O schlängelt. (S. 129)

Lamma Island Leichte 4-km-Wanderung über die grüne Insel, die zu den am Wasser gelegenen Seefood-Restaurants führt. (S. 206)

Hong Kong Cemetery Hügeliger, zum Teil verwilderter und sehr stimmungsvoller Friedhof. (S. 107)

Pok Fu Lam Reservoir zum Peak Anstrengender, aber malerischer Aufstieg durch dichten Wald; führt an Wasserfällen und Militärruinen vorbei. (S. 82)

Ng Tung Chai Waterfalls Ein schönes Ausflugsziel für ein Picknick inmitten üppiger Bewaldung. (S. 173)

Tai Mo Shan Verschiedene Wanderrouten führen auf Hongkongs höchsten Berg und um ihn herum. (S. 167)

Kolonialbauten, östliche & westliche Architektur

Das ehemalige Gebäude des Legislativrates Der imposanteste verbliebene Kolonialbau der Stadt. (S. 70)

Government House Hier residierten die britischen Gouverneure Hongkongs von 1855 bis 1997. Eleganter, zweifellos seltener Mix aus gregorianischem und japanischem Stil. (S. 70)

Hong Kong City Hall Klassisches Bauhaus. Eine Ode an die Moderne. Der beliebteste Ort, um in Hongkong zu heiraten. (S. 71)

Tai Fu Tai Mansion Ehemalige Residenz eines Mandarin. Kostbarer Mix aus östlichen und westlichen Einrichtungsgegenständen des niederen bis mittleren Adels. (S. 173)

King Yin Lei In diesem großartigen Herrenhaus im chinesischen Renaissance-Stil drehte Clark Gable 1955 den Film „Treffpunkt Hongkong". (S. 87)

Central Police Station & Central Magistracy In diesen Gebäuden weht der geschichtliche Geist der Strafverfolgung Hongkongs. (S. 87)

Kam Tong Hall In dem riesigen Herrenhaus im edwardianischen Stil lebten früher Mormonen. Heute findet man hier das Dr. Sun Yat-sen Museum. (S. 85)

St. Johns Cathedral Zu Beginn seiner Geschichte wurde das Bauwerk häufig kritisiert, da es sich nicht in die Landschaft einfügte. Heute gilt das Gotteshaus als Erinnerung an das gute, alte England (S. 71).

Béthanie Zwei achteckige Viehweiden und eine neugotische Kapelle bilden heute den Campus der Hong Kong Academy for Perfoming Arts. (S. 121)

Shek Lo Das eurasische Herrenhaus mit dem klassischen Rundbalkon erinnert an eine Minifestung. (S. 178)

Feste & Events

Tin Hau Festival Die farbenprächtige Prozession aus Booten zum Tin-Hau-Tempel an der Joss House Bay sollte man nicht verpassen. (S. 203)

Dragon Boat Festival Zu den Klängen von Trommeln rasen die Drachenboote rund um die Stadt, an mehreren Stränden entlang. (S. 27)

Fest der hungrigen Geister Traditionelles chinesisches Fest in der 15. Nacht des 7. Monats im chinesischen Kalender, in der die Geister Verstorbener die Lebenden besuchen. (S. 27)

Mondfest Dreitägiger Feuerdrachentanz rund um den Vollmond. (S. 111)

Cheung Chau Bun Festival Farbenprächtiges Kostümfest. (S. 223)

Chinesisches Neujahrsfest Das wichtigste Fest des Jahres. Der Victoria Park an der Causeway Bay verwandelt sich während des alljährlichen Neujahrs-Blumenmarkts in ein Meer aus Farben und Düften. (S. 109)

Hong Kong International Film Festival Hier kommen Kino-Enthusiasten ebenso auf ihre Kosten wie gelegentliche Kinogänger. (S. 25)

Hong Kong Arts Festival Das wichtigste Kultur-Festival Hongkongs wartet mit asiatischen und internationalen Künstlern auf. (S. 25)

Kultur & Tradition

Tai O Das Pfahlbautendorf im Nordwesten der Insel Lantau vermittelt einen Eindruck vom früheren Hongkong. (S. 213)

Ummauerte Dörfer finden sich rund um die New Territories. Hier weht noch der Geist der alten, bäuerlichen Lebensweise. (S. 174)

Volks-Voodoo Im März erhebt sich nach dem ersten (mythologischen) Gewitter des Jahres die Tierwelt. (S. 109)

Tai-Chi im Park Meditatives Schattenboxen am Morgen – raus aus den Federn und bei den Omas mitgemacht! (S. 142)

Martial Arts Im Kowloon Park kann man an Sonntagen nachmittags kostenlos von den Kung-Fu-Meistern lernen. (S. 142)

Kantonesische Oper Diese traditionelle Kunstform wird im Sunbeam Theatre und im restaurierten Yau Ma Tei Theatre gepflegt. (S. 119 & S. 145)

Löwentanz Davon gibt's jede Menge beim Chinesischen Neujahrsfest und bei den Tin-Hau-Feierlichkeiten. (S. 203)

Monat für Monat

TOP-EVENTS

Chinesisches Neujahrsfest Jan./Feb.

Geburtstag von Tin Hau April/Mai

Cheung-Chau-Bun-Festival April/Mai

Drachenbootfest Juni

Fest der hungrigen Geister August

Februar

Die Stadt mag unter einem grauen Wolkendach im Winterschlaf liegen, aber das wichtigste Fest des chinesischen Kulturkalenders sorgt für Hochstimmung.

Chinesisches Neujahrsfest

Große Blumenmärkte läuten den Beginn des beliebtesten traditionellen chinesischen Festes ein. Man trägt Rot und empfängt am Wong-Tai-Sin-Tempel den Segen, bevor am Victoria Harbour das Feuerwerk steigt.

Frühlings-Laternenfest

Romantiker sind im Februar schwer beschäftigt: Das Laternenfest in der Nacht des ersten Vollmonds markiert das Ende der Neujahrsfeierlichkeiten und den Tag der Liebenden.

Hong Kong Arts Festival

Das wichtigste Kulturevent Hongkongs (www.hk.artsfestival.org) dauert fünf bis acht Wochen und ist ein buntes Fest mit Musik, darstellenden Künsten und einem beliebten Unterhaltungsprogramm – von klassischer Kunst zu innovativen Kunstformen. Hunderte Talente treten auf.

Hongkong-Marathon

2012 nahmen rekordverdächtige 70 000 Läufer an diesem wichtigsten asiatischen Marathon teil (www.hkmarathon.com). Jedes Jahr finden außerdem ein Halbmarathon, ein 10-km-Rennen und ein Rollstuhlrennen statt.

März

Das angenehme Wetter kehrt zurück, die Temperaturen steigen – auch wenn die Luftfeuchtigkeit sehr hoch sein kann – und in der Stadt öffnen sich die Blüten des Frühlings.

„Schlag den kleinen Mann"

Unter der Überführung in der Canal Rd in Wan Chai oder am Tin-Hau-Tempel in Yau Ma Tei praktizieren schlagkräftige alte Damen Volkszauber. Mit Stöckelschuhen ausgerüstet belegen sie Kleinganoven mit gereimten Flüchen.

Hong Kong Artwalk

Über 60 Kunstgalerien in Central, Soho, Wan Chai, Happy Valley und Aberdeen öffnen eine Nacht lang ihre Türen (www.hongkongartwalk.com). Es gibt Getränke und Knabbereien und es wird Geld für wohltätige Zwecke gesammelt.

Hong Kong International Film Festival

Dieses vier Jahrzehnte alte Festival findet jedes Jahr statt. Zwei Wochen lang (manchmal bis Anfang April) werden 240 Filme aus aller Welt gezeigt – auch die jüngsten asiatischen Produktionen (www.hkiff.org.hk).

Hong Kong Flower Show

Etwa zehn Tage lang verwandelt sich der Victoria

Park in ein buntes Meer aus herrlichen Blumen, wenn Gärtner aus über 20 Ländern ihrer Fantasie freien Lauf lassen.

Hong Kong Sevens

Hongkongs berühmteste Sportveranstaltung – und ein echtes Original, da die Rugby Sevens 1975 hier erfunden wurden – erfreut sich großer Beliebtheit und verspricht neben harten Matches auch feierfreudige Fans, die das Turnier in einen Karneval verwandeln (www.hksevens.com.hk).

Mai

In der Stadt, vor allem im Zentrum, wird es dämpfiger, wenn die langen Sommermonate beginnen. Die ersten schweren Regenfälle des Jahres waschen sie rein, ein religiöses Fest reiht sich ans nächste.

Geburtstag von Tin Hau

Dieses Fest wird zu Ehren der Schutzheiligen der Fischer und einer der beliebtesten Gottheiten der Hafenstadt gefeiert. Dazu gehören auch die Parade mit den bunten Festwagen in Yuen Long und die traditionellen Riten am „Großen Tempel" in der Joss House Bay.

Cheung-Chau-Bun-Festival

Das einwöchige Festival auf Cheung Chau erreicht seinen Höhepunkt an Buddhas Geburtstag, wenn die verkleideten Kinder durch die schmalen Gassen der Insel „schweben" und die mutigen Männer die mit Gebäck behängten Türme hinaufklettern, sobald es Mitternacht geschlagen hat.

Buddhas Geburtstag

Die Gläubigen strömen am achten Tag des vierten Mondmonats in buddhistische Klöster und Tempel, um die verehrte Gottheit anzubeten und ihre Statue zeremoniell mit parfümiertem Wasser zu waschen.

Le French May

Der Name verwirrt: Das Event feiert alles Gallische, beginnt oft im April und endet im Juni – mit einem reichhaltigen, hochwertigen Kunstprogramm, gutem Essen und feinem Wein (www.frenchmay.com).

Juni

Der Himmel öffnet sich, das Quecksilber steigt und in der Stadt laufen die Klimaanlagen, um die Gemüter der Einheimischen und Traveller zu kühlen.

Dragon Boat Festival

Dieses Festival ist auch als Tuen Ng (Doppelte Fünf) bekannt und dem Dichter und Staatsmann Qu Yuan aus dem 3. Jh. v. Chr. gewidmet, der sich aus Protest gegen die korrupte Regierung ertränkte. Es werden Drachenbootrennen ausgetragen und klebrige Reisklöße verspeist.

August

7 Mio. Menschen hecheln und schwitzen in der erdrückenden Hitze. Sintflutartige Regenfälle sind nicht ungewöhnlich, aber in diesem weitläufigen Archipel mit über 260 Inseln ist ein sonnenbeschienener Strand nie weit.

Fest der hungrigen Geister

Rastlose Geister entfliehen während des siebten Mondes der Hölle und streifen über die Erde. „Höllengeld", Lebensmittel und sogar ganze Wohnungen (aus Papier) werden verbrannt, um die Besucher milde zu stimmen. Überall leben faszinierende folkloristische Traditionen auf.

September

Allmählich sinkt die Luftfeuchtigkeit und man kann entlang der Meeresküsten wieder durchatmen. Die Schulkinder tauschen Sandspielzeug gegen Berge von Hausaufgaben eintauschen.

Mittherbstfest

In der 15. Nacht des achten Mondmonats schnappt man sich eine Laterne und gibt sich bei einem Mondscheinpicknick von seiner schwärmerischen Seite. Bei dem Familienfest verspeist man die einst als subversiv geltenden runden „Mondkuchen" – das erinnert an einen Aufstand gegen die Mongolen im 14. Jh.

November

Endlich wird es in Hongkong wieder kühler. Die Temperaturen sinken auf vernünftige 22 °C und es regnet deutlich seltener – sehr zur Freude von Wanderern und anderen Naturfans.

Oxfam Trailwalker

Was 1981 als Übungsdrill für örtliche Gurkha-Soldaten begann, die Spenden sammeln sollten, ist heute

(oben) Riesige Laternen für das Mittherbstfest
(unten) Flaggenverkäufer auf dem Jahrmarkt beim Chinesischen Neujahrsfest

MICHAEL COYNE/GETTY IMAGES ©

RICHARD I'ANSON/GETTY IMAGES ©

eine berühmte Herausforderung: Ein Wanderteam aus vier Personen muss den 100 km langen MacLehose Trail in 48 Stunden bewältigen (www.oxfamtrailwalker.org.hk).

Hong Kong Cricket Sixes

Dieses dreitägige Turnier wird z. T. auch am letzten Oktoberwochenende ausgetragen. Hongkongs beste Kricketspieler treten im historischen Kowloon Cricket Club gegen Teams aus zwölf Nationen an.

Dezember

Wohl die beste Jahreszeit für einen Trip. Das herrliche Wetter – Sonne und blauer Himmel – ist perfekt für diverse Outdoor-Aktivitäten. Doch die Weihnachtsshopper sind im Anmarsch!

Hong Kong Winterfest

Strahlende Neonweihnachtswandgemälde an der Tsim Sha Tsui! Nimmt man die Fähre zum Statue Sq, kann man den erleuchteten Weihnachtsbaum und falschen Schnee bestaunen. Oder man feiert mit den Teenagern um den Times Sq die Geburt des heiligen Kindes.

Hong Kong International Races

Bei den „Weltmeisterschaften auf der Pferderennbahn" treten Stars und -pferde aus aller Welt auf der Rennbahn Sha Tin vor grandioser Kulisse gegeneinander an (http://racing.hkjc.com). Die über 60 000 Zuschauer wetten und fiebern auf den Tribünen mit.

Mit Kindern reisen

Hongkong ist ein tolles Reiseziel für Kinder, auch wenn die Menschenmassen, der Verkehr und die Luftverschmutzung gewöhnungsbedürftig sind. Die Lebensmittel und sanitäre Anlagen sind sehr in Ordnung. Die Stadt steckt voller Attraktionen, die die Kids lieben – oft nur einen Katzensprung von den Highlights der Großen entfernt.

HUW JONES/GETTY IMAGES ©

Großer Panda, Ocean Park (S. 127)

Kinder- (& Teenager-) freundliche Museen

Hong Kong Science Museum

Die drei Stockwerke in Hongkongs lebendigstem Museum quellen über vor Attraktionen für Kinder aller Altersstufen. Es gibt ein Theater, in dem das Personal in Laborkitteln verrückte Experimente vorführt.

Hong Kong Museum of History

Dieses ausgezeichnete Museum erweckt die Geschichte der Stadt zum Leben. Kinder werden begeistert sein von der Ausstellung „Hong Kong Story" mit ihren ausgefeilten Nachbauten der lokalen traditionellen Dinge, wie z. B. eine chinesische Hochzeit und eine lebensgroße Fischerdschunke.

Hong Kong Space Museum

Der kindliche Eifer, die eigenen motorischen Fähigkeiten auszutesten, wird hier explodieren – die Youngsters können Knöpfe drücken, durch Teleskope schauen, im Simulator fahren und Computerquizze lösen. Für ältere Kinder eignen sich die Omnimax-Filme, die im Theater gezeigt werden.

Hong Kong Railway Museum

Thomas, die kleine Lokomotive, ruckelt in diesem Open-Air-Museum, das in einem historischen Bahnhof eingerichtet wurde, ins Leben; hier stehen alte Personenwagen und ein Zugabteil.

Hong Kong Heritage Museum

Ein paar wenige Kinder interessieren sich vielleicht für die Ausstellungsstücke, aber der wahre Hit ist die interaktive Children's Discovery Gallery, wo die Kleinen sich verkleiden, Puzzlespiele machen und die Ausstellung historischer Spielzeuge bewundern können.

Parks auch für Kinder

Ocean Park

Hongkongs wichtigster Vergnügungspark bietet nervenaufreibende Achterbahnen, ein Spitzenaquarium, echte Pandas und eine Panoramaseilbahn mit Meeresblick.

GUT ZU WISSEN

- **Stillen: La Leche League Hong Kong** (www.lllhk.org) vermittelt englischsprachige Stillberaterinnen.
- Stillräume findet man in großen Malls und in den meisten Museen.
- **Babysitting Rent-a-Mum** (☎2523 4868; www.rent-a-mum.com; 120–140 HK$/Std., min. 4 Std.)
- **In Safe Hands** (☎2323 2676; www.insafehands.com.hk; 150–250 HK$/Std.)

Hong Kong Park

Enten, Schwäne und Schildkröten wohnen in den Teichen dieses Parks. In der riesigen Voliere im künstlichen Wald laufen die Besucher über eine Art Baumwipfelpfad an den Baumkronen vorbei und können so die Vögel beobachten.

Hong Kong Zoological & Botanical Gardens

Bei einem Besuch hier bekommen die Kinder den amerikanischen Flamingo, die burmesische Tigerpython und das Zweifingerfaultier zu sehen und schaffen es vielleicht sogar, einen Südlichen Gelbwangen-Schopfgibbon von einem frechen Kind zu unterscheiden.

Middle Road Children's Playground

Dieser abwechslungsreiche Spielplatz mit Schaukeln und Rutschen für jedes Alter ist eine Utopie der klassenlosen Gesellschaft, Kinder aller Ethnien und sozialer Klassen sind durch die universelle Sprache des Spiels vereint.

HK Wetland Park

Man braucht durchaus Geduld, um die Bewohner des Sumpflands zu Gesicht zu bekommen, aber das machen die thematisch geordneten Ausstellungen, das Theater und der Spielbereich „Swamp Adventure" wieder wett.

Kowloon Park

Dieser große, grüne Treffpunkt bietet viel Platz zum Rennen, dazu Seen mit Wasservögeln, zwei Spielplätze, Swimmingpools und eine Voliere.

Disneyland

Die allerneueste Attraktion in diesem berühmten Themenpark ist das Toy Story Land.

Disneyland im Zwielicht

Nach Sonnenuntergang legt sich eine ganz besondere Magie über Disneyland, die sehr wenige Besucher mitbekommen. In der Dämmerstunde (18–21 Uhr) kann man einige spaßige Dinge tun. Die fantasievolleren Kinder werden das genießen und man kann so seine Zeit besser einteilen und lange Schlangen vermeiden.

- Begibt man sich nach Sonnenuntergang auf die „Jungle Cruise", wird die Fahrt zu einer „Nachtsafari".
- Tarzans Baumhaus sieht im Licht der antiken Lampen jetzt wild romantisch aus.
- Man wartet darauf, dass die „It's a Small World"-Uhr die Abendstunde einläutet, und zwar mit einer Puppenparade vor der pastellfarbenen und goldenen Fassade, die jetzt aus Tausenden von bunten Lichtern zu bestehen scheint.
- Die Ufos vom Orbitron im Tomorrowland sind erleuchtet und der Sternenglobus und die Planeten glitzern genau wie die mithilfe von Lichtleitkabeln erzeugten Sterne.
- Wer nicht zum Feuerwerk bleiben will, sollte unbedingt zur Disney Fountain Piazza rausgehen und dort den coolsten „Loungejazz"-Instrumental-Versionen der Disneysongs lauschen – es sind tolle musikalische Arrangements.
- Dann nimmt man noch die fünfminütigen Wasserspiele an der Mickey Mouse Foundation mit, komplett mit Lichtershow, die man am Tage nicht zu sehen bekommt.
- Wer einen Panoramablick haben will, schaut sich das Feuerwerk vom Bahnsteig des Bahnhofs über dem Eingang des Parks aus an.

Bootsfahrt & Straßenbahn

Peak Tram

Ältere Kinder sind durch die der Erdanziehungskraft trotzenden Peak Tram und die nicht alternden Wachsfiguren bei Madame Tussauds vielleicht zu begeistern, aber genau die könnten jüngere Traveller in Angst und Schrecken versetzen.

Star Ferry

Kreuzfahrtschiffe, Lastkähne, Tragflächenboote, Fischerdschunken… Die kleinen Seemänner werden einen Riesenspaß haben, die vorbeifahrenden Schiffe zu benennen, während der eigene Schlepper im stürmischen Victoria Harbour geschickt den Klauen eines gigantischen Drachen ausweicht.

Straßenbahn

Aus dem Oberdeck eines schmalen Fahrzeugs zu gucken, das mitten durch den stärksten Verkehr rattert, schnauft und schwankt, kann Spaß machen.

Lichtshow: Symphony of the Stars

Kinder werden begeistert sein vom musikalisch untermalten Tanz der Laserstrahlen, die auf beiden Seiten des Hafens von Hochhäusern projiziert werden. Das Darth-Vader-Kostüm nicht vergessen!

Shoppen mit Kindern

Es gibt Dutzende Outlets für Kindersachen:

- Erdgeschoss, Ocean Terminal in Harbour City (S. 140)
- Ebene 2, Festival Walk (S. 160)
- Ebene 9, Times Sq (S. 123)
- Ebene 9, Mega Box (S. 160)

Im Horizon Plaza (S. 132) gibt es Megastores mit Kinderbüchern und -klamotten. Die Tai Yuen St ist bekannt für traditionelle Spielzeugläden (S. 121), die Kinder aller Altersstufen glücklich machen.

Schlittschuhlaufen

In diesen Malls gibt's Indooreisbahnen:

- Elements (S. 160)
- Festival Walk (S. 160)
- Cityplaza (S. 123)

Auf den jeweiligen Websites stehen die aktuellen Preise und Öffnungszeiten.

Delfinbeobachtung

Das zweitschlauste Tier der Erde in freier Wildbahn beobachten – und es ist quietschpink! Hong Kong Dolphinwatch unternimmt in der Woche drei vierstündige Touren in Gewässer, in denen Chinesische Weiße Delfine gesichtet werden können (s. S. 219).

Pilot spielen

Kinder über fünf Jahre können sich im Flight Experience (s. S. 160) wie ein Pilot verkleiden und eine virtuelle Boeing 737 fliegen. Schweißnasse Handflächen sind garantiert. Man muss aber im Voraus buchen.

Wie die Einheimischen

Der Alltag in Hongkong ist von charmanten Werten und traditionellen Sitten geprägt. Von guten Umgangsformen bis hin zur uneingeschränkten Vorliebe der Einheimischen für Essen, Geld und Bulldozer – hier sind ein paar Tipps, wie man möglichen Fettnäpfchen am besten ausweicht.

GREG ELMS/GETTY IMAGES ©

Cha chaan tang (Teehaus), Hong Kong Island Central

Umgangsformen

Begrüßung

Manche finden einen Wangenkuss unangebracht, andere wünschen sich heimlich mehr davon. Normalerweise genügt ein einfaches „Hello, how are you?" in Verbindung mit einem sanften Händedruck. Besucher ziehen vor dem Haus ihre Schuhe aus.

Mienenspiel

In diesem Teil der Welt Eckpfeiler zwischenmenschlicher Beziehungen. Auf Status und Respekt ist stets zu achten, ebenso auf Höflichkeit und darauf, in der Öffentlichkeit nie die Beherrschung zu verlieren.

Geschenke

Wenn man Blumen, Schokolade oder einen Wein an jemanden verschenken möchte, kann es sein, dass dieser sich ziert, das Geschenk anzunehmen – aus Furcht, habgierig zu erscheinen. Wenn man aber darauf beharrt, wird er einlenken. Nicht überrascht sein, wenn ein verpacktes Geschenk nicht gleich geöffnet wird – das gilt als unhöflich.

Farben

Farben haben große Symbolkraft. Die Farbe Rot steht für Glück, Frohsinn und Reichtum. Allerdings kann ein mit roter Tinte geschriebener Brief Ärger und Unfreundlichkeit bedeuten. Weiß ist die Farbe des Todes – es ist also gut zu überlegen, ob man weiße Blumen schenken möchte.

Tischmanieren

Hygiene beim Essen

Von dem Essen, das auf dem Tisch steht, kann sich jeder bedienen. Falls nicht schon vorhanden, sollte man für jedes Gericht um Servierstäbchen oder Löffel bitten. Seit dem SARS-Ausbruch von 2003 wird verstärkt auf Lebensmittelhygiene geachtet.

Auf die Stäbchen achten

Die Stäbchen niemals senkrecht in die Reisschale stellen – dies erinnert an Räucherstäbchen bei Trauerfeiern. Übrigens: Falls man mit Essstäbchen nicht zurechtkommt, kann man auch nach einer Gabel fragen. Es gibt sie in fast allen Restaurants.

Verständigung beim Tee

Wenn man keinen Tee mehr möchte, kann man ablehnen, indem man mit Zeige- und Mittelfinger zwei- bis dreimal leicht auf den Tisch klopft. Diese angeblich jahrhundertealte Geste wird auch als Dank an denjenigen verstanden, der einschenkt.

Wohin mit den Knochen

Knochen gehören auf den eigenen Teller oder in eine extra Knochenschale. Wer das nicht mag, kann sie auch auf ein Papiertaschentuch legen oder eines darüber breiten.

Wenn Essen zur Passion wird

Essen & Bewerten

Ganze Scharen von Kritikern stellen ihre Eindrücke täglich auf der von den Benutzern befüllten zweisprachigen Restaurantkritik-Seite www.openrice.com ins Netz.

Dim Sum gehört einfach dazu

Diese morgendlichen Häppchen sind für viele Rentner ein tägliches Ritual, am Wochenende dient das chinesische Frühstück als gesellige Familienzusammenkunft.

Tea Break

Am Nachmittag sollte man ein *cha chaan tang* (Teehaus) aufsuchen. Bei kleinen Snacks werden dort von den älteren Herrschaften die aktuellen Fleischpreise oder die jüngsten Börsenkurse diskutiert. Die Teehäuser sind Treffpunkt für Rentner oder Hausfrauen, die sich zum Nachmittagsschwätzchen hier einfinden. Gestresste Büromenschen nutzen sie als Ruheoase.

Süßes zur Nacht

Nach dem Abendessen wird oft noch ein Dessert Shop aufgesucht. Hier gibt es Schwarze Sesamsuppe, Mandelpudding oder Kokosbällchen, aber auch Durian-Crêpes und ähnlich exotische Nachspeisen.

Dampfender Winter

Im Winter ist ein Eintopf in einem *dai pai dong* etwas Tolles: In den geselligen Open-Air-Restaurants mit Klappstühlen und -tischen gibt's Fleisch, Fisch und Gemüse aus dem Kessel. Ein schmackhaftes Mahl, das den Abend verändern wird.

Geld spielt eine Rolle

Jockey Club

Wer – egal um welche Uhrzeit – ein Wettbüro des Hong Kong Jockey Club betritt (häufig in Wohngebieten, in der Nähe von Märkten oder Endhaltestellen öffentlicher Verkehrsmittel), der gerät in einen Strudel der Gefühle, ganz gleich, um welches Pferderennen oder Fußballspiel es geht. Die Wettenden tun alles, um die Quoten zu schlagen. Alle 30 Minuten startet ein neues Rennen, und so hört man im Halbstundentakt zwar ab und zu auch Freudenschreie, häufiger aber würzen Schimpfwörter die Seufzer der Enttäuschung, wenn die neuesten Ergebnisse bekanntgegeben werden.

Aktien &Wertpapiere

Werktags fallen die vielen (nicht nur unbedeutenden) Investoren auf, die völlig in die Anzeigetafeln mit den Live-Aktienmarkt-Updates versunken sind. Sie treten in Scharen um die zum Teil sehr unscheinbaren Maklerbüros auf.

Alte Viertel

Eine Gentrifizierung in großem Stil hat in diesen Gebieten noch nicht stattgefunden, allerdings nimmt die Schnellebigkeit der städtischen Entwicklung bereits Einfluss auf die Wohnviertel. Man sollte versuchen, die ungeschminkte, familiäre, ursprüngliche Atmosphäre zu erleben und aufzufangen – solange es sie noch gibt.

Yau Ma Tei

Wenn man nach traditionellen Barbieren, Schneidern für chinesische Hochzeitsmode und traditionellem Kunsthandwerk sucht, ist man in der Shanghai Street richtig.

Sham Shui Po

In diesem schier unverwüstlichen Arbeiterviertel gibt's Flohmärkte, Geschäftshäuser aus den 1930er-Jahren, Nachkriegssiedlungen und sogar eine antike Grabstätte.

Queen's Road West

Der durchdringende Geruch nach getrocknetem Fisch und chinesischen Heilkräutern wird einen zu diesem Korso mit kleinen, betriebsamen Geschäften führen.

Hongkong gratis

Hongkong ist nicht gerade ein preiswertes Reiseziel, und – wie jeder Einheimische bestätigen wird – steigen die Preise, wann immer es eine Gelegenheit gibt. Aber wenn man gut plant, kann man es sich hier auch mit sehr wenig Geld gutgehen lassen.

Gut & günstig

Nicht ganz kostenlos, aber fast: Für ein paar Dollar kann man mit einer Tram durch den Großstadt-Canyon der Wolkenkratzer rumpeln, und für das restliche Kleingeld in der Hosentasche an Bord der Star Ferry (S. 69) die Fahrt seines Lebens machen.

Vor 11 Uhr kann man zum Brunch herzhafte Dim Sum genießen – in vielen chinesischen Restaurants sind die Preise vor und nach der Mittagspause (12–14 Uhr) niedriger. Wer es gern etwas bescheidener und bodenständiger mag, sollte die üppigen Tee-Menüs am Nachmittag (20 HK$ bis 30 HK$) in den städtischen Fastfood-Ketten nicht verpassen.

Bei Sonnenuntergang bieten viele Bars großzügige Happy Hours an, und dienstags kostet eine Kinokarte in der Regel 10 HK$ bis 25 HK$ weniger als sonst. Für nur 10 HK$ Eintritt kann man einen Abend beim Pferderennen erleben – und wer aufs richtige Pferd setzt, kann seine ganzen Reisekosten wieder reinholen (S. 109).

Museumstour

Mittwochs ist der Eintritt in sieben Museen Hongkongs kostenlos: Hong Kong Museum of Art (S. 140), Museum of History (S. 135), Heritage Museum (S. 194), Science Museum (S. 144), Space Museum (S. 141; nicht das Space Theatre), Museum of Coastal Defence (S. 110) und Dr. Sun Yat Sen Museum (S. 85).

Freie Aussicht

Von der Aussichtsplattform im 43. Stock des Gebäudes der Bank of China (S. 70) eröffnet sich ein grandioser Ausblick über die Inseln. Man kann sich aber auch etwas zu trinken besorgen und von der öffentlichen Terrasse des International Finance Centres aus den Sonnenuntergang über dem Victoria Harbour (S. 73) bestaunen.

Tai-Chi im Kowloon Park

Hier kann man den Tag mit einer kostenlosen Tai-Chi-Stunde beginnen, angeboten vom Hong Kong Tourist Board (S. 144).

Marktbummel

Niemand zwingt einen, die hier feilgebotenen Souvenir-T-Shirts oder den ganzen Kitsch auch noch zu kaufen (S. 147).

Verabredung mit der Natur

60 % von Hongkong sind offiziell als ländlicher Raum deklariert. Und völlig gratis. Das zu verpassen wäre eine Sünde.

Galeriebummel

In den Galerien Sohos kann man kostenlos teure Kunst bewundern (S. 308).

Börse

Hier kann man zusehen, wie Geld gemacht wird (S. 70).

Dim-sum-Zubereitung

Essen

Als Stadt mit verdammt gutem Geschmack bietet Hongkong jedem ein kulinarisches Erlebnis, egal ob man 30 HK$ für eine Schüssel Nudeln oder 2000 HK$ für ein Seafood-Büfett bezahlt. Das Beste der chinesischen Speisekarte trifft sich hier – ob kantonesisch, nordchinesisch oder die Küche aus Shanghai und Sichuan. Dazu kann man hier so vielfältig französisch, italienisch, spanisch, japanisch, thailändisch oder indisch essen gehen wie nirgendwo sonst in Asien.

Essen in einer Nudelbar

Kantonesische Küche

Die kantonesische ist die bedeutendste Küche in Hongkong und vielleicht die beste der Welt. Um 1949 herum flohen viele Spitzenköche aus China in die Stadt und deshalb machte diese Küche nicht in ihrer Heimat Guangzhou Karriere, sondern hier.

Diese spezielle Art zu kochen ist geprägt von der Obsession, alles frisch zuzubereiten. In den Fischrestaurants sieht man Wasserbecken voller Flossen- und Schalentiere, die dort ein paar letzte glückliche Minuten verbringen. Die Geschmacksrichtungen sind köstlich und ausgeglichen, bedingt durch maßvolles Würzen und leichte Kochtechniken wie Dünsten oder schnelles Anbraten.

REGIONALE BESONDERHEITEN

Die Kantonesische Küche definiert sich durch den kulinarischen Stil der Guangdong-Provinz sowie durch die Küche von Chiu Chow (Chaozhou) und die Hakka-Küche. Chiu-Chow-Gerichte haben einen Hang zu Seafood und Gewürzen – es gibt z.B. frittierten, feingrätigen Fisch mit Mandarinenöl, Gänseschmorbraten, Essig- und Knoblauchsoßen. Die Hakka-Küche ist bekannt für viel Salz und ihre Vorliebe für Fleischkonserven. In Salz gebackenes Hühnchen und Schweinefleisch im Eintopf mit eingelegtem Gemüse machte schon so manche hungrige Familie und manch hungrigen Arbeiter in mageren Zeiten satt.

MODERNISIERUNG

Hongkongs Köche verschließen sich keinesfalls innovativen Einflüssen und probieren stets neue Zutaten und wundersame Methoden aus. Dim Sum etwa wird heute mit Mangopudding oder Shortbread-Torte gefüllt und mit Abalone und Hühnchen serviert. Schwarze Trüffel werden auf Reisrollen gestreut und gedünstet – fabelhaft!

GUT ZU WISSEN

Preise

Die Preise in HK$ gelten für ein Zwei-Gänge-Menü mit einem Getränk.

$	unter 200 HK$
$$	200–400 HK$
$$$	über 400 HK$

Öffnungszeiten

- Mittagessen 11–15 Uhr
- Abendessen 18–23 Uhr

Manche Restaurants sind auch nachmittags geöffnet, andere wiederum nur zum Frühstück. Die meisten Lokale öffnen an Sonntagen und sind zum Mond-Neujahr mindestens zwei Tage geschlossen.

Reservierung

In den meisten Restaurants (mittlere Preisklasse oder darüber) werden Reservierungen angenommen. Bei sehr beliebten Adressen ist eine Reservierung nötig, besonders abends am Wochenende. In beliebten Restaurants werden die Tische bis zu zwei oder drei Mal am Abend belegt.

Wie teuer?

Für 40 HK$ bekommt man Nudeln und ein wenig Gemüse oder ein Fleischgericht bei einer Fastfoodkette wie Café de Coral (www.cafedecoralfastfood.com) oder Fairwood (www.fairwood.com.hk). Ein Mittagessen am Tisch in einem Restaurant der mittleren Preisklasse kostet mindestens 80 HK$, das Abendessen 120 HK$ pro Person. Für ein Abendessen in einem Restaurant der gehobenen Preisklasse wird man mindestens 600 HK$ pro Person los.

Trinkgeld

Es ist nicht unbedingt vorgesehen, Trinkgeld zu geben, da die Rechnung 10 % Bedienungsaufschlag vorsieht, doch da dieser meist in die Tasche des Besitzers fließt, sollte man Trinkgeld dalassen, wenn man mit dem Service zufrieden war.

EMMA WOOD/ALAMY ©

Essen gehen in Sai Kung (S. 199)

Pastéis de nata (Eiertörtchen) in Lord Stow's Bakery (S. 270), Macao

Essen wie die Einheimischen

DIM SUM

Dim Sum sind kantonesische Leckerbissen, die mit einer Tasse Tee zum Frühstück oder Mittagessen verspeist werden. Das Wort bedeutet „das Herz berühren" und der Konsum von Dim Sum wird als „Yum Cha" bezeichnet, was „Tee trinken" heißt.

Nach dem Krieg gingen hauptsächlich alleinstehende Männer zum Yum Cha. Sie trafen sich zum Frühstückstee, um Gesellschaft zu haben oder sich über Jobmöglichkeiten auszutauschen. Bald wurde Yum Cha jedoch zu einer Familienaktivität.

Jedes Gericht, zu dem oft zwei bis vier Bissen gehören, die in einem Bambuskorb gedünstet werden, soll miteinander geteilt werden. In Dim-Sum-Lokalen der alten Schule winkt man einfach den Kellner zu sich und sucht sich etwas von seinem Wagen aus. Moderne Lokale geben Speisekarten aus, diese sind aber fast immer nur auf Chinesisch zu haben. Da Dim Sum meist frisch zubereitet wird, können die Kellner einem die Auswahl präsentieren.

SOY SAUCE WESTERN

„Soy Sauce Western" *(si yau sai chaan)* nennt man westliche Gerichte, die mit vielen Kenntnissen aus der chinesischen Küche zubereitet werden. Dieser Kochstil soll in den 1940er-Jahren entstanden sein, als der geniale Koch Tai Ping Koon (S. 116) sich dazu entschied, die westliche Küche mit frisierten Gerichten „aufzupeppen", indem er Milchprodukte durch einheimische Gewürze ersetzte – viele Chinesen waren damals laktoseintolerant – und Reis auf die Karte setzte.

Seine Erfindung traf auf Gleichgesinnte, als 1949 Weißrussen, die nach der bolschewistischen Revolution nach Shanghai geflohen waren, in Hongkong Zuflucht suchten und bald das kreierten, was als Shanghai-Russland-Küche bekannt ist (S. 153).

Diese zwei Richtungen der westlich inspirierten Küche boten den Einheimischen bezahlbare und „exotische" Gerichte zu einer Zeit an, als westliche Restaurants fast nur Auswanderer bedienten. Mit der Zeit vermischten sich beide Stilrichtungen und brachten die „Soy Sauce Western" hervor, wie man sie heute kennt. Zu den beliebtesten Gerichten gehört russischer Borschtsch, gebackenes Schweinekotelett auf gebratenem Reis und *Bœuf Stroganoff* mit Reis.

CHA CHAAN TANG

Tee-Cafés (茶餐廳, *cha chaan tang*) sind günstige und fröhliche Lokale im Viertel, die in den 40er-Jahren auftauchten und denjenigen westliche Snacks und Getränke servierten, die sich keinen Earl Grey und Gurkensandwichs leisten konnten. Seit damals haben sich ihre Speisekarten weiterentwickelt, auf denen man inzwischen die bekanntesten chinesischen und Soy-Sauce-Western-Gerichte finden kann.

Zu manchen Tee-Cafés gehören Bäckereien, die europäisches Gebäck mit chine-

HONGKONGS ESSGEWOHNHEITEN

Viele beruftstätige Hongkonger nehmen ihr Frühstück oder Mittagessen in Tee-Cafés ein. Zum Frühstück gehört ein Toast mit Butter, Spiegelei und Frühstücksfleisch, Fertignudeln und ein Getränk. Wer sich lieber gesundheitsbewusster ernährt, wählt dagegen Congee mit Dim-Sum-Reisrollen *(chéung fán)* und gedünstete Klöße mit Schweinefleisch und Shrimps *(siù máai)*.

Geschäftsleute essen mittags meist eine Schüssel Wonton-Nudeln, einen Teller Reis mit chinesischem Barbecue oder etwas Aufwendigeres.

Am Wochenende wird nachmittags die Teestunde zelebriert. An den Wochentagen ist dieses Privileg Arbeitern und reichen Hausfrauen *(tai-tais)* vorbehalten. Man sagt, dass sich Arbeiter pünktlich um 15.15 Uhr plötzlich in Luft auflösen, um ihre tägliche Ration an Eiertörtchen und Tee mit Milch zu sich zu nehmen. *Tai-tais* nehmen zu dieser Mahlzeit vielleicht mit Freunden Milchbrötchen und Rosenblütenkonfitüre zu sich oder sie gönnen sich eine Schüssel Nudeln beim Friseur.

Das Abendessen ist die wichtigste Mahlzeit des Tages. Wenn es zu Hause stattfindet, hängt es von den Traditionen der Familie ab, was auf den Tisch kommt. Normalerweise handelt es sich dabei um Suppe, Reis, Gemüse und ein Fleisch- oder Fischgericht. Jeder hat seine eigene Schüssel mit Reis und/oder Suppe und die restlichen Gerichte stehen in der Mitte des Tisches und werden geteilt. Auswärts zu essen ist ebenfalls sehr beliebt. Manche Familien gehen drei bis fünf Mal pro Woche essen.

sischem Einschlag servieren, zum Beispiel Ananasbrötchen (菠蘿包, *bo law bao*), die nicht mal eine Spur der besagten Frucht enthalten, oder Cocktailbrötchen mit einer Kokosnussfüllung (雞尾包, *gai may bao*).

Im Kapitel Ausgehen (S. 43) findet man mehr Informationen zu typischen Tee- und Kaffee- (sowie Tee-Kaffee-)Getränken, für die *cha chaan tangs* bekannt sind.

Dai Pai Dongs

Ein *dai pai dong* (大牌檔) ist ein Imbissstand, der entweder in eine Bude oder in eine klapprige Hütte gequetscht ist, die voller Tische und Stühle steht, die manchmal auf die Straße „hinausquellen". Nach dem Zweiten Weltkrieg bot die Regierung den Familien von verletzten oder verstorbenen öffentlichen Angestellten Lizenzen für Essensstände an. Die Lizenzen waren so umfangreich, dass die Stände unter dem Namen *dai pai dong* bekannt wurden (also „Stände mit der großen Lizenz").

Dai pai dongs gibt es überall, neben der Straße, in kleinen Gassen oder unter einem Baum. Nichtsdestotrotz gehören diese altmodischen Lokale, die besser als jede Sterneküche sind, zu einer aussterbenden Spezies. Viele wurden bereits in von der Regierung betriebene Restaurantzentren verbannt.

Das kulinarische Angebot der *dai pai dongs* variiert je nach Stand. Während sich ein Betreiber auf Congee spezialisiert hat, verkauft sein Nachbar hauptsächlich Fischgerichte, die so manchem Restaurant Konkurrenz machen. Wenn es gleich mehrere *dai pai dongs* auf einem Haufen gibt, kann man oft Gerichte von verschiedenen Betreibern bestellen.

Sautiertes Garoupafilet mit Gemüse, Tim's Kitchen (S. 91), Sheung Wan

Die Küche der Mauerdörfer

Die moderne Geschichte Hongkongs beginnt mit dem ersten Opiumkrieg, doch die Wurzeln der lokalen Küche gehen sehr viel weiter zurück. Die Einheimischen aßen stets das, was sie schlachten, züchten oder aus dem Meer fischen konnten. Manche der alten Traditionen dieser Menschen leben bis heute fort. Dazu zählt auch die Küche der Mauerdörfer, die besonders für ihr „Schüsselessen" bekannt ist (盆菜, *Poon choy;* s. S. 171). Man erzählt sich, dass der letzte Kaiser der südlichen Song Dynastie (1127–1279 n. Chr.) auf der Flucht vor den Mongolen mit seiner Gefolgschaft in ein ummauertes Dorf in Hongkong zurückwich. Die Dorfbewohner, die kein richtiges Geschirr besaßen, häuften einfach so viel Essen wie möglich in einer riesigen Schüssel aufeinander, um die kaiserlichen Gäste zu bedienen. *Poon choy* ist seitdem in den New Territories als Gericht für festliche Anlässe bekannt.

VEGETARIER, AUFGEPASST!

Die Chance ist ziemlich groß, dass man in Hongkong versehentlich Fleisch isst. Gemüse wird oft in Fleischbrühe gekocht und mit Austernsoße serviert. Brühe, die mit Hühnchen zubereitet wird, ist in vielen Gerichten drin, auch wenn diese augenscheinlich fleischlos sind. In billigeren Restaurants arbeitet man großzügig mit Hühnchenpulver. Wer als Vegetarier gerne chinesisch essen gehen möchte, sollte sich an vegetarische Lokale und Restaurants der gehobenen Preisklasse halten. Zusätzliche Optionen zur Liste in diesem Buch (gekennzeichnet durch ein V), siehe http://vegan.hk/Vegan-Rest.html.

Internationale Küche

Von Seeteufelleber-Sushi zu französischer Molekularküche: Hongkong hat wirklich genügend Restaurants, die sich auf das Essen anderer Kulturen spezialisiert haben. Die Auswahl und Qualität der asiatischen Küche ist herausragend und übertrifft sogar Tokyos Standards. Hinzu kommt ein gigantisches Aufgebot an Restaurants mit westlicher Küche. Hongkongs wohlhabende und weltoffene Bevölkerung liebt die westliche und besonders die europäische Küche. Das zeigt sich an den vielen internationalen Chefköchen, die hier Restaurants haben – beispielsweise Joël Robuchon und Pierre Gagnaire. Die Preise in diesen Lokalen der oberen Kategorie sind manchaml ziemlich happig. Doch es gibt auch immer mehr fantastische Restaurants, die sich auf die rustikale französische oder italienische Küche spezialisiert haben und Gourmets mit kleinerem Geldbeutel gerne als ihre Gäste sehen.

Selbstversorger

Die zwei größten Supermarktketten, **Park'N'Shop** (www.parknshop.com) und **Wellcome** (www.wellcome.com.hk), sind mit riesigen Supermärkten vertreten, wo man Lebensmittel und fertig gekochtes Essen zum Mitnehmen kaufen kann.

Dazu gehören folgende Feinkostläden:

Great Food Hall (Karte S. 394; ☎2918 9986; www.greatfoodhall.com; UG, Two Pacific Place, Admiralty; ⏲10–22 Uhr)

Citysuper (Karte S. 398; ☎2506 2888; www.citysuper.com.hk; UG 1, Times Square, Causeway Bay; ⏲10.30–22 Uhr) Dieses Geschäft hat mehrere Zweigstellen.

Oliver's, the Delicatessen (Karte S. 386; ☎2810 7710; www.oliversthedeli.com.hk; 201-205, Prince's Bldg., 10 Chater Rd, Central; ⏲8.30–20 Uhr)

Taste (Festival Walk, Kowloon Tong; ⏲7–0 Uhr) Die elegante Version von Park' N' Shop.

Three Sixty (Karte S. 386; ☎2111 4480; www.threesixtyhk.com; 2. & 3. OG, Landmark Bldg, 1 Pedder St; ⏲Mo–Sa 8–21, So 9–21 Uhr; Ⓜ Central, Ausgang C) Wellcomes exklusiveres Gegenstück.

Straßenmärkte mit frischen Produkten (6–19 Uhr) findet man in der ganzen Stadt, zum Beispiel diese hier:

Ein Nudelgericht wird zum Mittagessen ausgegeben

Graham St Market (Karte S. 390; Graham St, Central; 🚌5B)

Bowrington Rd (Abseits der Karte S. 398; Bowrington Rd, Causeway Bay; Ⓜ Causeway Bay, Ausgang A)

Chun Yeung St (Chun Yeung St, North Point; Ⓜ North Point, Ausgang A2)

Canton Rd (Karte S. 407; Canton Rd, Mong Kok; Ⓜ Mong Kok, Ausgang C3)

Kochkurse

In Hongkong kann man wunderbar die Kunst der chinesischen Küche erlernen.

Home Management Centre (香港家政中心; ☎2510 2828; www.hec.com.hk; 9. OG, Electric Centre, 28 City Garden Rd, North Point; pro Kurs 90 HK$; ⌚Mi 10.30–12.30 Uhr) Bringt dem Traveller auf Englisch drei einfache chinesische Rezepte bei. Wer spontan vorbeikommt, darf auch mitmachen. Auf der Webseite unter Electric Living/Home Management Centre.

Peninsula Academy (Karte S. 402; ☎2696 6693; www.peninsula.com; The Peninsula, Salisbury Rd, Tsim Sha Tsui; pro Kurs inkl. Mittagessen 1300 HK$) Alle ein bis zwei Monate gibt hier einer der Köche des Fünfsternehotels Kurse mit wechselnden Schwerpunkten.

Towngas Cooking Centre (煤氣烹飪中心; Karte S. 398; ☎2576 1535; www.towngascooking.com; UG, Leighton Centre, 77 Leighton Rd, Causeway Bay; pro Kurs 300–350 HK$) Kurse zu verschiedenen chinesischen Kochstilrichtungen.

Veröffentlichungen & Blogs

Auf der beliebten Website **Open Rice** (www.openrice.com) verfassen die Stammgourmets der Stadt Restaurantkritiken. Einige engagierte Feinschmecker haben ihre eigenen Blogs, zum Beispiel die extrem aufschlussreiche Seite **Diary of a Growing Boy** (www.diarygrowingboy.com).

Bei folgenden Quellen finden Traveller die besten topaktuellen Restaurantempfehlungen:

Good Eating (www.scmp.com)

HK Magazine Restaurant Guide (http://hk.asia-city.com/restaurants)

WOM Guide (www.womguide.com)

BC Magazine (www.bcmagazine.net)

Best of the Best Culinary Guide (www.discoverhongkong.com/eng/dining/best-culinary-awaRdhtml)

Oben: Teezubereitung

Mitte: Dim Sum

Unten: Sushiteller

Top-Tipps

Yin Yang (S. 113) Köstliche Gerichte mit „Wow-Effekt" vom kreativsten Koch der Stadt.

Tim's Kitchen (S. 261) Gesunde und raffinierte kantonesische Küche mit zwei Michelin-Sternen.

Club Qing (S. 88) Modernes Chinesisch, besser als der Rest, in eleganter Atmosphäre.

Dong Lai Shun (S. 148) Einwandfreie nordchinesische Gerichte und zahlreiche weitere Optionen aus einer vielseitigen Küche.

Lung King Heen (S. 73) Exquisites Dim Sum, tadelloser Service und ein umwerfender Ausblick auf den Hafen.

Cēpage (S. 112) Der Koch ist ein wahrer Künstler in der französischen Haute Cuisine mit minimal bestückten Tellern.

Preiskategorien

$

One Dim Sum (S. 152)

Ziafat (S. 150)

Linguini Fini (S. 73)

Yoga Interactive Vegetarian (S. 149)

Wang Fu (S. 90)

Ser Wong Fun (S. 90)

$$

Bistronomique (S. 92)

Posto Pubblico (S. 89)

Yardbird (S. 91)

Ammo (S. 112)

Irori (S. 115)

Sha Tin 18 (S. 195)

$$$

Manor Seafood Restaurant (S. 115)

Kimberley Chinese Restaurant (S. 149)

Caprice (S. 73)

Chairman (S. 91)

Island Tang (S. 74)

Yè Shanghai (S. 151)

Dim Sum

West Villa (S. 116)

City Hall Maxim's Palace (S. 74)

Luk Yu Tea House (S. 89)

Lin Heung Kui (S. 91)

Tim Ho Wan (S. 154)

Fook Lam Moon (S. 151)

Seafood

Aberdeen Fish Market Canteen (S. 130)

Lei Yue Mun (S. 154)

Chuen Kee Seafood Restaurant (S. 199)

Tai Hing Seafood Restaurant (S. 210)

Ap Lei Chau Market Cooked Food Centre (S. 130)

Nudeln

Yat Woon Min (S. 117)

Ho To Tai Noodle Shop (S. 171)

Tasty Congee & Noodle Wonton Shop (S. 74)

Mak's Noodle (S. 90)

Ho Hung Kee (S. 115)

Dai Pai Dong

Tung Po Seafood Restaurant (S. 118)

Gi Kee Seafood Restaurant (S. 117)

Ap Lei Chau Market Cooked Food Centre (S. 130)

Soy Sauce Western

Tai Ping Koon (S. 116)

Queen's Café (S. 154)

Cha Chaan Tang

Mido Café (S. 152)

China Cafe (S. 152)

Lan Fong Yuen (S. 90)

Vegetarische Küche

Yoga Interactive Vegetarian (S. 149)

Pure Veggie House (S. 112)

Chi Lin Vegetarian (Long Men Lou; S. 153)

Life Cafe (S. 88)

Gun Gei Healthy Vegetarian (S. 116)

Bookworm Cafe (S. 210)

Fleischgerichte

Piggy Grill (S. 152)

Kimberley Chinese Restaurant (S. 149)

Iroha (S. 115)

Ba Yi Restaurant (S. 92)

Robatayaki (S. 152)

Chan Kan Kee (S. 92)

Italienisch

Posto Pubblico (S. 89)

Linguini Fini (S. 73)

Bella Vita (S. 116)

Grissini (S. 113)

Sabatini (S. 151)

Ammo (S. 112)

Französisch

Gaddi's (S. 149)

Bistronomique (S. 92)

Caprice (S. 73)

Amber (S. 75)

L'Atelier Joël de Robuchon (S. 74)

Chef Studio (S. 131)

Japanisch

Robatayaki (S. 152)

Zuma (S. 75)

Irori (S. 115)

Iroha (S. 115)

Sushi Fuku-suke (S. 115)

Inagiku (S. 75)

Südostasiatisch

Old Bazaar Kitchen (S. 114)

Golden Bull (S. 150)

Cheong Fat (S. 154)

DALAT (S. 112)

家嫂 (S. 149)

Good Satay (S. 149)

Ostasiatisch

Din Tai Fung (S. 151)

Chicken HOF & Soju Korean (S. 148)

Irori (S. 115)

Yat Woon Min (S. 117)

Scharfes Essen

San Xi Lou (S. 112)

Ziafat (S. 150)

Joon Ko Restaurant (S. 114)

Yu (S. 116)

Cheong Fat (S. 154)

Woodlands (S. 148)

Desserts

Yuen Kee Dessert (S. 92)

Tai Cheong Bakery (S. 90)

Petite Amanda (S. 75)

Vero Chocolates (S. 113)

Sweet Dynasty (S. 151)

Honeymoon Dessert (S. 200)

Atmosphäre

Island Tang (S. 74)

Lock Cha Tea Shop (S. 112)

Stables Grill (S. 149)

Ammo (S. 112)

Madam Sixty Ate (S. 112)

Mido Café (S. 152)

Mittagstisch

Caprice (S. 73)

Pierre (S. 75)

L'Atelier Joël de Robuchon (S. 74)

Heichinrou (S. 74)

Irori (S. 115)

Sushi Fuku-suke (S. 115)

Außergewöhnliches

Good Spring Co (S. 89)

Wo Mei (S. 152)

Ser Wong Fun (S. 90)

Chan Chun Kee (S. 92)

Ping Shan Traditional Poon Choi (S. 171)

GREG ELMS/GETTY IMAGES ©

Lan Kwai Fong

Ausgehen & Nachtleben

In Hongkong versteht man sich aufs Feiern – gern geht es bunt und laut zu. In der Stadt gibt es Bars und Kneipen jeder Sorte, von Pubs britischer Art über schicke Hotelbars und angesagte Treffs bis hin zu Karaoke-Schuppen für die junge chinesische Kundschaft. In den letzten Jahren hat auch die Zahl der Weinlokale und Livemusiktreffs zugenommen, die sich an vielseitige und anspruchsvolle Leute wenden, die ihren Spaß haben wollen.

Lan Kwai Fong

Die Lan Kwai Fong war früher der Inbegriff der Partyzone von Hongkong und wird derzeit komplett umgestaltet. Alte Gebäude werden niedergerissen, um neuen Platz zu machen, die noch exklusiver werden sollen. Aber auch heute gibt es hier noch Bars, in denen es munter zugeht.

Soho & Sheung Wan

Soho hat, zur Zeit jedenfalls, die Rolle der Lan Kwai Fong übernommen. In Soho steht trotzdem das Essen im Vordergrund. Das Viertel ist nur ein kurzes Stück von der LKF entfernt und zu Fuß oder durch eine Fahrt mit dem Central Escalator auf die halbe Höhe des Hügels hinauf erreichbar. Da die Mieten in Central steigen, dehnt sich das Barviertel immer weiter nach Westen aus, bis zum westlichen Ende der Sheung Wan.

Wan Chai

Wan Chai ist immer noch als Lasterhöhle verschrien (und war seit dem Vietnamkrieg eine

GUT ZU WISSEN

Öffnungszeiten

- Bars öffnen um 12 oder 18 Uhr und schließen zwischen 2 und 6 Uhr; am längsten offen haben die in Wan Chai.
- Cafés öffnen zwischen 8 und 11 Uhr und schließen zwischen 17 und 23 Uhr.

Happy Hour

- Zu bestimmten Zeiten gibt's in den meisten Kneipen, Bars und sogar einigen Clubs die Drinks um ein Drittel bis die Hälfte billiger oder man bekommt zwei Getränke zum Preis von einem.
- Happy Hour ist meist am späten Nachmittag oder frühen Abend, etwa zwischen 16 und 20 Uhr, der genaue Zeitraum variiert je nach Lokal. Abhängig von Jahreszeit, Wochentag und Lage kann sich die Happy Hour von 12 bis 22 Uhr erstrecken, und in einigen Bars bekommt man schon gleich nach Mitternacht die Drinks wieder billiger.

Preise

- Bier ab 45 HK$/Halbe (*pint*)
- Wein ab 50 HK$/Glas
- Whisky ab 50 HK$
- Cocktails 80–200 HK$
- Grundpreis in Danceclubs 200–700 HK$ (inkl. eines Getränks)

Aktuelle Infos

- *Time Out* (www.timeout.com.hk)
- *HK Magazine* (http://hk.asia-city.com)
- *bc magazine* (www.bcmagazine.net)

Kleiderordnung

In den meisten Clubs reicht sportlich-elegante Kleidung aus, aber Shorts und Badelatschen gehen nicht. Jeans sind in Hongkong populär, sie werden oft mit Stöckelschuhen oder einem Blazer getragen, wenn's eleganter wirken soll. Hongkongs Clubber sind stilbewusst – also aufbrezeln, um Eindruck zu schinden!

Anlaufstelle für US-amerikanische Seeleute und GIs), doch hat sich hier in letzter Zeit einiges gebessert. Im westlichen Teil des Viertels finden sich viele muntere, respektable Bars, doch in der Lockhart Rd reihen sich noch zweifelhafte Animierkneipen aneinander. Das weiter landeinwärts, um die Queen's Rd East jenseits der Straßenbahnschienen, gelegene Old Wan Chai mausert sich zu einem weiteren kleinen Zentrum mit guten Restaurants und eleganten Bars.

Tsim Sha Tsui

Wenn man sich vom Gedränge der Nathan Rd entfernt, entdeckt man einige nette kleine Barviertel, so etwa die Karaokebars rund um die Minden Rd und die Restaurant- und Barszene an der Knutsford Tce im Norden von Tsim Sha Tsui.

Was kostet wie viel?

Ausgehen ist in Hongkong kein billiges Vergnügen. Wer einen ganzen Abend durch die Kneipen ziehen will, muss dafür mindestens 800 HK$ veranschlagen. Man kann aber auch die Nightlife-Atmosphäre schnuppern, ohne viel Geld auszugeben – und viele junge Leute tun das: Man holt sich sein Getränk aus einem Minimarkt und hängt dann mit den Feierlustigen ab, die vor den Bars herumstehen. Es hat also durchaus seinen Grund, warum eine Gasse neben einem solchen Minimarkt in Soho (angelehnt an die Bezeichnung entsprechender zweilichtiger Straßen in Chicago) als „Cougar Alley“ bekannt ist.

Wein- & Whiskybars

Seit die Regierung 2008 alle Einfuhrzölle auf Wein abschaffte, entstehen neue Weinlokale, u.a. Bars, die Verkostungen von Spitzenweinen anbieten und sich dabei neuer önologischer Verfahren bedienen. Diese erlauben es, die Flasche zu öffnen und den verbleibenden Inhalt trotzdem unbegrenzt lange zu lagern. Man kann also wirklich seltene (und entsprechend teure) Weine probieren, ohne sich dafür zu ruinieren.

Ein weiterer neuer Trend ist Whisky – eine wachsende Zahl von Lokalen spezialisiert sich darauf, das bernsteinfarbene Getränk auszuschenken, darunter ein paar stilvolle japanische Whiskybars.

Cafés

Früher dominierten Kettenfilialen die Hongkonger Kaffeehausszene, inzwischen gibt's auch eine Handvoll schicker Cafés, die eine gepflegte Tasse Kaffee kredenzen.

CHA CHAAN TANG

Die Tee-Cafés (茶餐廳; *cha chaan tang*) sind vor allem für ihren „Strumpfhosen“-

KAFFEE, TEE ODER TEE-KAFFEE?

Duftender, starker Tee, gemischt aus
fünf verschiedenen Mischungen, in Baumwollsäckchen oder den legendären
Strümpfen – zart, allumfassend, versammelnd –
gebrüht in heißem Wasser und in eine Kanne gegossen – der Geschmack
unterscheidet sich fein nach der Zeit, die er zieht.
Kann diese hohe Kunst bewahrt werden? Gieße den Tee
in eine Tasse Kaffee – wird das eine Aroma
das andere beeinträchtigen, es verdrängen? Oder wird das andere
seinen Geschmack bewahren: Imbissbuden am Straßenrand,
gewieft und weltläufig, Garküchen des Alltags
vermischt mit einem Schlag Tratsch und gesundem Menschenverstand,
schwerer Arbeit und ein bisschen Schlamperei ... ein unbeschreiblicher Geschmack.

Leung Ping-kwan

Milchtee (奶茶; *nai cha*) auf Hongkong-Art berühmt. Das starke Gebräu besteht aus einer Mischung verschiedener Schwarztees, denen zerstoßene Eierschalen beigegeben werden, um das Ganze sämiger zu machen. Das Getränk wird durch einen Stoff gefiltert, der an eine Strumpfhose erinnert, und mit Kondensmilch getrunken. Der Tee wird manchmal mit drei Teilen Kaffee gemixt – so entsteht der für Hongkong so typische Tee-Kaffee oder *yin yeung* (鴛鴦), was „Mandarinente" bedeutet (jenes Tier steht für eheliche Harmonie).

Tanz

TANGO

Hongkong besitzt eine kleine, begeisterte Tangogemeinde, die sich aus Büroangestellten, Freiberuflern und Expats zusammensetzt. Bei **Tango Tang** (www.tangotang.com), der bekanntesten aller Tangoschulen, stehen alle Tango-Veranstaltungen – auch die anderer Veranstalter – auf der Website. Man kann auf jeder der vielen *Milongas* (Tanzpartys), die jede Woche in den Restaurants und Tanzstudios überall in der Stadt stattfinden, das Tanzbein schwingen.

Am Jahresende werden im Rahmen des **Hong Kong Tango Festival** (www.hktangofest.com) Kurse, Workshops und noch mehr Partys veranstaltet. Wie Auswärtige da mitmachen können, lässt sich auf der Website in Erfahrung bringen.

SALSA

Hongkongs muntere Salsa-Gemeinde veranstaltet wöchentlich Clubabende, an denen alle teilnehmen können, die daran Spaß haben. Infos finden sich unter www.dancetrinity.com oder www.hongkong-salsa.com. Zum jährlich meist im Februar stattfindenden **Hong Kong Salsa Festival** (http://hksalsafestival.com) kommen Teilnehmer aus aller Welt. Detaillierte Infos zu den Veranstaltungen und den Partys danach stehen auf der Website.

SWING

Wer auf Swing steht, hat mindestens sechs Mal im Monat die Gelegenheit, zur Musik von Live-Jazzbands abzugrooven (manchmal gibt's kostenlose Anfängerkurse). Weitere Infos finden sich im Veranstaltungskalender auf www.hongkongswings.com.

Partys, die von netten Drag-Queens geleitet werden, finden am ersten und dritten Sonntag jeden Monats in der schwulenfreundlichen Bar Tivo (S. 95) statt. Dabei gibt's einen DJ, zwei Cocktails zum Preis von einem und auch was zu essen. Die Party beginnt gegen 19 Uhr und wird immer besser, je später es wird.

Karaoke

Karaoke-Clubs sind bei den jungen Einwohnern der Stadt beliebt wie eh und je – in Causeway Bay und Wan Chai gibt's eine ganze Reihe und dazu ein paar Nachbarschaftstreffs in Mong Kok. Meist bildet kantonesischer Pop, der oft westlichen Rock und Pop mit chinesischen Melodien und Texten mixt, die Klangtapete, aber in aller Regel werden zwischendurch auch Oldies und englischsprachiger Pop geboten.

SCHWULEN- & LESBENSZENE IN HONGKONG

Die Homosexuellenszene Hongkongs ist zwar nicht so munter und präsent wie die in anderen Teilen der Welt, erweiterte sich aber in den letzten Jahren und besteht inzwischen aus mehr als zwei Dutzend einschlägigen Bars und Clubs.

Bars & Clubs

DYMK (Map p362; ☎2868 0626; 16 Arbuthnot Rd, Central; ⏰18–4 Uhr; Ⓜ Central, Ausgang D2) Das *Does your mother know?* ist eine elegante, schwulenfreundliche Bar. Die wählerische Klientel aus Berufstätigen macht es sich in stilvoll beleuchteten Separees gemütlich.

Virus (Map p374; ☎2904 7207; 6/F, Pak Tak Centre, 468 Jaffe Rd) In dieser Bar trifft sich ein junges, lesbisches Publikum bei billigem Bier und Karaoke. Man kann sich hier gut einen Eindruck von der Szene verschaffen, wird aber kaum jemanden kennenlernen, weil die Gäste in festen Gruppen unterwegs sind.

Propaganda (Map p362; ☎2868 1316; UG, 1 Hollywood Rd, Central; ⏰9Di–Do 21–4, Fr & Sa bis 6 Uhr, Happy Hour Di–Do 21–1.30 Uhr; Ⓜ Central, Ausgang D2) Hongkongs bevorzugter Schwulen-Dance- und Kontakt-Club; freitags und samstags gilt ein Grundpreis (120–160 HK$), für den man freitags auch ins Works kommt. Eingang in der Ezra's Lane.

T:me (Map p362; ☎2332 6565; www.time-bar.com; 65 Hollywood Rd; ⏰Mo–Sa 18–2 Uhr) Die kleine, schicke Schwulenbar befindet sich nahe dem Club 71 in einer Gasse, die von der Hollywood Rd abgeht. Die Drinks sind teuer; werktags gibt's täglich eine Happy Hour.

Volume (Map p362; ☎2857 7683; 83-85 Hollywood Rd, Central; ⏰18–4 Uhr, Happy Hour 19.30–21.30 Uhr; 🚌26) In dieser schick-kitschigen, mit vielen Spiegeln prunkenden Cocktailbar tönt laute Musik, von Hits der 1980er-Jahre bis hin zu den aktuellen Dance-Charts. Das Publikum ist ein Mix aus schwulen Einheimischen und ortsansässigen Ausländern.

Works (Map p362; ☎2868 6102; 1. Stock, 30-32 Wyndham St, Central; ⏰19–2 Uhr, Happy Hour Mo–Fr 19–22.30 Uhr; Ⓜ Central, Ausgang D2) Im Schwesterclub des Propaganda beginnen die meisten Schwulen ihren Partyabend. Hier kann man sich gut Typen ausgucken, ehe es dann ins P weitergeht. Am Wochenende wird ein Grundpreis (60–100 HK$) erhoben.

Explode (Map p374; ☎2890 8882; 9. Stock, Jardin Centre, 50 Jardine's Bazaar, Causeway Bay; ⏰21 Uhr–open end; Ⓜ Causeway Bay, Ausgang F) Die Nachbarschaftsbar und Karaoke-Lounge bietet Platz für rund 100 Gäste. Es gibt monatliche Themenabende, darunter Beach-Boy-Contests und Gesangswettbewerbe.

Boo (Map p382; ☎2736 6168; www.boobar.com.hk; 5. Stock, Pearl Oriental Tower, 225 Nathan Rd, Jordan; ⏰So–Do 19–2, Fr bis 4, Sa 21–4 Uhr, Happy Hour 19–21 Uhr; Ⓜ Jordan, Ausgang C1) Diese entspannte Schwulenbar in der Nathan Rd hat eine Karaoke-Jukebox und scheint die bärigen Typen aus der Szene anzulocken. Samstags legt ab 21 Uhr ein DJ auf.

Praktische Informationen

Dim Sum (http://dimsum-hk.com) Kostenloses Monatsblatt mit Programmkalender.

Gay Home Stay HK (☎5100 6877; www.gayhomestayhk.com; 21 Hung Kwong St, To Kwa Wan; EZ/DZ/2BZ 460/560/560 HK$) Das von dem geschäftstüchtigen Akis Tan, einem weitgereisten Traveller und zertifizierten Masseur, geführte Apartment in einem Mietshaus ist eine beliebte Unterkunft für Schwule. Hier werden auch schwulenfreundliche Touren durch Hongkong sowie nach Shēnzhèn und Guǎngzhōu organisiert.

Les Peches (☎9101 8001; lespechesinfo@yahoo.com) Hongkongs wichtigste Lesbenorganisation veranstaltet monatlich Events für Lesben, Bisexuelle und deren Freundinnen.

One-Nil (onenilhk@gmail.com) Schwules Fußball-Network.

OUTconcorde (Map p362; ☎2526 3391; www.outconcorde.com; 1. Stock, Galuxe Bldg, 8-10 On Lan St, Central) Reiseberatung, die von Leute durchgeführt wird, die auf schwule Traveller spezialisiert sind.

Utopia Asia (www.utopia-asia.com/hkbars.htm) Die Website listet schwulenfreundliche Treffs und Events in Hongkong auf.

Top-Tipps

Globe (S. 93) Das geräumige, aber gemütliche Lokal bietet feine Importbiere und das erste in Hongkong gebraute, im Fass gereifte Ale.

Gecko Lounge (S. 94) Tolle Weine, französische Musik und Künstlerstimmung sorgen für ein cooles, trauliches Flair.

Executive Bar (S. 119) Exklusive Whisky- und Cocktailbar, in der kundige japanische Barmixer am Tresen stehen.

Club 71 (S. 94) Hier treffen sich Aktivisten, Künstler, Musiker und Gesellschaftskritiker zum Quatschen und Feiern.

Pawn (S. 119) Der Gastropub residiert in einer alten Pfandleihe und drei Mietshäusern mit Blick auf die Straßenbahnschienen.

8th Estate Winery (S. 127) Hongkongs allererstes Weingut stellt in einem Fabrikgebäude Wein aus Trauben her, die aus aller Welt bezogen werden.

Aussicht

Sevva (S. 75)

Aqua Spirit (S. 154)

Ozone (S. 154)

Back Beach Bar (S. 132)

Sugar (S. 120)

Intercontinental Lobby Lounge (S. 155)

Cafés

Peninsula Hong Kong (S. 286)

Teakha (S. 93)

Barista Jam (S. 93)

Lan Fong Yuen (S. 90)

Capo's Espresso (S. 93)

Mido Cafe (S. 152)

Cocktailbars

Butler (S. 154)

Oriental Sake Bar Yu Zen (S. 120)

Yun Fu (S. 95)

Bar 42 (S. 94)

Sevva (S. 75)

Whiskybars

Butler (S. 154)

Whiskey Priest (S. 95)

Macallan Whisky Bar & Lounge (S. 270)

Weinstuben

Amo Eno (S. 76)

Flying Winemaker (S. 94)

Central Wine Club (S. 95)

Kneipen

Whiskey Priest (S. 95)

Smugglers Inn (S. 132)

Delaney's (S. 119)

Nachtclubs

Dragon-i (S. 95)

Likuid (S. 95)

Club 97 (S. 95)

Beijing Club (S. 97)

Leute gucken

Peak Cafe Bar (S. 94)

Classified Mozzarella Bar (S. 118)

Quay West (S. 97)

Bit Point (S. 94)

1/5 (S. 118)

Staunton's Wine Bar & Cafe (S. 94)

Entspannte Drinks

Pier 7 (S. 76)

Quay West (S. 97)

Agave (S. 119)

Bit Point (S. 94)

Sportbars

Amici (S. 119)

Liberty Exchange (S. 76)

Whiskey Priest (S. 95)

Dickens Bar (S. 119)

Delaney's (S. 119)

Voll schräg

Ned Kelly's Last Stand (S. 155)

Snake King Yan (S. 155)

Fullcup Café (S. 155)

Lokalkolorit

Utopia (S. 155)

Habitat (S. 119)

Fullcup Café (S. 155)

Vibes (S. 155)

Kneipenessen

Dickens Bar(S. 119)

Delaney's (S. 119)

Classified Mozzarella Bar (S. 118)

Agave (S. 119)

AMOY (S. 118)

TRAVELASIA/GETTY IMAGES ©

Mädchen in Kostümen der Chinesischen Oper

Unterhaltung

Hongkongs Kunst- und Unterhaltungsszene geht's besser als je zuvor. Auf dem immer volleren Kulturkalender stehen Musik, Theater und Tanz, die auf einer reichen Tradition gründen. Auch die Liste der importierten Darbietungen ist schlichtweg atemberaubend. Jede Woche führen lokale Kunstensembles und Solokünstler einfach alles auf – von Bach über Stand-up-Comedy und kantonesische Opern bis hin zu Tschechow-Stücken in englischer Sprache.

Darstellende Künste

Einheimische westliche Musikensembles und Theatertruppen treten jede Woche auf, aber auch berühmte internationale Gruppen werden häufig zu Auftritten eingeladen, besonders während des Hong Kong Arts Festivals im März. Dieses alljährliche Event lockt weltberühmte Namen aus Musik, Theater und Tanz in die Stadt, unter ihnen auch das Bolschoi-Ballett, Anne-Sophie Mutter und der Dramatiker Robert Wilson.

Kino

Hongkong ist eine echte Kinostadt, in der sowohl Blockbuster als auch Arthouse-Filme ein Zuhause haben. Die meisten Kinos zeigen jedoch lokale Produktionen und Hollywoodstreifen. Der Großteil der Filme hat sowohl englische als auch chinesische Untertitel.

Begeisterte Cineasten aus ganz Asien pilgern jedes Jahr im März und April zum **Hong Kong International Film Festival** (www.hkiff.com).

Konzerte

Hongkong ist eine wichtige Station auf dem Tourneeplan großer Namen, und es treten immer mehr international gefeierte Bands und Solokünstler in der Stadt auf. Zu ihnen gehören sowohl Mainstream-Acts als auch Künstler vom Rande des Mainstream – von U2, Robbie Williams und den Red Hot Chilli Peppers über die Kings of Convenience bis hin zu Deerhoof und Mogwai.

Livemusik

Hongkongs Livemusikszene hat in jüngster Vergangenheit eine Renaissance erlebt, und in immer mehr Läden spielen an mehreren Abenden in der Woche unabhängige (einheimische und internationale) Musiker. Die Auswahl reicht von entspannten Jazzabenden bis zu wilden Gothic-Metal-Nächten, ganz zu schweigen von Dub Step, Drum 'n' Base aus der Postrock-Ära oder Electro.

Der **Fringe Club** (☎2521 7251; www.hkfringe.com.hk; 2 Lower Albert Rd, Central; Ⓜ Central, Ausgänge D1, D2 & G), **Backstage Live** (☎2167 8985; www.backstagelive.hk; 1. St., Somptueux Central, 52-54 Wellington St, Central; Ⓜ Central, Ausgang D1) und Grappa's Cellar (S. 76) sind beliebte Läden. Und man sollte unbedingt einen Abstecher ins „versteckte" Hidden Agenda (S. 157) machen.

Das **Hong Kong International Jazz Festival** (www.hkjazz.org) erfreut Jazzliebhaber.

Clockenflap

Der Höhepunkt in Hongkongs Livemusik-Kalender ist das ausgezeichnete Open-Air-Festival, das als **Clockenflap** (www.clockenflap.com) bekannt ist. Bei diesem zweitägigen Event sind schon Dutzende lokaler, regionaler und internationaler Künstler auf der Promenade in West Kowloon aufgetreten.

Flamenco

Zwei Flamencobands treten regelmäßig in Hongkong auf: Sol Y Flamenco (normalerweise einmal im Monat im Backstage Live oder im Fringe Club) und Reorientate (eine Fusion-Weltmusik-Band). Flamencotänzerin und -lehrerin **Ingrid Sera-Gillet** (http://hkflamenco.com) steht mit beiden auf der Bühne. Näheres zu den Aufführungen und zum Unterricht ohne Voranmeldung gibt's hier:

Clara Ramona Flamenco (www.hk-flamenco-dance-arts.com)

Felah Mengus (www.felah-mengus.com)

Flamenco Hong Kong (www.flamenco.hk)

Hong Kong Flamenco Arts Centre (www.fachk.com)

Kantonesische Oper

Wer sich die Aufführung einer kantonesischen Oper ansehen will, ist in Hongkong genau richtig: Die beste Zeit für einen Besuch ist während des Hong Kong Arts Festivals im Februar/März und während des Mittherbstfestes, wenn im Victoria Park Open-Air-Aufführungen stattfinden. Man kann aber auch auf dem Nachtmarkt in der

GUT ZU WISSEN

Tickets & Reservierungen

Diese größten Ticketanbieter verkaufen Tickets zu allen wichtigen Veranstaltungen in Hongkong. Man kann sie online oder telefonisch buchen oder die Karten direkt an den Veranstaltungsorten kaufen.

Urbtix (☎2734 9009; www.urbtix.hk/; ⏲10–20 Uhr)

Cityline (☎2317 6666; www.cityline.com.hk; ⏲10–20 Uhr)

Hong Kong Ticketing (☎3128 8288; www.hkticketing.com; ⏲10–20 Uhr)

Preise

Man sollte mit ca. 80 HK$ für einen Sitzplatz in den hinteren Reihen für ein Konzert der Hongkong Philharmoniker und rund 600 HK$ für ein Konzert großer internationaler Namen oder internationaler Musicalproduktionen wie *Chicago* rechnen.

Kinokarten kosten zwischen 65 HK$ und 100 HK$, aber Matineen – die letzte Vorstellung des Tages am Wochenende und an Feiertagen (normalerweise um 23.30 Uhr) – oder der Besuch an bestimmten Wochentagen sind oft günstiger. Fast alle nicht-englischsprachigen Filme haben sowohl chinesische als auch englische Untertitel.

Was läuft wo?

Artmap (www.artmap.com.hk)

Artslink (www.hkac.org.hk; ⏲10–18 Uhr)

bc magazine (www.bcmagazine.net)

HK Magazine (http://hk-magazine.com)

Time Out (www.timeout.com.hk; 18 HK$)

Temple Street oder während verschiedener chinesischer Feste eine Aufführung besuchen.

Im Sunbeam Theatre (S. 120) und im neuen Yau Ma Tei Theatre (S. 145) finden täglich Darbietungen statt. Wer kein Kantonesisch spricht, kauft sich seine Karten fürs Sunbeam Theatre am besten über die Ticketstellen Urbtix oder CityLine.

Top-Tipps

Hong Kong International Film Festival (S. 48) Asiens wichtigstes Filmfestival zeigt sowohl esoterische Werke als auch Publikumslieblinge.

Clockenflap (S. 49)

Hong Kong Arts Festival (S. 25) Dies ist Hongkongs aufregendstes Open-Air-Musikfestival.

Hidden Agenda (S. 157) Der am besten sichtbare „versteckte" Laden mit Livemusik in der ganzen Stadt.

Street Music Concert (S. 120) Kostenlose Livemusik unter dem funkelnden Sternenzelt – mit allem von Bach bis zu seriösem Jazz.

Die beste Livemusik

Peel Fresco (S. 97)

Backstage Live (S. 49)

Joyce Is Not Here (S. 97)

Grappa's Cellar (S. 76)

Fringe Club (S. 49)

Der beste Underground-Vibe

XXX (S. 98)

Cattle Depot Artist Village (S. 146)

Grappa's Cellar (S. 76)

Makumba Africa Lounge (S. 97)

Das beste Theater

Hong Kong Arts Centre (S. 120)

Hong Kong Academy for the Performing Arts (S. 121)

Hong Kong Cultural Centre (S. 156)

Hong Kong City Hall (S. 71)

Fringe Club (S. 49)

Cattle Depot Artist Village (S. 146)

Cheongsams (eng anliegende chinesische Kleider) im Angebot

Shoppen

Hongkong ist als neonbunter Pilgerort für Shoppingwütige bekannt. Die Stadt ist auf eine positive Art und Weise vollgestopft mit protzigen Einkaufszentren und Markenboutiquen. Es sind nicht nur internationale Marken mit ihren Outlets vertreten, sondern auch einheimische Wegbereiter des Einzelhandels sowie einige kreative Designer. Zusammen bilden sie Hongkongs Schreine und Tempel des Stils und des Konsums.

Antiquitäten

In Hongkong findet man eine reiche Auswahl an asiatischen (insbesondere chinesischen) Antiquitäten. Seriöse Sammler halten sich meist an angesehene Antiquitätenläden und Auktionshäuser, denn Fälschungen und professionelle Kopien gibt es zuhauf. Die meisten hochwertigen Stücke werden daher von Auktionshäusern wie Christie's verkauft (Auktionen im Frühjahr und Herbst).

Die meisten Antikläden Hongkongs sind entlang der Wyndham St und Hollywood Rd in den Stadtteilen Central und Sheung Wan zu finden. Die Läden am westlichen Ende der Hollywood Rd neigen eher zu billigem Krimskrams wie Magazinen, chinesischen Propagandapostern und Abzeichen.

Alte chinesische Handarbeiten findet man in den großen Warenhäusern.

Kleidung

DESIGNERMARKEN & BOUTIQUEN

Weltweit bekannte Designermarken und Luxusgeschäfte sind hauptsächlich in Ein-

GUT ZU WISSEN

Öffnungszeiten

- Central: normalerweise 10–20 Uhr
- Causeway Bay: 11–21.30 oder 22 Uhr
- Tsim Sha Tsui: 11–20 Uhr
- Die meisten Läden sind sonntags offen
- Der Winterschlussverkauf findet im Januar statt, der Sommerschlussverkauf Ende Juni und Anfang Juli

Service

Das Servicepersonal ist sehr aufmerksam, Kreditkarten werden fast überall akzeptiert.

Duty Free

In Hongkong gibt es keine Mehrwertsteuer, deshalb sollte man die „Tax Free"-Schilder in manchen Läden einfach ignorieren. Gebühren werden allerdings für den Kauf von Tabak, Parfüm, Kosmetik und Autos fällig. Im Grunde ist außerhalb von Duty Free Shops alles ein wenig billiger.

Garantien & Gewährleistungen

Manch importierte Ware hat nur in Hongkong eine Garantie. Bei bekannten Marken kann man die Garantiekarte beim Importeur in Hongkong gegen eine Karte für das Heimatland eintauschen. Gegenstände vom grauen Markt, die nicht offiziell eingeführt wurden, haben manchmal nur eine Garantie für ihr Herstellungsland oder gar keine.

Rückgabe & Umtausch

Nur in den wenigsten Geschäften kann man Artikel zurückgeben, doch viele Läden tauschen Sachen doch um, wenn sie unbeschädigt sind und man einen Beleg hat.

Warenversand

Viele Geschäfte verpacken und versenden größere Gegenstände. Vorher sollte man aber checken, ob die Ware im Zielland verzollt werden muss. Kleinere Einkäufe kann man vom Postamt aus oder mit **DHL** (☎2400 3388) verschicken.

Gibts Probleme?

- **HKTB's Quality Tourism Services** (QTS; ☎2806 2823; www.qtshk.com)
- **Hong Kong Consumer Council** (☎2929 2222; www.consumer.org.hk; ⏲ Mo–Fr 9–17.45 Uhr)

kaufszentren wie IFC oder The Landmark in Central, Pacific Place in Admiralty und Festival Walk in Kowloon Tong vertreten. Einige dieser Läden, z. B. Prada, betreiben am Horizon Plaza in Ap Lei Chau Outlets, in denen sie Mode der letzten Saison zu reduzierten Preisen verkaufen.

In den vielen Mittelklasse-Einkaufszentren findet man zweit- oder drittrangige Marken, Modeketten wie Mango und Zara und einheimische Geschäfte wie Giordano.

Wer eher nach einzigartigen Stücken sucht, kommt in Sheung Wan, Wan Chai und Tsim Sha Tsui auf seine Kosten, wo ein paar unabhängige Läden von einheimischen Designern und Einzelhändlern eröffnet wurden. Hier findet sich so manch originelles Stück, allerdings nicht in vielen Stilrichtungen.

STRASSENMÄRKTE & MINI-EINKAUFSZENTREN

Günstige Kleidung gibts in Tsim Sha Tsui am östlichen Ende der Granville Rd und auf der Cheung Sha Wan Rd in Sham Shui Po. Die Straßenmärkte auf der Temple St in Yau Ma Tei und der Tung Choi St in Mong Kok bieten die preisgünstigsten Outfits. Ein Abstecher nach Li Yuen St East und Li Yuen St West, zwei enge Gassen zwischen Des Voeux Rd Central und Queen's Rd Central, dürfte sich ebenfalls lohnen. Hier findet man haufenweise billige Klamotten, Taschen, Rucksäcke und Modeschmuck.

Die Mini-Einkaufszentren in Tsim Sha Tsui sind vollgestopft mit allem, was jung und trendy ist, ob von einheimischen Designern, importiert vom Festland oder aus Korea. Wer mehr als ein Stück kauft, kann meist feilschen, und wer den richtigen Blick dafür hat, kommt günstig zu einem schicken Outfit.

Handwerkskunst & Souvenirs

Altes chinesisches Kunsthandwerk und ähnliche Erzeugnisse, wie aus Holz handgeschnitzte Stücke, Keramiken, Cloisonné, Kleidungsstücke aus Seide sowie Tischsets, verkaufen die großen chinesischen Warenhäuser: z. B. das Chinese Arts & Crafts und das Yue Hwa Chinese Products Emporium.

In den Gassen von Tsim Sha Tsui findet man eine kleinere Auswahl ähnlicher Kunstgegenstände, die Qualität ist jedoch schlechter – Preise bei verschiedenen Verkäufern vergleichen und handeln!

Wer den moderneren chinesischen Stil sucht, darf Shanghai Tang nicht verpassen (die Modeboutique hat Zweigstellen in der ganzen Stadt). Hier gibt es eine große

Auswahl an Kissen, Geschirr, Bilderrahmen und anderen Dekorationsgegenständen.

Im Möbelgeschäft G. O. D. gibt es Haushaltswaren und Büroutensilien mit dem gewissen frechen Hongkong-Touch.

Kunst

Die Zahl der Kunstgalerien in Hongkong wächst stetig. Hier verkaufen einheimische Künstler Malereien, Skulpturen, Keramikarbeiten und Installationen – einige davon sind wirklich gut! Die kommerziellen Kunstgalerien der Stadt liegen an der Wyndham St und Hollywood Rd in Central und Sheung Wan.

Die jährliche Messe Hong Kong Art Fair, der Hong Kong Artwalk im März, Le French May im Frühjahr und Fotanian im Oktober bieten gute Gelegenheiten, um Kunstgegenstände zu kaufen oder sich mit der interessanten Szene der bildenden Künste der Stadt bekannt zu machen.

Edelsteine & Schmuck

Die Chinesen schreiben der Jade mehrere magische Eigenschaften zu, beispielsweise die Kraft, das Altern aufzuhalten und den Menschen vor Unfällen zu bewahren. Der Jademarkt in Yau Ma Tei ist unterhaltsam, wer sich mit Jade aber nicht gut auskennt, sollte auf teure Anschaffungen allerdings lieber verzichten.

Die Auswahl an Perlen, egal ob es um Zucht- oder Süßwasserperlen geht, ist in Hongkong riesig. Die Einkaufspreise für andere wertvolle Steine liegen nur ein klein wenig unter den Preisen, die anderswo verlangt werden. Die angesehenen Juwelengeschäfte, von denen es in Tsim Sha Tsui und Mong Kok eine Menge gibt, stellen Zertifikate aus, die einem genau bescheinigen, was man gekauft hat und dass das Geschäft die Ware zu einem fairen Marktpreis wieder zurückkauft.

HIGHTECH-SHOPPING

Unzählige Läden haben sich in Hongkong auf elektronische und digitale Geräte spezialisiert. Die Angebotspalette und Preise variieren jedoch stark. Gleichzeitig kann die Englischkompetenz der Händler von „genug, um einen Deal abzuschließen“ (Mong Kok, Sham Shui Po) bis hin zu „anständig“ (der Rest) reichen. Die meisten Ladenbesitzer sind ehrlich, doch einige sind dafür bekannt, dass sie zweitrangige Ware als neu anbieten. Wenn man all dies in Betracht zieht, ist Wan Chai die sicherste Lösung. Technikfreaks werden aber auch von den Einkaufszentren und Flohmärkten in Sham Shui Po begeistert sein.

Wan Chai Computer Centre (S. 121) Hier gibt's alles, was man so braucht: iPhones und Tablets, Notebooks, Laptops und individuell gefertigte Computergehäuse. Spielraum zum Handeln!

Star Computer City (S. 158; Tsim Sha Tsui) Der teuerste der Läden mit Fokus auf Apple-Produkte. Keine individuell gefertigten Computergehäuse.

In Square (S. 123; Causeway Bay) Hohe Preise, mehr Gadgets als Computer.

Ap Liu Street Flea Market (S. 160; Sham Shui Po) Das Paradies für abgebrannte Computerfans. Alles neu oder gebraucht, darunter Tablets, Lautsprecher und Satellitenschüsseln – Batterien dafür sind allerdings schwer aufzutreiben –, Fernbedienungen, die bei fünf TV-Marken funktionieren, ferngesteuertes Spielzeug, auf dubiosen Wegen importierte Handys, Kopfhörer und chinesische Android Tablets (50 bis 70 % billiger als bei uns).

Golden Computer Arcade & Golden Shopping Center (S. 160; Sham Shui Po) Alles was man braucht, aber günstiger als in Wan Chai. Samstags und sonntags sind die Preise noch niedriger. An den Geräten hängen Preisschilder, Handeln ist nicht gern gesehen.

Mong Kok Computer Centre (S. 159) Billige, in China hergestellte Tablets, die sehr viel günstiger verkauft werden als bei uns. Individuell gefertigte Computergehäuse, jedoch keine Computerteile stehen zum Verkauf.

Sin Tat Plaza (S. 159; Mong Kok) *Das* Einkaufszentrum für mobile Geräte: iPhones, iPads, Androidgeräte, chinesische Replikate, Fälschungen, parallel importierte Telefone (aus Japan, Korea, den USA und Europa), falsche Telefone und Handys, die man auch als Feuerzeug benutzen kann. Achtung: Hier werden viele wieder verpackte Secondhand-Telefone als neu verkauft.

MICHAEL COYNE/GETTY IMAGES ©

Oben: Cityplaza Einkaufszentrum (S. 123), Quarry Bay

Links: Shanghai Tang (S. 76), Central

Lederwaren & Reisegepäck

In Hongkongs Kaufhäusern ist alles vertreten, was Rang und Namen hat, z.B. Louis Vuitton, Samsonite und Rimowa, aber auch ein paar einheimische Verkäufer im Reisegepäck-Business. Der Wander- und Reisetrend, der immer stärker wird, treibt auch den Verkauf von Outdoor-Equipment in darauf spezialisierten Läden an, wo es Rucksäcke in sehr guter Qualität zu kaufen gibt. Wer nach einer einfachen Tasche oder nach kleineren Rucksäcken sucht, wird auf der Li Yuen St East und der Li Yuen St West in Central oder Stanley Market fündig.

Fotoausrüstung

Um Kameras und Fotozubehör zu erstehen, begibt man sich am besten in die Stanley St in Central. Alle Artikel sind mit Preisen versehen, aber man kann versuchen zu handeln, wenn man nicht zu unverschämte Vorstellungen hat. Niemals sollte man eine Kamera ohne Preisschild kaufen: Das schließt schon mal die meisten Läden in Tsim Sha Tsui aus. Apropos Tsim Sha Tsui, hier gibt es einige Läden auf der Kimberley Rd, die sich auf gebrauchte Kameras spezialisiert haben; auf der Sai Yeung Choi St in Mong Kok gibt es unzählige Fotoläden.

Uhren

Geschäfte, die mit Uhren handeln, sind in Hongkong allgegenwärtig. Von der Rolex bis hin zum russischen Armeezeitmesser oder zu Tauchuhren findet man hier alles. Läden ohne Preisschilder meiden. Die großen Kaufhäuser und City Chain sind in Ordnung, es lohnt sich aber, die Preise zu vergleichen.

Einheimische Marken & Designer

Zwar gibt es in Hongkong keinen Überfluss an skurrilen, kreativen Unikaten oder einzigartigen Vintage-Stücken so wie in London, New York oder Kopenhagen (doch was zahlen die an Miete?!). Dafür bietet aber eine überschaubare Gruppe an einheimischen Designerboutiquen mit Leidenschaft Artikel von Qualität, Charakter und Stil an, insbesondere Mode und Möbel.

In Soho, Wan Chai, Causeway Bay und Tsim Sha Tsui findet man die meisten dieser Läden. Manche, wie Homeless, führen teils schicke, design-orientierte Artikel (hiesige und importierte), während andere, wie das Möbelgeschäft G.O.D. oder die Modeboutiquen Shanghai Tang und Initial, mit eigenen Designerteams arbeiten.

Defensives Shoppen

Hongkong ist zwar keine Stadt, in der man leicht über den Tisch gezogen wird, doch wer nicht aufpasst, fällt vielleicht doch auf einen miesen Deal herein.

Was auch immer man kaufen will, vorher sollte man stets die Preise der unterschiedlichen Läden vergleichen. Die meisten Touristen werden einfach durch überhöhte Preise übers Ohr gehauen. In einigen Elektrogeschäften in der touristischen Einkaufsgegend von Tsim Sha Tsui haben viele Waren kein Preisschild, weshalb es dringend nötig ist, vorher in mehreren Läden nach den Preisen zu fragen. In manchen Fällen bekommt man bei einer teuren Anschaffung einen vernünftigen oder sogar niedrigen Preis angeboten, nur um dann bei der Ausstattung in Sachen Preis über den Tisch gezogen zu werden.

Überteuerte Preise zu erkennen, ist dabei noch der leichteste Teil der Übung. Zu den gerissenen (jedoch seltenen) Tricks der Händler gehört es, wichtige Teile des Artikels zu entfernen, die kostenlos dabei gewesen wären. Kommt der Kunde dann in den Laden zurück und fordert die Teile ein, verlangen die Händler dann noch einen Aufpreis. Oder die Händler ersetzen die hochwertigen Bestandteile des Produkts durch billige Teile.

Handeln

Die Verkäufer in Kaufhäusern und bei Ketten dürfen meist keine Preisnachlässe geben, doch in selbstständig betriebenen Läden und auf Märkten kann man immer versuchen zu handeln.

Manche Touristen sind der Meinung, dass man Artikel immer für die Hälfte des ursprünglich ausgezeichneten Preises bekommt. Doch wenn man ein Produkt so nach unten handeln kann, sollte man es sich lieber zwei Mal überlegen, ob man es wirklich in diesem Laden kaufen sollte. Man muss immer bedenken, dass die Spiegelreflexkamera vielleicht dann wenig kostet, dass man dafür aber vielleicht zu viel für die Speicherkarte zahlt oder dass im schlimmsten Fall Zubehör oder eine internationale Garantie fehlt.

Deshalb lieber nicht zu sehr nach dem super billigen Preis schauen. Was sind denn schon 2 HK$ Nachlass auf ein Souvenir, das vorher 20 HK$ gekostet hat? Für den Touristen ist es nichts, für die alte Dame, die es verkauft, aber vielleicht viel.

Top-Tipps

G.O.D. (S. 121) Tolle Lifestyle-Accessoires, Haushaltsgegenstände und Geschenke – Hongkong durch und durch, mit einem Touch Verschmitztheit.

Wattis Fine Art (S. 98) Antike Landkarten und nostalgische Fotografien von Hongkong und Macao.

Shanghai Tang (S. 76) Klassische Haushaltgegenstände und Kleidung im modernen Chinoiserie-Stil.

Pottery Workshop (S. 100) Wunderbare Keramikgegenstände von Hongkongs einheimischen Künstlern.

Lane Crawford (S. 77) Luxuskaufhaus, das sich auf elegante Kleidung, Haushaltswaren und Accessoires spezialisiert hat.

Daydream Nation (S. 121) In Hongkong entworfene Streetwear-Mode, ausgefallen, tragbar und ein klein bisschen theatralisch.

Mode

Joyce (S. 77)

Initial (S. 157)

Vivienne Tam (S. 160)

9th Muse (S. 99)

Horizon Plaza (S. 132)

Lu Lu Cheung (S. 99)

Geschenke

Yue Hwa Chinese Products Emporium (S. 160)

Chinese Arts & Crafts (S. 157)

Curio Alley (S. 158)

Picture This (S. 77)

Mountain Folkcraft (S. 100)

Lam Kie Yuen Tea Co (S. 100)

Antiquitäten

Arch Angel Antiques (S. 98)

Tai Sing Fine Antiques (S. 98)

David Chan Photo Shop (S. 156)

Honeychurch Antiques (S. 98)

Indosiam (S. 100)

Picture This (S. 77)

Kunst

Karin Weber Gallery (S. 100)

Saamlung (S. 78)

C&G Artpartment (S. 145)

Pearl Lam Galleries (S. 78)

Chai Wan factory warehouse (S. 110)

Jockey Club Creative Arts Centre (S. 145)

Bücher

Flow (S. 98)

Hong Kong Reader (S. 159)

ACO Books (S. 122)

MCCM Bookshop (S. 121)

Page One (S. 160)

Kelly & Walsh (S. 121)

Gadgets

Wan Chai Computer Centre (S. 121)

Golden Computer Arcade (S. 160)

Golden Shopping Center (S. 160)

Ap Liu Street Flea Market (S. 160)

Sin Tat Plaza (S. 159)

Mong Kok Computer Centre (S. 159)

Einkaufszentren

IFC Mall (S. 77)

Pacific Place (S. 121)

Elements (S. 160)

Festival Walk (S. 160)

Rise Shopping Arcade (S. 157)

Times Square (S. 123)

Essen & Getränke

Portrait Winemakers & Distillers (S. 100)

Tak Hing Dried Seafood (S. 159)

Yiu Fung Store (S. 123)

Citysuper (S. 77)

Three Sixty (S. 78)

Märkte

Stanley Market (S. 132)

Ap Liu Street Flea Market (S. 160)

Temple Street Night Market (S. 147)

Cheung Sha Wan Road (S. 161)

Tung Choi St Market/Ladies' Market (S. 147)

Skurrile Teile

Sino Centre (S. 159)

Chan Wah Kee Cutlery Store (S. 158)

Picture This (S. 77)

Tai Yuen Street Toy Shops (S. 123)

Bespoke swords by Antonio Cejunior (S. 265)

Ap Liu Street Flea Market (S. 160)

TAO IMAGES LIMITED/GETTY IMAGES ©

Drachenbootrennen (S. 57), Dragon Boat Festival

Sport & Aktivitäten

In Hongkong gibt es unendlich viele Möglichkeiten, Spaß zu haben und sich fit zu halten. Vom Golfen oder Frisbeespielen bis hin zum Radfahren oder Windsurfen bietet sich eine breite Palette von Freizeitmöglichkeiten. Es gibt auch Fitnesscenter, Yogastudios und Spas mit Angeboten von Aromatherapien bis Fußmassagen. Und wer lieber zuschaut, als selbst zu schwitzen, schaut sich in Hongkong die aufregendsten Drachenbootrennen der Welt an.

Drachenbootrennen

Hongkong ist der weltbeste Ort, um sich Drachenbootrennen anzusehen, weil hier diese Tradition noch sehr lebendig ist. Es gibt mehr als 20 Rennen pro Jahr, die meisten zwischen Mai und Juli. Das **Hong Kong Tourism Board** (www.discoverhongkong.com) hat Infos.

Fitness- & Yogastudios

Yoga und Fitness sind der Renner in Hongkong, und den größten Teil vom Profit heimsen ein paar bekannte Studios ein. Wer einen persönlichen Yogatrainer sucht, kann sich an Gauranga Nityananda (S. 161) wenden. Pure Fitness (S. 79) hat umfangreiche Fitnesseinrichtungen.

Fußball

Hongkong hat eine muntere Amateurliga. Die Spiele werden im **Happy Valley Sports Ground** (☎2895 1523; Sports Rd, Happy Valley; 🚋Happy Valley) ausgetragen, einer Reihe von Plätzen im Happy Valley

GUT ZU WISSEN

Karten & Stadtpläne

Das Map Publications Centre verkauft ausgezeichnete Karten mit Wander- und Radwegen. Man bekommt sie online (www.landsd.gov.hk/mapping/en/pro&ser/products.htm) oder in größeren Postämtern (www.landsd.gov.hk/mapping/en/pro&ser/outlet.htm).

Praktische Informationen & Adressen

Environmental Protection Department (www.epd.gov.hk) Hier findet man alles zu Naturschutzgebieten und Meeresparks.

Hong Kong Tourism Board (☎2508 1234; www.discoverhongkong.com) Auf der Website stehen alle Veranstaltungsinfos.

Leisure and Cultural Services Department (☎2414 5555; www.lcsd.gov.hk) Auflistung von Sportplätzen, Stadien, Stränden, Schwimmbädern, Wassersportzentren usw. mit Infos zum Ausrüstungsverleih.

South China Athletic Association (☎2577 6932; www.scaa.org.hk; Hong Kong Club House, 88 Caroline Hill Rd, Causeway Bay) Vermietet Sporteinrichtungen.

Infos erhält man auch aus dem Sportteil der englischsprachigen Zeitungen.

Noch mehr Ideen

- Vogelbeobachtung (www.hkbws.org.hk)
- Delfinbeobachtung (s. S. 30)
- Wander- und Kajaktrips kann man bei **Natural Excursion Ideals** (☎9300 5197; www.kayak-and-hike.com) buchen
- Freizeitsport (www.hkoutdoors.com)

Racecourse, sowie im **Mong Kok Stadium** (旺角大球場; ☎2380 0188; 37 Flower Market Rd, Mong Kok; Ⓜ Prince Edward, Ausgang B1). Termine und Austragungsorte nennt der Sportteil englischsprachiger Zeitungen oder die **Hong Kong Football Association** (☎2712 9122; www.hkfa.com). Infos zum Freizeitfußball finden sich unter http://casualfootball.net.

Golf

In Hongkong gibt es nur einen öffentlichen Golfplatz, aber gegen eine Gebühr kann man auch in einigen Privatclubs werktags golfen (18 Löcher 700–2000 HK$).

Der einzige öffentliche Golfplatz im Territorium ist der landschaftlich schöne Jockey Club Kau Sai Chau Public Golf Course (s. S. 200), zu dem werktags auch Leute Zutritt haben, die nicht in Hongkong wohnen. Die Fähre nach Kau Sai Chau legt alle 20 Minuten (werktags 6.40–19, Fr–So bis 21 Uhr) vom Pier am Parkplatz an der Wai Man Rd ab.

Der **Hong Kong Golf Club** (www.hkgolfclub.org) gewährt werktags auch Nichtmitgliedern Zugang zu seinen Spielstätten Fanling und Deep Water Bay (s. S. 129).

Die **Hong Kong Golf Association** (☎2504 8659; www.hkga.com) hat eine Liste mit Driving Ranges und Turnieren im Territorium, darunter die Hong Kong Open, eines der führendsten Profi-Golf-turniere Asiens (normalerweise Nov. od. Dez.).

Kampfsport

In Hongkong gibt es eine Menge Kampfsportveranstalter, aber nur wenige haben spezielle Angebote für (höchstens) Englisch sprechende Besucher.

Hong Kong Tourism Board (☎2508 1234; www.discoverhongkong.com) Veranstaltet kostenlose Tai-Chi-Stunden am Ufer vor dem Kulturzentrum.

Shaolin Wushu Culture Centre (s. S. 222) Bietet Aufenthalte mit Übernachtung.

Wan Kei Ho International Martial Arts Association (s. S. 101) Hat einheimisches und ausländisches Publikum.

Klettern

Herrliche Granit- und Vulkanfelsen, teilweise in umwerfender Wildnis, laden in Hongkong zum Klettern ein. Das beste Kletterrevier ist Tung Lung Chau mit einer Wand zum technischen Klettern, einer hohen Felswand zum Bigwall-Klettern und einem Spot am Meer. Auf der Insel folgt man dem Weg zum Fort und lässt sich von den Leuten am Holiday Store die Stelle zeigen. Viele Kletterer machen hier Rast, um sich ein paar Nudeln zu genehmigen und sich Vorräte zu besorgen. Die **Fähre** (☎2560 9929) zur Insel legt vom Taifunhafen Sai Wan Ho ab (Sa & So 4–6-mal tgl.). Werktags kann man einfach am Taifunhafen aufkreuzen und mit den Sampan-Betreibern verhandeln. Auch auf Tai Tau Chau findet man in der Nähe vom Strand Shek O exzellente Granitfelsen, teilweise mit Klettersteigen.

Eine gute Infoquelle für Kletterer ist die Website von **Hong Kong Climbing** (www.hongkongclimbing.com).

SCHLANGEN & WILDSCHWEINE

Beim Wandern in den New Territories ist Vorsicht geboten, vor allem auf Lamma Island und auf Lantau Island. Giftschlangen, am häufigsten Bambusottern, sind durchaus ein Risiko. Allerdings greifen sie nur an, wenn sie überrascht oder gereizt werden. Wer dennoch gebissen wird, sollte sich umgehend in ein Krankenhaus begeben; Privatärzte haben normalerweise kein Gegengift auf Lager. Auch vor Wildschweinen sollte man sich in den New Territories in Acht nehmen. Sie können gefährlich werden, wenn sie angreifen. Wer ein Wildschwein sieht, sollte unbedingt Abstand halten – und wenn man schon zu nah ist, zieht man sich besser ganz langsam zurück.

Laufen

Am besten läuft es sich auf Hong Kong Island, z. B. auf der Harlech Rd und der Lugard Rd auf dem Peak, auf der Bowen Rd oberhalb von Wan Chai, auf dem Track im Victoria Park und auf der Rennbahn im Happy Valley (natürlich nur, wenn gerade keine Pferderennen stattfinden!). In Kowloon ist die Tsim Sha Tsui East Promenade bei Joggern beliebt. Auch Lamma ist mit seinen vielen Wegen und Pfaden und der schönen Aussicht ideal für diesen Sport – vor allem, weil auf der Insel keine Autos fahren.

Parkour

Die **Hong Kong Parkour Association** (香港飛躍道協會; www.parkour.hk) veranstaltet jeden Dienstagabend (19.30–21.30 Uhr) an einem von 15 offen zugänglichen Plätzen in der Stadt Trainingseinheiten. Anfänger und Fortgeschrittene sind eingeladen, kostenlos mitzumachen. Einfach **Gon** (☎6837 7068) oder **Tim** (☎6198 2734) anrufen! Infos zu den Treffpunkten findet man auf der Website.

Pferderennen

Pferderennen sind der beliebteste Zuschauersport in Hongkong. Es gibt zwei Rennbahnen: eine in Happy Valley und eine in Sha Tin. Die beste Gelegenheit, ein Pferderennen in Hongkong mitzuerleben, sind die Mittwochsrennen im Happy Valley (19.00 Uhr, Eintritt 10 HK$) während der Rennsaison (Sept.–Juni).

Radfahren

Das natürliche Gelände von Hongkong eignet sich hervorragend zum Radfahren. Das ehrgeizige Projekt New Territories Cycle Track Network soll 2013 fertiggestellt werden.

Der längste Radweg führt von Sha Tin nach Tai Po und weiter nach Tai Mei Tuk, durch Parks und vorbei an Tempeln und am Wasser. Die Website der **Hong Kong Cycling Alliance** (http://hkcyclingalliance.org) listet die Straßenverkehrsordnung und Sicherheitsbestimmungen für Radfahrer auf.

Fürs Mountainbiken benötigt man eine Genehmigung (kostenlos). Infos dazu gibt's bei der **Mountain Biking Association** (www.hkmba.org) und unter www.crazyguyonabike.com/doc/Hongkong.

Rugby

Zu den **Rugby World Cup Sevens** (www.hksevens.com.hk) treffen sich Ende März Mannschaften aus aller Welt für drei Tage in Hongkong zu blitzschnellen, jeweils nur 15 Minuten langen Spielen im 40 000 Menschen fassenden **Hong Kong Stadium** (☎2895 7926; www.lcsd.gov.hk/stadium; 🚋Happy Valley) in So Kon Po. Selbst Leute, die mit Rugby nicht viel am Hut haben, reißen sich um die Tickets, weil die Sevens eine gigantische, internationale dreitägige Party sind. Infos und Tickets bekommt man bei der **Hong Kong Rugby Football Union** (☎2504 8311; www.hkrugby.com).

Sporttauchen

Hongkong hat einige überraschend lohnende Tauchstellen, insbesondere im äußersten Nordosten, und es werden unzählige Tauchkurse angeboten. Eine der besten Infoquellen für Kurse und Exkursionen ist **Splash Hong Kong** (☎2792 4495, 9047 9603; www.splashhk.com) mit Sitz in Sai Kung. Weitere Anbieter von Kursen und Tauchgängen sind:

Bunn's Divers (S. 122) Bietet für rund 500 HK$ (für Mitglieder weniger) sonntägliche Tauchgänge in Sai Kung.

Ocean Sky Divers (S. 161) Der Veranstalter organisiert PADI-Tauchkurse und Tauchgänge vor Ort.

Ultimate Frisbee

Das Mannschaftsfrisbee hat treue Anhänger unter den hier lebenden Ausländern, Besuchern und einigen Einheimischen in der Altersgruppe um 20 und 30. Infos findet man

DER HONG KONG TRAIL

Der **Hong Kong Trail** (港島徑) auf Hong Kong Island ist eine prima Wahl für Wanderer, die sich nicht zu großen Strapazen aussetzen wollen. Die 50 km lange Strecke besteht aus acht Abschnitten verschiedener Schwierigkeitsgrade und beginnt auf dem Peak (mit der Peak Tram zum Gipfel hinauffahren und der Ausschilderung folgen!) und endet in der Nähe von Shek O auf der Island South.

Einer der am leichtesten begehbaren und malerischsten Abschnitte verläuft am Bergrücken Dragon's Back entlang und dauert zwei Stunden. Die Strecke, von der asiatischen *Time* zur besten urbanen Wanderroute Asiens erklärt, führt an Wäldern vorbei und hinauf zum windigen Rückgrat des Drachen. Von dort oben hat man einen tollen Blick auf sonnige Strände und Hügel im Schatten der Wolken. Dann geht's geradewegs hinunter zur Shek O Rd. Von dort aus kommt man zu Fuß oder per Bus weiter zum Strand Shek O, wo man zur Belohnung etwas essen, baden oder Frisbee spielen kann.

Alle, die einigermaßen fit sind, können die Wanderung bewältigen, sogar Kinder ab vier Jahren. Wer größere Herausforderungen wünscht, sollte sich nach Sai Kung in den New Territories oder nach Lantau Island begeben.

auf der Website der Hong Kong Ultimate Frisbee Association (www.hkupa.com/), darunter auch Näheres zu den Treffen, die zweimal pro Woche stattfinden. Die HKUPA organisiert jedes Jahr rund um den Monat Mai das Hat Tournament, bei dem immer auch viel gefeiert wird. Auch Besucher können sich bei dem Turnier anmelden und mitmachen.

Wakeboarding

Die meisten Anbieter dieser populären Sportart befinden sich in Sai Kung (New Territories) und Tai Tam (Hong Kong Island). Die Preise beginnen normalerweise bei rund 700 HK$ pro Stunde. Empfehlenswert sind das **Tai Tam Wakeboarding Centre** (☎3120 4102; www.wakeboard.com.hk) und **Hong Kong Wakeboard** (☎9021 4221).

Wandern & Trekken

Viele Besucher sind überrascht, dass man in Hongkong so exzellent wandern kann. Lange Wanderwege überall im Territorium und auf den Inseln führen durch unwegsames, raues Gelände, vorbei an hohen Bergen und der Küste sowie durch üppige Dschungellandschaften. Die vier wichtigsten Wanderwege sind der MacLehose Trail, mit 100 km der längste im Territorium, der 78 km lange Wilson Trail, der auf beiden Seiten des Victoria Harbour verläuft, der 70 km lange Lantau Trail und der 50 km lange Hong Kong Trail (s. Kasten S. 60). Dank des ausgezeichneten öffentlichen Nahverkehrs erreicht man diese Wege schnell und problemlos.

Genaue Infos zu den Strecken und Tipps zu möglichen Wanderrouten liefern die exzellenten Wanderführer, die nahezu in allen Hongkonger Buchläden zu haben sind. Vor dem Aufbruch einen Blick auf die offizielle Website zum Wandern in Hongkong (www.hkwalkers.net) werfen, um Wetterlage und Zustand der Wege abzuchecken (aufgrund von Erdrutschen sind Wege manchmal gesperrt oder umgeleitet)! Wanderer können an abgelegenen Stränden campen. Betreiber der meisten Unterkünfte sind:

Country & Marine Parks Authority (☎2150 6868; www.parks.afcd.gov.hk)

Hong Kong Youth Hostels Association (HKYHA; ☎2788 1638; www.yha.org.hk)

Wellness

Ob man sich nun mit einer sündhaft teuren Kaviar-Gesichtsmaske verwöhnen oder nur ein simples Fußpeeling haben will – Hongkongs umfangreicher Wellnesssektor bietet alles. Die meisten Spitzenklassehotels haben ihre eigenen Spas. Weniger exklusive Anwendungen gibt es vielerorts in Central und Kowloon, z. B. Spa-Behandlungen, Massagen und Reflexzonenmassagen.

Windsurfen, Kajak- & Kanufahren

Die beste Zeit zum Windsurfen ist von Oktober bis Dezember. Auf der Website des Leisure and Cultural Services Department (www.lcsd.gov.hk) gibt es Infos zu staatlich betriebenen Wassersportzentren, die Kanus, Surfbretter, Kajaks und andere Ausrüstung verleihen – einige aber nur an Inhaber entsprechender Bescheinigungen.

Top-Tipps

Drachenbootrennen (S. 57) Mit Herzklopfen können Besucher den stimmungsvollen, auf einem uralten Ritual gründenden Rennen beiwohnen.

Pferderennen im Happy Valley (S. 109) Das Donnern der Hufe auf der städtischen Rennbahn zu hören, ist ein unvergessliches Erlebnis.

Rugby Sevens (S. 59) Man mischt sich unter die Rugbyfans und erlebt drei Tage lang blitzschnelle Matches und wilde Partys.

Kajakfahren in Sai Kung (S. 200) Herrlich ist eine Paddeltour durch klares Wasser, umgeben von Hügeln und geologischen Wundern.

Wandern auf den Trails (S. 59) Hügel, Geschichte, Grotten und gutes Essen erwarten die Wanderer.

Tai Chi am Morgen (S. 162) Hier können Interessierte die chinesische Kunst des Schattenboxens von einem Meister lernen.

Geselligkeit

Ultimate Frisbee (S. 59)

Parkour (S. 59)

Fußball spielen (S. 57)

Drachenbootrennen (S. 57)

Schwimmen

Strände auf Lamma Island (S. 206)

Strände auf Lantau Island (S. 212)

Strände auf Cheung Chau Island (S. 222)

Strände in Sai Kung (S. 195)

Strände auf Island South (S. 129)

Landschaft

Hoi Ha Wan Hiking Trail (S. 198)

Radfahren am Plover Cove Reservoir (S. 177)

High Island Reservoir (S. 200)

Eastern Nature Trail (S. 124)

Tai Tam Waterworks Heritage Trail (S. 124)

Wandern auf Tung Ping Chau (S. 199)

Kampfsport

Hong Kong Shaolin Wushu Culture Centre (S. 222)

Wan Kei Ho International Martial Arts Association (S. 101)

Wing Chun Yip Man Martial Arts Athletic Association (S. 161)

Wellness

Spa im Four Seasons (S. 79)

Ten Feet Tall (S. 79)

Happy Foot Reflexology Centre (S. 101)

Gauranga Nityananda (S. 161)

Sporteinrichtungen

South China Athletic Association (S. 124)

Victoria Park (S. 124)

Kowloon Park (S. 142)

Hongkong & Macao erkunden

HIGHLIGHTS

Stadtviertel im Überblick

1 Hong Kong Island: Central (S. 66)

Das pulsierende Herz des asiatischen Finanzzentrums ist übersät mit Firmenhochburgen, kolonialzeitlichen Relikten und kolossalen Monumenten der Konsumgesellschaft. Hier findet man fesselnde Beispiele moderner Architektur wie die Börse, das Four Seasons, Gucci, Prada und Restaurants von Promiköchen. Das tagsüber äußerst dynamische Viertel kommt nach Sonnenuntergang schnell zum Stillstand.

2 Hong Kong Island: The Peak & der Nordwesten (S. 80)

Der Victoria Peak thront über den Wohngebäuden der Mid-Levels. Von hier aus hat man einen großartigen Blick auf Hongkong.

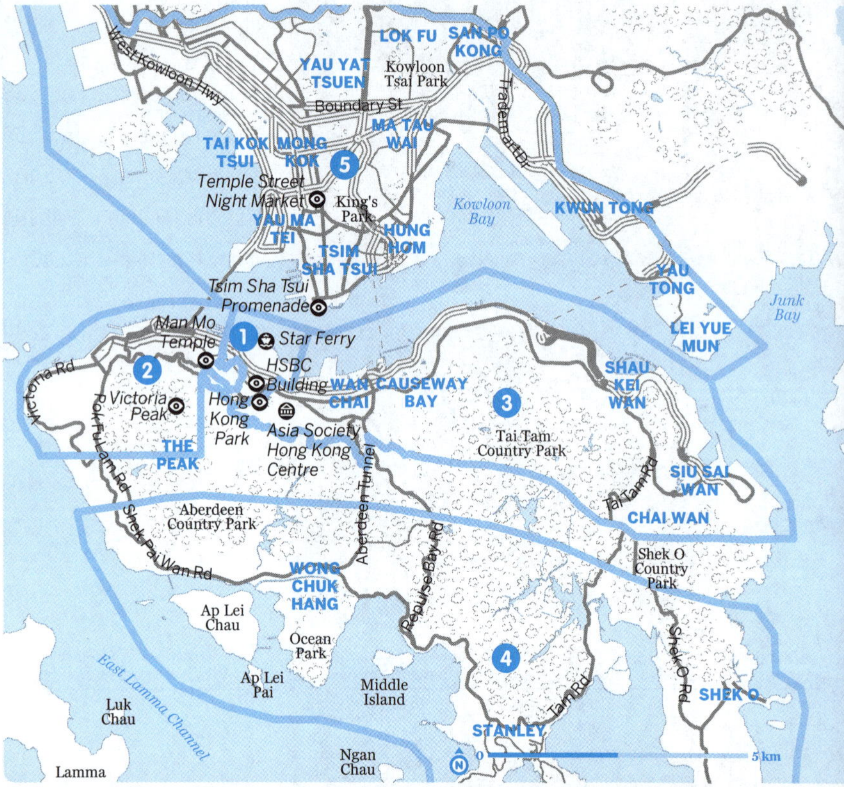

In Sheung Wan und Western District, den Vierteln unter dem Peak, gibt's für jeden etwas: historischen Schmuck, Antiquitäten und Kunst (in der Hollywood Rd), stilvollen Hedonismus (in Lan Kwai Fong, Soho), Boheme-Ecken und schlichtes Alltagsleben.

3 Hong Kong Island: Wan Chai & der Nordosten (S. 102)

Im ruhigen Admiralty geht's eher um Klasse und Qualität als um Quantität – ob beim Shoppen, Wohnen, Essen oder bei den Sehenswürdigkeiten. Östlich davon liegt das erfolgreiche Wan Chai, Sitz der Kultur, Schauplatz von Volkstraditionen, König des Nachtlebens und, nicht zu vergessen, Bühne der vielseitigsten Küche Hongkongs. Im Shoppingmekka Causeway Bay teilen sich Restaurants, der Straßenverkehr und Warenhäuser den Raum mit einer Rennbahn und einem Friedhof (beide im Happy Valley).

4 Hong Kong Island: Aberdeen & der Süden (S. 125)

Das südliche Viertel – von den Stränden der Repulse Bay und der Deep Water Bay bis zum am Wasser gelegenen Stanley Market und dem Vergnügungspark Ocean Park – ist der Hinterhof-Spielplatz der Insel. Vom Aberdeen Harbour aus kann man eine Bootsfahrt in die Vergangenheit unternehmen und erhält einen Einblick in längst vergangene Zeiten, als Tausende von Menschen auf Dschunken lebten, die im Hafen lagen. Das verschlafene Ap Lei Chau überrascht mit einem Shoppingzentrum und erstklassigen Meeresfrüchten.

5 Kowloon (S. 133)

Tsim Sha Tsui ist ausgestattet mit vier Museen, einer unschlagbaren Lage am Hafen und allen Superlativen, die es auch in Central gibt, aber in überschaubarerem Ausmaß. Weitere Vorzüge sind die grünen Parks, die schmucken kolonialen Häuser und die größte ethnische Vielfalt, die in Hongkong zu finden ist. Das indigene Yau Ma Tei ist ein Mosaik aus Abendmärkten, Pensionen, Kampfsportzentren und Nachkriegscafés. Mong Kok hingegen ist eine vollgestopfte Hochburg des Kommerzes. In New Kowloon erwarten einen ein buddhistisches Nonnenkloster sowie ein taoistischer Tempel.

6 New Territories (S. 162)

Die New Territories haben viel Kultur und Natur zu bieten. Uralte Wehrdörfer (Sheung Shui, Fan Ling, Yuen Long), Sumpfgebiete voller Wassertiere und Vögel (Yuen Long), Tempelanlagen (Tsuen Wan, Sha Tin, Fan Ling), ein großes Museum in Sha Tin und weite Abschnitte unberührter Natur sind nur einige der Attraktionen. Vor allem die Sai Kung Peninsula hat atemberaubende Wanderwege, köstliche Meeresfrüchte und romantische Strände.

7 Outlying Islands (S. 204)

Von den europäisch anmutenden Straßenbildern auf Cheung Chau und Peng Chau bis zu den Klöstern und Wanderwegen auf Lantau und den Meeresfrüchterestaurants am Ufer auf Lamma bieten Hongkongs Outlying Islands eine ganze Menge an Sehenswürdigkeiten und Möglichkeiten für Aktivitäten.

Hong Kong Island: Central

Highlights

❶ Mit der legendären **Star Ferry** (S. 69) den Hafen überqueren

❷ Auf Batmans Spuren wandeln und das Innere der Wolkenkratzer der **Bank of China** (S. 70) und des **HSBC-Gebäudes** (S. 70) in Augenschein nehmen – gern auch (zumindest kommt es einem so vor) aus 1 m Entfernung von der Terrasse des **Sevva** (S. 75) aus

❸ Erst im **Lung King Heen** (S. 73) erstklassige Dim Sum genießen und dann französische Desserts und Käsespezialitäten im **Caprice** (S. 73) kosten

❹ In der **IFC Mall** (S. 77) mit den Reichen und Schönen shoppen – oder aber den Reichen und Schönen beim Shoppen zuschauen

❺ Bei einem schönen Morgenspaziergang die Tiere in den **Zoological & Botanical Gardens** (S. 70) besuchen

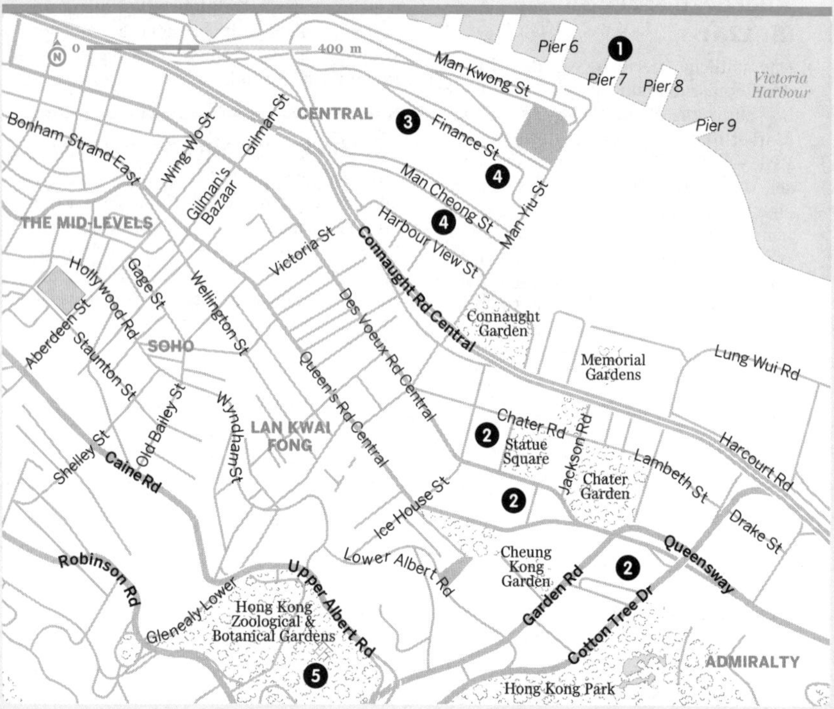

Detailplan dieses Gebiets s. Karte S. 384 ➡

Rundgang: Central

Bei der Planung eines Besuchs in Hongkongs CBD (Central Business District), muss man bedenken, dass die Geschäfte hier zwischen 18 und 19 Uhr schließen und sich dann schnell Stille über das Viertel senkt. Das Mittagessen legt man besser nicht zwischen 12 und 14 Uhr, wenn Horden von Anzugträgern hungrig die Tische stürmen.

Hin kommt man am bequemsten mit der MTR; am Statue Sq aussteigen und sich eine Stunde dem Legislative Council Building und anderen Gedenkstätten zu Hongkongs Vergangenheit widmen. Dann kann man die Architektur genießen, seien es Repräsentanten der Glas-und-Stahl-Moderne wie das HSBC-Gebäude oder Überbleibsel aus der Kolonialzeit wie die St. Johns Cathedral.

In den Zoological & Botanical Gardens freuen sich die Rhesusaffen auf Besuch. Hat man dort den Akku wieder aufgeladen, lohnt sich ein Abstecher zum Hafen, um in der IFC Mall die Shopping-Fähigkeiten zu testen. Die Star Ferry bringt einen schließlich zurück nach Kowloon.

Lokalkolorit

➡ **Klein-Manila** Sonntags übernehmen philippinische Arbeitsmigranten den Statue Sq um zu essen, zu singen, zu reden – und in der Bibel zu lesen.

➡ **Treffpunkte** Unter der Woche um drei Uhr versammelt sich die wohlfrisierte Damenwelt im Sevva (S. 75) um Marie Antoinette's Crave – einen Kuchen.

➡ **Shoppen** Flohmarkt in Li Yuen St East und West, zwei Gassen, die Des Voeux Rd Central mit Queen's Rd Central verbinden, günstige Klamotten, Schmuck u. a.

An- & Weiterreise

➡ **MTR** An der MTR-Station Central halten Züge der Island- und der Tsuen-Wan-Linie.

➡ **Airport Express** Eine Unterführung unter der IFC Mall verbindet den Bahnhof Hongkong mit der Station Central und mit den Central Piers.

➡ **Star Ferry** Die Fähren aus Tsim Sha Tsui und Hung Hom in Kowloon legen an Pier 7 in Central an.

➡ **Bus** Busse von der ganzen Insel starten und enden am Busbahnhof Central unter dem Exchange Sq.

➡ **Straßenbahn** Die Strecke verläuft in Ost-West-Richtung an der Des Voeux Rd Central entlang.

➡ **Outlying Islands Ferry** Die Fähren fahren nach Discovery Bay, Lamma, Cheung Chau sowie Lantau und Peng Chau (Piers 3–6 in Central).

➡ **Central Escalator** Die Rolltreppe führt vom früheren Central Market bis in die Mid-Levels.

➡ **Peak Tram** Die Standseilbahn fährt von ihrer Talstation (33 Garden Rd) hinauf auf den Peak.

Top-Tipp

Um die erstklassigen französischen und italienischen Restaurants in Central zu genießen, ohne sich dabei gleich zu ruinieren, hält man nach Mittagsmenüs Ausschau. Die meisten Restaurants haben besondere Angebote, die auf Geschäftsleute ausgerichtet sind – und/oder sparsame Feinschmecker. Manche bieten auch Frühstück, den klassichen Nachmittagstee und an Wochenenden Lunchbuffets oder Gourmet-Sandwichs zum Mitnehmen im Straßenverkauf. Wer sicher gehen will, mittags einen Tisch zu bekommen, sollte im Voraus einen reservieren.

Gut essen

➡ Lung King Heen (S. 73)
➡ Caprice (S. 73)
➡ Linguini Fini (S. 73)
➡ Island Tang (S. 74)
➡ Tasty Congee & Noodle Wonton Shop (S. 74)

Mehr dazu S. 73 ➡

Nett ausgehen

➡ Sevva (S. 75)
➡ Amo Eno (S. 76)
➡ Red Bar (S. 76)

Mehr dazu S. 75 ➡

Gut shoppen

➡ Shanghai Tang (S. 76)
➡ Blanc de Chine (S. 77)
➡ Saamlung (S. 78)
➡ Lane Crawford (S. 77)

Mehr dazu S. 76 ➡

JUSTIN GUARIGLIA/CORBIS ©

HIGHLIGHTS
HSBC-GEBÄUDE

Die Zentrale der HSBC, die der britische Architekt Sir Norman Foster 1985 entwarf, lohnt einen genauen Blick. Das Gebäude ist ein innovatives technisches Meisterwerk voller architektonischer Raffinesse. Und das sollte es auch sein, denn bei seiner Fertigstellung war es das teuerste Bauwerk der Welt (mehr als 1 Mrd. US$). Foster wollte mit seinem Entwurf die Grenzen der herkömmlichen Bankenarchitektur sprengen. Eine später angebrachte Lichtinstallation sorgt dafür, dass das Gebäude auch nachts glänzt.

Die zwei Bronzelöwen, die den Haupteingang bewachen, wurden 1935 für die vorherige Zentrale gegossen. Sie sind als Stephen – der brüllende – und Stitt bekannt; benannt nach zwei damaligen Bankangestellten. Die Japaner missbrauchten die Löwen in der Besatzungszeit als Zielscheiben; bei Stitt kann man noch heute Einschusslöcher erkennen. Die Pfoten der Tiere zu reiben, soll Glück bringen.

Das 52-stöckige Glas- und Aluminium-Gebäude steckt voller Beispiele für gutes Feng Shui. So blockiert z.B. nichts den Blick auf den Victoria Harbour, weil Wasser Wohlstand bedeutet. Die Rolltreppen sollen die Schnurrhaare eines Drachen symbolisieren. Über sie sollen Reichtümer in seinen Bauch gesogen werden. Sie sind in einem bestimmten Winkel zum Eingang errichtet, angeblich, um böse Geister zu verwirren, die nur geraden Linien folgen können.

Das Erdgeschoss ist ein öffentlicher Raum, den man durchqueren kann, ohne die Bank selbst betreten zu müssen. Von dort führt eine Rolltreppe in den dritten Stock, wo man das von natürlichem Licht durchströmte, kathedralenartige Atrium bestaunen kann.

NICHT VERSÄUMEN

- Beleuchtung bei Nacht
- Stephen & Stitt
- Feng-Shui-Besonderheiten
- Das Atrium

PRAKTISCH & KONKRET

- 滙豐銀行總行大廈
- Karte S. 386
- www.hsbc.com.hk/1/2/about/home/unique-headquarters
- 1 Queen's Rd, Central
- Eintritt frei
- Rolltreppe Mo–Fr 9–16.30, Sa bis 12.30 Uhr
- M Central, Ausgang K

GREG ELMS/GETTY IMAGES ©

HIGHLIGHTS
STAR FERRY

Wer nicht wenigstens einmal mit einer Star Ferry aus der legendären Flotte von Elektro-Diesel-Schiffen unterwegs war, der war eigentlich gar nicht in Hongkong. Egal zu welcher Tageszeit man fährt, es ist eine der besten Kreuzfahrten, die man machen kann. Am Ende der 10-minütigen Fahrt wird man mit einem Mini-Spektakel belohnt, wenn ein Crew-Mitglied seinem Kollegen ein Hanfseil zuwirft, der es mit einer Hippe fängt – wie es seit der ersten Fahrt 1888 Tradition ist.

Die Star Ferry war Zeuge wichtiger historischer Ereignisse – auch am Weihnachtstag 1941, als der koloniale Gouverneur Sir Mark Aitchison Young mit der Fähre nach Tsim Sha Tsui übersetzte, wo er gegenüber den Japanern kapitulierte. (Mehr über die Historie der Fähre auf S. 69.)

Für einen ersten Trip empfiehlt es sich, nachts von Tsim Sha Tsui nach Central zu fahren. In die entgegengesetzte Richtung ist es weniger imposant. Andererseits könnte man in diesem Fall zurückblicken und Abschied vom dem herrlichen Panorama nehmen, das sich mehr und mehr entfernt. Sofern man kein Problem mit Lärm und Dieselabgasen hat, eignet sich das untere Deck (nur auf der Strecke Tsim Sha Tsui–Central zugänglich) besser zum Fotografieren.

Der Pier auf Hong Kong Island ist eine eher uninspirierte Replik edwardianischer Architektur und hat den alten abgelöst. Letzterer wurde, trotz heftiger Proteste, abgerissen. Der Kowloon Pier dagegen ist und bleibt unangetastet.

Die Star Ferry-Boote fahren auf zwei Routen – Tsim Sha Tsui–Central und Tsim Sha Tsui–Wan Chai. Die erste ist die beliebtere. Die Münz-Drehkreuze geben kein Wechselgeld raus; das bekommt man am Ticketschalter.

NICHT VERSÄUMEN

- Die Aussicht
- Kowloon Pier
- Das Hanfseil-&-Hippe-Kunststückchen

PRAKTISCH & KONKRET

- 天星小輪
- Karte S. 386
- ☎2367 7065
- www.starferry.com.hk
- Erw./Kind 2–3/1,40–1,80 HK$
- alle 6–12 Min., 6.30–23.30 Uhr (Tsim Sha Tsui–Central)
- alle 8–20 Min., 7.20–23 Uhr (Tsim Sha Tsui–Wan Chai)
- Ⓜ Central–Tsim Sha Tsui
- Ⓜ Wan Chai–Tsim Sha Tsui

SEHENSWERTES

STATUE SQUARE PLATZ

Karte S. 386 (皇后像廣場; Edinburgh Pl; Ⓜ Central, Ausgang K) Der Platz verdankt seinen Namen den vielen Denkmälern von Mitgliedern des britischen Königshauses, die hier einst standen. Jetzt steht er für einen einzigen Souverän – den Gründer der HSBC, der Bankenkoloss, dem der Platz gehört. Aber auch ohne Statuen gibt's hier viel zu sehen. Im nördlichen Teil, zu erreichen über eine Fußgängerunterführung, steht ein 1923 errichteter **Cenotaph** (和平紀念碑), heute ein Denkmal für die Einwohner Hongkongs, die ihr Leben in den beiden Weltkriegen ließen. Der östliche Teil des Platzes wird vom **Hong Kong Club Building** (香港會所大廈; 1 Jackson Rd) bestimmt, das den gleichnamigen und prestigeträchtige Club beheimatet, der selbst lange nach dem Zweiten Weltkrieg versnobbt genug war, keine chinesischen Mitglieder aufzunehmen. Südlich der Chater Rd schmücken diverse Springbrunnen und Sitzbereiche den Statue Square. Der hübsche Eindruck wird nur von den Fliesen etwas getrübt, durch die die Anlage etwas an öffentliche Toiletten aus den 1980er-Jahren erinnert.

GRATIS HONG KONG ZOOLOGICAL & BOTANICAL GARDENS PARK

Karte S. 386 (香港動植物公園; www.lcsd.gov.hk/parks; Albany Rd; ⏲Terrassengärten 6–22 Uhr, Zoo & Volieren bis 19 Uhr, Gewächshäuser 9–16.30 Uhr; 🚌3B, 12) Die hübsche und weitläufige viktorianische Anlage bietet neben dem Zoo und einigen schönen Volieren auch Springbrunnen, Skulpturen und Gewächshäuser sowie Spielplätze. Hier sind exotische Bäume, Pflanzen und Sträucher und auch rund 160 Vogelarten zu bestaunen. Mit mehr als 70 Säugetier- und 40 Reptilienarten ist der Zoo überraschend vielfältig. Er ist eines der weltweit führenden Zentren bei der Zucht bedrohter Arten in Gefangenschaft. Die Albany Rd unterteilt den Park: Die Pflanzen und Volieren liegen im Ostteil nahe der Garden Rd, während die meisten anderen Tiere im Westteil untergebracht sind.

HSBC BUILDING GEBÄUDE

Siehe S. 68.

BANK OF CHINA BUILDINGS GEBÄUDE

Karte S. 386 (Ⓜ Central, Ausgang K) Der grandiose **Bank of China Tower** (中銀大廈; 1 Garden Rd), entworfen vom chinesischstämmigen Amerikaner I. M. Pei, ist Hongkongs vierthöchstes Gebäude. Wie ein Würfel schiebt der Turm sich aus dem Boden, bis schließlich, sukzessive Viertel um Viertel reduziert, nur noch seine südliche Seite gen Himmel ragt. Von der **Aussichtsgalerie** (⏲Mo–Fr 8–18 Uhr) im 43. Stock hat man einen tollen Panoramablick auf Hongkong. Obwohl das **alte BOC-Gebäude** (舊中國銀行大廈; 1 Bank St) nicht zu den höchsten in Central gehört, wird ihm kaum einer seine ganz eigene, sehr beeindruckende Erscheinung absprechen können.

EXCHANGE SQUARE GEBÄUDE

Karte S. 386 (交易廣場; 8 Connaught Pl; Ⓜ Central, Ausgang A) In diesem aus Bürotürmen bestehenden Komplex residiert neben einigen Unternehmen auch die Hongkonger Börse. Hauptanziehungspunkt für die Besucher ist der hübsche und relativ ruhige Freiluftbereich mit Springbrunnen und Skulpturen von Henry Moore und des taiwanesischen Künstlers Ju Ming. Der Zugang erfolgt über ein Netz von Fußgängerbrücken, die sich nach Westen bis Sheung Wan erstrecken und mit vielen Gebäuden auf der anderen Seite der Connaught Rd verbunden sind.

EHEMALIGES GEBÄUDE DER FRANZÖSISCHEN MISSION HISTORISCHES GEBÄUDE

Karte S. 386 (前法國外方傳道會大樓; 1 Battery Path; Ⓜ Central, Ausgang K) Das **Court of Final Appeal** ist Hongkongs höchstes Gericht. Es ist heute in dem im neoklassizistischen Stil errichteten Gebäude der ehemaligen französischen Mission untergebracht. 1868 gab eine US-Handelsgesellschaft das charmante Gebäude in Auftrag, bis 1915 beherbergte es das russische Konsulat. Dann wurde es von der Französischen Überseemission aufgekauft, die eine Kapelle und eine Kuppel hinzufügte. Nach dem Zweiten Weltkrieg befand sich hier der Hauptsitz der provisorischen Kolonialregierung. Direkt vor dem Gebäude liegt der schmucke Cheung Kong Garden. Er musste von den Erschließern angelegt werden, als sie das 70-stöckige **Cheung Kong Garden** weiter südlich errichteten.

GOVERNMENT HOUSE HISTORISCHES GEBÄUDE

Karte S. 386 (禮賓府; ☎2530 2003; www.ceo.gov.hk/gh; Upper Albert Rd; Ⓜ Central, Ausgang G) Teile der früheren offiziellen Residenz des Hongkonger Gouverneurs stammen aus dem Jahr 1855. Andere Elemente wur-

DIE STERNE DER STAR FERRY

Die Star Ferry wurde 1888 von Dorabjee Nowrojee, einem Parsen aus Bombay (Mumbai), gegründet, der sich vom Koch zum Hongkonger Hotelbesitzer hochgearbeitet hatte. Damals nutzte man Sampans, um den Hafen zu überqueren. Nowrojee kaufte ein Dampfschiff für Familie und Freunde, aus dem später die erste Star Ferry wurde. Parsen sind Anhänger des Zoroastrismus, einer persischen Religion, und der fünfzackige Stern im Star-Ferry-Logo ist in der Tat ein altes zoroastrisches Symbol.

Die Star Ferry spielt in Hongkongs Geschichte eine nicht unwesentliche Rolle. 1966 demonstrierten Tausende am Tsim-Sha-Tsui-Pier gegen eine geplante Preiserhöhung von 5 ¢. Aus der Demonstration wurde schließlich gewalttätiger Protest, als die Demonstranten Steine auf Busse warfen und auf der Nathan Rd Fahrzeuge in Brand setzten. Die Ausschreitungen von 1966 gelten als Wegbereiter lokaler sozialer Proteste, die schließlich zu ersten kolonialen Reformen geführt haben.

Es ist also kein Wunder, dass die einzigen Sterne, die an einem bewölkten Tag über Victoria Harbour strahlen, die der Star Ferry sind.

den 1942 von den Japanern hinzugefügt. Während der Besatzung Hongkongs im Zweiten Weltkrieg nutzten sie den Komplex als Militärhauptquartier. Das Government Building ist drei- bis viermal im Jahr öffentlich zugänglich – besonders lohnenswert ist der Besuch am Offenen Sonntag im März, wenn die Azaleen im Garten des Anwesens in voller Blüte stehen.

HONG KONG CITY HALL — GEBÄUDE

Karte S. 386 (香港大會堂; ☎2921 2840; 5 Edinburgh Pl; ⌚9–23 Uhr; Ⓜ Central, Ausgang J3) Das Rathaus wurde 1962 errichtet und ist mit seinen Konzert-, Ausstellungs- und Vortragssälen sowie einem Theater immer noch ein wichtiges Kulturzentrum Hongkongs. Die **Hong Kong Planning & Infrastructure Exhibition Gallery** (☎3102 1242; www.infrastructure.gallery.gov.hk; 2 Murray Rd; Eintritt frei; ⌚10–18 Uhr) befindet sich zwar im sogenannten Lower Block, ihr Eingang liegt aber östlich des Haupteingangs zum Rathaus. Der Name der Galerie klingt zwar nicht gerade vielversprechend, aber so mancher wird sich hier angenehm an seinen Meccano-Metallbaukasten erinnert fühlen.

JARDINE HOUSE — GEBÄUDE

Karte S. 386 (怡和大廈; 1 Connaught Pl; Ⓜ Hongkong, Ausgang B2) Der 52-stöckige Silbermonolith mit seinen 1750 bullaugenförmigen Fenstern war bei seiner Eröffnung als Connaught Centre im Jahr 1973 Hongkongs erster echter Wolkenkratzer. Natürlich hat auch dieses Gebäude seinen respektlosen Spitznamen abgekriegt: „Haus der tausend Arschlöcher". Im Untergeschoss gibt's in Grappa's Cellar nebst italienischer Küche auch Live-Musik (s. S. 76).

EHEMALIGES LEGISLATIVE COUNCIL BUILDING — GEBÄUDE

Karte S. 386 (前立法會大樓; 8 Jackson Rd; Ⓜ Central, Ausgang G) Das mit Säulen und Kuppeln versehene, 1912 aus Granit von Stonecutters Island errichtete Gebäude war von 1985 bis 2012 Sitz der Gesetzgebenden Versammlung (Legislative Council). Im Zweiten Weltkrieg saß die japanische Geheimpolizei in dem Haus. Sie ermordete hier viele Menschen. Über dem Giebel thront eine Statue der Themis, der griechischen Göttin der Gerechtigkeit und des Naturrechts, deren Augen verbunden sind.

GRATIS ST. JOHN'S CATHEDRAL — GEBÄUDE

Karte S. 386 (聖約翰座堂; ☎2523 4157; www.stjohnscathedral.org.hk; 4-8 Garden Rd; ⌚7–18 Uhr; Ⓜ Central, Ausgang J2) Seit der Weihe 1849 werden in der Kathedrale kontinuierlich Gottesdienste abgehalten – lediglich 1944 richtete die Kaiserlich-Japanische Armee hier zwischenzeitlich einen Gesellschaftsclub ein. Im Zweiten Weltkrieg wurde St. John's schwer beschädigt. Nach Kriegsende hat man die Eingangsportale aus dem Holz der HMS Tamar neu gezimmert. Das britische Kriegsschiff hatte einst den Eingang zum Victoria Harbour bewacht. Auf dem Areal, das vom Battery Path her betreten wird, wandeln Besucher in zweierlei Hinsicht auf heiligem Boden: Es ist das einzige Stück „freier" Grundbesitz in ganz Hongkong. Zwischen September und Juni veranstaltet der Chor der Kathedrale jeden dritten Sonntag im Monat eine Abendandacht, an der jeder teilnehmen kann. Ein kurzer Anruf beim Chormeister der Kathedrale, Alan Tsang, genügt.

START **STATUE SQ, CENTRAL**
ZIEL **Ⓜ CENTRAL, AUSGANG K**
STRECKE **1,5 KM**
DAUER **45 MINUTEN**

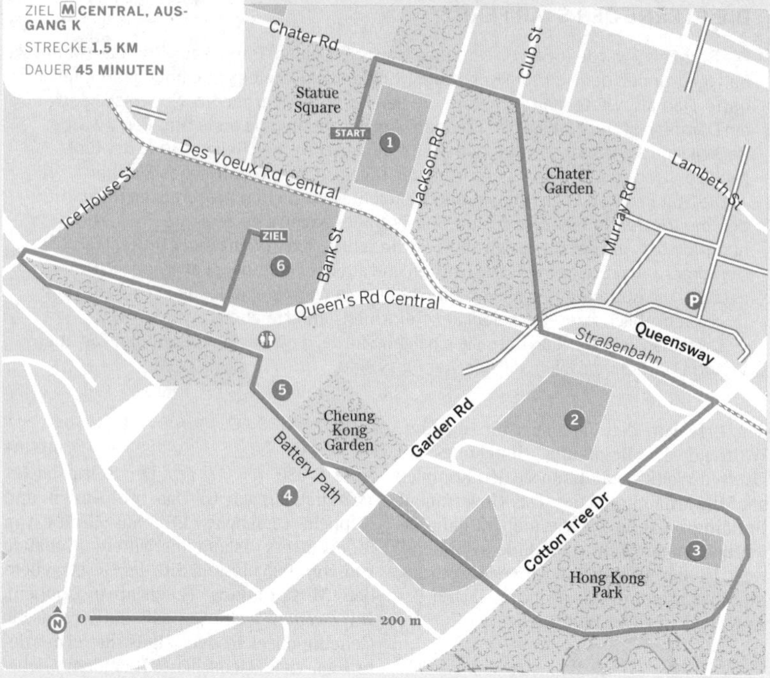

Stadtspaziergang

Hongkongs Zentrum

Beim Start am Statue Sq bewundert man die schönen Fassaden des neoklassizistischen ❶ **Legislative Council Building**, eines der wenigen erhaltenen Bauwerke aus der Kolonialzeit in diesem Viertel. Es war bis 2012 Sitz der gesetzgebenden Versammlung Hongkongs.

Dann geht es in südwestlicher Richtung durch den Chater Garden und über die Garden Rd hinüber zum ❷ **Bank of China Tower** mit seiner kantigen, modernen Formensprache. Vom 43. Stockwerk aus hat man eine tolle Aussicht.

Nun ist das kostenlose ❸ **Flagstaff House Museum of Tea Ware** im Hong Kong Park an der Reihe. Hier sind wertvolle Kannen, Tassen und sonstiges elegantes Tegeschirr zu besichtigen. In dem ruhigen Café kann man erlesene chinesische Teesorten probieren.

Auf Fußgängerüberwegen geht's westwärts über den Cotton Tree Dr, die Citibank Plaza, die Garden Rd und durch den Cheung Kong Garden zur 1849 errichteten ❹ **St. John's Cathedral**. Zwar wirkt das Bauwerk als Bischofssitz etwas bescheiden und angesichts der Kathedralen der Konzernwelt rundum sogar winzig, sie ist aber trotzdem ein wichtiges historisches Wahrzeichen von Hongkong.

Nun führt der Weg den Battery Path entlang am Gebäude der ❺ **ehemaligen Französischen Mission** vorbei zur Ice House St. Nachdem man sie überquert hat, geht's rechts (ostwärts) die Queen's Rd Central entlang zum ❻ **HSBC-Gebäude** und, sofern geöffnet, über die Rolltreppe hinauf zum großen, luftigen Atrium. Anschließend spaziert man durch die Plaza im Erdgeschoss und streichelt Stephen und Stitt, die den Eingang zur Des Voeux Rd Central bewachen. Der nächstgelegene Eingang zur MTR-Station Central liegt etwas weiter nördlich und ist über den Fußgängerweg zwischen Statue Sq und Prince's Building zu erreichen.

STAR FERRY FÄHRE

Siehe S. 69.

ONE & TWO INTERNATIONAL FINANCE CENTRE GEBÄUDE

Karte S. 386 (國際金融中心; 1 Harbour View St; Two IFC; 8 Finance St; Ⓜ Hongkong, Ausgang F) Die beiden himmelhohen grauen Kolosse (39 bzw. 88 Stockwerke), von denen manche sagen, sie sähen aus wie Elektrorasierer, türmen sich über der International Finance Centre (IFC) Mall. Sie wurden teilweise von Cesar Pelli entworfen, der auch für die Gestaltung des World Financial Center in Manhattan verantwortlich war. Der höchste für Besucher erreichbare Punkt ist das **Hong Kong Monetary Authority Information Centre** (金管局資訊中心; ☎2878 1111; www.info.gov.hk/hkma; 55. St., Two IFC; Eintritt frei; ⌚Mo–Fr 10–18, Sa bis 13 Uhr). Das Zentrum enthält eine Forschungsbibliothek und Ausstellungen zu Hongkongs Währung, seiner Steuerpolitik und der Geschichte der Banken. Montags bis Freitags gibt's Führungen um 14.30 Uhr und Samstags um 10.30 Uhr.

WORLD WIDE HOUSE GEBÄUDE

Karte S. 386 (環球大廈; 19 Des Voeux Rd; Ⓜ Central, Ausgang G) Die meisten der kleinen Läden in dieser unspektakulären Einkaufspassage zielen auf die Bedürfnisse philippinischer Arbeitsmigranten, die in Hongkong arbeiten, und die sich jeden Sonntag in dieser Gegend treffen. Zum Angebot der Läden – von denen viele von Philippinen geführt werden – gehören Lebensmittel, Kleidung, Kosmetik und Telefonkarten.

CENTRAL MARKET HISTORISCHES GEBÄUDE

Karte S. 386 (中環街市; zw. Jubilee St, Queen Victoria St, Queen's Rd Central & Des Voeux Rd; Ⓜ Central, Ausgang C) Die glorreiche Vergangenheit ist dem Central Market kaum anzusehen. 1938 im damals modernen Bauhaus-Stil (mit Fensterläden) wieder aufgebaut, war er lange einer der führenden Food-Märkte. Selbst von so entlegenen Orten wie dem Happy Valley kamen Dienstmädchen, Hausfrauen und Köche, um Hühner und Kohl zu kaufen. Als nach dem Krieg Schweinefleisch knapp war, bildeten sich hier lange Schlangen, wenn Pferdefleisch angeboten wurde. 1967 war der damalige Gouverneur während eines Besuchs so beeindruckt, dass er den Central Market zum „größten Fleisch-Markt Südostasiens" ausrief.

Es heißt, der Central Market solle zu einer Einkaufspassage mit „Lokalkolorit" werden. Ironischerweise scheint aber seine jetzige Rolle als Sonntags-Picknick-Platz für überarbeitete philippinische Hausangestellte eher im Einklang mit dem utopisch-sozialistischen Bauhaus-Geist zu sein.

ESSEN

LP TIPP LUNG KING HEEN KANTONESISCH, DIM SUM $$$

Karte S. 386 (龍景軒; ☎3196 8888; www.fourseasons.com/hongkong; Four Seasons Hotel, 8 Finance St; Mittag-/Abendessen 450/1280 HK$; ⌚mittags & abends; Ⓜ Hongkong, Ausgang E1) Das weltweit erste chinesische Restaurant mit drei Michelin-Sternen hat selbige noch immer. Die kantonesische Küche, obschon keineswegs einzigartig in Hongkong, ist sowohl in Geschmack als auch Präsentation ausgezeichnet, und, in Verbindung mit dem Hafenblick und dem tollen Service, ein großartiges kulinarisches Erlebnis. Die Paradegerichte gedünsteter Hummer und Knödel aus Jakobsmuscheln sind schnell ausverkauft.

LP TIPP CAPRICE MODERN-FRANZÖSISCH $$$

Karte S. 386 (☎3196 8888; www.fourseasons.com/hongkong; Four Seasons Hotel, 8 Finance St; Mittags-/Abendmenu ab 480/980 HK$; ⌚mittags & abends; Ⓜ Hongkong, Ausgang E1) Im Gegensatz zum opulenten Aussehen ist die Karte dieses Restaurants eher übersichtlich. Die Gerichte werden meisterhaft aus täglich aus Frankreich eingeflogenen Zutaten komponiert. Zwar ändert sich das Angebot von Zeit zu Zeit, aber die Erfahrung besagt, dass alles mit Ente, Scampi oder Schweinebauch nicht von dieser Welt ist. Die wöchentlich aus Frankreich importierten Käsespezialitäten gehören zum Besten, was man in Hongkong bekommt.

LP TIPP LINGUINI FINI ITALIENISCH, BIO $

Karte S. 386 (☎2857 1333; www.linguinifini.com; EG & 1. St., L Place, 139 Queen's Rd Central, Central; Mittag-/Abendessen ab 120/200 HK$; ⌚mittags & abends; Ⓜ Central, Ausgang D2) Perfekt für alle, die zwanglos italienische Küche genießen wollen. Die Pasta ist frisch zubereitet, Wurst-und Fleischwaren hausgemacht und die Zutaten stammen von lokalen Biohöfen. Der Ansatz „nichts-bleibt-ungenutzt" bei Schweinefleisch bedeutet, dass man hier seltene Köstlichkeiten wie Kutteln mit Tomaten erwarten darf. Graffitis des Hongkonger Künstlers Start from

Zero zieren die Wände. Momentan werden im ersten Stock auch Frühstück (7–11 Uhr) und Tee (2.30–18 Uhr) angeboten.

WATERMARK EUROPÄISCH $$

Karte S. 386 (☎2167 7251; www.cafedecogroup.com; Shop L, Ebene P, Central Pier 7, Star Ferry, Central; Mittagessen/Brunch & Abendessen; Mittagessen/Brunch ab 300 HK$, Abendessen ab 500 HK$; Star Ferry) Dank seiner Lage am Star-Ferry-Pier bietet das Watermark nahezu Panoramablick über den Victoria Harbour. Luftig am Tag, romantisch am Abend, spürt man an manchen Tischen tatsächlich die Herrschaft der Wellen. Zu den Highlights der bodenständigen europäischen Karte gehören Rib-Eye-Steak und Meeresfrüchte.

LEI GARDEN KANTONESISCH, DIM SUM $$$

Karte S. 386 (利苑酒家; ☎2295 0238; Shop 3007-3011, Ebene 3, IFC Mall, 1 Harbour View St; Hauptgerichte 200–800 HK$; ⏲mittags & abends; Ⓜ Hongkong, Ausgang E1) Qualitätskontrollen mit militärischer Gründlichkeit hat sieben von neun Lei-Garden-Restaurants, einschließlich diesem, zu einem oder mehreren Michelin-Sternen verholfen. Die süße Sago-Suppe mit Mango und Pampelmuse (preisgekrönt; Schüssel 30 HK$) sollte man sich nicht entgehen lassen.

TASTY CONGEE & NOODLE WONTON SHOP NUDELN $

Karte S. 386 (正斗粥麵專家; www.tasty.com.hk; Shop 3016-3018, IFC Mall, 1 Harbour View St; Hauptgerichte 75–100 HK$; ⏲11.30–22. 45 Uhr; Ⓜ Hongkong, Ausgang E1) Eine der erschwinglichen Alternativen in dieser Luxus-Mall. Entsprechend lang sind die Schlangen zur Mittagspause. Daher: erst einkaufen, dann essen. Das Warten lohnt sich: Die Spezialität des Hauses, Wan Tans gefüllt mit Garnelen, sind so lecker, dass selbst das aufdringliche Dekor nicht stört. Ein anderes Muss sind die Reisnudeln mit gebratenem Rindfleisch und Garnelen-Congee.

GREYHOUND CAFÉ THAI, FUSION $

Karte S. 386 (☎2383 1133; www.greyhoundcafe.com.hk; Shop 1082, IFC Mall, 1 Harbour View St; Hauptgerichte ab 175 HK$; ⏲Mo–Sa 8–22.30, So ab 11 Uhr; Ⓜ Hongkong, Ausgang E1) Dieser Liebling asiatischer Thailand-Touristen hat seine modernen Thai-Café-Leckereien nach Hongkong gebracht. Die umfangreiche Speisekarte bietet sowohl Höhen (die Chicken Wings, der Eistee) wie auch Tiefen (Thainudeln mit Sardellen), doch nichts geht über die Desserts!

CITY HALL MAXIM'S PALACE KANTONESISCH $

Karte S. 386 (☎2521 1303; 3. St., Lower Block, Hong Kong City Hall, 1 Edinburgh Pl; Hauptgerichte ab 120 HK$; ⏲mittags & abends; Ⓜ Central, Ausgang K) Ein Hongkong-typisches Dim-Sum-Erlebnis: laut, fröhlich, in einer riesigen, kitschigen Halle, mit Hunderten von Einheimischen und vielen Dim Sums, die auf Trolleys präsentiert werden. Wer einen Fensterplatz bekommt, kann zusehen, wie dem Meer dort Land abgerungen wird, wo einst der alte Queen's-Pier war. Ab 9 Uhr gibt's Sonntags Frühstück-Dim-Sums; in der Hoffnung, einen Tisch zu ergattern, stellen sich die ersten Gäste schon um 8.30 Uhr an.

ISLAND TANG KANTONESISCH, DIM SUM $$

Karte S. 386 (港島廳; ☎2526 8798; www.islandtang.com; Shop 222, Galleria, 9 Queen's Rd Central, Central; Mittagsmenu ab 308 HK$, Abendessen ab 350 HK$; ⏲mittags & abends; Ⓜ Central, Ausgang D1) Mit seinem Art-déco-Interieur à la 1930er-Jahre-Shanghai ist das Island Tang genau so ein Ort, von dem die Chinesen sagen, dass man ihn besuche, um das „Dekor zu verschlingen". Nun, verschlingen möchte man vor allem das Essen hier! Die Auswahl kantonesischer Spezialitäten reicht von Dim Sum und gebratener Milch bis zu Abalone – was bedeutet, dass ein Besuch im Island Tang für 300 HK$ zu haben ist. Oder für 3000 HK$ ...

L'ATELIER JOËL DE ROBUCHON MODERN-FRANZÖSISCH $$$

Karte S. 386 (☎2166 9000; www.joel-robuchon.com; Shop 401, Landmark, Queen's Rd Central, Central; Mittags-/Abendmenu ab 398/980 HK$; ⏲mittags & abends; Ⓜ Central, Ausgang G) In der rot-schwarzen Hongkonger Dreifaltigkeit des Starkochs ist dies das Arbeitstier. Das Angebot an Tapas (ab 300 HK$) ist verlockend – und die Weinkarte hat 70 Seiten. Die gehobenere Version ist das **Le Jardin** (⏲Mo–Sa 7.30–22 Uhr) nebenan, wo es auch Frühstück gibt. Das **Le Salon de The** (⏲8–20 Uhr), ein Stockwerk tiefer, bietet mit die besten Sandwichs, Gebäckstücke und Kuchen in der Stadt – auch zum Mitnehmen.

HEICHINROU KANTONESISCH $$

Karte S. 386 (聘珍樓; ☎2868 9229; www.heichinrou.com; G05 & 107-108, Nexxus Bldg, 41 Connaught Rd Central, Central; Mittag-/Abendmenu ab 150/400 HK$; ⏲mittags & abends; Ⓜ Central, Ausgang C) Alles, was man von einem modernen kantonesischen Restaurant dieser Preisklasse in Hong Kong erwarten darf: erstklassiger Service, eine etwas formale Atmosphäre, raffinierte Küche und gute Tees. Was die Eigenwerbung – „ältestes chinesisches Restaurant in Japan“ – rätselhaft erscheinen lässt. Können alte chinesische Restaurants in Japan wirklich so gut sein? Der Nachmittagstee mit sechs Dim Sum für 60 HK$ ist ein Schnäppchen.

LUPA ITALIENISCH **$$$**

Karte S. 386 (☎2796 6500; www.diningconcepts.com.hk/lupa; 3. OG, LHT Tower, 31 Queen's Rd Central, Central; Mittagessen ab 300 HK$, Abendessen ab 500 HK$; ⏲mittags & abends; Ⓜ Central, Ausgang D2) Mario Batali ist der derzeit neueste Starkoch, der in Hongkong eine Niederlassung eröffnet hat. Mehr eine Trattoria als ein Restaurant, bietet das Lupa typisch rustikale New Yorker Italoküche wie gebratene Jungfische und Pasta mit Kaninchenragout. Die Pizzas sind super! Es heißt zwar zuweilen, dass das Lupa sich nicht mit Batalis New Yorker Restaurants messen könne, doch das einzig Negative, was wir anzumerken haben, sind die orangefarbenen Crocs des Meisters.

INAGIKU JAPANISCH **$$$**

Karte S. 386 (稻菊日本餐廳; ☎2805 0600; www.fourseasons.com/hongkong; Ebene 4, Four Seasons Hong Kong, 8 Finance St; Mittags-/Abendmenu ab 200/400 HK$; ⏲mittags & abends; Ⓜ Central, Ausgang A) Das Inagiku ist schlicht perfekt. Es ist eines der besten (und teuersten) japanischen Restaurants in der Stadt, mit geschmackvollem Interieur und grandiosem Blick auf den Hafen. Die *kaiseki* (traditionelle mehrgängige Menüs) bieten saisonale Zutaten (einige aus Japan eingeflogen; aber dennoch frisch), tadellos zubereitet und kunstvoll präsentiert.

PIERRE MODERN-FRANZÖSISCH **$$$**

Karte S. 386 (☎2825 4001; www.mandarinoriental.com/hongkong; Mandarin Oriental, 5 Connaught Rd; Mittags-/Abendmenu ab 448/1448 HK$; ⏲Mo–Fr mittags, Mo–Sa abends; Ⓜ Central, Ausgang F) Der Pate der Fusion-Küche, Pierre Gagnaire, hat eine provokante Speisekarte geschaffen, die sein Talent und sein Verständnis von Lebensmitteln und ihren Aromen widerspiegelt; so kann zum Nachtisch schon einmal karamellisierter Rucola gereicht werden – und munden. Die Einrichtung mit Bullaugen und Kronleuchtern erinnert an ein Kreuzfahrtschiff, zumal, wenn man den Blick auf den Hafen bedenkt.

PETITE AMANDA BÄCKEREI **$**

Karte S. 386 (www.petiteamanda.com; Shop 2096, Podium Ebene 2, IFC Mall, 1 Harbour View St, Central; Brot/Gebäck ab 21/40 HK$; ⏲Mo–Fr 9–20, Sa & So ab 10 Uhr; Ⓜ Hongkong, Ausgang E1) Die Kreationen dieser Petite Patisserie des zum Konditor avancierten, ehemaligen Modells Amanda Strang, sind hübsch anzuschauen, lecker und Gold für die Hüften. Die Charlotte aux Poires und die Amarina sind besonders beliebt.

ZUMA MODERN-JAPANISCH **$$$**

Karte S. 386 (☎3657 6388; www.zumarestaurant.com; Ebenen 5 & 6, Landmark, 15 Queen's Rd Central; Mittags-/Abendmenu ab 290/970 HK$; ⏲mittags & abends; Ⓜ Central, Ausgang G) Dieser schicke Import aus London ist auf moderne japanische Küche spezialisiert, die in der großzügig bemessenen Location – mit Robatayaki, Sushi-Bar und Terrasse – auf den Tisch kommt. Der Sonntagsbrunch (428 HK$) – mit viel Sake und Champagner für zusätzliche 122 HK$ – ist sehr beliebt; so mancher Gast fand nicht ohne freundliche Hilfe (und Stütze) wieder nach Hause …

AMBER MODERN-EUROPÄISCH **$$$**

Karte S. 386 (☎2132 0066; www.mandarinoriental.com/landmark; 7. St., Landmark Mandarin Oriental, 15 Queen's Rd Central; Mittags-/Abendmenu ab 518/1288 HK$; ⏲Mo–So mittags, Mo–Sa abends; Ⓜ Central, Ausgang G) Elegantes Restaurant mit Michelin-Stern, gedämpfter Beleuchtung und von der Decke hängenden Orgelpfeifen. Man mag das Amber zunächst als etwas steif empfinden, sobald man aber die Interpretationen traditioneller französischer Küche des Chefkochs Ekkebus probiert hat (z. B. Bresse-Taube) ändert sich das. Hier wird mit Herz und Verstand gekocht.

AUSGEHEN

LP TIPP **SEVVA** COCKTAIL-BAR

Karte S. 386 (☎2537 1388; www.sevva.hk; 25. St., Prince's Bldg, 10 Chater Rd, Central; ⏲Mo–Do 12–24, Fr & Sa bis 2 Uhr; Ⓜ Central, Ausgang H) Könnte man *den* Ausblick bestimmen, *den* Ort, von wo aus Hongkong am meisten strahlt, dann müsste man sich wohl für den Balkon des Sevva entscheiden – wo man den Wolkenkratzern so nahe ist, dass man versucht ist, nach ihnen die Hand auszustrecken… und sie zu berühren. In der Ferne bestimmen Hafen und Kowloon den Horizont, der vor allem nachts einer des Lichts ist. Und der einem den Atem raubt. Was von den wunderbaren Cocktails des Sevva durchaus unterstützt wird. Man sollte reservieren, und zwar möglichst einen Tisch auf dem Balkon. Doch selbst wenn das nicht klappen sollte – zum Fotografieren darf man ihn trotzdem betreten.

AMO ENO WEINBAR

Karte S. 386 (Shop 3027, Podium Ebene 3, IFC Mall, 1 Harbour View St; Ⓜ Hongkong, Ausgang E) Das Amo Eno bietet ein anspruchsvolles Wein-Erlebnis – für den Neuling und den Kenner. Auf einem Tisch mit Touch-Screen kann man nach Farbe, Rebsorte, Preis und Menge auswählen und sich dann die Verführung seiner Wahl von einem automatischen Wein-Dispenser einschenken lassen. Das Dekor ist vom Wein inspiriert, ebenso der Nippes, der als Souvenir angeboten wird.

PIER 7 BAR

Karte S. 386 (www.cafedecogroup.com; Shop M, Aussichtsplattform, Central Pier 7, Star Ferry, Central; 🕒 9–24 Uhr; Happy Hour 18–21 Uhr; Ⓜ Hongkong, Ausgang A1) Das Pier 7, im obersten Stockwerk des Star Ferry Terminals, bietet eine große Terrasse mit Blick auf Wolkenkratzer und die Hügel von Kowloon (und einen Teil des Hafens). Das Ganze ist eine gänzlich unprätentiöse Angelegenheit, ideal für Drinks und Snacks nach dem Dinner und/oder bevor man ins Kino geht. An manchen Wochenenden gibt's Motto-Partys oder Reggae-DJs geben sich die Ehre. Dann wird's hier ziemlich locker, gelinde gesagt…

LIBERTY EXCHANGE SPORTS-BAR

Karte S. 386 (www.lex.hk; Two Exchange Sq, 8 Connaught Pl; Happy Hour 15–20 Uhr; Ⓜ Hongkong, Ausgang A1) Amerikanische Bar mit Bistro mit einladender offener Front, die vor allem bei Bankern und Hedgefonds-Managern beliebt ist. Freitags ist sie voll von Leuten, die bei Wein, Cocktails, Bier und Sportübertragungen Storys über Gewinne, Verluste und Übernahmen austauschen.

RED BAR BAR

Karte S. 386 (☎ 8129 8882; L4, Two IFC, 8 Finance St; 🕒 Mo–Do 12–24, Fr & Sa bis 3, So bis 22 Uhr; Happy Hour 18–21 Uhr; Ⓜ Hongkong, Ausgang E1) Die Kombination, im Freien bei tollem Hafenblick einen Cocktail zu trinken ist selbst in Hongkong kaum zu überbieten. DJs legen Funk und Jazz auf und die Regler werden nach oben gezogen, je mehr das Wochenende naht.

CAPTAIN'S BAR BAR

Karte S. 386 (EG, Mandarin Oriental, 5 Connaught Rd Central, Central; 🕒 Mo–Sa 11–2, So bis 1 Uhr; Ⓜ Central, Ausgang F) Clubby und elegant. Es gibt eiskaltes Bier in gekühlten, silbernen Bechern. Und dazu einige der besten Martinis der Stadt. Hier lässt sich gut über Geschäfte reden – zumindest, bis gegen 21 Uhr die jeweilige Cover-Band eintrifft. Kein Ort für Shorts oder Sandalen.

MO BAR BAR

Karte S. 386 (Landmark, 15 Queen's Rd Central, Central; 🕒 Mo–Sa 11–2 Uhr; Ⓜ Central, Ausgang D1) Die noble MO Bar, Teil des mondänen Mandarin, bietet Stil, Klasse, ein luxuriöses, sanft beleuchtetes Ambiente, tollen Service, erstklassige Weine und Cocktails.

☆ UNTERHALTUNG

GRAPPA'S CELLAR LIVEMUSIK

Karte S. 386 (☎ 2521 2322; www.elgrande.com.hk/outlets/HongKong/GrappasCellar; 1 Connaught Pl; Ⓜ Hongkong, Ausgang B2) An mindestens zwei Wochenenden im Monat verwandelt sich dieses italienische Keller-Restaurant in einen Treffpunkt für Jazz- oder Rock-Liebhaber – mit karierten Tischdecken und allem, was dazu gehört. Infos gibt's per Anruf oder auf der Website.

PALACE IFC CINEMA KINO

Karte S. 386 (☎ 2388 6268; Podium L1, IFC Mall, 8 Finance St; Ⓜ Hongkong, Ausgang F) Das Multiplex mit acht Kinos in der IFC Mall ist das wohl modernste und komfortabelste Hongkongs. In den hinteren Reihen lassen sich die Armlehnen nicht hochziehen.

SHOPPEN

LP TIPP **SHANGHAI TANG** BEKLEIDUNG, ACCESSOIRES

Karte S. 386 (上海灘; ☎ 2525 7333; www.shanghaitang.com; The Shanghai Tang Mansion, 1 Duddell St; Ⓜ Central, Ausgang D1) Shanghai Tang hat in einer vierstöckigen „Stadtvilla" in der Nähe seiner alten Adresse wiedereröffnet. Wer auf der Suche nach einem *cheongsam* (körpernahes, chinesisches Kleid für Frauen) mit modernem Schick, einer chinesischen *clutch* (Unterarmtasche) oder einer hellgrünen Mandarin-Jacke ist, der wird hier glücklich werden. Maßschneiderei wird angeboten; inklusive Anprobe dauert es bis zum fertigen Stück zwei bis vier Wochen. Bei Shanghai Tang gibt's auch eine Reihe von Lifestyle-Dingen (und -Dingelchen), darunter Kissen, Bilderrahmen, Teekannen und in modernem Chinoiserie-Stil gestaltete Mah-Jongg-Kachel-Sets.

FOOK MING TONG TEA SHOP ESSEN, TRINKEN

Karte S. 386 (福茗堂; ☎2295 0368; Shop 3006, IFC Mall, 8 Finance St; Ⓜ Central, Ausgang A) Tee-Requisiten und sorgfältig ausgewählte Tees verschiedener Sorten und jeglichen Alters, von Gunpowder bis Nanyan Ti Guan Yin Crown Grade – zu Preisen von 10 HK$ bis 9000 HK$ pro 100g.

PICTURE THIS GESCHENKE

Karte S. 386 (☎2525 2803; www.picturethiscollection.com; Shop 212, Prince's Bldg, 10 Chater Rd; Ⓜ Central, Ausgang H) Vintage-Poster, Fotografien, Drucke und alte Hongkong-Karten für Sammler und Leute, die ein ungewöhnliches Geschenk oder Souvenir suchen. Zudem gibt's eine Auswahl an antiquarischen Büchern zu Hongkong. Billig ist Picture This nicht, dafür wird einem garantiert, dass alle Karten und Drucke Originale sind. Sonntags von Mittag bis fünf geöffnet.

IFC MALL MALL

Karte S. 386 (☎2295 3308; www.ifc.com.hk; 8 Finance St; Ⓜ Hongkong, Ausgang F) Zwischen den IFC-Türmen 1 und 2 und dem Four Seasons Hotel können sich Shopping-Begeisterte in über 200 High-End-Fashion-Boutiquen in Hongkongs luxuriösester Mall ihrer Leidenschaft hingeben – u.a. in Outlets von Patrick Cox, Geiger, Longchamp, Kenzo, Vivienne Tam, Zegna usw. All das findet man direkt oberhalb der Hong Kong Airport Express Station.

BLANC DE CHINE BEKLEIDUNG, ACCESSOIRES

Karte S. 386 (源; ☎2104 7934; www.blancdechine.com; Shop 123, Prince's Bldg; ⌚Mo–Sa 10.30–19.30, So 12–18 Uhr; Ⓜ Central, Ausgang H) Dieses prächtige Geschäft ist auf traditionelle chinesische Jacken für Männer und Seidenkleider für Frauen spezialisiert, von der Stange oder nach Maß. Die Satin-Bettwäsche ist exquisit (wie auch die alten Schiffsschränke, in denen sie präsentiert wird). Die maßgeschneiderten chinesischen Paillettenkleider sind wunderschön, aber benötigen etwa vier Wochen (mit einer Anprobe). Verlässt man Hongkong früher, kann man sich sein Prachtstück zuschicken lassen.

HONG KONG BOOK CENTRE BÜCHER

Karte S. 386 (☎2522 7064; www.hongkongbookcentre.com; UG, On Lok Yuen Bldg, 25 Des Voeux Rd, Central; ⌚Mo–Fr 9–18.30, Sa bis 17.30 Uhr; Ⓜ Central, Ausgang B) Dieser Buchladen führt eine große Auswahl an englischsprachigen Büchern und Zeitschriften, insbesondere Wirtschaftstitel.

JOYCE BEKLEIDUNG, ACCESSOIRES

Karte S. 386 (☎2810 1120; www.joyce.com; EG, New World Tower, 16 Queen's Rd Central; ⌚10.30–19.30 Uhr; Ⓜ Central, Ausgang D1) Dieser Multi-Designer-Store ist für diejenigen ideal, die eher ein Zeit- als ein Geldproblem haben: Issey Miyake, Alexander McQueen, Marc Jacobs, Comme des Garçons, Chloé, Pucci, Yohji Yamamoto sowie Größen aus Hongkongs Fashion-Szene sind nur einige der Designer, die hier ihre Prêt-à-porter-Variationen anbieten. Eine weitere Niederlassung gibt's in **Admiralty** (☎2523 5944; Shop 334, 3. St, Pacific Place, 88 Queensway) – und die gleichen Klamotten zum halben Preis im **Joyce Warehouse** (☎2814 8313; 21. St, Horizon Plaza Arcade, 2 Lee Wing St, Ap Lei Chau; ⌚Mo geschl.) im Horizon Plaza in Ap Lei Chau.

LANE CRAWFORD WARENHAUS

Karte S. 386 (連卡佛; ☎2118 3388; Level 3, IFC Mall, 8 Finance St; Ⓜ Central, Ausgang A) Das Flaggschiff dieser Kaufhauskette westlicher Prägung und die Antwort Hongkongs auf Harrods in London. Alles, aber auch wirklich alles, was man hier kaufen kann, von der Mode bis zum Geschirr, ist extrem stylish. Mit Niederlassungen in **Admiralty** (☎2118 3398; Level 1, Pacific Place, 88 Queensway, Admiralty; ⌚10–21 Uhr), **Causeway Bay** (☎2118 3638; EG & 1. St., Times Square, 1 Matheson St; ⌚So–Do 10–21, Fr & Sa bis 22 Uhr) und **Tsim Sha Tsui** (☎2118 3428; 3 Canton Rd; ⌚10–22 Uhr).

CITYSUPER ESSEN, TRINKEN

Karte S. 386 (www.citysuper.com.hk; Shop 1041-1049, IFC Mall, 8 Finance St, Central; ⌚10.30–21.30 Uhr; Ⓜ Hongkong, Ausgang F) Citysuper steht für hochkarätige Importlebensmittel und seltene Zutaten aus aller Welt sowie Bio-Produkte. Billig ist das (erwartungsge-

NEUE KUNSTGALERIEN IN CENTRAL

Alle westlichen Marken drängen auf den chinesischen Festlandmarkt. GAP hat es getan; Abercrombie & Fitch wird es tun. Warum sollte sich die Welt der Kunst anders verhalten? Seit 2011 haben Kunstgalerien in beispiellosem Tempo und Ausmaß Filialen in Central eröffnet. Andererseits bedeutet das nicht, dass jetzt mehr Werken von Hongkonger Künstlern eine Plattform geboten würde. Es bleibt abzuwarten, ob der Boom nachhaltig ist. Zum Zeitpunkt der Recherche hatten die meisten der folgenden Galerien ihre erste Ausstellung hinter sich.

Saamlung (Karte S. 386; ☎5181 5156; http://saamlung.com; 26b Two Chinachem Plaza, 68 Connaught Rd Central, Central; ⌚Di–Fr 12–18 Uhr, an Wochenenden nur nach Vereinbarung; Ⓜ Hongkong, Ausgang E1) Obwohl in der obersten Etage einer trist aussehenden Mall beheimatet, ist Saamlung wohl der aufregendste Neuzugang in der Stadt. Präsentiert werden Arbeiten aufstrebender lokaler Künstler sowie solche von Künstlern aus China und der ganzen Welt.

Pearl Lam Galleries (藝術門; Karte S. 386; 601-605 Peddar Bldg, 12 Pedder St, Central; Ⓜ Central, Ausgang H) Die der Tochter eines Entertainment-Moguls gehörende Galerie hat ihre Eröffnungs-Ausstellung hinter sich (chinesische zeitgenössische abstrakte Kunst) und arbeitet augenblicklich am Design einer neuen Internet-Präsenz.

White Cube (Karte S. 386; ☎2592 2000; http://whitecube.com; EG & 1. St., 50 Connaught Rd Central, Central; ⌚Di–Sa 11–19 Uhr; ⓂHongkong, Ausgang E1) Die erste Niederlassung der Londoner außerhalb Großbritanniens; White Cube ist für die Präsentation von radikal-hippen und provozierenden Arbeiten bekannt.

Galerie Perrotin (Karte S. 386; ☎3758 2180; 17. St., 50 Connaught Rd Central, Central; Di–Sa; ⓂHong Kong, Ausgang E1) Wurde mit einer Ausstellung von neuen Arbeiten des Brooklyner Künstlers Kaws eröffnet.

Gagosian (Karte S. 386; ☎2151 0555; 7. St., Pedder Bldg, 12 Pedder St; Di–Sa; ⓂCentral, Ausgang H) Das amerikanischen Kunst-Schwergewicht vertritt die Nachlässe von Andy Warhol und Jeff Koons.

Simon Lee (Karte S. 386; ☎2801 6252; www.simonleegallery.com; 304 Pedder Bldg, 12 Pedder St; Sa im Aug. geschl.; ⓂCentral, Ausgang H) Londoner Galerie, deren Debüt-Ausstellung den Werken des amerikanischen Künstlers Sherrie Levine gewidmet war.

Ben Brown (Karte S. 386; ☎ 2522 9600; www.benbrownfinearts.com; 301 Pedder Bldg; 12 Pedder St; ⌚Di–Sa 11–19 Uhr, Mo nur nach Vereinbarung) Ben Brown ist eine in London ansässige Galerie mit Schwerpunkt auf deutsche Fotografie und italienische Malerei.

mäß) nicht. In **Causeway Bay** (☎2506 2888; UG 1, Times Square, 1 Matheson St; ⌚10.30–22 Uhr) gibt's eine Zweigstelle.

HARVEY NICHOLS — WARENHAUS

Karte S. 386 (☎3695 3389; www.harveynichols.com; Landmark Bldg, 1 Pedder St; ⌚Mo–Sa 10–21, Sa bis 19 Uhr; ⓂCentral, Ausgang G) Wie in Großbritannien, Harvey Nichols' Heimat, erwartet einen auch auf den vier Etagen, die der Edelladen im Landmark belegt, Mode, die nah am Zeitgeist (oder ihm voraus) ist, sowie Street- und Citywear.

THREE SIXTY — ESSEN, TRINKEN

Karte S. 386 (☎2111 4480; 3. & 4. St., Landmark Building, 1 Pedder St; ⌚Mo–Sa 8–21, So 9–21 Uhr; ⓂCentral, Ausgang G) Die Gourmet-Ausgabe eines klassischen Supermarkts verfügt über ein breites Angebot an lokalen Bio- und Naturprodukten und entsprechenden Erzeugnissen aus aller Welt. Zusätzlich gibt's in der oberen Etage einen tollen Food-Court mit einer großen Auswahl an Gerichten. Eine weitere Niederlassung von Three Sixty gibt's in **New Kowloon** (Shop 1090, Elements Mall, 1 Austin Rd West, Tsim Sha Tsui, oberhalb der Station Kowloon).

LANDMARK — MALL

Karte S. 386 (置地廣場; ☎2525 4142; www.centralhk.com; 1 Pedder St; ⓂCentral, Ausgang G) Die von allen Malls am zentralsten gelegene ist bekannt für Mode und gutes Essen, umgeben von angenehmer, offener Architektur. Inzwischen auf High-End-Fashion-Marken und -Boutiquen spezialisiert (Gucci, Louis Vuitton, TODs usw.).

PRINCE'S BUILDING
MALL

Karte S. 386 (太子大廈; ☎2504 0704; www.centralhk.com; 10 Chater Rd; Ⓜ Central, Ausgang K) Mag sein, dass man sich im Prince's Building nicht auf Anhieb zurechtfindet. Aber die Auswahl an Mode, Spielzeug, Geschirr und den angesagtesten Galerien ist einen Besuch wert. Alles, was man hier kaufen (und bestaunen) kann, ist zwar ziemlich eklektisch, macht aber Spaß.

GIORDANO LADIES
BEKLEIDUNG

Karte S. 386 (☎2921 2955; www.giordanoladies.com; EG & 1. St., Lansing House, 43-45 Queen's Rd Central, Central; ⏲Mo–Sa 11–21, So bis 20 Uhr; Ⓜ Central, Ausgang D1) Giordano Ladies bietet elegante Kleidung für Frauen, mit Betonung auf weiche, fließende Linien und konservativem Stil. Es gibt Büro- und Freizeitbekleidung sowie klassische Stücke, alles darauf ausgerichtet, mit dem kombinierbar zu sein, was sich so oder so in den meisten Kleiderschränken findet.

DYMOCKS
BÜCHER

Karte S. 386 (Shop 2007-2011, 2. St., IFC Mall, 1 Harbour View St, Central; ⏲9.30–21 Uhr; Ⓜ Hongkong, Ausgang F) Mainstream-Auswahl an Büchern und Zeitschriften, meist in englischer Sprache; mehrere Zweigstellen.

CITY CHAIN
UHREN

Karte S. 386 (時間廊; ☎2259 9020; www.citychain.com; Shop 120, Man Yee Arcade, 60-68 Des Voeux Rd Central, Central; ⏲10–20 Uhr; Ⓜ Central, Ausgang D2) Bei über 60 Filialen in Hongkong findet man bei City Chain sicher die passende Armbanduhr für fast jede Laune, jeden Look oder Anlass, von klassisch bis sportlich. Mit Diamanten besetzte Stücke (und andere Kandidaten für Pfandhäuser) sucht man hier aber vergebens.

WING ON DEPARTMENT STORE
WARENHAUS

Karte S. 386 (永安百貨; ☎2852 1855; www.wingonet.com; 7. St, Wing On Centre, 211 Des Voeux Rd Central, Central; ⏲Mo–Sa; Ⓜ Sheung Wan, Ausgang E3) Hongkongs letztes Warenhaus klassischer Prägung („alles unter einem Dach"). Sicher, ein wenig altmodisch wirkt das schon. Aber dafür findet man hier wirklich nahezu alles, wonach man auf der Suche sein könnte: Vom Gartenschlauch bis zum iPhone-Cover, vom Baby-Schnuller bis zu italienischen Lederjacken – und superfreundliche Damen noch dazu, die einem bei der Auswahl helfen!

SPORT & AKTIVITÄTEN

IMPAKT MARTIAL ARTS & FITNESS CENTRE
KAMPFSPORT

Karte S. 386 (☎2167 7218, www.impakt.hk; Wing's Bldg, 2. St., 110–116 Queen's Rd Central, Central; Ⓜ Central, Ausgang D2) Impakt macht Eindruck, weil es eines der wenigen Kampfsport-Center mit weiblichen Trainern ist. Die bringen GI-Jane-Möchtegerns und Profis gleichermaßen Muay Thai, Kickboxen, Jiu Jitsu, Karate usw. bei. Einmalige Trainingseinheiten sind genauso möglich wie die Nutzung des Gyms für 200 HK$. Private Trainingsstunden gibt's ab 300 HK$ pro Person.

LP TIPP TEN FEET TALL
FUSSMASSAGE

Karte S. 386 (☎2971 1010; www.tenfeettall.com.hk; 20. & 21. St., L Place, 139 Queen's Rd Central; ⏲So–Do 11–24, Fr & Sa bis 1 Uhr, jeweils letzter Termin). Vom Eigentümer der Dragon-i (S. 95) eröffnet, bietet die weitläufige Komforthöhle (745 m²) Fußreflexzonen- und Schultermassagen, Hardcore-Druckpunktmassagen, Aromaöl- und viele weitere Behandlungen. Das Innere wurde von einem französischen Restaurant-Designer entworfen.

SPA AT THE FOUR SEASONS
SPA

Karte S. 386 (☎3196 8900; www.fourseasons.com/hongkong/spa.html; 8 Finance St, Central; ⏲8–23 Uhr; Ⓜ Hongkong, Ausgang F) 1860 m² Ultra-High-End-Spa mit umfassendem Angebot an Beauty-, Massage- und Wellnessanwendungen – sowie Eisbrunnen, Moxibustion und sogar einem „Kräuter-Kokon-Raum".

PURE FITNESS
FITNESSSTUDIO

Karte S. 386 (☎8129 8000; 3. St., Two IFC Mall, 8 Finance St; Drop-in-Pass 300 HK$; ⏲Mo–Sa 6–24, So 8–22 Uhr; Ⓜ Hongkong, Ausgang F) Angenehmes Gym mit tollen Einrichtungen und/oder Klassen für Cardio-Training, Radfahren, Kickboxen, Yoga, Pilates und Tanz-Fitness. Sehr beliebt bei denen, die in der Gegend arbeiten.

Hong Kong Island: The Peak & der Nordwesten

LAN KWAI FONG & SOHO | SHEUNG WAN | WESTERN DISTRICTS | MID-LEVELS | THE PEAK

Highlights

❶ Mit der **Peak Tram** (S. 82) fahren, die unglaublich steilen Pfade zum **Victoria Peak** (S. 82) erklimmen und bei Nacht atemberaubende Ausblicke über die Stadt vom höchsten Punkt der Insel genießen

❷ Durch die engen Straßen von **Sheung Wan** (S. 84) schlendern und die Geschichte des Hongkongs aus dem 19. Jh. entdecken

❸ Im genussbetonten Viertel **Lan Kwai Fong** (S. 93) bergauf von einer Bar zur nächsten ziehen

❹ In einer der besten Privatküchen der Stadt, dem **Club Qing** (S. 88), den Gaumen verwöhnen

❺ Durch die **Boutiquen von Soho** (S. 98) bummeln oder die riesige Schatzkiste **Cat Street** (S. 86) plündern

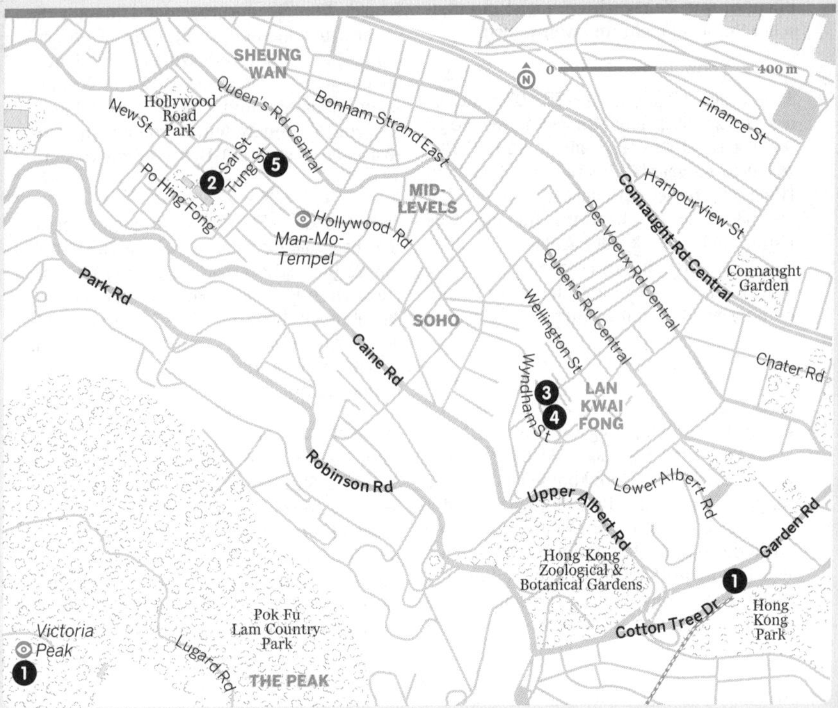

Detailpläne dieses Gebiets s. Karte S. 390 & Karte S. 392 ➡

Rundgang: The Peak & der Nordwesten

Ein guter Auftakt ist die Erkundung des alten Stadtviertels Sheung Wan am Morgen, wenn die Tempel und die großen Markthallen schon zum Leben erwacht sind. Mittags probiert man hier noch lokale Speisen, bevor es dann Richtung Hollywood Rd geht, um die Antiquitätenläden und Galerien zu durchstöbern. Wer noch Zeit hat, sollte Mid-Levels besuchen und sich die Museen und religiösen Monumente anschauen. Dann geht es mit der Peak Tram in Central auf den Victoria Peak. Es lohnt sich, bis zum Sonnenuntergang zu bleiben oder sogar ein bisschen länger, um die beleuchtete Stadt bei Nacht zu bewundern. Gutes Abendessen bekommt man in Soho, und in Lan Kwan Fong warten viele Kneipen auf Partyvolk.

Lokalkolorit

➡ **Treffpunkte** Wer in Lan Kwai Fong oder Soho nach einem Ort für intellektuelle Gespräche sucht, der geht am besten in den Club 71 (S. 94) oder in die Gecko Lounge (S. 94) – das sind Magneten für Kreative.

➡ **Galerien** Die Kunstwerke in der Hollywood Rd kosten ein Vermögen, wohingegen die Galerien in der Tai Ping Shan St (S. 85) Werke aufstrebender Künstler ausstellen, die man sich sogar leisten kann.

An- & Weiterreise

➡ **Bus** Bus 26 fährt durch Lan Kwai Fong, Soho und Wan Chai und verbindet entlang der Hollywood Rd Sheung Wan mit Central, Admiralty und Wan Chai. Im Western District halten die Busse 3B vom Jardine House in Central sowie 23, 40 und 40M von Admiralty entlang der Bonham Rd. Nach Mid-Levels fährt Bus 26 aus Central entlang der Hollywood Rd. Bus 3B vom Jardine House in Central und Bus 23 von Admiralty halten in der Robinson Rd. Zum Peak fährt Bus 15 vom Busbahnhof in Central unterhalb des Exchange Sq entlang der Queen's Rd East zur Station unterhalb der Peak Galleria.

➡ **Central Escalator** In der Caine und Robinson Rd (nach Mid-Levels).

➡ **Grüner Minibus** Busse 8 oder 22 aus Central passieren die Caine Rd (nach Mid-Levels).

➡ **Macao-Fähre** Der Fährhafen befindet sich am Shun Tak Centre (für Überfahrten nach Sheung Wan).

➡ **MTR** Der Hauptbahnhof liegt an den Linien Island und Tsuen Wan; Sheung Wan liegt an der Island-Linie.

➡ **Tram** Die Straßenbahn fährt entlang der Des Voeux Rd Central und der Des Voeux Rd West (nach Sheung Wan). Die untere Haltestelle der Peak Tram liegt an der Garden Rd, die obere ist der Peak Tower (zum Peak).

Top-Tipp

Wer das Gefühl hat, Lan Kwai Fong und Soho seien eher etwas für Partygänger, fühlt sich rund um die Tai Ping Shan St (S. 85) in Sheung Wan wahrscheinlich besser aufgehoben. In dieser Gegend gab es einst nur Tempel, aber mittlerweile ist sie ein aufkeimendes Künstlerparadies mit preiswerten, guten Cafés, Galerien und Boutiquen, die neben verwitterten Schreinen aus dem Boden sprießen.

Gut essen

➡ Club Qing (S. 88)

➡ Tim's Kitchen (S. 91)

➡ Yardbird (S. 91)

Mehr dazu S. 88 ➡

Nett ausgehen

➡ Globe (S. 93)

➡ Club 71 (S. 94)

➡ Gecko Lounge (S. 94)

Mehr dazu S. 93 ➡

Schön shoppen

➡ Wattis Fine Art (S. 98)

➡ Ranee K (S. 99)

➡ Pottery Workshop (S. 100)

➡ Flow (S. 98)

Mehr dazu S. 98 ➡

HIGHLIGHTS
VICTORIA PEAK

Ein absolutes Muss für Hongkong-Besucher ist der Victoria Peak, der höchste Punkt (552 m) Hong Kong Islands. Er ist einer der touristischsten Orte der Stadt – zu Recht! Ausblick über die lebhafte Metropole, grüne Wälder, einfache, aber spektakuläre Wanderwege rund um den Peak: Mit der legendären Peak Tram kann man das alles von Central aus in nur acht Minuten erreichen.

Am besten ist der Peak mit der 125 Jahre alten **Peak Tram** (einfache Strecke/hin & zurück 28/40 HK$; ⌚7–24 Uhr) zu erreichen. An der unteren Haltestelle in Central befindet sich eine gute **Galerie**, die eine Nachbildung des ersten Waggons dieser ersten Drahtseilbahn Asiens beherbergt.

500 m nordwestlich der oberen Haltestelle der Peak Tram, die steile Mt Austin Rd hinauf, befindet sich die Stelle, an der einst das Bergdomizil des Gouverneurs stand, das im Zweiten Weltkrieg von japanischen Soldaten niedergebrannt wurde. Die schönen Gärten gibt es immer noch, und sie sind der Öffentlichkeit zugänglich. Dieser Aussichtspunkt wird nicht von vielen Touristen besucht, es besteht also die Chance, den Ausblick hier in Ruhe genießen zu können.

Wer rund um den Peak wandern will, muss sich nicht sehr verausgaben. Die Harlech Rd an der Südseite bildet mit der Lugard Rd am Nordhang einen 3,5 km langen Rundweg, der in einer Stunde zu bewältigen ist. Man kann auch noch weitere 2 km entlang der Peak Rd zur Pok Fu Lam Reservoir Rd laufen. Eine andere Wanderung führt zur University of Hong Kong (S. 85). Auf die Westseite des Victoria Peak gelangt man über die Lugard oder die Harlech Rd. Nachdem man die Hatton Rd erreicht hat, folgt man ihr. Der 50 km lange Hong Kong Trail (S. 60) beginnt ebenfalls am Peak.

NICHT VERSÄUMEN

- Peak Tram
- Wanderwege
- Victoria Peak Garden

PRAKTISCH & KONKRET

- Karte S. 394
- ☎2522 0922
- www.thepeak.com.hk
- Victoria Peak, Hong Kong Island
- Eintritt frei
- ⌚24 Std. (Peak Tram 7–24 Uhr)
- Peak Tram Lower Terminus, 33 Garden Rd, Central
- Bus 15 ab Central, unterhalb des Exchange Sq

WIBOWO RUSLI/GETTY IMAGES ©

HIGHLIGHTS
MAN-MO-TEMPEL

Schon bevor man den Tempel erreicht, riecht man den Weihrauch und sieht die Schwaden. Der Man-Mo-Tempel wurde Mitte des 19. Jhs. erbaut und ist einer der ältesten und bekanntesten Tempel in Hongkong. Er ist besonders bei Eltern sehr beliebt, die hierher kommen und für Gesundheit und gute Noten für ihre Kinder beten. Der Tempel ist zwei Gottheiten gewidmet: Man Cheong, der menschliche Gott, war ein chinesischer Staatsmann des 3. Jh. v. Chr. Er wird heute als Gott der Literatur verehrt und ist mit einer Schreibfeder abgebildet. Kwan Tai, einem Soldaten der Han-Dynastie, der im 2. Jh. n. Chr. geboren wurde, huldigt man heute als dem rotbackigen Kriegsgott. Er ist immer mit einem Schwert zu sehen.

Vor dem Haupteingang befinden sich vier vergoldete Tafeln an Stämmen, die während Prozessionen getragen werden. Auf zwei Tafeln sind die Götter beschrieben, die drinnen verehrt werden, auf den anderen beiden wird um Ruhe und Respekt innerhalb der Tempelanlage gebeten und Frauen, die gerade ihre Menstruation haben, verboten, in die Haupthalle zu gehen. Im Innern des Tempels stehen zwei Sänften aus dem 19. Jh. in der Form von Häusern. Damit werden die beiden Götter bei Festen getragen. Die Ringe, die vom Dach herunterhängen, sind Räucherkerzen, die als Opfergaben von den Gottesverehrern abgebrannt werden.

Die Halle neben dem Tempel heißt **Lit Shing Kung**, wörtlich „Palast der Heiligen". Hier werden andere buddhistische und taoistische Gottheiten verehrt.

Die Halle **Kung Sor** (Begegnungsstätte) diente vor der Einführung des modernen Justizwesens als Gerichtshof, um die Streitigkeiten innerhalb der chinesischen Gemeinde zu schlichten. Heute wimmelt es hier nur so von Wahrsagern, die den Besuchern allzu gerne ihr Schicksal vorhersagen.

NICHT VERSÄUMEN

- Haupttempel
- Lit Shing Kung
- Wahrsager

PRAKTISCH & KONKRET

- Karte S. 392
- ☎2540 0350
- 124-126 Hollywood Rd
- Eintritt frei
- ⏲8–18 Uhr
- 🚌26

SEHENSWERTES

Lan Kwai Fong & Soho

GRAHAM ST MARKET MARKT

Karte S. 390 (Graham St; MCentral, Ausgang D2) Straßenmärkte sind unbestreitbar ein wichtiger Teil der Kultur Hongkongs. Dieser seit 160 Jahren existierende Freiluftmarkt an der steilen, engen Graham St ist einer der ältesten und der bunteste Markt. Zu den alltäglichen Arbeiten hier zählen das Ausnehmen von Fischen, das Waschen von Gemüse und das Schmelzen von Eis. Allerdings soll die Straße innerhalb der nächsten zehn Jahre umgestaltet werden – die Zukunft der vielen familienbetriebenen Stände hier ist also ungewiss, genau wie die Zukunft der raffiniert errichteten Schattenspendekonstruktionen durch umgedrehte Sonnenschirme.

CENTRAL POLICE STATION HISTORISCHES GEBÄUDE

Karte S. 390 (10 Hollywood Rd; 26) Nach Jahren des Hins und Hers wird dieser mächtige, koloniale Komplex, der zwischen 1841 und 1919 in mehreren Etappen errichtet wurde, zusammen mit dem angrenzenden ehemaligen Richteramt und Victoria Prison gänzlich erhalten. Es gibt Pläne, die Gebäude mit einer Galerie, einem Kino und einem Einkaufszentrum wieder zum Leben zu erwecken – und alles soll von einer Nichtregierungsorganisation verwaltet werden. Die Renovierung soll voraussichtlich 2014 beendet sein. In der Zwischenzeit sind die Gebäude gelegentlich für Kunstausstellungen geöffnet.

Sheung Wan

MAN-MO-TEMPEL TEMPEL

Siehe S. 83.

QUEEN'S ROAD WEST INCENSE SHOPS PAPIERWAREN

Karte S. 392 (26) Geht man die Queen's Rd West entlang, findet man einige hundert Meter nach dem Ende der Hollywood Rd mehrere Shops, die Räucher- und Papieropfergaben verkaufen. Diese werden verbrannt, um die Geister der Toten gnädig zu stimmen. Hier gibt es enorm viele spirituelle Brennstoffe – das reinste Konsumparadies zu Ehren der Verstorbenen! Zum Verkauf stehen komplette Sets von Mini-Küchengeräten, Dim Sum, Autos, Gold- und Silberbarren, die beliebten Hell-Banknoten und sogar Dienstmädchen und Chauffeure. Man kann diese Dinge auch als Souvenirs kaufen, aber allen Abergläubischen sei gesagt, dass es Pech bringt, die Opfergaben zu behalten statt sie zu verbrennen…

CAT STREET STRASSE

Karte S. 392 (摩囉街; 9–18 Uhr; M26) Südwestlich der MTR-Station Sheung Wan und unmittelbar nördlich von (und parallel zur) Hollywood Rd liegt die **Upper Lascar Row**, wie die Cat St offiziell heißt. In dieser Fußgängerzone mit Geschäften für Antiquitäten und Trödel findet man in den Läden und an den Ständen Fundstücke, billige Klunker, Schmuck, Schnitzereien und neu geprägte alte Münzen. Hier kann man prima nach ein paar Souvenirs stöbern, aber selbst bei scheinbar aktuellen Erinnerungsstücken handelt es sich bestimmt um gefälschtes Zeug aus Massenproduktion. „Richtige" Läden findet man auf drei Etagen in den **Cat Street Galleries** (Casey Bldg, 14/f 38 Lok Ku Rd; Mo–Sa 11–19 Uhr). Der Eingang zu dem kleinen, aber interessanten Shoppingcenter liegt in der Upper Lascar Row. Dessen Tage sind allerdings gezählt, da auf diesem Stück Land bald Wohnhäuser errichtet werden sollen.

WESTERN MARKET HISTORISCHES GEBÄUDE

Karte S. 392 (西港城; 6029 2675; 323 Des Voeux Rd Central & New Market St; 9–19 Uhr; MSheung Wan, Ausgang B) Als die Stoffhändler Anfang der 1990er-Jahre aus den Verbindungsstraßen zwischen der Queen's Rd Central und der Des Voeux Rd Central vertrieben wurden, ließen sie sich in diesem renovierten alten Marktgebäude (1906) mit seinen charakteristischen viereckigen Türmen nieder. Heute sind jede Menge Stoffe im Erdgeschoss ausgelegt. Im oberen Stockwerk befindet sich ein Restaurant (s. S. 91).

MAN WA LANE STRASSE

Karte S. 392 (MSheung Wan, Ausgang A1) Diese Gasse östlich der MTR-Station Sheung Wan ist ein guter Zugang zum traditionellen Sheung Wan. Die Kiosks hier haben sich auf Namensstempel spezialisiert: Stempel aus Stein (oder Holz bzw. Jade) mit dem eingravierten Namen auf Chinesisch. Wenn man ihn in rote chinesische Tinte taucht, kann der Stempel als Namenssiegel oder sogar als „Unterschrift“ verwendet werden. Die Händler kreieren einen stimmigen und Glück verheißenden Namen für die Kunden.

POSSESSION STREET STRASSE

Karte S. 392 (🚌26) Etwas weiter westlich der Cat St, neben dem Hollywood Road Park und bevor die Hollywood Rd auf die Queen's Rd West trifft, liegt die Possession St. Hier hissten Kommodore Gordon Bremmer und ein Aufgebot britischer Marinesoldaten am 26. Januar 1841 die britische Flagge und beanspruchten Hong Kong Island für die Britische Krone (allerdings markiert keine Tafel diesen Geburtsort des kolonialen Hongkong).

TAI PING SHAN STREET STRASSE

Karte S. 392 (🚌26) Kurz nach der Gründung der Kolonie wurden die Bewohner von Central in diese Gegend umgesiedelt. Die Spuren von frühen chinesischen Siedlungen sind längst verschwunden, aber wo die Tai Ping Shan St auf die Pound Lane trifft, befinden sich immer noch einige Tempel aus dem 19. Jh. Der **Kwun-Yam-Tempel** (觀音堂; Karte S. 392; 34 Tai Ping Shan St) ehrt die allseits beliebte Göttin der Gnade, Kwun Yam. Weiter nordwestlich wurde die **Pak Sing Ancestral Hall** (百姓廟; Karte S. 392; 42 Tai Ping Shan St) ursprünglich als Leichenaufbewahrungshalle für Beerdigungen in China errichtet. Hier werden die Ahnentafeln von rund 3000 Toten aufbewahrt.

In der Nähe des südöstlichen Endes der Straße, dort wo sie auf die Bridges St trifft, befinden sich ein paar vielversprechende Galerien, Cafés und Lifestyle-Shops.

Western Districts

UNIVERSITY OF HONG KONG UNIVERSITÄT

(香港大學; ☎2859 2111; www.hku.hk; Pok Fu Lam Rd; 🚌23 & 40 von Admiralty) Die HKU wurde 1911 gegründet und ist die älteste und angesehenste Universität Hongkongs – vielleicht sogar ganz Asiens. Das **Hauptgebäude** wurde 1912 im edwardianischen Stil fertiggestellt und zum Denkmal ernannt. Auch viele andere Gebäude auf dem Campus aus dem frühen 20. Jh. sind geschützt, z. B. das **Hung-Hing-Ying-** (1919) und das **Tang-Chi-Ngong-Gebäude** (1929).

Das **Universitätsmuseum & die Kunstgalerie** (☎2241 5500; www.hku.hk/hkumag; Fung Ping Shan Bldg, 94 Bonham Rd; Eintritt frei; ⏲Mo–Sa 9.30–18, So 13–18 Uhr) beherbergen eine Sammlung von Keramiken und Bronzewerken aus einem Zeitraum von 5000 Jahren, darunter auch das exquisite blau-weiße Ming-Porzellan. Das Museum liegt links vom Hauptgebäude der Universität und gegenüber dem Anfang der Hing Hon Rd.

Mid-Levels

DR. SUN YAT SEN MUSEUM HISTORISCHES GEBÄUDE, MUSEUM

Karte S. 392 (孫中山紀念館; ☎2367 6373; http://hk.drsunyatsen.museum; 7 Castle Rd, Mid-Levels; Erw./erm. 10/5 HK$, Mi Eintritt frei; ⏲Mo–Mi & Fr–Sa 10–18, So 10–19 Uhr; 🚌3B, an der Hong Kong Baptist Church an der Caine Rd aussteigen) Das Museum, das der Schlüsselfigur des modernen Chinas gewidmet ist, befindet sich in einem prächtigen Gebäude im edwardianischen Stil, das interessanter ist als die Ausstellungen. Das Herrenhaus hieß ursprünglich Kom Tong Hall und wurde 1914 errichtet. Hier wohnte Ho Kom-tong, ein Magnat aus einer einflussreichen eurasischen Familie aus der frühen Kolonialzeit. 1960 wurde das Gebäude in eine Mormonenkirche umgewandelt, und seit 2006 beherbergt es das heutige Museum.

Dr. Sun Yatsen war eine Schlüsselfigur der modernen chinesischen Geschichte, und ihn verband viel mit Hongkong. Die langweiligen Darstellungen in diesem Museum werden seinem sagenumwobenen Leben aber nicht wirklich gerecht.

HONG KONG MUSEUM OF MEDICAL SCIENCES MUSEUM

Karte S. 392 (香港醫學博物館; ☎2549 5123; www.hkmms.org.hk; 2 Caine Lane; Erw./erm. 10/5 HK$; ⏲Di–Sa 10–17, So 13–17 Uhr; 🚌3B, an der Haltestelle Ladder St in der Caine Rd aussteigen) In diesem kleinen Museum sind medizinische Gerätschaften zu sehen (u. a. ein alter Zahnarztstuhl, ein Autopsietisch und Ampullen und Kästen für Kräuterarzneien). Außerdem erfährt man ausführlich, wie die Menschen in Hongkong 1894 auf den Ausbruch der Beulenpest reagierten. Der Vergleich zwischen chinesischer und westlicher Medizin ist ungewöhnlich und lehrreich. Noch interessanter als die Ausstellung ist jedoch die Architektur: Das Museum residiert im ehemaligen Pathologischen Institut, einem 1905 im edwardianischen Stil errichteten luftigen Gebäude, das mit Fliesen und

START **KENNEDY-TOWN-TRAM (SUTHERLAND ST)**
ZIEL **MTR-STATION SHEUNG WAN (EIN-/AUSGANG B)**
STRECKE **1,9 KM**
DAUER **1 STD.**

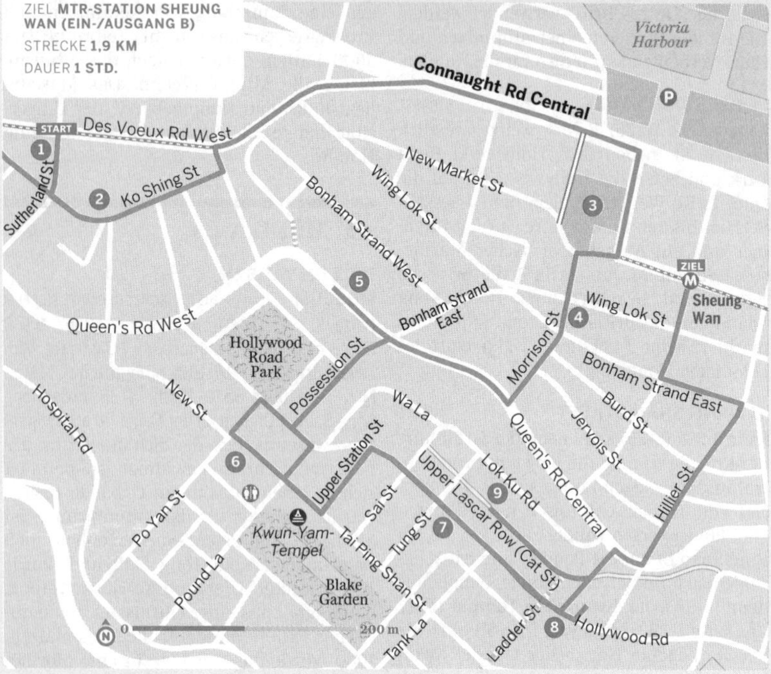

Stadtspaziergang

Hongkongs Handelsviertel

Der Stadtspaziergang beginnt an der Station Sutherland St der Kennedy Town Tram. Hier kann man sich die vielen 1 **Läden für getrocknetes Seafood** in der Des Voeux Rd West ansehen. Geht man die Sutherland St nach Süden bis zur Ko Shing St, bieten 2 **Händler für pflanzliche Heilmittel** Waren an, deren Namen im positiven Sinne mittelalterlich klingen.

Am Ende der Ko Shing St geht es zurück auf die Des Voeux Rd West und weiter nach Nordosten. An der Connaught Rd West ist in einem Kolonialgebäude der mehrstöckige 3 **Western Market** untergebracht.

An der Ecke Morrison St geht's weiter nach Süden, vorbei an der Wing Lok St und dem Bonham Strand, die mit 4 **Läden für Ginsengwurzeln und essbare Vogelnester** gesäumt sind. Dann geht es nach rechts auf die Queen's Rd Central zu den Geschäften mit Papiergrabbeigaben für die Toten.

Wer jetzt Hunger hat, schaut auf der Queen's Rd West für einen schnellen Chiu Chow-Snack bei 5 **Chan Kan Kee** vorbei.

Dann geht man denselben Weg wieder zurück, die Possession St hinauf, links in die Hollywood Rd und dann rechts die Pound Lane rauf bis zu der Ecke, wo sie auf die Tai Ping Shan St trifft. Dort befinden sich zwei 6 **Tempel**. Rechts steht die Pak Sing Ancestral Hall, links der Kwun-Yam-Tempel.

Jetzt geht es links in die Tai Ping Shan St, dann wieder links die Upper Station St runter zu den 7 **Antiquitätenläden** der Hollywood Rd. Hier gibt es eine riesige Auswahl kurioser, rarer meist chinesischer Schätze.

Folgt man der Hollywood Rd gen Osten, gelangt man zum 8 **Man-Mo-Tempel**, einem der ältesten im Territorium, der Man Cheong und Kwan Tai gewidmet ist.

Dann geht's links die Ladder St zur Upper Lascar Row runter, wo sich der 9 **Cat Street Market** befindet. Hier gibt es chinesische Andenken und billige Souvenirs. Die Ladder St führt zurück auf die Queen's Rd Central. Man überquert die Straße und folgt der Hillier St zum Bonham Strand. Im Norden liegt die MTR-Station Sheung Wan.

DEN PEAK EROBERN

Auf der landschaftlich schönen Fahrt mit Bus 15 zum Peak gibt es etwas zu sehen, das mindestens genauso herrlich ist wie der Gipfel selbst: Das **King Yin Lei** (景賢里; 45 Stubbs Rd; 🚌15, bei Evergreen Villa od. Bradbury School aussteigen), ein prächtiges Herrenhaus im chinesischen Renaissancestil aus dem Jahr 1937. Es ist schon in mehreren Filmen aufgetaucht, z. B. in Clark Gables *Treffpunkt Hongkong* (1955) und Bruce Lees *Der Mann mit der Todeskralle* (1973). Mit den grünen Dachziegeln und Veranden mit Blick auf den Hof spiegelt dieser 1580 m² große Palast den wachsenden Status der chinesischen Gemeinde in den 1930er-Jahren wider, vor allem wenn man bedenkt, dass im frühen 20. Jh. nur wenige chinesische Tai-Pans ihre Häuser in der Gegend um den Peak herum errichten konnten. Das Anwesen wechselte oft den Besitzer und wurde 2007 teilweise abgerissen. Aber nach einem Aufschrei der Öffentlichkeit stoppte die Regierung Pläne, das Gebäude für eine grundlegende Sanierung plattzumachen. Mittlerweile hat die Regierung das Anwesen gekauft und renovieren lassen. Man muss nicht erst die Mauern rund um das Herrenhaus erklimmen um zu erkennen, was mit Vorkriegspracht gemeint ist – das mächtige Gebäude ist auch von der Straße aus schon deutlich zu sehen, und Bus 15 hält direkt davor. Bis es seine neue Form gefunden hat, wird das **Antiquities and Monuments Office** (www.amo.gov.hk) hin und wieder geführte Touren über das Grundstück anbieten.

Backsteinen verkleidet ist und vor dessen Fassade Palmen und Bauhinien stehen.

OHEL LEAH SYNAGOGUE SYNAGOGE

Karte S. 392 (莉亞堂; ☎2589 2621, 2857 6095; 70 Robinson Rd; ⏲Mo–Do 10.30–19 Uhr, nur nach Vereinbarung, Gottesdienste Mo–Fr 7, Mo–Do 18 Uhr; 🚌3B od. 23) Dieser romantische maurische Tempel wurde 1902 fertiggestellt und ist nach Leah Gubbay Sassoon benannt, der Matriarchin einer wohlhabenden und philanthropischen sephardischen Judenfamilie, deren Spuren bis zu den Anfangstagen der Kolonie zurückzuverfolgen sind. Wer das prächtige Innere der Synagoge besichtigen will, muss einen Ausweis dabeihaben.

ROMAN CATHOLIC CATHEDRAL OF THE IMMACULATE CONCEPTION KIRCHE

Karte S. 392 (香港聖母無原罪主教座; ☎2522 8212; 16 Caine Rd; ⏲Mo–Fr 9.30–17.30, Sa 9.30–12.30 Uhr; 🚌23, am Caritas Centre in der Caine Rd aussteigen) Diese neugotische Kathedrale wurde 1888 errichtet und größtenteils von den portugiesischen Gläubigen aus Macao finanziert.

JAMIA-MOSCHEE MOSCHEE

Karte S. 392 (些利街清真寺; ☎2523 7743; 30 Shelley St) Hongkongs älteste Moschee wurde 1849 erbaut und wird auch Lascar-Moschee genannt. Nichtmuslimen ist der Zutritt verboten – diese können die Fassade von der Terrasse bewundern. Die Moschee ist über den Central Escalator zugänglich.

Der Peak

VICTORIA PEAK AREAL

Siehe S. 82.

POLIZEIMUSEUM MUSEUM

(警隊博物館; ☎2849 7019; www.police.gov.hk/hkp-home/English/Museum; 27 Coombe Rd; Eintritt frei; ⏲Di 14–17, Mi–So 9–17 Uhr; 🚌15, an der Haltestelle zw. Stubbs Rd & Peak Rd aussteigen) Schon Tausende Hongkong-Krimis gesehen und immer noch besessen von den hiesigen mysteriösen Gangstern? Dann ist das wenig besuchte Museum in der hübschen Wan Chai Gap genau das Richtige, um die Neugier zu befriedigen. Das Sujet in dieser ehemaligen Polizeistation ist zwar die einheimische Polizei, die 1844 gegründet wurde, aber die wahren Stars sind die Triaden. Die faszinierende Triad Societies Gallery erläutert die Überzeugungen und Rituale, nach denen sie handeln, und auch die gut ausgestattete Narcotics Gallery ist einen Besuch wert.

PEAK TOWER GEBÄUDE

(凌霄閣; ☎2849 0668; 128 Peak Rd; ⏲Mo–Fr 10–23, Sa, So & Feiertage 8–23 Uhr; 🚋Peak Tram) Der ambossförmige Peak Tower ist ein guter Aussichtspunkt – von hier lässt sich der beste Blick auf die Stadt und den Hafen erhaschen. In der Etage P1 gibt es eine Filiale von **Madame Tussauds** (☎2849 6966; Erw./Kind 170/100 HK$; ⏲10–22 Uhr) mit unheimlichen Wachsnachbildungen von internationalen Stars und auch einheimischen Berühmtheiten wie Jackie Chan und Michelle Yeoh. Im 5. Stock gibt es eine **Aussichtsterrasse** (Erw./Kind 30/15 HK$).

PEAK GALLERIA AUSSICHTSPUNKT
(山頂廣場; 118 Peak Rd; 15, an der Haltestelle zw. Stubbs Rd & Peak Rd aussteigen) Das Gebäude wurde so errichtet, dass es Winden von bis zu 270 km/h standzuhalten vermag, theoretisch mehr als der Maximalgeschwindigkeit eines Taifuns der Stärke 10. Die einzige Attraktion hier ist die kostenlos begehbare Aussichtsplattform, die größer ist als die im Peak Tower.

ESSEN

Die Restaurants in Soho eignen sich gut, um sich vor dem Diskobesuch zu stärken; die meisten sind Mittel- oder Spitzenklasserestaurants. **I Love Soho** (www.ilovesoho.hk) ist ein Online-Führer vom Viertel.

Sheung Wan verströmt eine traditionellere Atmosphäre und ist besonders für seine Chiu-Chow-Küche bekannt. Die Western Districts, vor allem der Bereich am Ende der Praya in Kennedy Town, machen sich mit ihrer neuen Restaurantszene immer mehr Fans. In den Restaurants der Mid-Levels essen hauptsächlich Einheimische, die nicht bis zum Meer runter wollen.

Auf dem Victoria Peak gibt es eher wenig Spitzenklasserestaurants, aber viele Lokale hier bieten einen Ausblick über die Insel.

Lan Kwai Fong & Soho

LP TIPP **CLUB QING** MODERN, CHINESISCH **$$$**
Karte S. 390 (2536 9773; www.clubqing.com; 10. OG, Cosmos Bldg, 8-11 Lan Kwai Fong, Central; Mittagsmenü 260 HK$/Pers., Abendessen ab 380 HK$/Pers.; mittags & abends; M Central, Ausgang D2) Dieser Privatclub findet sich oberhalb des Trubels von Lan Kwai Fong. Der Speisesaal ist im Mandarinstil gehalten und voller eleganter Holzmöbel und veredelter Teeservices. Koch Andy hat das Garen und Braten zu einer Art Kunstform erhoben und zaubert einfallsreiche Meisterwerke. Der Dan-Chung-Tee, der nach dem Menü serviert wird, ist genauso unvergesslich wie die Gerichte. Hier gibt es nur vier Tische – es wird also empfohlen, eine Woche im Voraus zu reservieren (geht online). Die Speisekarte lässt sich übers Internet einsehen; im Rastaurant ist nur Barzahlung möglich.

LP TIPP **LIFE CAFÉ** VEGETARISCH, INTERNATIONAL **$**
Karte S. 390 (2810 9777; 10 Shelley St; Gerichte ab 100 HK$; 12–22 Uhr;) Direkt neben den Central Escalators liegt das Life, ein Paradies für Vegetarier, in dem veganes Essen und Gerichte ohne Gluten, Weizen, Zwiebeln und Knoblauch serviert werden. Das Café befindet sich in einem dreistöckigen Vorkriegsgebäude. Gäste sitzen eng beieinander – manchen ist es zu eng, um sich ungestört zu unterhalten –, aber die Tische an den Fenstern bieten eine tolle Aussicht, und die Dachterrasse ist im Sommer ein netter Ort für eine Flasche Weißwein.

BUTAO RAMEN JAPANISCH **$**
Karte S. 390 (豚王; 2530 0600; 8-13 Wo On Lane, Central; Ramen ab 75 HK$; Mo–Sa 11–21 Uhr; M Central, Ausgang D2) Die Menschenschlange, die vor dem Lokal ansteht, zeugt davon, dass es in diesem Straßenrestaurant die besten Ramen der Stadt gibt. Hier werden täglich nur 300 Schüsseln Nudeln verkauft, und es gibt vier verschiedene Brühen. Sehr zu empfehlen ist die Butao-typische Schweinefleischbrühe. Gäste können angeben, wie lange die Nudeln gekocht werden sollen und wie stark die Brühe sein soll. Einfach einen Haken ins jeweilige Kästchen auf dem Bestellzettel machen!

OLÉ SPANISH RESTAURANT & WINE BAR SPANISCH **$$$**
Karte S. 390 (2523 8624; 1. Stock, Shun Ho Tower, 24-30 Ice House St; Tapas 60–315 HK$; Mo–Sa mittags & abends; M Central, Ausgang D1) Jeder in Hongkong lebende Spanier wird dieses charismatische Lokal als bestes spanisches Restaurant der Stadt bezeichnen. Die Paella ist nur ein Gericht von vielen, das die kulinarische Echtheit hier zur Schau stellt. Alle Gerichte werden mit einem Glas Rioja, Ribera oder einem anderen ausgezeichneten Wein von der großen Getränkekarte noch aufgewertet.

SING KEE DAI PAI DONG **$**
Karte S. 390 (盛記; 2541 5678; 9-10 Stanley St, Central; Gerichte ab 50 HK$; mittags & abends; M Central, Ausgang D2) In Soho, dem Viertel der teuren Restaurants, kann es ganz schön schwierig sein, gutes, aber schlichtes Essen zu bekommen. Das Sing Kee, einer der wenigen *dai pai dongs* (Imbissstände), die auf der Insel überlebt haben, hat die Gen-

trifizierungswelle überstanden und seinen unkomplizierten Charakter der Arbeiterklasse beibehalten. Hier steht nichts auf Englisch angeschrieben. Einfach am Ende der Stanley St nach den vollen Tischen und dem Dampf Ausschau halten, der aus der Küche kommt!

POSTO PUBBLICO ITALIENISCH, BIO **$$**

Karte S. 390 (☎2577 7160; 28 Elgin St, Soho; Menü ab 130 HK$, Gerichte ab 150 HK$, Cocktails ab 75 HK$; ⏲morgens, mittags & abends; 🚌26) Der „öffentliche Platz" ist ein italienisches Bistro im New Yorker Stil und hat mit seinen köstlichen Biomeeresfrüchten, dem komplett biologisch erzeugten Fleisch und dem handgepflückten Gemüse von einheimischen Biobauernhöfen das Herz der städtischen Ökogourmets gewonnen. Die braunen Lederbänke, die hohen Wände und die Holztische verströmen eine elegante, aber doch entspannte Atmosphäre. Kein Bedienungsgeld.

ROBATA ZAWAZAWA JAPANISCH **$$$**

Karte S. 390 (☎2536 9898; www.zawazawa.com.hk; Untergeschoss, 41 Wyndham St, Central; Gerichte ab 128 HK$, Abendessen ab 298 HK$; ⏲Mo–Fr mittags & abends, Sa abends; Ⓜ Central, Ausgang D2) In diesem winzigen Grill-Restaurant genießen die Gäste mit den Augen und dem Mund. Die bunten Papierlampenschirme und die Wandverzierung im Kimono-Obi-Stil sind ein Augenschmaus. Sie verleihen dem Restaurant den Charme der Edo-Zeit. Es gibt nichts Besseres, als die saftigen Bratspieße mit dem hausgemachten Pflaumensake runterzuspülen.

LUK YU TEA HOUSE KANTONESISCH, DIM SUM **$$**

Karte S. 390 (陸羽茶室; ☎2523 5464; 24-26 Stanley St; Mittag-/Abendessen ab 180/350 HK$; ⏲morgens, mittags & abends; Ⓜ Central, Ausgang D2) Diese elegante Location ist das wohl bekannteste Teehaus in Hongkong. Die fernöstliche Art-déco-Innenausstattung mit Deckenventilatoren und Buntglasfenstern macht das Ganze zur perfekten Kulisse für einen Mystery-Roman. Dim Sum gibt es bis 17.30 Uhr.

KUNG LEE SÄFTE **$**

Karte S. 390 (公利真料竹蔗水; ☎2544 3571; 60 Hollywood Rd, Soho; Säfte ab 10 HK$; ⏲11–23 Uhr; 🚌26) Im Herzen Sohos werden an diesem alten Stand unaufgeregt Kräutertees und frische Rohrzuckersäfte verkauft – als wäre noch immer das Jahr 1948. Hier bekommt man auch Guīlínggāo (Turtle Jelly; ein wackelpuddingartiges Dessert, zubereitet mit zu Pulver vermahlenem Schildkrötenbauch) für diejenigen, die es probieren möchten. Es soll den Körper abkühlen und gut für den Teint sein.

GOOD SPRING CO TEE **$**

Karte S. 390 (春回堂; ☎2544 3518; EG, 8 Cochrane St, Central; ⏲8.45–20 Uhr; Ⓜ Central, Ausgang D2) Hier muss man sich entscheiden zwischen dem Tee mit 24 Aromen oder dem weniger raffinierten Margeritentee. Beide helfen gegen die Hitze und das Schwitzen. Oder man fragt den Englisch sprechenden Kräuterkenner nach einem medizinischen Tee. Dabei kann es sich lediglich um einen einfachen Kräuteraufguss handeln oder um Zutaten, die nichts für Weicheier sind: z. B. gemahlenes Hirschgeweih, getrockneter Hirschpenis oder Eingeweide vom Affen. Welche Zutaten auch immer drin sind, das Gebräu wird immer dunkelbraun sein, sauer riechen und bitter schmecken. Prost!

PASTIS BISTRO FRANCAIS FRANZÖSISCH **$$**

Karte S. 390 (☎2537 5702; EG, Wyndham St; Hauptgerichte 145–288 HK$; ⏲Mo–Sa 12–23.30 Uhr; Ⓜ Central, Ausgang D2) Das Aussehen dieses Bistros und das Essen auf den Tellern ist so Französisch, dass man sich zwicken muss, um sich daran zu erinnern, dass man in Honkong ist. Wer selbst kein Franzose ist, ist wahrscheinlich der Einzige seiner Art unter den Gästen. Auf der Speisekarte stehen selbst gemachte provenzalische Gerichte, zu denen natürlich am besten ein Glas Rotwein passt.

WAGYU STEAK **$$**

Karte S. 390 (☎2525 8805; EG, 3 The Centrium, 60 Wyndham St, Central; Mittags-/Abendmenüs ab 78/169 HK$; ⏲morgens, mittags & abends; Ⓜ Central, Ausgang D2) Es gibt drei Wagyus in der Gegend, die unterschiedliches Essen servieren – und in diesem versammelt sich die „bunteste" Kundschaft. Wie der Name schon sagt, gibt es hier erstklassige Steaks, aber die offene Bar lädt zu jeder Tageszeit auch einfach zum Entspannen und Leutegucken bei einem Kaffee oder Bier ein.

YELLOW DOOR KITCHEN SICHUANESISCH, SHANGHAI-KÜCHE **$$**

Karte S. 390 (黃色門廚房; ☎2858 6555; www.yellowdoorkitchen.com.hk; 6. Stock, 37 Cochrane St; Mittags-/Abendmenü 90/298 HK$; ⏲Mo–Fr mittags & abends, Sa abends; Ⓜ Central, Ausgang D1) Dieses gemütliche Lokal, das vom Guide Michelin empfohlen wird, schafft es sogar, allein essenden Gästen jede Menge Abwechslung zu bieten. Die Gerichte werden in kleinen Portionen serviert, die zusammen ein köstliches Menü ergeben. Eine Wand ist mit dem Graffiti von Tsang Tsou-choi (1921–2007), dem „König von Kowloon" verziert. Unbedingt vorher reservieren!

YUNG KEE RESTAURANT KANTONESISCH, DIM SUM **$$**

Karte S. 390 (鏞記; ☎2522 1624; 32-40 Wellington St; Mittagessen 80–300 HK$, Abendessen ab 380 HK$; ⊙mittags & abends; Ⓜ Central, Ausgang D2) Die Gänse, die hier in den Holzkohleöfen geröstet werden, sind seit 1942 Stadtgespräch. Berühmtheiten und andere wichtige Persönlichkeiten geben sich in diesem Restaurant die Klinke in die Hand, aber auch unbekannte Gäste sind jederzeit willkommen. Mittags kommen hier gerne die Arbeiter aus Central zum Dim Sum-Essen.

TAI CHEONG BAKERY BÄCKEREI **$**

Karte S. 390 (泰昌餅家; ☎2544 3475; 35 Lyndhurst Tce, Central; ⊙Mo–Sa 7.30–21, So 8.30–21 Uhr; 🚌40M) Die Tai Cheong-Bäckerei war bekannt für ihre Profiteroles *(sa yung)*, die leichter sind als Luft. Aber dann wurde der ehemalige Gouverneur Chris Patten dabei fotografiert, wie er ein Eiercremetörtchen hinunterschlang, und seitdem stehen die „Fat Patten"-Eiercremetörtchen im Rampenlicht.

LAN FONG YUEN CAFÉ **$**

Karte S. 390 (蘭芳園; ☎2544 3895, 2854 0731; 2 & 4a Gage St; ⊙Mo–Sa 7–18 Uhr; 🚌5B) Man sollte sich nicht von der verfallenden Fassade täuschen lassen – dahinter versteckt sich ein ganzes *cha chaan tang* (Tee-Café). Lan Fong Yuen (1952) ist angeblich der Erfinder des „Pantyhose"-Milchtees. Jeden Tag werden über 1000 Tassen dieses Gebräus verkauft. Während Gäste auf ihren Tisch warten, können sie den Angestellten bei ihrer kunstvollen Arbeit zusehen. Auch der für Hongkong charakteristische *yin yeung*, eine Mischung aus Tee (70 %) und Kaffee (30 %), soll hier erfunden worden sein. Bedienungsgeld 20 HK$ pro Nase.

MAK'S NOODLE NUDELN, KANTONESISCH **$**

Karte S. 390 (麥奀雲吞麵世家; ☎2854 3810; 77 Wellington St; Nudeln 32–48 HK$; ⊙11–20 Uhr; 🚌40M) In diesem legendären Laden werden die Nudeln noch auf traditionelle Art mit einem Bambusstock hergestellt und auf einem Löffel über der Schüssel serviert, damit sie nicht klebrig werden. Die Nudeln mit Rinderbrust sind bemerkenswert.

FLYING PAN AMERIKANISCH **$**

Karte S. 390 (☎2140 6333; 9 Old Bailey St; Frühstücksmenü 60–120 HK$; ⊙24 Std.; 🚌26) Wer sich nach einer langen Tour durch die Pubs ausgezehrt fühlt und etwas für den Magen braucht, für den könnte ein echtes englisches Frühstück mitten in der Nacht genau das Richtige sein. Im Flying Pan wird im Stil eines amerikanischen Diners aus den 1950er-Jahren rund um die Uhr Frühstück serviert. Zu weiteren Highlights auf der Speisekarte zählen lockere belgische Waffeln und Eggs Benedict.

SER WONG FUN KANTONESISCH **$**

Karte S. 390 (蛇王芬; ☎2543 1032; 30 Cochrane St; Gerichte ab 70 HK$; ⊙11–22.30 Uhr; Ⓜ Central, Ausgang D1) In den kälteren Monaten kommen die Gäste vor allem wegen der Schlangensuppe hierher, die mit Zitronenblättern und Frittiertem gegessen wird. Wer keine Schlangen essen mag, der bekommt hier auch Entenleberwurst und Hühnchen mit Reis aus dem Römertopf sowie eine Vielzahl einfacher und leckerer Gerichte.

JASHAN INDISCH **$**

Karte S. 390 (☎3105 5300; 1. Stock, Amber Lodge, 23 Hollywood Rd, Central; Mittagsbuffet 118 HK$, Gerichte ab 150 HK$; ⊙mittags & abends; 🚌26) Dieses Restaurant steht im Guide Michelin, ist aber trotzdem eine preiswerte Option, um indisch essen zu gehen. Nach der jüngsten Renovierung ist das moderne Design jetzt in sanftem Zinnoberrot gehalten, und die gemütlichen Bänkchen am Fenster bieten einen tollen Blick auf die historische Polizeistation gegenüber. Mit den Gerichten, regionalen und nationalen Köstlichkeiten, kommt ein Stück Indien nach Hongkong. Zur Mittagszeit ist das Restaurant voller Gäste, die wegen des üppigen Buffets hierher kommen.

WANG FU KLÖSSE, NORDCHINESISCH **$**

Karte S. 390 (王府; ☎2121 8089; 65 Wellington St; Gerichte ab 35 HK$; ⊙Mo–Sa mittags & abends; 🚌40M) In diesem bescheidenen Lokal im von Auswanderern belagerten Soho verschlingen Einheimische und Besucher aus Nordchina Unmengen Klöße oder schlürfen

Suppe. Es gibt nicht viel Auswahl, aber die Gerichte sind preiswert und köstlich.

ASSAF LIBANESISCH $$

Karte S. 390 (☎2851 6550; Shop B, EG, Lyndhurst Bldg, 37 Lyndhurst Tce; Mittagsmenü 90 HK$, Gerichte ab 200 HK$; ⊙11–open end; 🚌40M) Dieses gemütliche Lokal hat sich auf Meze und andere Leckerbissen wie Baklava in Rosensirup spezialisiert. Den Assaf-Brüdern gehört außerdem das **Beyrouth Cafe Central** (☎2854 1872; 39 Lyndhurst Tce) nebenan, wo man Sandwiches und Kebab zum Mitnehmen bekommt.

VBEST TEA HOUSE KANTONESISCH $

Karte S. 390 (緻好茶館; ☎3104 0890; 17 Elgin St; Mittag-/Abendessen ab 120/180 HK$; ⊙Mo–Sa mittags & abends) Dieses unauffällige Restaurant ist ein Familienbetrieb und liegt an einer steilen Straße von Soho. Serviert wird glutamatfreies Soulfood. Die Kinder der Eigentümer sind damit groß geworden, man kann hier also nichts falsch machen.

Sheung Wan, Mid-Levels & Western Districts

LP TIPP **TIM'S KITCHEN** KANTONESISCH $$$

Karte S. 392 (桃花源; ☎2581 9098; 84-90 Bonham Strand, Sheung Wan; Gerichte ab 400 HK$; ⊙Mo–Sa mittags & abends; MSheung Wan, Ausgang A2) Dieses Restaurant ist mit zwei Michelin-Sternen ausgezeichnet und wurde nach dem Umzug zum Bonham Strand einer beachtlichen Verschönerung und Vergrößerung unterzogen. Gäste bekommen gut zubereitete und gesunde kantonesische Gerichte vorgesetzt. Beliebte Speisen wie pfannengerührte Garnelen, Krabbenscheren pochiert mit Wachskürbis und geschmorte Pampelmusenhaut müssen vorbestellt werden.

CHAIRMAN KANTONESISCH $$$

Karte S. 392 (大班樓; ☎2555 2202; EG, 18 Kau U Fong, Sheung Wan; Mittag-/Abendessen ab 178/528 HK$; ⊙mittags & abends; MSheung Wan, Ausgang E2) Man darf sich nicht von dem kitschigen Namen vergraulen lassen. Das Chairman ist eigentlich ein Lokal für Abgehobene, aber in dem geselligen Ambiente hier ist auch die breite Öffentlichkeit willkommen. Die gesundheitsbewussten, aber authentisch kantonesischen Gerichte schicken die Geschmacksknospen auf eine Genussreise, aber einen Tisch zu bekommen, ist schlicht der Horror. Unbedingt reservieren!

YARDBIRD JAPANISCH $$

Karte S. 392 (☎2547 9273; 33-35 Bridges St; Gerichte ab 300 HK$; ⊙Mo–Sa 18 Uhr–open end; 🚌26) Wem nach Yakitori zumute ist, für den ist dieses japanische Bistro mit einem Hauch von New-York-Feeling genau das Richtige. Der Bartresen auf dem Podium ist ein fröhliches und geselliges Plätzchen. Hier kann man nicht reservieren, und es ist schwierig, einen Tisch zu bekommen, aber den Gästen ist das schlichtweg egal. Ein paar Cocktails an der Bar schlürfen, den hauseigenen Sake trinken, mit dem unterhaltsamen Personal quatschen und der Musik lauschen – das hier ist *der* Ort, um zu sehen und gesehen zu werden.

GRAND STAGE DIM SUM $$

Karte S. 392 (大舞臺飯店; ☎2815 2311; 2. Stock, Western Market, 323 Des Voeux Rd Central, Sheung Wan; Dim Sum ab 25 HK$, Abendessen ab 180 HK$; ⊙Dim Sum 11.30–15 Uhr, Abendessen 19–24 Uhr; MSheung Wan, Ausgang E2) Das in diesem ehemaligen Festsaal servierte Dim Sum gehört zu den besten der Stadt. Das Grand Stage befindet sich über dem historischen Western Market und ist somit eines der wenigen Restaurants, die in einem denkmalgeschützten Gebäude untergebracht sind und trotzdem keine astronomischen Preise verlangen.

LIN HEUNG KUI DIM SUM $

Karte S. 392 (蓮香居; ☎2156 9328; 2. & 3. Stock, 46-50 Des Voeux Rd West, Sheung Wan; Dim Sum 13–19 HK$, Abendessen ab 120 HK$; ⊙Dim Sum 6–16 Uhr, Abendessen 17–23 Uhr; 🚌5B von Central) Das ist eines der wenigen altmodischen Dim-Sum-Restaurants, in denen Gäste ihr Dim Sum vom Rollwagen oder direkt von der Kochstation holen können. Die Kellner, die alle wie Großväter aussehen, tragen die traditionellen weißen Tuniken und schwarze Hosen und servieren den Gästen Tees aus riesigen Kupferkesseln. Das Lokal bietet keinen Schnickschnack, es wird also auch kein Trinkgeld erwartet. Zum Abendessen gibt's hier alte kantonesische Klassiker (z. B. gebackene Fischinnereien mit Ei und Mandarinenschale) an, die heutzutage nur selten in anderen Restaurants serviert werden. Die Spezialität des Hauses, die „Eight Treasure Duck", muss einen Tag im Voraus bestellt werden.

YUEN KEE DESSERT
DESSERT, KANTONESISCH $

außerhalb der Karte S. 392 (源記；☎2548 8687; EG, 32 Centre St, Sai Ying Poon; ⌚12–23.30 Uhr; 🚌101 od. 104 an der Queen's Rd Central, Central) Dieses schon lange beliebte Lokal (seit 1855) ist bekannt für seinen süßen Maulbeer-Mistel-Tee mit Lotussamen und Ei (桑寄蓮子雞蛋茶). Dazu passt prima der eierhaltige Biskuitkuchen.

LP TIPP PICCOLO PIZZERIA & BAR
ITALIENISCH $$

(☎2824 3000; Shop 1e, Davis St, Kennedy Town; Gerichte ab 150 HK$; ⌚Mo abends, Di–Sa mittags & abends; 🚌5B od. 5X von Central) Diese Pizzeria war einer der ersten Vorreiter der neuen Restaurantszene in Kennedy Town. Piccolos Pizzas – dünn, knusprig und günstig – gehören zu den besten der Stadt. Im hinteren Bereich können die Gäste durch eine Glaswand den riesigen Gasofen in der Küche bestaunen. Es gibt noch eine weitere **Filiale** (☎2824 3001; EG, 1 Wun Sha St, Tai Hang) in Tai Hang.

BISTRONOMIQUE
FRANZÖSISCH $$

(☎2818 8266; EG, 1b Davis St, Kennedy Town; Mittag-/Abendessen ab 98/400HK$; ⌚Di–So mittags & abends; 🚌5B od. 5X von Central) Die Franzosen mögen ungewöhnliche Zutaten genauso sehr wie die Kantonesen. In diesem Bistro mit hoher Decke werden Favoriten wie Knochenmark, Froschschenkel und Schweinebauch auf eine sehr gemütliche, gallische Art und Weise zubereitet. Die unglaublich preiswerten Mittagsgerichte ermöglichen es, mehrere ausgefallene Kreationen zu einem Spottpreis zu probieren.

GAIA RISTORANTE
ITALIENISCH $$$

Karte S. 392 (☎2167 8200; www.gaiaristorante.com; EG, Grand Millennium Plaza, 181 Queen's Rd Central; Mittag-/Abendessen ab 350/500 HK$; ⌚mittags & abends; Ⓜ Sheung Wan, Ausgang E2) Das Gaia ist wahrscheinlich eines der besten italienischen Restaurants in ganz Hongkong. Der Koch findet unzählige Möglichkeiten, verschiedenes Gemüse, Fleisch, Fisch und Saucen zu kombinieren – man weiß also nie, was auf der Speisekarte steht. Das Antipasti-Mittagsbuffet lockt viele Gäste an.

BA YI RESTAURANT
CHINESISCH $$

(巴依餐廳；☎2484 9981; EG, 43 Water St, Sai Ying Pun; ⌚mittags & abends; Gerichte ab 100 HK$; Ⓜ Central Ausgang B, Grüner Minibus 55) Dieses Restaurant (halal) bringt die Fleischgerichte aus dem Nordwesten Chinas auf die Insel. Hier können Gäste in rustikalem Ambiente Hammelfleisch in allen Varianten genießen: gegrillt, geschmort, gebraten oder gekocht, mit Gewürzen und Kräutern. Den grünen Minibus 55 vor dem United Chinese Bank Building an der Des Voeux Rd Central nehmen und am St Paul's College aussteigen!

CHAN KAN KEE
CHAOZHOU-KÜCHE $

Karte S. 392 (陳勤記鹵鵝飯店；☎2858 0033; EG, 11 Queen's Rd West; Gerichte ab 50 HK$; ⌚mittags & abends; 🚌5) Wer authentisches Essen aus Chaozhou (dem nordöstlichen Teil von Guangdong) probieren möchte, dem serviert dieses familienbetriebene Lokal marinierte Gans, Babyaustern-Omelette und gesalzene Gemüse-Enten-Suppe. Während der Mittagszeit ist es hier proppenvoll.

CHAN CHUN KEE
CHAOZHOU-KÜCHE $

Karte S. 392 (陳春記；☎3542 5793; Shop 5, 1 Queen St, Queen St Cooked Food Market, Sheung Wan; Gerichte ab 30 HK$; ⌚8–19 Uhr; 🚌5 od. 5B ab Central) Vegetarier aufgepasst: In diesem Chaouzhou-Lokal wird man bei jeder Mahlzeit mit verschiedenen Teilen vom Schwein konfrontiert! Die Einheimischen kommen wegen der Suppe aus Schweineblut und -innereien (豬紅豬雜湯) in Scharen in diese einfache Küche. Wer es nicht so exotisch mag, der probiert die Fischhautklöße oder die Fischbällchen mit Nudeln.

KAU KEE RESTAURANT
NUDELN $

Karte S. 392 (九記牛腩；☎2850 5967; 21 Gough St; Nudeln ab 30 HK$; ⌚Mo–Sa 12.30–19.15 & 20.30–23.30; Ⓜ Sheung Wan, Ausgang E2) Darüber, ob es im gut besuchten Kau Kee die beste Rinderbrust Hongkongs gibt, kann man diskutieren, bis die Nudeln matschig werden. Egal wie das Urteil ausfällt, der Geschmack des Fleisches – mit Nudeln in Rinderbrühe serviert – ist auf jeden Fall nur schwer zu überbieten.

KWUN KEE RESTAURANT
KANTONESISCH $

außerhalb der Karte S. 392 (坤記煲仔小菜；☎2803 7209; Wo Yick Mansion, 263 Queen's Rd W, Sai Ying Pun; Gerichte ab 100 HK$; ⌚Mo–Sa 11–12.30, So 18–23.30 Uhr; 🚋) Hongkongs Top-Offiziere pilgern wegen des Reises aus dem Römertopf (nur zum Abendessen) in Scharen in dieses sehr traditionelle Lokal. Über Holzkohleöfen werden in Römertöpfen Reis und Beilagen wie chinesische Wurst und

DAS PERFEKTE GETRÄNK

Wegen der steigenden Mieten in Central, welche die kleinen Geschäfte in Richtung Westen getrieben haben, sprießen in Sheung Wan Cafés wie Pilze aus dem Boden. Hier sind einige gute, in denen man Tee oder Kaffee trinken und relaxen kann.

Teakha (茶家; Karte S. 392; ☎2858 9185; Shop B, 18 Tai Ping Shan St, Sheung Wan; ⏰Mi–Fr 11–18, Sa & So 12–19 Uhr; 🚌26) In dieser Oase abseits der Hauptstraße kann man Biomilchtee – sei es Indian Chai oder *Hojicha*-Latte mit braunem Hokkaido-Zucker – am besten mit hausgemachten Scones genießen. Das Teegeschirr ist so niedlich, dass man nicht umhin kommt, es als Souvenir zu kaufen.

Cafe Loisl (Karte S. 392; ☎9179 0209; Tai On Tce, Sheung Wan; ⏰Mo–Fr 8–19, Sa & So 9–20 Uhr; 🚌26) Dieses kleine Café mit entspanntem Künstlerambiente versucht, ein Wiener Caféhaus zu sein. Auf der ruhigen Terrasse können die Gäste prima relaxen, Kaffee trinken und lesen.

Knockbox Coffee Company (Karte S. 392; 14b Tai Ping Shan St, Sheung Wan; ⏰Mo–Do 8–17, Fr 8–22, Sa & So 12.30–18 Uhr; 🚌26) Dieses Café ist kaum groß genug, um sich umzudrehen und bietet Kaffee auf Espressobasis. Die Baristas geben ihr enzyklopädisches Wissen über die Auswahl, das Mahlen und das Rösten der Bohnen gerne preis.

Barista Jam (Karte S. 392; ☎2854 2211; Shop D, EG, 126-128 Jervois St, Sheung Wan; ⏰Di–Fr 8–16, Sa & So 10–18 Uhr; Ⓜ Sheung Wan, Ausgang A2) Dieses Café mit seinen grauen Wänden ist meist voller Kaffeegenießer. Das Schokoladengebäck passt hervorragend zu dem frisch gebrauten Kaffee.

Capo's Espresso (Karte S. 392; ☎2545 9128; EG, 4 Gilman's Bazaar, Sheung Wan; ⏰Mo–Fr 7.30–22, Sa 11–18 Uhr; Ⓜ Sheung Wan, Ausgang E2) In diesem Café dreht sich alles um das Thema Mafia. Es gibt köstlichen Espresso, australische Pies und Kuchen.

Hühnchen so lange gekocht, bis jede Faser von Fleischsaft durchdrungen ist. Der Boden des Topfes ist dabei mit einer Schicht Puffreis bedeckt.

NGAU KEE FOOD CAFÉ KANTONESISCH $

Karte S. 392 (牛記茶室; ☎2546 2584; 3 Gough St; ⏰11–12.30 Uhr; Ⓜ Sheung Wan, Ausgang E2) Dieses gut besuchte Lokal ist berühmt für seine Rinderbrust mit Rüben und die gefüllten Auberginen. Wenn der Küchenchef nicht gerade auch noch als Lieferjunge arbeitet, gibt er gerne seine Speiseempfehlungen weiter.

Der Peak

PEAK LOOKOUT INTERNATIONAL, ASIATISCH $$

(太平山餐廳; ☎2849 1000; 121 Peak Rd; Mittag-/Abendessen ab 250/350 HK$; ⏰Mo–Do 10.30–23.30, Fr 10.30–1, Sa 8.30–1, So 8.30–23.30 Uhr; 🚋Peak Tram) Dieses 60 Jahre alte Restaurant mit Glasveranda und Außenterrasse hat zweifellos mehr Charakter als alle anderen Lokale in The Peak zusammen. Das Essen – vor allem die indischen und die westlichen Gerichte – sind ausgezeichnet, genauso wie die Aussicht.

AUSGEHEN & NACHTLEBEN

In Lan Kwai Fong und hin und wieder auch in Soho werden die ganze Nacht über Straßenpartys gefeiert. In diesen Vierteln kommen und gehen die Bars jeden Monat neu. Die aktuellsten Infos gibt es im Viertel-Guide **I Love LKF** (www.ilovelkf.hk). Jeden Donnerstagabend organisiert **Hong Kong Pub Crawl** (www.hongkongpubcrawl.com; 100 HK$) eine Kneipentour – eine ausgezeichnete Möglichkeit, das Nachtleben Hongkongs kennenzulernen! Im Preis ist der Besuch von vier Kneipen und der Eintritt in einen Club enthalten.

Lan Kwai Fong & Soho

LP TIPP **GLOBE** KNEIPE

Karte S. 390 (45-53 Graham St, Soho; ⏰10–2 Uhr; Ⓜ Central, Ausgang D1) In dieser Bar spielt Bier durchaus eine Rolle: Zu der beeindruckenden Karte voller importierter Biere kommt hinzu, dass diese Bar eine der wenigen ist, in denen T8 serviert wird, das erste in Hongkong gebraute Ale vom Fass. Die Bar ist auf einer beneidenswert großen Fläche von 370 m^2 untergebracht und verfügt über einen riesigen Speisesaal mit langen Holztischen und bequemen Bänken, auf denen sitzend Gäste mit Kneipenkost abgefüttert werden. Von 9 bis 20 Uhr ist hier Happy Hour.

PEAK CAFE BAR BAR

Karte S. 390 (9-13 Shelley St, Soho; ⌚Happy Hour 17–20 Uhr; 🚌13, 26, 40M) Die Peak Cafe Bar liegt nicht wirklich oberhalb der Insel, aber immerhin am Central Escalator. Die viktorianische Einrichtung in dieser zweistöckigen Bar ist genauso beeindruckend wie die Cocktails und das Essen. Vom offenen Eingang aus kann man hervorragend Leute beobachten.

GECKO LOUNGE LOUNGE, WEINBAR

Karte S. 390 (☎2537 4680; Untergeschoss, 15-19 Hollywood Rd; ⌚Mo–Do 16–2, Fr & Sa 16–4 Uhr, Happy Hour 18–21 Uhr; MCentral, Ausgang D1) Das Gecko ist eine sehr familiäre Lounge und Weinbar, die von der schmalen Ezra's Lane über die Cochrane oder die Pottinger St zugänglich ist. Der Leiter ist ein freundlicher Sommelier und Weinimporteur aus Frankreich mit einer Vorliebe für Absinth. Der – gut versteckte – DJ mischt tolle Musik mit verrückten Pariser Tönen. Natürlich gibt es hier auch eine hervorragende Weinkarte.

BAR 42 BAR

Karte S. 390 (42 Staunton St, Soho; ⌚Happy Hour 16–20 Uhr; MCentral, Ausgang D2) Das allseits beliebte Barco heißt mittlerweile Bar 42, aber die Namensänderung bedeutet nicht gleichzeitig auch eine Veränderung des liebenswerten Ambientes. Das Personal ist so toll wie eh und je, und in der gemütlichen Lounge mit kleinem Innenhof im hinteren Bereich kommen immer noch Einheimische und Auswärtige zusammen. Die Brettspiele stehen bereit, damit auch das Gehirn trainiert wird.

BIT POINT BAR

Karte S. 390 (EG, 31 D'Aguilar St; ⌚Happy Hour 16–21 Uhr; MCentral, Ausgang D2) Das Bit Point ist im Prinzip eine Bar im deutschen Stil, in der das Biertrinken außerordentlich ernst genommen wird. Die meisten Biere, die hier serviert werden, sind Pils vom Fass, die man in einem Glasstiefel bestellen kann, wenn der Durst unerträglich ist. Das Bit Point serviert auch ziemlich deftiges deutsches Essen.

CLUB 71 BAR

Karte S. 390 (Keller, 67 Hollywood Rd, Central; ⌚Happy Hour 15–21 Uhr; 🚌26) Diese freundliche Bar wurde nach dem gewaltigen Protestmarsch von 2003 benannt und ist ein Paradies für Künstler, Aktivisten und Bohemiens. Es ist ein geradezu unheimlicher historischer Zufall, dass sich im Garten vor der Bar Anfang des 20. Jhs. regelmäßig eine Gruppe chinesischer Revolutionäre traf, um ihren Anschlag auf die Qing-Dynastie zu planen. Sozial eingestellte Leute kommen auch heute noch hierher. Von der Hollywood Rd scharf rechts in eine schmale Gasse einbiegen oder über den kleinen Fußweg westlich der Peel St kommen!

ALHAMBRA SHISHA-LOUNGE

Karte S. 390 (4. Stock, Ho Lee Commercial Bldg, 38-44 D'Aguilar St, Central; ⌚So geschl.; MCentral, Ausgang D2) In dieser Shisha-Lounge können Wasserpfeifenliebhaber so viel paffen, wie sie wollen; Zigaretten dürfen aber nur draußen geraucht werden. Die schwach beleuchtete Lounge wurde nach dem bekannten Maurenpalast in Spanien benannt und verfügt über eine tolle überdachte Terrasse, auf der die Gäste auch Cocktails, türkischen Kaffee oder Pfefferminztee trinken können.

FLYING WINEMAKER WEINBAR

Karte S. 390 (31 Wyndham St, Central; ⌚Happy Hour 15–20 Uhr; MCentral, Ausgang D1) Diese geschmackvoll ausgestattete „Weingalerie“ verfügt über eine Lounge (und ein Labor!) im oberen Stockwerk, wo die Gäste Weine des in Hongkong geborenen Winzers (und Besitzers) Eddie McDougall zusammen mit vielen anderen guten Tropfen probieren können. Die großen Fenster gewähren eine tolle Aussicht über die Straße und den Fringe Club.

STAUNTON'S WINE BAR & CAFE WEINBAR, CAFÉ

Karte S. 390 (10-12 Staunton St, Soho; ⌚Happy Hour 17–21 Uhr; 🚌26) Das Staunton's ist nobel, cool und immer ganz vorne dabei, wenn es um anständigen Wein geht. Es liegt gleich neben dem Central Escalator, die Terrasse ist ganz reizend.

INSOMNIA CLUB

Karte S. 390 (UG, Ho Lee Commercial Bldg, 38-44 D'Aguilar St, Central; ⌚Happy Hour 17–21 Uhr; MCentral, Ausgang D2) Wer nicht schlafen kann, kommt am besten hierher – der Club wird erst dann voll, wenn andere Bars bereits schließen. Durch die große, offene Front kann man prima Leute beobachten, und im Hinterhof spielt eine philippinische Band Coversongs.

DRAGON-I BAR, CLUB

Karte S. 390 (Hochparterre, Centrium, 60 Wyndham St; ⌚Terrasse Mo–Sa Happy Hour 15–21 Uhr; 🚌26) Die Berühmtheiten der Stadt sowie Kate-Moss-Verschnitte strömen in Scharen in diesen Club, um zu sehen und gesehen zu werden. Hier gibt es drinnen eine Bar und ein Restaurant sowie eine Terrasse über der Wyndham St, die mit Käfigen voller Singvögel dekoriert ist. Die ganze Woche über spielen DJs Hip Hop, R&B und Jazz, um die Tanzfläche voll zu bekommen.

ANGEL'S SHARE WHISKY BAR BAR

(☎2805 8388; www.angelsshare.hk; 2. Stock, Amber Lodge, 23 Hollywood Rd, Central; ⌚Mo–So 15–2, Fr & Sa bis 3 Uhr; Ⓜ Central, Ausgang D1) Dieser clubähnliche Platz ist eine der besten Whisky-Bars in Hongkong und schenkt über 100 Whiskys aus aller Welt aus – überwiegend irische, aber auch französische, japanische und englische. Einer von ihnen, ein 23 Jahre alter Macallan, kommt direkt aus einem 180-l-Eichenfass, das in der Mitte des Raumes steht. Für Hungrige gibt es eine Auswahl an Gerichten, die von Whisky inspiriert sind.

LA DOLCE VITA BAR

Karte S. 390 (9-11 Lan Kwai Fong Lane; ⌚Happy Hour 17.30–20 Uhr; Ⓜ Central, Ausgang D2) Ein beliebtes Fleckchen für ein Feierabendbier an der herzförmigen Bar oder auf der Terrasse, von der aus Gäste die aufgetakelten Menschen vorbeilaufen sehen können.

TIVO BAR

Karte S. 390 (43-55 Wyndham St, Central; ⌚So geschl.; Ⓜ Central, Ausgang D2) Eine der besten von vielen lebhaften Bars in der Wyndham St: Das Tivo bietet ein bisschen mehr als die üblichen Erdnüsse und Bier, die in Lan Kwai Fong sonst so üblich sind. Wein, Aperitifs und eine oft glamouröse Kundschaft sorgen für ein beeindruckendes Ambiente.

CENTRAL WINE CLUB WEINBAR

Karte S. 390 (3. Stock, Sea Bird House, 22-28 Wyndham St, Central; ⌚Happy Hour 18–21 Uhr, So geschl.; Ⓜ Central, Ausgang D1) Diese superschicke Bar ist genau der richtige Ort, um die guten Weine aus der Alten Welt zu probieren. Auf der iPad-Weinkarte stehen über 500 Flaschenweine. Blues und Jazz ist die Hintergrundmusik des Abends. Nichtmitglieder müssen 15% Bedienungsgeld zahlen.

YUN FU BAR

Karte S. 390 (Keller, 43-55 Wyndham St, Central; ⌚Mo–Sa 12–2 Uhr; Ⓜ Central, Ausgang D2) Diese winzige, aber reizende, runde Bar mit kaiserlich-chinesischer Einrichtung ist auf jeden Fall einen Abstecher wert. Hier können die Gäste zu den Klängen aus dem kleinen DJ-Kämmerchen einen der frischen Fruchtcocktails genießen.

BAR 1911 BAR

Karte S. 390 (27 Staunton St, Soho; ⌚Happy Hour Mo–Sa 17–21 Uhr; 🚌26) Eine schicke Bar mit feinen Details (Buntglas, Wurzelholzbar, Deckenventilator) und einem Ambiente à la China der 1920er-Jahre. Hier geht es normalerweise nicht ganz so wüst zu wie in den benachbarten Kneipen, und man kann sich eine Verschnaufpause von dem ganzen Trubel im Viertel gönnen.

WHISKEY PRIEST KNEIPE

Karte S. 390 (EG & 1. Stock, 12 Lan Kwai Fong; ⌚Happy Hour 16–21 Uhr; Ⓜ Central, Ausgang D2) In diesem Irish Pub, das auf Sportsbar getrimmt ist, gibt es Guinness, Kilkenny oder Harp vom Fass – und 60 verschiedene Sorten Whisky. Nebenher läuft im TV Fußball.

LIKUID CLUB

Karte S. 390 (EG, 58-62 D'Aguilar St, Central; ⌚Happy Hour Mi–So 18–22 Uhr; Ⓜ Central, Ausgang D2) Als das Likuid 2011 eröffnete, machte es Schlagzeilen, da der Gründer erst 18 Jahre alt war. Mittlerweile locken das lebendige, kurvige Design und das ultramoderne Hightech-Licht- und Soundsystem erstklassige DJs aller Musikrichtungen in diesen neuesten In-Schuppen in Lan Kwai Fong. Die Gäste sind hip, die Türsteher können wählerisch sein, und das Line-up ist oft hochkarätig.

CLUB 97 BAR, CLUB

Karte S. 390 (EG, Cosmos Bldg, 9-11 Lan Kwai Fong, Central; ⌚Happy Hour 15–20 Uhr; Ⓜ Central, Ausgang D2) Die Happy Hour in dieser geselligen Bar-Lounge ist sehr beliebt. Freitagabends treffen sich hier Schwule und sonntags gibt es Reggae. Eigentlich kommen hier nur Mitglieder rein, damit will man schlecht angezogene Gäste fernhalten – man muss sich also sehr anstrengen.

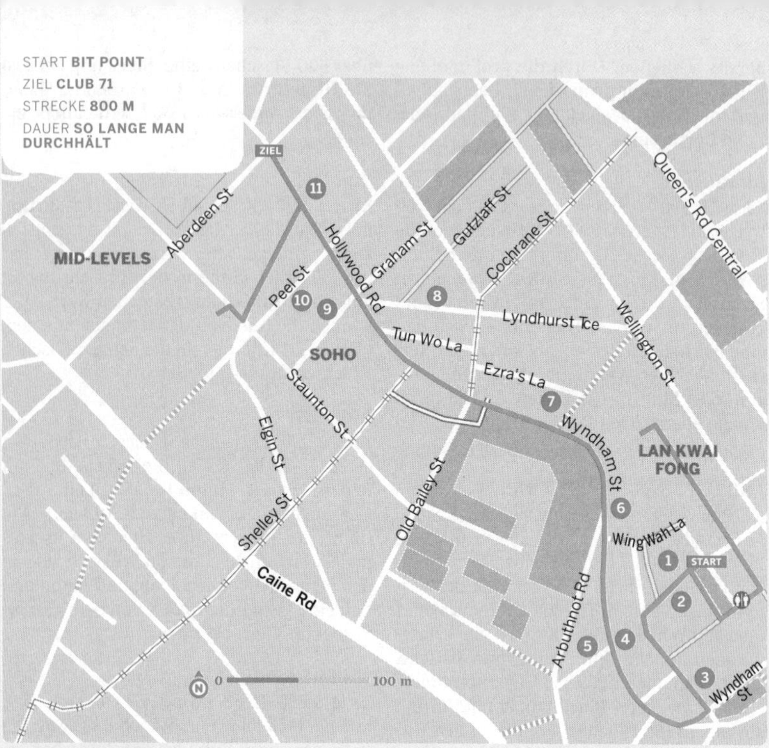

Stadtspaziergang

Kneipentour

Warm macht man sich mit einem Kurzen im 1 **Bit Point**. Weiter geht es mit einer Wasserpfeife und ein bisschen Entspannung auf der Terrasse des 2 **Alhambra**.

Wer sich wieder bewegen kann, steigt dann zum 3 **Likuid** hinauf, um die wuchtigen Beats und die topaktuelle Funk-Musik in sich aufzunehmen. Dann geht es rechts auf die Wyndham St, wo das 4 **Yun Fu** raubeiniges Ambiente und grandiose Musik zu bieten hat. Gegenüber vom Yun Fu liegt das 5 **Dragon-I**, wo Supermodels auf diejenigen warten, die an den Türstehern vorbeikommen.

Dann geht es wieder zurück zur Hollywood Rd, um im 6 **Tivo** ein paar Snacks mit einer Flasche Prosecco zu genießen. Hier mischt man sich einfach unter die attraktive Menge.

Mehr Wein? Etwas abseits der Hollywood Rd liegt die berühmte 7 **Gecko Lounge.** Sie ist zwar winzig, aber dafür witzig – und französisch. Wer jetzt hungrig ist, der kann im 8 **Assaf** auf der Lynhurst Tce wieder neue Kraft schöpfen. Bei dem großartigen Kebab sind die Akkus im Nu wieder aufgeladen!

Noch immer nicht müde? Dann nichts wie hin zur Graham St und ein paar lokal gebraute Biere im 9 **Globe** trinken oder in der **Makumba Africa Lounge** in der Peel St ein bisschen Reggae hören!

Beendet wird die Nacht dann im 11 **Club 71**, einer relaxten und freundlichen Kneipe neben der Hollywood Rd.

BEIJING CLUB BAR, CLUB

Karte S. 390 (2-8 Wellington St, Central; Ⓜ Central, Ausgang D2) Oft vollgepackt mit hitzigen und schwitzigen Nachtschwärmern, die von dem neonfarbenen Innenraum und der Mischung aus R&B, Hip Hop und Dancemusic angelockt werden. Schick anziehen!

Sheung Wan & Western Districts

QUAY WEST BAR

(☎2816 6739; Shop 5, EG, Ka Fu Bldg, 25 New Praya Kennedy Town, Kennedy Town; 🚌5 od. 5B) Diese neue Bar im Viertel befindet sich versteckt am Ende von Kennedy Town in traumhafter Lage an der Praya und bietet unschlagbare Ausblicke auf den Sonnenuntergang und den Hafen. Die Einrichtung ist minimalistisch, das Ambiente unauffällig. Direkt neben den Manhattan Heights.

OOLAA BAR

Karte S. 392 (☎ EG, Centre Stage, Bridges St, Sheung Wan; 🚌26) Die Betreiber dieser höhlenartigen Bar verstehen es, trinkfreudige Gäste anzulocken, obwohl die Location etwas abseits des Trubels in Soho liegt. Die breite, nach vorn geöffnete Lounge-Bar, die hölzerne Terrasse im Freien und die reichhaltige Wein- und Cocktailkarte machen die Bar zu einem beliebten Treffpunkt vorm Abendessen für Wein und Vorspeisen.

CAGE BAR

Karte S. 392 (3 Mee Lun St, NoHo; ⏰Happy Hour Mo–Sa 19–21 Uhr; 🚌26) Diese liebenswert dekorierte (Vorsicht mit den antiken Vogelkäfigen!) und familiäre neue Bar ist eine gute Zuflucht vor den Menschenmassen. Sie verfügt über zwei Außenterrassen mit Blick auf ruhige Straßen und liegt in einer kleinen Ecke von Sheung Wan.

☆ UNTERHALTUNG

☆ Lan Kwai Fong & Soho

TAKEOUT COMEDY CLUB COMEDY

Karte S. 390 (☎6220 4436; www.takeoutcomedy.com; Keller, 34 Elgin St, Soho; 🚌26) Allen, die zu einem perfekten Abend eine gesunde Portion Humor brauchen, ist Honkongs erster Comedy-Club zu empfehlen. Immer wieder hier auftretende Stand-Up-Comedians und improvisierte Shows auf Englisch, Kantonesisch und Mandarin werden die Lachmuskeln aufs Härteste strapazieren.

MAKUMBA AFRICA LOUNGE LIVEMUSIK

Karte S. 390 (☎2522 0544; http://makumbahk.com; EG, Garley Bldg, 48 Peel St, Soho; ⏰17 Uhr–open end; 🚌26) Dies ist die erste Adresse für afrikanische oder Reggaemusik. Zum Zeitpunkt der Recherchen war von einem Standortwechsel die Rede – also besser die Adresse überprüfen, bevor man hingeht!

PEEL FRESCO JAZZ

Karte S. 390 (☎2540 2046; www.peelfresco.com; 49 Peel St, Soho; ⏰17 Uhr–open end; 🚌26) Eine klassische Jazzkneipe mit Gemälde-Deko. Das Peel Fresco ist auch bekannt dafür, dass Popstars hier ein- und ausgehen. Neben Jazz werden Soul und Reggae gespielt.

JOYCE IS NOT HERE LIVEMUSIK

Karte S. 390 (☎2851 2999; 38-44 Peel St, Soho; ⏰Di–Fr 11 Uhr–open end, Sa & So 10 Uhr–open end, Happy Hour 16.33–20.54 Uhr; 🚌26) In diesem kleinen, freundlichen Café gibt es für jeden was: Dichterlesungen und Livemusik am Donnerstag, Getränke und Sonntagsbrunch.

CULTURE CLUB LIVEMUSIK

Karte S. 390 (☎2127 7936; www.cultureclub.com.hk; 15 Elgin St, Soho; ⏰14.30–23.30 Uhr; 🚌26) Abgesehen von den Gratis-Tangoabenden jeden zweiten oder dritten Samstag im Monat können Amateurmusiker in diesem Club jeden Freitagabend ihren ersten Liveauftritt absolvieren. Hinzu kommen faszinierende Musikshows wie *nányīn* (traditionelle Form kantonesischer Musik).

HARD ROCK CAFÉ LIVEMUSIK

Karte S. 390 (☎2111 3777; www.hardrock.com; 55 D'Aguilar St, Central; ⏰So–Do 11–open end, Fr & Sa bis 4 Uhr; Ⓜ Central, Ausgang D1) Diese amerikanische Kette mag langweilig klingen, aber die 380 m^2 große Location, talentierte Bands und Rockklassiker lassen die Gäste immer wieder hierher kommen.

☆ Sheung Wan

JAVA JAVA LIVEMUSIK

Karte S. 392 (☎2549 7739; 188 Hollywood Rd; ⏰Mo–Do 8–21, Fr & Sa 8–24, So 9–21 Uhr; 🚌26) Das Java Java ist tagsüber ein cooles Café und jeden Donnerstagabend ist ab 18 Uhr

Open-Mic-Night, jeden Freitag- und Samstagabend gibt es Livemusik. Viele einheimische Indiemusiker geben hier Akustikkonzerte.

XXX LIVEMUSIK

Karte S. 392 (☎9156 2330; www.xxxgallery.hk; Keller, Fui Nam Bldg, 212 Wing Lok St; Ⓜ Sheung Wan, Ausgang A2) Wer diesen Untergrund-Club gefunden hat, der wird sich wie ein Hongkong-Insider vorkommen. Er ist in einem Betonkeller untergebracht, den man durch die Tür neben dem Haupteingang des Gebäudes erreicht. Er ist schlicht und dient gleichzeitig als Galerie. Liebhaber elektronischer Musik und Nachtschwärmer aller Art kommen gleichermaßen gerne hierher. Geöffnet ist unregelmäßig, also besser vorher die Website checken!

SHEUNG WAN CIVIC CENTRE THEATER, LIVEMUSIK

Karte S. 392 (上環文娛中心; ☎Reservierungen 2853 2678, Anfragen 2853 2689; 5. Stock, Sheung Wan Municipal Services Bld, 345 Queen's Rd Central, Sheung Wan; ⌚9–23 Uhr, Ticketschalter 10–18.30 Uhr; Ⓜ Sheung Wan, Ausgang A2) Diese von der Regierung verwaltete Location teilt sich das Gebäude mit einem Lebensmittelmarkt. Das Ganzjahresprogramm beinhaltet vor allem Theaterstücke von einheimischen Gruppen – einige sind bemerkenswert experimentierfreudig – und Konzerte von Indiemusikern und -bands.

SHOPPEN

In der sich unaufhaltsam gentrifizierenden Hollywood Rd, die von Central bis nach Sheung Wan verläuft, gibt es einige der besten Galerien und Antiquitätenläden ganz Hongkongs. Die Shops in der Cat St verkaufen Schnickschnack und Ramsch – aber Vorsicht vor Betrügern! Am Western Market kann man gut Stoffe kaufen.

Lan Kwai Fong & Soho

LP TIPP **WATTIS FINE ART** ANTIQUITÄTEN

Karte S. 390 (2. Stock, 20 Hollywood Rd; ⌚Mo–Sa 10.30–18 Uhr; 🚌26) In dieser Galerie im 2. Stock gibt es die beste Sammlung alter Karten zu kaufen. Auch die Kollektion alter Fotografien von Hongkong und Macao ist beeindruckend. Der Laden ist über die Old Bailey St zugänglich.

LP TIPP **FLOW** BÜCHER

Karte S. 390 (7. Stock, 29 Hollywood Rd, Central; ⌚12–19.30 Uhr; 🚌26) Das Flow ist von der Lyndhurst Tce den Central Escalator weiter hinauf und in ein höheres Stockwerk umgezogen. Es ist immer noch winzig und ein Paradies für Bücherwürmer. Fast jeder Zentimeter des Ladens ist mit einem Kuddelmuddel aus englischen Second-Hand-Büchern vollgestopft. Kunden brauchen schon etwas Geduld, bis sie finden, was sie suchen. Sie können sich aber auch von dem freundlichen Besitzer Lam Sum zum richtigen Regal führen lassen.

TAI SING FINE ANTIQUES ANTIQUITÄTEN

Karte S. 390 (大成古玩有限公司; 3. Stock, 12 Wyndham St; ⌚Mo–Sa 10.30–17.30 Uhr; Ⓜ Central, Ausgang D2) Das Tai Sing verkauft seit über einem halben Jahrhundert erstklassige chinesische Antiquitäten mit einem besonderen Augenmerk auf Porzellan.

ARCH ANGEL ANTIQUES ANTIQUITÄTEN

Karte S. 390 (53-55 Hollywood Rd; ⌚9.30–18.30 Uhr; 🚌26) Das Arch Angel ist zwar auf altes Porzellan und Grabbeigaben spezialisiert, bringt auf seinen drei Stockwerken aber noch viel mehr unter: Hier gibt es alles von Mah-Jongg-Spielen über Terrakottapferde bis hin zu palastwürdigen Möbeln.

HONEYCHURCH ANTIQUES ANTIQUITÄTEN

Karte S. 390 (29 Hollywood Rd; ⌚Mo–Sa 9–18.30 Uhr; 🚌26) Dieser Laden, der seit über vier Jahrzehnten von einem amerikanischen Paar geführt wird, hat sich auf alte chinesische Möbel, Schmuck und englisches Silber spezialisiert. Die Auswahl ist riesig und umfasst Stücke von den frühen chinesischen Dynastien genauso wie solche aus dem 20. Jh.

LINVA TAILOR BEKLEIDUNG, ACCESSOIRES

Karte S. 390 (年華時裝公司; 38 Cochrane St; ⌚Mo–Sa 9.30–18.30 Uhr; 🚌26) Lust auf ein Cheongsam (enges Kleid)? Hier können Kunden ihre eigene Seide mitbringen oder sich etwas aus Miss Tongs Sammlung aussuchen. Wer nicht lange genug da ist, dem schicken die Schneider das fertige Kleidungsstück auch gerne nach Hause.

CHOCOLATE RAIN SCHMUCK, ACCESSOIRES

Karte S. 390 (EG, 67a, Chung Hing Court, Peel St, Soho; ⌚12–21 Uhr; 🚌26) Die skurrile Fassade dieses tollen Ladens in der Peel St deutet schon an, was einen im (Work-)Shop von Prudence Mak, einer der beliebtesten

MODEGESICHTER HONGKONGS

Sowohl alteingesessene als auch aufstrebende Designer gibt es im Herzen von Lan Kwai Fong und Soho wie Sand am Meer. Die Folgenden zählen zu den angesagtesten der einheimischen Helden.

Lu Lu Cheung (Karte S. 390; 50 Wellington St, Central; ⌚So–Do 10.30–20, Fr & Sa bis 22 Uhr; Ⓜ Central, Ausgang D2) Die gewagte, aber doch kultivierte Freizeit- und Abendgarderobe von Lu Lu ist aus natürlichen Stoffen wie Wolle, Baumwolle, Seide und Leinen hergestellt und in gedeckten Farben gehalten. Die Designerin arbeitet mit Schichten und Strukturen aus Maschen- oder Blumenstickereien.

Ranee K (Karte S. 392; 25 Aberdeen St, Central; ⌚11.30–20 Uhr; 🚌26) Die aufstrebende, junge einheimische Designerin Ranee K ist nicht nur berühmt für ihre Kombinationen aus effektvollen Drucken und Maserungen, sondern auch für den geschickten Einsatz von Schnitten und Stilen sowohl aus dem Osten als auch aus dem Westen. Beides ist in ihren Abend- und Freizeitkleidungskollektionen zu finden.

Pursue by Joel (Karte S. 390; 2. Stock, 13 Lan Kwai Fong; ⌚14–21 Uhr; Ⓜ Central, Ausgang D2) Joel Chan wird mit erstklassigen Materialien und spielerischen maßgeschneiderten Designs in Verbindung gebracht. In seinem Laden, der gleichzeitig als Bar und Galerie fungiert, gibt es eine große Sammlung modischer Männerbekleidung und Abendgarderobe für Frauen.

Nude is Rude (Karte S. 390; 7 Lan Kwai Fong; ⌚Mo–Fr 11–20, Sa 13–18 Uhr; Ⓜ Central, Ausgang D2) Die aufstrebende Designerin Marisa Zeman kreiert figurschmeichelnde Urlaubs- und Freizeitmode aus weichen Materialien wie Modal-Jersey und Seide. Ihre Kaftane und wehenden Kleider sind vielseitig genug, um sie auf mehrere Arten tragen zu können.

Fang Fong Projects (Karte S. 390; 69 Peel St, Central; ⌚So–Do 11–20, Fr & Sa 12–21 Uhr; 🚌26) Wu Lai-Fans gut tragbare Kleider sind eine intelligente Mischung: Altmodische Stoffe werden mit modernen Schnitten aus den 1980er-Jahren kombiniert. In dem Laden gibt es auch Stücke ihrer eigenen Designerkollektion, die sonst in Hongkong nur schwer zu bekommen sind.

L Plus H (Karte S. 390; 17. Stock, Stanley 11, 11 Stanley St, Central; ⌚Mo–Sa 10–19 Uhr; Ⓜ Central, Ausgang D2) Gegründet von einer Gruppe sozial engagierter Unternehmer, arbeitet man beim L Plus H mit einheimischen Designern zusammen und ist stolz darauf, dass alles zu 100 % „designed und made in Hongkong" ist. Feine Strickwaren sind die Spezialität des Labels.

Heimwerkerinnen Hongkongs, erwartet. Die Ketten, Armbänder und Taschen werden von der Designerin aus recycelten Materialien handgemacht und tragen alle die Signatur Fatima Doll. Jedes Stück, das hier verkauft wird, ist einzigartig.

9TH MUSE — SCHMUCK, ACCESSOIRES

Karte S. 390 (Unit 1204, One Lyndhurst Tower, 1 Lyndhurst Tce, Central; ⌚10.30–19.30 Uhr; Ⓜ Central, Ausgang D2) Diese geheime Schatztruhe an der Lyndhurst Tce hat mit ihrer provokativen Auswahl veredelten Schmucks und handgefertigter Handtaschen schon wahre Scharen von Modefreaks angelockt. Man muss zum Glück auch keine Bank ausrauben, um die Teile zu besitzen. Der Laden verkauft auch immer mehr Haushaltsgegenstände.

CARPET CENTRE — TEPPICHE

Karte S. 390 (UG, Shop A, 29 Hollywood Rd, Central; 🚌26) Abgesehen von Vorlegern, Kelims und Wandteppichen hat diese Teppichboutique auch eine große Auswahl erstklassiger Halstücher, Umhänge und Schals aus Pashmina im Angebot. Der Laden ist über die Cochrane St zugänglich.

BOOK ATTIC — BÜCHER

Karte S. 390 (Cockloft, 2 Elgin St, Soho; ⌚Mo–Sa 12–18 Uhr; 🚌26) Das Book Attic ist ein weiterer großartiger Second-Hand-Buchladen und eine Oase der Ruhe inmitten des Trubels von Soho. Die winzige Tee-Ecke macht den Shop zu einem netten Zufluchtsort, wenn man in den unglaublich vielen Büchern stöbert, z. B. in der interessanten Sammlung von spirituellen Büchern. Und das ist noch nicht alles: Der Tee ist auch noch kostenlos! Bedanken kann man sich bei der freundlichen Besitzerin und Bücherliebhaberin Jennifer.

OLYMPIA GRAECO-EGYPTIAN COFFEE ESSEN, TRINKEN
Karte S. 390 (奧林比亞接臣咖啡; EG, 24 Old Bailey St; ⌚11–19 Uhr; 🚌26) Diesen Laden gibt es schon seit Ewigkeiten – und das Personal mahlt immer noch die besten Kaffeebohnen der Stadt.

PORTRAIT WINEMAKERS & DISTILLERS WEIN
Karte S. 390 (31 Staunton St, Soho; ⌚So geschl.; 🚌26) Einheimische Weine sind hier immer noch eine Rarität, aber dieser Wein- und Spirituosenhersteller aus Hongkong hat ein paar preisgekrönte Tropfen zu bieten, die in dem Geschäft in Soho probiert und gekauft werden können. Jeden Donnerstag-, Freitag- und Samstagabend gibt es Destilliervorführungen.

MOUNTAIN FOLKCRAFT GESCHENKE, SOUVENIRS
Karte S. 390 (高山民藝; 12 Wo On Lane; ⌚So geschl.; Ⓜ Central) Das ist einer der schönsten Kunsthandwerksläden der Stadt. Er ist vollgestopft mit Batikartikeln und Sarongs, Klamotten, Holzschnitzereien, Lackarbeiten und Papierschnitten, die von ethnischen Minderheiten aus China oder anderen asiatischen Ländern hergestellt wurden. Die Preise sind zwar nicht niedrig, aber auch nicht besonders hoch.

PHOTO SCIENTIFIC FOTOGRAFIE
Karte S. 390 (攝影科學; 6 Stanley St; ⌚Mo–Sa 9–19 Uhr; Ⓜ Central, Ausgang D2) Dies hier ist der beste von Hongkongs Profifotografen. Man findet bestimmt woanders eine billigere Ausrüstung, aber Photo Scientific hat einen unzerstörbar guten Ruf und festgelegte Preise – kein Feilschen, kein Verhandeln und kein Betrug.

Sheung Wan

KARIN WEBER GALLERY ANTIQUITÄTEN, KUNST & KUNSTHANDWERK
Karte S. 392 (20 Aberdeen St; ⌚Mo–Sa 11–19, So 14–18 Uhr; 🚌26) Karin Weber bietet eine nette Mischung aus chinesischen Antiquitäten vom Land und zeitgenössischen asiatischen Kunstwerken an. Für ernsthaft interessierte Kaufwillige kann sie Antiquitätenverkaufstouren ins nahe Guangdong organisieren.

INDOSIAM BÜCHER, ANTIQUITÄTEN
Karte S. 392 (1. Stock, 89 Hollywood Rd; ⌚14–19 Uhr; 🚌26) Hongkongs erstes echtes Antiquariat führt seltene Titel mit Bezug auf die asiatischen Länder. Man hat sich hier besonders auf Thailand, China und die ehemaligen französischen Kolonien spezialisiert. Es werden auch alte Zeitungen und alte chinesische Drucke verkauft.

LP TIPP **LAM KIE YUEN TEA CO** ESSEN, TRINKEN
Karte S. 392 (林奇苑茶行; EG, 105-107 Bonham Strand East; ⌚Mo–Sa 9–18.30 Uhr; Ⓜ Sheung Wan, Ausgang A2) Für Teeliebhaber ist Lam Kie Yuen, wo schon seit 1955 Tee verkauft wird, der Beweis dafür, wie viel Tee es in China gibt. Die Auswahl hier ist einfach zu groß: Es gibt alles: von unfermentiertem über leicht bis voll fermentiertem Tee – und sämtliche Stufen dazwischen. Wer sich nicht entscheiden kann, den lädt der Besitzer zu einer Kostprobe ein. Der *Dàhóngpáo*-Tee aus Fujian ist außergewöhnlich.

POTTERY WORKSHOP HAUSHALTSWAREN
Karte S. 392 (樂天陶社; ☎9842 5889; 24 Upper Station St, Sheung Wan; ⌚Sa & So 12–18 Uhr, Mo–Fr nach Vereinbarung; 🚌26) Auch nach dem Umzug vom Fringe nach Sheung Wan stellt diese beliebte Töpferwerkstatt noch unkonventionelle Töpferware von Einheimischen und Kunsthandwerkern vom Festland aus. Die Teelöffel aus Keramik sind so niedlich, dass man sie nicht mehr zurücklegen möchte. Eingang über die Tai Ping Shan St.

HAJI GALLERY GESCHENKE
Karte S. 392 (24c Tai Ping Shan St; ⌚Di–So 14–19 Uhr; 🚌26) Diese Galerie von der Größe eines Tante-Emma-Ladens hat sich auf Kunstwerke von aufstrebenden einheimischen Künstlern spezialisiert – und die Preise sind nicht so hoch, wie man denken könnte. Abgesehen von den Gemäldereihen an einer Seite der Wand bietet der Shop auch noch eine interessante Sammlung von CDs, Taschen und T-Shirts, die alle von Einheimischen entworfen wurden.

SELECT-18 ALTMODISCHE BEKLEIDUNG
Karte S. 392 (EG, Grandview Garden, 18 Bridges St; ⌚Di–So 14–19 Uhr; 🚌26) Dieses Lager mit echten Schätzen in Sachen Klamotten wird von einem Designer geführt, der zum Altkleidersammler geworden ist, und einhei-

mische Berühmtheiten mit altmodischen, aber stilvollen Kleidern ausstattet. Neben Klamotten, Schuhen, Jacken und Geldbörsen für junge Frauen hat der Laden auch eine interessante Sammlung altmodischer Möbel und Koffer zu bieten.

LOMOGRAPHY FOTOGRAFIE

Karte S. 392 (2 Po Yan St; ⌚11–19 Uhr; 🚌26) Auch wer kein Lomograf ist, muss diesen Laden mit seiner netten Sammlung von Kameras, Blitzlichtern und allen möglichen Lomografie-Accessoires einfach lieben. In der Galerie im Obergeschoss werden regelmäßig lomografische Kunstwerke ausgestellt.

HOMELESS HAUSHALTSWAREN, GESCHENKE

Karte S. 392 (28 Gough St, Central; Ⓜ Sheung Wan, Ausgang A2) Das Flaggschiff einer wachsenden Einzelhandelskette für zeitgenössische Inneneinrichtung steckt voller guter Ideen – und hat viel für zu Hause im Angebot. Hier gibt es alles von pfiffigen Vorrichtungen wie Laseruhren über eigenartige, praktische und dekorative Tassen bis hin zu Stühlen und Dekosachen.

LA CABANE A VIN WEIN

Karte S. 392 (UG, 97 Hollywood Rd; ⌚Mo–Di 17–21, Mi–Sa 12–21 Uhr; 🚌26) Dies ist der erste Bioweinladen der Stadt. Er ist natürlich auf biologisch-dynamisch erzeugten Wein spezialisiert. Das Personal diskutiert liebend gerne mit der Kundschaft über die nicht-interventionistische Herstellung dieser kleinen Anzahl an Weinen. Eingang über die Shin Hing St.

WING ON KAUFHAUS

Karte S. 392 (永安; ☎2852 1888; 211 Des Voeux Rd Central; Ⓜ Sheung Wan, Ausgang E3) Das „Für immer friedlich" ist dafür bekannt, dass es Einheimischen gehört. Hier gibt es jede Menge Artikel, vor allem aber preiswerte Elektronik- und Haushaltswaren.

SPORT & AKTIVITÄTEN

HAPPY FOOT REFLEXOLOGY CENTRE WELLNESS

Karte S. 390 (知足樂; ☎2544 1010; 6., 11. & 13. Stock, Jade Centre, 98-102 Wellington St, Central; ⌚10–24 Uhr; Ⓜ Central, Ausgang D2) Eine Fuß-/Ganzkörpermassage gibt es ab 198/250 HK$ (50 Min.).

WAN KEI HO INTERNATIONAL MARTIAL ARTS ASSOCIATION KAMPFSPORT

Karte S. 392 (尹圻灝國際武術總會; ☎2544 1368; www.kungfuwan.com; 3. Stock, Yue's House, 304 Des Voeux Rd Central, Sheung Wan; Ⓜ Sheung Wan, Ausgang A) Meister Wan bringt einer großen Anhängerschaft aus Einheimischen und Ausländern das Shaolin Kung Fu aus dem Norden bei. Die Kurse finden von Montag- bis Donnerstagabend statt. Je nach Anzahl der gebuchten Kurse belaufen sich die monatlichen Gebühren auf 300 bis 1400 HK$.

Hong Kong Island: Wan Chai & der Nordosten

ADMIRALTY | WAN CHAI | CAUSEWAY BAY | HAPPY VALLEY | ISLAND EAST

Highlights

❶ Durch die **engen Gassen** (S. 108) zwischen der Queen's Rd East und der Johnston Rd streifen und alte Häuser, taoistische Tempel, traditionelle Läden, Freiluftbasare und lärmige Straßenmärkte bewundern

❷ Sich mittwochabends bei einem Bierchen auf dem **Happy Valley Racecourse** (S. 109) einen Adrenalinkick holen

❸ Außergewöhnliches erleben in Admiralty: in Sachen Ästhetik im **Asia Society Hong Kong Centre** (S. 105) und auf kulinarische Art und Weise im **AMMO** (S. 112)

❹ Hongkongtypische Souvenirs und diverse Retro-Artikel mit Pfiff shoppen im **G.O.D.** (S. 121) in Causeway Bay

❺ In der **Lockhart Road** (S. 118) in Wan Chai einfach mal eine aufregende und ausschweifende Nacht verbringen

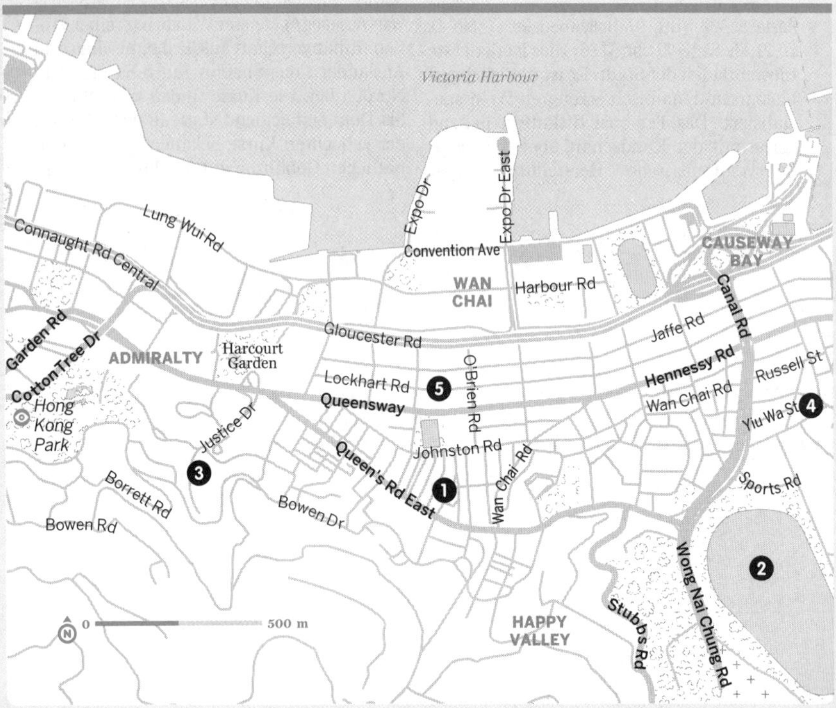

Detailpläne dieses Gebiets s. Karte S. 394, Karte S. 396 & Karte S. 398 ➡

Rundgang: Wan Chai & der Nordosten

Erst schlendert man durch das Einkaufszentrum Pacific Place an der MRT-Station Admiralty und vergnügt sich zweieinhalb Stunden im Hong Kong Park und dem Asia Society Hong Kong Centre. Danach läuft man bergab und zur Queen's Rd East. Nach einem zweistündigen Bummel durchs „alte" Wan Chai isst man etwas. Dann führt der Weg ins „neue" Wan Chai näher am Hafen, zum Wan Chai Computer Centre oder weiter nordwärts zum Hong Kong Convention & Exhibition Centre. Die Straßenbahn bringt einen nach Causeway Bay – wegen der Menschenmassen besser nachmittags! Dann geht's zum Shoppen oder gen Osten in den Victoria Park zum Leutegucken. Schließlich genießt man die Happy-Hour-Drinks hier oder nimmt ein *ding ding* nach Osten und improvisiert.

Lokalkolorit

➡ **Lil' Jakarta** Indonesierinnen treffen sich sonntags im Victoria Park (S. 109) zum Essen, Singen und Beten.

➡ **Spielzeugläden** Eltern bringen ihre Kids zu den Spielzeugläden der Tai Yuen St (S. 123), schwelgen in Erinnerungen und kaufen Mittherbstfest-Laternen.

➡ **Hipsterville** In dem malerischen Bereich um die Star, Moon und die St. Francis Sts (S. 118) hängen die Coolen und Hippen rum.

➡ **Fujian Town** North Point ist die Hochburg der Fujian-Gemeinde Hongkongs (S. 109).

An- & Weiterreise

➡ **Bus** Busse fahren ab der Haltestelle Admiralty unter der Queensway Plaza. Die Busse 5, 5B und 26 von Admiralty und Central nach Causeway Bay und Happy Valley halten an der Yee Wo St. Der grüne Minibus 40 ab Stanley fährt auf der Tang Lung St und der Yee Woo St.

➡ **MTR** An der MTR-Station Admiralty halten die Züge der Island- und der Tsuen-Wan-Linie. Der Bahnhof Wan Chai liegt an der Island-Linie. An den Stationen Causeway Bay und Tin Hau fahren die Züge der Central-Linie nach Causeway Bay und Happy Valley ab. Nach Island East führt die Island-Linie ab Causeway Bay.

➡ **Star Ferry** Wan Chai Ferry Pier–Tsim Sha Tsui.

➡ **Tram** Sie fährt über Queensway, Johnston Rd und Hennessy Rd nach Causeway Bay bzw. nach Central und Sheung Wan. Nach Causeway Bay und Happy Valley folgt eine Bahn der Hennessy Rd und der Yee Wo St nach Central und Shau Kei Wan; entlang der Percival St fährt eine nach Happy Valley und an der Wong Nai Chung Rd nach Causeway Bay, Central, Kennedy Town und Shau Kei Wan. Die Linie nach Island East geht bis Chai Wan.

Top-Tipp

Wenn man die Ostbezirke der Insel aus einer fahrenden Straßenbahn erkundet, rauschen sie wie ein Film vorbei. Die hauptsächlich aus Wohnhäusern bestehenden Viertel zu Fuß zu erkunden, ist nicht besonders beeindruckend, fährt man aber schneller zwischen den Blocks hindurch, kriegt das Ganze einen gewissen Rhythmus und ein Muster. Das Gute ist: Man kann jederzeit raushüpfen, wenn man etwas Interessantes entdeckt hat. In diesem Bezirk gibt es 30 Haltestellen für die Tram Richtung Osten.

Gut essen

➡ Yin Yang (S. 113)

➡ Tung Po Seafood Restaurant (S. 118)

➡ Cěpage (S. 112)

➡ Pure Veggie House (S. 112)

➡ AMMO (S. 112)

Mehr dazu S. 112 ➡

Nett ausgehen

➡ Executive Bar (S. 119)

➡ Pawn (S. 119)

➡ Classified Mozzarella Bar (S. 118)

Mehr dazu S. 118 ➡

Schön shoppen

➡ G. O. D. (S. 121)

➡ Daydream Nation (S. 121)

➡ Wan Chai Computer Centre (S. 121)

Mehr dazu S. 120 ➡

MANFRED GOTTSCHALK/GETTY IMAGES ©

HIGHLIGHTS
HONG KONG PARK

Der Hong Kong Park wirkt alles andere als natürlich – und das soll er auch nicht, denn im Mittelpunkt stehen künstliche Attraktionen wie der Springbrunnen-Platz, das Gewächshaus, der künstliche Wasserfall, ein Spielplatz, der Tai-Chi-Garten und der Aussichtsturm. Trotz allem ist der 8 ha große Park auf seine Art wunderschön. Auf einer Seite von einer Wand aus Wolkenkratzern und auf der anderen von Bergen begrenzt, ist er eine tolle Kulisse für spektakuläre Fotos.

Das Highlight ist das **Edward Youde Aviary** (尤德觀鳥園; Karte S. 394; 9–17 Uhr). Das Paradies für mehr als 600 Vögel etwa 90 verschiedener Arten wirkt wie Regenwald in der Stadt. Besucher laufen auf einer Hängebrücke rund 10 m über dem Boden, auf Augenhöhe mit den Piepmätzen. Das **Forsgate Conservatory** (9–17 Uhr) am Hang über dem Park ist das größte Gewächshaus Südostasiens.

Im Norden des Parks steht das **Flagstaff House Museum of Tea Ware** (茶具文物館; Karte S. 394; 2869 0690; www.lcsd.gov.hk/ce/museum/arts/english/tea/intro/eintro.html; 10 Cotton Tree Dr; Eintritt frei; Mi–Mo 10–17 Uhr). 1846 gebaut, beherbergt es heute eine Sammlung chinesischen Teegeschirrs. Das Café unten ist ideal, um eine Tasse guten Tee zu trinken.

Die **KS Lo Gallery** (羅桂祥茶藝館; Karte S. 394; 2869 0690; 10 Cotton Tree Dr; Eintritt frei; Mi–Mo 10–17 Uhr) zeigt seltene chinesische Keramik und Steinsiegel.

Am Ostrand ist das **Hong Kong Visual Arts Centre** (香港視覺藝術中心; Karte S. 394; 2521 3008; www.lcsd.gov.hk/ce/Museum/Apo/en/vac.html; 7A Kennedy Rd.; Eintritt frei; Mi–Mo 10–21 Uhr) in den ehemaligen Victoria Barracks untergebracht. Es unterstützt lokale Künstler und stellt aus.

NICHT VERSÄUMEN

- Edward Youde Aviary
- Flagstaff House Museum of Tea Ware
- KS Lo Gallery
- Hong Kong Visual Arts Centre

PRAKTISCH & KONKRET

- 香港公園
- Karte S. 394
- 2521 5041
- www.lcsd.gov.hk/parks/hkp/en/index.php
- 19 Cotton Tree Dr, Admiralty
- Eintritt frei
- Park 6–23 Uhr
- Admiralty, Ausgang C1

SEHENSWERTES

Admiralty

HELENA MAY HISTORISCHES GEBÄUDE

Karte S. 394 (梅夫人婦女會主樓; ☎2522 6766; www.helenamay.com; 35 Garden Rd, Central; Ⓜ Admiralty, dann 🚌12A) Das Helena May wurde 1916 von der Frau eines Gouverneurs als Treff für arbeitende, alleinstehende europäische Frauen eröffnet, für welche die Kolonie wenig „anständige" Unterhaltung wie Ballettstunden und Teepartys zu bieten hatte. Das kolonialzeitliche Gebäude mit palladianischen Elementen und Beaux-Arts-Touch wurde während der japanischen Besatzung als Pferdestall benutzt. Zur Zeit ist es ein Privatclub und ein Hostel (s. S. 281) und bietet alle zwei Monate samstags (10–12 Uhr; Daten s. Website) 20-minütige Touren auf Englisch und Chinesisch an. Reservieren ist Pflicht und einen Monat im Voraus möglich.

HONG KONG PARK PARK

Siehe S. 104.

LP TIPP **ASIA SOCIETY HONG KONG CENTRE** HISTORISCHES GEBÄUDE, GALERIE

Karte S. 394 (亞洲協會香港中心; Hong Kong Jockey Club Former Explosives Magazine; ☎2103 9511; http://asiasociety.org/hong-kong; 9 Justice Dr, Admiralty; ⏲Galerie Di–So 11–17, am letzten Do im Monat bis 20 Uhr; Ⓜ Admiralty, Ausgang F) Dieses wunderschöne architektonische Meisterwerk besteht aus Militärgebäuden der Briten aus dem 19. Jh. – einschließlich einiger Sprengstoffdepots – und beherbergt heute eine Galerie, ein Mehrzwecktheater, ein hervorragendes Restaurant (S. 112) und einen Buchladen. Alles ist öffentlich zugänglich. Die Architekten Tod Williams und Billie Tsien haben gewagte Ansätze vermieden und ein dezentes Design vorgezogen, das die Geschichte und die natürliche Landschaftsform aufnimmt. Das Ergebnis sind horizontal orientierte Bauten, die einen schönen Kontrast zu den nahen Wolkenkratzern bilden. Das Zentrum ist von den Hotels in Admiralty zu Fuß leicht zu erreichen.

TAMAR PARK PARK

Karte S. 394 (添馬公園; Tamar St, Admiralty; Ⓜ Admiralty, Ausgang A) Dieser am Hafen gelegene Park auf dem Gelände der New Central Government Offices lädt mit seinen grünen Rasenflächen zu einem Sonnenbad ein. Er gehört zu einer 4 km langen Promenade, die am Nordufer von Hong Kong Island entlangführt, von den Central Piers vor der IFC-Mall vorbei am Hong Kong Convention and Exhibition Centre bis nach North Point. Auf dem Großteil des Weges muss man allerdings zur Zeit mit Baustellen rechnen.

NEW CENTRAL GOVERNMENT OFFICES GEBÄUDE

Karte S. 394 (添馬艦新政府總部; Tamar St, Admiralty; Ⓜ Admiralty, Ausgang A) Das moderne Gebäude an der pittoresken Tamar Site (die *HMS Tamar* war ein britisches Marineschiff) beherbergt jetzt das Hauptquartier der HKSAR-Regierung, das Parlament und das Büro des Regierungschefs.

Wan Chai

HONG KONG CONVENTION & EXHIBITION CENTRE GEBÄUDE

Karte S. 396 (香港會議展覽中心; ☎2582 8888; www.hkcec.com.hk; 1 Expo Dr; 🚌18) Gleich nördlich der MTR-Station Wan Chai steht das große Convention & Exhibition Centre, das 1988 erbaut und für die Übergabefeierlichkeiten 1997 auf einer künstlichen Insel im Hafen erweitert wurde. Manche vergleichen die Form des Gebäudes mit dem Flügel eines Vogels, einem Bananenblatt oder dem Blütenblatt einer Lotusblume. Das Zentrum ist ein Veranstaltungsort ersten Ranges für große Handelsmessen, Ausstellungen und Kongresse.

CENTRAL PLAZA GEBÄUDE

Karte S. 396 (中環廣場; 18 Harbour Rd.; 🚌18) Das Central Plaza, Hongkongs drittgrößtes Gebäude, sieht mit seiner in Gold-, Silber- und Terrakottatönen schimmernden Fassade ziemlich knallig aus. Über eine erhöhte Fußgängerbrücke ist es direkt verbunden mit dem Hong Kong Convention & Exhibition Centre und der MTR-Station Wan Chai.

GOLDEN BAUHINIA SQUARE DENKMAL

Karte S. 396 (金紫荊廣場; Golden Bauhinia Sq, 1 Expo Dr; Ⓜ Wan Chai, Ausgang A5, 🚌18) Eine 6 m hohe Statue von Hongkongs Wahrzeichen steht an der Uferpromenade direkt vor dem Hong Kong Convention & Exhibition Centre. Sie erinnert an die Einrichtung der Sonderverwaltungszone (SAR) Hongkong

GEHEIMTIPP

FARBENUHR

Das Central Plaza in Wan Chai, jener schlanke Wolkenkratzer, der von Kowloon aus gesehen hinter dem Hong Kong Convention & Exhibition Centre hervorguckt, ist eine der größten Uhren der Welt. Jeden Tag zwischen 18 und 24 Uhr blitzen vier Lichterreihen durch die Glaspyramide auf der Gebäudespitze.

Die untere Reihe zeigt die Stunde an: rot für 18 Uhr, weiß für 19 Uhr, violett für 20 Uhr, gelb für 21 Uhr, pink für 22 Uhr und grün um 23 Uhr. Zur vollen Stunde erstrahlen alle vier Lichter in derselben Farbe. Wenn sich das obere Licht von den darunter liegenden unterscheidet, ist eine Viertelstunde vergangen. Zur halben Stunde leuchten die beiden oberen und unteren Reihen jeweils in verschiedenen Farben. Sind die drei oberen Reihen gleich, sind 45 Minuten vergangen.

Welches Stündlein hat also geschlagen?

im Jahr 1997. Täglich um 8 Uhr hisst die Hongkonger Polizei die Flagge – das Ritual ist mittlerweile zum absoluten Muss für chinesische Besuchergruppen geworden. Am 1., 11. und 21. eines jeden Monats spielt um 7.45 Uhr zusätzlich eine Blaskapelle auf.

HONG KONG ARTS CENTRE — KULTURZENTRUM

Karte S. 396 (香港藝術中心; www.hkac.org.hk; 2 Harbour Rd; Ⓜ Admiralty, Ausgang E2) Unmittelbar östlich der Academy for the Performing Arts liegt das Hong Kong Arts Centre mit diversen Theater- und Kinosälen, darunter das **Agnès B Cinema**, und die zweistöckigen **Pao Sui Loong & Pao Yue Kong Galleries** (包玉剛及包兆龍畫廊（包氏畫廊）; Eintritt frei; ⏲10–18 Uhr, bei Ausstellungen bis 20 Uhr), die Platz bieten für Retrospektiven und Veranstaltungen mit visuellen Medien. Hier findet man auch den neuen Daydream-Nation-Shop (S. 121).

HONG KONG ACADEMY FOR THE PERFORMING ARTS — KULTURZENTRUM

Karte S. 396 (香港演藝學院; www.hkapa.edu; 1 Gloucester Rd; Ⓜ Admiralty, Ausgang E2) Das 1985 errichtete Akademiegebäude hat ein auffälliges dreieckiges Atrium und ein Äußeres, das wirkt wie aus einem Metallbaukasten zusammengeschraubt – definitiv schon für sich allein ein Kunstwerk! Die Akademie ist ein Wahrzeichen Wan Chais und ein bedeutendes Zentrum für Musik, Tanz und Wissenschaft.

SOUTHORN PLAYGROUND — PARK

Karte S. 396 (修頓球場; ⏲6–22.30 Uhr; Ⓜ Wan Chai, Ausgang A3) Dieser unspektakulär aussehende Sportplatz ist eigentlich der gesellschaftliche Mittelpunkt des alten Wan Chai. Hier sieht man zu jeder Tageszeit Leute aller Art, die das Viertel zu bieten hat. Senioren spielen zusammen Schach, Studenten und Amateurathleten werfen Körbe und kicken Bälle. Hier treffen sich Hip-Hop-Tänzer, Hausfrauen, die das Tanzbein schwingen, Sozialarbeiter, Schwule und die tägliche Meute von Bankern und Bauarbeitern, die hier Mittagspause machen. Der Southorn Playground wird begrenzt durch die Hennessy Rd, die Luard Rd und die Johnston Rd sowie durch das Wan Chai Computer Centre.

PAK-TAI-TEMPEL — TEMPEL

außerhalb der Karte S. 396 (北帝廟; 2 Lung On St; ⏲8–17 Uhr; Ⓜ Wan Chai, Ausgang A3) Ein kurzer Spaziergang die Stone Nullah Lane hinauf führt zu diesem majestätischen taoistischen Tempel, der 1863 zu Ehren von Pak Tai, dem Meeresgott, errichtet wurde. Der Tempel – der größte auf Hong Kong Island – ist beeindruckend. In der Haupthalle steht ein 3 m hohes Kupferabbild von Pak Tai aus der Ming-Dynastie.

HUNG-SHING-TEMPEL — TEMPEL

Karte S. 396 (洪聖古廟; 129-131 Queen's Rd East; ⏲8–17.30 Uhr; 🚌6 od. 6A, Ⓜ Wan Chai, Ausgang A3) In einer Ecke an der Südseite der Queen's Rd East versteckt sich dieser kleine, düstere und wenig einladende Tempel oben auf großen Felsblöcken. Er wurde zu Ehren eines hohen Beamten der Tang-Dynastie gebaut, der einst für seine Tugend (wichtig!) und für seine Fähigkeit, lukrative Handelsprognosen zu erstellen (ultra-wichtig!), bekannt war.

OLD WAN CHAI POST OFFICE — GEBÄUDE

Karte S. 396 (舊灣仔郵政局; 221 Queen's Rd East; ⏲Mi–Mo 10–17 Uhr; 🚌6 od. 6A) Nicht weit östlich des Wan Chai Markets steht dieses kleine Gebäude im Kolonialstil, das 1913 gebaut wurde und heute dem **Environmental Protection Department** (☎2893 2856;

⌚Mo–Di & Do–Sa 10–17, Mi 10–13, So 13–17 Uhr) als Informationszentrum dient.

HONG KONG HOUSE OF STORIES MUSEUM

Karte S. 396 (香港故事館; ☎Auskunft 2117 5850, Suki Chau für Führungen 2835 4376; http://houseofstories.sjs.org.hk; 74 Stone Nullah Lane; ⌚11–17 Uhr; 🚌6 od. 6A) Das kleine Museum wurde von Einheimischen und Wan-Chai-Fans in dem historischen **Blue House** eröffnet, einem Vorkriegsbauwerk mit gusseisernen spanischen Balkonen, die an New Orleans erinnern. Das nicht gewinnorientierte Museum verkauft lokales Kunsthandwerk und bietet private Führungen auf Englisch an. Man muss nur einen Monat vorher eine E-Mail schreiben. Eine zweistündige Führung kostet 600 HK$ – je mehr Leute zusammenkommen, desto billiger wird's.

LOVER'S ROCK HISTORISCHES GEBÄUDE

(姻緣石; abseits der Bowen Rd; 🚌grüner Minibus 24A) Lover's Rock oder Destiny's Rock (Yan Yuen Sek) ist ein phallusförmiger Felsen auf einer Klippe am Ende eines Weges oberhalb der Bowen Rd. Hierher pilgern vorwiegend Frauen, die sich Kinder wünschen oder Beziehungsprobleme haben. Besonders viel los ist während des **Maidens' Festival** am siebten Tag des siebten Mondes (Mitte August). Zu erreichen ist die Stätte am besten mit dem grünen Minibus 24A vom Busbahnhof Admiralty. Von der Endhaltestelle aus (Shiu Fai Tce) nimmt man den Weg hinter der Wohnanlage.

KHALSA-DIWAN-SIKH-TEMPEL TEMPEL

Karte S. 396 (☎2572 4459; www.khalsadiwan.com; 371 Queen's Rd East; ⌚4–21 Uhr; 🚌) Die Stille in Hongkongs größtem Sikh-Tempel zwischen einer belebten Straße und einem Friedhof genießen: Der Tempel ist ein Nachbau des kleinen Originals, das 1901 von Sikh-Mitgliedern der britischen Armee erbaut wurde. Menschen jeder Religion, Kaste oder Hautfarbe sind hier eingeladen, an den Gottesdiensten teilzunehmen. Bei den Sonntagsgebeten (9–13 Uhr) finden sich 1000 Gläubige und Nichtgläubige zum gemeinsamen Gebet ein (weniger bei den täglichen Gebetsstunden, 4–8 & 18–20 Uhr). Noch berühmter sind allerdings die kostenlosen vegetarischen Essen (11.30–20.30 Uhr). Jeder, der durch die blau-weißen Tore kommt, bekommt ein einfaches Dal oder *sabzi* (Gemüseeintopf). Man kann sich erkenntlich zeigen, indem man beim Abwaschen hilft.

HONG KONG CEMETERY FRIEDHOF

(香港墳場; www.fehd.gov.hk/english/cc/introduction.html; ⌚7–18 od. 19 Uhr; Ⓜ Causeway Bay, Ausgang A, 🚌1, 8X, 117) Überfüllt und kosmopolitisch – das Hongkong der Toten unterscheidet sich kein bisschen von der „lebendigen" Stadt. Die Grabsteine drängen sich dicht an dicht auf diesem christlichen Friedhof (1845), der sich an der Wong Nai Chung Rd neben den jüdischen, hinduistischen, parsischen und muslimischen Friedhöfen und dem katholischen Friedhof St. Michael befindet. Die ältesten Gräber stammen aus der Mitte des 19. Jhs. und beherbergen Kolonialisten, Magnaten und Filmdiven.

Um hinzukommen, die MTR-Station verlassen und der Russell St folgen, dann nach

GEHEIMTIPP

FLUCH TO GO

Unter dem **Canal Road Flyover** (Karte S. 398) zwischen Wan Chai und Causeway Bay kann man kleine, alte Omis anheuern, die einem helfen, seinen Feind fertigzumachen. Auf ihren Plastikstühlen sitzend, zertrampeln die Fluch-Omis Papierschnitte des Nebenbuhlers, Bürotyrannen oder des weinerlichen Promiluders mit dem Schuh (man darf wählen – entweder mit ihrem flachen Gesundheitsschuh oder mit dem Stiletto des Kunden), dazu skandieren sie rhythmisch Flüche. Und das alles für nur 50 HK$! Im Hung-Shing-Tempel (S. 106) gibt es einen „Master", der dasselbe mit einem symbolischen „kostbaren" Schwert für die exorbitante Summe von 100 HK$ zelebriert.

Das Schlagen der Bösen oder die Austreibung des Bösen (打小人; *da siu yan*) ist eine Praxis der volkstümlichen Hexerei. Die wird während des ganzen Jahres praktiziert, aber das beliebteste Datum ist der Tag des Erwachens der Insekten (normalerweise zwischen dem 5. und dem 20. März des Gregorianischen Kalenders). Der Brauch soll Versöhnung oder Auswege mit sich bringen – obwohl diese auch symbolischer Natur sein könnten.

START **WAN CHAI LIVELIHOOD PLACE**
ZIEL **STAR ST**
STRECKE **1,2 KM**
DAUER **2 STD.**

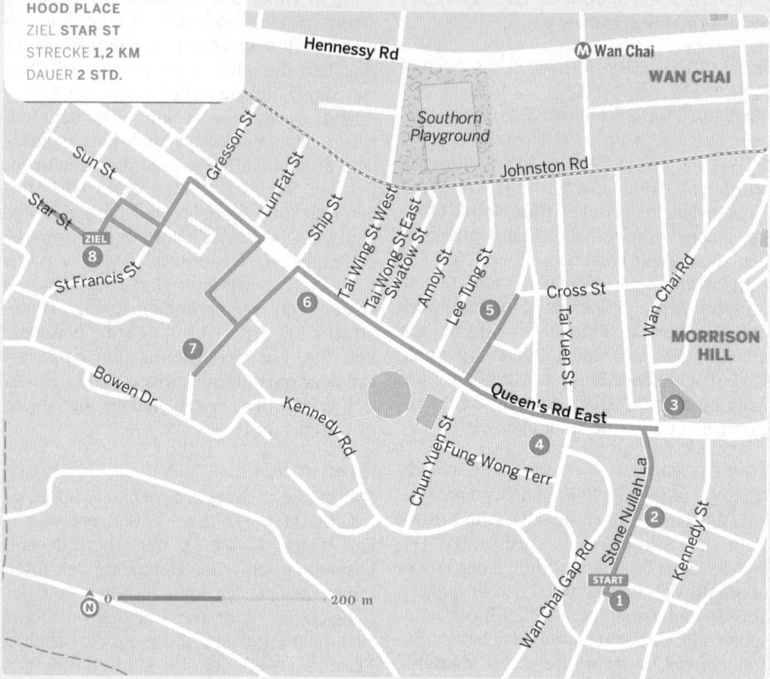

Stadtspaziergang

Vergessene Straßen des alten Wan Chai

Nach einem kurzen Fußweg ab den Stationen der wichtigsten Buslinien und von der Metrostation Wan Chai (Ausgang A3) erhält man einen Eindruck davon, wie es in diesem Viertel im 19. Jh. zuging, und zwar am 1 **Pak-Tai-Tempel**, einem überwältigenden Tempel, der vor 150 Jahren von Einheimischen gebaut worden ist. Weiter den Hang runter zeigt das 2 **House of Stories**, wie das Leben in Wan Chai im letzten Jahrhundert aussah.

Die stromlinienförmige modernistische Fassade des historischen 3 **Wan Chai Market** ist alles, was von dem Bau übrig ist, in dem jetzt ein Shoppingcenter untergebracht ist. Früher war der Markt, den die Japaner im Zweiten Weltkrieg als Leichenhalle zweckentfremdet haben, der Treffpunkt des gesamten Viertels. Westwärts gelangt man zu dem winzigen 4 **Old Wan Chai Post Office**, Hongkongs ältestes Postamt.

Danach wirft man einen kurzen Blick in die 5 **Spring Garden Lane**, die durch eines der ersten von den Briten angelegten Gebiete führt, und stellt sich vor, wie es war, als Prostituierte hier im 20. Jh. auf Kundenfang gingen. Weiter geht's auf der Queen's Rd East, wo sich der geheimnisvolle 6 **Hung-Shing-Tempel** (1847) befindet, ein Schrein, der früher an der Küste stand.

Wer westlich vom Tempel die Ship St bergauf nimmt, steht vor dem inzwischen verlassenen 7 **Geisterhaus** in der 55 Nam Koo Tce. Seine Geschichte ist düster: Im Zweiten Weltkrieg nutzten japanische Soldaten es als Bordell mit „Trostfrauen".

Die Gegend um die 8 **Star Street** ist eine ruhige Ecke der Stadt, hier findet sich Alt – u. a. ein familienbetriebenes *dai pai dong* (Imbissstand) in der St. Francis St – neben Neu in Form von reizenden Boutiquen und Restaurants. In der 31 Wing Fung St, oberhalb der Classified Mozzarella Bar, befindet sich ein sechsstöckiges Gebäude mit Balkonen im Art-déco-Stil. Am Ende der Wing Fung St erreicht man über eine Rolltreppe und einen unterirdischen Rollsteig die MTR-Station Admiralty.

VICKIES WÜTENDE ONKEL

Der Victoria Park wurde schon immer mit dem Thema Meinungsfreiheit assoziiert, und das verdankt er vor allem der Kerzenmahnwache, die an jedem 4. Juni hier stattfindet, aber auch der aktuellen Diskussionsveranstaltung „City Forum", die den Park jeden Sonntag in einen Mini-Hyde-Park verwandelt.

Durch zwei MTR-Stationen und zahlreiche Eingänge bietet der Park neben schattigen Spazierwegen vor allem praktische Abkürzungsstrecken für viele Einheimische. Unter den Stammgästen gibt es eine Gruppe prokommunistischer Rentner, die beim „City Forum" sonntags (12–13 Uhr) gegen die Reden schwingenden prodemokratischen Politiker anschreien, um sie zu übertönen.

Diese Männer wurden bekannt als „Onkel vom Victoria Park" (維園阿伯), aber der Begriff bezeichnet inzwischen jeden politisch engagierten alten Mann, der stänkert. Und davon gibt es in Hongkong auf jeden Fall ausreichend ...

links in die Wong Nai Chung Rd einbiegen und 15 Minuten Richtung Süden wandern! Die Eingänge zum Friedhof liegen nah beieinander, gegenüber dem öffentlichen Zugang zum Happy Valley Racecourse.

⊙ Causeway Bay

NOONDAY GUN — HISTORISCHE STÄTTE

Karte S. 398 (香港怡和午炮; 221 Gloucester Rd; ⏲7–24 Uhr; Ⓜ Causeway Bay, Ausgang D1) Diese kleine Kanone ohne Rückstoß aus dem Jahr 1901 ist eines der wenigen Überbleibsel aus der Kolonialzeit in Causeway Bay. Sie steht gegenüber vom Excelsior Hotel an der Gloucester Rd in einem kleinen Garten und wird jeden Tag um 12 Uhr mittags abgefeuert.

Die Noonday Gun ist über einen Tunnel durch die Tiefgarage des World Trade Centres gleich westlich vom Excelsior Hotel erreichbar. Einfach am Taxistand vor dem Hotel nach Westen schauen und die Tür mit der Aufschrift „Car Park Shroff, Marina Club & Noon Gun" suchen!

VICTORIA PARK — PARK

Karte S. 398 (維多利亞公園; www.lcsd.gov.hk/en/ls_park.php; Causeway Rd; Eintritt frei; ⏲6 od. 7–23 Uhr; Ⓜ Tin Hau, Ausgang B) Der Victoria Park ist die größte öffentliche Grünfläche auf Hong Kong Island. Die beste Zeit, um hier herumzuschlendern, sind die werktäglichen Vormittage, wenn unzählige Menschen Tai-Chi-Übungen in Zeitlupentempo vollführen. Ein paar Tage vor dem chinesischen Neujahrsfest verwandelt sich der Park in einen Blumenmarkt. Ein Besuch lohnt sich auch während des **Mittherbstfests**, wenn die Menschen en masse mit Lampions durch den Park spazieren.

CAUSEWAY BAY TYPHOON SHELTER — TAIFUN-SCHUTZHAFEN

Karte S. 398 (銅鑼灣避風塘; abseits der Hung Hing Rd, Causeway Bay; Ⓜ Causeway Bay, Ausgang D1) Vor nicht allzu langer Zeit drängten sich noch zahllose Dschunken und Sampans im Taifun-Schutzhafen am Ufer von Causeway Bay, mittlerweile aber bekommt man hier fast nur noch schicke Jachten zu Gesicht. In Richtung Westen ragt die Kellett Island ins Meer. Dort befindet sich der **Royal Hong Kong Yacht Club** (香港遊艇會; ☎2832 2817).

TIN-HAU-TEMPEL — TEMPEL

Karte S. 398 (天后廟; 10 Tin Hau Temple Rd; ⏲7–17 Uhr; Ⓜ Tin Hau, Ausgang B) Hong Kong Islands berühmtester Tin-Hau-Tempel südöstlich vom Victoria Park wirkt gegen die Hochhäuser drum herum winzig. Er ist der Göttin der Seefahrer geweiht und war drei Jahrhunderte ein Ort des Gebets, obwohl das heutige Gebäude erst ca. 200 Jahre alt ist. Der Hauptschrein beherbergt eine Tin-Hau-Statue mit geschwärztem Gesicht.

LIN-FA-TEMPEL — TEMPEL

Karte S. 398 (蓮花宮; Lin Fa Kung St W, Tai Hang; ⏲8–17 Uhr; Ⓜ Tin Hau, Ausgang B) Der „Lotus" ist ein hübscher buddhistischer Tempel mit einer achteckigen Front, einem Felsbrocken an der Rückseite und kunstvollen Fresken (s. Kasten S. 111).

⊙ Happy Valley

LP TIPP HAPPY VALLEY RACECOURSE — PFERDERENNEN

Karte S. 398 (跑馬地馬場; www.hkjc.com/home/english/index.asp; 2 Sports Rd, Happy Valley; Eintritt 10 HK$; ⏲Sept.–Juni Mi 7–22:30 Uhr; 🚋Happy Valley) Man sollte auf jeden Fall einen Abend auf der Rennbahn verbringen, vor allem wenn man an einem Mittwochabend Zeit hat, an dem hier die wöchentlichen Rennen stattfinden. Dann sammeln sich die Leute auf den Tribünen und an der Rennstrecke und feiern und essen – die Atmosphäre ist wie elektrisch aufgeladen.

Die ersten Rennen fanden 1846 in Happy Valley statt. Heute gibt es die Rennen nicht nur hier, sondern auch auf dem neueren und größeren (aber weniger schönen) Sha Tin Racecourse (s. S. 195) in den New Territories. Auf der Website stehen Details zum Wettsystem und zu Paketangeboten.

Echte Pferdesportnarren gehen noch ins **Hong Kong Racing Museum** (außerhalb der Karte S. 398; 2. Stock, Happy Valley Stand, Wong Nai Chung Rd; Eintritt frei; ⏲Di–So 10–17 Uhr, bis 12.30 Uhr an Renntagen).

⊙ Island East: North Point & Quarry Bay

CHUN YEUNG STREET MARKET MARKT

(春秧街街市; Chun Yeung St, North Point; Ⓜ North Point, Ausgang A4) Fährt man mit der Straßenbahn Richtung Osten durch Fortress Hill, findet man sich in einer alten, engen Gasse voller Marktstände und alter Mietshäuser wieder. Das ist der berühmte Chun Yeung St Market, auf dem es um 17 Uhr so voll ist, dass man sich wundert, dass noch niemand von der Tram erwischt wurde.

Direkt neben den Gleisen finden sich Gemüse- und Fleischstände sowie Läden, die Lebensmittel aus Fujian verkaufen, z.B. Schweinedärme gefüllt mit Ei und alle Arten von Fleischbällchen. North Point hat eine große Fujian-Gemeinde, und in der Chun Yeung St hört man ihren Dialekt.

Wenn die Straßenbahn in die King's Rd einbiegt, kommt man am **Wah Fung Chinese Department Store** (華豐國貨; 395 King's Rd) vorbei. Einst Hongkongs größtes chinesisches Warenhaus, diente sein Dach als Unterschlupf für Kommunisten im Untergrund während der Unruhen von 1967.

⊙ Island East: Sai Wan Ho

HONG KONG FILM ARCHIVE MUSEUM

(香港電影資料館; ☎2739 2139, Reservierungen 2734 9009, 2119 7383; www.filmarchive.gov.hk; 50 Lei King Rd, Sai Wan Ho; Eintritt frei; ⏲Hauptkasse 12–20 Uhr, Forschungszentrum Mo–Mi & Fr 10–19, Sa bis 17, So 13–17 Uhr; Ⓜ Sai Wan Ho, Ausgang A) Das Archiv lohnt einen Besuch, selbst wenn man nichts über Hongkongfilme weiß. In den Gewölben lagern mehr als 6300 Filmrollen und Bänder, außerdem noch Zeitschriften, Filmplakate und Drehbücher. Zusätzlich gibt es einen kleinen **Ausstellungssaal** (unterschiedliche Öffnungszeiten) und ein **Kino**. Infos über Ausstellungen und Vorführungen finden sich online. Von der MTR-Station auf der Tai On St nordwärts gehen und dann nach Westen in die Lei King Rd abbiegen!

⊙ Island East: Shau Kei Wan

HONG KONG MUSEUM OF COASTAL DEFENCE MUSEUM

(香港海防博物館; ☎2569 1500; http://hk.coastaldefence.museum; 175 Tung Hei Rd, Shau Kei Wan; Erw./erm. 10/5 HK$; ⏲Fr–Mi 10–17 Uhr; Ⓜ Shau Kei Wan, Ausgang B2) Das Museum hat eine Bomben-Location im Lei Yue Mun Fort (1887). Von der Festung aus genießt man einen weiten Blick hinunter auf den Lei Yue Mun Channel und das südöstliche Kowloon. Die Ausstellungen in der alten Schanzenanlage informieren über sechs Jahrhunderte der Hongkonger Küstenverteidigung. Ein historischer Lehrpfad führt über die Kasematten, Tunnel und Beobachtungsposten fast bis zur Küste hinunter.

Um das Museum zu erreichen, die MTR-Station verlassen und ca. 15 Minuten den Museumsschildern entlang der Tung Hei Rd folgen! Durch den Ausgang A3 geht's hinaus zum Bus 85, der auf der Shau Kei Wan Rd zwischen North Point und Siu Sai Wan verkehrt und an der Tung Hei Rd vor dem Museum hält.

⊙ Island East: Chai Wan

KUNST IN CHAI WAN KUNSTDORF

Die alte Industriestadt Chai Wan wird immer bekannter als hippe Gegend, in der Künstler und gemeinnützige Organisationen in den Warenhäusern Läden eröffnen. In einem luftigen Fabrikgebäude wurde zudem das Café Chaiwanese eingerichtet. Jedes Jahr im Mai findet das **Art East Island** (www.arteastisland.wordpress.com; Chai Wan Industrial City Phase 1, 60 Wing Tai Rd, Chai Wan; Ⓜ Chai

ABSTECHER

DER KLANG & DER DUFT VON TAI HANG *MADELEINE SLAVICK*

Um nach Tai Hang zu gelangen, nimmt man Bus 26 ab Central. Die ein- oder doppelstöckigen Gefährte halten an einem Hang unter einem *bak-lan*-Baum. Dort steht eine weiße Orchidee, die etwa acht Stockwerke misst. Gebadet in dem Duft steigt man die Stufen hinab, die von Tausenden Blättern überdacht werden, und riecht gleich den nächsten Duft: Weihrauch von einem Tempel. Kurz darauf ist man in Tai Hang, einem ruhigen Teil Hongkongs in einem Tal.

Viele Bewohner sind in Tai Hang aufgewachsen. Hier überwiegt Freundlichkeit. Man liebt Kinder; ganze Familien gehen zusammen spazieren. Viele ältere Leute sitzen auf Plastikstühlen entlang der Hauptstraße und sehen zu, wie der Tag vergeht, eine Thermoskanne Tee in der Hand. Morgens ist es am ruhigsten.

Zu den Essenszeiten und vor allem abends quillt Tai Hang über vor fröhlichen Menschen, die essen: Selbst gemachtes Congee gibt es 19 Stunden am Tag, außerdem Gourmet-Käse, süße Betthupferl, vietnamesische, japanische und thailändische Lokale, Pasta und Pizza, Weinlokale, Bierkneipen, Cafés, eine Austernbar und mehr.

Der Congee-Laden (S. 117) ist ein Treff, der von 6 bis 1.30 Uhr geöffnet ist. Lauter Familienmitglieder arbeiten hier. Die Jüngsten schlafen in einem Bettchen, benutzen Stühle als Tische und helfen auch mal beim Bedienen. Die Teenies springen nach der Schule ein. Die Großeltern, Eltern und ein oder zwei Onkel schmeißen den Laden.

Aber in Tai Hang gibt es mehr als nur Essen: Treppchen, ein Art-déco-Gebäude aus den 1930ern, ein Haus mit Tonziegeldach (eines der ältesten bestehenden Einfamilienhäuser dieser Art auf Hong Kong Island), Bänke, drei pittoreske Tempel, einen öffentlichen Garten voller blühender Bäume, einige Dachgärten und zumindest einen Wolkenkratzer im Bau, wahrscheinlich eingehüllt in grüne Baugerüstnetze.

Das Vogelgezwitscher in Tai Hang ist unglaublich. Los geht's um 3.30 Uhr. Raubvögel melden sich ab und zu, Kakadus hocken auf Antennen und kreischen, und die Familie, die den Obstladen betreibt, hält eine große Schildkröte auf dem Dach. Und dann sind da noch die Katzen und Hunde, die häufig auf den Schößen sitzen ...

Der Lin-Fa-Tempel (S. 109) wurde wegen der Reinheit und Form der Blüte nach dem Lotos benannt. Innen findet man einen großen heiligen Stein, Darstellungen einer Göttin, die früher männlich war, und von 60 Gottheiten der Zeit. Den ganzen Tag über ist ein Eckfenster geöffnet, damit Vorübergehende direkten Zugang zur Göttin der Gnade haben, und viele Menschen verbeugen sich, die Hände zum Gebet verschränkt, aus einer Entfernung von 50 m.

Blumen – *bak lan, lin fa:* Einer der besten Plätze für Blumenliebhaber ist eine kleine Gasse abseits der Tung Lo Wan Rd beim Metropark Hotel. Eine Familie verkauft dort seit über 55 Jahren Blumen. Für einen großen Strauß verlangt sie weniger als 55 HK$. Wenn man mit der MTR (nächste Station: Tin Hau) nach Tai Hang kommt oder von dort abfährt, kann man das Gässchen mit den Blüten und Kübeln nicht übersehen.

Die Unesco wurde bereits aufmerksam auf Tai Hangs **Mittherbstfest**, bei dem die Einwohner einen selbst gemachten Drachen von 68 m Länge, bestückt mit Tausenden Räucherstäbchen durch die Straßen ziehen, um das Viertel von allem Schlechtem zu reinigen. Drei Nächte lang beherrschen Duft und Rauch jede Straße, jede Gasse und jedes Haus, alles zum Klang von Trommeln, Tanz und Gong. Dieser Tradition wird seit 1880 jedes Jahr gefolgt, damals noch, um die Pest zu vertreiben. Heutzutage wird im Frühjahr an Buddhas Geburtstag auch ein Löwentanz vollführt.

Das ist Tai Hang: zu jeder Tages- und Jahreszeit eine Gemeinschaft!

Madeleine Slavick hat in Tai Hang gelebt und schrieb für Fifty Stories Fifty Images.

Wan, Ausgang A) statt. Das ist eine Art Tag der offenen Ateliers, an dem die Galerien und Künstlerstudios ihre Türen für Besucher öffnen. Organisiert wird das Ganze von **10 Chancery Lane** (www.10chancerylanegallery.com), einer Galerie in Soho.

Einige Namen springen einem ins Auge, z.B. **Platform China** (站台中国; www.platformchina.org; ☎ Claudia Albertini 9768-8093; hk.platformchina@gmail.com; ⏲nur nach Vereinbarung), eine Galerie in Peking, die vor allem Arbeiten von vielversprechenden, jungen chinesischen Künstlern zeigt, und das **Tangram Design Studio** (www.tngrm.net) der früheren Zara-Designerin Paola Sinisterra, die nach Hongkong gezogen ist und 2012 ihr eigenes Label für Damenmode gegründet hat. Ihre modernen und bequemen Klamotten weisen einen interessanten Drucke-Mix auf und können auf der Website von Tangram bestellt werden.

LAW UK FOLK MUSEUM MUSEUM

(羅屋民俗館; ☎2896 7006; www.lcsd.gov.hk/en/ce/museum/history/en/luf.php; 14 Kut Shing St, Chai Wan; Eintritt frei; ⊙Mo–Mi, Fr & Sa 10–18 Uhr, So 13–18 Uhr; MChai Wan, Ausgang B) Das kleine Museum wurde in zwei restaurierten Hakka-Häusern eingerichtet, die seit über 200 Jahren in einem Viertel mit Bürogebäuden, Lagerhallen und Arbeiterwohnungen stehen. Der Hof und die Bambushaine wirken friedlich und die Ausstellungen mit Möbeln, Haushaltsgegenständen und Landwirtschaftsgeräten einfach, aber charmant.

ESSEN

Admiralty besitzt ein paar außergewöhnliche Restaurants. Wan Chai mit seinen unzähligen Lokalen aller Kategorien ist Hongkongs gastronomisches Zentrum. In Causeway Bay findet sich eine bunte Mischung von Lokalen, viele gehobener Klasse, viele Japaner. Im schäbigen North Point sind eine Reihe alter chinesischer Restaurants und *dai pai dongs* (Imbisse) zu Hause.

Admiralty

LP TIPP **PURE VEGGIE HOUSE** VEGETARISCH, CHINESISCH $$

Karte S. 394 (☎2525 0556; 3. Stock, Coda Plaza, 51 Garden Rd; Hauptgerichte 200–400 HK$; ⊙11–22 Uhr; MAdmiralty, dann Bus 12A; ✎) Das buddhistische Restaurant bietet einige der besten vegetarischen Speisen der Stadt. Köstliches und glutamatfreies Dim Sum und eine Auswahl innovativer chinesischer Gerichte werden vom zuvorkommenden Personal in einem rustikal anmutenden Gasthaus serviert. Es gibt auch sichuanesische Angebote – vegetarische, versteht sich.

LP TIPP **AMMO** EUROPÄISCH $$

Karte S. 394 (☎2537 9888; Asia Society Hong Kong Centre, 9 Justice Dr; Hauptgerichte mittags ab 188 HK$, Hauptgerichte abends ab 400 HK$; ⊙So–Do 11.30–23.30, Fr & Sa bis 0.30 Uhr) Das von kupferfarbenem Licht durchflutete gepflegte Café mit Kronleuchtern im Asia Society Hong Kong Centre ruft durch seine Kupferverkleidung Erinnerungen an die Vergangenheit der Stätte als Sprengstofflager wach. Die hervorragende Karte ist gut durchdacht und enthält Preiswertes. Es gibt eine Auswahl vor allem italienischer Hauptgerichte, gefolgt von Tapas zur Cocktailstunde (ab 58 HK$). Unbedingt vorher reservieren!

CÊPAGE MODERN-FRANZÖSISCH $$$

Karte S. 394 (☎2861 3130; 23 Wing Fung St; festes Menü mittags/abends ab 370/680 HK$; ⊙mittags & abends, So geschl.; MAdmiralty, Ausgang F) In diesem eleganten Restaurant kreiert der vielseitige Koch Sebastian Lepinoy ausgezeichnete französische Gerichte, die er wie Kunstwerke präsentiert. Auf der Karte stehen Klassiker wie Schweinebauch, die aber *sous vide* auf magische Art verändert und mit Kaviar abgerundet sind. Die Qual der Wahl hat man, wenn man versucht, aus den mehr als 2000 Weinen auf der Karte den passenden auszusuchen.

SAN XI LOU SICHUANESISCH $$

Karte S. 394 (三希樓; ☎2838 8811; 7. Stock, Coda Plaza, 51 Garden Rd; Hauptgerichte 200–450 HK$; ⊙11–22.30 Uhr; 🚌12A ab MAdmiralty) Falls einem die frischen Zutaten, die Speisenauswahl und die Komplexität der Gewürze nicht schon beweisen, dass man hier Hongkongs feinste sichuanesische Küche bekommt, übernehmen das die vielen sichuanesischen Auswanderer, die wegen der kreativen Schöpfungen immer wieder herkommen.

LOCK CHA TEA SHOP VEGETARISCH, CHINESISCH $$

Karte S. 394 (樂茶軒; ☎2801 7177; www.lockcha.com; EG, KS Lo Gallery, Hong Kong Park; Dim Sum 15–28 HK$, Tee ab 25 HK$; ⊙10–22 Uhr; MAdmiralty, Ausgang C1; ✎) In herrlicher Lage mitten im üppigen Hong Kong Park serviert das Lock Dutzende Teesorten und 20 verschiedene kleine, aber leckere vegetarische Dim Sum in einer Nachbildung eines alten Studienzimmers. An den meisten Sonntagnachmittagen (16–18 Uhr) gibt es chinesische Musik oder Teerunden für 100 HK$ pro Person (s. Website für Details). Man sollte reservieren. Die Musik ist volkstümlich, der Teeshop elegant.

VERO CHOCOLATES

DESSERT $

Karte S. 394 (☎2559 5882; www.verochocolates.com; 1. Stock, Fenwick Pier, 1 Lung King St; ⏲Di–So 10–20 Uhr; Ⓜ Admiralty, Ausgang E2) Im hellen und lustigen Vero werden dicke, dunkle Schokolade (48 HK$ pro Tasse Schokolade mit 71% Kakaogehalt) sowie vor Ort gebackene und mit Schokolade gefüllte, verzierte oder besprühte Backwaren serviert. Es gibt außerdem einen erstklassigen **Schokoladenshop** (Karte S. 386; Shop 236, 2. Stock, Landmark Atrium, 15 Queen's Rd Central) im Landmark Hotel.

DALAT

VIETNAMESISCH $

Karte S. 394 (大叻越南牛肉粉餐廳; ☎2527 6788; 10 Anton St; Hauptgerichte 40–90 HK$; ⏲11.30–24 Uhr; Ⓜ Admiralty, Ausgang F) In Sachen Preis und Leistung hat dieses schlichte Lokal die besten *pho* (Suppe; Schüssel klein/mittel/groß 32/36/42 HK$) der Stadt zu bieten – mit zartem Rindfleisch in duftender Brühe und mit Kräutern sowie massenweise Chilischoten. Die vietnamesischen Currys werden mit gebuttertem Baguette direkt aus dem Ofen serviert.

Wan Chai

LP TIPP YIN YANG

CHINESISCH $$

Karte S. 396 (鴛鴦飯店; ☎2866 0868; www.yinyang.hk; 18 Ship St; Hauptgerichte mittags 180–280 HK$, abends ab 680 HK$; ⏲Mo–Sa mittags & abends; Ⓜ Wan Chai, Ausgang B2) Margaret Xu, die Chefin des Yin Yang, nennt ihre Küche „New Hong Kong". Sie besaß früher eine Werbeagentur und hat sich das Kochen selbst beigebracht. Margaret baut Biogemüse an, das sie mit traditionellen Geräten verarbeitet, z. B. Mahlsteinen und Terrakotta-Öfen, um Hongkonger Klassiker mit zeitgemäßem Pfiff zu zaubern. Das Yin Yang ist in einem dreistöckigen historischen Gebäude aus den 1930er-Jahren untergebracht. Abends gibt es ein Degustationsmenü, aber man muss mindestens fünf Tage im Voraus reservieren. Auf der Website steht etwas von einer Anzahlung, aber das ist verhandelbar. Es gibt auch Essen zum Mitnehmen.

BO INNOVATION

CHINESISCH $$$

Karte S. 396 (廚魔; ☎2850 8371; www.boinnovation.com; 60 Johnston Rd; Hauptgerichte mittags 200–1080 HK$, abends 680–1080 HK$; ⏲Mo–Fr 12–14 Uhr, Mo–Sa 19–22 Uhr) Im trendigen Bo werden klassische chinesische Gerichte „auseinandergenommen" und auf überraschende Art wieder zusammengesetzt – ganz im Stil der Molekularküche. Die Schweinefleischklößchen sind wabbelige Kügelchen in mit Ingwer gewürzter Schweinefleischbrühe mit einer transparenten Hülle – eine wahre Explosion für die Sinne! Die chinesischen Würstchen und das Reis-Eis sind anders als alles, was man je gegessen hat. Dieses Lokal sollte man unbedingt ausprobieren, wenn man noch nie Molekularküche gekostet hat.

GRISSINI

ITALIENISCH $$$

Karte S. 396 (☎2588 1234; http://hongkong.grand.hyatt.com; Grand Hyatt Hong Kong, 1 Harbour Rd; Hauptgerichte mittags/abends ab 350/700 HK$; ⏲mittags & abends, Sa mittags geschl.; Ⓜ Wan Chai, Ausgang A1; 🍷) Die luftigen, im Munde zergehenden und süchtig machenden fußlangen Grissini sind die wohl besten der Stadt. Aber unbedingt noch Platz lassen für die Mailänder Spezialitäten, zu denen perfekt eine Flasche aus dem gut gefüllten Weinkeller passt! Das stilvolle Restaurant hat Fenster, die vom Boden bis zur Decke reichen und einen tollen Ausblick auf den Hafen (und die im Bau befindlichen Anlagen) gewähren. Der Champagner-Brunch am Sonntag (545 HK$) ist unser absoluter Favorit in der Stadt.

MADAM SIXTY ATE

MODERN-EUROPÄISCH $$$

Karte S. 396 (☎2527 2558; www.madamsixtyate.com.hk; Shop 8, 1. Stock, The Podium, J Senses, 60 Johnston Rd; Hauptgerichte mittags/abends ab 148/680 HK$; ⏲12–23 Uhr; Ⓜ Wan Chai) Schicke Lokale gibt es zuhauf, aber wenige machen so viel Spaß wie das Madame. Die modernen europäischen Gerichte mögen nicht die besten in der Stadt sein, aber sie haben wohlklingende Namen und sind spielerisch angerichtet. Serviert vor der Kulisse der surrealistischen Gemälde an den Wänden des Restaurants wird das Abendessen (oder Mittagessen) zu einem sehr angenehmen Erlebnis.

LA CREPERIE

CREPERIE $

Karte S. 396 (☎2529 9280; 1. Stock, 100 Queen's Rd E; Hauptgerichte 70–200 HK$; ⏲Mo–So 11–23 Uhr; Ⓜ Wan Chai, Ausgang A3) Diese reizende Creperie mit 20 Plätzen ist wie eine Küstenstadt in der Bretagne dekoriert und trumpft mit üppigen Galettes und luftigen Crêpes auf, die man am besten mit importiertem Cider aus Schalen genießt. Für Fans der französischen Andouille-Wurst: La Creperie ist fast der einzige Ort in der Stadt, wo man diese kräftige Delikatesse findet.

OLD BAZAAR KITCHEN SINGAPURISCH, MALAYSISCH $

außerhalb der Karte S. 396 (老巴剎廚房; ☎2893 3998; 207 Wan Chai Rd; Hauptgerichte mittags/abends ab 50/150 HK$; ⏲Mo–Sa mittags & abends; Ⓜ Wan Chai, Ausgang A2) Die wenigen leckeren singapurischen, malaysischen und chinesischen Gerichte in diesem schlichten Lokal werden mit mehr Brimborium als Authentizität zubereitet, aber das überzeugt. Der Chef hat ein Händchen dafür, aus verschiedenen kulinarischen Einflüssen stimmige Gerichte zu zaubern, was ihm eine große Fangemeinde unter Feinschmeckern eingebracht hat. Unbedingt die Ochsenzunge und die Nudeln probieren!

CHE'S CANTONESE RESTAURANT KANTONESISCH $$

Karte S. 396 (車氏粵菜軒; ☎2528 1123; 4. Stock, The Broadway, 54-62 Lockhart Rd; Hauptgerichte 180–800 HK$; ⏲mittags & abends; Ⓜ Wan Chai, Ausgang C) Das kantonesische Restaurant, in dem sich vor allem Anzugträger wohlfühlen, serviert Hausmannskost und eine kleine, aber köstliche Auswahl von Dim Sum. Das knusprige Steakbrötchen ist eine raffinierte Version von *char siu bao*. Die Ausstattung ist einfach, und da die Tische einen Tick zu nah aneinander stehen, ist es hier ein wenig ungemütlich.

HANG ZHOU RESTAURANT CHINESISCH $$

Karte S. 396 (杭州酒家; ☎2591 1898; 1. Stock, Chinachem Johnston Plaza, 178-188 Johnston Rd; Hauptgerichte mittags 80–200 HK$, abends 250–1800 HK$; ⏲11.30–14.30 & 17.30–22.30 Uhr; Ⓜ Wan Chai, Ausgang A5) Der Liebling der Restaurantkritiker mit einem Michelin-Stern sticht mit seiner Hángzhōu-Küche, der delikaten Schwester der Shanghai-Küche aus der Masse der Restaurants heraus. Gerichte wie pfannengerührte Shrimps mit Teeblättern zeigen, wie die besten kulinarischen Kreationen alle unsere Sinne ansprechen sollten.

LIU YUAN PAVILION AUS SHANGHAI $$

Karte S. 396 (留園雅敘; ☎2804 2000; 3. Stock, The Broadway, 54-62 Lockhart Rd; Hauptgerichte 200–600 HK$; ⏲mittags & abends; Ⓜ Wan Chai, Ausgang C) In dem hübschen, in fröhlichen Gelbtönen gehaltenen Restaurant gibt es hervorragende Klassiker aus Shanghai, darunter auch leckeres Gebäck. In der hier ansässigen Shanghaier Gemeinde ist der Laden sehr beliebt, also unbedingt vorher reservieren!

NINO'S COZINHA PORTUGIESISCH, MACANESISCH $$

Karte S. 396 (☎2866 1868; http://ninosgroup.com; 5. Stock, 202 QRE Plaza, 202 Queen's Rd East; Hauptgerichte 400–800 HK$; Ⓜ Wan Chai, Ausgang B2) Das portugiesisch-chinesische Pärchen tischt herzhafte macanesische und portugiesische Klassiker auf, welche die der meisten Restaurants in Macao übertreffen. Die Ochsenschwanzsuppe und die gebackene Ente mit Reis werden nach alten Familienrezepten der Besitzer zubereitet. Wer rauchen will, fragt einfach nach einem Tisch auf der Dachterrasse. Frühzeitig reservieren!

JOON KO RESTAURANT KOREANISCH $$

Karte S. 396 (純子餐廳; 209 Jaffe Rd; Hauptgerichte mittags ab 11 HK$, abends ab 200 HK$; ⏲mittags & abends; Ⓜ Wan Chai, Ausgang A1; 📄) Den kleinen, familienbetriebenen Laden haben uns koreanische Freunde empfohlen. Fleischliebhaber müssen unbedingt die Rinderkoteletts und die Ochsenzunge versuchen, während Vegetarier die kalten Nudeln probieren sollten. Die Beilagen sind genauso gut zubereitet – und es wird großzügig nachgelegt. Langsam reden beim Bestellen, denn die netten koreanischen Besitzer und das nepalesische Personal verstehen nur wenig Englisch!

CAPITAL CAFE TEECAFÉ $

Karte S. 396 (華星冰室; ☎2666 7766; Shop B1, EG, Kwong Sang Hong Bldg., 6 Heard St; Hauptgerichte 35–50 HK$; ⏲7–23 Uhr; Ⓜ Wan Chai, Ausgang A2) Das Café soll wirken wie ein traditionelles *cha chaan tang* (Teecafé), aber es ist sauberer und verspielter als die echten. Dieser Laden ist das Lieblingsprojekt des Besitzers des gleichnamigen Cantopop-Plattenlabels, das in den 1970er- und 1980er-Jahren bekannt war. Hier bekommt man gute alte Klassiker wie Toast mit luftigem Rührei und eisgekühlten Rote-Bohnen-Drink sowie raffiniertere Versionen mit einem Hauch schwarzer Trüffeln.

JOI HING FOOD SHOP KANTONESISCH $

Karte S. 396 (再興燒臘飯店; ☎2519 6639; 1c Stewart Rd; Hauptgerichte 25–45 HK$; ⏲10–22 Uhr; Ⓜ Wan Chai, Ausgang A4) Dieser schlichte Imbiss bietet das beste kantonesische Grillfleisch überhaupt an – saftige Schweinefleischstreifen, Gans, Hähnchen und Leber auf frisch dampfgegartem Reis. Was es gibt, steht auf Karten an der Wand. Einfach mal rübergucken, was der Nachbar isst, und draufzeigen!

MANG AMBO'S FILIPINO RESTAURANT PHILIPPINISCH $

Karte S. 396 (☎2143 6877; 120 Jaffe Rd; Hauptgerichte 25–40 HK$; ⏲11–22 Uhr; Ⓜ Wan Chai, Ausgang A1) Ortsansässige philippinische Arbeiter, Musiker und Geschäftsleute besuchen das kleine Lokal wegen seiner Fleischspieße, des knusprig angebratenen Schweinefleischs und des Schweinebluteintopfs. Ein komplettes Menü kostet einen hier nur 30 HK$.

Causeway Bay

LP TIPP **MANOR SEAFOOD RESTAURANT** KANTONESISCH $$$

Karte S. 398 (富瑤酒家; ☎2836 9999; Shop F-G, 440 Jaffe Rd; Hauptgerichte 300–2000 HK$; ⏲mittags & abends; Ⓜ Causeway Bay, Ausgang B) Im eleganten Manor schmecken alle kantonesischen Gerichte gut, aber bekannt ist es für einen inzwischen selten zu findenden Klassiker. *Gum chin gai* (金錢雞; wörtl. „Goldmünzenhühnchen") ist ein saftiges „Cholesterin-Sandwich" mit Hühnerleber, gegrilltem Schwein und Speck – alles mariniert in chinesischem Wein, perfekt gebraten und umhüllt von Pfannkuchen. Das ist ein Schmaus, der einem auf der Zunge zergeht, auch wenn einen das Gewissen plagt.

LP TIPP **IRORI** JAPANISCH $$

Karte S. 398 (酒處; ☎2838 5939; 2. Stock, Bartlock Centre, Yiu Wa St; Hauptgerichte mittags/abends ab 150/300 HK$; ⏲mittags & abends; Ⓜ Causeway Bay, Ausgang A) Im Irori gibt es vielfältige rohe und gekochte Delikatessen von gleichbleibend beeindruckendem Niveau. Aus Japan wird regelmäßig Fisch der Saison eingeflogen und behutsam zu Sushi und Sashimi verarbeitet. Um sich den Magen zwischen den kalten Gerichten aufzuwärmen, kann man sich eine kreative Auswahl von Leckereien reichen lassen, z. B. gebratene Rinderroulade und Yakitori (gegrillte Fleischspieße).

FORUM KANTONESISCH, DIM SUM $$$

Karte S. 398 (富臨飯店; ☎2891 2555; 485 Lockhart Rd; 500–1600 HK$; ⏲mittags & abends; Ⓜ Causeway Bay, Ausgang C) Die Seeohr-Gerichte in diesem teuren Lokal haben Fans in aller Welt. Was der Besitzer Yeung Koon-yat aus diesen Weichtieren zaubert, hat ihm die Mitgliedschaft im Le Club des Chefs des Chefs und den Spitznamen „König der Seeohren" eingebracht. Etwas günstiger kommt man mit Dim Sum weg (unter 350 HK$).

FARM HOUSE KANTONESISCH $$

Karte S. 398 (農圃飯店; ☎2881 1331; www.farmhouse.com.hk; Hauptgerichte 200–1300 HK$; ⏲mittags & abends; Ⓜ Causeway Bay, Ausgang F) Familien aus den teuren Wohnhäusern in der Umgebung kommen hierher zum Abendessen, wenn ihre Angestellten frei haben. Und es ist unschwer zu erkennen, warum: Die meisterhaften Hausmannskostvariationen, z. B. gedämpfte Schweinefrikadellen mit Entenei und Tintenfisch, sind so gut zubereitet, dass da kaum eine Angestellte oder Hausfrau mithalten kann. Die Atmosphäre ist entspannt in diesem Lokal, das sich in einer relativ ruhigen Ecke von Causeway Bay befindet. Die Preise für die Mittagsgerichte beginnen bei 268 HK$ und die für die Abendgerichte bei 198 HK$.

HO HUNG KEE NUDELN $

Karte S. 398 (何洪記; ☎2577 6558; 2 Sharp St; Hauptgerichte 35–180 HK$; ⏲11.30–23.30 Uhr; Ⓜ Causeway Bay, Ausgang A) Die leckeren Nudeln, Wan Tan und Congees werden in dem hellen, kleinen Lokal nach alten Rezepten der Familie Ho gekocht – und sie sind auch heute noch geschmacklich top! Das Ho Hung Kee ist mittags immer überfüllt, und das war es auch schon, bevor es seinen Michelin-Stern bekam.

SUSHI FUKU-SUKE JAPANISCH $$$

Karte S. 398 (鮨福助; ☎2955 0005; 11. Stock, Macau Yat Yuen Centre, 525 Hennessy Rd; Hauptgerichte 260–1000 HK$; ⏲mittags & abends; Ⓜ Causeway Bay, Ausgang D4) Eine elegante Sushi-Bar mit klaren Linien und Kiefernholz wie in Tokio (wo der Chef bzw. Besitzer gelebt hat). Für alle, die nicht zu ausgehungert sind, gibt es ein akzeptables Mittagsmenü für unter 200 HK$. Die zwei Chefmenüs (ab 800 HK$) am Abend beinhalten Sushi oder Sashimi und ein paar heiße Beilagen.

IROHA JAPANISCH $$

Karte S. 398 (伊呂波燒肉; ☎2882 9877; www.iroha.com.hk; 2. Stock, 50 Jardine's Bazaar;

Hauptgerichte mittags/abends ab 150/500 HK$; ⌚mittags & abends; Ⓜ Causeway Bay, Ausgang E) Das Iroha hat sich auf *yakiniku* spezialisiert, die japanische Art, Fleisch und Gemüse über einem Grill zuzubereiten. In dem hellen und lärmigen Restaurant gibt es eine schwindelerregende Auswahl Wagyu (Fleisch einer edlen japanischen Hausrinderrasse), aber das Rinderkotelett *nakaochi karubi* mit dem perfekten Fett-Fleisch-Verhältnis und der genau richtigen Bissfestigkeit ist unser Geheimtipp! Steakliebhaber müssen sich allerdings darauf einstellen, hier ordentlich Geld liegen zu lassen.

IR 1968 INDONESISCH **$$**

Karte S. 398 (印尼餐廳 1968; ☎2577 9981; www.ir1968.com; 28 Leighton Rd; Hauptgerichte ab 180 HK$; ⌚12–23 Uhr; Ⓜ Causeway Bay, Ausgang A) Obwohl es dieses Restaurant schon seit 1968 gibt, ist es total schick: Es wurde mit Teak und im Bali-Stil eingerichtet. Es heißt, dass die gut aussehenden Brüder, die das Lokal betreiben, genauso viele Gäste anziehen wie das Rinder-Rendang und das Gado Gado… Mittagsmenüs kosten zwischen 68 und 88 HK$.

FIAT CAFFE ITALIENISCH **$**

Karte S. 398 (www.fiat.com.hk; Shop G5-G6, Leighton Centre, 77 Leighton Rd; Hauptgerichte ab 100 HK$; ⌚11–22 Uhr; Ⓜ Causeway Bay, Ausgang A) Das neue Café steht tatsächlich mit der italienischen Automarke in Zusammenhang und ist der beste Platz in der Stadt, um schnell einen Happen zu essen und einen guten Espresso zu trinken. Nach ein paar gegrillten Sardinen kommen die Gäste ja vielleicht in Stimmung, in den Fiat-Autosalon rüberzuhüpfen und einen Panda zu kaufen.

BELLA VITA ITALIENISCH **$$$**

Karte S. 398 (☎2577 0699; www.bellavita.com.hk; 11. Stock, Cubus, 1 Hoi Ping Rd; Hauptgerichte mittags/abends ab 300/500 HK$; ⌚mittags & abends; Ⓜ Causeway Bay, Ausgang A) Ausgezeichnetes, modernes toskanisches Essen zubereitet von einem Küchenchef, der aus der Region kommt, und serviert in gemütlicher Umgebung mit dunklem Holz und schweren Vorhängen. Die typischen Gerichte wie Florentiner Steak und gegrillter Tintenfisch sind einwandfrei, aber ganz schön teuer. Beim Sonntagsbrunch gibt's ein Antipasti-Buffet, Hauptgericht und Nachtisch für 500 HK$.

TAI PING KOON SOY SAUCE WESTERN, CHINESISCH **$$**

Karte S. 398 (太平館餐廳; ☎2576 9161; www.taipingkoon.com; 6 Pak Sha Rd; Hauptgerichte 80–350 HK$; ⌚11–23.20 Uhr; Ⓜ Causeway Bay, Ausgang F) Der Kochstil „Soy Sauce Western" soll im ersten Tai Ping Koon in Guangzhou erfunden worden sein. Heute werden immer noch so leckere Klassiker wie geräucherte Seebrasse und Ochsenzunge mit Reis in dem netten, wenngleich etwas betagten Ambiente serviert, und zwar von Kellnern, die auch schon seit Jahrzehnten dabei sind. Es gibt weitere Filialen in **Yau Ma Tei** (Karte S. 406; ☎2384 3385; 19-21 Mau Lam St, Yau Ma Tei; Ⓜ Jordan, Ausgang B2) und **Tsim Sha Tsui** (Karte S. 404; ☎2721 3559; 40 Granville Rd; Ⓜ Tsim Sha Tsui, Ausgang B1).

WEST VILLA KANTONESISCH, DIM SUM **$$$**

Karte S. 398 (西苑酒家; ☎2882 2110; Shops 101-102, 1. Stock, Lee Gardens Two, 28 Yun Ping Rd; Hauptgerichte ab 350 HK$; ⌚mittags & abends; Ⓜ Causeway Bay, Ausgang E) Das West Villa macht hervorragendes *char siu* (Schweinefleisch vom Grill) – nur an den Ecken etwas dunkler geröstet und mit dem perfekten Fettgehalt – nicht zu mager, nicht zu fett. Außerdem gibt es das beste Hähnchen mit Sojasauce der Stadt und eine Suppe (nur auf Vorbestellung) mit Hähnchen, Schnecken, Honigmelone und einem Dutzend anderer Zutaten, die die Konkurrenz liebend gerne kennen würde.

GUN GEI HEALTHY VEGETARIAN CHINESISCH, VEGETARISCH **$**

außerhalb der Karte S. 398 (根記健康素食; ☎2575 7595; No 6 Bowrington Rd Market & Cooked Food Centre, 21 Bowrington Rd, Wan Chai; Hauptgerichte 32–70 HK$; ⌚mittags & abends; Ⓜ Causeway Bay, Ausgang A; ✍) *Gun gei geen hong so sic* (wörtlich eben „Gun Gei gesund vegetarisch") ist ein *dai pai dong* und serviert einfache, aber leckere vegetarische Gerichte. Abends gibt es mehr Auswahl, aber man braucht jemanden, der des Chinesischen mächtig ist, um einen Tisch zu reservieren und Essen vorzubestellen. Das Mittagsmenü besteht aus drei Gerichten, einer Suppe und so viel Reis, wie man will. Einfach zum Buffet gehen und draufzeigen!

YU SICHUAN-KÜCHE, NUDELN **$**

Karte S. 398 (渝酸辣粉; ☎2838 8198; 4 Yiu Wa St; ⌚12–17 & 18–23 Uhr; Ⓜ Causeway Bay, Ausgang A) Szechuanpfeffersüchtige strömen in dieses harmlos wirkende kleine Lokal wegen des prickelnden Gefühls, das einen nur bei den echten Sichuan-Gerichten überkommt. Den Schärfegrad seiner Nudeln kann man selbst bestimmen, von mild bis sehr pikant; es gibt auch ein paar nicht scharfe Sachen. Das Yu nimmt keine Reservierungen für Freitag und Samstag an.

PUMPERNICKEL BÄCKEREI, EUROPÄISCH $

Karte S. 398 (黑麥; ☎2576 1302; Shop B, 13 Cleveland St, Fashion Walk; Hauptgerichte 80–150 HK$; ⏲11–23 Uhr; Ⓜ Causeway Bay, Ausgang E) In dem entspannten Café wird das Brot ebenso wie der Salat und die Pasta mit großer Andacht zubereitet – erfrischend für eine leichte Mahlzeit zwischendurch!

HONG KEE CONGEE SHOP CHINESISCH $

Karte S. 398 (康記粥店; ☎2808 4518; 11 King St, Tai Hang; Congee ab 13 HK$; ⏲6–24 Uhr; Ⓜ Tin Hau, Ausgang B) Das familienbetriebene Hong Kee befindet sich seit 30 Jahren in dieser Ecke von Tai Hang. Das Essen ist frisch, selbstgemacht und kostengünstig – für eine großzügige Schüssel Congee bezahlt man gerade mal 13 HK$. Empfehlenswert sind die Reisklöße, die frittierten Brotsticks und das Congee mit Leber, Frosch, Kutteln, Fisch oder Hühnchen oder vielleicht die tausendjährigen Eier. (S. S. 111)

Happy Valley

GI KEE SEAFOOD RESTAURANT DAI PAI DONG, KANTONESISCH $

(銖記海鮮飯店; ☎2574 9937; Shop 4, 2. Stock, Wong Nai Chung Municipal Services Bldg, 2 Yuk Sau St; Hauptgerichte 60–300 HK$; ⏲abends; 🚌1 ab Des Voeux Rd Central, 🚌) Wer nicht reserviert hat, muss Schlange stehen, um in diesem *dai pai dong* über einem Straßenmarkt einen Plastikstuhl zu ergattern. Chan Chung-fai, der Mann in der Küche, zaubert so tolle Gerichte wie Hähnchen mit gebratenem Knoblauch. Er ist ein preisgekrönter Meisterkoch mit einer großen Fangemeinde, zu der auch Zhang Ziyi und Jacky Chan zählen.

Island East: North Point & Quarry Bay

LP TIPP **YAT WOON MIN** TAIWANESISCH, NUDELN $

(壹碗麵; ☎2578 0092; EG, Ngan Fai Bldg, 93 Wharf Rd, North Point; Hauptgerichte 50–100 HK$; ⏲12–21 Uhr; Ⓜ North Point, Ausgang A1) Das Yat Woon Min ist ein erfrischender Kontrast zu den meisten Nudellokalen der Stadt, da es eine Vielzahl selbst gemachter Nudeln unterschiedlicher Form und Beschaffenheit zu bieten hat, die eher taiwanesisch oder nordchinesisch als kantonesisch anmuten. Die berühmten Bandnudeln, dick und fast 2,5 cm breit, werden *al dente* gekocht und mit schmackhaften Zutaten wie gedünsteter Ochsenbrust angereichert.

THAI SOM TUM THAI $

außerhalb der Karte S. 398 (泰爽甜; ☎3622 1795; Shop C1, 2/F, Electric Road Municipal Services Bldg, 229 Electric Rd, North Point; Hauptgerichte 50–100 HK$; ⏲Mo–Fr mittags, Mo–So abends; Ⓜ Fortress Hill, Ausgang B; 🖉) Ein lebendiges Thai-*dai pai dong,* das die teuflische Kunst des Bratens und Grillens perfektioniert hat. Der in üppige Scheiben geschnittene „Schweinenacken" wird *à la minute* gegrillt; während man wartet, kippt man ein Singha (thailändisches Bier). Der gebratene Fisch nach Thai-Art, wie ein traditioneller Kopfschmuck präsentiert, ist ein Highlight für Gaumen und Auge.

FUNG SHING RESTAURANT KANTONESISCH $$

(鳳城酒家; ☎2578 4898; 62-28 Java Rd, North Point; Hauptgerichte 80–300 HK$; ⏲9–15 & 18–23 Uhr; Ⓜ North Point, Ausgang A2) Das Fung Shing ist ein traditionelles kantonesisches Restaurant, das sich auf die Küche des Bezirks Shunde spezialisiert hat, das frühere Fung Shing oder Phoenix City (man beachte den vergoldeten Phoenix mit den grünen Augen!). Es fehlt vielleicht der letzte Schliff, aber das Essen ist gut. Unbedingt probieren sollte man die gebratenen Garnelen auf Toast und das in Salatblätter gewickelte Wachtelhackfleisch.

KIN'S KITCHEN KANTONESISCH $$

Karte S. 398 (留家廚房; ☎2571 0913; 9 Tsing Fung St, Tin Hau; Hauptgerichte 180–450 HK$; ⏲mittags & abends; Ⓜ Tin Hau, Ausgang A2) In diesem netten Restaurant des ehemaligen Kunstkritikers Lau Kin-wai werden kantonesische Klassiker mit modernem Touch zubereitet. Manchmal sieht man den Besitzer, der mit silbergrauem Haar und rosigen Wangen ganz der *bon vivant* ist, mit seinen Kunden über das vorzüglich geräucherte Hühnchen plaudern. Mittagsmenü ab 88 HK$.

HUNG'S DELICACIES CHIU CHOW, KANTONESISCH $

(阿鴻小吃; ☎2570 1108; Shop 4, EG, Ngan Fai Bldg, 84-94 Wharf Rd, North Point) Seit dieses bescheidene Lokal einen Michelin-Stern eingeheimst hat, bildet sich draußen immer eine Schlange. Außerhalb der Spitzenzeiten kann man einen Platz erhaschen (die Tische werden geteilt) oder bei der Hausherrin etwas zum Mitnehmen kaufen. Die typischen Chiu-Chow-Gerichte wie marinierte Gans kann man auch mal im Stehen genießen.

TUNG PO SEAFOOD RESTAURANT DAI PAI DONG, KANTONESISCH $

(東寶小館; ☎2880 9399; 2. Stock, Municipal Services Bldg, 99 Java Rd, North Point; Hauptgerichte 80–180 HK$; ⌚abends; Ⓜ North Point, Ausgang A1) Das Tung Po hat die Tradition des *dai pai dong* revolutioniert – man erkennt sofort, inwiefern: Das Bier wird in gekühlten Porzellanschalen serviert und runtergestürzt. Das junge Personal serviert die kreativen kantonesischen Gerichte in Gummistiefeln. Man muss vorab reservieren (Reservierungen 14.30–17.30 Uhr) oder vor 19 Uhr hingehen.

Island East: Chai Wan

CHAIWANESE CAFÉ $

(柴灣人; ☎3698 0935; www.chaiwanese.com; Unit 1307, Phase 1, Chai Wan Industrial City, 60 Wing Tai Rd, Chai Wan; Hauptgerichte 35–80 HK$; ⌚Mo–Sa 9–20.30 Uhr; Ⓜ Chai Wan, Ausgang A, 🚌788; ✍) Das Restaurant in einem ehemaligen Lagerhaus ist eine gute Ergänzung in der für ihre Fabriken bekannten Gegend. Das eher ungemütliche Flair, das die praktische Essensausgabe und der Betonboden ausstrahlen, wird abgemildert durch hohe Decken und weiß getünchte Wände, die mit Pflanzen dekoriert sind. Die leckeren Salate und Sandwichs sind großzügig bemessen.

AUSGEHEN

Admiralty

CLASSIFIED MOZZARELLA BAR BAR

Karte S. 394 (31 Wing Fung St; Ⓜ Admiralty, Ausgang F) Wir lieben den gebürsteten Holztisch, die Designerlampe und die offene Fassade der stylishen Bar. Von einem Platz in der Nähe des Bürgersteigs kann man prima Leute beobachten, während man sich unter den 150 Flaschen was Passendes aussucht und ein paar hervorragende Tapas probiert.

1/5 CLUB

Karte S. 394 (1. Stock, Starcrest Bldg, 9 Star St; ⌚Happy Hour Mo–Fr 18–21 Uhr; Ⓜ Admiralty, Ausgang F) Das „One-Fifth" ist eine mondäne Lounge-Bar und ein Club mit zwei Regalen voller Alkoholischem hinter der breiten Theke, aus dem das Personal einige großartige Cocktails mixt. An den Wochenenden quillt diese Location zwar über vor lauter aufgemotzten Geschäftsleuten, aber sie ist trotzdem ein guter Ort zum Chillen. Im 1/5 kann man bis in die Puppen abfeiern.

Wan Chai

MES AMIS BAR

Karte S. 396 (81-85 Lockhart Rd; ⌚Happy Hour 16–21 Uhr; Ⓜ Wan Chai, Ausgang C) Das Mes Amis ist ein eher schickes Fleckchen der Girlyclub-Szene und hat eine gute Weinauswahl und eine mediterran angehauchte Snackliste zu bieten. Freitags und samstags legt ab 23 Uhr ein DJ auf. Das Mes Amis ist an diesen beiden Tagen bis 6 Uhr morgens geöffnet.

CHAMPAGNE BAR BAR

Karte S. 396 (EG, Grand Hyatt Hotel, 1 Harbour Rd; ⌚17–2 Uhr; Ⓜ Wan Chai, Ausgang A1) Seinen Schampus schlürft man in der luxuriösen Champagnerbar im Grand Hyatt, die mit ihren Art-decó-Möbeln eine Atmosphäre wie im Paris der 1920er-Jahre vermitteln soll. An den meisten Abenden gibt es Blues- oder Jazzmusik live. Die runde Hauptbar ist immer gut besucht.

AMOY BAR

Karte S. 396 (廈門餐廳酒吧; Shop D2, 1 Amoy St; Ⓜ Wan Chai, Ausgang A3) Diese kleine Bar an einer ruhigen Straße zwischen Queen's Rd East und Johnston Rd bietet preiswert Wein, Bier, Cocktails und Sake an, dazu Austern und Venusmuscheln auf Eis und verschiedene warme Appetithäppchen.

COYOTE'S BAR AND GRILL BAR

Karte S. 396 (www.coyotebarandgrill.com; 114-120 Lockhart Rd; ⌚Happy Hour 15–20 Uhr; Ⓜ Wan Chai, Ausgang C2) Im Coyote's gibt es etwa 70 verschiedene Sorten Margaritas, die aus 35 verschiedenen Tequilas zubereitet werden. Wem das nicht reicht, der macht den „Zahnarztstuhltest": Besagtes Möbelstück steht normalerweise hinter der Bar versteckt und wird nur auf Aufforderung rausgerückt. Für 50 HK$ kann man sich zurücklehnen, während der Barkeeper einem Unmengen Spirituosen direkt aus den Flaschen in den Mund spritzt.

DELANEY'S BAR, KNEIPE

Karte S. 396 (EG & 1. Stock, One Capital Place, 18 Luard Rd, Wan Chai; ⏲Happy Hour 12–21 Uhr; Ⓜ Wan Chai, Ausgang C) In dieser unheimlich beliebten irischen Kneipe kann man wählen zwischen dem schwarz-weiß gekachelten Pub im Erdgeschoss und einer Sportsbar und einem Restaurant im 1. Stock. Das Essen ist gut und reichlich; die Küche verbraucht angeblich 400 kg Kartoffeln in der Woche.

HABITAT LOUNGE

Karte S. 396 (29. Stock, QRE Plaza, 202 Queen's Rd East; ⏲18–3 Uhr, Happy Hour 18–21 Uhr; Ⓜ Wan Chai, Ausgang A3) Junge Geschäftsleute kommen zu dieser entspannten Location, um nach dem Abendessen etwas zu trinken oder besondere Anlässe zu feiern. Es gibt schwere Sofas und Bambustische, und der Ausblick über Wan Chai ist toll. Lust auf ein ruhiges Rendevous? Dann rauf aufs Dach!

AMICI SPORTBAR

Karte S. 396 (www.amicihongkong.com; 1. Stock, Empire Land Commercial Centre, 81-85 Lockhart Rd; ⏲Happy Hour 12–21 Uhr; Ⓜ Wan Chai, Ausgang C) Der Champion unter den Sportbars in Wan Chai wartet mit mehreren Bildschirmen, fünf Biersorten vom Fass, anständigem amerikanisch-italienischem Essen und einer ausgedehnten Happy Hour auf. Ein paar lokale Fußballfanclubs haben das Amici zur ihrem Hauptquartier erklärt, und man erkennt sofort, warum: Die Atmosphäre während der Live-Übertragungen von großen Sportereignissen ist ansteckend anregend.

AGAVE BAR

Karte S. 396 (Shop C & D, 93 Lockhart Rd; ⏲Happy Hour 15–21 Uhr; Ⓜ Wan Chai, Ausgang C) Tequila-Fans werden hier ausflippen! Es gibt 170 verschiedene Sorten, und die Barkeeper schenken großzügig aus. Der Innenraum des Agave ist knallbunt mit Kaktusmotiven verziert; es herrscht eine fröhliche Stimmung.

PAWN BAR

Karte S. 396 (www.thepawn.com.hk; 62 Johnston Rd; Ⓜ Wan Chai, Ausgang A3) Wo jetzt diese schöne, dreistöckige Location ist, waren früher eine Reihe von Wohneinheiten und das jahrhundertealte Woo-Cheong-Leihhaus. Jetzt sind dort ein Restaurant und eine Bar untergebracht. Die schweren Sofas, die zum Rumlümmeln einladen, die von einem Filmemacher gestaltete Inneneinrichtung im Shabby-Chic sowie tolle kleine Terrassenplätze mit Blick auf die Straßenbahngleise sind einfach ideal, um die große Sammlung von Lagerbieren, Magenbittern und Weinen durchzuprobieren.

CARNEGIE'S PUB

Karte S. 396 (EG, 53-55 Lockhart Rd; ⏲Happy Hour Mo–Sa 11–21 Uhr; Ⓜ Wan Chai, Ausgang C) Mit den Rock-Utensilien an den Wänden wirkt das Carnegie's ein bisschen wie ein Hard Rock Café, aber ein Besuch lohnt sich trotzdem. Freitags und samstags fallen hier ab 21 Uhr die Partylöwen ein, von denen viele dann am Ende auf der Theke tanzen, die umsichtigerweise zum Schutz mit Messinggittern ausgerüstet ist.

Causeway Bay

LP TIPP **EXECUTIVE BAR** LOUNGE BAR

Karte S. 398 (☎2893 2080; 7. Stock, Bartlock Centre, 3 Yiu Wa St; ⏲Mo–Sa 17–1 Uhr; Ⓜ Causeway Bay, Ausgang A) Wer einfach so in diese clubartige, eher männerlastige Bar hoch über Causeway Bay reinschneit, bekommt nichts – dazu müsste er sich schon im Voraus angemeldet haben. Das mag seltsam klingen, aber es lohnt sich, zumindest wenn man auf Whisky und Bourbon steht, denn hier gibt es mehrere Dutzend Sorten. Serviert werden die Spirituosen in großen Cognacschwenkern mit riesigen Eiswürfeln, die der japanische Besitzer eigenhändig fertigt, um das Geschmackserlebnis zu perfektionieren.

CHAPEL BAR BAR

(27 Yik Yam St, Happy Valley; ⏲Happy Hour 16.30–20.30 Uhr; 🚊) Die unauffällige Nachbarschaftsbar punktet mit Bier vom Fass, dem Sportkanal und britisch-indischem Essen. Was will man mehr? Donnerstags ist Quizabend (ab 21.30 Uhr), da sollte man reservieren, weil der sehr beliebt ist.

DICKENS BAR BAR

Karte S. 398 (www.mandarinoriental.com/excelsior/dining/dickens_bar; UG, Excelsior Hong Kong, 281 Gloucester Rd; ⏲Happy Hour 17–20 Uhr; Ⓜ Causeway Bay, Ausgang D1) Das Dickens ist seit Jahrzehnten ein beliebter Treffpunkt für hier lebende Ausländer und Einheimische. Es wurde vor Kurzem renoviert und hat jetzt eine größere Bierkarte mit so seltenen Sorten wie Black Sheep Ale und bessere moderne britische Snacks. Der Großbildschirm, auf dem Sportereignisse gezeigt werden, ist noch da, genau wie das immer noch beliebte Currybuffet über Mittag.

EAST END BREWERY & INN SIDE OUT KNEIPE

Karte S. 398 (EG, Sunning Plaza, 10 Hysan Ave; Happy Hour 14.30–20.30 Uhr; M Causeway Bay, Ausgang F) Diese beiden zusammengehörenden Kneipen teilen sich eine überdachte Terrasse, auf der man an einem warmen Abend bei einem Bier und Erdnüssen wunderbar die Zeit vertrödeln kann. Im East End gibt's spezielle Importbiere kleiner Brauereien.

ORIENTAL SAKE BAR YU-ZEN LOUNGE

Karte S. 398 (http://hk-yuzen.com; 21. Stock, Circle Plaza, 499 Hennessy Rd; Eintritt 150 HK$/Pers.; Mo–Sa 19–4, So bis 1 Uhr; M Causeway Bay, Ausgang B2) Schick und nur ein ganz kleines bisschen dekadent: Dieser Sake-Schuppen serviert eine Reihe erstklassiger Sakes und kreative Cocktails. Entweder schlürft man seinen Drink an der Bar oder kuschelt sich wie die moderne Version eines Opiumrauchers hinter einem Vorhang in die Kissen. Es gibt keine Happy Hour.

BUBBLE LA VILLA 37 BAR

außerhalb der Karte S. 398 (37. Stock, Times Tower, 393 Jaffe Rd; M Causeway Bay, Ausgang C) Hier lebt man das folgende Prinzip: Solange die Aussicht überwältigend ist, darf eine Bar bei der Inneneinrichtung Amok laufen. Und da ist sicher was Wahres dran. Klar, der Mix aus Club-Sofas, futuristischen Glühbirnen und einem extra großen Fernsehbildschirm ist exzentrisch, aber betrachtet man zusätzlich den Panoramablick, die Enomatic-Weinverkoster und den Wein, wird das alles schon wieder cool.

Island East: North Point & Quarry Bay

SUGAR LOUNGE

(32. Stock, East Hotel, 29 Taikoo Sing Rd, Quarry Bay; Mo–Sa 17–2 Uhr, So 12–23:30 Uhr; M Tai Koo, Ausgang D1) Diese neue Bar in einem neuen Business-Hotel verfügt über eine Lounge mit beleuchteten Böden und einer Terrasse, was die umwerfende Aussicht auf East Island erst richtig zur Geltung kommen lässt: silbrige Hochhäuser auf der einen Seite und die alte Flughafenlandebahn Kai Tak auf der anderen. In einer klaren Nacht ist dies eine eindrucksvolle Kulisse für ein Rendezvous, darum sind die Tische verständlicherweise immer recht schnell besetzt. Am besten geht man um 18 Uhr.

UNTERHALTUNG

LP TIPP **STREET MUSIC CONCERT** LIVE-MUSIK

(2582 0280; www.kungmusic.hk, www.hkac.org.hk; Sa 18.30–21 Uhr, 1-mal im Monat) Auf keinen Fall verpassen sollte man die kostenlosen Outdoor-Gigs des vielseitigen Musikers Kung Chi-sing. An einem Samstag im Monat gibt der Musiker vor dem Hong Kong Arts Centre (S. 120) ein Konzert. Die interessante Besetzung spielt alles Mögliche, von Indierock, Punk und Jazz bis zu Kantonesischer Oper und Mozart. Es ist ausgezeichnete Musik in Profiqualität in einer eindrucksvollen Atmosphäre. Auf der Website stehen die Termine.

SUNBEAM THEATRE THEATER

(新光戲院; 2856 0161, 2563 2959; Kiu Fai Mansion, 423 King's Rd, North Point; M North Point, Ausgang B1) Das ganze Jahr über werden in diesem traditionellen Theater kantonesische Opern aufgeführt. Die Produktionen werden in der Regel eine Woche lang gezeigt, und zwar an fünf Tagen in der Woche jeweils um 19.30 Uhr, gelegentlich finden auch um 13 oder 13.30 Uhr Matineen statt.

HONG KONG ARTS CENTRE TANZ, THEATER

Karte S. 396 (香港藝術中心; 2582 0200; www.hkac.org.hk; 2 Harbour Rd, Wan Chai; M Wan Chai, Ausgang C) Das Hong Kong Arts Centre ist ein beliebter Veranstaltungsort für Tanz-, Theater- und Musikaufführungen. Näheres s. auch S. 120.

PUNCHLINE COMEDY CLUB COMEDY

Karte S. 396 (2598 1222; www.punchlinecomedy.com/hongkong; Duetto, 2. Stock, Sun Hung Kai Centre, 30 Harbour Rd, Wan Chai; 18, am Wan Chai Sports Ground aussteigen) Im Punchline Comedy Club, einem alten Hasen in der Szene, treten jeden dritten Donnerstag, Freitag und Samstag von 21 bis 23 Uhr einheimische und ausländische Komiker auf.

Der Eintritt kostet rund 300 HK$. Tickets kann man online oder telefonisch erhalten.

WANCH LIVE-MUSIK

Karte S. 396 (☎2861 1621; 54 Jaffe Rd, Wan Chai; Ⓜ Wan Chai, Ausgang C) Diese Location ist benannt nach der inoffiziellen Bezeichnung dieses Viertels und bietet sieben Abende die Woche ab 21 Uhr Live-Musik (meistens Rock und Folk mit gelegentlich eingebauten Gitarrensoli). Montags ist ab 20 Uhr Jamsession.

AMC PACIFIC PLACE KINO

Karte S. 394 (☎2869 0322; 1. Stock, 1 Pacific Pl, Admiralty; Ⓜ Admiralty, Ausgang F) Das Kino in der Pacific Place Mall in Admiralty zeigt einige der interessanteren aktuellen Filme.

HONG KONG ACADEMY FOR THE PERFORMING ARTS TANZ, THEATER

Karte S. 394 (香港演藝學院; ☎2584 8500; www.hkapa.edu; 1 Gloucester Rd, Wan Cha; Ⓜ Admiralty, Ausgang E2) Das APA ist ein größerer Veranstaltungsort für Tanz-, Musik- und Theateraufführungen. Details auf S. 106.

WINDSOR CINEMA KINO

Karte S. 398 (皇室戲院; ☎3516 8811; 4. Stock, Windsor House, 311 Gloucester Rd, Causeway Bay; Causeway Bay, Ausgang E) Das komfortable Multiplex-Kino gehört zu den zwölf Kinos des UA Cinema Circuit Ltd. und liegt gleich westlich vom Victoria Park.

SHOPPEN

Admiraltys schicke Shoppingmall Pacific Place erreicht man über die MTR-Station Admiralty. Wan Chai ist ein gutes Jagdrevier, wenn es um Kleidung, Sportartikel und Schuhe mittlerer und niedrigerer Preisklassen geht. In Causeway Bay gibt es haufenweise Shoppingmalls, Warenhäuser und kleinere Outlets, die Designer- und Durchschnittsmode, Elektronik-, Sport- und Haushaltsartikel verkaufen.

LP TIPP **DAYDREAM NATION** BEKLEIDUNG

Karte S. 396 (☎3741 0758; www.ddream-nation.com; 2. Stock, Hong Kong Arts Centre, 2 Harbour Rd, Wan Chai; Ⓜ Wan Chai, Ausgang C) Die in die Höhe schießenden Mieten haben diese „verträumte Nation" aus ihrem Zuhause in der Nähe der Star St ins Hong Kong Arts Centre vertrieben. Zwei extrem talentierte einheimische Designer (Kay Wong und ihr Bruder Jing, der auch Musiker ist) haben die Marke „Vogue Talent 2010" gegründet. Das DN ist bekannt für extrem bequeme Mode und Accessoires, die leicht theatralisch daherkommen. Auf der Website stehen die aktuellen Öffnungszeiten.

LP TIPP **G.O.D.** HAUSHALTSWAREN, GESCHENKE

Karte S. 398 (www.god.com.hk; Leighton Centre, Sharp St East, Causeway Bay; Ⓜ Causeway Bay, Ausgang A) Wenn man nur Zeit für ein Souvenirgeschäft hat, sollte es das G.O.D. sein. Der Name ist eine Abkürzung, die, so sagt man, *goods of desire* heißt und sonst nichts. Dieser freche Lifestyle-Laden spiegelt das ältere und nicht so wohlhabende Hongkong wider. Wer auf Retro mit Pfiff steht, wird ihn mögen. G.O.D. hat fünf Filialen, u.a. eine im JCCAC (S. 145).

WAN CHAI COMPUTER CENTRE ELEKTRONIK

Karte S. 396 (灣仔電腦城; 1. Stock, Southorn Centre, 130-138 Hennessy Rd, Wan Chai; ⏲Mo–Sa 10–20 Uhr; Ⓜ Wan Chai, Ausgang B2) Ein sicherer Tipp für Digitales und Elektronik.

MCCM BOOKSHOP BOOKS BÜCHER

Karte S. 396 (http://mccmbookshop.wordpress.com; EG, Hong Kong Arts Centre, 2 Harbour Rd, Wan Chai; Ⓜ Wan Chai, Ausgang C) Dieser kleine Buchladen befindet sich in der Lobby des Hong Kong Arts Centre. Man konzentriert sich hier auf darstellende und bildende Kunst sowie auf Literatur, Architektur und Kulturwissenschaften. Er wird von **MCCM Creations** (www.mccmcreations.com) geführt, einer der aktiveren kleinen Verlage der Stadt.

ART AND CULTURE OUTREACH (ACO) BOOKS BÜCHER

außerhalb der Karte S. 396 (艺鵠; ☎2893 4808; www.aco.hk; 1. Stock, Foo Tak Bldg, 365 Hennessey Rd, Wan Chai; ⏲Mo–Sa; Ⓜ Causeway Bay, Ausgang B) Als Buchladen, Galerie und Veranstaltungsort ist das ACO (富德樓) das Zentrum des Foo-Tak-Gebäudes, einer Künstler-Location in einem ehemaligen Wohnblock im Herzen Wan Chais. Dort findet sich eine esoterische Sammlung von mehr als 3000 Büchern auf Chinesisch und Englisch mit künstlerischem und intellektuellem Anspruch. Es gibt auch CDs und DVDs sowie kulturelle Veranstaltungen.

KELLY & WALSH BÜCHER

Karte S. 394 (☎2522 5743; Glass House, L2, Pacific Place, 88 Queensway, Admiralty; Ⓜ Admiralty,

WAN CHAIS VERTIKALES KÜNSTLERDORF

Das Foo Tak Building (富德樓) mit Blick auf die Bahngleise unterscheidet sich optisch nicht von jedem anderen alten Mietshaus in Wan Chai, aber es beherbergt auf seinen 14 Stockwerken die Ateliers und/oder Wohnbereiche von Künstlern, Aktivisten, Indie-Film-Gruppen, Verlegern und Musikern.

Das Foo Tak wurde 1968 als Wohngebäude errichtet, aber um das Jahr 2000 hat die Hausbesitzerin es in ein Künstlerdorf verwandelt. Jetzt können junge „hungrige" Künstler die Einheiten auf dem Gelände für wenig Geld mieten.

Am besten lernt man das Foo Tak bei einem Besuch des Art and Culture Outreach (ACO) Books (艺鵲) im 1. Stock kennen, wo sich ein aktuelles Verzeichnis des gesamten Blocks befindet. Dann fährt man bis zum 14. Stock hoch und arbeitet sich Etage für Etage nach unten durch. Allein schon in dem Gebäude herumzulaufen ist interessant. Trotz einer umfangreicheren Renovierung im Jahr 2003 blieben noch einige Merkmale der einheimischen Architektur der späten 1960er-Jahre erhalten.

Aktuelle Veranstaltungen findet man auf den folgenden Websites: **Ying e Chi** (☎2836 6383; www.yec.com) im 4. Stock ist eine Indie-Film-Gruppe, die regelmäßig kostenlose Vorführungen veranstaltet. **Visible Record** (www.visiblerecord.com) im 3. Stock bewirbt Dokumentarfilme.

Ausgang C1) Eine gute Auswahl von Kunst-, Design- und Kochbüchern sowie eine gemütliche Lese-Lounge für Kinder.

ANTEPRIMA CLOTHES
BEKLEIDUNG

Karte S. 394 (☎2918 0886; www.anteprima.com; Shop 223, 2. Stock, Pacific Place, 88 Queensway, Admiralty; ⊙So–Do 11–20, Fr & Sa 11.30–20.30 Uhr; Ⓜ Admiralty, Ausgang F, 🚊) Die elegante Damenmode aus Seide, Wolle und feinster Baumwolle, entworfen von einem in Mailand wohnenden japanischen Designer, ist mit happigen Preisen ausgezeichnet, was der Spiritualität der Stücke widerspricht. Immerhin sind die meisten Teile so beschaffen, dass sie die Launen der Modewelt überdauern. Unter den Bestsellern sind die Strickwaren und die unverkennbare „Drahttasche".

PACIFIC PLACE
EINKAUFSZENTRUM

Karte S. 394 (太古廣場; ☎2844 8988; www.pacificplace.com.hk; 88 Queensway, Admiralty; Ⓜ Admiralty, Ausgang F) Im Pacific Place findet man einige hundert Outlets vor allem für exquisite Damen- und Herrenmode und Accessoires. Außerdem gibt es das Kaufhaus **Lane Crawford** (Ebene 1) und eine **Joyce**-Boutique (Shop 334).

COSMOS BOOKS
BÜCHER

Karte S. 396 (天地圖書; ☎2866 1677; www.cosmosbooks.com.hk; UG & 1. Stock, 30 Johnston Rd, Wan Chai; 🚌6, 6A od. 6X) Im Keller hält diese Ladenkette eine gute Auswahl von Büchern rund um China bereit. Oben findet man Titel in englischer Sprache (überwiegend Sachbücher). Der Eingang der Filiale in Wan Chai befindet sich an der Lun Fat St, der Eingang der Filiale in Tsim Sha Tsui an der Granville Rd.

KUNG FU SUPPLIES
SPORTARTIKEL

Karte S. 396 (功夫用品公司; ☎2891 1912; Raum 6a, 6. Stock, Chuen Fung House, 188-192 Johnston Rd, Wan Chai; ⊙Mo–Sa; 🚌6, 6A od. 6X) Das ist die richtige Adresse, wenn man noch Zubehör für sein Kampfsporthobby braucht, einschließlich Anzüge, Nunchakus und Schutzvorrichtungen, oder einfach nur ein paar gute Bücher und DVDs anschauen möchte. Die Angestellten hier sind sehr hilfsbereit.

BUNN'S DIVERS
SPORTARTIKEL

Karte S. 396 (賓氏潛水學院; ☎3422 3322; www.bunnsdivers.com; Mezzanine, Chuen Fung House, 188-192 Johnston Rd, Wan Chai; Ⓜ Wan Chai, Ausgang A3) In Hongkongs ältestem Taucherladen bekommt man Masken, Schnorchel, Flossen, Regulatoren und Sauerstoffflaschen. Außerdem werden Tauchkurse- und Exkursionen angeboten.

SONJIA
BEKLEIDUNG, HAUSHALTSWAREN

Karte S. 394 (www.sonjiaonline.com; 2 Sun St, Wan Chai; ⊙Mo–Sa 9.30–19.30 Uhr; Ⓜ Admiralty, Ausgang F) Die anglokoreanische Designerin Sonjia Norman aus Hongkong kreiert hier in ihrem Atelier ihre aufwendige Damenmode aus Seide, Samt und Baumwolle, einiges davon handbestickt. Im angrenzenden Laden findet man eine Auswahl von Haushaltswaren für jeden Geschmack.

D-MOP BEKLEIDUNG, ACCESSOIRES

Karte S. 398 (www.d-mop.com.hk; 8 Kingston St, Causeway Bay; Ⓜ Causeway Bay, Ausgang E) Das D-mop ist in Holz und Stahl gehalten und bietet eine bunt gemischte Auswahl von schnieke-elegant bis Straßenchic sowie Marken aus aller Welt. Es ist eine der selbstständigen Vertriebsstellen für Y-3 und Nike White.

PEOPLES' RECREATION COMMUNITY BÜCHER

Karte S. 398 (人民公社; www.peoplebookcafe.com; 1. Stock, 18 Russell St, Causeway Bay; ⌚9–24 Uhr; Ⓜ Causeway Bay, Ausgang A) Gegenüber von Causeway Bays Monument des Konsums befindet sich diese Fachbuchhandlung mit linker Neigung. Die Titel, die meisten auf Chinesisch, über chinesische Politik und Gesellschaft finden reißenden Absatz bei Einheimischen und Touristen vom chinesischen Festland, die etwas über Themen lesen wollen, die zu Hause zensiert werden. Es gibt eine begrenzte Auswahl von englischen Büchern und ein kleines Café.

YIU FUNG STORE ESSEN

Karte S. 398 (么鳳; 3 Foo Ming St, Causeway Bay; Ⓜ Causeway Bay, Ausgang A) Hongkongs berühmtester Laden (1960er-Jahre) für chinesisches Eingelegtes und eingemachtes Obst wie saure Pflaumen, Zitronen mit Lakritzgeschmack, Mandarinenschale, eingelegte Papaya und getrocknete Longanfrüchte. Kurz vor Beginn des neuen Mondjahres ist der Laden überfüllt.

ISLAND BEVERLEY MALL EINKAUFSZENTRUM

Karte S. 398 (金百利商場; 1 Great George St, Causeway Bay; Ⓜ Causeway Bay) Versteckt in irgendwelchen Gebäuden, in Nebenstraßen und oberhalb von Rolltreppen finden sich Hongkongs Malls mit Miniläden, die einheimische Designerklamotten, Kleidung aus anderen Teilen Asiens und eine bunte Mischung verrückter Accessoires feilbieten.

TIMES SQUARE EINKAUFSZENTRUM

Karte S. 398 (時代廣場; www.timessquare.com.hk; 1 Matheson St, Causeway Bay; Ⓜ Causeway Bay, Ausgang A) Die zehn Stockwerke voller kleiner Läden, nach Typ geordnet, sind etwas weniger nobel als ähnliche Einrichtungen in Central, verfügen aber über eine große Auswahl elektronischer Waren. Im 10. bis 13. Stock gibt es Restaurants, im Untergeschoss sind Snackbars, Cafés und ein Supermarkt untergebracht.

IN SQUARE ELEKTRONIK

Karte S. 398 (10.–11. Stock, Windsor House, 311 Gloucester Rd, Causeway Bay; Ⓜ Causeway Bay, Ausgang D1) Dieses Gebäude in Causeway Bay beherbergt Dutzende von bewährten, aber teuren Computershops.

MOUNTAIN SERVICES OUTDOOR-AUSRÜSTUNG

(名峰行; Shop 1, 52–56 King's Rd, North Point; ⌚Mo–Sa; Ⓜ Fortress Hill, Ausgang A) In diesem ausgezeichneten Geschäft bekommt man Kletter- und Wanderzubehör und so ziemlich alles andere, was man für Ausflüge in die Hügel und Parks von Hongkong brauchen könnte. Nach Verlassen der MTR-Station nach links abbiegen und drei Minuten laufen!

CITYPLAZA EINKAUFSZENTRUM

(太古城; ☎2568 8665; www.cityplaza.com.hk; 18 Tai Koo Shing Rd, Tai Koo Shing, Quarry Bay; Ⓜ Tai Koo, Ausgang D2) Das Cityplaza ist mit 180 Läden das größte Shoppingcenter im Osten von Hongkong Island. Die Mall liegt praktischerweise direkt an der MTR-Linie.

WAN CHAIS MÄRKTE

Der Bezirk zwischen der Queen's Rd East und der Johnston Rd in Wan Chai ist ein einziger lebendiger Outdoor-Basar, vollgestopft mit Verkäufern, Shoppern und parkenden Autos. In der Cross St (Karte S. 396) und im nördlichen Bereich der Stone Nullah Lane breiten sich die prachtvollen **Märkte** (Karte S. 396; ⌚7.30–19 Uhr) aus. An der **Tai Yuen Street** – Einheimische nennen sie „Spielzeugstraße" (玩具街; *woon gui kaai*) – verhökern Straßenhändler Goldfische, Plastikblumen und Oma-Unterwäsche, aber am besten bekannt ist diese Gegend natürlich für die traditionellen **Spielzeugläden** (14-19 Tai Yuen St), in denen man nicht nur Kinderspielzeug findet, sondern auch Zinnspielzeug zum Aufziehen und andere Sammlerstücke für größere Spielkinder. Spring Garden Lane und Wan Chai Rd sind eine Fundgrube für skurrile Läden, die von indischen und südostasiatischen Gewürzen bis zu Bestattungszubehör und -geräten alles Mögliche feilbieten.

SPORT & AKTIVITÄTEN

EASTERN NATURE TRAIL WANDERN & TREKKEN

(東區自然步道) Dieser Trail, der zur fünften Etappe des Hong Kong Trail gehört, misst 9 km (3 Std.). Er beginnt an der Mount Parker Rd in Quarry Bay und endet an der Wong Nai Chung Gap Rd in Tai Tam. Den Namen Nature Trail verdient er wegen der einheimischen Bäume und Vögel, die man unterwegs antrifft. Außerdem zu sehen gibt es historische Stätten, einschließlich militärischer Relikte aus dem Zweiten Weltkrieg, und ein rotes Backsteinhaus, das früher zu einer Zuckerraffinerie gehörte. Beim Abstieg zum Tai Tam Reservoir kommt man am wunderschönen Tai Tam Country Park vorbei. Folgt man der Tai Tam Reservoir Rd, erreicht man die Wong Nai Chung Gap Rd.

Ausgang B der MTR-Station Tai Koo nehmen, 600 m westwärts gehen und in die Quarry St einbiegen! Der Anfang des Trails ist in der Nähe des Quarry Bay Municipal Services Building in 38 Quarry St.

TAI TAM WATERWORKS HERITAGE TRAIL WANDERN & TREKKEN

(大潭水務文物徑) Dieser malerische Trail führt vorbei an Wasserreservoirs und einer wunderschönen Ansammlung von 20 historischen Bauten des Wasserwerks. Die Brücken, Aquädukte, Schieberhäuschen, Pumpwerke und Dämme, von denen viele noch in Betrieb sind, sind Kunstwerke viktorianischer Nutztechnik.

Den 5 km langen Weg abzuwandern, der am Wasserpumpwerk Tai Tam Tuk Raw endet, dauert etwa zwei Stunden. Man erreicht ihn durch die Wong Nai Chung Gap in der Nähe der Luxusapartments von **Hong Kong Parkview** (陽明山莊; 88 Tai Tam Reservoir Rd) oder an der Kreuzung Tai Tam Rd und Tai Tam Reservoir Rd. Am Wochenende sieht man hier Leute mit ihren Hunden, Kindern, Dienstmädchen, Chauffeuren und Kindermädchen.

Von der MTR-Station in Admiralty fährt Bus 6 zum Wong Nai Chung Reservoir. Um hinzukommen, auf der Tai Tam Reservoir Rd ostwärts laufen!

HONG KONG TENNIS CENTRE TENNIS

(香港網球中心; ☎2574 9122; 133 Wong Nai Chung Gap Rd, Happy Valley; pro Std. tagsüber/abends 42/57 HK$; ⏰7–23 Uhr) Das Hong Kong Tennis Centre mit 17 Tennisplätzen befindet sich auf dem spektakulären Hügelpass zwischen Happy Valley und der Deep Water Bay auf Hong Kong Island. Während der Arbeitszeiten bekommt man normalerweise immer einen freien Platz.

ROYAL HONG KONG YACHT CLUB SEGELN

Karte S. 398 (香港遊艇會; ☎2832 2817; www.rhkyc.org.hk; Hung Hing Rd, Kellett Island, Causeway Bay; Ⓜ Causeway Bay, Ausgang D1) Das ist ein privater Club, aber man kann versuchen, eine Besuchermitgliedschaft zu erhalten, wenn man Mitglied in einem anderen entsprechenden Club ist. Besuchern werden die Mitgliedsbeiträge für die ersten zwei Wochen erlassen.

SOUTH CHINA ATHLETIC ASSOCIATION FITNESS

Karte S. 398 (南華體育會; ☎2577 6932; www.scaa.org.hk; 5. Stock, South China Sports Complex, 88 Caroline Hill Rd, Causeway Bay; Besuchermitgliedschaft 50 HK$) Die SCAA bietet ein riesiges Fitnessstudio (1000 m²) mit modernen Übungsgeräten und einem Aerobic-Raum sowie einer Sauna, einem Dampfbad und einem Massageraum.

VICTORIA PARK TENNIS

Karte S. 398 (Hing Fat St, Causeway Bay; ⏰6 od. 7–23 Uhr; Ⓜ Causeway Bay, Ausgang E) Der Park verfügt über 13 Standard-Tennisplätze, zwei Gras-Bowling-Plätze, Swimmingpools sowie Fußballplätze, Basketballcourts und Joggingwege.

Hong Kong Island: Aberdeen & der Süden

ABERDEEN | POK FU LAM | STANLEY | SHEK O | REPULSE BAY | DEEP WATER BAY

Highlights

❶ An den Stränden in **Shek O** (S. 129) oder in **Stanley** (S. 128) einfach mal relaxen oder an der berühmten **Repulse Bay** entspannt beobachten, welche Leute sich dort so tummeln (S. 129)

❷ Haarsträubenden Spaß im **Ocean Park** (S. 127) haben und sich ein bisschen mit den hiesigen Pandas anfreunden

❸ Hongkongs bestes Seafood in **Aberdeen** (S. 130) probieren

❹ Einen Einblick in das Leben der Seeleute auf einem **Sampan** (S. 127) in Aberdeen erhaschen

❺ Shoppen bis zum Abwinken in Hongkongs **größter Outletmall** (S. 132) in Ap Lei Chau

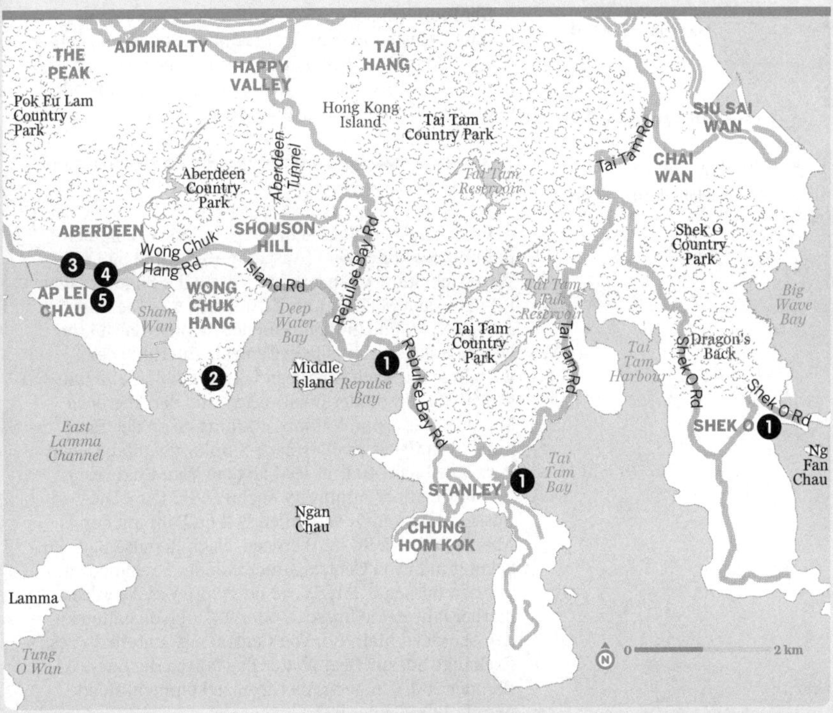

Detailpläne dieses Gebiets s. Karte S. 400 und Karte S. 401 ➡

Top-Tipp

Die Strände an der Südseite Hongkongs genießt man am besten an Werktagen, da man sie dann für sich alleine hat. Die Wasserqualität am versteckten St. Stephen's Beach ist super und der Ausblick auf den Sonnenuntergang ist hier nahezu perfekt.

Gut essen

- Verandah (S. 131)
- Crown Wine Cellars (S. 130)
- Aberdeen Fish Market Canteen (S. 130)

Mehr dazu S. 130

Nett ausgehen

- Smugglers Inn (S. 132)

Mehr dazu S. 132

Schön shoppen

- Horizon Plaza (S. 132)

Mehr dazu S. 132

Rundgang: Aberdeen & der Süden

Wegen der langen Küstenlinie im Süden der Insel sollte man einen halben, besser einen ganzen Tag einplanen. Das Strandhopping beginnt in der berühmten Repulse Bay – wem das zu viel ist, der flüchtet an die ruhigere South Bay. Beliebt ist auch Shek O, von wo aus man weiter nördlich zur Big Wave Bay gelangt.

Aberdeens Themenpark, der Ocean Park, bringt Spaß für die ganze Familie, einen Tag braucht man locker. Traveller, die Action weniger lieben, wählen einen feuchtfröhlichen Brunch oder ein herzhaftes Seafood-Mittagessen in Aberdeen. Dann spaziert man zum nahe gelegenen Pok Fu Lam, um die großartige Béthanie Chapel oder das Örtchen Pok Fu Lam, eine der ältesten Siedlungen in Hongkong, zu besichtigen. Schatzsucher finden Designerschnäppchen in Ap Lei Chau in Aberdeen.

Stanley mit dem Markt, angenehme Strände sowie ein faszinierender Mix aus Museen und Welterbestätten verdienen auf jeden Fall einen weiteren Tag.

Lokalkolorit

- **Shoppen** Im riesigen Horizon Plaza (S. 132) sollte man bequeme Schuhe tragen und die Nummer vom Taxiservice bereit haben (☎2368 1318).
- **Seafood** Feinschmecker kaufen sich Seafood am liebsten selbst auf einem Markt und lassen es in einem *dai pai dong* (Garküche) ihrer Wahl kochen. Der Ap Lei Chau Market und das dazugehörige Cooked Food Centre (S. 130) sind super Adressen.

An- & Weiterreise

- **Bus** Shek O erreicht man mit dem Bus 9 vom MTR-Bahnhof Shau Kei Wan (Ausgang A3). Von Shau Kei Wan nach Stanley fährt der Bus 14 ab der Shau Kei Wan Rd nahe dem MTR-Bahnhof (Ausgang A3). Die Busse 6, 6A, 6X, 66 und 260 fahren über Repulse Bay hierher. Diese Linien starten alle in Central, unterhalb des Exchange Sq. Nach Aberdeen fahren die Busse 73 und 973 ab Stanley an der Repulse Bay und der Aberdeen Main St. Der grüne Minibus 40 fährt ab an der Tang Lung St in Causeway Bay nach Stanley über den Ocean Park. Die Busse 40 und 40M ab dem Wan Chai Ferry Pier fahren über Admiralty nach Pok Fu Lam. Die Busse 7, 90B und 91 verbinden Pok Fu Lam mit der Aberdeen Praya Rd in Aberdeen. Nach Repulse Bay gelangt man von Central, unterhalb des Exchange Sq, mit den Bussen 6, 6A, 6X, 66 oder 260. Von Aberdeen hierher fahren die Busse 73 oder 973 – beide halten an der Aberdeen Main Rd. Von Central aus, unterhalb des Exchange Sq, zur Deep Water Bay fahren die Busse 6A, 6X oder 260. Um nach Aberdeen zu kommen, steigt man in Bus 73 oder 973.

SEHENSWERTES

Aberdeen

OCEAN PARK VERGNÜGUNGSPARK

Außerhalb der Karte S. 400 (☎3923 2323; www.oceanpark.com.hk; Ocean Park Rd; Erw./Kind 3–11 Jahre 280/140 HK$; ⏲10–19:30 Uhr; 🚌6A, 6X, 70 & 75 ab Central, 629 ab Admiralty, 72, 72A & 92 ab Causeway Bay oder 973 ab Tsim Sha Tsui) Trotz dem Disneyland auf Lantau bleibt für viele der Ocean Park der beste Vergnügungspark Hongkongs. Diesen Ritterschlag verdankt er besonders seiner erfolgreichen Umgestaltung, bei der neue Fahrgeschäfte und Attraktionen gebaut wurden. Der Park wächst stetig und auch die Besucherzahlen steigen rekordverdächtig. Dazu beigetragen haben vier Große Pandas sowie vier sehr niedliche und sehr seltene Kleine Pandas – alles Geschenke aus dem chinesischen Mutterland.

Der Park ist in zwei große Bereiche unterteilt. Der Haupteingang befindet sich an der dem Ufer zugewandten unteren Ebene (Waterfront), die über eine Panoramaseilbahn und eine Standseilbahn, dem *Ocean Express*, mit dem Hauptteil auf dem Gipfel (Summit) verbunden ist.

Die größeren Attraktionen an der **Waterfront** sind Amazing Asian Animals und Aqua City, wo man Tiere und Meeresbewohner bestaunen und dabei noch einiges über sie lernen kann. Ganz neu ist das Grand Aquarium, das mit 5,5 m Durchmesser die größte Aquarienkuppel Südostasiens ist. Darin tummeln sich 5000 Fische (400 Arten). Brandneu ist auch Old Hong Kong, eine Nachbildung alter Gebäude und Gemeinschaften, die früher Wan Chai und ältere Teile von Kowloon zierten. Richtung Norden findet man Whiskers Harbour, mit verschiedenen Kinder-Attraktionen.

Auf dem **Summit** hält der Thrill Mountain viele „haarsträubende“ Fahrgeschäfte bereit, z. B. die berühmte Achterbahn Hair Raiser. Im Meerespark Marine World gibt es Seelöwen und Robben zu sehen sowie tägliche Delfin- und Killerwalshows. Das Chinese Sturgeon Aquarium präsentiert ein weiteres lebendes Geschenk vom chinesischen Festland – einen Stör.

SAMPAN-TOUREN BOOTSFAHRT

Karte S. 400 (Aberdeen Promenade) Auf Sampan-Touren sieht der Traveller Teile der Südküste der Insel auf ganz andere Weise. Sampan-Anbieter findet man problemlos am östlichen Ende der Aberdeen Promenade. Halbstündige Trips kosten ca. 68 HK$ pro Person (120 HK$ nach Sok Kwu Wan und 150 HK$ nach Yung Shue Wan auf Lamma). Will man nur kurz den Hafen sehen, nimmt man eine kleine Fähre rüber nach Ap Lei Chau Island (Erw./Kind unter 12 Jahren 1,80/1 HK$), auf der Schnäppchenjäger zu den dortigen Outlets schippern (S. 132). Oder man nimmt die kostenlose Fähre zum Jumbo Kingdom Floating Restaurant (S. 132).

Wer mehr Luxus braucht: **Island Junk** (Karte S. 400; ☎2877 5222; www.islandjunks.com.hk; Shum Wan Rd, Aberdeen) organisiert täglich eine Bootstour (550 HK$), die um 11 Uhr in Aberdeen startet und vier Stunden später, über Sok Kwu Wan auf Lamma, in Stanley ankommt. Inklusive ist auch ein Seafood-Lunch (mindestens acht Personen).

Vom Busbahnhof Aberdeen ist die Promenade leicht über die Fußgängerpassage unter der Aberdeen Praya Rd zu erreichen.

8TH ESTATE WINERY KELLEREI

Außerhalb der Karte S. 400 (☎2518 0922; www.the8estatewinery.com; Zimmer 306, 3/F, Harbour Industrial Center, 10 Lee Hing St, Ap Lei Chau; Eintritt 100 HK$; ⏲Sa 14–17 Uhr, Mo–Fr nach Vereinbarung; 🚌90 ab Exchange Sq in Central) Hongkong hat den höchsten Pro-Kopf-Wein-Verbrauch in Asien, doch niemand interessierte sich für die Weinherstellung – bis 2008 diese wunderschöne Kellerei eröffnete. Versteckt in einem Fabrikgebäude hinter dem Shoppingkomplex des Horizon Plaza auf Ap Lei Chau gibt es zwar keine Weinberge, aber einen unglaublichen Meeresblick von der Terrasse oder von den elegant mit Fässern dekorierten Räumen, wo man die „Made-in-Hongkong“-Weine probiert. Die Kellerei importiert Trauben aus aller Welt und macht ihren eigenen Wein. Der Eintritt schließt eine 30-minütige Tour sowie eine Weinprobe und einen Geschenkgutschein ein. Vom Busbahnhof Ap Lei Chau nimmt man entweder ein Taxi (20 HK$) oder wartet auf den kostenlosen Shuttlebus zum Horizon Plaza. Von da geht's südlich zur Lee Hing St (5 Min.).

TEMPEL & SCHREINE TEMPEL

Karte S. 400 (Aberdeen Main Rd) Nach einem kurzen Fußmarsch durch Aberdeen gelangt man zum **Tin-Hau-Tempel** (天后廟; Karte S. 400; 182 Aberdeen Main Rd; ⏲8–17 Uhr) von 1851. Man sollte auch die skurrilen **Schreine** für lokale Gottheiten bewundern (am Hang hinter dem Rastplatz an der Old Main St).

Pok Fu Lam

BÉTHANIE HISTORISCHES GEBÄUDE

(伯大尼; ☎2854 8918; www.hkapa.edu/asp/general/general_visitors.asp; 139 Pok Fu Lam Rd; Eintritt 30 HK$; ⏰11–17 Uhr; 🚌7, 40, 40M, 90B oder 91) Dieses wunderschöne sanierte Gebäude liegt im hügeligen Pok Fu Lam (außerhalb der Karte S. 400), einem College- und Wohngebiet nordwestlich von Aber-deen. In diesem Komplex von 1875 ist heute eine Filmschule untergebracht. Ursprünglich war er ein Sanatorium der Französischen Mission für Priester aus ganz Asien, die sich hier von tropischen Krankheiten erholen konnten. Die geführte Tour umfasst den Besuch der neugotischen **Béthanie Chapel**, des neuen Theaters in den zwei achteckigen **Kuhställen des Milchbetriebs** und des zum Weinkeller umgebauten **Museums**, das die Geschichte der Mission zeigt. Es gibt stündlich Führungen. Vorher anrufen, da verschiedene Orte zu manchen Zeiten nicht zugänglich sind. Die nächste Bushaltestelle befindet sich an der Kreuzung Pok Fu Lam Reservoir und Pok Fu Lam Rd.

POK FU LAM VILLAGE DORF

Außerhalb der Karte S. 400 (薄扶林村; www.pokfulamvillage.org; 🚌7, 40, 40M, 90B, oder 91) 200 m südlich auf der anderen Straßenseite von Béthanie liegt Pok Fu Lam Village, eine Siedlung mit Hütten und behelfsmäßigen Baracken – ein immenser Kontrast zu den Wohnkomplexen dahinter. Hier erwacht das Hongkong der Vergangenheit, als Flüchtlinge aus China hier ihre provisorischen Hütten bauten, in denen sie dann ihr ganzes Leben verbrachten. Auf der Nordseite der Ansiedlung findet man eine 200 Jahre alte Pagode, wo zum Mittherbstfest ein toller Feuerdrachentanz stattfindet.

Stanley

MURRAY HOUSE HISTORISCHES GEBÄUDE

Karte S. 401 (美利樓; Stanley Bay; 🚌6, 6A, 6X oder 260) Dieses dreistöckige Gebäude mit seinen Säulengängen erhebt sich auf der anderen Seite der Bucht, gegenüber der Stanley Main St. Das stolze Murray House wurde 1848 als Offizierskaserne mitten in Central errichtet und stand dort fast 150 Jahre lang, bis es 1982 durch den Bank of China Tower ersetzt wurde. Es wurde an seinem heutigen Platz wieder aufgebaut und 2001 eröffnet.

HONG KONG CORRECTIONAL SERVICES MUSEUM MUSEUM

Karte S. 401 (香港懲教博物館; ☎2147 3199; www.csd.gov.hk/english/hkcsm/hkcsm.html; 45 Tung Tau Wan Rd; Eintritt frei; ⏰Di–So 10–17 Uhr; 🚌6, 6A, 6X oder 260) Nachgebaute Zellen, Galgen und Pfähle sind die gruseligen Attraktionen dieses Museums, das sich ungefähr 500 m südöstlich der Stanley Village Rd befindet und sich der Geschichte der Gefängnisse und anderer Formen des Strafvollzugs in Hongkong verschrieben hat.

ST. STEPHEN'S COLLEGE'S HERITAGE TRAIL HISTORISCHER SPAZIERGANG

Karte S. 401 (聖士提反書院文物徑; ☎2813 0360; www.ssc.edu.hk/ssctrail/eng; 22 Tung Tau Wan Rd; Eintritt frei; 🚌6, 6A, 6X oder 260) Wer sich für den Zweiten Weltkrieg interessiert, kommt auf diesem wunderschönen Campus des St. Stephen's Colleges auf seine Kosten. Er liegt direkt neben dem Stanley Military Cemetery. Die 1903 gegründete Schule wurde 1941 im Zuge der Invasion Hongkongs durch die Japaner zu einer militärischen Notklinik unfunktioniert. Nach dem Fall der Stadt wurde hier ein Internierungslager eingerichtet. Die 1½-stündige Tour führt zu acht Stationen auf dem Campus. Erinnerungen an den Krieg vermittelt das im Kolonialstil gebaute **Schulhaus**, in dem das St. Stephen's College Massacre stattfand. Dabei stürmten japanische Soldaten an Heiligabend 1941 das Gebäude und töteten 56 britische und kanadische Soldaten, die verwundet in den Betten lagen. Die nüchterne **Kapelle** wurde 1950 zum Gedenken an die Kriegsopfer auf dem höchsten Punkt des Campus errichtet. Ein **Museum** zeigt die Geschichte des „Eton des Ostens". Der Trail ist nur samstags, sonntags und an Feiertagen in geführten Touren geöffnet. Im Voraus reservieren.

STANLEY MILITARY CEMETERY FRIEDHOF

außerhalb der Karte S. 401 (赤柱軍人墳場; ☎2557 3498; Wong Ma Kok Rd; ⏰8–17 Uhr; 🚌14 oder 6A) Dieser Friedhof südlich vom Stanley Market wurde für Militärangehörige und deren Familien angelegt – ein Highlight in Stanley. Die ältesten Gräber aus dem Jahr 1843 sind faszinierende Zeugnisse der Kolonialzeit. Die jüngeren Gräber zeigen, wie viele europäische Siedler damals an Seuchen zugrunde gingen. Die Gräber aus den frühen 1940er-Jahren erinnern an die Gefallenen der Schlacht um Hongkong und an die Menschen, die während der Besatzungszeit von japanischen Soldaten getötet wurden. Zum Friedhof läuft man 15 Minuten auf der Wong Ma Kok Rd südwärts.

ST. STEPHEN'S BEACH STRAND

Außerhalb der Karte S. 401 (🚌6A oder 14) In der Nähe des Stanley Military Cemetery liegt der einzigartige St. Stephen's Beach mit Café, Duschen und Umkleidekabinen. Im Sommer kann man im Wassersportzentrum Windsurfbretter und Kajaks mieten.

OLD STANLEY POLICE STATION HISTORISCHES GEBÄUDE

Karte S. 401 (舊赤柱警署; 88 Stanley Village Rd; 🚌6, 6A, 6X oder 260) Die 1859 errichtete, zweistöckige alte Polizeistation ist das interessanteste Gebäude im eigentlichen Ort. Heute ist hier ein Wellcome-Supermarkt.

TEMPEL & SCHREINE TEMPEL

Karte S. 401 (🚌6, 6A, 6X oder 260) Wer am Westende der Stanley Main St zunächst an dem winzigen **Tai-Wong-Schrein** (大王廟) vorbeiläuft und dann das Einkaufszentrum Stanley Plaza durchquert, stößt auf einen **Tin-Hau-Tempel** (天后廟; 119 Stanley Main St) von 1767. Über die Jahre hat sich das Gebäude allerdings verändert und ist jetzt nur noch ein Betonbunker. Einem Schild zufolge stammt das Tigerfell an der Wand von einem Tier, das 108 kg wog, bei 91 cm Schulterhöhe 185 cm lang war und 1942 von dem indischen Polizisten Mr. Rur Singh vor der Stanley Police Station erschossen wurde.

Shek O

SHEK O STRAND

(🚌9 vom MTR-Bahnhof Shau Kei Wan, Ausgang A3) Shek O, 13 km nordöstlich von Stanley gelegen, ist ein entspanntes Dorf, das noch den Charme der Alten Welt verströmt. Hier ist einer der besten (und ruhigsten) Strände der Insel zu finden.

Shek O sorgt mit seinen Angeboten für gute Unterhaltung, auch die Restaurants und Bars sind passabel. **Shek O Beach** hat einen breiten Sandstrand, der gesäumt ist mit Schatten spendenden Bäumen, außerdem Duschen, Umkleidekabinen und Mietschließfächern. Am **Dragon's Back** (龍脊), einer 280 m hohen Klippe westlich vom Dorf, ist Paragliding und Abseilen angesagt. Auch Rad fahren kann man rund um die Shek O Peninsula. **Tung Lok Barbecue Store** (同樂沙灘士多; ☎2809 4692; ⏲Apr.–Sept.) im Zentrum des Dorfes vermietet Fahrräder (ab 20 HK$/Tag). Der tolle, oft menschenleere Strand **Big Wave Bay** (🚌9 oder 309, nur So) liegt 2 km nördlich von Shek O. Man folgt zunächst der Straße Richtung Norden aus der Stadt heraus, dann geht man am Shek O Golf & Country Club (s. S. 132) vorbei, einem Golfplatz mit 18-Loch-Kurs, biegt am Kreisverkehr Richtung Osten ab und geht bis zum Straßenende. Auf der Landzunge oberhalb der Big Wave Bay befindet sich eines der acht **prähistorischen Felsreliefs**, die in Hongkong entdeckt wurden.

Repulse Bay

REPULSE BAY STRAND

Außerhalb der Karte S. 401 (淺水灣; 🚌6, 6A, 6X oder 260) Die berühmte Repulse Bay ist Hongkongs Version einer schicken Strandvorstadt. Hier wohnen einige der reichsten Einwohner. Luxuswohnblocks liegen in den Hügeln, und es werden immer mehr.

Der lange Strand der Repulse Bay mit seinem gelbbraunen Sand zieht ganzjährig chinesische Touristengruppen an und ist an den Wochenenden im Sommer überlaufen. Hier kann man prima Leute beobachten! Hier gibt es Duschen und Umkleidekabinen sowie Schatten spendende Bäume am Straßenrand, das Wasser ist aber ziemlich trüb.

In Richtung des Südostendes des Repulse Bay Beachs steht der **Kwun Yam Shrine** (觀音廟), ein ungewöhnlicher Schrein zu Ehren Kwun Yams. Dazu präsentiert sich ein toller Mix aus Gottheiten und Figuren – Goldfische, Widder, der Gott des Geldes und andere südchinesische Bildzeichen und Statuen von Tin Hau. Die meisten Bildnisse wurden in den 1970er-Jahren gestiftet. Links vor dem Schrein, wenn man Richtung Meer blickt, sieht man die **Longevity Bridge** (長壽橋). Wer sie überquert, verlängert sein Leben angeblich um drei Tage.

Die Strände in **Middle Bay** und **South Bay**, etwa 10 bzw. 30 Minuten südwärts, sind normalerweise weniger überfüllt.

Deep Water Bay

DEEP WATER BAY STRAND

Die Deep Water Bay ein paar Kilometer nordwestlich der Repulse Bay, ist eine ruhige kleine Bucht, deren Strand von großen Bäumen flankiert wird. Am Südende des

Strandes gibt es neben ein paar Lokalen auch Grillplätze. Hier müssen sich Badenixen den Strand mit weniger Menschen teilen als an der Repulse Bay. Deep Water Bay Beach ist ein Wakeboard-Zentrum.

ESSEN

Die Auswahl in Shek O und Repulse Bay ist zwar begrenzt, trotzdem kann man gut essen und den Ausblick auf die Küste genießen. In Stanley gibt es eine große Anzahl Restaurants mittlerer Kategorie, von denen wenige rausstechen. Doch in Aberdeen und Ap Lei Chau lassen sich unter dem Kitsch an der Oberfläche echte Juwelen entdecken.

Aberdeen

LP TIPP ABERDEEN FISH MARKET CANTEEN — KANTONESISCH, SEAFOOD $$

Karte S. 400 (香港仔魚市場海鮮餐廳; ☎2552 7555; 102 Shek Pai Wan Rd; Hauptgerichte ab 350 HK$; ⌚11.30–14 Uhr) Wer kennt sich mit Fisch und Meeresfrüchten besser aus als das Fischervolk? Im Fischmarkt versteckt, ist dieses unaufdringliche Lokal, das von einheimischen Fischern betrieben wird, wahrlich ein Ort für Kenner ultrafrischen Seafoods. Hier gibt es keine Speisekarte und man braucht einen kantonesisch-sprechenden Freund, der mindestens zwei Tage im Voraus einen Tisch bestellt (zwei Wochen für das Wochenende). Verrät man dem Eigentümer Ah Lo sein Budget, sucht er dafür die besten Meerestiere aus und macht daraus die schmackhaftesten Gerichte. Die Laufkundschaft kann den exzellenten French Toast im Hongkong-Stil und andere Spezialitiäten des *cha chaan tang* (Tee-Café) kosten. Das Lokal ist nur über die Mittagszeit geöffnet. Es gibt keine Beschilderung auf Englisch; nach dem unscheinbaren einstöckigen, gelben Gebäude mit grünem Dach am Ende des Fischmarkts suchen.

CROWN WINE CELLARS — EUROPÄISCH $$$

(☎2580 6287; www.crownwinecellars.com; 18 Deep Water Bay Dr, Shouson Hill; Hauptgerichte ab 400 HK$; ⌚ Mo–Fr abends, Sa & So mittags & abends; 🚌Minibus 6) Die Bunker auf dem Hügel aus dem Zweiten Weltkrieg wurden zu einem erstklassigen Weinkeller umgebaut. Das Restaurant in einem Glashaus im Kolonialstil ist umgeben von hohen Bäumen. Erwirbt man die kostenlose „silberne Mitgliedschaft", kann man die Räume besichtigen und hier essen. Dorthin fährt der Minibus 5 ab der Lockhart Rd, direkt hinter dem Warenhaus Sogo in Causeway Bay, der am oberen Ende des Deep Water Bay Dr hält.

TOP DECK — INTERNATIONAL $$$

Karte S. 400 (珍之寶; ☎2552 3331; www.cafedecogroup.com; DG, Jumbo Kingdom, Shum Wan Pier Dr, Wong Chuk Hang; Brunch Sa/So 338/418 HK$; ⌚Di–Fr 17–24 Uhr, Sa, So & feiertags 11–open end) Der Brunch am Wochenende mit perlendem Sekt auf der Dachterrasse ist die Attraktion des Lokals. Das überladene Dekor, die Markisen und die knallbunte chinesische Pagode auf dem Dach sind vielleicht nicht jedermanns Sache, aber die sonnendurchflutete Terrasse und der Blick auf den Hafen machen das locker wett.

JUMBO KINGDOM FLOATING RESTAURANT — KANTONESISCH $$

Karte S. 400 (珍寶海鮮舫; ☎2553 9111; www.jumbo.com.hk; Shum Wan Pier Dr, Wong Chuk Hang; Hauptgerichte mittags 60–200 HK$; ⌚Mo–Sa mittags & abends, So morgens, mittags & abends) Das größere der beiden schwimmenden Restaurants im Hafen von Aberdeen. Die Einrichtung wirkt wie eine Kreuzung aus dem Pekinger Kaiserpalast und dem Casino Lisboa in Macao – so kitschig, dass es schon wieder Spaß macht. Am besten geht man am überteuerten Dragon Court im zweiten Stock vorbei und isst stattdessen *dim sum* im dritten Stockwerk. Abends kann man sich kostenlos vom Pier an der Aberdeen Promenade abholen lassen.

TREE CAFE — CAFÉ $

(☎2870 1582; www.tree.com.hk/cafe/; 28/F, Horizon Plaza, 2 Lee Wing St, Ap Lei Chau; Hauptgerichte ab 60 HK$; ⌚10.30–19 Uhr) Die Horizon-Plaza-Shoppingmall ist ziemlich abgelegen, warum also nach einem ausgiebigen Einkaufsbummel nicht mal in diesem schicken Café einkehren, das sich im gleichnamigen Möbelgeschäft im obersten Stockwerk des Gebäudes versteckt? Der Kaffee soll zu den besten auf der Insel gehören. Es gibt auch einen Spielbereich für die kleinen Gäste.

AP LEI CHAU MARKET COOKED FOOD CENTRE — DAI PAI DONG, SEAFOOD $

Karte S. 400 (鴨利洲市政大廈; 1. OG, Ap Lei Chau Municipal Services Bldg, 8 Hung Shing St; 🚌Minibus 36X ab Lee Garden Rd, Causeway Bay, oder Sampan ab Aberdeen Promenade) In einem Gebäude mit einem Markt findet man sechs *dai pai dong*, die mit ihrer Kochkunst Schwung ins verschlafene Ap Lei Chau bringen. **Pak Kee** (栢記; ☎2555 2984; ⏲abends) und **Chu Kee** (珠記; ☎2555 2052; ⏲abends) kochen einfache, schmackhafte Gerichte zwischen 40 und 60 HK$ und servieren eine Auswahl günstiger Seafood-Gerichte. Man kann die Meeresfrüchte aber auch unten im Markt kaufen und sie sich dann in den Restaurants zubereiten lassen. Jeden Abend treffen sich hier Fischer und Drachenbootfahrer wegen des preiswerten Biers und des Essens.

CHEF STUDIO FRANZÖSISCH **$$$**

Karte S. 400 (☎3104 4664; Kwai Bo Industrial Bldg, 40 Wong Chuk Hang Rd; 5-Gänge-Degustationsmenü für 2 Pers. 1100 HK$; ⏲Mo–Sa abends; 🚌70 ab Exchange Sq in Central) Man ist sich erstmal nicht sicher, wo man hineingeht (das Fabrikgebäude, in dem sich das Restaurant befindet, muss noch wiederbelebt werden), aber sobald man dieses höhlenartige Lokal der gehobenen Klasse betreten hat, fühlt man sich in einer besseren Welt. Die Flüsterkneipe der Spitzenklasse protzt mit minimalistischem Chic und betreibt einen Mini-Biohof auf dem Balkon. Durch die offene Küche kann man mit dem Chef plaudern und zusehen, wie die Zutaten zubereitet werden. Eddy Leung, der führende Kopf hier und ein gepriesener Fachmann für Ökoessen, beeindruckt die Gäste mit seinen französisch inspirierten Gerichten. Reservieren ist Pflicht. Kein Korkgeld.

Stanley

LUCY'S INTERNATIONAL **$$**

Karte S. 401 (☎2813 9055; 64 Stanley Main St; Hauptgerichte ab 180 HK$; ⏲mittags & abends) Wem die Restaurants an der Küste zu stereotyp sind, sollte dieses gemütliche Restaurant im Stanley Market aufsuchen. Lucy's hat sich mit seinen leckeren, französisch inspirierten Rezepten, mit freundlichem Service und relativ moderaten Preisen eine treue Anhängerschaft verdient.

SEI YIK KANTONESISCH, DAI PAI DONG **$**

Karte S. 401 (泗益; ☎2813 0503; 2 Stanley Market St; Gerichte ab 30 HK$; ⏲Mi–Mo 6–19 Uhr) Wochenendausflügler strömen in dieses kleine zinngedeckte *dai pai dong*, genau gegenüber des Stanley Municipal Buildings, um die lockeren French Toasts nach Hongkong-Art mit dem Aufstrich namens *kaya* (Kokosnussmarmelade) zu genießen. Keine Beschilderung auf Englisch; Ausschau halten nach der langen Schlange Pilger und Obsttürmen, die den Eingang verbergen.

SAFFRON BAKERY CAFÉ CAFÉ, BÄCKEREI **$**

(Frühstück ab 50 HK$, Gerichte ab 125 HK$) Stanley (Karte S. 401; ☎2813 0270; http://saffronbakery.com; Laden G04 EG, Stanley Plaza; ⏲11.30–23 Uhr); Repulse Bay (☎2812 2016; Laden G120, Repulse Bay Shopping Arcade, 109 Repulse Bay Rd; ⏲8.30–18 Uhr) Naschkatzen mit Kindern lieben das selbst gebackene Vollwertbrot und die kinderfreundliche Atmosphäre in diesem kürzlich renovierten Café in Stanley.

Shek O

HAPPY GARDEN THAILÄNDISCH **$**

(石澳樂園; ☎2809 4165; 786 Shek O Village; Hauptgerichte mittags/abends ab 50/80 HK$; ⏲11–23 Uhr; 🚌9 ab MTR Shau Kei Wan, Ausgang A3) Dieser bescheidene Familienbetrieb macht jeden mit seinem frischen Seafood, mit authentischem Thai-Essen und fairen Preisen glücklich. Die Terrasse oben bietet einen tollen Meeresblick. Das Restaurant liegt vor dem Parkplatz am Strand.

BLACK SHEEP INTERNATIONAL **$$**

(黑羊餐廳; ☎2809 2021; 330 Shek O Village; Gerichte ab 180 HK$; ⏲Mo–Fr abends, Sa & So mittags & abends; 🚌9 ab MTR Shau Kei Wan, Ausgang A3) Das wunderlich dekorierte Lokal ist berühmt für seine Pizza und frische Minz-Limonade. Die Karte steht auf einer Tafel und wird regelmäßig aktualisiert.

Repulse Bay

LP TIPP **VERANDAH** INTERNATIONAL **$$$**

(露台餐廳; ☎2292 2822; www.therepulsebay.com; 1. OG, The Repulse Bay, 109 Repulse Bay Rd; ⏲Di–Sa mittags, nachmittags & abends, So Brunch, nachmittags & abends) Eine Mahlzeit im eindrucksvollen Verandah, betrieben vom renommierten Peninsula, ist wahrlich eine besondere Sache. Das große Restaurant ließ kürzlich seinen Innenraum renovieren und aufpolieren. Er trieft nun buchstäblich vor kolonialer Nostalgie mit dem großen Piano am Eingang, den hölzernen Ventilatoren an der Decke und der Marmortreppe mit den Holzgeländern. Sehr beliebt ist der Sonntagsbrunch (vorab reservieren), und der Nachmittagstee ist der beste in diesem Teil von Hongkong.

SPICES RESTAURANT SÜDOSTASIATISCH **$$$**
(香辣軒; ☎2292 2821; www.therepulsebay.com; The Repulse Bay, 109 Repulse Bay Rd; ⌚Mo–Fr mittags & abends, Sa, So & feiertags mittags, nachmittags & abends) Die hohen Decken, die Rattanstühle und der glänzende Holzboden erzeugen eine romantische Atmosphäre à la Strandlokal auf Bali. Innen ist es orientalisch minimalistisch und die offene Terrasse lädt geradezu ein zu einem Schlummertrunk. Auf der Karte findet man alle Arten von Seafood, Satay und Curry.

AUSGEHEN

SMUGGLERS INN KNEIPE
Karte S. 401 (EG, 90A Stanley Main St, Stanley; ⌚Happy Hour 18–21 Uhr; 🚌6, 6A, 6X oder 260) Das ist die wohl beliebteste Location am Ufer in Stanley. Von allen Kneipen in Hongkong erinnert diese noch am meisten an einen englischen Pub.

BACK BEACH BAR BAR
(273 Shek O Village, Shek O Back Beach, Shek O; ⌚Mo–Fr 19–24 Uhr, Sa 14–24 Uhr; 🚌9 ab MTR Shau Kei Wan, Ausgang A3) Diese rustikale Strandbar, versteckt am ruhigen Shek O Back Beach, besteht nur aus zwei schmalen Steintischen und einigen Stühlen und Bänken aus altem Holz. Direkt neben diesem urigen Ensemble Richtung Meer steht ein Schrein. Bei Reggaebeats und dem Klang der brechenden Wellen nippt man an seinem Bier. Vom Busbahnhof in Shek O rechts auf den Pfad einbiegen, der zu einer verlassenen Schule und zum Gesundheitszentrum führt. Der Strand liegt am Ende des Pfades.

SHOPPEN

HORIZON PLAZA EINKAUFSZENTRUM
Außerhalb der Karte S. 400 (新海怡廣場; 2 Lee Wing St, Ap Lei Chau, Aberdeen; ⌚10–19 Uhr; 🚌90 ab Exchange Sq in Central) Dieses riesige Outlet liegt versteckt an der Südküste von Ap Lei Chau. In einem umfunktionierten Fabrikgebäude befinden sich mehr als 150 Läden auf über 28 Stockwerken. Die meisten Einheimischen kaufen hier ihre Möbel, aber man findet auch Alexander McQueens im Angebot und Jimmy Choos zu Schleuderpreisen. Unsere Favoriten sind **Tree** (28. Stock), ein schicker Holzmöbelladen im obersten Stocj; **Lane Crawford** (25. Stock) mit einer tollen Schuhabteilung, die man nicht verpassen darf, und **Bluebell Fashion Warehouse** (19. Stock), noch ein Outlet mit vielen Designer-Labels, die einem kein Loch in den Geldbeutel reißen. (Achtung: Das Warten auf die Aufzüge kann hier ziemlich nervig werden, am besten beginnt man ganz oben und arbeitet sich nach unten.)

Zur Horizon Plaza nimmt man den Bus 90 und steigt an der Endstation Ap Lei Chau Estate aus. Weiter geht's mit dem kostenlosen Shuttleminibus, der (unregelmäßig) zwischen 7.45 und 19.30 Uhr fährt. Die Shuttles haben keine Haltestelle. Man wartet am Personalhäuschen der Busstation beim Taxistand, ansonsten läuft man nur 20 Minuten bis zum Outlet.

STANLEY MARKET MARKT
Karte S. 401 (赤柱市集; Stanley Village Rd; ⌚9–18 Uhr; 🚌6, 6A, 6X oder 260) In dem herrlich verwirrenden Gassenlabyrinth, das sich hinunter zur Stanley Bay erstreckt, werden keine ausgesprochenen Schnäppchen oder Kostbarkeiten verkauft, sondern mittelteure Freizeitklamotten, Nippes und Kunst aus Massenproduktion. Am besten kommt man unter der Woche hierher, da der Markt am Wochenende vor lauter Touristen und Einheimischen aus allen Nähten platzt.

SPORT & AKTIVITÄTEN

ABERDEEN BOAT CLUB BOOTFAHREN
Karte S. 400 (香港仔遊艇會; ☎2552 8182; www.abclubhk.com; 20 Shum Wan Rd, Aberdeen; 🚌70, 73 & 793) Dieser Bootsclub organisiert Segel- und Windsurfkurse für Mitglieder und Nichtmitglieder.

ABERDEEN MARINA CLUB BOOTFAHREN
Karte S. 400 (深灣遊艇俱樂部; ☎2555 8321; www.aberdeenmarinaclub.com; 8 Shum Wan Rd, Aberdeen; 🚌70, 73 & 793) Nichtmitglieder müssen in diesem schicken Clubhaus von einem Mitglied begleitet werden.

SHEK O GOLF & COUNTRY CLUB GOLF
(石澳高爾夫球會; ☎2809 4458; 5 Shek O Rd, Shek O; Spielgebühr 300–500 HK$; 🚌3, 309) 18-Loch-Platz am südöstlichen Rand von Hong Kong Island. Nichtmitglieder nur in Begleitung eines Mitglieds.

Kowloon

TSIM SHA TSUI | YAU MA TEI | MONG KOK | NEW KOWLOON

Highlights

❶ Vor der Kulisse von Victoria Harbour auf der **Tsim Sha Tsui East** Promenade (S. 136) entlang spazieren

❷ Zu den Klängen eines Streichquartetts in der Lobby des Peninsula (S. 141) Scones und Earl Grey genießen

❸ Die Gerüche, Aromen und Geräusche des **Temple Street Night Market** (S. 137) in sich aufnehmen

❹ Im Sik-Sik-Yuen-Wong-Tai-Sin-Tempel (S. 138) eine taoistische Zeremonie erleben oder sich die Zukunft voraussagen lassen

❺ Mitten unter Technik- und Computerfreaks und lustig frisierten Typen auf dem **Ap Liu Street Flea Market** (S. 160) herumstöbern

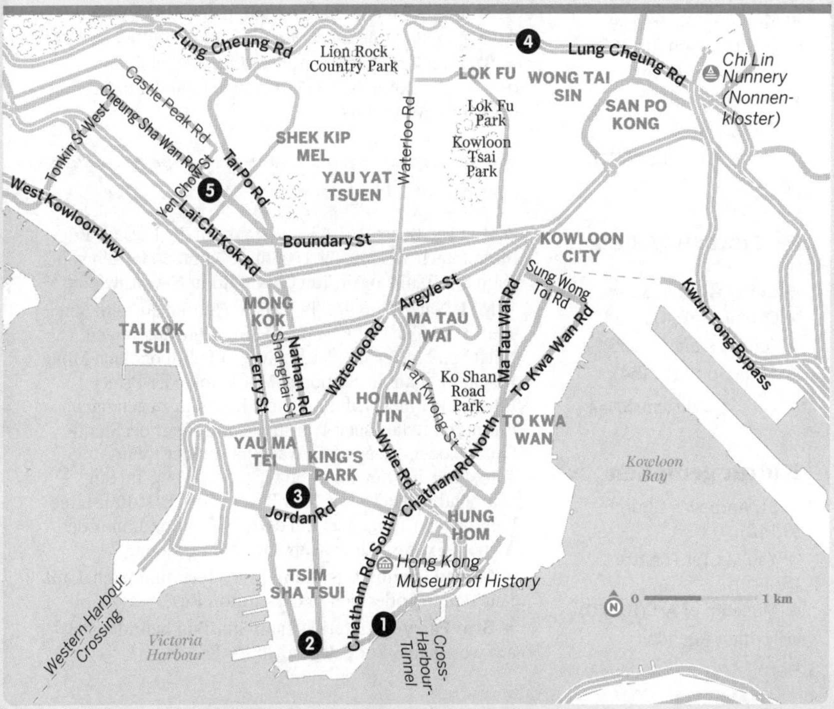

Detailpläne dieses Gebiets s. Karte S. 402, Karte S. 404, Karte S. 406 & Karte S. 407 ➡

...p-Tipp

In Kowloon, vor allem in Tsim Sha Tsui, gibt's eine Menge ethnischer Viertel. Inder, Pakistaner und Afrikaner trifft man in und rund um Chungking Mansions, wo es auch die besten indischen Lebensmittelläden der Stadt gibt; koreanische Lokale und Minimärkte ballen sich in der Kimberley St und der Austin Avenida, während sich Nepalesen (die früheren Gurkhas) in der Nähe des Temple Street Night Market in Yau Ma Tei versammeln. Der Großteil der thailändischen Läden und Restaurants in Hongkong ist in Kowloon City zu finden.

Gut essen

- Dong Lai Shun (S. 148)
- Kimberley Chinese Restaurant (S. 149)
- One Dim Sum (S. 152)
- Yoga Interactive Vegetarian (S. 149)
- Piggy Grill (S. 152)

Mehr dazu S. 148 ➡

Nett ausgehen

- Butler (S. 154)
- Ozone (S. 154)
- Fullcup Café (S. 155)
- Aqua Spirit (S. 154)

Mehr dazu S. 154 ➡

Kultur genießen

- St. Andrew's Church (S 142)
- Yau Ma Tei Theatre (S. 145)
- Museum of Art (S. 140)
- Hidden Agenda (S. 157)

Rundgang: Kowloon

Der Tag beginnt mit dem Museum of History, dann folgt ein Bummel auf der Tsim Sha Tsui East Promenade zum Star Ferry Concourse. Unterwegs bestaunt man das Cultural Centre und den Uhrenturm und kehrt mittags in einem italienischen oder Shanghai-Restaurant ein.

Auf dem Weg nach Yau Ma Tei hält man an der St. Andrew's Church und der Kowloon British School. 90 Minuten sind für die Erkundung des Tin-Hau-Tempels, des Jademarkts und der Shanghai St einzuplanen. Danach gibt's folgende Möglichkeiten: mit der MTR bis zur Station Prince Edward fahren, um den Blumen- und Vogelmarkt in der Yuen Po St Flower und danach Mong Kok zu besuchen; sich Sham Shui Po und den Flohmarkt in der Ap Liu Street ansehen; oder die Stille in der Chi Lin Nunnery in Diamond Hill genießen.

Nach dem Abendessen an einem Straßenstand in Yau Ma Tei steht der Nachtmarkt in der Temple Street an. Bei ein paar Drinks in einer Bar in Tsim Sha Tsui kann man die Erlebnisse des Tages sacken lassen.

Lokalkolorit

➡ **Treff** Örtliche Künstler und Autoren hängen gern im Obergeschoss des Mido Café (S. 152) ab.

➡ **Shoppen** Modefreaks werden in der Rise Shopping Arcade (S. 157) und am Granville Circuit fündig.

➡ **Straßenkunst** Jeden Abend erobern Musikanten und Straßenkünstler die Fußgängerzone der Sai Yeung Choi St in Mong Kok.

An- & Weiterreise

➡ **Bus** Die Busse 2, 6, 6A und 9 fahren die Nathan Rd hinauf nach Yau Ma Tei. Die Busse 5 und 26 fahren von Tsim Sha Tsui zur Ma Tau Chung Rd in New Kowloon.

➡ **MTR** Nach Tsim Sha Tsui an den Stationen Tsim Sha Tsui, Tsim Sha Tsui East oder Hung Hom aussteigen. Nach Yau Ma Tei am gleichnamigen Bahnhof; nach Mong Kok kann man die Stationen Mong Kok oder Prince Edward nehmen. Um nach New Kowloon zu gelangen, nimmt man die Tsuen-Wan-Linie und steigt bei Sham Shui Po oder Cheung Sha Wan aus; auf der Kwun-Tong-Linie bei Kowloon Tong, Lok Fu, Wong Tai Sin, Diamond Hill oder Kowloon Bay; auf der East-Rail-Linie bei Kowloon Tong; oder auf der Tung-Chung-Linie oder Airport-Express-Linie beim Bahnhof Kowloon.

➡ **Macau Ferries** Das China Ferry Terminal nach Tsim Sha Tsui befindet sich in der Canton Rd.

➡ **Star Ferry** Der Station Tsim Sha Tsui befindet sich am westlichen Ende der Salisbury Rd.

/ LONELY PLANET IMAGES ©

HIGHLIGHTS
HONG KONG MUSEUM OF HISTORY

Wer in Hongkong nur für ein Museum Zeit hat, sollte das Hong Kong Museum of History wählen. Es gibt einen kurzen Überblick über Archäologie, Natur, Ethnologie und örtliche Kulturen – Infos, die einem helfen, seine Erlebnisse in Hongkong richtig einzuordnen.

Die Dauerausstellung „The Hong Kong Story" bietet einen Spaziergang durch die Geschichte des Territoriums, angefangen mit Natur, Umgebung und der Vor- und Frühgeschichte Hongkongs vor etwa 6000 Jahren, bis hin zur Rückgabe des Territoriums an China im Jahr 1997 – zum Leben in den Jahren danach gibt's jedoch kaum Infos.

Man sieht die Nachbauten von Behausungen früherer Einwohner, z. B. der Tanka, die auf Booten lebten, oder der Puntay, die in Wehrdörfern wohnten, sowie einen nachgestellten chinesischen Hochzeitsumzug. Es sind traditionelle Trachten und Betten ausgestellt, der Nachbau einer Ladenstraße in Central aus dem Jahr 1881 mit einer chinesischen Kräuterapotheke, über deren Geschichte die Tonbandaufnahme des früheren Besitzers Auskunft gibt, eine Straßenbahn von 1913 und Filmmaterial zur Geschichte des Zweiten Weltkriegs, darunter Interviews mit Chinesen und Ausländern, die in japanische Gefangenschaft gerieten.

Ein Teil der Ausstellung widmet sich der städtischen Entwicklungsgeschichte Hongkongs, mit vielen Einblicken in frühere Zeiten, außerdem gibt's ein 1960er-Jahre-Kino, das dreimal täglich (11, 14 & 16 Uhr) alte kantonesische Filme zeigt. Das Kino ist eine Attraktion für Senioren, die hierher kommen, um in Erinnerungen zu schwelgen. Sonderausstellungen sind z. B. „Hundertjahrfeier der Chinesischen Revolution von 1911" oder „Die Docks von Hongkong".

NICHT VERSÄUMEN

- „The Hong Kong Story"
- Sonderausstellungen

PRAKTISCH & KONKRET

- 香港歷史博物館
- Karte S. 404
- ☎2724 9042
- http://hk.history.museum
- 100 Chatham Rd South
- Erw./erm. 10/5 HK$, Mi frei
- ⏲Mo & Mi–Sa 10–18, So bis 19 Uhr
- kostenlose Führungen auf Englisch (Sa & So 10.30 & 14.30 Uhr)
- Ⓜ Tsim Sha Tsui, Ausgang B2

LONELY PLANET/GETTY IMAGES ©

HIGHLIGHTS
TSIM SHA TSUI EAST PROMENADE

Der prachtvolle Blick auf Victoria Harbour macht diese Promenade zu einem der schönsten Spazierwege in Hongkong. Am besten kommt man tagsüber hierher, macht Fotos, besucht die Museen, betrachtet die Boote und beobachtet das bunte Treiben. Nach Sonnenuntergang sollte man auf dem Weg zum Abendessen oder zum Star Ferry Pier den Ausblick auf Central und Wan Chai noch einmal genießen, denn dann erstrahlen die Wolkenkratzer in buntem Neonlicht.

Ein guter Ausgangspunkt für den Spaziergang ist der alte Uhrenturm der Kowloon-Canton Railway, ein Wahrzeichen aus dem Zeitalter der Dampfmaschine, neben dem Star Ferry Concourse. 1966 versammelten sich hier Tausende, um gegen eine Erhöhung der Fährtarife zu demonstrieren. Die Demonstrationen mündeten in die Unruhen von 1966, die ersten in einer Reihe sozialer Proteste, die zu einer Reform der Kolonialverwaltung führten.

Vorbei am Cultural Centre und dem Museum of Art führt der Weg zur **Avenue of the Stars** (星光大道), Hongkongs recht glanzlose Hommage an seine einst blühende Filmindustrie. Das Highlight ist die 2,5 m hohe Bronzestatue der Kung-Fu-Legende Bruce Lee. Hier kann man jeden Abend die Symphony of Lights (⌚20–20.20 Uhr) erleben, die weltweit größte dauerhafte Lasershow – die Laser sind auf den Dächern von 40 Wolkenkratzern montiert.

Der Spaziergang führt weiter an den Hotels von Tsim Sha Tsui East vorbei, einem dem Meer neu abgerungenen Gebiet, zum Hong Kong Coliseum und dem Bahnhof Hung Hom. Je weiter man nach Norden kommt, umso ruhiger wird es – die Touristen- und Ausflugsboote weichen Frachtkähnen, Liebespaaren und ruhigen Anglern.

Richtig turbulent geht es auf der Promenade während des Feuerwerks zum **chinesischen Neujahrsfest** Ende Januar/Anfang Februar sowie im Juni während des **Drachenbootfestes** zu.

NICHT VERSÄUMEN

- Ausblick
- Uhrenturm
- Bruce-Lee-Statue
- Symphony of Lights

PRAKTISCH & KONKRET

- 尖沙咀東部海濱花園
- Karte S. 404
- Star Ferry
- Ⓜ Tsim Sha Tsui, Ausgang E

KYLIE McLAUGHLIN/GETTY IMAGES ©

HIGHLIGHTS
TEMPLE STREET NIGHT MARKET

Hongkongs lebendigster Nachtmarkt zieht sich von der Man Ming Lane im Norden bis zur Nanking St im Süden und wird von dem historischen Tin-Hau-Tempelkomplex geteilt. Hier kann man die Stimmung genießen, die Düfte und Aromen der *dai pai dongs* (s. S. 38) aufsaugen, gelegentlich kostenlose Vorstellungen kantonesischer Opern erleben und sich die Zukunft voraussagen lassen. Hochbetrieb herrscht zwischen 19 und 22 Uhr, wenn sich die Besucher um die Marktstände drängen.

Auch wenn die Preise jenseits der Grenze in Shenzhen oft günstiger sind, strömen die Menschen hierher, um Kleidung, Uhren, schwarz gebrannte CDs, gefälschte Markenartikel und Alltagsgegenstände einzukaufen. Hier darf hemmungslos gefeilscht werden.

Will man im Freien essen, geht man in die im Osten parallel verlaufende Woo Sung St oder in den Abschnitt der Temple St nördlich vom Tempel. Hier bekommt man für 30 bis 300 HK$ alles – von einer Schale Nudeln über Austernomelettes nach Chaozhou-Art bis hin zu nepalesischen Currys. Es gibt auch zahlreiche Meeresfrüchte- und Suppenküchen.

Allabendlich schlagen Wahrsager in der Mitte des Marktes ihre Zelte auf und sagen ihrer Kundschaft (ab 100 HK$) die Zukunft voraus. Einige halten Vögel, die darauf trainiert sind, „Glückskarten" herauszupicken. Man muss nicht an den Hokuspokus glauben, um die Sache unterhaltsam zu finden. Die meisten Wahrsager sprechen etwas Englisch.

Wenn man Glück hat, kann man die Aufführung der einen oder anderen Szene aus einer kantonesischen Oper miterleben. Einige der berühmtesten Diven und Maestros der Opernbühne begannen hier ihre Laufbahn als Straßenkünstler – jedenfalls behaupten sie das gern. Wer nach all dem Trubel immer noch nicht genug hat, kann anschließend zum Yau Ma Tei Wholesale Fruit Market (S. 144) weiterziehen, der gegen 4 Uhr zum Leben erwacht.

NICHT VERSÄUMEN

- Shoppen
- Straßenessen
- Wahrsager
- Kantonesische Opernaufführungen
- Yau Ma Tei Wholesale Fruit Market

PRAKTISCH & KONKRET

- 廟街夜市
- Karte S. 406
- 18–23 Uhr
- M Yau Ma Tei, Ausgang C; der Man Ming Lane folgen

LONELY PLANET/GETTY IMAGES ©

HIGHLIGHTS
SIK-SIK-YUEN-WONG-TAI-SIN-TEMPEL

Der taoistische Tempel präsentiert sich als ein Gewirr aus bunten Säulen, Dächern, Ziergittern, Blumen und Weihrauch. Menschen aller Art pilgern hierher – von Rentnern, Geschäftsleuten oder Eltern bis hin zu jungen Berufstätigen. Manche kommen nur zum Beten, andere wollen mithilfe von *chìm* ihr zukünftiges Schicksal erfahren – die Glücksstäbchen aus Bambus werden auf den Boden geworfen und von Wahrsagern gedeutet.

Der 1973 erbaute Komplex ist dem „Großen Unsterblichen Wong", Wong Tai Sin, geweiht, einer heilkundigen taoistischen Gottheit, die als Hirte in der Provinz Zhèjiāng gelebt und Felsbrocken in Schafe verwandelt haben soll. Das ganze Viertel (samt MTR-Station und Wohnanlage) ist nach dem heiligen Mann benannt, was seltsam anmutet, da er ein Einsiedler gewesen sein soll. Als Wong 15 Jahre alt war, lehrte ihn ein Unsterblicher, einen Kräutertrank zu brauen, der alle Krankheiten heilte. Deshalb wird Wong heute von Kranken ebenso wie von denen verehrt, die gesund bleiben wollen. Mit „Wong Tai Sin" werden manchmal auch Personen bezeichnet, die übertrieben großzügig sind.

Am Hauptaltar werden taoistische Rituale zelebriert. Das Bild der Gottheit wurde 1915 aus der Provinz Guangdong nach Hongkong gebracht. Rechts hinter dem Hauptschrein liegen die **Good Wish Gardens** (Eintritt gegen Spende 2 HK$; ⌚9–16 Uhr) mit Brücken, Karpfenteichen und Pavillons, von denen die sechseckige Unicorn Hall mit ihren geschnitzten Türen und Fenstern am schönsten ist.

Links am Eingang des Komplexes ist eine Zeile mit Wahrsagern (ab 100 HK$, z.T. auch auf Englisch). Besonders viel ist rund ums chinesische Neujahrsfest los, am Geburtstag Wong Tai Sins (23. Tag des 8. Monats) und an Wochenenden.

NICHT VERSÄUMEN

- Architektur
- Wahrsagestäbchen aus Bambus
- Hauptschrein
- Zeremonien
- Good Wish Gardens
- Unicorn Hall

PRAKTISCH & KONKRET

- 嗇色園黃大仙祠
- ☎2327 8141/2351 5640
- www.siksikyuen.org.hk
- 2, Chuk Yuen Village, Wong Tai Sin, Kowloon
- Spende 2 HK$
- ⌚7–17.30 Uhr
- Ⓜ Wong Tai Sin, Ausgang B2

MIGUEL AGUILAR/GETTY IMAGES ©

HIGHLIGHTS
CHI LIN NUNNERY

Das große buddhistische Nonnenkloster gehört zu den eindrucksvollsten Bauwerken in Hongkong. Es stammt ursprünglich aus den 1930er-Jahren und wurde 1998 im Stil eines Klosters aus der Tang-Dynastie wieder neu aufgebaut. Lotusteiche, Bonsai-Teepflanzen und schweigsame Nonnen, die ihre Opfergaben darbringen oder hinter geschnitzten Wandschirmen ihre Gesänge anstimmen, prägen das Bild dieses friedlichen Ortes.

Das Nonnenkloster ist der weltweit größte Komplex aus handgezimmerten Holzgebäuden. Die massiven Bauten sind von einer handwerklichen Meisterkunst, wie sie bei modernen Nachbauten alter Architektur nur selten zu finden ist. Die Bauweise, bei der die Holzelemente so ineinandergreifen, dass kein einziger Nagel benötigt wurde, will den Einklang zwischen Mensch und Natur zum Ausdruck bringen.

Man betritt den Komplex durch das Sam Mun, eine Reihe von „drei Toren", die für die buddhistischen Gebote Mitleid, Weisheit und die „geschickten Mittel" (*upaya*) stehen. Durch den ersten Hof kommt man zur Halle der Himmelskönige mit einer großen Statue des sitzenden, von Gottheiten umgebenen Buddhas. Hinter ihr erhebt sich die Haupthalle mit einer Statue des Buddha Shakyamuni.

An das Kloster schließt sich der **Nan Lian Garden** (南蓮園池; ☎3658 9311; www.nanliangarden.org; ⏲10–18 Uhr) an, ein Park im Stil der Tang-Zeit mit goldener Pagode, Koi-Teich und bizarren Felsen, die aus ganz China herbeigeschafft wurden. Vor Ort befinden sich auch das kleine, aber ausgezeichnete Chi Lin Vegetarian (Long Men Lou; s. S. 153) und der elegante **Pavilion of Pine and Tea** (Song Cha Xie; ☎3658 9390; Teeblätter ab 150 HK$; ⏲12–19.30 Uhr).

NICHT VERSÄUMEN

- Architektur im Stil der Tang-Zeit
- Sam Mun
- Lotusteichgarten
- Halle der Himmelskönige
- Haupthalle
- Nan Lian Garden

PRAKTISCH & KONKRET

- 志蓮淨苑
- ☎2354 1888
- www.chilin.org
- 5 Chi Lin Dr
- Eintritt frei
- ⏲Nonnenkloster 9–16.30 Uhr, Garten 6.30–19 Uhr
- Ⓜ Diamond Hill, Ausgang C2; über die Hollywood Plaza gehen und nach Osten in die Fung Tak Rd abbiegen

SEHENSWERTES

Tsim Sha Tsui

HONG KONG MUSEUM OF ART — MUSEUM

Karte S. 402 (香港藝術館; www.lcsd.gov.hk; 10 Salisbury Rd; Erw./erm. 10/5 HK$, Mi frei; Fr–Mi 10–18, Sa bis 20 Uhr; Star Ferry, M Tsim Sha Tsui, Ausgang E) Das Hong Kong Museum of Art ist ein Muss für alle Fans von Kunst und Kunstgewerbe: Sieben Galerien präsentieren auf sechs Stockwerken chinesische Altertümer, chinesische Kunst, historische Bilder und zeitgenössische Kunst aus Hongkong sowie internationale Wechselausstellungen.

Die siebte Galerie zeigt die Xubaizhi-Sammlung von Malereien und Kalligrafien. Zu den Highlights zählen Keramiken in der **Chinese Antiques Gallery**, die **Historical Pictures Gallery** mit Gemälden im westlichen Stil aus dem 18. und 19. Jh., die Macao, Hongkong und Guangzhou darstellen, und die **Gallery of Chinese Fine Art**, in der zeitgenössische chinesische Kunst und Malereien sowie Kalligrafien des vorigen Jahrhunderts aus Guangdong gezeigt werden. Es gibt Audioguides für 10 HK$ und kostenlose Führungen auf Englisch (Di–So 11 Uhr).

UHRENTURM DER EHEMALIGEN KCR-STATION — HISTORISCHES GEBÄUDE

Karte S. 402 (前九廣鐵路鐘樓; Tsim Sha Tsui Star Ferry Concourse, südliches Ende der Salisbury Rd; Star Ferry) Der 1915 errichtete, 44 m hohe Uhrenturm gehörte früher zum südlichen Endbahnhof der Kowloon-Canton Railway (KCR). Der Zugbetrieb wurde Ende 1975 in den modernen Bahnhof Hung Hom verlegt und der alte Bahnhof 1978 abgerissen. Wie er einmal aussah, zeigt das maßstabsgetreue Modell im Hong Kong Railway Museum (S. 174) in Tai Po in den New Territories.

HONG KONG CULTURAL CENTRE — KULTURZENTRUM

Karte S. 402 (香港文化中心; www.lcsd.gov.hk; 10 Salisbury Rd; 9–23 Uhr; Star Ferry) Am schönsten Abschnitt des Hafens steht das ästhetisch missratene, fensterlose Kulturzentrum, das einen Konzertsaal mit 2085 Plätzen, einen Theatersaal mit 1750 Plätzen, eine Studiobühne für bis zu 535 Zuschauer, Probensäle und ein Foyer beherbergt. An der Südseite des Gebäudes liegt eine Aussichtsplattform, von der aus man zur Tsim Sha Tsui East Promenade (S. 136) gelangt.

NATHAN ROAD — STRASSE

Karte S. 402 (彌敦道; M Tsim Sha Tsui) Kowloons Hauptverkehrsstraße ist eine von Autos und Fußgängern verstopfte Meile voller Elektronik- und Schmuckläden. Immerhin findet man hier authentisches Hongkonger Stadtleben: Schäbige Absteigen liegen direkt neben Spitzenklassehotels, und zwischen den Wohnblocks verlaufen Grünstreifen. Die Gegend ist absolut sicher – und das ist auch gut so, weil man es gar nicht vermeiden kann, sich durchs Gedränge zu schieben, wenn man einige Zeit hier verbringt.

EHEMALIGE ZENTRALE DER HAFENPOLIZEI — HISTORISCHES GEBÄUDE

Karte S. 402 (前水警總部; www.1881heritage.com; 2a Canton Rd, Tsim Sha Tsui; Ausstellungshalle Eintritt frei; 10–22 Uhr; Star Ferry) Der 1884 im viktorianischen Stil erbaute Komplex gehört zu den vier ältesten Verwaltungsgebäuden Hongkongs. Es wurde ausschließlich von der Hongkonger Hafenpolizei genutzt, außer im Zweiten Weltkrieg, als sich die japanische Marine hier einnistete.

2009 wurde der Komplex in ein schickes Geschäftsgebäude namens „Heritage 1881“ umgewandelt. Der Bauträger ließ einige der Gebäude abreißen und verwandelte den Rest – darunter die Stallungen, Taubenschläge und ein Bunker – in Läden, Restaurants und ein kleines Hotel. Die „1881“ steht im Namen, weil das eigentliche Entstehungsdatum die Zahl 4 enthält, die im Chinesischen an das Wort „Tod“ anklingt, und weil der Immobilienzar offenbar abergläubisch ist.

OCEAN TERMINAL — GEBÄUDE

Karte S. 402 (www.oceanterminal.com.hk; Salisbury Rd, Tsim Sha Tsui; 10am-9pm; Star Ferry) Das 381 m in den Hafen hineinragende Gebäude ist ein wichtiges Kreuzfahrtterminal Hongkongs und zugleich ein Einkaufszentrum. Der Eingang befindet sich auf der Westseite des Uhrenturms.

Der ursprüngliche Kowloon Wharf Pier wurde um 1886 errichtet und war einst der größte Pier auf dieser Seite des Hafenbeckens. Später wurde er zu einem Kreuzfahrtterminal mit Einkaufszentrum umgebaut. 70 Mio. HK$ flossen in die Erweiterung der Anlage, die 1966 als Ocean Terminal neu eröffnet wurde und mit 112 Läden das größte Einkaufszentrum der Stadt war. Heute gehört es zur Einkaufszone Harbour City, die sich 500 m weit nach Norden längs der Canton Rd erstreckt und einen tollen Ausblick auf das Westufer von Tsim Sha Tsui gewährt.

AUSLAUF IN TST

Man mag es angesichts der Menschenmassen und des Verkehrs kaum glauben, aber Tsim Sha Tsui (TST) gehört zu den städtischen Vierteln in Hongkong, die sich gut zu Fuß erkunden lassen. Architekt Freddie Hai hat einmal die Fußgängerwege in dem Gebiet vermessen und dabei herausgefunden, dass die meisten zwischen 250 und 300 m lang sind. Die U-Bahnstationen haben einen Einzugsbereich von 500 m, was etwa einer Wegstrecke von acht Gehminuten entspricht. Da die Straßen nur ungefähr halb so lang sind, braucht man für eine Strecke in TST nur ungefähr vier Minuten.

Zudem sind die meisten der ungerade verlaufenden Avenues in TST durch T-Kreuzungen miteinander verbunden, also Straßen, die im rechten Winkel auf eine andere stoßen und an der Kreuzung enden. Durch diese städtebauliche Eigenschaft entsteht einerseits der Eindruck einer Geschlossenheit des Viertels und andererseits die Spannung, was einen wohl hinter der nächsten Ecke erwartet. Kommt man von der Peking Rd in die Canton Rd fragt man sich allerdings, ob es nun rechts zum Macau Ferry Terminal oder links zum Space Museum geht.

Ganz anders sieht es im ausgedehnten Raster von Yau Ma Tei aus, einem faszinierenden, munteren Viertel, in dem man sich jedoch, wenn man das erste Mal hier ist, genauso leicht verlaufen kann.

Wo auch immer man sich gerade in TST aufhält, die gute alte Nathan Rd ist nie mehr als vier Blocks entfernt. Kowloons älteste Asphaltstraße beginnt unweit des Hafens und verläuft an Yau Ma Tei entlang bis nach Mong Kok. Die schnurgerade Straße ist so etwas wie der Faden im Labyrinth und garantiert immer ein gutes Ende.

PENINSULA HONG KONG — HISTORISCHES GEBÄUDE

Karte S. 402 (香港半島酒店; www.peninsula.com; Ecke Salisbury & Nathan Rd, Tsim Sha Tsui; Ⓜ East Tsim Sha Tsui, Ausgang L3) Das um 1928 erbaute, an einen Thron erinnernde Peninsula ist eines der großen Hotels der Welt. Einst wurde es als „das beste Hotel östlich von Suez“ bezeichnet, war aber nur eines von mehreren angesehenen Luxushotels in Asien, wo alles abstieg, was Rang und Namen hatte. So spielte das Peninsula in einer Liga mit dem Raffles in Singapur oder dem Cathay (heute Fairmont Peace Hotel) in Shanghai. Sich in diesem Hotel einen Nachmittagstee zu gönnen, gehört zu den tollsten Erlebnissen in der Stadt – fein anziehen und damit rechnen, auf einen Tisch warten zu müssen.

HONG KONG SPACE MUSEUM & THEATRE — MUSEUM

Karte S. 402 (香港太空館; www.lcsd.gov.hk; 10 Salisbury Rd, Tsim Sha Tsui; Erw./erm. 10/5 HK$, Mi frei; ⏲Mo & Mi–Fr 13–21, Sa, So & Feiertage 10–21 Uhr; Ⓜ East Tsim Sha Tsui, Ausgang J) Das golfballförmige Gebäude am Ufer beherbergt zwei Ausstellungshallen und ein Planetarium mit einem großen konkaven Bildschirm. Die Filme haben meist einen kantonesischen Kommentar, aber Übersetzungen per Kopfhörer sind verfügbar (Veranstaltungstermine und Preise telefonisch unter ☎2734 2722 erfragen). Das Museum wirkt zwar etwas altmodisch, aber trotzdem wird man an dem virtuellen Gleitschirmflug und dem „Mondspaziergang“ Spaß haben. Das Museum verkauft dehydriertes „Astronauteneis“ in drei Geschmacksrichtungen.

TOP CHOICE MIDDLE ROAD CHILDREN'S PLAYGROUND — PARK

Karte S. 404 (中間道兒童遊樂場; Middle Rd, Tsim Sha Tsui; ⏲7–23 Uhr; Ⓜ East Tsim Sha Tsui, Ausgang K) Dieses über eine Treppe von der Chatham Rd South aus erreichbare Kleinod über der MTR-Station Tsim Sha Tsui East bietet Spielgeräte, schattige Sitzplätze und einen Blick aufs Ufer. An Werktagen ist der Platz die ruhige Erholungsstätte der in der Nähe lebenden ethnischen Minderheiten, aber an den Wochenenden drängen sich hier Kinder aus aller Herren Länder und Leute, die zum Picknicken herkommen.

Am Osteingang ist der Park mit dem schönen **Tsim Sha Tsui East Waterfront Podium Garden** (尖沙咀東海濱平台花園; Karte S. 404) verbunden, der für seine geschmackvollen Granitbauten und weißen Segeltuchbaldachine bekannt ist. An den Wochenenden vergnügen sich hier Skateboarder und Traceurs (Anhänger der Trendsportart Parkour). Der Garten befindet sich direkt über dem Busbahnhof Tsim Sha Tsui East (Mody Rd).

SIGNAL HILL GARDEN & BLACKHEAD POINT TOWER

PARK

Karte S. 404 (訊號山公園和訊號塔; Minden Row, Tsim Sha Tsui; ⏲Turm 9–11 & 16–18 Uhr; Ⓜ East Tsim Sha Tsui, Ausgang K) Der Ausblick von diesem Hügel ist spektakulär, und lebte man vor hundert Jahren, würde von den Schiffen im Hafen aus der Blick wohl erwidert werden: Früher wurde von dem hübschen edwardianischen Turm jeden Tag um 13 Uhr eine Kupferkugel abgesenkt, damit die Seefahrer ihre Chronometer überprüfen konnten. Der Park thront über dem Middle Rd Children's Playground, der Eingang ist an der Minden Row (abseits der Mody Rd).

KOWLOON PARK

PARK

Karte S. 402 (九龍公園; www.lcsd.gov.hk; Nathan & Austin Rd, Tsim Sha Tsui; ⏲6–24 Uhr; Ⓜ Tsim Sha Tsui, Ausgang C2) Der auf dem Gelände einer früheren Kaserne für indische Soldaten der Kolonialarmee angelegte Kowloon Park ist eine grüne Oase, die eine erholsame Zuflucht vor dem Getümmel in Tsim Sha Tsui bietet. Wege und Mauern ziehen sich kreuz und quer durchs grasbewachsene Gelände, Vögel hüpfen in Käfigen umher, und Türme und alte Banyanbäume schaffen Bezugspunkte in der Landschaft. Morgens praktizieren Senioren hier Tai Chi, und sonntags gibt's am Nachmittag in der Kung Fu Corner Kampfkunstdemonstrationen, an denen manchmal auch Zuschauer teilnehmen können.

ALTER FOOK-TAK-TEMPEL

TEMPEL

Karte S. 402 (福德古廟; 30 Haiphong Rd, Tsim Sha Tsui; ⏲6–20 Uhr; Ⓜ Tsim Sha Tsui, Ausgang C2) Tsim Sha Tsuis einziger Tempel ist ein verrauchtes Gebäude mit einem heißen Blechdach mitten in der Häuserzeile. Über seine Vergangenheit weiß man nur, dass er zur Zeit der Qing-Dynastie erbaut und im Jahr 1900 renoviert wurde. Vor dem Krieg huldigten die Kulis, die auf dem Kowloon Wharf arbeiteten – dort, wo sich heute der Ocean Terminal befindet –, hier dem Erdgott. Heute bringen in dem Tempel hauptsächlich weißhaarige Greise Weihrauch dar – der Tempel soll für langes Leben sorgen.

HAIPHONG RD TEMPORARY MARKET

MARKT

Gleich neben dem Alten Fook-Tak-Tempel befindet sich „vorübergehend" ein Nassmarkt, der tatsächlich aber schon seit drei Jahrzehnten besteht. Von außen wirkt der Markt verschlafen, hat man sich aber erst mal an den Blumenhändlern, Gemüseverkäufern und Ständen mit Halal-Fleisch, die die hiesige muslimische Gemeinde versorgen, vorbeigearbeitet, entdeckt man ein wirres Durcheinander von *dai pai dongs* (s. S. 38), zu denen auch die Tak Fat Beef Balls (S. 151) gehören.

KOWLOON MOSQUE & ISLAMIC CENTRE

MOSCHEE

Karte S. 402 (九龍清真寺; 105 Nathan Rd; Tsim Sha Tsui; ⏲5–22 Uhr; Ⓜ Tsim Sha Tsui, Ausgang C2) Diese mit einer Kuppel und Marmorornamenten geschmückte Moschee ist die größte islamische Andachtsstätte in Hongkong. Sie wird von den rund 70 000 Muslimen der Sonderverwaltungszone besucht, von denen mehr als die Hälfte Chinesen sind; 2000 Gläubige finden hier Platz. Muslime können am Gottesdienst teilnehmen, Andersgläubige sollten vor dem Betreten um Einlass bitten und natürlich die Schuhe ausziehen.

EHEMALIGE BRITISCHE SCHULE VON KOWLOON

HISTORISCHES GEBÄUDE

Karte S. 402 (前九龍英童學校; www.amo.gov.hk; 136 Nathan Rd, Tsim Sha Tsui; Ⓜ Tsim Sha Tsui, Ausgang B1) Das älteste erhaltene Schulgebäude für die Kinder der in Hongkong lebenden Briten wurde 1902 erbaut und steht unter Denkmalschutz. Später erhielt es luftige Veranden und hohe Decken, weil es Klagen gab, dass viele Schulkinder in Ohnmacht gefallen seien. Heute residiert in dem Gebäude das **Antiquities and Monument Office** (古物古蹟辦事處).

LP TIPP ST. ANDREW'S ANGLICAN CHURCH

KIRCHE

Karte S. 402 (聖安德烈堂; www.standrews.org.hk; 138 Nathan Rd, Tsim Sha Tsui; ⏲7.30–22.30 Uhr; Ⓜ Tsim Sha Tsui, Ausgang B1) Versteckt auf einer Anhöhe steht zwischen der ehemaligen Britischen Schule von Kowloon und dem Hong Kong Observatory diese charmante Kirche im Stil der englischen Gotik. Das 1905 aus Granit und rotem Backstein erbaute Gotteshaus ist die älteste protestantische Kirche in Kowloon und dem Apostel Andreas, dem Schutzpatron Schottlands geweiht. Die japanischen Besatzer nutzten sie im Zweiten Weltkrieg als Shinto-Schrein. In der Nähe steht das um 1909 erbaute hübsche ehemalige Pfarrhaus mit seinen säulengeschmückten Balkonen. Man betritt die Kirche von der Ostseite der Nathan Rd über die Treppe oder die Steigung vor der halbkreisförmigen, von einer alten Steinmauer abgegrenzten Freifläche.

START **BRITISCHE SCHULE VON KOWLOON**

ZIEL **KOWLOON UNION CHURCH**

STRECKE **2,5 KM**

DAUER **2 STD.**

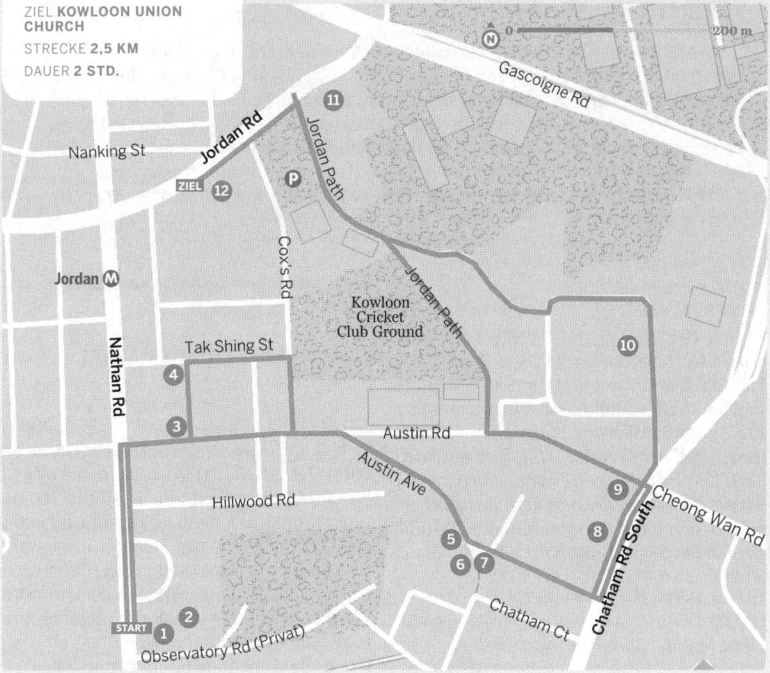

Stadtspaziergang

Auf den Spuren der Geschichte in Tsim Sha Tsui

Tsim Sha Tsuis nördliches Ende ist von Gebäuden aus der Nachkriegszeit und kolonialen Relikten geprägt. Der Spaziergang beginnt an der 1 **Britischen Schule von Kowloon** und der 2 **St. Andrew's Church**.

Weiter nördlich in der Nathan Rd biegt man dann rechts in die Austin Rd ab, wo früher viele Menschen aus Shanghai lebten. In der Lobby des 3 **Pak On Building** (百安大廈, 105 Austin Rd) gibt es viele Läden, darunter – am anderen Ende nahe der 4 **Tak Shing St** – ein Spirituosengeschäft, in dem es Absinth zu kaufen gibt.

Südlich davon zweigt die Austin Ave von der Austin Rd ab. Bei näherer Erkundung der Austin Ave entdeckt man die Wohnanlage 5 **Carnival Mansion** (嘉華大廈, 15B Austin Ave), in deren Hof man auf ein Gewirr maroder Wohnhäuser aus der Nachkriegszeit blickt. Im Innern dieser Gebäude findet man gelbe Terrazzo-Treppen mit grünen Geländern, die Handwerker aus Shanghai vor einem halben Jahrhundert gebaut haben.

Gleich daneben befindet sich das chaotische 6 **Success** (成功文具行), die wohl älteste Schreibwarenhandlung in TST. Hier steht auch die kuriose 7 **„dreieckige öffentliche Bedürfnisanstalt"** (三角公廁, Kreuzung Kimberley Rd und Austin Ave), die zugleich als Umspannwerk dient.

Am Ende der Austin Ave geht's nach links in die Chatham Rd South, wo man auf die 8 **Rosary Church** (玫瑰堂), Kowloons älteste katholische Kirche, und auf das 9 **St. Mary's Canossian College** (嘉諾撒聖瑪利書院) stößt. Am Tor der 10 **Gun Club Hill Barracks** (槍會山軍營, 127 Austin Rd), heute ein Standort der Volksbefreiungsarmee, geht's nach rechts auf den Jordan Path.

Zur Rechten türmen sich Zweckbauten, zur Linken entfalten sich die Rasenflächen der kolonialen Freizeitclubs. Bei Annäherung an die Jordan Rd erblickt man das 11 **PLA Hospital** (解放軍駐軍醫院). Hinter der Kreuzung mit der Cox's Rd gelangt man zur 12 **Kowloon Union Church** (九龍佑寧堂, 4 Jordan Rd), einer 1927 im viktorianischen Stil errichteten anglikanischen Kirche.

VORSICHT: FALSCHE MÖNCHE!

Echte Mönche fordern niemals Geldspenden. Aber während eines Aufenthalts kann es vorkommen, dass man in Tempeln, auf Straßen, ja sogar in Bars und Einkaufszentren von Trickbetrügern in Mönchsroben, die mit Steinrasseln oder anderen Requisiten ausstaffiert sind, um Geld gebeten wird. Die aufdringlicheren von diesen „Mönchen" versuchen manchmal auch, einem gefälschte buddhistische Amulette zu verkaufen, oder sie geben ihren „Segen", um anschließend auf eine Spende zu drängen. Wird man in solcher Weise angegangen, deutlich „nein" sagen und den falschen Mönch einfach ignorieren.

HONG KONG OBSERVATORY HISTORISCHE STÄTTE
Karte S. 402 (香港天文台; ☎2926 8200; www.hko.gov.hk; 134a Nathan Rd, Tsim Sha Tsui; Ⓜ Tsim Sha Tsui, Ausgang B1) Das 1883 errichtete Baudenkmal ist nur an zwei Tagen im März für die Öffentlichkeit zugänglich (Details stehen auf der Website). Von hier aus wird auch heute noch die Wetterlage beobachtet und es werden Warnungen ausgegeben, sobald sich einer der gefürchteten Taifune der Sonderverwaltungszone nähert.

HONG KONG MUSEUM OF HISTORY MUSEUM
Siehe S. 135.

HONG KONG SCIENCE MUSEUM MUSEUM
Karte S. 404 (☎2732 3232; http://hk.science.museum/eindex.php;2 Science Museum Rd; Erw./erm. 25/12,50 HK$, Mi Eintritt frei; ⏲Mo–Mi & Fr 13–21, Sa, So & öffentliche Feiertage 10–21 Uhr; Ⓜ Tsim Sha Tsui (Ausgang B2) Das Hong Kong Science Museum erklärt technische Grundlagen, z.B. in den Bereichen Computer und Telekommunikation. Zudem werden die Gesetze der Physik und Chemie anschaulich dargestellt. Da man vieles selbst ausprobieren kann, bietet das tolle Museum für Groß und Klein einen unterhaltsamen Zeitvertreib. Es gibt über 500 Ausstellungsobjekte.

ROSARY CHURCH KIRCHE
Karte S. 404 (玫瑰堂; ☎2368 0980; http://rosarychurch.catholic.org.hk; 125 Chatham Rd South, Tsim Sha Tsui; ⏲7.30–19.30 Uhr; ⓂJordan, Ausgang D) Die Rosenkranzkirche wurde als älteste katholische Kirche Kowloons 1905 mit der Spende eines in Hongkong lebenden portugiesischen Arztes errichtet. Ursprünglich diente sie den Katholiken eines in Kowloon stationierten indischen Bataillons als Gotteshaus, später der katholischen Gemeinde vor Ort. Die gelbe Fassade der neugotischen Kirche erinnert an die Kirchen in Macao.

Yau Ma Tei

TEMPLE STREET NIGHT MARKET MARKT
Siehe S. 137.

TIN-HAU-TEMPEL TEMPEL
Karte S. 406 (Ecke Temple St & Public Square St, Yau Ma Tei; ⏲8–17 Uhr; ⓂYau Ma Tei, Ausgang C) Das große, von Weihrauch erfüllte Heiligtum stammt aus dem 19. Jh. und ist einer der berühmtesten, der Meergöttin geweihten Tempel in Hongkong. Der öffentliche Platz vor dem Tempel ist das Zentrum des Viertels. Hier legten früher die Fischer ihre Hanfseile in die Sonne neben den chinesischen Banyanbäumen, in deren Schatten heute ältere Männer sitzen und Schach spielen. Das blauweiße Gebäude einen Block weiter östlich an der Public Square St ist die **Polizeiwache Yau Ma Tei** (油麻地警署; 627 Canton Rd) und steht unter Denkmalschutz.

HONG KONG INTERNATIONAL HOBBY & TOY MUSEUM MUSEUM
Karte S. 406 (香港國際玩具博物館; www.hktoymuseum.org; 330 Shanghai St, Yau Ma Tei; ⏲14–19 Uhr, Di geschl.; ⓂYau Ma Tei, Ausgang C) Die Sammlung ist nicht gerade überwältigend, hat aber einige Gundam-Roboter zu bieten.

WHOLESALE FRUIT MARKET MARKT
Karte S. 406 (油麻地果欄; Ecke Shek Lung St & Reclamation St, Yau Ma Tei; ⏲2–6 Uhr; ⓂYau Ma Tei, Ausgang B2, dann nach rechts gehen) Der 1913 gegründete historische Obstgroßmarkt von Yau Ma Tei wird von der Ferry St, der Waterloo Rd und der Reclamation St umgrenzt und von der Shek Lung St durchzogen. In dem charmanten Gewirr aus ein- und zweistöckigen Natur- und Backsteinbauten mit Schildern aus der Zeit vor dem Zweiten Weltkrieg herrscht in den frühen Morgenstunden zwischen 4 und 6 Uhr ein mächtiges Treiben. Dann werden Laster mit frischem Obst be- und entladen, und Ar-

beiter mit nacktem Oberkörper schleppen stapelweise Kisten im Mondschein umher.

YAU MA TEI THEATRE GEBÄUDE

Karte S. 406 (油麻地戲院; ☎2264 8108; www.lcsd.gov.hk/ymtt; Ⓜ Yau Ma Tei, Ausgang B2) Die beiden prachtvollen historischen Gebäude wurden in eine Spiel- und Ausbildungsstätte für die kantonesische Oper umgewandelt. Das Yau Ma Tei Theatre neben dem Obstgroßmarkt wurde in den späten 1920er-Jahren erbaut. Jahrzehntelang ließen sich Kulis und Rikscha-Fahrer in dem Kino mit seinem Art-déco-Interieur unterhalten. Als dann in den 1980er-Jahren das Interesse nachließ und die Leute lieber in moderne Kinos gingen, wurden hier Erotikfilme gezeigt und Pornovideos verkauft. Das neoklassizistische **Red Brick House** (紅磚屋) war das Ingenieursbüro der 1895 erbauten früheren Pumpstation (前水務署抽水站工程師辦公室, 8 Waterloo Rd). Das neue Theater hat einen Saal für 300 Zuschauer sowie diverse Umkleide- und Proberäume. Karten kann man telefonisch unter ☎2374 2598 buchen.

BRUCE LEE CLUB MUSEUM

Karte S. 406 (李小龍會; ☎2771 7093; www.bruceleeclub.com; Shop 160-161, In's Point, 530 Nathan Rd, Mong Kok; ⌚13–21 Uhr; Ⓜ Yau Ma Tei, Ausgang A1) Das von Bruce-Lee-Fans gegründete kleine Museum mit Souvenirladen ist im Besitz von Actionfiguren, Filmpublikationen und anderen Erinnerungsstücken, die mit der Kung-Fu-Ikone zu tun haben.

Mong Kok

YUEN PO STREET BIRD GARDEN & FLOWER MARKET PARK, MARKT

Karte S. 407 (園圃街雀鳥花園 & 花墟; Yuen Po St/Boundary St; ⌚7–20 Uhr; Ⓜ Prince Edward, Ausgang B1) In dieser bezaubernden Ecke von Mong Kok trifft man häufig auf ältere Männer, die ihre Singvögel in Käfigen spazieren tragen. Wenn man etwas verweilt, sieht man bestimmt, wie so einem Piepmatz eine auf ein Essstäbchen aufgespießte Raupe serviert wird. Auf dem Gelände werden Vögel und hübsche Käfige aus Teakholz und Bambus zum Kauf angeboten. Neben dem Park, in der Flower Market Rd, befindet sich der Blumenmarkt. Er hat offiziell die gleichen Öffnungszeiten wie der Vogelpark, aber das Treiben setzt hier – vor allem sonntags – erst nach 10 Uhr so richtig ein.

C&G ARTPARTMENT GALERIE

Karte S. 407 (☎2390 9332; www.candg-artpartment.com; 3.OG, 222 Sai Yeung Choi St South, Mong Kok; ⌚Do–Mo 14–19.30 Uhr; Ⓜ Prince Edward, Ausgang B2) Die spannende neue Galerie hinter dem Pioneer Centre (始創中心) in Mong Kok widmet sich der Förderung der örtlichen Kunstszene und vertritt Künstler, die politisch und sozial engagiert sind. Sie wurde von Gum und Clara eröffnet, einem Sozialarbeiter und einer Kunstlehrerin, die auch selber beide als Künstler tätig sind. Die Galerie hat unregelmäßig geöffnet, vor dem Besuch also besser anrufen.

New Kowloon

GRATIS **LEI CHENG UK HAN TOMB MUSEUM** MUSEUM

(李鄭屋漢墓博物館; www.lcsd.gov.hk; 41 Tonkin St; ⌚Mo–Mi, Fr & Sa 10–18, So 13–18 Uhr; Ⓜ Cheung Sha Wan, Ausgang A3) Eine Terrakottaarmee gibt's hier zwar nicht zu sehen, aber wer sich für die Frühgeschichte der Region interessiert, kann hier eine bedeutende Grabanlage aus der Zeit der Östlichen Han-Dynastie (25–220 n. Chr.) entdecken. Die Anlage besteht aus vier tonnengewölbten Grabkammern, die sich um eine mit einer Kuppel überdachten Kammer in der Mitte verteilen. Die Gruft wurde zum Schutz mit einer Betonummantelung versehen; Besucher können nur durch eine Plexiglasscheibe ins Innere spähen.

JOCKEY CLUB CREATIVE ARTS CENTRE KUNSTZENTRUM

(賽馬會創意藝術中心; www.jccac.org.hk; 30 Pak Tin St, Shek Kip Mei; ⌚10–22 Uhr; Ⓜ Shek Kip Mei, Ausgang C) Mehr als 150 Künstler sind auf dieses Fabrikgelände gezogen, wo früher Schuhe und Uhren produziert wurden. Viele Ateliers sind werktags für das Publikum nicht zugänglich, man kann aber die luftigen Gemeinschaftsbereiche und das **G.O.D. Street Culture Museum & Store** (Unit L2-09; ⌚12.30–18.30 Uhr, Mo & Di geschl.) besuchen, das eine hübsche Ausstellung zum alten Hongkong zu bieten und regelmäßige Öffnungszeiten hat.

KOWLOON WALLED CITY PARK PARK

(九龍寨城公園; www.lcsd.gov.hk/parks/wcp/en/index.php; Tung Tau Tsuen, Tung Tsing, Carpenter & Junction Rd; ⌚Park 6.30–23 Uhr, Ausstellungsraum 10–18 Uhr, Mi geschl.; 🚌1 ab dem

GEHEIMTIPP

HONGKONGS JOBBENDE KÜNSTLER

Der Besuch in einem Künstlerdorf ist ein romantisches Erlebnis – doch wenn man nicht gerade an einem der jährlich stattfindenden „Tage der offenen Ateliers" vorbeikommt, wird man möglicherweise keinen Künstler antreffen. Denn die Mehrheit der hier lebenden Künstler haben ganz alltägliche Jobs. Da das Leben in dieser Stadt teuer ist und oft auch noch die Familien unterstützt werden müssen, kommen viele erst abends oder am Wochenende in ihre Ateliers.

Einige Künstler haben nichts gegen Besucher, andere arbeiten dagegen lieber in Abgeschiedenheit – auch dann, wenn sie Tür wegen des Luftzugs oder einer freundlichen Katze einen Spalt breit offen lassen. Manche Künstler leben sogar in ihren Ateliers, also sollte man ihre Privatsphäre akzeptieren. Trotzdem kann ein Besuch in solchen Künstlervierteln lohnend sein, weil gewerbliche Galerien (von denen einige die Werke der ansässigen Künstler ausstellen und verkaufen), Buchläden und Cafés ganzjährig geöffnet sind und verschiedene Workshops angeboten werden.

In einige Ateliers kommen Besucher nur mit Anmeldung, daher sollte man sich die Websites anschauen und Kontakt mit den Künstlern aufnehmen, ehe man sich auf den Weg macht. All diese Kunstzentren residieren in interessanten Gebäuden – in verlassenen Fabriken und riesigen Lagerhäusern (das Jockey Club Creative Arts Centre und Chai Wan, S. 110), in einem ehemaligen Schlachthof (Cattle Depot Artist Village, S. 146) oder in einem Mietshaus aus den 1960er-Jahren (Foo Tak Building, S. 122). Wenn man bei seinem Rundgang auf eine offene Tür stößt, kann man natürlich fragen, ob man eintreten darf.

Star Ferry Pier, gegenüber dem Park an der Tung Tau Tsuen Rd aussteigen) Auf dem Gelände des schönen Parks befand sich im 19. Jh. eine chinesische Garnison. Das 1,2 ha große Gebiet war in den Pachtvertrag für die New Territories nicht eingeschlossen und blieb deshalb während der gesamten Zeit der britischen Kolonialherrschaft eine Enklave, die eigentlich zu China gehörte. Hier existierte ein gesetzloser Slum, der für seine Gangs, Prostitution und Drogenhöhlen berüchtigt war. Die Briten siedelten die 30 000 Bewohner schließlich um und legten an der Stelle des Slums diesen Park an. Im Park ist ein Modell der „ummauerten Stadt" ausgestellt.

SIK-SIK-YUEN-WONG-TAI-SIN-TEMPEL — TEMPEL

Siehe S. 138.

CHI LIN NUNNERY — KLOSTER

Siehe S. 139.

CATTLE DEPOT ARTIST VILLAGE — DORF

(牛棚藝術村; 63 Ma Tau Kok Rd, To Kwa Wan; 🚌106, 12A oder 5C bis zur Ma Tau Kok Rd) Der 100 Jahre alte Schlachthof tief in Kowloon ist zu einem bunten Künstlerdorf geworden; unzählige Ateliers und Ausstellungssäle sind heute in den roten Backsteingebäuden untergebracht. Viele Einrichtungen sind tagsüber geschlossen, aber das Depot lohnt allemal einen Erkundungsgang. Um sicherzustellen, dass einen der Portier hineinlässt, sollte man vorab einen der Mieter anrufen und mitteilen, dass man kommen will. Das freundliche **1a Space** (☎2529 0087; www.oneaspace.org.hk; Unit 14, ⏲Di–So 12–20 Uhr) hat regelmäßige Öffnungszeiten; gleiches gilt für die **Artist Commune** (藝術公社; ☎2104 3322; www.artist-commune.com; Unit 12; ⏲Di–So 12–20 Uhr). Das Dorf befindet sich im nördlichen Teil von To Kwa Wan, einem Gebiet an der Ostküste von Kowloon, ganz in der Nähe des Gasometers.

SAM KA TSUEN SEAFOOD PRECINCT — VIERTEL

(三家村避風塘; Ⓜ Yau Tong, Ausgang A2) Das „Dorf" Lei Yue Mun ist eine der besten Adressen Hongkongs für Freunde von Meeresfrüchten: Rund zwei Dutzend Fischrestaurants liegen an der gewundenen Lei Yue Mun Praya Rd mit Blick auf den Taifun-Schutzhafen. In dem stets munteren Viertel kann man abends am Wasser gut speisen. Nach dem Verlassen der MTR-Station läuft man auf der Cha Kwo Ling Rd und der Shung Shun St 15 Minuten nach Süden oder nimmt vor dem Bahnhof den grünen Minibus 24M. Der Bus 14C verbindet das Yau Tong Centre auf halber Hügelhöhe mit der MTR-Station Kwun Tong.

START Ⓜ **PRINCE EDWARD, AUSGANG A**
ZIEL Ⓜ **JORDAN, AUSGANG A**
STRECKE **4,5 KM**
DAUER **2 STD.**

Stadtspaziergang

Kowloons wimmelnde Straßenmärkte

Zehn Gehminuten von Ⓜ Prince Edward (Ausgang A) entfernt, stößt man auf den 1 **Yuen Po Street Bird Garden**, wo sich alte Männer versammeln, die ihren Käfigvögeln etwas Frischluft gönnen und sie mit Insekten füttern. Ein Stück weiter säumen Stände mit duftenden exotischen Blumen und Pflanzen die Flower Market Rd.

Am Ende dieser Straße geht's nach links in die Sai Yee St, dann rechts in die Prince Edward Rd West und dann wieder links in die Tung Choi St: In den ersten Straßenblocks gibt's fast nur Fahrradläden, doch danach kommt gleich der 2 **Goldfischmarkt**, wo in rund einem Dutzend Läden die schillernden Fische verkauft werden. Die Artenvielfalt ist erstaunlich, für echte Raritäten werden stolze Preise gefordert.

Nun muss man sich durchwühlen: Auf dem 3 **Tung Choi Street Market**, auch bekannt als Ladies' Market, drängen sich die Käuferinnen um die Stände, die überwiegend billige Kleidung anbieten. Mit taiwanesischen Speisen kann man im Tai Pak neue Energie sammeln, ehe man weiter in Richtung Süden marschiert.

Unter den nackten Glühlampen des 4 **Temple Street Night Market** halten Hunderte von Ständen ein großes Warenangebot von Schnickschnack, Kleidung, Schuhen, Koffern und Accessoires bereit. An der Shanghai St links in die Hi Lung Lane und dann rechts in die Temple St abbiegen. Das Marktgelände zieht sich hinunter bis zur Jordan Rd.

Weihrauchduft liegt über dem 5 **Tin-Hau-Tempel**. In der Nähe deuten Wahrsager ihren Kunden mit Tarotkarten, Handlesen und sogar mit gezähmten Sperlingen die Zukunft voraus. Manchmal sind hier auch Sänger der chinesischen Oper zu hören.

Wer nach günstigen Schmuckstücken stöbern möchte, ist auf dem großen überdachten 6 **Jademarkt** richtig, wo an Dutzenden von Ständen das kostbare Mineral Jade angeboten wird. Von der Jordan Rd nach Osten gehen, dann nach Süden in die Nathan Rd zum MTR-Bhf. Jordan.

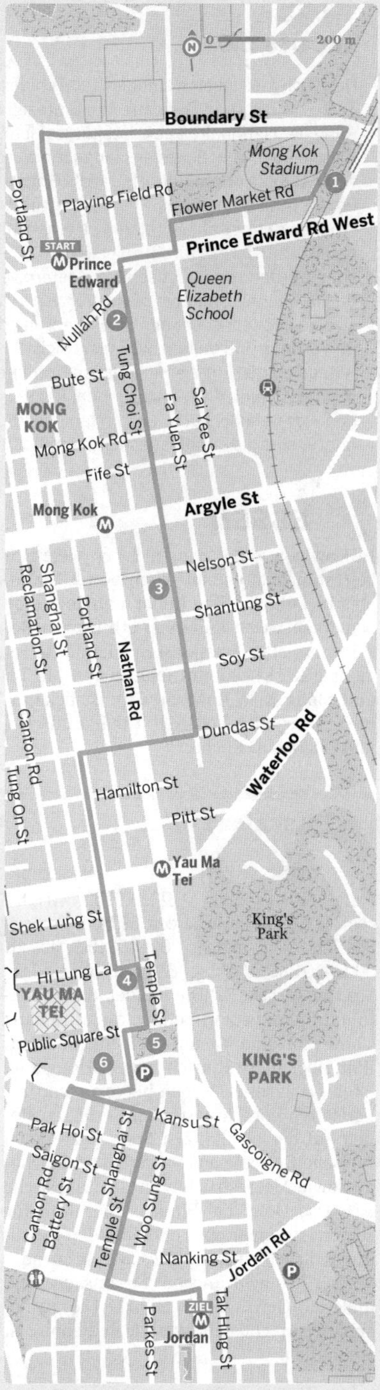

INSIDERWISSEN

ABC DES TAO

Der Taoismus ist eine einheimische chinesische Religion, die in der Periode von der Tang- bis zur Ming-Dynastie ihre Blütezeit hatte. Der Taoismus hatte zwar nie den Rang der Nationalreligion, beeinflusst jedoch sämtliche Bereiche des chinesischen Alltagslebens. Im heutigen Hongkong werden z. B. vor Beginn eines Bauprojekts diverse Rituale durchgeführt, um die Gottheiten der Natur gnädig zu stimmen – also, um für gutes Feng Shui, ein taoistisches Konzept, zu sorgen. In den ersten beiden Wochen des neuen Mondjahrs strömen Millionen Menschen in taoistische Tempel, um den Göttern ihre Erfurcht zu erweisen. Die Mehrzahl der Begräbnisstätten in Hongkong werden von taoistischen Priestern verwaltet, und auch das berühmte Brötchenfest in Cheung Chau hat seine Wurzeln in taoistischen Zeremonien. Anders als exklusive Religionen, bei denen die Bekehrung der Menschen und der Glaube des Einzelnen im Vordergrund stehen, kümmert sich der Taoismus hauptsächlich um Fragen des Alltagslebens, um die Heilung von Krankheiten, den Schutz vor bösen Geistern und die Beerdigung der Verstorbenen. Die Religion versucht nicht, das Irdische zu überhöhen – das erklärt auch, warum taoistische Tempel in der Regel ausgeschmückter und bunter sind als buddhistische Andachtsstätten.

ESSEN

In Kowloon gibt's zwar nicht so viele Nobelrestaurants wie auf Hong Kong Island, aber in Tsim Sha Tsui findet man doch eine bemerkenswerte Fülle von ethnischen Restaurants aller Preisklassen. Herzhafte regionale Kost bekommt man in Yau Ma Tei und Mong Kok. Kowloon City ist bekannt für seine soliden Lokale mit thailändischer und Chaozhou-Küche.

Tsim Sha Tsui

LP TIPP DONG LAI SHUN CHINESISCH $$$

Karte S. 404 (東來順; ☎2733 2020; www.rghk.com.hk; B2, The Royal Garden, 69 Mody Rd, Tsim Sha Tsui; Menü mittags 200–400 HK$, abends 300–450 HK$; ⏲mittags & abends; Ⓜ East Tsim Sha Tsui, Ausgang P2) Die Filialen dieser Kette mit Stammsitz in Beijing, die es in ganz China gibt, sind von unterschiedlicher Qualität, aber diese Einrichtung in Hongkong ist ausgezeichnet. Neben hervorragend zubereiteten nordchinesischen Gerichten stehen auf der ellenlangen Speisekarte auch typische Gerichte aus Shanghai und Sichuan sowie Meeresfrüchte auf kantonesische Art. Das Dong Lai Shun ist berühmt für seinen Lammeintopf – dabei werden hauchdünne Scheiben Lammfleisch in kochendes Wasser getaucht und mit Sesamsauce und anderen Gewürzen verzehrt. Die Atmosphäre ist recht steif, aber die Bedienung ist freundlich.

TYPHOON SHELTER HING KEE RESTAURANT KANTONESISCH $$$

Karte S. 402 (避風塘興記; ☎2722 0022; 1. OG Bowa House, 180 Nathan Rd, Tsim Sha Tsui; Gerichte 300–1000 HK$; ⏲18–5 Uhr; Ⓜ Jordan, Ausgang D) Dieser Promitreff wird von der temperamentvollen Tochter eines Fischers betrieben, die ihre köstlichen Gerichte so zubereitet wie einst auf den Sampans. Spezialität sind Krabben unter einem Berg gebratenem Knoblauch. Wenn man sich auf den Knoblauch einlässt, sollte man dazu Reisbrei oder Nudeln bestellen. Die Bedienung ist manchmal etwas ruppig. Vor dem Bestellen sollte man sich über die Preise informieren.

WOODLANDS INDISCH, VEGETARISCH $

Karte S. 404 (活蘭印度素食; ☎2369 3718; OG, 16 & 17 Wing On Plaza, 62 Mody Rd; Gerichte 55–130 HK$; ⏲12–15.30 & 18.30–22.30 Uhr; Ⓜ East Tsim Sha Tsui, Ausgang P1; 🖉) Das über einem Kaufhaus gelegene Woodlands bietet ausgezeichnete vegetarische Gerichte aus Indien zu günstigen Preisen an. Zu seiner Kundschaft gehören hauptsächlich Inder, aber auch ein paar Einheimische. Unentschlossene Vielesser halten sich am besten an die Thalis, die auf einer runden Metallplatte serviert werden und aus zehn kleinen Gerichten, einer Nachspeise und Brot bestehen.

CHICKEN HOF & SOJU KOREAN KOREANISCH $

Karte S. 404 (李家 Chicken; ☎2375 8080; EG, 84 Kam Kok Mansion, Kimberley Rd, Tsim Sha Tsui; Gerichte ab 150 HK$; ⏲17–4 Uhr; Ⓜ Jordan, Ausgang D) Das Lokal mit seinen abgedunkelten

Fenstern mag von außen etwas schäbig wirken, ist aber ein koreanischer Gastropub mit einem freundlichem Betreiber, der allen Gästen ein fröhliches „Willkommen" entgegenschmettert. Das ausgezeichnete gebratene Hähnchen in leichtem Knusperteig gibt's in fünf Varianten. Auch traditionelle koreanische Grillgerichte sind zu haben. Verzichten sollte man auf die Suppe aus Insektenpuppen – unsere schmeckte so muffig, als wäre sie aus alten Büchern gemacht.

KIMBERLEY CHINESE RESTAURANT
CHINESISCH $$$

Karte S. 404 (君怡閣中菜廳; ☎2369 8212; Zwischengeschoss, Kimberley Hotel, 28 Kimberley Rd, Tsim Sha Tsui; Gerichte 300–600 HK$; MTsim Sha Tsui, Ausgang B1) Das Restaurant ist berühmt für das Kimberley-Ferkel: ein 30 Tage altes Ferkel wird mit Klebereis, der mit Schalotten und Knoblauch gegart wurde, ausgefüllt und als Ganzes gebraten. Von einem ganzen Ferkel (900 HK$) werden mindestens fünf hungrige Gäste satt. Man muss das Ferkel zwei Tage im Voraus bestellen und spätestens am Vortag eine Anzahlung von 200 HK$ (verhandelbar) hinterlegen. Wer nach dem Essen immer noch hungrig ist, kann es ja mit den Rinderkoteletts versuchen.

STABLES GRILL
EUROPÄISCH $$$

Karte S. 402 (☎3988 0104; www.hulletthouse.com; 1881 Heritage, Hullett House, 2a Canton Rd, Tsim Sha Tsui; Gerichte ab 400 HK$; ⏲12–22.30 Uhr; Star Ferry) Die Ställe der ehemaligen Zentrale der Hafenpolizei sind heute ein stimmungsvolles Restaurant mit Tischen, auch draußen in dem schönen Garten. Die Gäste betreten das Lokal durch die beiden originalen Tore. Drinnen ist das Restaurant stilvoll mit altem Holz ausgekleidet, u.a. auch mit antiken Bootspaneelen. Auf der Karte stehen Grillspeisen und eine passable Auswahl an diversen Tapas und Pastagerichten. Die gegrillten Muscheln waren sehr gut. Der Service ist mittelprächtig, aber das schöne Ambiente macht dieses Manko allemal wett.

GOOD SATAY
SÜDOSTASIATISCH $

Karte S. 404 (好時沙嗲; ☎2739 9808; Shop 144-148, 1. OG, Houston Centre, 63 Mody Rd, Tsim Sha Tsui; Gerichte ab 70 HK$; ⏲12–22 Uhr; MTsim Sha Tsui, Ausgang G) Das Lokal im ersten Obergeschoss eines schäbigen Einkaufs- und Bürokomplexes sieht nicht gerade vielversprechend aus, aber seine südostasiatischen Gerichte sind für den Preis wirklich ausgezeichnet. Uns schmeckten der Hainan-Reis mit Hähnchen, der in der Pfanne gebratene Rübenkuchen und die Satays. Zur Mittagszeit wird es hier voll.

GADDI'S
FRANZÖSISCH $$$

Karte S. 402 (☎2315 3171; www.peninsula.com/Hong_Kong; 1. OG, The Peninsula, 19-21 Salisbury Rd, Tsim Sha Tsui; Menü mittags/abends ab 450/1500 HK$; ⏲mittags & abends; MEast Tsim Sha Tsui, Ausgang L3) Das Gaddi's wurde gleich nach dem Zweiten Weltkrieg eröffnet und war eines jener Restaurants, in denen wohlhabende Familien zu besonderen Gelegenheiten verkehrten. Heute wirkt das klassische Dekor vielleicht etwas fade und die philippinische Liveband etwas deplatziert, aber das Essen – traditionelle französische Küche mit modernen Abwandlungen – gehört zweifellos immer noch zum besten in der Stadt.

LP TIPP YOGA INTERACTIVE VEGETARIAN
VEGETARISCH, ASIATISCH $

Karte S. 404 (互動瑜伽素食; ☎9327 7275, 3422 1195; www.yogafitnesshk.com; 15B, Hillview Ct, 30 Hillwood Rd, Tsim Sha Tsui; Gerichte 160 HK$; MJordan, Ausgang D; ✎) Das Lokal ist nur an zwei oder drei Abenden pro Woche geöffnet, und in der Regel muss man eine Woche im Voraus reservieren. Wenn man aber einen Augenblick erwischt, wo schon viele Reservierungen vorliegen, und man nur allein oder zu zweit kommen will, kann es auch schneller gehen. Die asiatisch gewürzten, vegetarischen Gerichte bereitet ein erfahrener Yogalehrer zu; sie gehören zu den besten in der Stadt, und die Portionen sind sehr reichlich bemessen. Einzelheiten erfährt man telefonisch. Man fährt mit dem Fahrstuhl in den 14. Stock, von dort führt eine Treppe hinauf.

家嫂
SÜDOSTASIATISCH $

(4C, EG, Windsor Mansion, 17 Austin Ave, Tsim Sha Tsui; Gerichte ab 35 HK$; MJordan, Ausgang D; ✎) Die Aussprache des kleinen grünen Namens lautet „ga sou", was „Schwägerin" (genau „Frau des älteren Brunders") bedeutet. Die Laksa-Nudeln auf Singapur-Art gehören zu den besten in der Stadt, und auch die Thai-Tom-Yum-Version ist gar nicht schlecht. Überhaupt sind die meisten angebotenen Nudelgerichte schmackhaft, wenn auch nicht unbedingt in allen Fällen authentisch. Der Service kann recht saumselig sein.

CHING YAN LEE CHIU CHOW RESTAURANT CHAOZHOU-KÜCHE **$$**

Karte S. 404 (正仁利潮州菜館; ☎2366 6556; 10a Hau Fook St, Tsim Sha Tsui; Gerichte ab 250 HK$; ⏲11.30–24 Uhr; Ⓜ Tsim Sha Tsui, Ausgang B1) In diesem Familienbetrieb muss man auf ausgiebige Upselling-Methoden vorbereitet sein. Gelingt es den Kellnern nicht, einem die Haifischflossen oder die kalten Krabben aufzuschwatzen, schlagen sie Muschelfleisch zur Ergänzung des Gemüses vor – das treibt dann die Rechnung um 500 HK$ hoch. Also standhaft bleiben, sich strikt an die Karte halten oder den Preis vorab aushandeln. Die Chaozhou-Gerichte sind hier ausgezeichnet.

GOLDEN BULL VIETNAMESISCH **$$**

Karte S. 402 (金牛苑越南菜館; ☎2730 4866; Shop 101, 1. OG, Ocean Centre, Harbour City, 3-9 Canton Rd, Tsim Sha Tsui; Mittagsmenü ab 150 HK$, Abendessen ab 220 HK$; ⏲12–23.30 Uhr; Ⓜ Tsim Sha Tsui, Ausgang C1) Familien strömen in dieses Lokal wegen des Hafenblicks und der schmackhaften vietnamesischen und Fusiongerichte. Das Rinder-*pho* (Suppe) ist ausgezeichnet, und es gibt auch eine Version mit Fleisch vom Wagyu-Rind.

MANDARIN CHICKEN RICE ASIATISCH **$**

Karte S. 404 (文華雞飯; EG, Leader Commercial Bldg, 54 Hillwood Rd, Tsim Sha Tsui; Gerichte 50–80 HK$; ⏲12–21.30 Uhr; Ⓜ Jordan, Ausgang D) Das einfache Lokal verkauft nur eine Speise: Hähnchen mit Reis auf Hainan-Art, aber in diversen Variationen, die alle gut sind. Das Hähnchen ist saftig, der Reis aromatisch, und die Würzsaucen geben den richtigen Pfiff.

STEAK HOUSE INTERNATIONAL **$$$**

Karte S. 404 (☎2313 2323; http://hongkong-ic.dining.intercontinental.com; InterContinental Hong Kong, 18 Salisbury Rd; Gerichte ab 400 HK$; ⏲Mo–Sa 18–23, So 12–14.30 Uhr; Ⓜ East Tsim Sha Tsui, Ausgang J) Das importierte Rindfleisch in diesem erstklassigen Steakhaus würde auch ohne die exotischen Gewürz- und Senf-Mischungen und ohne die feinen Steakmesser überzeugen; auch die Salatbar (300 HK$/Pers.) ist ein Quell der Freude. Das **Harbourside** (☎2313 2495; ⏲6–24 Uhr) serviert im selben Hotel tolle Pizzen sowie westliche und asiatische Gerichte. Der Sonntagsbrunch (12–14.30 Uhr) ist beliebt.

ZIAFAT NAHÖSTLICH, INDISCH **$**

Karte S. 402 (☎2312 1015, 6. OG, Harilela Mansion; 81 Nathan Rd, Tsim Sha Tsui; ⏲11–24 Uhr; Ⓜ Tsim Sha Tsui, Ausgang R; ✍) Das Restaurant beachtet die islamischen Halal-Vorschriften und serviert ordentliche arabische und indische Gerichte wie Falafel, Linsensuppe, Kebabs und Currys. Es befindet sich in einem ziemlich alten Gebäude, Seite an Seite mit Budgethostels und Herbergen, ist aber sauber, ruhig und schlicht mit arabischen Kunstwerken und Kalligrafien geschmückt.

AL MOLO ITALIENISCH **$$$**

Karte S. 402 (☎2730 7900; www.diningconcepts.com.hk; Shop G63, EG, Ocean Terminal, Harbour City, 7-23 Canton Rd, Tsim Sha Tsui; Gerichte 350–900 HK$; ⏲12–23 Uhr; ⛴Star Ferry) Die erste Hongkonger Adresse des New Yorker Chefkochs und Restaurantbetreibers Michael White bietet ein gemütliches Ambiente mit Steinwänden, Eisenbeschlägen und einen Sitzbereich im Freien, wo man mit Blick auf das Ufer von Tsim Sha Tsui Hartweizen-Pasta mit Meeresfrüchten speisen kann.

PARAMITA VEGETARIAN HOUSE VEGETARISCH, CHINESISCH **$**

Karte S. 402 (波羅密素食; ☎2736 3939; 3. OG, Daily House, 35-37 Haiphong Rd, Tsim Sha Tsui; Mittagsmenü 38–55 HK$; ⏲11–23 Uhr; Ⓜ Tsim Sha Tsui, Ausgang A1; ✍) Das Paramita zeigt sich mit seinem Fleischersatz äußerst kreativ – den gibt's gedämpft, geschmort, gebraten, am Spieß und in Salaten. Aber auch sonst ist die Auswahl groß. Die Mittagsmenüs sind am 1. und 15. Tag jedes Mondmonats nicht erhältlich, wenn viele, die sonst alles essen, aus religiösen oder persönlichen Gründen auf Fleisch verzichten.

TANDOORI NIGHTS INDISCH **$**

Karte S. 404 (☎2971 0009; www.tandoorinightshk.com; 2. OG, 22-24 Cameron Rd, Tsim Sha Tsui; Gerichte ab 160 HK$; ⏲mittags & abends; Ⓜ Tsim Sha Tsui, Ausgang B1; ✍) Das Tandoori Nights (das frühere Bombay Dreams) serviert schmackhafte indische Kost in einem sauberen, eleganten Ambiente. Das tägliche Mittagsbüffet (90 HK$) ist sehr beliebt, und man kann sich dazu ein Cobra oder Kingfisher (Bier) bestellen. Ab 20 Uhr treten live Ghaselen-Sänger auf; wer in der Nähe der Bühne sitzt, wird sich mit seinen Begleitern kaum noch unterhalten können.

T'ANG COURT KANTONESISCH, DIM SUM **$$$**

Karte S. 402 (唐閣; ☎2375 1133; http://hongkong.langhamhotels.com; Langham Hotel, 8 Peking Rd, Tsim Sha Tsui; Mittagessen 200–2000 HK$, Abendessen 500–2000 HK$; ⏲mittags & abends; Ⓜ Tsim Sha Tsui, Ausgang L4; ✎) Das Restaurant bietet kantonesische Küche vom Feinsten, von gebackenen Austern in der halben Schale bis hin zu den Tellern mit grünem Gemüse – getreu dem Anspruch, der mit dem Namen der bedeutendsten Herrscherdynastie Chinas verbunden ist. Die Atmosphäre ist gedämpft; weiche Teppiche und schwere Seidenvorhänge bestimmen das Ambiente. Der formvollendete Service sorgt dafür, dass man sich in all der Eleganz trotzdem nicht unbehaglich, sondern ganz wie zu Hause oder wie ein Kaiser in seinem Palast fühlt. Das T'ang Court hat einen Michelin-Stern.

YÈ SHANGHAI
SHANGHAI-KÜCHE, DIM SUM **$$$**

Karte S. 402 (夜上海; ☎2376 3322; www.elite-concepts.com; 6. OG, Marco Polo Hotel, Harbour City, Canton Rd, Tsim Sha Tsui; Gerichte 300–600 HK$; ⏲mittags & abends; Ⓜ East Tsim Sha Tsui, Ausgang L4) Der Name bedeutet „Nächte von Shanghai". Dunkles Holz und schummrige Beleuchtung, inspiriert vom Shanghai der 1920er-Jahre, sorgen für eine romantische Atmosphäre. Die modernen Shanghai-Gerichte sind ausgezeichnet. Die einzige Ausnahme in all der Jiangnan-Harmonie bildet das kantonesische Dim Sum, das mittags aufgetischt wird und wunderbar schmeckt. Das Ye Shanghai besitzt zwei Michelin-Sterne.

BRANTO
VEGETARISCH, INDISCH **$**

Karte S. 402 (印度素食餐廳; ☎2366 8171; 1. OG, 9-11 Lock Rd, Tsim Sha Tsui; Gerichte 50–120 HK$; ⏲mittags & abends; Ⓜ Tsim Sha Tsui, Ausgang E) Das Branto bietet großartige vegetarische Gerichte aus Indien, einfachen Service, ein schlichtes Ambiente und indische Musikvideos am laufenden Band.

DIN TAI FUNG
TAIWANESISCH, NUDELN **$$**

Karte S. 402 (鼎泰豐; www.dintaifung.com.tw; Shop 130, 3. OG, 30 Canton Rd, Tsim Sha Tsui; Gerichte 120–300 HK$; ⏲11.30–22.30 Uhr; Ⓜ Tsim Sha Tsui, Ausgang C1; ✎) Egal, ob man Lust auf schlichte Hausmannskost hat oder einfach nur Kohlenhydrate braucht – die Klöße und Nudeln des mit einem Michelin-Stern ausgezeichneten Restaurants einer taiwanesischen Kette sind in jedem Fall gut. Hier bilden sich immer Schlangen; Reservierungen werden nicht angenommen.

TAK FAT BEEF BALLS
NUDELN **$**

Karte S. 402 (德發牛肉丸; Haiphong Rd Temporary Market, Haiphong Rd, Tsim Sha Tsui; ⏲9–20 Uhr; Ⓜ Tsim Sha Tsui, Ausgang A1) Dieses berühmte *dai pai dong* (s. S. 38) gehört zu einer Handvoll ähnlicher Betriebe, die auf diesem Markt zu finden sind. Am besten man sucht sich im Gewühl einen Sitzplatz und bestellt Nudeln mit Rindfleischfüllung (22 HK$), die für ihre Bissfestigkeit und dem Geschmack nach getrockneten Mandarinenschalen bekannt sind. Es gibt auch eine Version mit Rinderinnereien.

SWEET DYNASTY
KANTONESISCH, DESSERTS **$$**

Karte S. 402 (糖朝; ☎2199 7799; 100 Canton Rd, Tsim Sha Tsui; Gerichte 70–300 HK$; ⏲8–24 Uhr, Fr bis 23 Uhr; Ⓜ Tsim Sha Tsui, Ausgang A1; ✎) Ursprünglich ein kleiner Laden für Nachspeisen und Congee, hat sich das Sweet Dynasty zu einem kleinen Imperium mit vielen Filialen in ganz Asien gemausert. Auf der umfangreichen Karte stehen sämtliche beliebten kantonesischen Gerichte, aber manche meinen, die Desserts, Nudeln und Reis-Congees wären immer noch das Beste hier. Das Lokal ist sauber und modern, aber leider auch oft total überfüllt.

FOOK LAM MOON
KANTONESISCH, DIM SUM **$$$**

Karte S. 404 (福臨門; ☎2366 0286; www.fooklammoon-grp.com; Shop 8, 1. OG, 53-59 Kimberley Rd, Tsim Sha Tsui; Gerichte 400–2000 HK$; ⏲mittags & abends; Ⓜ Tsim Sha Tsui, Ausgang B1) Das FLM gilt bei den Einheimischen als „Promilokal", aber auch Normalsterbliche werden hier bestens bedient. Auf der Speisekarte stehen so kostspielige Dinge wie Seeohren, für die man mindestens 1000 HK$ pro Person bezahlt. Aber niemand schaut einen schief an, wenn man sich an das himmlische, nur mittags angebotene Dim Sum hält (ab 60 HK$/Körbchen). Es gibt noch eine Filiale in **Wan Chai** (☎2866 0663; Shop 3, Newman House, 35-45 Johnston Rd; Ⓜ Wan Chai, Ausgang B2).

SABATINI
ITALIENISCH **$$$**

Karte S. 404 (☎2733 2000; www.rghk.com.hk; 3. OG, Royal Garden Hotel, 69 Mody Rd, Tsim Sha Tsui; Mittagessen 200–800 HK$, Abendessen 600–900 HK$; ⏲mittags & abends; Ⓜ East Tsim Sha Tsui, Ausgang P2) Eine von zwei Filialen des aus Rom stammenden Sabatini: Hier bekommt man ausgezeichnete und beliebte italienische Gerichte in einem heiteren, auf rustikal getrimmten Ambiente. Zum Risotto gibt's auch Romantik, denn ein schmalziges philippinisches Trio singt an den Tischen der Gäste, bis man weiche Knien bekommt. Reservierung wird empfohlen.

SPRING DEER NORDCHINESISCH $$$

Karte S. 404 (鹿鳴春飯店; ☎2366 4012; 1. OG, 42 Mody Rd, Tsim Sha Tsui; Gerichte 80–550 HK$; ⏲mittags & abends; MTsim Sha Tsui, Ausgang N2) Hier gibt's das am authentischsten auf nordchinesische Art zubereitete Lamm in Hongkong. Die Peking-Ente ist ordentlich, aber der Service kann so einladend sein, wie ein Winter in Beijing im Jahr 1967. Ohne Reservierung läuft nichts.

Yau Ma Tei & Mong Kok

ONE DIM SUM DIM SUM $

Karte S. 407 (一點心 EG, Kenwood Mansion, 15 Playing Field Rd, Mong Kok; Gerichte 30–50 HK$; ⏲11–1 Uhr; MPrince Edward, Ausgang A) Eines von zwei günstigen und freundlichen Dim-Sum-Restaurants in der Stadt, die einen Michelin-Stern haben. Die Kunden bestellen, indem sie ihre Wahl aus den 45 Gerichten ankreuzen, zu denen auch Suppe, Congee und gedämpfter Reis mit Hähnchen oder Spareribs gehören. An der Tür bildet sich immer eine Schlange, aber in der Regel muss man höchstens 30 Minuten warten.

GOOD HOPE NOODLE NUDELN $

Karte S. 407 (好旺角麵家; ☎2393 9036; 146 Sai Yeung Choi St, Mong Kok; Gerichte 25–80 HK$; ⏲11–3 Uhr; MMong Kok (Ausgang B3) Dieser alte Nudelshop (der kürzlich vom Michelin empfohlen wurde) mag etwas schäbig aussehen, aber dic Nudeln und Congees werden gemacht wie schon seit Jahrzehnten, und deshalb kommen die Stammgäste in Scharen.

MIDO CAFÉ TEE-CAFÉ $

Karte S. 406 (美都餐室; 63 Temple St; Gerichte 25–80 HK$; ⏲9–22 Uhr; MYau Ma Tei, Ausgang B2) Das altmodische, 1950 eröffnete *cha chaan tang* (s. S. 37) ist wahrscheinlich das berühmteste Tee-Café in Hongkong. Mit seinen Mosaikfliesen und seinem Gitterwerk steht es an einer Straßenecke, die bei Sonnenuntergang zum Leben erwacht. Man steigt in das geräumige Obergeschoss hinauf und wählt einen Platz an der Wand aus eisengerahmten Fenstern, durch die man auf den Tin-Hau-Tempel blickt. Das Essen ist passabel, bemerkenswerter sind aber die Fliesen im 1950er-Jahre-Retrostil – einfach ein Foto davon machen und es als abgefahrene Wallpaper für sein Handy oder seinen Computer nutzen oder es an modebewusste Freunde schicken, die man damit sicher beeindrucken kann.

CHINA CAFE TEE-CAFÉ $

Karte S. 407 (中國冰室; 1077a Canton Rd, Mong Kok; Gerichte 30–50 HK$; ⏲7–19 Uhr; MMong Kok, Ausgang A2) Das alte, zweistöckige *cha chaan tang* (s. S. 37) strahlt jede Menge Retro-Charme aus. Die Getränke und das Gebäck sind ordentlich. Wie das Mido prunkt auch dieses Lokal mit hübschen Fliesen im Hongkong-Stil.

New Kowloon

LP TIPP **PIGGY GRILL** CHINESISCH $$

(賣豬仔特式燒烤坊; www.piggygrill.com; ☎2194 8180; EG, 17 Shun Ning Rd, Sham Shui Po; Gerichte 80–300 HK$; ⏲12–23 Uhr; MSham Shui Po, Ausgang D2) Dieses versteckt gelegene Lokal serviert das beste gebratene Ferkel (490 HK$) der Stadt. Man muss aber seine Bestellung einen Tag im Voraus (telefonisch unter ☎2194 8188) aufgeben. Dies deshalb, weil die zwei Wochen alten Ferkel aus Vietnam vorgegart werden müssen. Wenn man zum Essen kommt, wird die knusprige Haut unmittelbar vor dem Servieren geknackt – eine 10-minütige Prozedur, bei der sich der Koch gern filmen lässt. Auch die Grillgerichte sind ausgezeichnet. Für rund 600 HK$ kann man sich vom Piggy Grill auch ein zubereitetes Ferkel liefern lassen, das muss man aber einen Tag im Voraus bestellen und braucht einen chinesischen Freund, der dem Lokal die Adresse mitteilt.

WO MEI RESTAURANT CHINESISCH $$

(和味館; ☎2748 0002; EG, 29-33 Shun Ning Rd, Cheung Sha Wan; Gerichte 100–400 HK$; ⏲mittags & abends; MCheung Sha Wan, Ausgang A2; ✎) Das Wo Mei widmet sich der Kochkunst mit voller Leidenschaft. Die Zutaten werden sorgfältig ausgesucht, genau richtig gegart und dampfend heiß serviert. Kein Wunder also, dass das Lokal bei Restaurantkritikern beliebt ist. Aber die Leute kommen auch noch aus einem anderen Grund: Der Laden ist berühmt für alle Arten von Krabbeltieren wie Bambusbohrer, Bienenpuppen, Skorpione und Wasserkäfer, die gebraten, gesalzen und gepfeffert serviert werden. Manche behaupten, sie schmeckten ähnlich wie Fritten, nur besser.

ROBATAYAKI JAPANISCH $$$

(爐端燒日本餐廳; ☎2996 8438; EG, Harbour Grand Kowloon Hotel, 2 Harbour Front, Whampoa Gardens, Hung Hom; Mittag-/Abendessen ab

300/450 HK$; ⏲12–22.30 Uhr) Dieses Restaurant im bäuerlichen Stil, in dem die Köche umgeben von frischen Zutaten auf einem Holzpodium arbeiten und vor den Augen der Gäste ausgezeichnete japanische Spieße zubereiten, ist weithin bekannt und beliebt. Zur Bestellung deutet man einfach auf das Gewünschte, der Koch nimmt es mit einem Holzschaber auf, gart es auf beinahe künstlerische Weise und reicht es einem dann mit demselben Utensil. Um zum Restaurant zu kommen, mit dem Minibus 5 von der Hankow Rd in Tsim Sha Tsui bis zur Endstation am Busbahnhof Whampoa fahren. Von dort sind es dann nur noch drei Gehminuten bis zu dem Hotel.

KOWLOON TANG CHINESISCH **$$$**

Karte S. 406 (九龍廳; ☎2811 9398; www.kowloontang.com; Shop R002-003, Civic Square, 3. OG, Elements Mall, 1 Austin Rd, West Kowloon; Gerichte 300–2000 HK$; ⏲12–22.30 Uhr; Ⓜ Kowloon, Ausgang U3) Das auf dem Dach der Elements Mall gelegene Kowloon Tang – der Schwesterbetrieb des Island Tang auf der anderen Seite des Hafens – serviert in einem modischen Retro-Ambiente ausgezeichnete, typisch kantonesische Gerichte, eine überzeugende Peking-Ente und lukullische Nachspeisen westlicher Art; auch die Cocktails sind unglaublich lecker.

TIN LUNG HEEN KANTONESISCH **$$$**

Karte S. 406 (天龍軒; ☎2263 2270; www.ritzcarlton.com/hongkong; 102. OG, Ritz-Carlton Hong Kong, International Commerce Centre, 1 Austin Rd West, West Kowloon; Gerichte 300–1800 HK$; ⏲mittags & abends; Ⓜ Kowloon, Ausgang U3) Das Dekor ist etwas unpersönlich, aber beeindruckend – man erwartet, dass Hu Jintao jede Minute hier hineinspazier kommt und gebratenen Reis bestellt. Der Service ist freundlich und individuell, und die weite Sicht auf West Kowloon haut einen von den Socken. Das berühmte *char siu* ist mit 218 HK$ das teuerste Schweinefleischgericht in der Stadt, aber das Fleisch stammt von Iberischen Schweinen, und das schmeckt man auch. Wer zu Schwindelgefühlen neigt, sollte beim Reservieren keinen Fensterplatz verlangen.

CHI LIN VEGETARIAN (LONG MEN LOU) VEGETARISCH, CHINESISCH **$**

(添好運點心專門店; ☎3658 9388; Nan Lian Garden, 60 Fung Tak Rd; Mittag-/Abendesen 100/200 HK$; ⏲11.30–21 Uhr; Ⓜ Diamond Hill, Ausgang C2; 🖉) Wegen seiner Lage hinter einem Wasserfall und den schmackhaften vegetarischen Gerichten ist ein Essen in diesem Restaurant ein gelungener Auftakt oder Abschluss beim Besuch der Chi Lin Nunnery und des Nan Lian Garden. Das

ABSTECHER

DIE TSING-MA-BRÜCKE

Die Insel **Ma Wan** war früher ein wichtiges Tor nach Kowloon, denn ausländische Schiffe gingen hier vor Anker, bevor sie in chinesische Gewässer einfuhren. Heute kommen die Besucher wegen der **Tsing-Ma-Brücke**, der siebtlängsten Hängebrücke der Welt mit einer Hauptspannweite von 1377 m nach Osten und einer kleineren (der Kap-Shui-Mun-Brücke) nach Westen. Die Gesamtlänge der Brücke beträgt 2160 m. Zusammen schaffen die Brücken eine Straßen- und Schienenverbindung von Lantau über die Insel **Tsing Yi** hinüber zu den New Territories.

Noah's Ark (☎3411 8888; www.noahsark.com.hk; 33 Pak Yan Rd, Ma Wan; Erw./Kind 130/100 HK$; ⏲10–18 Uhr; Central-Park Island Ferry) sieht aus, als wäre sie unter der Tsing-Ma-Brücke auf Grund gelaufen. Der eigenartige kleine Themenpark sucht eine lose Anknüpfung an die biblische Geschichte von Noahs Arche. Er bietet interaktive Spiele und Beschäftigungen für kleinere Kinder sowie diverse Erfrischungs-möglichkeiten. Ein direkter Busshuttle (einfache Strecke/hin & zurück 20/38 HK$) verbindet den Park mit dem Grand Century Place in Mong Kok.

Auf dem benachbarten Tsing Yi befindet sich das **Lantau Link Visitors Centre** (青嶼幹線訪客中心; ☎2495 5825, 2495 7583; Eintritt frei; ⏲Mo–Fr 10–17, Sa & So bis 18.30 Uhr; MTR Tsing Yi, 🚌grüner Minibus 308M) mit seiner **Aussichtsterrasse** (Eintritt frei; ⏲So–Fr 7–22.30, Sa bis 1.30 Uhr), von der aus man sich einen genauen Eindruck von den gewaltigen Dimensionen der Tsing-Ma-Brücke und des Lantau Link verschaffen kann. Das Zentrum zeigt Modelle sowie Fotos und Videos von den Bauarbeiten – Bahn- und Baufans kommen hier voll auf ihre Kosten.

nahegelegene, elegante **Song Cha Xie** (松茶榭; Kiefern- & Teepavillon; ⊙12–19.30 Uhr) hat sich ganz auf die kunstvolle Zubereitung des chinesischen Tees spezialisiert.

TIM HO WAN DIM SUM **$**

Außerhalb der Karte S. 407 (添好運; 9-11 Fuk wing St, Sham Shui Po; Gerichte 40–200 HK$; ⊙8–22 Uhr; Ⓜ Sham Shui Po, Ausgang B1) Ein früherer Dim-Sum-Koch des Four Seasons hat hier sein ganzes Können investiert, sodass dieses Budget-Dim-Sum-Lokal als erstes seiner Klasse mit einem Michelin-Stern ausgezeichnet wurde. Holt man sich nach seiner Ankunft gleich ein Ticket, bekommt man in der Regel in weniger als einer halben Stunde einen Tisch.

QUEEN'S CAFÉ SOY SAUCE WESTERN **$**

(皇后飯店; ☎2265 8288; www.queenscafe.com; Shop 18, L1/F, Festival Walk, 80 Tat Chee Ave, Kowloon Tong; Mittagessen/Abendessen ab 80/150 HK$; ⊙11–23 Uhr; Ⓜ Festival Walk, Ausgang C) Das Queen's ist ein Altstar der „Soy-Sauce-Western-Küche" (s. S. 37), was die zurückhaltende, aber überzeugende Atmosphäre und die herzhaften, gebackenen Gerichte erklärt.

CHEONG FAT THAILÄNDISCH, NUDELN **$**

(昌發泰國粉麵屋; 27 South Wall Rd, Kowloon City; Nudeln ab 30 HK$; ⊙11.30–23.30 Uhr) Plärrende Musikvideos bestimmen den Rhythmus, wenn man in diesem Ladenlokal seine leckeren Chiang-Mai-Nudeln schlürft. In der offenen Küche sind fertige Gerichte wie Schweinshaxen mit eingelegtem Gemüse zu sehen. Zur Anreise nach Kowloon City den Minibus 25M von der Station Kowloon Tong (Ausgang B2) nehmen.

LEI YUE MUN MEERESFRÜCHTE, CHINESISCH **$$$**

Eines der beliebtesten Ziele für Freunde von Meeresfrüchten in Hongkong ist das Dorf Lei Yue Mun. An der kurvenreichen Straße über dem Taifun-Schutzhafen gibt's über ein Dutzend Meeresfrüchterestaurants und Imbissstände. Sobald man sein Plätzchen in einem Restaurant gefunden hat, wählt man draußen an den Ständen mit in Becken schwimmenden Meeresbewohnern sein Abendessen aus (dabei unbedingt klären, wofür man wie viel bezahlt). Um die Zubereitung kümmert sich das Restaurant.

Zu den beliebteren Restaurants gehören das **Lung Mun Seafood Restaurant** (龍門海鮮酒家; ☎2717 9886; 20 Hoi Pong Rd C), das **Lung Yue Restaurant** (龍如海鮮酒樓; ☎2348 6332; 41 Hoi Pong Rd C) und das **Sea King Garden Restaurant** (海皇園林酒家; ☎2348 1408; 39 Hoi Pong Rd C). Sie sind alle mittags und abends geöffnet.

Um nach Lei Yue Mun zu kommen, zur MTR-Station Yau Tong (Ausgang A2) fahren und dann etwa 15 Minuten die Cha Kwo Ling Rd und die Shung Shun St nach Süden laufen oder vor dem Bahnhof den grünen Minibus 24M nehmen. Der Bus 14C verbindet das Yau Tong Centre (auf halber Höhe des Hügels) mit der MTR-Station Kwun Tong.

AUSGEHEN & NACHTLEBEN

Tsim Sha Tsui

BUTLER BAR

Karte S. 404 (5. OG, Mody House, 30 Mody Rd, Tsim Sha Tsui; Grundpreis 200 HK$; Ⓜ East Tsim Sha Tsui, Ausgang N2) Ein Cocktail- und Whiskyparadies im Wohnviertel von TST. Man kann die Whisky-Magazine durchblättern, während der Barkeeper (Uchida) seine magischen Schöpfungen mit der Präzision eines Meisters aus Ginza mixt. Sensationell sind die Fruchtcocktails aus frischen Zitrusfrüchten. Die Bar ist ein diskreter, erfreulicher Neuzugang in der Barszene von TST.

OZONE BAR

Karte S. 406 (☎2263 2263; 118. OG, ICC, 1 Austin Rd, West Kowloon; ⊙17–2 Uhr; Ⓜ Kowloon, Ausgang U3) Das Ozone ist die höchstgelegene Bar in Asien. Das fantasievolle Interieur, das den Gast in eine Cyber-Atmosphäre versetzen soll, prunkt mit Säulen, die an einen in einen Orkan geratenen Schokoladenbrunnen erinnern, mit unendlich viel Spiegelglas und einer die Farbe ändernden Beleuchtung. Schwindelerregend ist auch die Weinkarte – die teuerste Flasche kostet über 150 000 HK$. Es erwartet einen also ein in vielerlei Hinsicht einmaliges Erlebnis.

AQUA SPIRIT BAR

Karte S. 402 (www.aqua.com.hk; 30. OG, 1 Peking Rd, Tsim Sha Tsui; ⊙17–2 Uhr; Ⓜ Tsim Sha Tsui, Ausgang L5) Diese ultramodische Bar mit riesigen Fenstern, die vom Boden bis zur Decke reichen, bietet eine spektakuläre Aussicht auf die Skyline von Hong Kong Island. Ein toller Ort, um nach dem

Abendessen mit seiner Verabredung noch einen Drink zu sich zu nehmen. Für die Tische am Fenster gilt ein Grundpreis von je 2000 HK$. Am Wochenende legen DJs auf.

UTOPIA BAR

Karte S. 402 (26. OG, Hon Kwok Jordon Centre, 7 Hillwood Rd, Tsim Sha Tsui; ⏲16.30 Uhr–open end; Ⓜ Jordan, Ausgang D) Das Utopia ist ein wundervolles Lokal mit erstklassigem Ausblick und einem Balkon, stellt das aber nicht in Rechnung. Die Weinkarte, auf der rund 50 Flaschenweine aus der Alten und der Neuen Welt stehen, hat für Tsim Sha Tsui günstige Preise, und gleiches gilt für die Biere vom Fass, die Cocktails und die guten Appetithäppchen. Die Atmosphäre ist geschmackvoll und persönlich; es gibt auch eine Dartscheibe. Sonntags ist den ganzen Tag Happy Hour, montags bis donnerstags von 16.30 bis 21 Uhr sowie von Mitternacht bis Ladenschluss.

TAPAS BAR BAR

Karte S. 404 (www.shangri-la.com; Lobby, Kowloon Shangri-La, 64 Mody Rd, Tsim Sha Tsui East; ⏲15.30–1 Uhr; Ⓜ East Tsim Sha Tsui, Ausgang P1) Dank der gemütlichen Stimmung und dem Bistro-Dekor lässt sich hier nach einem Sightseeing-Tag prima bei Sekt und Tapas entspannen.

NED KELLY'S LAST STAND PUB

Karte S. 402 (☎2376 0562; 11a Ashley Rd, Tsim Sha Tsui; ⏲Happy Hour 11.30–21 Uhr; Tsim Sha Tsui, Ausgang L5) Das nach dem berühmten australischen Banditen benannte Ned's ist eine der ältesten Kneipen Hongkongs. Die meisten ortsansässigen Ausländer und Touristen kommen hierher wegen der entspannten Atmosphäre und der Dixieland-Jazzband, die zwischen den Musikstücken auch Witze reißt. Die Bar ist mit alten Plakaten, Rugby-Trikots und Aussie-Kram dekoriert. Das ist sicher kitschig, aber man ist hier verdammt stolz darauf.

VIBES LOUNGE

Karte S. 402 (☎2315 5999; www.themirahotel.com; 5. OG, The Mira Hong Kong, 118 Nathan Rd, Tsim Sha Tsui; ⏲15–24 Uhr; Ⓜ Tsim Sha Tsui, Ausgang B1) Diese nette Freiluftbar präsentiert sich als Mischung aus Bali und dem Kowloon Park und lockt mit einem hauseigenen DJ, Cabanas und tropischem Grün. Interessant sind die „Molekularcocktails", bei denen ausgiebig Flüssigstickstoff und Schaum hinzugegeben wird.

KING LUDWIG BEER HALL BIERHALLE

Karte S. 404 (☎2369 8328; www.kingparrot.com; 32 Salisbury Rd, Tsim Sha Tsui; ⏲So–So 12–1, Fr & Sa bis 2 Uhr; Ⓜ East Tsim Sha Tsui, Ausgang J1) Der geschäftige Laden mit Lampen in Geweihform ist bei Deutschen und all jenen beliebt, denen der Sinn nach gebratener Schweinshaxe und deutschem Bier vom Fass – darunter Maisel's Weisse – steht. Der Laden befindet sich direkt unter dem Middle Road Children's Playground.

INTERCONTINENTAL LOBBY LOUNGE BAR

Karte S. 404 (Hotel InterContinental Hong Kong, 18 Salisbury Rd, Tsim Sha Tsui; ⏲24 Std., Ⓜ East Tsim Sha Tsui, Ausgang J) Hohe Fenster und eine unschlagbare Uferlage machen dieses Lokal zu einem der Orte, wo man den Blick auf die Skyline von Hong Kong Island und den geschäftigen Hafen besonders gut genießen kann – dieses Privileg hat aber auch seinen Preis. Die Bar ist ideal, wenn man die Lightshow um 20 Uhr beobachten will.

BAHAMA MAMA'S CLUB

Karte S. 404 (4-5 Knutsford Tce, Tsim Sha Tsui; ⏲Happy Hour 17–21 Uhr; Ⓜ Tsim Sha Tsui, Ausgang B1) Das Bahama Mama's steht für „karibisches Inselfeeling" inklusive Palmen und Surfbrettern. Der Club ist freundlich und bei Weitem der Beste unter den Nachtlokalen in diesem Teil der Stadt. Auch wer Lust auf Tischfußball hat, kann sich hier austoben. Freitags und samstags legt abends ein DJ auf. Dann drängt sich ein junges Publikum (ähnlich dem im Carnegie's in Wan Chai) auf der winzigen Tanzfläche.

Yau Ma Tei

SNAKE KING YAN BAR

Karte S. 406 (蛇王恩; 80a, Woo Sung St, Yau Ma Tei; Ⓜ Jordan, Ausgang A) Wer sich auf ein wirklich krasses Erlebnis einlassen will, kann den Reiswein mit Schlangengalle in diesem Spezialitätenladen nahe dem Temple Street Night Market probieren. Wem das zu stark ist, findet hier viele Flaschen mit anderen exotischen Aufgüssen. Schlangengalle soll übrigens die Manneskraft stärken.

Mong Kok

FULLCUP CAFÉ CAFÉ

Karte S. 406 (呼吸咖啡茶館; 4–6. OG, Hanwai Commercial Centre, 36 Dundas St, Mong Kok;

12–3 Uhr; Yau Ma Tei, Ausgang A1) „Fullcup“ klingt ähnlich wie das chinesische Wort für „Atem“ – und in diesem urigen dreistöckigen Café kann man tatsächlich im Gewühl von Mong Kok einmal kräftig aufatmen. Der Laden mit seinen bunt zusammengewürfelten alten Möbeln und einem Sitzbereich im Freien lockt ein trendiges, kunstsinniges einheimisches Publikum aus der Nachbarschaft an. Man bekommt ordentlichen Kaffee, Smoothies, Bier und Snacks. An manchen Wochenenden gibt's Livemusik.

UNTERHALTUNG

LP TIPP BROADWAY CINEMATHEQUE KINO

Karte S. 406 (百老匯電影中心; 2388 3188; EG, Prosperous Gardens, 3 Public Square St, Yau Ma Tei; Yau Ma Tei, Ausgang C) Das Kino zeigt anspruchsvolle neue und ältere Filme. Im Kubrick Bookshop Café nebenan bekommt man guten Kaffee.

DADA LIVEMUSIK

Karte S. 404 (2. OG, Luxe Manor, 39 Kimberley Rd, Tsim Sha Tsui; Mo–Sa 11–2, So bis 1 Uhr; Tsim Sha Tsui, Ausgang X) Im Obergeschoss des idyllischen Hotels präsentiert sich das Dada als eine gemütliche Cocktailbar in Violett und Silber, mit einer Blümchentapete und ein paar Dalí-Gemälden. Das Publikum besteht hauptsächlich aus Berufstätigen zwischen 30 und 40 Jahren. Donnerstags gibt's Livejazz, freitags und samstags R&B.

HONG KONG CULTURAL CENTRE THEATER, MUSIK

Karte S. 402 (香港文化中心; www.lcsd.gov.hk; 10 Salisbury Rd; 9–23 Uhr; Star Ferry) Hongkongs bedeutendste Konzert- und Theaterstätte ist wirklich eine Besonderheit der Extraklasse: Sie bietet einen 2000 Plätze fassenden Konzertsaal mit einer eindrucksvollen Rieger-Orgel, zwei Theatersälen und diversen Probebühnen.

AMC FESTIVAL WALK KINO

(又一城 AMC; 2265 8545; www.amccinemas.com.hk; OG & Ebenen 1 & 2, Festival Walk, 80-88 Tat Chee Ave, Kowloon Tong; Kowloon Tong, Ausgang C2) Der Komplex mit elf Kinosälen zeigt chinesische und westliche Filme. Letztere sind manchmal synchronisiert statt kantonesisch untertitelt, also vorher lieber mal nachfragen.

GRAND OCEAN CINEMA KINO

Karte S. 402 (2377 2100; www.goldenharvest.com; Marco Polo Hong Kong Hotel Shopping Arcade, Zone D, Harbour City, 3 Canton Rd, Tsim Sha Tsui; Star Ferry) Im Grand Ocean Cinema werden die üblichen Blockbuster gezeigt.

UA ISQUARE KINO

Karte S. 402 (3516 8811; 7. OG, iSquare, 63 Nathan Rd, Tsim Sha Tsui; Tsim Sha Tsui, Ausgang J) Das zum UA-Vertrieb gehörende Kino im Einkaufszentrum iSquare zeigt hauptsächlich Blockbuster.

ONE BROADWAY KINO

Karte S. 402 (2388 3188; www.cinema.com.hk; L6–L11 The One, 100 Nathan Rd, Tsim Sha Tsui; Tsim Sha Tsui, Ausgang D) Das Kino im The One zeigt Kassenschlager aus Hollywood und Hongkong und gelegentlich auch erfolgreiche Filme, die am Rand des Mainstreams angesiedelt sind.

SHOPPEN

In Tsim Sha Tsui gibt's die größte Auswahl an Konsumgütern – von Modeschmuck für 20 HK$ bis hin zu Lederstiefeln für 12 000 HK$ –, hauptsächlich aber Waren der gehobenen Preiskategorie. Nördlich von Tsim Sha Tsui sind Yau Ma Tei und Mong Kok mehr auf die einheimische Kundschaft eingestellt und bieten Kleidung, Sportartikel, Campingausrüstung, Computer und Waren des täglichen Bedarfs zu günstigen Preisen. In New Kowloon findet man die ganze Palette von glitzernden Einkaufszentren bis hin zu den Billig-Computerzentren von Sham Shui Po.

Tsim Sha Tsui

LP TIPP DAVID CHAN PHOTO SHOP FOTOAUSRÜSTUNG

Karte S. 402 (陳烘相機; 2723 3886; Shop 15, EG, Champagne Court, 16 Kimberley Rd, Tsim Sha Tsui; Mo–Sa; Tsim Sha Tsui, Ausgang B1) Wer sich mit dem digitalen Zeitalter gar nicht anfreunden kann oder zumindest noch Analogkameras benutzt, ist bei Hongkongs angesehenstem Händler für gebrauchte Fotoapparate genau richtig. Der Inhaber David Chan ist seit den 1960er-Jahren im Geschäft und hat wirklich kostbare Geräte und teure Sammlerstücke in seinem Angebot. Hier tun sich so manche Schätze auf.

GEHEIMTIPP

HONGKONGS HIDDEN AGENDA

Das in einem geheimen Proberaum im schmuddeligen Industrieviertel Kwun Tong entstandene **Hidden Agenda** (☎9170 6073; www.hiddenagendahk.com; 2A, Wing Fu Industrial Bldg, 15-17 Tai Yip St, Kwun Tong; Ⓜ Ngau Tau Kok, Ausgang B6) ist zu einem Synonym für Undergroundmusik in Hongkong geworden. Die Zukunft der Stätte liegt allerdings im Ungewissen.

Während Hongkong seine Rolle als Zentrum der Fertigungsindustrie verliert, richten sich Künstler und Musiker in leer stehenden Fabriken ein, weil die Mieten niedrig sind und das Platzangebot riesig. Es gibt jedoch häufig Probleme mit der Pacht der Gelände, weil sich Nachbarn über den Lärm beschweren oder Grundeigentümer die Flächen einer lukrativeren Erschließung zuführen wollen.

Für Hidden Agenda sind diese Probleme nicht neu, man hat sich jetzt schon am dritten Standort provisorisch eingerichtet. Es handelt sich dabei um ein in eine Veranstaltungsstätte umgewandeltes, recht geräumiges altes Lagerhaus mit Platz für 300 Besucher, eine Bar und einen CD-Laden. Während die Musik früher eher laut und rau war, stehen nun viele unterschiedliche Richtungen – darunter Post-Rock, Reggae, Jazz, Folk, Techno, Rock und Punk – auf dem Programm.

Hier treten sowohl örtliche (My Little Airport, Chochukmo, Hungry Ghosts) als auch ausländische Bands (Tahiti 80, The Chariot, Anti-Flag, Bane, Da Bang, Two Gallants, Alcest, Pitchtuner) auf. Pro Woche gibt's in der Regel ein bis fünf Events. Was gerade ansteht, erfährt man auf der Website.

INITIAL — BEKLEIDUNG

Karte S. 404 (www.initialfashion.com; Shop 2, 48 Cameron Rd, Tsim Sha Tsui; ⏲11.30–23.30 Uhr; Ⓜ Tsim Sha Tsui, Ausgang B2) Der hübsche Laden mit dem dazugehörigen Café verkauft stilvolle, europäisch und japanisch beeinflusste, städtisch-multifunktionale Kleidung einheimischer Modeschöpfer. Importierte Schuhe, Taschen und Modeschmuck ergänzen das Angebot.

RISE SHOPPING ARCADE — BEKLEIDUNG

Karte S. 404 (利時商場; www.rise-hk.com; 5-11 Granville Circuit, Tsim Sha Tsui; Ⓜ Tsim Sha Tsui, Ausgang B2) Das kleine Einkaufszentrum ist gerammelt voll mit billiger Straßenkleidung aus Hongkong, Korea und Japan, ergänzt um ein paar Markenfälschungen. Mit Geduld und gutem Auge kann man sich hier so ausstaffieren, dass man sich von der Vogue fotografieren lassen könnte. Am besten kommt man zwischen 16 und 20.30 Uhr, weil dann die meisten Läden geöffnet haben.

VENILLA SUITE — SCHUHE

Karte S. 402 (www.venillasuite.com; L210 The One, 100 Nathan Rd, Tsim Sha Tsui; Ⓜ Tsim Sha Tsui, Ausgang B2) Das zur I.T.-Gruppe gehörende Schuhgeschäft hat eine große Auswahl schicker Damenschuhe im Stil von Topmarken wie Manolo Blahnik und Jimmy Choo. Qualitativ sind sie natürlich nicht so gut, dafür gibt es sie aber auch zu einem Bruchteil des Preises. Es gibt noch weitere Filialen, darunter eine in **Mong Kok** (Karte S. 407; ☎3514 4578; Shop 10 & 11, B1 Langham Pl, 8 Argyle St; ⏲11–23 Uhr).

CHINESE ARTS & CRAFTS — WARENHAUS

Karte S. 402 (中藝; www.cachk.com; Star House, 3 Salisbury Rd, Tsim Sha Tsui; Ⓜ Tsim Sha Tsui, Ausgang L5) In diesem teuren Laden für traditionelle Geschenke – hier bekommt man alles von Seidenkissen bis hin zu Ohrringen aus Jade – kann man sich ganz gelassen geben und doch in Touristenklischees schwelgen. Es gibt außerdem Filialen in Hong Kong Island: eine in **Admiralty** (Karte S. 394; Shop 220, Pacific Place, 88 Queensway, Admiralty; Ⓜ Admiralty, Ausgang F) und eine richtig große in **Wan Chai** (Karte S. 396; 2nd Causeway Centre; 28 Harbour Rd, Wan Chai; Ⓜ Wan Chai, Ausgang A5).

SWINDON BOOKS — BÜCHER

Karte S. 402 (www.swindonbooks.com; 13-15 Lock Rd, Tsim Sha Tsui; Ⓜ Tsim Sha Tsui, Ausgang A1) Das ist eine der besten „echten" Buchhandlungen (im Gegensatz zu den „Buchkaufhäusern"). Man findet hier eine ausgezeichnete Auswahl (insbesondere zu Geschichte und Ortsgeschichte) und fachkundiges Personal. Das zweite Geschäft ist das Hong Kong Book Centre (S. 77) in Central.

K11 EINKAUFSZENTRUM

Karte S. 404 (18 Hanoi Rd, Tsim Sha Tsui; Ⓜ East Tsim Sha Tsui, Ausgang D2) Das neue Einkaufszentrum wendet sich vor allem an das junge Publikum der Mittelklasse und ist für seine Ausstellungsflächen bekannt, wo örtliche Künstler ihre Werke zeigen. Das Zentrum ist mit der MTR-Station East Tsim Sha Tsui verbunden.

ONE EINKAUFSZENTRUM

Karte S. 402 (www.the-one.hk; 100 Nathan Rd, Tsim Sha Tsui; Ⓜ Tsim Sha Tsui, Ausgang D) In diesem Einkaufszentrum gibt's einige trendige Läden für Mode und Accessoires und dazu Restaurants und Bars mit einem spektakulären Ausblick auf Kowloon.

ISQUARE EINKAUFSZENTRUM

Karte S. 402 (國際廣場;www.isquare.hk; 63 Nathan Rd, Tsim Sha Tsui; Ⓜ Tsim Sha Tsui, Ausgänge R&H) In diesem ziemlich gesichtslosen Einkaufszentrum mittlerer Größe gibt's junge, trendige und recht günstige Geschäfte und Restaurants.

GRANVILLE RD BELKLEIDUNG, ACCESSOIRES

Karte S. 404 (加連威老道出口店; Granville Rd; Ⓜ Tsim Sha Tsui, Ausgang B2) Für Schnäppchenjäger mit Zeit und Interesse sind die Stapel von Waren zweiter Wahl in den rund ein Dutzend Fabrik-Outlets an der Granville Rd lohnend, weil man die Sachen hier zu einem Bruchteil des Ladenpreises kaufen kann.

I.T. BEKLEIDUNG, ACCESSOIRES

Karte S. 402 (www.ithk.com; Shop LG01 & LG16-17, UG, Silvercord, 30 Canton Rd, Tsim Sha Tsui; Ⓜ Tsim Sha Tsui, Ausgang A1) In dem trendigen Laden findet man eine riesige Auswahl an erst- bis drittklassigen Designermarken aus Europa und Japan. Der Laden ähnelt dem D-mop (S. 123), ist aber weniger avantgardistisch und hat ein größeres Angebot aus Japan. Die Preise sind hoch, aber nicht unverschämt. Die I.T.-Gruppe hat Läden in allen größeren Einkaufsvierteln.

STAR COMPUTER CITY COMPUTER

Karte S. 402 (星光電腦城; 2. OG, Star House, 3 Salisbury Rd, Tsim Sha Tsui; ⛴ Star Ferry) Ein großes, praktisches, aber teures Einkaufszentrum für Computer (s. S. 53).

CURIO ALLEY GESCHENKE, SOUVENIRS

Karte S. 402 (⏲ 10–20 Uhr; Ⓜ Tsim Sha Tsui, Ausgang C1) Ein lustiger Ort, um nach Essstäbchen, Speckstein-Deko, Fächern und anderem chinesischen Schnickschnack zu schauen. Man findet ihn in einer Gasse zwischen der Lock und der Hankow Rd, gleich südlich der Haiphong Rd.

PREMIER JEWELLERY SCHMUCK

Karte S. 402 (愛寶珠寶有限公司; ☎ 2368 0003; Shop G14-15, EG, Holiday Inn Golden Mile Shopping Mall, 50 Nathan Rd, Tsim Sha Tsui; ⏲ Mo–Sa 10–19.30, So bis 16 Uhr; Ⓜ Tsim Sha Tsui, Ausgang G) Dieser Familienbetrieb wird in der dritten Generation von einem ausgebildeten Gemmologen geführt und ist eine unserer beliebtesten Einkaufsadressen. Die Auswahl ist nicht riesig, aber wenn man etwas Besonderes sucht und einen Tag vorab Bescheid sagt, werden einige schöne Stücke bereitgelegt. Die Mitarbeiter können auch bei der Umsetzung eigener Schmuckkreationen helfen.

HARBOUR CITY EINKAUFSZENTRUM

Karte S. 402 (www.harbourcity.com.hk; 3-9 Canton Rd; Ⓜ Tsim Sha Tsui, Ausgang C1) In diesem riesigen Einkaufszentrum gibt's 700 Geschäfte, 50 Restaurants und Bars sowie fünf Kinos. Die Läden sind in vier einzelne Bereiche – Kinder, Sport, Mode sowie Kosmetik und Schönheitspflege – aufgegliedert. Außerdem befindet sich hier ein großes Lane-Crawford-Warenhaus. Sämtliche namhaften Marken sind vertreten.

Yau Ma Tei & Mong Kok

LP TIPP CHAN WAH KEE CUTLERY STORE HAUSHALTSWAREN

Karte S. 406 (陳華記刀莊; ☎ 2730 4091; 278d, Temple St, nahe Bowring St, Yau Ma Tei; ⏲ 11–18 Uhr, Mi geschl.; Ⓜ Jordan, Ausgang C2) Der achtzigjährige Mr. Chan ist einer der letzten Scherenschleifermeister Asiens, und seine Geschäfte laufen immer noch gut. In seiner bescheidenen Werkstatt verwendet er neun verschiedene Schleifsteine zur Schärfung sämtlicher Klingen und wechselt dabei zwischen dem Einsatz von Wasser und Öl ab. Zu seinen Kunden gehören Chefköche, Fleischer, Schneider und Hausmänner bzw. -frauen in aller Welt. Kunden haben ihm schon japanische Yanagi geschickt, nur damit diese unter seinen magischen Händen den letzten Schliff erhielten. Wiegemesser, Hackmesser, Aufschnittmesser, Schälmesser und sogar Scheren – Mr. Chan schleift einfach alles.

Wer ein Messer zum Schleifen abliefert, bezahlt irgendeinen Preis zwischen 100 und 600 HK$; die Wartezeit beträgt etwa drei Monate. Wenn man aber das Messer in Mr. Chan's Laden kauft – die Auswahl ist ziemlich groß, und die japanischen Hackmesser für 600 HK$ sind geradezu ein Schnäppchen –, schleift er das Messer sofort. Die Preise liegen zwischen 200 HK$ für ein kleines Aufschnittmesser und rund 2000 HK$ für ein Shun-Messer und richten sich nach der jeweiligen Größe.

JADEMARKT MARKT

Karte S. 406 (玉器市場; Battery St, Yau Ma Tei; ⌚10–17 Uhr; Ⓜ Yau Ma Tei, Ausgang C) Der Jademarkt nahe der Gascoigne-Rd-Überführung gleich westlich der Nathan Rd besteht aus zwei Markthallen, in denen an rund 400 Ständen Jade aller Art und Qualität angeboten wird. Wer Nephrit nicht sicher von Jade unterscheiden kann, sollte hier nicht unbedingt teure Stücke kaufen, aber es sind auch viele günstige und hübsche Mitbringsel zu finden. Die **Shanghai Street** gegenüber der Kansu St versetzt ihre Besucher in längst vergangene Zeiten zurück. Früher war sie Kowloons Hauptverkehrsstraße, ehe die Nathan Rd diese Funktion übernahm, und noch heute gibt es in der Shanghai St viele Läden, die bestickte chinesische Hochzeitskostüme, Sandelholzöl, Kochutensilien für Profis und Buddhastatuen verkaufen. An der Kreuzung mit der Saigon St befinden sich eine Pfandleihe und Mahjong-Spielhallen (drinnen ist fotografieren verboten).

SINO CENTRE EINKAUFSZENTRUM

Karte S. 406 (信和中心; 582-592 Nathan Rd, Mong Kok; Ⓜ Yau Ma Tei, Ausgang A2) Diese etwas heruntergekommene Anlaufstelle für alles, was mit asiatischer Animation und Comics zu tun hat, gibt einen Einblick in eine andere Facette der einheimischen Kultur. Die winzigen Läden verkaufen neue und ältere Ausgaben japanischer Manga, Actionfiguren, Computerspiele, altmodische Videospiele und anderes Spielzeug für Kinder und Kindgebliebene, dem sich vor allem Männer nicht entziehen können – ob sie nun Studenten oder Lehrer, Schriftsteller oder Büroangestellte sind.

HONG KONG READER BÜCHER

Karte S. 407 (☎2395 0031; www.hkreaders.com; 7. OG, 68 Sai Yeung Choi St South, Mong Kok; ⌚14–24 Uhr; Ⓜ Mong Kok, Ausgang D3) Die zweisprachige Buchhandlung mit intellektuellem Touch wird von mehreren jungen Leuten geführt. Wer Bücher von Derrida oder Milosz sucht, ist hier richtig. Auf der Website stehen die Termine von Autorenlesungen, die allerdings meist auf Kantonesisch stattfinden. Das Hong Kong Reader befindet sich über einem 1010-Telefonladen.

TAK HING DRIED SEAFOOD ESSEN

Karte S. 406 (德興海味; ☎2780 2129; 1 Woosung St, Yau Ma Tei; ⌚9–19.30 Uhr; Ⓜ Yau Ma Tei, Ausgang C) Einer der wenigen echten Läden für getrocknete Meeresfrüchte: In dem netten Eckladen sieht man Glasboxen mit getrockneten Muscheln, Krokodilfleisch und Austern – vielen dürften allerdings die Feigen, Cashewnüsse, die kandierten Lotussamen und Ginsengwurzeln doch sympathischer sein.

SIN TAT PLAZA EINKAUFSZENTRUM

Karte S. 404 (83 Argyle St, Mong Kok; Ⓜ Mong Kok, Ausgang D2) Die bei Einheimischen äußerst beliebte Sin Tat Plaza an der geschäftigen Argyle St ist auf Handys aller Art spezialisiert. Man findet hier sogar ein chinesisches Fabrikat, das zugleich als Feuerzeug verwendbar ist. Hier kann man sich auch sein Handy einrichten und entsperren lassen (s. S. 53).

MONG KOK COMPUTER CENTRE EINKAUFSZENTRUM

Karte S. 407 (8-8a Nelson St, Mong Kok; ⌚13–22 Uhr; Ⓜ Mong Kok, Ausgang D3) Das Einkaufszentrum ist recht günstig, aber mit der Verständigung könnte es hier Schwierigkeiten geben. Man findet außerdem mehr Fertiggeräte als Computerbauteile (S. 53).

BRUCE LEE CLUB SOUVENIRS

Karte S. 406 (李小龍會; www.bruceleeclub.com; Shop 160-161, In's Point, 530 Nathan Rd, Mong Kok; ⌚13–21 Uhr; Ⓜ Yau Ma Tei, Ausgang A1) Das kleine Bruce-Lee-Museum ist zugleich ein Souvenirladen.

PROTREK OUTDOORAUSRÜSTUNG

Karte S. 406 (www.protrek.com.hk; 522 Nathan Rd, Yau Ma Tei; ⌚Mo–Sa 12–20, So 11.30–21.30 Uhr; Ⓜ Yau Ma Tei, Ausgang C) Dieser bewährte Laden, der überall in der Stadt Filialen hat, ist wohl insgesamt die beste Adresse für Outdoorausrüstung. Auch Trainingskurse für Outdooraktivitäten werden hier angeboten. Das Personal spricht Englisch und ist sehr hilfsbereit.

YUE HWA CHINESE PRODUCTS EMPORIUM WARENHAUS

Karte S. 402 (裕華國貨; ☎2384 0084; 301-309 Nathan Rd, Yau Ma Tei; Ⓜ Yau Ma Tei, Ausgang D) Das riesige Kaufhaus hat alles, was sich Touristen als Mitbringsel nur wünschen können. Auf sieben Stockwerken findet man Keramik, Möbel, Geschenkartikel und Kleidung, dazu noch ballenweise Seide, Kräuter, Porzellan, Koffer, Regenschirme und Küchengeräte. Es gibt auch eine Filiale in Tsim Sha Tsui; sie liegt am **Kowloon Park Dr** (Karte S. 402; ☎2317 5333; 1 Kowloon Park Dr) und ihr Eingang befindet sich in der Peking Rd.

LANGHAM PLACE MALL EINKAUFSZENTRUM

Karte S. 407 (朗豪坊; ☎3520 2800; 8 Argyle St, Mong Kok; Ⓜ Mong Kok, Ausgang C3) In der 15 Stockwerke umfassenden Monstermall gibt's rund 300 Läden, die bis 23 Uhr geöffnet haben. Blickpunkt des Einkaufszentrums ist der Digital Sky, eine High-Tech-Fläche für Sonderveranstaltungen.

New Kowloon

PAGE ONE BÜCHER

Karte S. 402 (Shop LG1 30, UG, Festival Walk, 80-88 Tat Chee Ave, Kowloon Tong; Ⓜ Kowloon Tong, Ausgang C2). Eine Ladenkette, aber eine gute: Page One hat in Hongkong die beste Auswahl an Zeitschriften und Büchern zu Kunst und Design. Auch die Auswahl an Belletristik, Kinderbüchern und Literatur zu Fotografie und Film kann sich sehen lassen. Es gibt noch eine kleinere Filiale in **Tsim Sha Tsui** (☎2730 6080; Shop 3202, 3. OG, Gateway Arcade, Harbour City, 25-27 Canton Rd; Ⓜ Tsim Sha Tsui, Ausgang A1).

ELEMENTS EINKAUFSZENTRUM

Karte S. 406 (圓方; www.elementshk.com; 1 Austin Rd West, West Kowloon; Ⓜ Kowloon, Ausgang U3) Kowloons nobelstes Einkaufszentrum umfasst fünf schöne Abteilungen, deren künstlerische Gestaltung jeweils einem der fünf Elemente der Natur (Holz, Feuer, Erde, Metall, Wasser) entspricht. Durchdacht ist auch das Angebot diverser Kinderbetreuungseinrichtungen. In dem Komplex sind die üblichen gehobenen Marken vertreten, außerdem einige Läden mit dem Schwerpunkt Design. Austin Rd West ist ein neu bebautes Gebiet auf einem dem Meer abgerungenen Gelände, das im Osten mit der Austin Rd in Tsim Sha Tsui verbunden ist.

VIVIENNE TAM BEKLEIDUNG, ACCESSOIRES

(www.viviennetam.com; LG1 Shop 05, Festival Walk, Kowloon Tong; ⏲So–Do 11–20.30, Fr & Sa bis 21 Uhr; Ⓜ Kowloon Tong, Ausgang C2) Die schon länger bestehende Marke der in New York ansässigen, in Hongkong ausgebildeten Modeschöpferin Tam zeichnet sich durch bequeme, feminine, aber urbane Kleidung, hauchdünne Kleider und verführerische Tops aus; dazu werden auch allerlei Accessoires angeboten.

AP LIU STREET FLEA MARKET MARKT

(鴨寮街; Apliu St, zw. Nam Cheong St & Yen Chow St, Sham Shui Po; ⏲12–24 Uhr; Ⓜ Sham Shui Po, Ausgang A1) Dieser Flohmarkt ist auf alles Digitale und Elektronische spezialisiert und ein wahres Paradies für Computerfreaks. Der Markt zieht sich bis zur Pei Ho St; s. auch S. 53.

LP TIPP **GOLDEN COMPUTER ARCADE & GOLDEN SHOPPING CENTER** ELEKTRONIK

(黃金電腦商場, 高登電腦中心; www.goldenarcade.org; 146-152 Fuk Wa St, Sham Shui Po; ⏲11–21 Uhr; Ⓜ Sham Shui Po, Ausgang D2) Auf mehreren Stockwerken in dem Gebäude gegenüber der MTR-Station Sham Shui Po findet man hier die beste Adresse für günstige Computer und Zubehör. Die Golden Computer Arcade umfasst das Unter- und das Erdgeschoss, das Golden Shopping Centre das erste Obergeschoss. Als Highlights gelten die „3 Cs" in dem Gebäude, nämlich die Läden **Centralfield** (www.centralfield.com; Shop 10-11) und **Comdex** (匯訊; Shop 49) im Golden Shopping Centre sowie **Capital** (正都; www.cap.com.hk; Shops 49,51,53,55, UG) und eine weitere Filiale von **Comdex** (www.comdex.com.hk; Shops 57B, 61) im Golden Computer Arcade; s. auch S. 53.

FESTIVAL WALK EINKAUFSZENTRUM

(又一城; www.festivalwalk.com.hk 80-88 Tat Chee Ave, Kowloon Tong; ⏲11–22 Uhr; Ⓜ Kowloon Tong, Ausgang C) Festival Walk ist zwar nicht so groß wie die meisten anderen Einkaufszentren, aber so luftig, dass man sich hier gern aufhält. Neben rund 200 Läden gibt es hier ein Kino und eine Eislaufbahn.

MEGA BOX EINKAUFSZENTRUM

(38 Wang Chiu Rd; Kowloon Bay; Ⓜ Kowloon Bay, Ausgang A) Für ein Einkaufszentrum dieser Größe ist das Mega Box verglichen mit anderen vor Ort recht glanzlos, aber es gibt hier ein Kino, eine Eislaufbahn und eine ganze Etage für Kinder. Zu dem Einkaufs-

zentrum fahren Shuttlebusse. Nach dem Verlassen der Station Kowloon Bay die Telford Plaza überqueren und schon hat man die Bushaltestelle erreicht.

CHEUNG SHA WAN ROAD MARKT
(⏲Mo–Fr 10–18.30, Sa bis 16 Uhr, So geschl.; Ⓜ Sham Shui Po, Ausgang C1) Unzählige Läden verkaufen Stoffe, Besätze, Knöpfe, Bänder, viele weitere Basics und prèt-à-porter-Mode. Auch den einen oder anderen Modedesigner wird man hier antreffen.

SPORT & AKTIVITÄTEN

GRATIS **TAI-CHI** TAI-CHI
Karte S. 402 (☎2508 1234; www.discoverhongkong.com; Tsim Sha Tsui East Promenade; ⏲Mo, Mi & Fr 8–9 Uhr; Ⓜ Tsim Sha Tsui, Ausgang J). Gleich vor dem Museum of Art kann man sich vor der grandiosen Kulisse des Victoria Harbour von einem gelenkigen Meister die Kunst zeigen lassen, „die Hände wie Wolken wogen zu lassen". Tai-Chi, das chinesische Schattenboxen, soll den Verstand schärfen und das Herz stärken. Anmeldung erforderlich.

SOUTH CHINA SEA COLLECTIVE TATTOO-STUDIO
Karte S. 407 (南海合作社; ☎6333 5352; kowloonink@gmail.com; 2. OG, 234 Sai Yeung Choi St South, Mong Kok; 1000 HK$/Std.) Der Tattookünstler und begeisterte Traveller Nic Tse ist Chinese, spricht aber fließend Englisch und ist in beiden Kulturen zu Hause. Uns beeindruckte sein großes Repertoire, zu dem abstrakte, moderne Entwürfe, Gedichtzeilen, Versinnbildlichungen von Kindheitsträumen und minimalistische „Armlandschaften" gehören. Interessenten sollten sich mit Nic wegen Einzelheiten und Reservierung möglichst früh per E-Mail in Verbindung setzen. Man zahlt in bar oder per PayPal.

GAURANGA NITYANANDA YOGA
Karte S. 404 (☎3422 1195/9740 9846; www.yogafitnesshk.com; 15B, Hillview Ct, 30 Hillwood Rd, Tsim Sha Tsui; Ⓜ Jordan, Ausgang D) Brian Chan, der Vorsitzende der Society for Hong Kong Yoga Instructors, lehrt im Peninsula, gibt aber auch Privatstunden. Außerdem ist er Chefkoch im Interactive Yoga Vegetarian (S. 149). Einzelheiten zum Yogaunterricht telefonisch erfragen.

GEHEIMTIPP

MONG KOK VON OBEN

Mong Kok kann ziemlich anstrengend werden, schließlich ist es der Ort mit der größten Bevölkerungsdichte auf Erden. Doch davor braucht einem nicht bange zu sein – um MK ohne das ganze Chaos zu erleben, kann man ganz einfach in die Höhe ausweichen. Zu den Oasen hoch über dem Boden gehören C&G Artpartment (S. 145), Hong Kong Reader (S. 159), das Fullcup Café (S. 155) und der Bruce Lee Club (S. 159).

WING CHUN YIP MAN MARTIAL ARTS ATHLETIC ASSOCIATION KAMPFKUNST
Karte S. 402 (葉問國術總會; ☎2723 2306; Unit A, 5. OG, Alpha House, 27-33 Nathan Rd, Tsim Sha Tsui; Ⓜ Tsim Sha Tsui, Ausgang E) Die Kosten für drei Unterrichtseinheiten pro Woche (je 2–3 Std.) betragen 500 HK$ im Monat. Ein sechsmonatiger Intensivkurs (6 Std./Tag an 6 Tagen/Woche) kostet – abhängig von den Wünschen des Schülers – rund 5000 HK$.

OCEAN SKY DIVERS TAUCHEN
Karte S. 402 (海天潛水訓練中心; ☎2366 3738; www.oceanskydiver.com; 1. OG, 17-19 Lock Rd; Ⓜ Tsim Sha Tsui, Ausgang C1) Dieser Laden bietet das komplette Angebot an Tauch- und Schnorchelausrüstung und ist die richtige Anlaufstelle, wenn man sich nach Tauchkursen und guten Tauchstätten an den Küsten Hongkongs und um seine Inseln erkundigen will.

KOWLOON PARK SWIMMING COMPLEX SCHWIMMEN
Karte S. 402 (九龍公園游泳池; ☎2724 3577; Nathan Rd & Austin Rd, Tsim Sha Tsui; Erw./erm. 19/9 HK$; ⏲6.30–22 Uhr, um 12 & 17 Uhr wird für 1 Std. geschl.; Ⓜ Tsim Sha Tsui, Ausgang C2) Zu diesem Komplex gehören vier Schwimmbecken und Wasserfälle. Man sollte an einem Werktag kommen, denn am Wochenende sind so viele Badelustige hier, dass es schwer fällt, das Wasser zu finden.

KING'S PARK TENNIS COURTS TENNIS
Karte S. 406 (☎2385 8985; 23 King's Park Rise, Yau Ma Tei; ⏲7–23 Uhr; Ⓜ Yau Ma Tei, Ausgang D) Auf dem King's Park Recreation Ground gibt es sechs Tennisplätze. Achtung: Nicht mit dem King's Park verwechseln, dem Stadion der Hong Kong Rugby Football Union!

New Territories

HIGHLIGHTS
MAI PO MARSHES

In den Mai Po Marshes, einem der bedeutendsten Feuchtgebiete der Welt, kann man die Magie des Vogelzugs bestaunen, denn jeden Winter ist dies eine der wichtigsten Zwischenstationen für Zehntausende von Zugvögeln auf ihrem Weg von Sibirien nach Australasien. Es ist also zu empfehlen, dieses Juwel Hongkongs in den Wintermonaten zu besuchen, da man gerade zu dieser Zeit viele seltene Vogelarten bewundern kann. Das restliche Jahr über zieht dieser Ort trotzdem zahlreiche Naturliebhaber sowie auch Städter an, die hier die bloße Schönheit und Artenvielfalt der Natur genießen möchten.

NICHT VERSÄUMEN

- Geführte Touren durchs Schutzgebiet
- Die schwimmenden Wege

PRAKTISCH & KONKRET

- 2471 3480
- www.wwf.org.hk
- Mai Po, Sin Tin, Yuen Long
- Eintritt 70 HK$
- 9–17 Uhr
- Bus 76K ab der East-Rail-Station Sheung Shui oder der West-Rail-Station Yuen Long

Mai Po Nature Reserve

Im Zentrum der Mai Po Marshes mit ihrem 1500 ha großen Feuchtgebiet liegt ein Naturschutzgebiet, das vom World Wide Fund for Nature Hongkong (WWFHK) und dem Ministerium für Landwirtschaft, Fischerei und Naturschutz (Agriculture, Fisheries & Conservation Department) gemeinsam verwaltet wird. Hier wimmelt das fragile Ökosystem, das an die Deep Bay grenzt, nur so vor Leben. Das geschützte Netzwerk aus Wattlandschaft, *gei wai* (seichte Krabbenteiche), Röhricht und Zwergmangroven bietet bis zu 380 verschiedenen Zugvögel- und hiesigen Vogelarten ein Zuhause, von denen mehr als ein Drittel so gut wie nie anderswo in der Gegend gesehen wird. Zu jeder Jahreszeit zieht das Gebiet Vögel an, doch gerade im Winter versammeln sich um die 54000 Zugvögel in den Sümpfen; unter ihnen vom Aussterben bedrohte Arten wie der Krauskopfpelikan, der Schwarzstirnlöffler, Schell- und Kaiseradler sowie der Rabengeier.

Zum Naturschutzgebiet gehören auch die Besucherinformation **Mai Po Visitor Centre** (2471 8272) am nordöstlichen Ende, wo man sich registrieren lassen muss, das **Mai Po Education Centre** (2482 0369) im Süden, das über die Geschichte und das Ökosystem des Sumpfgebiets und der Deep Bay informiert, schwimmende Planken und Wege durch die Mangroven und das Watt sowie ein Dutzend versteckter Ausgucke, von denen aus man in aller Ruhe und von Nahem die Vögel beobachten kann.

Der **WWFHK** (世界自然基金會香港辦事處; 24-Std.-Hotline 2526 1011; www.wwf.org.hk; 1 Tramway Path, Central) organisiert geführte Touren durch die Sümpfe. Dreistündige **Touren** (70 HK$) auf Englisch beginnen samstags, sonntags und an Feiertagen um 9.30, 10, 14 und 14.30 Uhr am Visitor Centre. Man kann die Tour online buchen, sollte jedoch weit im Voraus reservieren, insbesondere in den Wintermonaten. Den Besuchern wird empfohlen, Ferngläser (die man möglicherweise auch im Visitor Centre für 20 HK$ ausleihen kann) und Kameras mitzubringen und bequeme Wanderschuhe zu tragen. Auf bunte Kleidung sollte man lieber verzichten.

Ausländische Besucher können das Schutzgebiet auch ohne Begleitung besuchen, die Plätze hierfür sind aber begrenzt. Alleine zu gehen ist allerdings schon deshalb nicht zu empfehlen, weil einem so der Spaß entgeht, den man mit einem professionellen Guide haben kann. Weit im Voraus zu buchen, ist angebracht. Der Eintrittspreis beträgt 100 HK$, plus 200 HK$ Pfand, die man im Visitor Centre zahlen muss und zurückbekommt, bevor man das Schutzgebiet wieder verlässt.

Mit Bus 76K oder dem roten Minibus 17 fährt man bis Mai Po Lo Wai, einem Dorf an der Hauptstraße, östlich der Sümpfe. Von hier aus ist der WWFHK-Parkplatz zu Fuß in 20 Minuten erreichbar. Alternativ kostet eine Taxifahrt ab Sheung Shui 70 HK$.

HIGHLIGHTS
PING SHAN HERITAGE TRAIL

Dieser 1 km lange Weg schlängelt sich durch drei alte, aber belebte Dörfer im Nordwesten der New Territories. Hier werden Erinnerungen an das präkoloniale Hongkong geweckt, z.B. im atemberaubenden Ping Shan Village. Der Pfad führt nicht nur an 12 gut restaurierten, historischen Gebäuden vorbei, sondern auch an einem Museum in Ping Shan, das dem mächtigen Tang-Klan gewidmet ist, der in diesem 500 Jahre alten Dorf eine bedeutende Rolle spielt und zu dem die ersten Immigranten gehörten, die in Hongkong siedelten.

Los geht's an der **Ping Shan Tang Clan Gallery** (屏山鄧族文物館; 🚉Ping Shan) am östlichen Ende des Weges. Die Galerie ist in einer schön restaurierten ehemaligen Polizeiwache untergebracht und präsentiert die Geschichte des Tang-Klans und dessen Beziehung zu Ping Shan. Zu den Sammlungen gehören eine Sänfte, Ritualgegenstände und ein riesiges Holzbett. Das Gebäude wurde übrigens im Jahr 1899 gebaut und stellte einen kolonialen Außenposten dar, um „unerwünschte" Dorfbewohner zu bewachen.

Von hier aus geht es zurück zur Ping Ha Rd und dort nach rechts. Der kleine **Hung-Shing-Tempel** liegt von hier aus auf der rechten Seite, gleich neben der **Ching Shu Hin Chamber** und der **Kun Ting Study Hall**, wenn man noch einmal nach rechts abbiegt. Nördlich hiervon befindet sich die **Tang Ancestral Hall** und **Yu Kiu Ancestral Hall**, zwei der größten Ahnensäle in Hongkong. Berechtigterweise prahlt der Tang-Klan mit diesen Räumlichkeiten, insbesondere mit dem Saal, der seinen Namen trägt, da dieser eine einzigartige Struktur aus drei Sälen und zwei Innenhöfen aufweist, die den prestigeträchtigen Status des Klans innerhalb des Kaiserhofs zeigt.

Wenn man ein Stück weitergeht, trifft man auf weitere Tempel und einen alten Brunnen. Am Ende des Weges liegt die dreistöckige **Tsui Sing Lau** (聚星樓; 🚉Tin Shui Wai), die einzige erhaltene, historische Pagode in Hongkong.

NICHT VERSÄUMEN

- Ping Shan Tang Clan Gallery
- Tang Ancestral Hall
- Yu Kiu Ancestral Hall

PRAKTISCH & KONKRET

- ☎2617 1959
- www.amo.gov.hk
- Ping Shan Tsuen, Yuen Long
- Eintritt frei
- 🕘Di–So 10–17 Uhr
- 🚉Die Light-Rail-Station Ping Shan und die West-Rail-Station Tin Shui Wai liegen an beiden Enden des Wegs

Tsuen Wan

Rundgang

Die Industrie- und Wohngegend New Town in Tsuen Wan ist an sich nichts Besonderes, doch ein Ausflug in ihre Umgebung lohnt sich, gerade für Frühaufsteher.

Es ist ein Erlebnis für sich, morgens in einem der Teehäuser in Chuen Lung Village Yum Cha zu essen. Nach dem Frühstück machen sich die meisten Wanderer auf den Weg zum Tai Mo Shan Country Park. Wer sich für belebte Tempel interessiert, sollte zurück ins Zentrum gehen und den Minibus in Richtung des ruhigen Western Monastery und des bunten Yuen Yuen Institute nehmen. In Letzterem gibt es alle Arten von Gottheiten zu bewundern. Zu empfehlen ist auch der Weg zum Chuk Lam Sim Monastery.

Nicht verpassen sollte man das Sam Tung Uk Museum im Hakka-Stil, bevor man zurück zur MTR-Station geht.

Highlights

- **Sehenswertes** Yuen Yuen Institute
- **Essen** Duen Kee Restaurant (S. 167)

Top-Tipp

Der Tak Wah Park im Stadtzentrum lädt mit seinen alten Bäumen und Stegen, die über Teiche führen, dazu ein, ein paar ruhige Momente außerhalb des Trubels von Tsuen Wan zu genießen.

An- & Weiterreise

Die MTR-Station Tsuen Wan liegt an der Sai Lau Kok Rd unter dem Luk-Yeung-Galleria-Shoppingcenter. Der Busbahnhof befindet sich gegenüber der Station an der Castle Peak Rd (Ausgang A2), aber die Busse und die grünen Minibusse halten überall in New Town, um Fahrgäste aufzusammeln und rauszulassen.

Bus Viele Busse aus der Gegend um die New Territories kommen am zentralen Busbahnhof von Tsuen Wan an, darunter der 60M aus Tuen Mun und der 68M aus Yuen Long. Bus 51 aus Tai Shan und Kam Tin hält an der Tai Ho Rd.

MTR Die MTR-Station von Tsuen Wan liegt an der Tsuen-Wan-Linie, die Tsuen Wan West Station an der West-Rail-Linie.

Gut zu wissen

- **Vorwahl** ☎852
- **Lage** 11 km nordwestlich der Kowloon Peninsula
- **Letzter Zug nach Kowloon** 0.30 Uhr ab der Station Tsuen Wan; 0.24 Uhr ab der Station Tsuen Wan West.

SEHENSWERTES

YUEN YUEN INSTITUTE TAOISTISCH

außerhalb der Karte S. 166 (☎2492 2220; Lo Wai Rd; ⌚8.30–17 Uhr; 🚌grüner Minibus 81) Das Yuen Yuen Institute ist voller Statuen von taoistischen und buddhistischen Gottheiten sowie konfuzianischen Heiligen und liegt in den Hügeln nordöstlich von Tsuen Wan. Es ist zwar weit entfernt von allen anderen Touristenattraktionen, aber ein Abstecher lohnt sich in jedem Fall. Das Hauptgebäude ist eine Nachbildung des Himmelstempels von Peking. Während im oberen Erdgeschoss drei Unsterbliche des Taoismus in einer ruhigen Halle sitzen, kann man auf der unteren Ebene den gläubigen Massen beim Beten und Verbrennen von Gaben für die 60 Inkarnationen taoistischer Heiliger zusehen, die an den Wänden zu sehen sind.

Zum Institute fährt Minibus 81 ab der Shiu Wo St, zwei Häuserblocks südlich der MTR-Station Tsuen Wan (Ausgang B1). Für ein Taxi von der MTR-Station aus zahlt man etwa 40 HK$.

WESTERN MONASTERY KLOSTER

Karte S. 166 (西方寺; (☎2411 5111; Lo Wai Rd; ⌚8.30–17.30 Uhr; 🚌grüner Minibus 81) Das buddhistische Kloster ist einen Katzensprung vom oberhalb gelegenen Yuen Yuen Institute entfernt. Im Vergleich zur Betriebsamkeit auf dem Hügel wartet hier eine ganz andere Welt. In dem friedvollen Komplex kann architektonischen und spirituellen Interessen in Ruhe nachgegangen werden. Direkt am Eingang wird man von einer Bodhisattva-Statue begrüßt. Dahinter befindet sich das Hauptgebäude im Stil eines klassischen chinesischen Palasts. Direkt über seiner Maitreya-Halle wurde die Halle des Großen Buddhas angelegt. Weiter hinten steht ein weiteres zweistöckiges Gebäude mit einer spektakulären neunstöckigen Dachpagode. Je nach Tageszeit können Besucher dort Mönchsgruppen dabei zuschauen, wie sie ihre Mantras murmeln.

Tsuen Wan

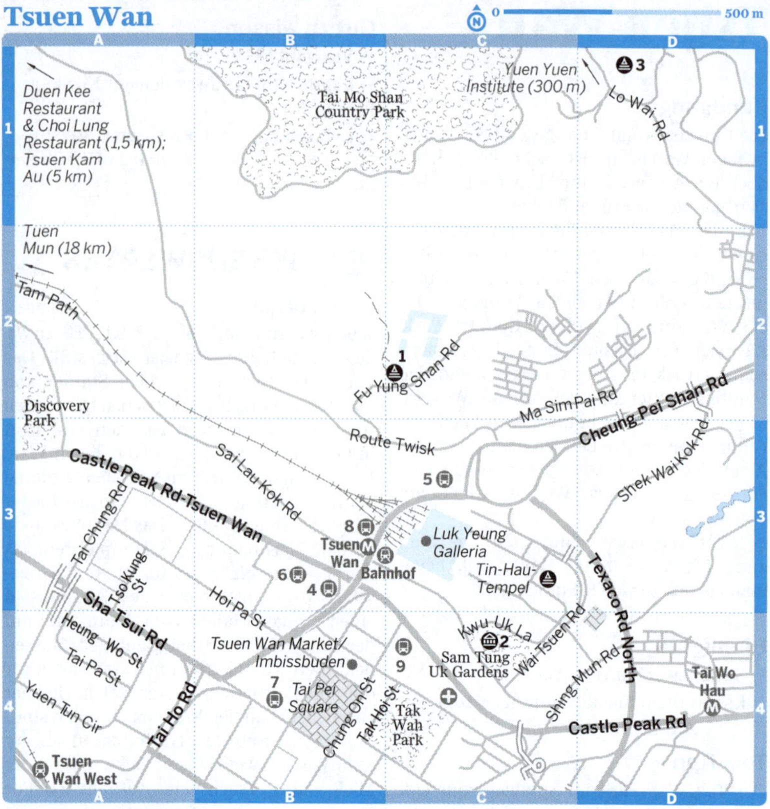

Tsuen Wan

Sehenswertes **(S. 165)**

1 Chuk Lam Sim Monastery C2
2 Sam Tung Uk Museum C4
3 Western Monastery D1

Transport **(S. 165)**

4 Bus 43X B3
5 Bus 51 (auf der Überführung) C3
6 Bus 53 .... B3
7 Bus 930 .... B4
8 Busbahnhof B3
9 Minibusse 81, 82 & 85 .... C4

Zum Kloster fährt der Minibus 81 ab der Shiu Wo St, zwei Häuserblocks südlich der MTR-Station Tsuen Wan (Ausgang B1). Ein Taxi von der Station aus kostet etwa 40 HK$.

CHUK LAM SIM MONASTERY KLOSTER

Karte S. 166 (竹林禪苑; ☎2490 3392; Fu Yung Shan Rd; ⌚9–16.30 Uhr; 🚌grüner Minibus 85)

Das in beschaulicher Umgebung liegende Kloster Chuk Lam Sim („Bambuswald") gehört zu den eindrucksvollsten Tempelkomplexen Hongkongs. Nachdem der Erdgott Tou Tei, so heißt es, einen betagten Mönch mit dem Bau beauftragt hatte, wurde die aus drei Tempeln bestehende Anlage im Jahr 1932 fertiggestellt. Nachdem man die Stufen zum ersten Tempel hinaufgeschritten ist, erreicht man hinter ihm den zweiten. Dort finden sich drei der größten goldenen Buddhas im Territorium. Flankiert wird das Trio zu beiden Seiten von einer eindrucksvollen Kompanie von zwölf Bodhisattvas. Der dritte Tempel beherbergt eine weitere große Statue des historischen Buddhas.

Das Kloster liegt nordöstlich der MTR-Station Tsuen Wan. Man erreicht den Komplex mit dem grünen Minibus 85, der in der Shiu Wo St abfährt, die zwei Blocks südlich der MTR-Station (Ausgang B1) zu finden ist.

SAM TUNG UK MUSEUM MUSEUM

Karte S. 166 (三棟屋博物館; ☎2411 2001; 2 Kwu Uk Lane; Eintritt frei; ⏲Mi–Mo 9–17 Uhr; MTR Tsuen Wan) Das einfallsreich gestaltete und gut gepflegte Museum zeigt das traditionelle ländliche Leben in einem ummauerten Hakka-Dorf aus dem 18. Jh. Die früheren Bewohner, der Chan-Klan, wurden 1980 umgesiedelt. In dem Komplex stehen ein Dutzend traditionelle Häuser mit jeweils drei Dachbalken, in denen Möbel, Küchengeräte, Aussteuerwaren und landwirtschaftliche Gerätschaften der Hakka zu sehen sind. Die Exponate stammen überwiegend aus zwei Hakka-Dörfern aus dem 17. Jh. aus dem Kreis Bao'an der Provinz Guangdong. Hinter den restaurierten Hallen, in denen man sich versammelte bzw. der Ahnen gedachte, sind interaktive Ausstellungen und Videos in der alten Dorfschule u. a. den Frauen der Hakka sowie dem traditionellen Kunsthandwerk und Essen gewidmet.

Zum Museum gelangt man, wenn man die MTR-Station Tsuen Wan durch Ausgang E verlässt und der Sai Lau Kok Rd südostwärts bis zur Kwu Uk Lane und dem Museum folgt (5 Min. Fußweg).

ESSEN

Zwei kantonesische Teehäuser im alten Stil befinden sich in Chuen Lung westlich von Tai Mo Shan und 5 km nordöstlich von Tsuen Wan. Gerade bei Wanderern auf dem Weg in den Mo Shan Country Park sind sie ein beliebter Anlaufpunkt zum Frühstücken. Am besten steigt man in den Minibus 80, der von der Chuen Lung St in Tsuen Wan (MTR-Ausgang B1) startet und fährt bis zur letzten Station.

CHOI LUNG RESTAURANT KANTONESISCH, TEEHAUS €

außerhalb der Karte S. 166 (彩龍茶樓; ☎2415 5041; 2 Chuen Lung Village, Route Twisk; Dim Sum ab 10 HK$; ⏲5.30–15 Uhr) Dieses Lokal, das es bereits seit 40 Jahren gibt, befindet sich in einem zweistöckigen Haus nahe dem Dorfeingang und ist für seinen süßen Sojabohnenquark bekannt, der mit Bergquellwasser des Tai Mo Shan gemacht wird. Hier herrscht Selbstbedienung, man holt sich sein Dim Sum aus der Küche ab und bereitet seinen eigenen Tee zu. Das beste Dim Sum gibt es zwischen 8 und 10 Uhr morgens, dann ist das Angebot am größten. Eine Beschilderung in westlicher Schrift sucht man vergebens, aber die Stühle auf der Terrasse verraten, wo man hin muss.

DUEN KEE RESTAURANT KANTONESISCH, TEEHAUS €

außerhalb der Karte S. 166 (端記茶樓; ☎2490 5246; 57–58 Chuen Lung Village, Route Twisk; ⏲6–14 Uhr) Nicht weit von Choi Lung und näher an den Feldern liegt dieser ebenso beliebte wie günstige Yum-Cha-Treffpunkt. Unter den Sonnenschirmen im Erdgeschoss kann man Dim Sum genießen, doch die wahre Attraktion ist das obere Stockwerk, wo die alten Dorfbewohner beim Teetrinken ihre Käfigvögel präsentieren. Spezialität des Hauses ist die eigens angebaute Brunnenkresse.

TAI MO SHAN

Tai Mo Shan ist Hongkongs höchster Berg (957 m). Zahlreiche Wanderwege führen auf den Berg hinauf und um ihn herum, aber man muss sich selbst mit Essen und Wasser versorgen. Die Karte *Northeast & Central New Territories* aus der Countryside-Serie ist für diese Gegend zu empfehlen.

Das **Tai Mo Shan Country Park Visitor Centre** (大帽山郊野公園遊客中心; ☎2498 9326; ⏲Sa, So & Feiertag 9.30–16.30 Uhr) liegt an der Kreuzung der Route Twisk (der Name leitet sich von „Tsuen Wan in Shek Kong" ab) und der Tai Mo Shan Rd, die vom MacLehose Trail gekreuzt wird.

Die nächstgelegene MTR-Station ist Tsue Wan (Karte S. 166). Von dort aus nimmt man am besten Bus 51 auf der Tai Ho Rd North und steigt an der Kreuzung der Route Twisk und der Tai Mo Shand Rd in Tsuen Kam Au aus. Der Tai Mo Rd östlich des Gipfels folgen, die einen Teil des Abschnitts Nr. 9 des MacLehose Trails darstellt! Etwa 45 Minuten von der Bushaltestelle entfernt gabelt sich die Straße auf der rechten Seite. Von dort aus führt ein Asphaltweg zum Sze Lok Yuen Hostel. Bus 64 verbindet außerdem Tai Mo Shan mit Yuen Long sowie dem Tai Po Market, und Bus 25K verkehrt zwischen dem Tai Po Market und Tai Mo Shan.

Tuen Mun

Rundgang

So wie in den New Towns üblich, hat Tuen Mun ein eher gewöhnliches Zentrum, doch die angrenzenden Bezirke waren früher als spirituelle Hochburgen bekannt und beherbergen auch heute noch einige beeindruckende Tempel – was einen Ausflug in diesen Teil der New Territories durchaus lohnend macht. Wer sich ein bisschen die Beine vertreten möchte, sollte zum Tsing Shan Monastery hinaufsteigen und von dort aus die atemberaubende Aussicht auf das Tuen Mun Valley genießen. Für Faulpelze empfiehlt sich ein Besuch im Miu Fat Monastery und Ching-Chung-Tempel, die beide ganz praktisch per Light Rail zu erreichen sind.

Wenn es ums Essen geht, sollte man hier die Spezialität der Gegend, Gänsebraten, im Viertel Shem Tseng ausprobieren. Gesunde ländliche Kost gibt es in Lam Tei.

Highlights

- **Sehenswertes** Miu Fat Monastery (s. rechte Spalte)
- **Essen** Farmer Restaurant (S. 169)

Top-Tipp

Wer den Bus von Tsuen Wan, Kowloon oder Hong Kong Island nach Tuen Mun nimmt, sollte auf dem Oberdeck auf der linken Seite sitzen – dort hat man den besten Blick auf die Tsing Ma Bridge.

An- & Weiterreise

Bus Bus 60M von der MTR-Station Tsuen Wan (Ausgang A3) fährt die Küste entlang nach Tuen Mun.

Fähre Fähren zum Tuen-Mun-Fähranleger legen in Tung Chung, Sha Lo Wan und Tai O (alle auf Lantau) ab. Fähren zum Flughafen, Tung Chung und Tai O auf Lantau fahren vom Fähranleger südwestlich vom Stadtzentrum.

Light Rail Tuen Mun liegt am südlichen Ende des praktischen Light-Rail-Netzwerks. Weitere wichtige Haltestellen sind Tin Shui Wai, Yuen Long und Siu Hong. Der Bahnhof ist mit der MTR-Station verbunden.

MTR Tuen Mun liegt an der West-Rail-Linie.

Gut zu wissen

- **Vorwahl** ☎852
- **Lage** 30 km nordwestlich der Kowloon Peninsula
- **Letzter Zug nach Kowloon** 0.15 Uhr ab der West-Rail-Station Tuen Mun

SEHENSWERTES

MIU FAT MONASTERY — BUDDHISTISCH

(妙法寺; ☎2461 8567; 18 Castle Peak Rd; ⏲9–17 Uhr; Linie 751) Das Kloster Miu Fat in Lam Tei, genau nördlich vom Zentrum von Tuen Mun, ähnelt einem thailändischen Tempel und ist einer der prägnantesten Buddha-Komplexe der Gegend. Der Eingang des Haupttempels wird von zwei Löwen und zwei Elefanten aus Stein bewacht und die Gärten sind ein echtes Highlight für sich.

Im Tempel finden sich ein goldenes Abbild Buddhas und drei größere Gautama-Statuen. Ebenfalls nicht zu übersehen ist der hoch aufragende neue Anbau, ein 45 m hoher Turm mit einem Dachgeschoss, das an eine riesige, kristallene Lotusblüte erinnert. Es überrascht kaum, dass die Konstruktion bei Nacht beleuchtet ist.

Dies ist ein noch immer aktives Kloster und man begegnet Scharen von Nonnen in braunen Roben.

Das Kloster erreicht man mit der Light-Rail-Linie 751 von den Haltestellen Tuen Mun oder Town Centre aus und fährt bis zur Station Lam Tei. Der Komplex liegt gegenüber der Castle Peak Rd; einfach den Fußweg überqueren und 150 m Richtung Norden gehen! Bus 63X von der MTR-Station Mong Kok hält ebenfalls vor dem Kloster.

TSING SHAN MONASTERY — BUDDHISTISCH

(青山禪院; ☎2461 8050; Tsing Shan Monastery Path; ⏲24 Std.; Linie 610, 615, 615P) Der Tempelkomplex, der auch als Castle Peak Monastery bekannt ist, liegt auf dem Castle Peak und ist der älteste Tempel in Hongkong. Gegründet wurde es vor 1500 Jahren von Reverend Pui To (wortwörtlich: „in einer Schale reisen"), doch das Gebäude, so wie man es heute sehen kann, wurde

1926 neu aufgebaut. Besucher finden eine Ansammlung von Schreinen und Tempeln für verschiedene Heilige und Bodhisattvas vor, u. a. einen für Pui To in einer Grotte, die man beim Besteigen des Hügels erreicht. Einige von ihnen sind inzwischen ziemlich verwahrlost, aber noch immer von einem gruseligen Zauber erfüllt.

In diesem Tempel wurde übrigens der Bruce-Lee-Klassiker *Der Mann mit der Todeskralle* gedreht.

Für die Anreise in die Light-Rail-Linien 610, 615 oder 615P ein- und bei der Haltestelle Tsing Shan Tsuen aussteigen. Von dort aus führen einen Schilder zum Tsing Shan Monastery Path, der genau westlich vom Bahnhof liegt. Für den steilen Pfad zum Eingang des Klosters braucht man zu Fuß etwa 30 Minuten.

CHING-CHUNG-TEMPEL TAOISTISCH
(青松觀; ☎2370 8870; Tsing Lun Rd; ⌚7–18 Uhr; 🚌Linie 505) Der Ching-Chung-Tempel (Grüne-Kiefer-Tempel) ist ein friedlicher taoistischer Tempelkomplex nordwestlich des Zentrums von Tuen Mun. Den Haupttempel erreicht man nach einem Spaziergang zwischen Bonsaibäumen, Bambus und Teichen. Er wurde Lu Sun Young geweiht, einem der acht Unsterblichen des Taoismus, die im 8. Jh. lebten. Jedes Jahr im April findet hier das **Bonsai Festival** statt.

Der Ching-Chung-Tempel liegt genau gegenüber des Light-Rail-Station Ching Ching. Mit der Linie 505 vom Tuen Mun oder der Station Town Centre kommt man hierher.

ESSEN

Im Zentrum von Tuen Mun gibt's eine Vielzahl chinesischer Restaurants und Nudelläden, wer jedoch nach etwas herausragenderem und leckererem Essen sucht, sollte es lieber abseits der ausgetretenen Wege versuchen.

FARMER RESTAURANT KANTONESISCH €
(農家菜館; ☎2461 2381; Block C, Lam Tei Mei Ling Court, Castle Peak Rd; Gerichte ab 48 HK$; ⌚abends & mittags; 🚌Linie 751) Dieses vom Guide Michelin empfohlene Restaurant bietet authentische ländliche Küche für ein gesundheitsbewusstes Publikum. Die meisten Produkte stammen aus den umliegenden Dörfern und das Kochprinzip lautet: weniger Salz und weniger Öl. Den seidig gedünsteten Tofu im Lotusblatt sollte man probiert haben.

NANG KEE GOOSE RESTAURANT KANTONESISCH €
(能記; ☎2491 0392; 13 Sham Hong Rd, Sun Tsuen, Sham Tseng; Gänsebraten ab 90 HK$/Teller; ⌚10.30–23 Uhr; 🚌234A od. 234B ab Tsuen Wan Zentrum) Schon lange ist Sham Tseng für seinen Gänsebraten bekannt und dieses seit 50 Jahren bestehende Lokal ist das meistbesuchte in der Gegend. Die knusprige Bratenkruste und das saftige Fleisch lassen sich am besten mit einem Bier genießen.

Yuen Long

Rundgang

Yuen Long ist ein bedeutendes Verkehrsdrehkreuz und das Tor zu den Mai Po Marshes und den nahe gelegenen ummauerten Dörfern.

Die Ferngläser nicht vergessen und früh aufstehen, wenn man die Mai Po Marshes erkunden will, denn in den Morgenstunden lassen sich die Vögel am besten beobachten! Wer es nicht geschafft hat, eine geführte Tour nach Mai Po zu ergattern, für den ist der Hong Kong Wetland Park eine lohnende Alternative.

Danach zurück in die Stadt fahren, das Mittagessen in Dai Wing Wah genießen, wo u. a. Gerichte aus den ummauerten Dörfern serviert werden, und anschließend ein oder zwei dieser Ortschaften (Kat Hing Wai und Shui Tau Tsuen) besuchen!

Eine noch bessere Möglichkeit, ein paar Nachmittagsstunden zuzubringen, ist ein Bummel auf dem Ping Shan Heritage Trail.

Zu einem unvergesslichen Erlebnis kann der Sonnenuntergang in Nak Pai am westlichen Ende von Hongkong werden. Danach kann man bei einem Meeresfrüchte-Dinner in Lau Fau Shan den Tag ausklingen lassen.

Highlights

➡ **Sehenswertes** Mai Po Marshes (S. 163)

➡ **Essen** Dai Wing Wah (S. 171)

Top-Tipp

Im Hong Kong Wetland Park gibt es einige Vogelbeobachtungsstationen. Der Beobachtungspunkt im Watt am Ende des Mangrovenpfads ist perfekt für alle Besucher geeignet, die so viele verschiedene Vögel wie möglich sehen möchten.

An- & Weiterreise

Bus Vom Busbahnhof Yuen Long West an der Kik Yeung Rd fährt Bus 968 nach Tin Hau auf Hong Kong Island; Bus 76K fährt nach Mai Po, zur Pak Wo Rd in Fanling und zur Choi Yun Rd in Sheung Shui.

Grüner Minibus Die Busse 35 und 33 ab der Tai Fung St fahren nach Lau Fau Shan, bzw. Pak Nai über Ping Shan.

MTR Die Stationen Yuen Long, Long Ping und Tin Shui Wai liegen an der West-Rail-Linie, die Station Ping Shan an der Light-Rail-Linie.

Gut zu wissen

- **Vorwahl** ☎852
- **Lage** 30 km nordwestlich der Kowloon Peninsula
- **Letzter Zug nach Kowloon** 0.26 Uhr von der West-Rail-Station Yuen Long

SEHENSWERTES

MAI PO MARSHES NATURSCHUTZGEBIET

Siehe S. 163.

PING SHAN HERITAGE TRAIL HISTORISCHER RUNDGANG

Siehe S. 164.

HONG KONG WETLAND PARK PARK

(☎2708 8885; www.wetlandpark.com/en/index.asp; Wetland Park Rd, Tin Shui Wai; Erw./Kind 30/15 HK$; ⏲Mi–Mo 10–17 Uhr; Linie 705 od. 706) Dieser 60 ha große Öko-Park bietet die Möglichkeit, einen Blick in das Ökosystem des Feuchtgebiets in den nordwestlichen New Territories zu werfen. Die natürlichen Wege, Vogelbeobachtungsstationen und Aussichtsplattformen machen den Park zu einem idealen Ort zum Beobachten von Vögeln. Die futuristisch mit Gras bewachsene Hauptverwaltung beherbergt interessante Galerien (z.B. mit dem Thema tropische Sumpfgebiete), ein Kino, ein Café und eine Aussichtsgalerie. Wer ein Fernglas hat, sollte es mitbringen, ansonsten muss man darauf warten, einen Blick durch die vorhandenen Gucklöcher in den Aussichtsgalerien und Beobachtungspunkten erhaschen zu können.

Zum Hong Kong Wetland Park nimmt man die MTR-Linie West Rail nach Tin Shui Wai und steigt dort in die Light-Rail-Linie 705 oder 706 um und am Wetland Park aus. Man kann auch direkt von Hong Kong Island aus mit dem Bus 967 ab der MTR-Bushaltestelle Admiralty fahren.

LAU FAU SHAN & PAK NAI DORF

In Richtung der nordwestlichen Grenze der Gewässer Hongkongs liegt **Lau Fau Shan** (流浮山; grüner Minibus 35), ein ländliches Fischerdorf mit der einzigen Austernfarm in der Region. Heute kommen die meisten Menschen hierher, um einem der Fischrestaurants einen Besuch abzustatten, doch auch der kleine Austernmarkt ist einen Abstecher wert. Man kann den Austernzüchtern dabei zusehen, wie sie die Schalentiere am Wasser öffnen. Die atemberaubende Deep Bay und Shekou in Shenzhen liegen direkt auf der anderen Seite der Bucht. Um ans Wasser zu kommen, läuft man den gepflasterten Weg hinunter (neben den öffentlichen Toiletten), der von Restaurants und Aquarien gesäumt ist.

4 km südwestlich von Lau Fau Shan liegt **Pak Nai** (白泥; grüner Minibus 33), das an Wochentagen menschenleer ist. Doch an den Wochenenden sieht man oft am späten Nachmittag Horden fotografierwütiger Einheimischer, was leicht zu erklären ist. In Pak Nai, das wörtlich „weißer Matsch" heißt, gibt es nämlich mit den schönsten Sonnenuntergang in Hongkong zu sehen. An der 6 km langen Küstenlinie reihen sich Mangroven, Fischteiche, Farmen, kleine Hütten und schlickige Strände voller Austernschalen aneinander. Den Sonnenuntergang bestaunt man am besten von einigen Stellen entlang der Deep Bay Rd (die hinter Upper Pak Nai als Nim Wan Rd weiterführt), der einzigen Straße, die an der Küste entlang verläuft. Einfach aus dem Minibus aussteigen, sobald eine Stelle in Sicht kommt, die einem gefällt! Der grüne Minibus 33 fährt von Yuen Long über Lau Fau Shan. Auf der Website des **Hong Kong Observatory** (www.hko.gov.hk) erfährt man mehr über die genauen Sonnenuntergangszeiten.

KAT HING WAI DORF

((吉慶圍; 🚌64K) Das winzige, 500 Jahre alte Dorf wurde während der frühen Jahre der Ming-Dynastie (1368–1644) mit einer Mauer umgeben. Mehrere düstere und schmale Gassen zweigen von der einzigen Hauptstraße ab, an deren Ende ein kleiner Tempel steht. Neben alten Häusern mit frisch gedeckten Dächern hat das Dorf auch diverse neue Gebäude zu bieten.

Beim Betreten des Dorfes wird man um eine Spende gebeten – einfach das Geld in den Münzschlitz neben dem Eingang werfen! Die alten Hakka-Frauen tragen traditionelle schwarze Hosen, Umhänge und charakteristische Bambushüte mit schwarzen Stoffborten. Gegen einen kleinen Geldbetrag (rund 10 HK$) lassen sie sich fotografieren.

Wer von Yuen Long aus mit dem Bus kommt, steigt an der ersten Haltestelle in der Kam Tin Rd aus, überquert die Straße und geht zehn Minuten lang Richtung Osten. Taxis von der West-Rail-Station Kam Sheung Rd aus kosten maximal 20 HK$.

SHUI TAU TSUEN DORF

(水頭村; 🚌64K) Dieses Dorf aus dem 17. Jh. liegt einen 15-minütigen Fußmarsch nördlich der Kam Tin Rd und ist für seine bugförmigen Dächer bekannt, die an den Firsten mit Drachen und Fischen verziert sind.

Der Ahnensaal **Tang Kwong U Ancestral Hall** (⏲Sa, So & Feiertage 9–13 & 14–17 Uhr) und die nahe gelegene **Tang Ching Lok Ancestral Hall** (⏲Mi, Sa & So 9–13 & 14–17 Uhr) wurden im frühen 19. Jh. zur Verehrung der Ahnen errichtet. Die Fischverzierungen auf dem Dach der Eingangshalle stehen für Glück. Zwischen den beiden Gebäuden befindet sich der kleine **Hung-Shing-Tempel**. Südlich davon ist die eindrucksvollste Sehenswürdigkeit der Stadt, die **Yi Tai Study Hall** (⏲Mi, Sa & So 9–13 & 14-17 Uhr) die im 19. Jh erbaut und nach den Göttern der Literatur und Kampfkunst benannt wurde. Der nördlich der Stadt gelegene **Tin-Hau-Tempel** (天后廟) wurde 1722 errichtet und beherbergt eine Eisenglocke, die 106 kg schwer ist.

Im und um das Dorf wird viel gebaut, und Alt und Neu passen nicht immer gut zusammen. Je weiter man in Richtung Norden läuft, desto ruhiger und friedlicher wird die Gegend jedoch.

Um nach Shui Tau Tsuen zu kommen, das an der Kam Tin Rd ausgeschildert ist, muss man in Richtung Norden, durch die Unterführung des Kam Tin Bypass gehen, dann die Kam Tai Rd passieren und über den Fluss zur Chi Ho Rd laufen. Hierfür nimmt man am besten die kleine Brücke, die über den Fluss führt, hält sich rechts und danach links und betritt so das Dorf aus östlicher Richtung. Als erstes kommt man dann an der Yi Tai Study Hall vorbei.

ESSEN

DAI WING WAH HAKKA €

(大榮華酒樓; 1. Stock, Koon Wong Mansion, 2-6 On Ning Rd; Dim Sum 14 HK$, Gerichte ab 70 HK$; ⏲6–0 Uhr; 🚉Light-Rail-Station Tai Tong Rd) Das Dai Wing Wah, eine Idee des berühmten Kochs Leung Man-to, ist für seine für die ummauerten Dörfer typischen Gerichte bekannt. Wann immer es geht, bezieht Leung seine Zutaten von kleinen Bauernhöfen und Erzeugern aus der Umgebung und macht deren Namen mit seinem innovativen Kochstil alle Ehre. Ein Muss sind die in Zitrone gedünsteten Meeräschen, die geräucherten Austern und die malaysische Biskuittorte. Von der Light-Rail-Station Tai Tong Rd läuft man nach Norden auf der Kuk Ting St und biegt dann nach links auf die Sai Tai St ab. Von dort aus sieht man schon das 30 m entfernte Restaurant.

HO TO TAI NOODLE SHOP KANTONESISCH €

(好到底麵家; ☎2476 2495; 67 Fau Tsoi St; ⏲8–20 Uhr; 🚉Light-Rail-Station Tai Tong Rd) Diese 60 Jahre alte Institution in Yuen Long ist eines der preiswertesten der im Guide Michelin genannten Restaurants der Welt. Bekannt ist es für seine frischen kantonesischen Eier- und Garnelenrogen-Nudeln, die man hier täglich bekommen kann. Feinschmecker pilgern von überall her in dieses Restaurant, um die herrlichen Wonton-Nudeln zu schlürfen. An der Theke ist auch eine Karte auf Englisch erhältlich. Dieser Gourmet-Treff liegt zu Fuß drei Minuten südlich der Light-Rail-Station Tai Tong Rd.

PING SHAN TRADITIONAL POON CHOI SCHÜSSELESSEN €

(屏山傳統盆菜; ☎2617 8000; 36 Tong Fong Tsuen, Ping Ha Rd; Schüssel f. 6/8–10/11–12 Pers. 380/680/800 HK$; ⏲11–21 Uhr; 🚉Light-Rail-Station Hang Mei Tsuen) Ein *poon choy* ist eine Gruppenaktivität, ein traditionelles Festessen in den Dörfern der New Territories.

Das Essen ist in drei Schichten angeordnet, die teuersten Leckerbissen liegen dabei jeweils ganz oben. Rechnen muss man hier mit Bergen aus Fleisch, Fisch und Wurzelgemüse. Reservierungen werden dringend empfohlen. Das zweistöckige Restaurant liegt im Viertel des Ping Shan Heritage Trails.

HAPPY SEAFOOD RESTAURANT SEAFOOD **€€**
(歡樂海鮮酒家; ☎2472 3450; 12 Shan Ting St, Lau Fau Shan; Gerichte 250–800 HK$; ⌚abends & mittags; 🚌Minibus 35 ab Tai Fung St) Der jüngste Meisterkoch der Welt, Lau Ka-lun, serviert in diesem ländlichen Lokal innovative Meeresfrüchtegerichte. Der gebratene Reis mit Krabbenrogen, Jakobsmuscheln und Straußenfleisch ist unbedingt zu empfehlen.

Fanling & Sheung Shui

Rundgang

Mit einem Besuch des Fung-Ying-Sin-Tempels sollte man beginnen. Er liegt nicht mal einen Steinwurf von der East-Rail-Station Fanling entfernt. Nach einem vegetarischen Mittagessen im Tempel geht es weiter zum Lung Yeuk Tau Heritage Trail, um in das Leben in den Dörfern einzutauchen.

Für Abenteuerlustige, die auf Erlebnisse abseits der Pfade aus sind, bietet sich der Besuch von Ping Kong oder Sha Tau Tok an, zwei selten frequentierten ummauerten Dörfern, in denen japanische Bunker aus dem zweiten Weltkrieg unter der (noch) unberührten Landschaft liegen.

Highlights

- **Sehenswertes** Lung Yeuk Tau Heritage Trail (S. 172)

Top-Tipp

Einige der ummauerten Dörfer entlang des Lung Yeuk Tau Heritage Trails sind in privatem Besitz. Bei einem Besuch sollte man sich hier deshalb diskret und vernünftig verhalten.

An- & Weiterreise

Bus Um weiterzureisen, nutzt man am besten die East-Rail-Stationen. Bus 76K nach Yuen Long und zu den Mai Po Marshes startet an der Pak Wo Rd in Fanling und an der Choi Yun Rd in Sheung Shui. Bus 77K nach Ping Kong hält an der Yuen Long Jockey Club Rd in Fanling und an der Po Shek Wu Rd in Sheung Shui.

Grüner Minibus Bus 58K fährt von der San Wan Rd in Sheung Shui nach Ping Kong.

MTR Die MTR-Linie zu den East-Rail-Stationen Fanling und Sheung Shui nehmen!

Gut zu wissen

- **Vorwahl** ☎852
- **Lage** Fanling und Sheung Shui liegen im nördlichen Zentrum der New Territories und sehr viel näher am Festland (5 km) als an Tsim Sha Tsui (20 km)
- **Letzter Zug nach Kowloon** 0.35 Uhr ab der East-Rail-Station Sheung Shui; 0.37 Uhr ab der East-Rail-Station Fanling

SEHENSWERTES

LUNG YEUK TAU HERITAGE TRAIL HISTORISCHER RUNDGANG
(龍躍頭文物徑; 🚌54K) Dieser 4,5 km lange Weg nordöstlich von Fanling führt durch fünf ziemlich gut erhaltene ummauerte Dörfer, die, genau wie Ping Shan, zum Tang-Klan gehören. Das schönste unter ihnen ist das älteste (800 Jahre), aber auch am besten erhaltene **Lo Wai**, das man an seiner 1 m dicken Wehrmauer erkennen kann. Es ist leider nicht für die Öffentlichkeit zugängig, deshalb bleibt einem nur, es von außen zu bewundern, ehe man sich auf den Weg zu den gastfreundlicheren Dörfern **Tung Kok Wai** im Nordosten und **Sun Wai** am nördlichen Ende des Wegs zu machen.

Weitere örtliche Attraktionen sind die **Tang Chung Ling Ancestral Hall** (松嶺鄧公祠; ⌚Mi–Mo 9–17 Uhr) und der **Tin-Hau-Tempel** in der Nähe. Der Ahnensaal wurde zu Zeiten der Ming-Dynastie errichtet und das Drachenmotiv, das auf einigen der Gedenktafeln im Inneren des Gebäudes zu sehen ist, war ein Symbol für den königlichen Stand des Klans. Im Tempel stößt man auf zwei bronzene Glocken, die aus den Jahren 1695 und 1700 stammen. **Shek Lo** bedeutet übersetzt „Steinhütte" und wurde 1925 erbaut. Das Ganze ist ein eklektischer Mix aus kolonialer und traditioneller chinesischer Architektur. Das Häuschen scheint zwar dauerhaft abgeschlossen zu sein, man kann es aber gut von der Ostseite der Tsung-Kyam-Kirche aus sehen, die am Anfang des Weges steht.

Von der East-Rail-Station Fanling (Ausgang C) fährt der grüne Minibus 54K, der einen auf Anfrage an der Tsung-Kyam-Kirche (kantonesisch: Shun Him Tong) rauslässt.

FUNG-YING-SIN-TEMPEL TEMPEL

(蓬瀛仙館; ☎2669 9186; 66 Pak Wo Rd, Fanling; ⏲8–18 Uhr; 🚇Fanling) An den Außenwänden des riesigen taoistischen Tempelkomplexes gegenüber der East-Rail-Station Fanling gibt's ein paar wunderschöne Wandgemälde taoistischer Unsterblicher und des Chinesischen Tierkreises zu sehen. Am Tempel findet man außerdem eine Orchideenterrasse, eine Naturheilpraxis und ein **vegetarisches Restaurant** (EG & 1. Stock, Bldg A7; ⏲10–17 Uhr). Besonders bedeutsam sind ein Dutzend Ahnensäle hinter dem Haupttempel, in denen die Asche der Verstorbenen in Urnenwandfächern ruht.

TAI FU TAI MANSION HISTORISCHES GEBÄUDE

(大夫第; San Tin, Yuen Long; ⏲Mi–Mo 9–13 & 14–17 Uhr; 🚌76K) Zwischen Yuen Long und Sheung Shui liegt dieser prächtige Gebäudekomplex im Mandarin-Stil, der 1865 erbaut und raffiniert mit westlichem Design verwoben wurde. Angehörige des Man-Klans, einer weiteren einflussreichen Familie der New Territories, lebten hier über ein Jahrhundert lang, bis sie 1980 auszogen. Der Hof ist von Steinwänden umgeben und hat einen bewachten Kontrollpunkt. Im Inneren findet man chinesische Symbole in den Holzschnitzereien und Jugendstilglasscheiben, außerdem gibt's einen europäischen Brunnen.

Mit Bus 76K von Sheung Shui bis zur San-Tin-Haltestelle fahren.

PING KONG DORF

(🚌77K) Dieses verschlafene ummauerte Dörfchen in den Hügeln südlich von Sheung Shui wird selten von Reisenden besucht. So wie viele andere der Wehrdörfer in Hongkong strahlt es eine Mischung aus Altem und Neuem aus. Im Zentrum steht

ABSTECHER

SHA TAU KOK

Das in einem seit 60 Jahren abgeschotteten Grenzgebiet liegende **Sha Tau Kok** (沙頭角) befindet sich 11 km nordöstlich von Fanling. 1961 wurde es vom restlichen Hongkong abgegrenzt, nachdem es sich der Machtergreifung der Kommunisten in China angeschlossen hatte. Die Grenzstadt an sich dürfen nur die örtlichen Bewohner betreten, doch die 400 ha Land und die Ansammlung von Dörfern im Westen und Südwesten, die allesamt im Gestern steckengeblieben zu sein scheinen, wurden im Februar 2012 teilweise wieder geöffnet.

Tam Shui Hang Village (担水坑村), ein Dorf, das gleich neben dem Grenzposten steht, und seine zahlreichen alten und neuen Hauser und erhaltenen Ahnensäle sind wirklich einen Besuch wert. Wer sich für den zweiten Weltkrieg interessiert, findet in der Hügellandschaft hinter Shan Tsui mehrere **japanische Bunker** (日軍碉堡). Von Tam Shui Hang Village aus sind es noch 200 m bis zur alten **Kwan-Ah-Schule** (群雅學校), die man an einem Basketballplatz vor ihren Türen erkennt. Von hier aus geht's am Pak-Kung-Schrein vorbei und hinunter ins Shan Tsui Village, dann links einen Weg entlang und einige Minuten den Berg hoch. Von hier aus sieht man ein paar Schützengräben, die einen zu den Bunkern führen.

In den Bergen liegen bestimmt sechs Bunker versteckt, die Wege sind aber nicht sonderlich gut ausgeschildert. Wer sich eher abseits der Pfade bewegen will, sollte die Dorfbewohner um Rat fragen, die bestimmt ein paar gute Hinweise geben können.

Bus 78K und der grüne Minibus 55K fahren vom Landmark North Shoppingcenter in Sheung Shui nach Sha Tau Kok. Wenn man am Grenzposten ankommt, bitten einen die freundlichen Polizisten, auszusteigen.

der entzückende kleine **Tin-Hau-Tempel** (天后廟).

Nach Ping Kong kommt man von der East-Rail-Station Sheung Shui (Ausgang A) mit dem grünen Minibus 58K, der an der Minibusstation südlich vom Landmark North Shoppingcenter auf der San Wan Rd abfährt. Taxis von der East-Rail-Station Sheung Shui nach Ping Kong kosten 30 HK$.

Tai Po

Rundgang

Tai Po ist die vielleicht interessanteste New Town in den New Territories, da sie nicht nur ein nützlicher Verkehrsknotenpunkt ist, sondern auch aus anderen Gründen viele Besucher anlockt. Man sollte früh mit einem Ausflug hierher beginnen und eine halbe bis ganze Stunde im Railway Museum verbringen, bevor es zum charmanten Tai Po Market weitergeht. Sonntags findet außerdem ein schöner Bauernmarkt statt.

Wer Zeit hat, sollte sich am Lam Tsuen Wishing Tree etwas wünschen oder zu den Ng Tung Chai Waterfalls und der Kadoorie Farm in der Nähe laufen. Flora- und Fauna-Fans dürfen das schöne Fung Yuen Butterfly Reserve auf keinen Fall verpassen.

Das beste Essen gibt's am Tai Ming Sq im Zentrum der Stadt.

Highlights

➡ **Sehenswertes** Tai Po Market (S. 174)

➡ **Essen** Yak Lok Barbecue Restaurant (S. 176)

➡ **Radfahren** Tai Po zum Plover Cove Reservoir (S. 177)

Top-Tipp

In Tai Po gibt es zahlreiche Märkte und Naturschutzgebiete, die man definitiv besuchen sollte – also früh aufstehen!

An- & Weiterreise

Bus Bus 71K fährt zwischen den East-Rail-Stationen Tai Wo und Tai Po Market.

Grüner Minibus Zur Weiterfahrt startet man an der East-Rail-Station Tai Po Market oder fährt von der Heung Sze Wui St mit Bus 20K Richtung San Mun Tsai. Nach Ng Tung Chai (Tai Mo Shan) fährt Bus 25K.

MTR Mit der MTR fährt man zur East-Rail-Station Tai Po Market oder zur Station Tai Wo

Gut zu wissen

➡ **Vorwahl** ☎852

➡ **Lage** 13 km bis zu Grenze zwischen Hongkong und China bei Lo Wu; 18 km nördlich der Kowloon Peninsula

➡ **Letzter Zug nach Kowloon** 0.42 Uhr ab der East-Rail-Station Tai Wo; 0.45 Uhr ab der East-Rail-Station Tai Po Market

SEHENSWERTES

TAI PO MARKET — MARKT

Karte S. 175 (大埔街市; Fu Shin St; ⏲6–20 Uhr; Ⓜ Tai Wo) Dieser Straßenmarkt unter freiem Himmel sollte nicht mit der gleichnamigen East-Rail-Station verwechselt werden. Er liegt nur einen Steinwurf vom Hong Kong Railway Museum entfernt und ist einer der interessantesten Märkte der New Territories.

MAN-MO-TEMPEL — TEMPEL

Karte S. 175 (文武廟; Fu Shin St; ⏲8–18 Uhr; Ⓜ Tai Wo) Der aus zwei Sälen bestehende Man-Mo-Tempel aus dem späten 19. Jh. liegt am nördlichen Ende der Fu Shin St und gilt als zentrale Kultstätte in der Region Tai Po. Er wurde, ebenso wie der Man-Mo-Tempel in Sheung Wan, den Göttern der Literatur und des Kriegs geweiht.

HONG KONG RAILWAY MUSEUM — MUSEUM

Karte S. 175 (香港鐵路博物館; ☎2653 3455; 13 Shung Tak St; Eintritt frei; ⏲Mi–Mo 9–17 Uhr; Ⓜ Tai Wo) Dieses interessante Museum ist im ehemaligen Bahnhof Tai Po Market untergebracht, der 1913 im traditionellen chinesischen Stil erbaut wurde. Es beherbergt eine Schmalspurdampflok aus dem Jahr 1911, die zusammen mit all den anderen wertvollen Ausstellungsstücken die Geschichte des Eisenbahnverkehrs der Gegend beschreibt.

Wer zum Museum fahren will, steigt am besten an der East-Rail-Station Tai Wo aus. Von dort aus läuft man durch das Tai-

Tai Po

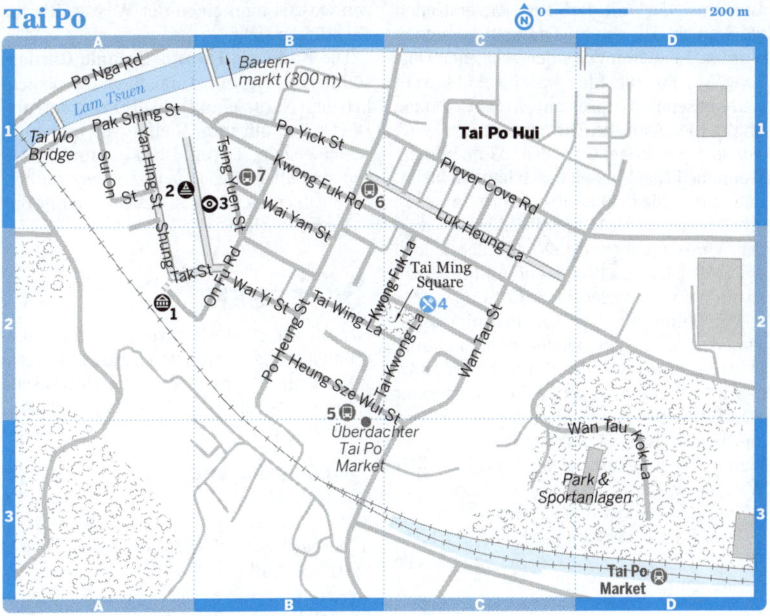

Wo-Shoppingcenter und die dazu gehörende Wohnsiedlung, über die Tai Wo Bridge (die kleine mit dem chinesischen Dach) am Fluss Lam Tsuen, die aus der Richtung der Po Nga Rd kommt. Das Museum liegt gleich südöstlich von hier.

FARMER'S MARKET
MARKT

außerhalb der Karte S. 175 (大埔農墟; http://hongkongfarmersmarket.org; Tai Wo St; ⌚So 9–17 Uhr; Tai Wo) Jeden Sonntag kommen Dutzende Bauern aus der Umgebung nach Tai Po, um hier ihre Produkte und Waren anzupreisen – von Obst und Gemüse bis hin zu Naturkosmetik kann man hier alles kaufen. Je früher man kommt, desto größer ist der Trubel, den man erlebt. Von der East-Rail-Station Tai Wo (Ausgang B) Richtung Tai Wo Plaza laufen und den Schildern zum Oi Wo House folgen! Von dort aus kann man ein Umspannwerk auf der anderen Straßenseite sehen. Gleich daneben ist der Eingang zum Markt.

FUNG YUEN BUTTERFLY RESERVE
NATURSCHUTZGEBIET

(鳳園蝴蝶保育區; ☎3111 7344; www.fungyuen.org; 150 Fung Yuen Rd; Eintritt 20 HK$; ⌚9–17 Uhr; grüner Minibus 20A) Dieses weitläufige, 42 ha große Gebiet von besonderem wissenschaftlichen Interesse liegt keine 4 km nordöstlich vom Dorf Tai Po. Hier gibt es mehr als 180 Schmetterlingsarten, die einen mit ihrer Vielfalt förmlich blenden. Ein Drittel von ihnen sind seltene Arten, z. B. *Troides helena* und *Lamproptera curius*. Am besten zu entdecken sind sie vor 10 Uhr morgens. Der grüne Minibus 20A fährt jede halbe Stunde von der East-Rail-Station Tai Po Market. Auf Anfrage lässt einen der Fahrer bei Fung Yuen Chun Kung Sor (鳳園村公所) raus.

Tai Po

Sehenswertes **(S. 174)**
1 Hong Kong Railway Museum A2
2 Man-Mo-Tempel A1
3 Tai Po Market B1

Essen **(S. 176)**
4 Yak Lok Barbecue Restaurant C2

Transport **(S. 174)**
5 Bus- & Minibushaltestelle B2
6 Bushaltestelle 70, 72, 72A & 74 .... B1
7 Minibus 25K B1

LAM TSUEN WISHING TREE
TEMPEL

(林村許願樹; Lam Kam Rd, Fong Ma Po; 64K) Bis vor ein paar Jahren war Tai Po *der* Anlaufpunkt: wegen des riesigen Banyanbaums, der mit farbigen Papierstreifen geschmückt ist, die an Orangen gebunden wurden. Er steht im westlich gelegenen Dorf Fong Ma Po. Die Idee war folgende: Man schreibt seinen Wunsch auf ein Stück Papier, bindet dieses an die Zitrusfrucht und wirft sie, so hoch es geht, in den Baum hinein. Wenn die Frucht in den Ästen hängen bleibt, hat man Glück, und je höher man wirft, umso höher ist die Wahrscheinlichkeit, dass der Wunsch wahr wird. 2005 brach jedoch ein großer Ast des Baumes ab und zerstörte so die Wünsche vieler Pilger für immer.

Der Baum wird seitdem in Ruhe gelassen, damit er sich wieder erholen kann. Derweil kann man die Wünsche an Holzregale im chinesischen Stil binden oder Plastikfrüchte (die ein Händler vor Ort verkauft) auf einen Plastikbaum werfen. Der kleine **Tin-Hau-Tempel** nebenan ist voller Wahrsager, die einen über den Verlust des Wünschbaums hinwegkommen lassen.

Zum Baum fährt Bus 64K von der East-Rail-Station Tai Po Market. Bei Fong Ma Po aussteigen!

NG TUNG CHAI WATERFALL & KADOORIE FARM & BOTANIC GARDEN — WASSERFALL, GARTEN

(梧桐寨瀑布 & 嘉道理農場暨植物園; ☎24 83 7200; www.kfbg.org.hk; Lam Kam Rd; Eintritt frei; ⏰9.30–17 Uhr; 🚌64K) Die beeindruckende Gegend um den **Ng Tung Chai Waterfall** ist eine ruhige Abwechslung zu dem regen Treiben von Tai Po. Bus 64K von der East-Rail-Station Tai Po Market bringt einen zu den zahlreichen Bächen und Wasserfällen. An der Haltestelle Ng Tung Chai sollte man aussteigen. Durch das gleichnamige Dorf und die Bambushaine gelangt man innerhalb von 30 Minuten zum **Man Tak Monastery** (萬德苑). Von dort aus sind es nur noch 20 Minuten zu Fuß den Berg hinauf, von wo aus man einen der Wasserfälle ins Tal stürzen sieht.

Die **Kadoorie Farm & Botanic Garden**, südlich von Ng Tung Chai, dient hauptsächlich dem Naturschutz und als Lehrzentrum. Die Gärten mit ihrer Vielfalt von einheimischen Vögeln, Tieren, Insekten und Pflanzen sind allerdings ganz besonders zauberhaft. Am einfachsten ist der Garten mit Bus 64K zu erreichen.

ESSEN

Der Tai Ming Sq im Zentrum von Tai Po bietet anständiges Essen von Straßenständen. Außerdem gibt es hier einige chinesische Restaurants, die Hakka-Gerichte im alten Stil servieren.

YAK LOK BARBECUE RESTAURANT — KANTONESISCH €

Karte S. 175 (一樂燒臘飯店; ☎2656 4732; 5 Tai Ming Lane; ⏰11–23 Uhr; 🚉Tai Po Market) Starkoch Anthony Bourdain ist einer der vielen Pilger, die es schon zu diesem familienbetriebenen Restaurant gezogen hat, um das köstliche Grillfleisch vom Schwein und den Gänsebraten zu probieren. Es gibt nur eine chinesische Speisekarte, der Besitzer spricht aber recht gut Englisch.

Plover Cove

Rundgang

In Plover Cove gibt's eigentlich nur zwei Dinge, die man tun kann: wandern oder

RADFAHRER IN TAI PO

Eine Radfahrstrecke, die man keinesfalls verpassen sollte, ist die, die vom Plover Cove Reservoir zur nordöstlichen Seite des Tolo Harbour führt. Eine andere empfehlenswerte führt von der Chinese University of Hong Kong in Ma Liu Shui zur südwestlichen Seite des Hafens. Beide Touren dauern jeweils etwa einen halben Tag. Es gibt auch eine Strecke im Inland, die zur Universität führt, doch der Küstenweg zwischen der Universität und Tai Mei Tuk bietet den schöneren Ausblick. Eine weitere Möglichkeit ist die Ting Kok Rd in Richtung Osten bis zum Fischerdorf San Mun Tsai.

Während der Saison kann man Räder an verschiedenen Ständen um die East-Rail-Station Tai Po Market herum ausleihen, sollte aber früh da sein – wenn richtig viel los ist, sind oft alle Räder vergeben. An der Kwong Fuk Rd nördlich vom Bahnhof gibt es ein paar Fahrradläden.

ABSTECHER

TAI PO KAU NATURRESERVAT

Das **Tai Po Kau Nature Reserve** (大埔滘自然護理區; Tai Po Rd; 🚌70 od. 72) ist ein dicht bewaldetes, 460 ha großes „Sondergebiet" und gleichzeitig Hongkongs größte Waldfläche. Es beheimatet zahlreiche Schmetterlings-, Amphibien-, Vogel- und Libellenarten sowie Bäume und eignet sich besonders gut für ruhige Spaziergänge. Das Reservat wird von vier Hauptwegen durchkreuzt, die zwischen 3 km (roter Weg) und 10 km (gelber Weg) lang sind. Es gibt außerdem einen kurzen Naturpfad, der weniger als 1 km lang ist. An sich liegt der Fokus hier mehr auf Arterhaltung und Bildung als auf Erholung.

Etwa 1 km nordwestlich des Eingangs zum Reservat und den steilen Hung Lam Dr hinunter befindet sich der **Kerry Lake Egret Nature Park** und das viel zu teure **Museum of Ethnology** (☎2657 6657; www.taipokau.org; 2 Hung Lam Dr; Erw./erm. 18/12 HK$; ⏲So & Feiertage 14–15 & 17–18 Uhr).

Das Naturschutzgebiet Tai Po Kau liegt südlich von Tai Po und weniger als 1 km landeinwärts vom Tolo Harbour. Der Haupteingang und das Informationszentrum befinden sich in Tsung Tsai Yuen im nördlichsten Zipfel des Schutzgebiets an der Tai Po Rd. Es fahren zahlreiche Busse nach Tai Po Kau. Bus 70 fährt durch Jordan und Mong Kok auf dem Weg hierher. Bus 72 kann man von den East-Rail-Stationen Sha Tin und Tai Po Market aus nehmen. Ein Taxi von der East-Rail-Station Tai Po Market aus kostet etwa 25 HK$ und von der East-Rail-Station University etwa 40 HK$.

Rad fahren. Große Teile der Gegend sind ausgewiesene Geopark-Gebiete, man sieht hier also viele zerklüftete Felsen und mineralische Wunderwerke, besonders um das Plover Cove Reservoir herum. Für die Bucht sollte man mindestens einen Tag einplanen. Der leichte Spaziergang von 4,4 km auf dem Pat Sing Leng Nature Trail ist eine gute Alternative.

Highlights

- **Sehenswertes** Plover Cove Reservoir (S. 177)
- **Essen** Cafe de Country Art (S. 192)

Top-Tipp

Die anspruchsvolle (denn bergauf führende), aber atemberaubend schöne Radwanderstrecke beginnt in Tai Mei Tuk und führt weiter nach Norden bis zur Grenze bei Sha Tau Kok.

An- & Weiterreise

Bus Von der East-Rail-Station Tai Po Market in Tai Po fährt Bus 75K (sonntags und an Feiertagen zusätzlich 74K oder 275R).

Grüner Minibus Auf dem Weg nach Plover Cofe fährt der Bus 20C über die East-Rail-Station Tai Po Market und die Heung Sze Wui St in Tai Po.

Gut zu wissen

- **Vorwahl** ☎852
- **Lage** 12 km nordöstlich von Tai Po
- **Letzter Zug nach Kowloon** 0.45 Uhr von der East-Rail-Station Tai Po Market

SEHENSWERTES

PAT SIN LENG NATURE TRAIL OUTDOORAKTIVITÄT

(🚌75K) Für diesen wunderbaren 4,4 km langen Weg braucht man zwei bis zweieinhalb Stunden. Er beginnt am Plover Cove Country Park Visitor Centre bei Tai Mei Tuk und führt 4 km in gen Nordosten bis zum Bride's Pool. Schilder, die von 1 bis 22 nummeriert sind, weisen einem den We – es ist fast unmöglich, sich zu verlaufen. Die Landschaft ist wunderschön, und die zwei Wasserfälle am Bride's Pool sind zauberhaft, doch am Wochenende ist der Weg ziemlich überlaufen. Für den Rückweg nach Tai Mei Tuk nimmt man entweder die Bride's Pool Rd zu Fuß oder den grünen Minibus 20C, der bei Tai Mei Tuk hält und dann zur East-Rail-Station Tai Po Market weiterfährt.

Wer sich etwas mehr zutraut, sollte den neunten Abschnitt des **Wilson Trail** bei Tai Mei Tuk im Plover Cove Reservoir probie-

(Fortsetzung auf S. 192)

HUW JONES/GETTY IMAGES ©

KIMBERLEY COOLE/GETTY IMAGES ©

1. Tsim Sha Tsui East Promenade (S. 136)
Von der Promenade bietet sich ein wunderbarer Blick über den Victoria Harbour nach Hong Kong Island und zum Star Ferry Terminal.

2. Graham Street Market (S. 84)
Einer von Hongkongs ältesten Märkten, mit vielen Ständen, die Seafood und Gemüse anbieten

3. Hong Kong Zoological & Botanical Gardens (S. 70)
Hongkonger beim Tai-Chi in viktorianischen Gärten, inmitten von Brunnen und Skulpturen

4. Alte und neue Architektur
Die Bank of China (S. 70) erhebt sich hinter dem ehemaligen Legislativ Council Building (S. 70).

RICHARD I'ANSON/GETTY IMAGES ©

1

2

4

JAKE WYMAN/CORBIS ©

1. Nachtleben in Lan Kwai Fong (S. 93)
Lan Kwai Fong galt einst als das Partyviertel von Hongkong und ist immer noch bekannt für seine vielen verschiedenen Bars und das lebendige Nachtleben.

2. Peak Tram (S. 82)
Mit der 125 Jahre alten Peak Tram geht es hinauf auf den Victoria Peak, von wo sich eine tolle Aussicht über die Stadt bietet.

3. Cat Street Market (S. 86)
In der Fußgängerzone werden an jeder Menge Ständen billiger Schmuck und Kuriositäten verkauft.

4. Man-Mo-Tempel (S. 83)
In diesem Tempel, der dem Literatur- und dem Kriegsgott gewidmet ist, zünden Besucher Räuchergaben an.

3

GREG ELMS/GETTY IMAGES ©

1

LONELY PLANET/GETTY IMAGES ©

2

4

CHARLES BRISCOE-KNIGHT/GETTY IMAGES ©

1. Shoppen in Causeway Bay (S. 123)
Malls, Warenhäuser und kleinere Outlets, die Mode, Elektronikartikel und Haushaltswaren verkaufen, säumen die Straßen von Causeway Bay.

2. Wan Chai Markets (S. 121)
Die Verkäufer auf Wan Chais Märkten bieten viele frische Produkte an, einschließlich Gemüse und Gewürze.

3. Hong Kong Park (S. 104)
Dieser 8 ha große, wunderschöne Park wird auf der einen Seite von Wolkenkratzern und auf der anderen von Bergen begrenzt.

4. Happy Valley Racecourse (S. 109)
Einen Abend auf der Rennbahn sollte man unbedingt auf die To-do-Liste für Hongkong setzen.

JOHN SONES SINGING BOWL MEDIA/GETTY IMAGES ©

1

3

HOLGER LEUE/GETTY IMAGES ©

DOUGLAS KEISTER/CORBIS ©

1. Avenue of the Stars (S. 136)
Diese Hommage an Hongkongs Filmindustrie – Letztere war einst als „Fernost-Hollywood" bekannt –, gehört zur Tsim Sha Tsui East Promenade.

2. Peninsula Hong Kong (S. 141)
Den Nachmittagstee nimmt man im Peninsula (von ca. 1928), einem der glanzvollsten Hotels der Welt.

3. Yuen Po Street Bird Garden (S. 147)
Hier kann man zuschauen, wie Einheimische ihre Käfigvögel „ausführen". An den Ständen werden sowohl Vögel als auch aufwändig gestaltete Holzkäfige verkauft.

ANDREW J LOITERTON/THE PENINSULA HONG KONG ©

1

ANGELA BELLAS/ALAMY ©

PAT BEHNKE/ALAMY ©

1. Wanderwege
Die Wanderwege in den New Territories führen an Wasserfällen und Parks vorbei.

2. Yuen Yuen Institute (S. 165)
Viele pilgern hierher, um Opfergaben an taoistische und buddhistische Götter zu verbrennen.

3. Hong Kong Heritage Museum (S. 194)
Das Museum bietet neben einer permanenten auch wechselnde Ausstellungen.

4. Hong Kong Wetland Park (S. 170)
61 ha Sumpflandschaft mit beeindruckender Artenvielfalt vor Wolkenkratzerkulisse.

MICHAEL COYNE/GETTY IAMGES ©

1

STEVE VIDLER/ALAMY ©

PAUL RUSHTON/ALAMY ©

1. Tian Tan Buddha (S. 205)
Die größte Bronzestatue eines sitzenden Buddhas weltweit thront in den Hügeln von Lantau.

2. Seafood in Yung Shue Wan (S. 207)
Lammas größter Ort, Yung Shue Wan, hat sich den Großteil seines Charmes bewahrt.

3. Radfahren auf Cheung Chau (S. 222)
Auf dieser Insel locken Tempel, Strände und das alljährliche Brötchenfest.

4. Tung Wan Beach (S. 223)
Cheung Chaus längster und beliebtester Strand eignet sich prima zum Windsurfen.

KYLIE McLAUGHLIN/GETTY IMAGES©

BRUCE YUANYUE BI /GETTY IMAGES ©/ARCHITECTS DENNIS LAU AND NG CHUN MAN

MANFRED GOTTSCHALK /GETTY IMAGES ©

MANFRED GOTTSCHALK /GETTY IMAGES ©

LONELY PLANET/GETTY IMAGES ©

1. Kasino Grand Lisboa (S. 263)
Die goldene Kuppel des edlen Grand Lisboa ist schon zum Wahrzeichen geworden.

2. A-Ma-Tempel (S. 255)
Der aus der Zeit vor Ankunft der Portugiesen stammende Tempel ist A-Ma geweiht, der Meeresgöttin.

3. Portugiesische Wurst & Reis
Auf vielen Speisekarten stehen chinesische, südasiatische *und* portugiesische Gerichte.

4. Kapelle des hl. Franz Xaver (S. 267)
Die Kapelle von 1928 enthält Gemälde des Jesuskinds mit einer chinesischen Madonna.

(Fortsetzung von S. 177)

ren. Von dort aus geht's nach Westen durch die steile Pat Sin Leng Range bis nach Wong Leng Shan (639 m). Der Weg führt von dort aus weiter zum Hok Tau Reservoir und nach Hok Tau Wai (12 km, 4 Std.).

PLOVER COVE RESERVOIR OUTDOORAKTIVITÄTEN

(75K) Das Plover Cove Reservoir mit seinen 230 Mio. m³ Wasser wurde 1968 fertiggestellt und gehört zum Hong Kong Geopark. Es wurde auf eine eher unübliche Art geschaffen. Statt einen Damm in einen Fluss zu bauen, von denen es in Hongkong nicht viele gibt, wurde eine Sperre an der Mündung einer großen Bucht errichtet. Das Meerwasser wurde dann durch Süßwasser ersetzt, das zum größten Teil durch Rohre vom Festland hergeleitet wird.

Die Gegend um das Plover Cove Reservoir eignet sich gut zum Wandern und Radfahren und ist es wert, mindestens einen Tag erforscht zu werden. Das Dorf **Tai Mei Tuk** ist das Sprungbrett für die meisten Aktivitäten in der Umgebung des Plover Cove Reservoir. Es liegt etwa 6 km nordöstlich von der East-Rail-Station Tai Po Market.

Es lohnt sich, eine Ausgabe von *Tseung Kwan O, Sai Kung, Clearwater Bay* (Universal Publications Verlag) oder die Karte *North-east & Central New Territories* (Countryside Series) zu kaufen.

In Tai Mei Tuk gibt es mehrere Möglichkeiten, Fahrräder zu leihen, z.B. bei **Lung Kee Bikes** (2662 5266; Fahrradleihgebühr 30 HK$/Tag; 9.30–18 Uhr). Von Tai Mei Tuk führt ein Fahrradweg entlang der Küste zur Universität bei Ma Liu Shui. An der Ting Kok Rd in Lung Mei Village findet man eine Reihe beliebter Lokale. Das **Cafe de Country Art** (藝程雅聚; 2824 1812; 64b Lung Mei Village; 11–22 Uhr) befindet sich in ein paar wunderschön bemalten Häusern und serviert äußerst gutes (westliches) Essen. Extrapunkte gibt es für die gemütliche Atmosphäre und die gerechtfertigten Preise.

Das **Plover Cove Country Park Visitor Centre** (船灣郊野公園遊客中心; 2665 3413; Sa, So & Feiertag 9.30–16 Uhr) liegt beim Parkplatz Ting Kok Rd. Hier beginnt der Pat Sin Leng Nature Trail zum Bride's Pool.

Sha Tin

Rundgang

Wer diesen Teil der New Territories besucht, kommt meist am New Town Plaza an, einem Shoppingcenter, das mit der East-Rail-Station Sha Tin verbunden ist. In der Gegend gibt's ein paar religiöse Einrichtungen, das 10 000 Buddhas Monastery auf dem Po Fook Shan Hill und den Che-Kung-Tempel am Shing Mun River.

Die andere Hauptattraktion der Gegend ist das Hong Kong Heritage Museum, in dem man Hongkongs Vergangenheit in einer Reihe wohlüberlegt präsentierter Ausstellungen nachempfinden kann.

SEHENSWERTES AN DER UNIVERSITÄT

Der Hauptcampus der **Chinese University of Hong Kong** (香港中文大學; 2609 7000; www.cuhk.edu.hk; University) liegt in Sha Tin. Wer gerade zufällig in der Nachbarschaft ist, sollte sich die Zeit dafür nehmen, das **Kunstmuseum** (香港中文大學文物館; 3943 7416; www.cuhk.edu.hk/ics/amm; Institute of Chinese Studies, Central Campus, Eintritt frei; 10–17 Uhr, Feiertage geschl.) der Universität zu besichtigen. Die vierstöckigen East Wing Galleries beherbergen eine permanente Ausstellung chinesischer Malereien und Kaligraphie, doch die Keramiken und Jadestücke sind es, die den Besuch lohnend machen – darunter 2000 Jahre alte Bronzesiegel und eine große Sammlung von Blumenschnitzereien aus Jade. In den West Wing Galleries gibt's jedes Jahr fünf bis sechs verschiedene Ausstellungen zu sehen.

Auch der **Lotusteich** auf dem Chung Chi Campus ist einen Besuch wert. Die fotogene Sehenswürdigkeit ist im Frühjahr wunderschön, wenn der Lotus blüht. Man sieht sie sofort, wenn man aus dem Bahnhof kommt. Nett ist auch der **Pavilion of Harmony** (合一亭) auf dem hügeligen New Asia Campus mit Blick über Tolo Harbour.

Vom University-Bahnhof aus fährt ein Shuttlebus durch die verschiedenen Teile des Campus, und zwar täglich alle 20 bis 30 Minuten und kostenlos.

Sha Tin

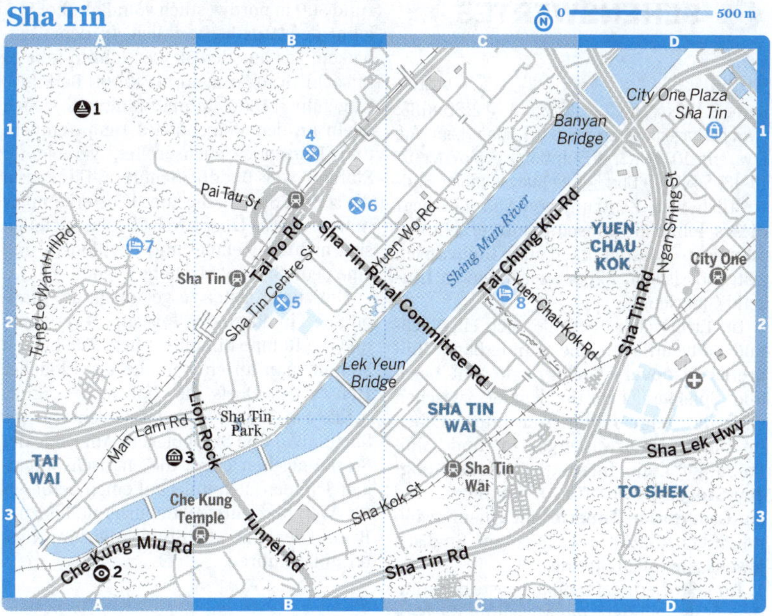

Wer mehr auf Outdooraktivitäten steht, sollte pünktlich zu den tollen Renntagen am Wochenende kommen, die auf dem wunderschön gelegenen Sha Tin Racecourse stattfinden.

Die Spezialität der Gegend, gebratene Taube, sollte man in dem nostalgisch angehauchten Lung Wah Hotel Restaurant zu sich nehmen. Größere Vögel gibt's im Sha Tin 18: Pekingenten!

Highlights

- **Sehenswertes** Hong Kong Heritage Museum (S. 194)
- **Essen** Lung Wah Hotel Restaurant (S. 195)

Top-Tipp

An Renntagen ist der Eintritt zum Sha Tin Racecourse ungefähr ab 15 Uhr kostenlos. Zu diesem Zeitpunkt ist das Nachmittagsprogramm der Veranstaltungen etwa zur Hälfte vorbei.

An - & Weiterreise

Bus Busse fahren nach/verlassen Sha Tin am Busbahnhof City One Plaza Sha Tin. Bus 182 verbindet Sha Tin mit Wan Chai, Admiralty und Central. Bus 170 fährt vom East-Rail-Busbahnhof Sha Tin nach Causeway Bay und Aberdeen, Bus 299 nach Sai Kung.

MTR Die Stationen Sha Tin, Tai Wai und Racecourse gehören zur East Rail, die Station Che Kung Temple zur Ma On Shan Linie.

Sha Tin

Sehenswertes (S. 194)

1 10 000 Buddhas Monastery A1
2 Che-Kung-Tempel A3
3 Hong Kong Heritage Museum A3

Essen (S. 195)

4 Lung Wah Hotel Restaurant B1
5 Shatin New Town Plaza B2
6 Shing Kee B1

Schlafen (S. 202)

7 Pilgrim's Hall A2
8 Regal Riverside Hotel C2

Gut zu wissen

- **Vorwahl** ☎852
- **Lage** 12 km nördlich der Kowloon Peninsula
- **Letzter Zug nach Kowloon** 0.57 Uhr ab der East-Rail-Station Sha Tin

SEHENSWERTES

HONG KONG HERITAGE MUSEUM MUSEUM

Karte S. 193 (香港文化博物館; ☎2180 8188; www.heritagemuseum.gov.hk; 1 Man Lam Rd; Erw./erm. 10/5 HK$, Mi Eintritt frei; ⏲Mo & Mi–Sa 10–18, So 10–19 Uhr; Ⓜ Che Kung Temple) Südwestlich vom Zentrum von Sha Tin liegt dieses lohnende Museum mit prächtigen ständigen Ausstellungen und innovativen zeitgenössischen Exponaten in einem Dutzend Galerien.

Im Erdgeschoss befindet sich ein Buch- und Souvenirladen, die wunderbare **Children's Discovery Gallery** mit acht Lern- und Spielbereichen für Kinder zwischen vier und zehn Jahren (darunter „Leben im Dorf", „Unterwassergarten" und „Mai-Po-Sumpf"), ein interaktiver **Hong-Kong-Toy-Story**-Bereich für Kleinkinder und ein **Orientation Theatre** mit einem zwölfminütigen Einführungsvideo auf Englisch jeweils zur vollen Stunde.

Im 1. Stock findet man die beste der ständigen Ausstellungen des Museums: die **New Territories Heritage Hall** mit nachgebildeten traditionellen Läden, einem Fischerdorf der Hakka und Szenen, die die Geschichte der New Towns nachstellen sollen; die **Cantonese Opera Heritage Hall**, in der man alte Opern auf Video mit englischem Untertitel ansehen, sich virtuell als kantonesischer Opernsänger auf dem Computer verkleiden oder einfach nur die Kostüme und Kulissen bewundern kann, und die **Chao Shao-an Gallery**, die den Werken des gleichnamigen Aquarellmalers (1905–1998) und Gründers der Lingnan Schule gewidmet ist.

Der 2. Stock beherbergt eine weitere Themengalerie und die **TT Tsui Gallery of Chinese Art**, eine echte Fundgrube von feinen Keramiken, Töpferwaren, Bronze- sowie Jadegegenständen, Lackwaren, Steinfiguren und Möbeln.

Zum Hong Kong Heritage Museum läuft man von der MTR-Station Che Kung Temple östlich die Che Kung Miu Rd hinunter, durch die Unterführung und über die Fußgängerbrücke über den Kanal. Das Museum liegt nach 200 m auf der rechten Seite.

10 000 BUDDHAS MONASTERY BUDDHISTISCH

Karte S. 193 (萬佛寺; ☎2691 1067; Eintritt frei; ⏲10–17 Uhr; Ⓜ Sha Tin) Dieser skurrile Tempel rund 500 m nordwestlich vom Bahnhof Sha lohnt den Aufstieg wirklich. In dem Tempelkomplex aus den 1950er-Jahren gibt es tatsächlich sogar mehr als 10 000 Buddhas. Ungefähr 12 800 Miniaturstatuen stehen allein an den Wänden des Haupttempels, und Dutzende lebensgroßer, vergoldeter Statuen von Buddha-Schülern flankieren die steilen Stufen, die zum Klosterkomplex hinaufführen. Über zwei Ebenen verteilen sich mehrere Tempel und Pavillons – und eine neun Stockwerke hohe Pagode.

Um zum Kloster zu gelangen, die Station Sha Tin durch den Ausgang B verlassen und die Rampe hinuntergehen. Zur Linken kommt man an einer Reihe traditioneller Häuser des Dorfs Pai Tau vorbei. Links in die Pai Tau St und dann rechts in die Sheung Wo Che St einbiegen! Am Ende der Straße geleiten einen die englischsprachigen Schilder nach links auf einen betonierten Weg und durch Bambushaine bis zum Beginn der rund 400 Stufen, die zum Kloster hinaufführen.

AMAH ROCK AREAL

(望夫石) An diesen seltsam geformten Felsen südwestlich von Sha Tin knüpft sich, wie bei vielen lokalen Wahrzeichen in Hongkong, auch eine Legende. Viele Jahre lang soll eine Frau mit ihrem Baby auf dem Rücken immer wieder von dieser Stelle in den Hügeln über dem **Lion Rock Country Park** nach ihrem Mann Ausschau gehalten haben – doch eines Tages kehrte er nicht von der See zurück und sie wartete umsonst. Offenkundig hatten die Götter Mitleid mit ihr: Sie holten sie auf einem Blitz in den Himmel und hinterließen nur ihr Abbild aus Stein. Auf Kantonesisch heißt der Felsen Mong Fu Shek, der „Felsen der Ausschau nach dem Gatten".

Nimmt man die MTR von Sha Tin südwärts nach Kowloon, sieht man den Amah Rock gleich nach der East-Rail-Station Tai Wai, noch vor der Einfahrt in den Tunnel beim Blick nach Osten (links) oben auf dem Hügel stehen.

CHE-KUNG-TEMPEL TAOISTISCH

Karte S. 193 (車公廟; ☎2691 1733; Che Kung Miu Rd; Eintritt frei; ⏲7–18 Uhr; Ⓜ Che Kung Temple) Dieser riesige taoistische Tempelkomplex, der 1993 neu erbaut wurde, liegt am anderen Ufer des Shing Mun River Channel. Er ist Che Kung geweiht, einem General der Song-Dynastie, der man es im Großen und Ganzen zu verdanken hat, dass Sha Tin vor der Pest bewahrt wurde. Der ideale Zeitpunkt für einen Besuch des Tempels ist der dritte Tag des chinesischen Neujahrs. Dann zieht es Horden von Anhängern her, die an den Flügeln der Kupfermühle im Inneren des Tempels drehen. Das soll nämlich Glück bringen.

SHA TIN RACECOURSE RENNBAHN

(沙田賽馬場; ☎Hotline 1817; www.hkjc.com; Penfold Park; Eintritt an Renntagen Zuschauertribüne 10 HK$, Mitgliedertribüne 100–150 HK$; Racecourse) Nordöstlich des Zentrums von Sha Tin befindet sich Hongkongs zweite Rennbahn, die bis zu 80 000 Gäste aufnehmen kann. Rennen finden normalerweise an Sonntagnachmittagen zwischen September und Anfang Juli statt (manchmal auch Sa oder an Feiertagen). Auf der Website des Hong Kong Jockey Clubs gibt's eine Liste der Rennen.

Die East-Rail-Station Racecourse, westlich der Bahn, ist nur an Renntagen geöffnet.

ESSEN

SHATIN NEW TOWN PLAZA FAST FOOD €

Karte S. 193 (新城市廣場; ☎2684 9175; www.newtownplaza.com.hk; 18 Sha Tin Centre St; ⏲10–22 Uhr; Sha Tin) In dem mehrstöckigen Shoppingcenter, das direkt an die Station Sha Tin angrenzt, gibt's eine große Zahl von Restaurants (hauptsächlich Ketten), die jeden denkbaren Geschmack bedienen.

SHA TIN 18 KANTONESISCH, NORDCHINESISCH €€

(沙田 18; ☎3723 1234; www.hongkong.shatin.hyatt.com; Hyatt Regency Hong Kong, 18 Chak Cheung St; ⏲11.30–15 & 17.30–22.30 Uhr; University) Seit dieses Hotelrestaurant, das gleich neben dem Campus der Chinese University liegt, 2009 seine Pforten öffnete, hat es seinen Platz im gastronomischen Rampenlicht besonders der Pekingente (ganze/halbe Ente 498/268 HK$) zu verdanken. Das teure Federvieh sollte mindestens 24 Stunden im Voraus bestellt werden. Zum Appetitanregen gibt's Pfannkuchen mit knuspriger Entenhaut und Entenhack aus dem Wok mit Eisbergsalat. Zum Dessert lockt ein verführerisches Nachspeisenbuffet.

SHING KEE DAI PAI DONG, KANTONESISCH €

Karte S. 193 (盛記; ☎2692 6611; Shop 5, Lek Yuen Estate Market; ⏲6–16 & 19–23 Uhr; 83k ab Sha Tin New Town Plaza) Der 30 Jahre alte Betrieb in einem der ältesten Viertel von Sha Tin ist kein normaler *dai pai dong* (Imbissstand). Mit seinen Schwarzweißfotos an der Wand, CDs, Spielzeug und Topfblumen in den Ecken ähnelt er mehr einer Galerie. Tagsüber werden Nudeln serviert, abends verwandelt sich der Laden in einen beliebten Treffpunkt zum Eintopfessen mit einem riesigen Angebot von verschiedenen Suppen. Das Restaurant erreicht man mit Bus 83K oder man läuft 15 Minuten lang von der Station Sha Tin in Richtung Nordosten.

LUNG WAH HOTEL RESTAURANT KANTONESISCH €

Karte S. 193 (龍華酒店; ☎2691 1828; www.lungwahhotel.hk; 22 Ha Wo Che; ⏲11–23 Uhr; Sha Tin, Ausgang B) Angeblich soll Bruce Lee während der Dreharbeiten zu *Die Todesfaust des Cheng Li* hier gewohnt haben. Inzwischen ist der Laden ein Restaurant, das von nostalgischen Erwachsenen frequentiert wird. Vor der Tür gibt es einen Spielplatz und Pfaue, die in Käfigen gehalten werden, sowie einen Außenbereich, in dem alte Männer Mah-Jongg spielen. Was das Essen betrifft, ist die gebratene Taube zu empfehlen. Hinter dem Bahnhof läuft man zehn Minuten lang an den Gleisen in Richtung Norden, um das Hotel zu erreichen.

Sai Kung Peninsula

Rundgang

Die schroffe und gewaltige Sai Kung Peninsula ist toll für Freizeitaktivitäten im Freien. Wandern lässt es sich hier besonders gut, der MacLehose Trail führt mitten durch die Halbinsel hindurch. Sai Kung Town eignet sich bestens als Ausgangspunkt für Entdeckungstouren durch die leicht zugängliche Landschaft.

Wer will, kann eine *kaido* (kleine Hochseefähre) mieten, Picknickutensilien einpacken und vor einem der abgelegenen Strände vor Anker gehen. Zu den schönsten (und beliebtesten) Stränden zum Herumlümmeln gehören Long Ke und Tai Long Wan.

Wegen seiner vielen verschiedenen Meeresfrüchte punktet Sai Kung Town mit zahlreichen Fischrestaurants.

Die Website des Sai Kung District Councils www.travelinsaikung.org.hk ist eine hilfreiche Quelle für die Ausflugsplanung.

Highlights

- **Sehenswertes** Tai Long Wan Hiking Trail (S. 198)
- **Essen** Loaf On (S. 199)
- **Bar** Steamers (S. 201)

Top-Tipp

Am Pier befindet sich einer der lebhaftesten Fischmärkte Hongkongs, auf dem die Fischer ihren Fang direkt vom Boot aus verkaufen.

An- & Weiterreise

Sai Kung Town – Bus Von Sai Kung Town aus fährt Bus 299 zur East-Rail-Station Sha Tin, Bus 92 nach Diamond Hill und Choi Hung, Bus 69R (So & Feiertage) nach Wong Shek, Hebe Haven und zu den MTR-Stationen Choi Hung und Diamond Hill, während Bus 792M an den Stationen Tseung Kwan O und Tiu Keng Leng hält. Bus 94 fährt nach Wong Shek.

Sai Kung Town – Grüner Minibus Von Sai Kung Town aus fahren die Busse 1A, 1M und 1S (0.30–6.10 Uhr) nach Hebe Haven und zur MTR-Station Choi Hung.

Pak Tam Chung – Bus Bus 94 aus Sai Kung Town nehmen.

Hoi Ha – Grüner Minibus Minibus 7 fährt täglich von Sai Kung Town, erstmals um 8.25 und letztmals um 18.45 Uhr. Für ein Taxi zahlt man von dort aus etwa 120 HK$.

Gut zu wissen

- **Vorwahl** ☎852
- **Lage** 21 km nordöstlich von Kowloon
- **Letzter Zug nach Kowloon** 0.20 Uhr ab der Station Tseung Kwan O, 0.22 Uhr ab der MTR-Station Tiu Keng Leng.

SEHENSWERTES

Sai Kung Town

Die kleine Stadt am Wasser bietet ihren Besuchern eine Reihe von Restaurants und dient außerdem als Haltepunkt und Verkehrsknotenpunkt für die Umgebung. Zu empfehlen ist eine *kaido*-Fahrt zu einer oder gleich zu ein paar kleinen Inseln vor der Küste mit ihren abgelegenen Stränden. Ausstattungen zum Windsurfen kann man im **Windsurfing Centre** (☎2792 5605; ⌚Sa & So 9.30–18 Uhr, wochentags vorher anrufen) bei Sha Ha ausleihen, gleich nördlich von Sai Kung Town. Bus 94 in Richtung Pier bei Wong Shek und dem Startpunkt zur Insel Tap Mun Chau lässt einen hier heraus. Man kann aber auch problemlos von der Stadt aus in etwa 15 Minuten hierher laufen.

Hebe Haven

Die Kantonesen nennen diese Bucht Pak Sha Wan (weiße Sandbucht). An der Bucht befindet sich der **Hebe Haven Yacht Club** (白沙灣遊艇會; ☎2719 9682; www.hhyc.org.hk) mit einer großen Zahl von Jachten und anderen Booten.

Wer am Trio Beach, gegenüber vom Jachthafen, schwimmen möchte, sollte einen Sampan von Hebe Haven (白沙灣) aus nehmen und zu der langen, flachen Halbinsel mit dem Namen Ma Lam Wat fahren. Auf dem Weg kommt man an dem kleinen **Tin-Hau-Tempel** vorbei, der auf einem kleinen, nach Süden verlaufenden Landzipfel liegt. Der Strand ist zauberhaft, und der Trip mit dem Sampan kostet nicht mehr als ein paar Dollar. Von Sai Kung Town aus kann man auch zur Halbinsel laufen, es sind ungefähr 4 km.

LIONS NATURE EDUCATION CENTRE OUTDOORAKTIVITÄTEN

(獅子會自然教育中心; ☎2792 2234; www.lnec.gov.hk; Pak Kong; Eintritt frei; ⌚Mi–Mo 9–17 Uhr; 🚌92) Ein Ziel, das besonders bei Kindern beliebt ist, ist diese 34 ha große Sehenswürdigkeit, die 2 km nordwestlich von Hebe Haven liegt, Hongkongs erstes Natur-Bildungszentrum. Hier gibt es alles, von einer Baumschule und einem Heilpflanzengarten über ein Insektarium bis hin zu einer Mineralien- und Felsenecke und einem Muschelhaus. Das Highlight ist jedoch der Dragonfly Pond, wo bis zu einem Viertel der mehr als 100 Libellenarten in Hongkong zu bestaunen ist.

Das Zentrum erreicht man mit Bus 92 von der MTR-Station Diamond Hill und Choi Hung aus, sonn- und feiertags mit Bus

Sai Kung Town

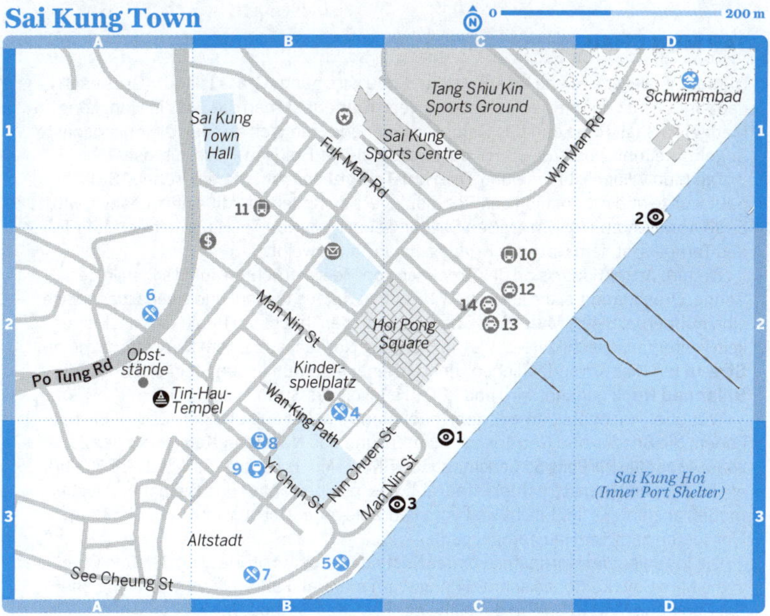

96R von Diamond Hill und dem grünen Minibus 1A ab Choi Hung.

Pak Tam Chung

In Pak Tam Chung (北潭涌) beginnt der MacLehose Trail (s. S. 60).

SAI KUNG COUNTRY PARK VISITOR CENTRE — OUTDOOR-AKTIVITÄTEN

(西貢郊野公園遊客中心; ☎2792 7365; Tai Mong Tsai Rd; ⊙Mi–Mo 9.30–16.30 Uhr; 🚌94) Wenn man schon einmal in Pam Tam Chung ist, sollte man sich auch das Sai Kung Country Park Visitor Centre nicht entgehen lassen, das südlich vom Dorf gleich an der von Sai Kung kommenden Straße liegt. Hier gibt es exzellente Karten, Bilder und Darstellungen der Geologie, Fauna und Flora der Umgebung und nützliche Informationen über die traditionellen Dörfer der Gegend und den Hoi Ha Wan Marine Park.

SHEUNG YIU FOLK MUSEUM — MUSEUM

(上窰民俗文物館; ☎2792 6365; Eintritt frei; ⊙Mi–Mo 9–16 Uhr; 🚌94) Dieses Museum ist nur einen entspannten, 20-minütigen Fußweg von Pak Tam Chung entfernt, der den 1 km langen **Pak Tam Chung Nature Trail** entlangführt. Das Museum ist Teil eines restaurierten Hakka-Dorfs, das typisch für die Siedlungen ist, die hier im 19. Jh. entstanden sind. Das Dorf wurde vor etwa

Sai Kung Town

Sehenswertes (S. 196)

1 High Island Reservoir Doloose C3
2 Jockey Club Kau Sai Chau Public Golf Course Pier D1
3 Sampan-Anheuerstelle C3

Essen (S. 199)

4 Ali Oli Bakery Cafe B2
5 Chuen Kee Seafood Restaurant B3
6 Honeymoon Dessert A2
7 Loaf On B3

Ausgehen & Nachtleben (S. 201)

8 Poets B3
9 Steamers B3

Transport (S. 196)

10 Busbahnhof C2
11 Bus nach Sai Wan Ting (Village Bus 29R) B1
12 Hong Kong & Kowloon Taxis C2
13 Maxicab-/Minibusbahnhof C2
14 New Territories Taxis C2

ABSTECHER

TAP MUN CHAU

Die sehr isoliert gelegene Insel Tap Mun Chau wird auch „Grass Island" (Grasinsel) genannt und ist definitiv einen Besuch wert. Hier erlebt man das, was in Hongkong Mangelware ist: Ruhe und das Gefühl, in einer anderen Welt zu sein. Die malerischste Segelroute führt von Wong Shek durch den Tai-Tan-Hoi-Hap-Fjord zur Insel.

Tap Mun Village ist für seinen **Tin-Hau-Tempel** bekannt, der im frühen 18. Jh. erbaut wurde und nordöstlich des Bootsanlegers zu finden ist. Mit einem Festival wird Ende April/Anfang Mai im großen Stil der Geburtstag von Tin Hau zelebriert. Ein Teil des Tempels ist dem Gott des Krieges, Kwan Tai, geweiht.

Weitere Attraktionen sind das Trocknen von Meeresfrüchten auf Stangen in der Sonne, Drachenboote, die auf dem Wasser des Hafens tanzen, und eigenartigerweise eine Kuhherde. Bis zu **Mau Ping Shan** (125 m), dem höchsten Punkt der Insel, ist es kein weiter (ausgeschilderter) Weg in Richtung Norden, außerdem kann man zu einem **Strand** mit Kies am südöstlichen Ufer und einer eigentümlichen Steinformation, die **Balanced Rock** genannt wird und 200 m südlich des Strands liegt, laufen.

Wer über Nacht bleiben will, kann höchstens ein Zelt aufschlagen. Es gibt ein paar Läden, die Snacks und Getränke verkaufen, und das **New Hon Kee** (新漢記; ☎2328 2428; 4 Tap Mun Hoi Pong St; Gerichte ab 100 HK$; ⌚Mo–Fr mittags, Sa & So 11–16.30 Uhr), ein Fisch- und Meeresfrüchterestaurant, das Inselbewohner und Besucher gleichermaßen anzieht. Es liegt nicht weit vom Fähranleger entfernt, wenn man Richtung Nordosten zum Tin-Hau-Tempel geht.

Die Insel liegt im Nordosten vor der Küste der New Territories, wo der Tolo Channel in die Mirs Bay (kantonesisch: Tai Pang Wan) mündet. Fähren fahren ab Wong Shek in Sai Kung und Mai Liu Shui in der Nähe der East-Rail-Station University.

150 Jahren vom Wong-Klan gegründet, der einen Brennofen baute, um Backsteine zu machen. In den getünchten Behausungen, Schweineställen und Viehhütten, die allesamt von einer noch immer intakten, hohen Mauer (inkl. Wachturm) gegen Piratenangriffe geschützt wurden, gibt es landwirtschaftliche Geräte, Gegenstände für den täglichen Gebrauch, Möbel und Hakka-Kleidung zu sehen.

Hoi Ha, Wong Shek, Chek Keng & Tai Long Wan

TAI LONG WAN HIKING TRAIL OUTDOORAKTIVITÄTEN

(Dorf-Bus 29R) Am nördlichen Ende der Sai Kung Peninsula gibt es mehrere lohnende Wanderwege, die einen durch einige der unberührtesten Landschaften Hongkongs führen. Der atemberaubende, 12 km lange Tai Long Wan Hiking Trail beginnt am Ende der Sai Wan Rd, geht vorbei an wunderschönen Buchten wie Sai Wan, Tai Long Wan und Chek Keng und ist ein ganzjährig beliebter Weg. Werktags hat man ihn sogar meist für sich ganz allein. Für die Strecke sollte man fünf bis sechs Stunden einplanen und eine Ausgabe der Karte *Sai Kung & Clearwater Bay Countryside Series* mitnehmen.

Den Dorf-Bus 29R an der Chan Man Rd nehmen (die Haltestelle befindet sich vor dem McDonalds), an der letzten Station (Sai Wan Ting) aussteigen und einfach loswandern! Sonn- und feiertags fahren die Busse häufiger. Mit dem Taxi kostet die Fahrt weniger als 100 HK$. Der Weg endet bei Pak Tam Au, von wo aus ein Minibus nach Sai Kung Town zurückfährt.

HOI HA WAN MARINE PARK OUTDOORAKTIVITÄTEN

(☎Hotline 1823; Hoi Ha; grüner Minibus 7) Ein lohnender, 6 km langer Weg in diesem Gebiet beginnt in Hoi Ha („unter dem Meer"). Das Dorf gehört mittlerweile zum Hoi Ha Wan Marine Park, einem 260 ha großen, geschützten Gebiet, das durch Betonbarrieren vom Tolo Channel abgeschirmt und für Fischerboote gesperrt ist. Dies ist einer der wenigen Orte in Hongkongs Gewässern, wo Korallen noch in Hülle und Fülle gedeihen. Besonders zum Schnorcheln und Kajakfahren ist es bestens geeignet. Schnorchel, Atemmasken und Kajaks können bei Bedarf im **Wan Hoi Store** (雲海士多; ☎2328 2169) am Strand ausgeliehen werden. Man kann jederzeit herkommen, aber englischsprachige eineinhalbstündige Touren durch den Park gibt's nur sonn- und feiertags um 10.30 und 14.15 Uhr. Hierfür muss man sich beim **Agriculture, Fisheries & Conservation Department** (AFCD; ☎1823) im Voraus anmelden.

ESSEN

Das Essen ist der Hauptgrund, der die Scharen jedes Wochenende nach Sai Kung Town lockt, das mit dem Bus 92 vom MTR-Busterminal Diamond Hill (Ausgang C2) zu erreichen ist. Nach Pak Sha Wan fahren Minibus 1A oder 1M ab Sai Kung Town.

LP TIPP LOAF ON — KANTONESISCH, SEAFOOD €€

Karte S. 197 (六福菜館; ☎2792 9966; 49 Market St; Gerichte 80–200 HK$; ⏲mittags & abends) Hier herrscht das Motto: Es wird gegessen, was gefangen wird. Das dreistöckige, mit einem Michelin-Stern ausgezeichnete Restaurant serviert mittags den Fisch, der morgens in den Gewässern von Sai Kung frisch gefangen wurde. Die Fischsuppe und der gedünstete Fisch, die Spezialitäten des Hauses, sind immer zuerst ausverkauft. Es gibt keine Schilder auf Englisch, aber das Restaurant ist an einem einsamen Esstisch vor der Tür erkennbar. Reservierung empfehlenswert.

CHEZ LES COPAINS — FRANZÖSISCH €€€

(☎2243 1918; www.chezlescopains.com; 117 Pak Sha Wan; Mittagsmenü 120–190 HK$, Abendmenü 390–490 HK$, Abendessen 90 HK$; ⏲Mo–Fr abends, Sa & So mittags & abends) Die Preise in diesem Restaurant mit französischer Hausmannskost sind hoch, das Essen bekommt aber auch nur gute Kritiken und das Lokal wirkt warm und einladend. Probieren muss man die hausgemachte Gänseleberterrine, das Entenschenkelkonfit und die französische Andouillette (eine ländliche Wurst aus Innereien), die von dem Spitzenkoch Bonnie zubereitet wird. Das Restaurant liegt 2,5 km südwestlich vom Zentrum. Den grünen Minibus 1S nehmen und bei Pak Sha Wan aussteigen!

CHUEN KEE SEAFOOD RESTAURANT — KANTONESISCH, MEERESFRÜCHTE €€

Karte S. 197 (全記海鮮菜館; ☎2792 6938; 87–89 Man Nin St; Menüs f. 2 Pers. 348 HK$; ⏲7–23 Uhr) Chuen Kee hat zwei Lokale in Sai Kung. Dieses ist die vornehme Zweigstelle des **Hauptlokals** (☎2791 1195; 53 Hoi Pong St; ⏲11–23 Uhr) an der Promenade. Die aufwendige Präsentation von Fischen und Krustentieren an der Tür lässt einen erschauern, doch dieses Gefühl wird bald zu Heißhunger, sobald man die gekochte Version der Tiere probiert hat.

ABSTECHER

TUNG PING CHAU

Der östlichste Punkt von Hongkong, die nierenförmige Insel Tung Ping Chau (東平洲), liegt wunderbar isoliert in der Mirs Bay im äußersten Nordosten der New Territories. Bis nach Ma Liu Shui im Südwesten sind es etwa 25 km. Von dort aus fahren die Fähren zur Insel ab. Sie gehört zu Hongkongs Geopark und bildet, zusammen mit den Gewässern, die sie umgeben und vor Meeresbewohnern (insbesondere Korallen) nur so wimmeln, den vierten Meerespark Hongkongs.

Tung Ping Chaus höchster Punkt ist nur etwa 40 m hoch, doch die ungewöhnlichen Felsschichten in den Klippen glitzern, wenn es geregnet hat. Es gibt einen kleinen **Tin-Hau-Tempel** an der südwestlichen Seite der Insel und ein paar kleine **Höhlen** in den Klippen. Ein gut 6 km langer **Wanderweg** führt einmal um die ganze Insel herum.

Es gab eine Zeit, in der mehr als 3000 Menschen auf der Insel lebten, die Tung Ping Chau (Östliche Friedensinsel) genannt wird, um sie von Peng Chau (auf Kantonesisch gleich ausgesprochen), in der Nähe von Lantau, zu unterscheiden. Heute lebt allerdings kaum noch jemand hier. In Sha Tau, einem Dorf östlich vom Pier, gibt's ein paar Lebensmittelläden. Sie alle bieten einfache Unterkunftsmöglichkeiten an (also Stockbetten), wenn jemand unbedingt über Nacht bleiben will. Einer der Läden ist der **Ping Chau Store** (平洲士多; ☎2661 6941). Man sollte im Voraus buchen, kann sein Zelt aber auch auf dem Campingplatz am östlichen Zipfel der Insel aufschlagen.

Tsui Wah Ferry Services (☎2272 2022; www.traway.com.hk; Rundfahrt 90 HK$) bietet samstags, sonn- und feiertags Fährfahrten an. Die Boote fahren von Ma Liu Shui in der Nähe der East-Rail-Station University.

ALI OLI BAKERY CAFE EUROPÄISCH, BÄCKEREI €

Karte S. 197 (☎2792 2655; 11 Sha Tsui Path; Gerichte ab 70 HK$; ⏰Mo–Fr 8–19.30, Sa & So 8–21 Uhr) Diese beliebte Bäckerei ist der beste Freund der Wanderer. Hier gibt's hausgemachtes europäisches Brot, Pasteten und Konserven. Es werden außerdem Frühstück und Mittagsmenüs angeboten, die man am besten im Freien genießt.

HONEYMOON DESSERT DESSERTS €

Karte S. 197 (滿記甜品; ☎2792 4991; 9, 10A, B&C Po Tung Rd; 30 HK$/Pers.; ⏰13–2.45 Uhr) Dieser Laden hat sich auf chinesische Nachspeisen spezialisiert, z. B. auf süße Walnusssuppe und Durianpudding und ist damit so

INSELHOPPING UM SAI KUNG

Wenn man die Inseln um die Halbinsel herum erforscht, lernt man Sai Kung wunderbar kennen. Die meisten *kaido* (kleine Hochseefähren) fahren von den Anlegern vor Hoi Pong Sq ab.

Die erste Insel östlich von Sai Kung Town ist **Yeung Chau** (Schafsinsel). Hier kann man eine hufeisenförmige Grabstätte sehen, die aus Gründen des Feng Shui in dieser Form angelegt wurde. Südöstlich von Yeung Chau liegt **Pak Sha Chau** (Weiße Sandinsel) mit ihrem beliebten Strand am Nordufer.

Gleich neben Pak Sha Chau liegt die nördliche Spitze von **Kiu Tsui Chau** (spitze Insel), wohl die beliebteste der Inseln. Kiu Tsui Chau kann mit mehreren schönen Stränden aufwarten: Kiu Tsui und, miteinander durch eine Sandgrube verbunden, Kiu Tau am westlichen Ufer sowie Hap Mun am südlichen Zipfel der Insel. Beide erreicht man mit dem *kaido* (40 HK$) direkt von Sai Kung Town.

Die charmante Insel **Yim Tin Tsai** wird von „fahrplanmäßigen" *kaidos* angefahren (hin und zurück 35 HK$, 15 Min., stündl. Sa und So 10–15 Uhr). Übersetzt bedeutet ihr Name „kleines Salzfeld", was auf die ehemaligen Fischer zurückgeht, die hier lebten und ihre Einnahmen durch Salzschöpfen aufbesserten. Einen kurzen Fußweg und ein paar Treppen vom Anleger entfernt, liegt die St.-Josephs-Kapelle, der Mittelpunkt der Insel. Vor 150 Jahren konvertierten die Dorfbewohner, die alle zum selben Klan gehörten, zum Katholizismus, nachdem angeblich der hl. Petrus auf der Insel erschienen war, um Piraten zu vertreiben, die sie bedroht hatten. Es gibt außerdem ein kleines Café, das täglich geöffnet hat.

Yim Tin Tsai ist mit der sehr viel größeren Insel **Kau Sai Chau** durch eine schmale Landzunge verbunden, die bei Flut überschwemmt wird. Auf Kau Sai Chau befindet sich der **Jockey Club Kau Sai Chau Public Golf Course** (賽馬會滘西洲公眾高爾夫球場; Karte S. 197) mit 36 Löchern; ein öffentlicher Golfplatz, der direkt mit der Fähre des Clubs von Sai Kung erreicht werden kann (hin & zurück Erw./erm. 60/35 HK$, tgl. alle 20 Min., 6.40–19 Uhr). Boote halten in Sai Kung Town an dem langen Anleger gegenüber des neuen Sai Kung Waterfront Parks. Im Jahr 2000 gewann der Hung-Shin-Tempel aus dem 19. Jh., der an der südlichen Spitze von Kai Sai Chau steht, einen Restaurationspreis der Unesco.

Hinter Kau Sai Chau liegt, ein ganzes Stück von Sai Kung Town entfernt, **Leung Shuen Wan** (糧船灣; Hohe Insel) sowie das **High Island Reservoir** (萬宜水庫; Karte S. 197), das jetzt zu Hongkongs Geopark gehört. Dies ist das größte Reservoir Hongkongs und wurde 1978 erbaut, nachdem man die einst riesige Bucht mit Dolooses (riesige Zementbarrieren) eindämmte, das Meerwasser ablaufen ließ und Süßwasser hineinpumpte. Westlich des Damms liegt der neue **Astropark** (天文公園; ☎2792 6810; http://astropark.hk.space.museum; ⏰24 Std.) in einem Wassersportzentrum, von wo man von der Beobachtungsplattform aus in die Sterne gucken kann. Im Park gibt es außerdem eine Nachbildung des chinesischen Sternenglobus aus dem 17. Jh. und einen Campingplatz. Reservierungen sind erforderlich.

Wer gern länger auf dem Wasser bleiben oder flexibler sein möchte, kann sich auch sein eigenes Boot mieten. *Kaido*-Besitzer sind stets zum Handeln bereit. Man muss ihnen nur erklären, wohin man will, wie lang man dort bleiben will und auf welchem Weg man zurückfahren möchte. Der durchschnittliche Preis für eine solche Tour liegt bei etwa 300 HK$ an Wochentagen und etwas höher am Wochenende.

erfolgreich, dass er mittlerweile Zweigstellen in ganz China und in Indonesien hat, und allein in Hongkong etwa 20 Ableger.

AUSGEHEN & NACHTLEBEN

STEAMERS BAR

Karte S. 197 (66 Yi Chun St; ⏲Mo–Fr Happy Hour 14–20 Uhr; 🚌92, 299) Steamers ist mit einer tollen Bar im Freien gesegnet, an der man mit ein paar exzellent gemixten Cocktails und Knabbereien chillen kann.

POETS PUB

Karte S. 197 (55 Yi Chun St; ⏲Mo–Fr Happy Hour 12–21 Uhr; 🚌92, 299) Dieser bodenständige Pub gegenüber Steamers eignet sich gut für ein Glas Bier und serviert typisches Pub-Essen, z. B. Pies, Pommes und Bohnen.

Clearwater Bay Peninsula

Rundgang

Tseung Kwan O, das Sprungbrett zur Halbinsel, erreicht man über die gleichnamige MTR-Station. Es gibt mehrere Strände, um den Nachmittag wunderbar verstreichen zu lassen. Die schönsten und beliebtesten sind Clearwater Bay First Beach und Clearwater Bay Second Beach. In den warmen Monaten sind sie meist mit einheimischen Wochenendbesuchern überfüllt.

Im Clearwater Bay Country Park gibt's einige einfache, aber außergewöhnliche Wanderwege mit atemberaubenden Blicken auf die Bucht.

Den abgelegenen Tai-Miu-Tempel, der der Göttin des Himmels geweiht ist, besichtigt man am besten im April oder Mai zum Festival anlässlich Tin Haus Geburtstags.

Wer gern Meeresfrüchte isst, kommt am Po Toi O Village nicht vorbei. Hier gibt's üppige Fisch- und Hausmannskost.

Highlights

- **Sehenswertes** Tai Miu Temple (S. 202)
- **Essen** Seafood Island (S. 203)
- **Baden** Clearwater Bay Second Beach (S. 201)

Top-Tipp

Frühaufsteher sollten auf gar keinen Fall den wirklich atemberaubenden Sonnenaufgang am Clearwater Bay Second Beach verpassen. Der erste Minibus fährt morgens um 6 Uhr.

An- & Weiterreise

Bus Bus 91 fährt zwischen den MTR-Stationen Diamond Hill und Choi Hung nach Tai Au Mun.

Grüner Minibus Bus 103M pendelt zwischen der MTR-Station Tseung Kwan O und Clearwater Bay. Bus 103 fährt zum Kwun-Tong-Fähranleger und Bus 16 zur MTR-Station Po Lam.

Gut zu wissen

- **Vorwahl** ☎852
- **Lage** 15 km östlich von Tsim Sha Tsui, Kowloon. Junk Bay (Tseung Kwan O) liegt westlich der Halbinsel und Clearwater Bay (Tsing Sui Wan) östlich. Joss House Bay (Tai Miu Wan) liegt im Süden.
- **Letzter Zug nach Kowloon** 0.16 Uhr von der MTR-Station Po Lam aus.

SEHENSWERTES

STRÄNDE STRAND

Bus 91 fährt am **Silverstrand Beach** (銀線灣; Ngan Sin Wan) nördlich von Hang Hau vorbei, bevor er nach Tai Au Mun kommt. Wer will, kann am Silverstrand aussteigen und dort ein Bad nehmen. Wer nach Lung Ha Wan fahren möchte, steigt beim Tai Au Mun Village aus dem Bus und läuft von dort aus. Von Sai Kung fährt man mit dem Bus 92 bis zur Kreuzung vom Hiram's Hwy und der Clearwater Bay Rd, und steigt dort dann in den Bus 91 um.

Von Tai Au Mun aus führt einen die Tai Au Mun Rd in Richtung Süden zu zwei schönen, sandigen Stränden: **Clearwater Bay First Beach** (清水灣一灘) und ein bisschen weiter westlich **Clearwater Bay Second Beach** (清水灣二灘). Im Sommer ist es empfehlenswert, innerhalb der Woche herzufahren. Am Wochenende sind die Strände überlaufen.

CLEARWATER BAY COUNTRY PARK OUTDOORAKTIVITÄTEN

Im Herzen des Country Parks liegt Tai Au Mun, von wo aus zahlreiche Wege in unterschiedliche Richtungen führen. Das **Clearwater Bay Country Park Visitor Centre** (☎2719 0032; ⊙Mi–Mo 9.30–16.30 Uhr) liegt in Richtung Südost in Tai Hang Tun. Um zum Strand von **Lung Ha Wan** (Hummerbucht) zu kommen, nimmt man von Tai Au Mun aus die Lung Ha Wan Rd in Richtung Norden und kehrt über den 2,3 km langen **Lung Ha Wan Country Trail** zurück.

TAI-MIU-TEMPEL TEMPEL

(大廟; ☎2519 9155; ⊙8–17 Uhr) Weiter südlich, entlang der Tai Au Mun Rd, liegt dieser entlegene Tempel, einer der bedeutendsten Tin-Hau-Tempel der Gegend. Im 13. Jh. von zwei Männern aus Fujian aus Dankbarkeit

ÜBERNACHTEN IN DEN NEW TERRITORIES

Übernachtungsmöglichkeiten zu vernünftigen Preisen gibt's in den New Territories nicht gerade im Überfluss. Es existieren vier offizielle, zu HI gehörige Herbergen, die alle in den ruhigeren Teilen der Region liegen. Wanderer können auf einem der 40 Campingplätze in den New Territories ihr Zelt aufschlagen, die vom **Country & Marine Parks Authority** (郊野公園及海岸公園管理局; ☎1823; www.afcd.gov.hk) verwaltet werden.

Bradbury Jockey Club Youth Hostel (☎2662 5123; www.yha.org.hk; 66 Tai Mei Tuk Rd; B Mitgl. unter/über 18 65/96 HK$, DZ/4BZ Mitgl. 290/420 HK$; 🚌75K) Dies ist das HKYHA-Flaggschiff in den New Territories und das ganze Jahr über geöffnet. Das Bradbury liegt an der nördlichen Spitze des Damms des Plover Cove Reservoirs, ein paar hundert Meter südlich von Tai Mei Tuk. Man erreicht es mit Bus 75K (oder sonn- und feiertags mit 275R), der von der KCR-East-Station Tai Po Market zum Tai-Mei-Tuk-Busterminal fährt. Das Hostel liegt an der Straße zum Reservoir.

Bradbury Hall Youth Hostel (☎2328 2458; www.yha.org.hk; Chek Keng, Sai Kung; B Mitglied unter/über 18 45/65 HK$; 🚌94, 96R, 698R) Diese Unterkunft ist nur von Montag bis Freitag geöffnet und liegt in der wunderschönen Bucht von Chek Keng mit ihren unberührten Stränden, die nur einen Steinwurf entfernt sind. Die Schlafsäle sind etwas heruntergekommen, aber sauber. Für die Anfahrt Bus 94 vom Sai Kung Busterminal nach Pak Tam Au nehmen und Abschnitt 2 des MacLehose Trails in Richtung Chek Keng Village entlanglaufen. Der Marsch dauert etwa 40 Minuten. Die schnellere Anreise zum Hostel: Bus 96R oder 698R zum Wong Shek Pier und von dort aus mit der Fähre zum Chek-Keng-Pier fahren. Die Bootsfahrt dauert etwa 10 Minuten

Hyatt Regency Hong Kong (☎3723 1234; www.hongkong.shatin.hyatt.com; 18 Chak Cheung St, Sha Tin; Zi. 2500–3000 HK$, Suite 3500–12 500 HK$; @🛜🏊; 🚇University) In Richtung der chinesischen Grenze gelegen, ist dies die eleganteste Unterkunft. Von den meisten Zimmern aus hat man einen tollen Ausblick auf Tolo Harbour und die Hügellandschaft von Sha Tin. Bis zur East-Rail-Station University sind es zu Fuß fünf Minuten.

Regal Riverside Hotel (Karte S. 193; ☎2649 7878; www.regalriverside.com; 34–36 Tai Chung Kiu Rd; Zi. 1300–1700 HK$, Suite ab 3800 HK$; 🚌284, @🛜🏊; 🚇Sha Tin Wai, Ausgang A) Dieses Hotel sollte nicht nach seinem Äußeren beurteilt werden. Eine schicke und höhlenartige Lobby führt einen in schön eingerichtete und große Zimmer, von denen einige einen wunderbaren Ausblick auf den Shing Mun River haben.

Pilgrim's Hall (Karte S. 193; ☎2691 2739; www.tfssu.org/pilgrim.html; 33 Tao Fong Shan Rd; EZ/DZ mit Gemeinschaftsbad 260/400 HK$; @; 🚇Sha Tin, Ausgang B) Diese Herberge gehört zur Lutherischen Kirche und bietet wegen ihrer Lage in den ruhigen Hügeln eine nette Abwechslung zur Hektik der Stadt. Mit der MTR zur East-Rail-Station Sha Tin fahren, Ausgang B nehmen, die Rampe hinuntergehen und weiter an ein paar alten Stadthäusern auf der linken Seite entlang. Links von diesen Häusern befinden sich ein paar Stufen mit dem Schild „To Fung Shan". Dem Weg bis ganz nach oben folgen und schon sieht man Pilgrim's Hall. Mehr als 20 Minuten braucht man für den Fußmarsch nicht. Ein Taxi von der nächstgelegenen East-Rail-Station in Tai Wai kostet etwa 24 HK$. In der Kantine gibt's einfaches und gesundes Essen (im Voraus buchen).

DAS GEBURTSTAGSFEST VON TIN HAU

Tin Hau, die Königin des Himmels, ist neben dem taostischen Gott Pak Tai die Schutzgöttin für Seefahrer und wird entlang der gesamten südchinesischen Küste verehrt. Ihr Geburtstag, der 2013 auf den 4. Mai und 2014 auf den 22. April fällt, ist ein bedeutsames heiliges Fest, sowohl für die ältere Generation als auch für stolze Geschäftsleute. In Yuen Long findet eine Parade mit Löwentänzern und kantonesischen Opern statt und in den Tin-Hau-Tempeln der ganzen Stadt drängen sich die Besucher. Der Tai-Miu-Tempel ist jedoch der angesagteste Ort zu dieser Zeit – hier werden schon vier Tage vor Tin Haus Geburtstag kunstvolle Riten zelebriert.

Zum Tempel bringt einen ein Minibus, aber wer wirklich mit dabei sein möchte, sollte die **Sonderfähre** (Rundfahrt 60 HK$) vom North Point Pier (北角碼頭) nehmen, die nur an Tin Haus Geburtstag und am Tag davor verkehrt. Etwa 50 Boote transportieren die Gläubigen zum Tempel und wieder zurück.

Die 40-minütige Tour ist ein Spektakel für sich. Sobald die Fahrt beginnt, verwandelt sich die Fähre in einen schwimmenden Tempel, auf dem Großmütter beten, Räucherstäbchen und Gaben aus Papier vorbereiten und diese in einem Ofen an Deck verbrennen. „Hell Money" wird während der Fahrt ins Wasser geworfen, um die Wassergötter zu beschwichtigen. Wenn man am großen Festtag gegen Mittag losfährt, kann man eine Flotte bunter Fischerboote durch den Victoria Harbour fahren sehen. Letztendlich kommt die Prozession in Joss House Bay an, um dort ihres Schutzgottes zu gedenken.

erbaut, nachdem die Göttin sie vor einem Unwetter auf See bewahrt hatte. Er wurde 2009 restauriert und ist heute der wichtigste Veranstaltungsort während des Festivals zu Tin Haus Geburtstag (s. Kasten oben).

Gleich hinter dem Tempel findet man **Steingravuren der Song-Dynastie**, die aus dem Jahr 1274 stammen und vom Besuch des Leiters der Salzbehörde und der Geschichte von zwei Tempeln in der Joss House Bay erzählen. Dies ist die älteste erhaltene Inschrift in Hongkong.

Von Tai Miu aus kann man auf dem 6,6 km langen **High Junk Peak Country Trail** bis nach **Tin Ha Shan** (273 m) wandern und von dort aus bis zum **High Junk Peak** (Tiu Yu Yung; 344 m) weitergehen, bevor man Richtung Osten zurück nach Tai Au Mun abbiegt.

ESSEN

Po Toi O ist ein kleines Fischerdorf südöstlich von Clearwater Bay. Seine zwei Fischrestaurants ziehen Feinschmecker aus ganz Hongkong an.

SEAFOOD ISLAND KANTONESISCH, SEAFOOD €€
(海鮮島海鮮酒家; ☎2719 5730; Shop B, 7 Po Toi O Chuen Rd; Gerichte ab 180 HK$; ⏲mittags & abends) Krustentiere aller Art werden schon vor der Tür dieses Restaurants, das im dezenten Po Toi O Village versteckt liegt, ausgestellt. Die Kulisse könnte nicht weniger luxuriös sein, aber mit seinen nüchternen Preisen ist Seafood Island für Tintenfisch-Sashimi und Scheidenmuscheln bekannt. Hier speist es sich am besten in einer großen Gruppe. Also: Freunde mitbringen und die Köstlichkeiten des Lokals genießen.

SPORT & AKTIVITÄTEN

CLEARWATER BAY GOLF & COUNTRY CLUB GOLF
(清水灣高爾夫球鄉村俱樂部; ☎2335 3700; www.cwbgolf.org; 139 Tau Au Mun Rd, Clearwater Bay; Greenfee 1800–2000 HK$; 🚌91) Ein 27-Loch-Platz an der Spitze von Clearwater Bay in den New Territories.

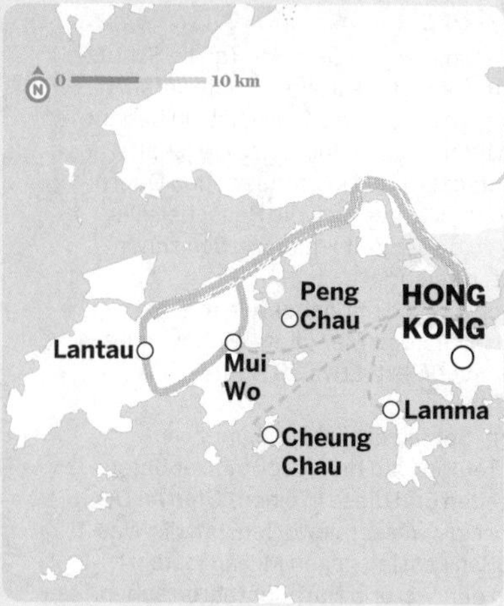

Outlying Islands

Lamma S. 206

Wer sich vom turbulenten Zentrum Hongkongs entspannen will, erreicht am schnellsten das entspannte Lamma. Mit seinem Bohème-Flair bietet es jenen zahlreichen Pendlern ein Zuhause, die auf mehr Platz und Grün stehen.

Lantau S. 212

Die größte der Outlying Islands lockt mit viel Sehenswertem und allerlei Erholungsmöglichkeiten: Landschaftsgärten, Wanderwegen, Fischerdörfchen, Stränden, Klöstern und dem „Big Buddha", den man nicht verpassen darf.

Cheung Chau S. 222

Meeresfrüchte und Seefahrerkultur, großartige Surfstrände und Wassergottheiten gewidmete Tempel – all das und mehr bietet dieses lebendige Eiland. Ein Highlight ist das alljährliche Brötchenfest.

Einen Abstecher wert

In Peng Chau (S. 208) kann man noch einen Blick auf das traditionelle Dorfleben in Hongkong erhaschen.

Po Toi (S. 221) ist die südlichste Insel Hongkongs und bietet idyllische Spazierwege und köstliche Meeresfrüchte.

Zelten, Klettern und Sternegucken sind die größten Attraktionen der „Östlichen Dracheninsel", Tung Lung Chau (S. 226).

HIGHLIGHTS
NGONG PING PLATEAU

Keine Reise nach Hongkong ist komplett ohne einen Besuch des Ngong Ping Plateau, wo man die Statue des sitzenden Tian Tan Buddha bewundern kann, weltweit die größte ihrer Art. Man sieht sie schon aus der Luft, wenn man nach Hongkong einfliegt, und an einem klaren Tag ist sie sogar von Macao aus zu erkennen. Nichts ist jedoch so eindrucksvoll wie eine Begegnung aus nächster Nähe mit dieser vielgeliebten spirituellen Figur, die in über 500 m Höhe im westlichen Hügelland von Lantau thront.

Der allgemein als „Big Buddha" bekannte **Tian Tan Buddha** (天壇大佛; Eintritt frei; ⌚10–18 Uhr) ist eine Darstellung des Buddha Amitabha. Sie ist 23 m (inklusive Lotus 26,40 m) bzw. 34 m hoch (wenn man den Sockel mitrechnet) und wurde 1993 enthüllt. Sie kann sich nach wie vor rühmen, die höchste sitzende Buddha-Bronzestatue der Welt zu sein. Es lohnt sich wirklich, die 268 Stufen hinaufzuklettern, um die schlappe 202 t schwere Statue von Nahem zu sehen und die tolle Aussicht zu genießen. Der Geburtstag von Buddha, ein gesetzlicher Feiertag im April oder Mai, ist eine der beliebtesten Zeiten für einen Besuch: Dann begeben sich auch Tausende Gläubige auf die Pilgerreise hierher. Besucher werden gebeten, sich aus Respekt entsprechend zu kleiden und zu verhalten. Es ist beispielsweise verboten, Fleisch oder Alkohol auf das Gelände mitzubringen.

Die große Glocke im Buddha ist computergesteuert und ertönt im Laufe eines Tages 108-mal, um die Überwindung der „108 Gebrechen der Menschheit" zu symbolisieren, wie der Buddhismus es nennt. Auf der zweiten Ebene des Sockels befindet sich ein kleines **Museum** (☎2985 5248; ⌚10–18 Uhr), in dem Ölgemälde und Keramiktafeln zu sehen sind, die das Leben und die Lehren Buddhas zeigen.

Das **Po-Lin-Kloster** (寶蓮寺; Kostbarer Lotus; ☎2985 5248; ⌚9–18 Uhr), eine riesige buddhistische Anlage von 1924, ist heute eher eine Touristenattraktion als ein religiöser Rückzugsort, der alljährlich Hunderttausende von Besuchern anzieht und noch immer erweitert wird. Die meisten Gebäude, die man bei der Ankunft sieht, sind Neubauten. Die älteren, schlichteren Gebäude liegen versteckt dahinter. Das **Po Lin Vegetarian Restaurant** (寶蓮禪寺齋堂; ☎2985 5248; Ngong Ping; Menüs regulär/Luxus 60/100 HK$; ⌚11.30–16.30 Uhr) im Kloster ist für sein günstiges, sehr sättigendes vegetarisches Essen bekannt.

Die spektakulärste Weise, das Plateau zu erreichen, ist die 5,7 km lange Fahrt mit der **Ngong Ping 360** (昂坪360; www.np360.com.hk; Erw./Kind einfache Strecke 86/44 HK$, hin & zurück 125/62 HK$; ⌚Mo–Fr 10–18, Sa, So & Feiertag 9–18.30 Uhr), einer Seilbahn, die Ngong Ping mit dem Zentrum von Tung Chung verbindet (bergab Richtung Norden gelegen). Die Fahrt über die Bucht und die Berge dauert 25 Minuten, und jede verglaste Gondel bietet Platz für 17 Passagiere. Die Bergstation befindet sich gleich westlich des Klosters im **Ngong Ping Village**, das man getrost links liegen lassen kann.

NICHT VERSÄUMEN

- Tian Tan Buddha
- Kloster Po Lin
- Ngong Ping 360

PRAKTISCH & KONKRET

- Karte S. 214
- ☎3666 0606
- 11 Tat Tung Rd
- Eintritt frei
- 🚌2 von Mui Wo, 21 von Tai O, 23 von Tung Chung oder mit der Seilbahn

Lamma

Rundgang

Gemütliche Wanderungen, Faulenzen am Strand und ein Besuch in den Fischrestaurants und Bars der Stadt sind hier die beliebtesten Freizeitbeschäftigungen. Am besten beginnt man seine Erkundungstour in Yung Shue Wan und genießt seinen Brunch in einem der bunten Cafés entlang der Hauptstraße.

Die interessanteste Art, einen großen Teil der Insel zu sehen, ist ein Spaziergang auf dem 4 km langen Family Trail, der von Yung Shue Wan über den Strand von Hung Shing Yeh nach Sok Kwu Wan führt. Wer sich unter der sengenden Sonne wohlfühlt, kann anschließend noch bis nach Tung O Wan weiterschlendern, einer idyllischen Bucht etwa 30 Minuten weiter südlich, und vielleicht über Mo Tat Wan nach Sok Kwu Wan zurückkehren.

Am Abend kann man in Sok Kwu Wan in einem der Restaurants am Wasser köstliche Meeresfrüchte genießen.

Highlights

- **Sehenswertes** Lamma Family Trail (S. 207)
- **Essen** Bookworm Cafe (S. 210)
- **Ausgehen** Diesel's Bar (S. 211)

Top-Tipp

Wer die Insel praktisch für sich allein haben möchte, sollte seinen Besuch auf einen Wochentag legen, um dem Ansturm am Wochenende zu entgehen.

An- & Weiterreise

Fähre Fähren fahren vom Pier in Yung Shue Wan zum Pier 4 des Outlying-

Lamma

Islands-Fährterminals in Central sowie nach Pak Kok Tsuen (Lamma) und Aberdeen. Außerdem gibt's Verbindungen vom Pier in Sok Kwu Wan zum Pier 4 des Outlying-Islands-Fährterminals in Central sowie nach Man Tat Wan (Lamma) und Aberdeen.

Gut zu wissen

➡ **Vorwahl** ☎852

➡ **Lage** 3 km über den East Lamma Channel von Aberdeen entfernt. Auf der Insel gibt's zwei Hauptorte: Yung Shue Wan im Nordwesten und Sok Kwu Wan an der Ostküste.

➡ **Letzte Fähre nach Central** 23.30 Uhr von Yung Shue Wan; 22.40 Uhr von Sok Kwu Wan

SEHENSWERTES

YUNG SHUE WAN DORF

Karte S. 206 (⛴Fähre Yung Shue Wan) Yung Shue Wan (Banyanbaum-Bucht) mag vielleicht der größte Ort auf der Insel sein, aber es ist und bleibt ein kleines Dorf, das nicht viel mehr bietet als eine autofreie Hauptstraße, die dem gebogenen Verlauf der Bucht folgt. In den letzten Jahren hatte der einstige Hippie-Hafen mit steigenden Mieten und einem Bevölkerungsanstieg zu kämpfen, als nämlich die Städteplaner Lamma ihre Vision von Luxus aufdrängten. Dies führte zu einer unaufhaltsamen Gentrifizierung, aber der Banyanbaum-Bucht ist es dennoch irgendwie gelungen, einen großen Teil ihres rustikalen Charmes zu behalten – trotz oder gerade dank der aufblühenden Cafés, Bars, New-Age-Läden und anderen touristischen Geschäften. Am Südende der Bucht steht außerdem ein kleiner **Tin-Hau-Tempel** (天后廟) aus dem späten 19. Jh., dessen Eingang von einem Paar exzentrischer, westlicher Löwenstatuen bewacht wird.

Lamma

Sehenswertes (S. 207)

1	Herboland	B2
2	Lamma Fisherfolk's Village	C3
3	Lamma Winds	B2
4	Tin-Hau-Tempel	C3
5	Tin-Hau-Tempel	A2

Essen (S. 210)

6	Best Kebab & Pizza	D2
7	Bookworm Café	D2
	Concerto Inn	(siehe 15)
8	Rainbow Seafood Restaurant	C3
9	Tai Hing Seafood Restaurant	D1
10	The Waterfront	D1

Ausgehen & Nachtleben (S. 211)

	7th Avenue	(siehe 13)
11	Diesel's Bar	D2
12	Fountainhead Drinking Bar	D1
13	Island Society Bar	D1

Schlafen (S. 211)

14	Bali Holiday Resort	D1
15	Concerto Inn	B2
16	Jackson Property Agency	D1
17	Man Lai Wah Hotel	D1

SOK KWU WAN DORF

Karte S. 206 (⛴Sok Kwu Wan) Wer auf dem **Family Trail** weiterspaziert, kann das erschreckend große Kohlekraftwerk, das sich hinter dem Hügel nahe Yung Shue Wan auftürmt, nicht übersehen. Man kommt außerdem an einem Pavillon auf einem Hügelkamm vorbei, von dem man nicht nur auf Sok Kwu Wan mit seinen zahlreichen schicken Restaurants, sondern auch auf die Fischerboote und Flöße blicken kann, die in der Bucht schaukeln. Auch wenn der Ort noch immer recht klein ist, halten sich in Sok Kwu Wan entlang des Wassers mindestens ein Dutzend Fischrestaurants, die besonders bei Besuchern mit Boot beliebt sind. In dem kleinen Hafen wimmelt es von Flößen, an denen Käfige hängen, die zur Fischzucht genutzt werden. Wer von Süden aus nach Sok Kwu Wan kommt (etwa über den Family Trail, der den Ort mit Yung Shue Wan verbindet), passiert drei sogenannte **Kamikaze Caves** (神風洞): 10 m breite und 30 m tiefe Grotten, die während des Zweiten Weltkriegs von den japanischen Besatzern gebaut wurden und mit Sprengstoff ausgestattete Motorboote beherbergten, die den Schiffsverkehr der Alliierten stören sollten. Sie wurden jedoch nie genutzt. Etwas weiter, in der Nähe des Ortseingangs von Sok Kwu Wan, befindet sich ein komplett restaurierter **Tin-Hau-Tempel** (天后廟), der aus dem Jahr 1826 stammt. Direkt am Wasser liegt das **Lamma Fisherfolk's Village** (漁民文化村; ☎2982 8585; lammafisherfolks.com.hk; Erw./Kind 60/50 HK$; ⏲Mo–Fr 10–19 Uhr), ein schwimmendes Museum inklusive Vergnügungspark auf einem Floß, das die Fischereikultur und die Geschichte Hongkongs zeigt. Außerdem sind Fischereiwerkzeuge und Modellschiffe ausgestellt, darunter auch eine echte, 60 Jahre alte Dschunke. Im Eintrittspreis ist die Bootsfahrt vom Fähranleger in Sok Kwu Wan aus inbegriffen.

WINDTURBINE AREAL

Karte S. 206 (南丫風采發電站) Lammas gigantische Windturbine (Lamma Winds) bildet einen eleganten Gegensatz zu dem CO_2-ausstoßenden Kohlekraftwerk. Sie steht nahe dem Gipfel des Hügelkamms, gleich südöstlich vom Dorf Tai Peng. So beeindruckend der Anblick ist – die Anlage war leider insgesamt doch ein Fehlschlag, weil sie weit weniger Strom erzeugt als ursprünglich vorgesehen, und wird deshalb wohl ein Einzelstück bleiben. Am Sockel der Turbine informiert eine Tafel über Windenergie und eine elektronische Anzeige über die Menge des erzeugten Stroms. Sonst kann man hier eigentlich nur den Anblick der Rotorblätter bewundern, die in Segelstellung den Wind zerschneiden, während unten vor der hochragenden Kulisse von Hong Kong Island Frachtschiffe in See stechen. Die Turbine ist über die Wege zu erreichen, die von Yung Shue Wan hinauf zum alten Dorf Tai Peng führen. Dann nach rechts die Betonpiste

ABSTECHER

PENG CHAU

Das provinzielle Peng Chau verfügt nicht gerade über einen großen Wow-Faktor, aber es ist mit seinen schmalen Gassen, überfüllten Wohnvierteln, einem überdachten **Markt** (坪洲街市) in der Nähe des Fähranlegers, ein paar kleinen, aber bedeutenden Tempeln sowie einigen interessanten Läden, die von bescheidenen Haushaltswaren bis hin zu religiösen Utensilien einfach alles verkaufen, die vielleicht am meisten traditionell chinesische Insel der Outlying Islands. Den Soundtrack dieses verschlafenen Zufluchtsorts bilden tagtäglich das Klappern der Mahjong-Steine und die kantonesischen Opernstücke, die aus alten Radios über die Insel schallen.

Die Wirtschaft der Insel wurde früher von der Fischerei und der Baumwollindustrie getragen, die heute aber praktisch verschwunden (und auf das chinesische Festland abgewandert) sind. Auf der Wing Hing bzw. Wing On Street finden sich aber noch immer ein paar Porzellanläden und Geschenkboutiquen. Ganz in der Nähe gibt's auch eine Filiale der **HSBC** (滙豐銀行; ☎2233 3000; 1 Wing Hing St; ⏲Mo, Mi & Fr).

Peng Chau ist autofrei und man kann sich die Insel in nur einer Stunde prima erlaufen. Wer die Stufen zum **Finger Hill** (95 m) hinaufsteigt, dem höchsten Punkt der Insel, hat nicht nur ein leichtes Training absolviert, sondern kann auf dem Gipfel auch den **Fung-Ping-Pavillon** im chinesischen Stil sowie die tolle Aussicht bestaunen. Vom Fähranleger zur Lo Peng St gehen, am **Tin-Hau-Tempel** (天后廟) – der einen 100 Jahre alten, 2,50 m langen Walknochen beherbergt, der sich durch den Qualm der Räucherstäbchen schwarz verfärbt hat – rechts abbiegen und der Wing On St nach Süden folgen. Sie geht in die Shing Ka Rd über, und die Nam Shan Rd führt von hier Richtung Osten zum Finger Hill hinauf. Das Wasser am ansonsten sehr angenehmen **Tung Wan Beach**, nur fünf Fußminuten vom Fähranleger entfernt, ist leider zu schmutzig zum Baden, und er wird auch nicht von Rettungsschwimmern überwacht.

In der Nähe des Hafenbereichs bieten ein paar chinesische Läden Nudeln und Sandwichs an, aber die beste Anlaufstelle hier ist das **Les Copains d'abord** (☎3483 0692; ⏲Di–So 11–21 Uhr), eine Weinbar mit Café in französischer Hand, in der Feinschmecker zu erschwinglichen Preisen ein Glas erlesenen Wein, hervorragendes Rauchfleisch, Oliven, importierten Käse und andere Köstlichkeiten unter Sonnenschirmen genießen können. Oder man bestaunt bei einem guten Gläschen einfach den wunderbaren Sonnenuntergang. Die Bar befindet sich auf dem Hauptplatz der Insel, direkt geradeaus vom Pier.

Fähren aus Central fahren am Pier 6 des Outlying-Islands-Fährterminals ab. Auf Lantau legen die Fähren in Mui Wo und Chi Ma Wan ab, und außerdem gibt's Verbindungen von Cheung Chau. Darüber hinaus verkehren regelmäßig *kaido* (kleine Hochseefähren) vom Trappisten-Kloster und der Discovery Bay auf Lantau nach Peng Chau.

LAMMAS BEDROHTE SCHILDKRÖTEN

Sham Wan ist seit jeher jener Strand in Hongkong, an dem sich die bedrohte Grüne Meeresschildkröte *(Chelonia mydas)* – eine von drei Arten von Meeresschildkröten, die im Meer rund um Hongkong leben – von Anfang Juni bis Ende August durch den Sand schleppt, um ihre Eier abzulegen.

Weibliche Grüne Meeresschildkröten können bis zu 1 m lang und 140 kg schwer werden. Im Alter von 20 bis 30 Jahren erreichen sie ihre sexuelle Reife. Die Tiere legen ihre Eier alle zwei bis sechs Jahre immer an dem Strand ab, an dem sie geboren wurden. Da man befürchtete, dass Sham Wan ins Blickfeld der Immobilienplaner geraten und dadurch die Schildkröten für immer verschwinden könnten, wurde die Gegend zu einem Forschungs- und Naturschutzgebiet ernannt und abgesperrt. Von Mitte Juni bis Oktober patrouilliert hier das Agriculture, Fisheries & Conservation Department (AFCD). Man weiß, dass hier seit 1997 acht Schildkröten genistet haben, und einige von ihnen werden inzwischen sogar per Satellit überwacht.

Ein weiteres großes Problem der Kummer gewohnten Schildkröten ist neben den Städteplanern der Appetit der Einheimischen auf ihre Eier. 1994 legten drei Schildkröten etwa 200 Eier ab, die sofort eingesammelt und von den Dorfbewohnern verspeist wurden. Einige Jahre später verkauften die Dorfbewohner die Eier für 100 HK$ pro Stück an japanische Touristen. Heute wird gegen jeden, der während der Nistzeit am Strand erwischt wird, ein Bußgeld von 50 000 HK$ verhängt. Jeder, der die Eier einsammelt, besitzt oder zu verkaufen versucht, wird mit einem Bußgeld von 100 000 HK$ und einem Jahr Haft bestraft.

nehmen, die das Kraftwerk mit Pak Kok verbindet.

HUNG SHING YEH BEACH — STRAND

Karte S. 206 (Yung Shue Wan) Der Hung Shing Yeh Beach liegt etwa 25 Gehminuten südöstlich des Fähranlegers von Yung Shue Wan und ist der beliebteste Strand auf Lamma. Wer frühmorgens oder an einem Werktag kommt, wird ihn höchstwahrscheinlich verlassen vorfinden, aber an den Blick auf das Kraftwerk auf der anderen Seite der Bucht muss man sich erst einmal gewöhnen. Der Strand wird von einem Hainetz geschützt und bietet Toiletten, Duschen und Umkleidekabinen. In der Nähe gibt's ein paar Restaurants und Getränkestände. Letztere sind (außer im Sommer) aber nur am Wochenende geöffnet.

Herboland (香草原; 10–18 Uhr), die erste Bio-Kräuterfarm der Gegend, liegt versteckt in den herrlich grünen Ausläufern des Strands. Hier kann man aus über 40 verschiedenen Kräutertees wählen – man muss schon über eine unglaubliche mentale Stärke verfügen, um nach oder vor einer anstrengenden Wanderung auf dem Family Trail ein Tässchen im wunderschönen Teegarten der Farm abzulehnen.

LO SO SHING BEACH — STRAND

Karte S. 206 (Fähre Yung Shue Wan) Vom Hung Shing Yeh Beach steigt der Weg steil bergauf, bis er einen **Pavillon im chinesischen Stil** unterhalb des Gipfels des Hügels erreicht. Von diesem Aussichtspunkt sieht man sehr gut, dass die Insel hauptsächlich aus hügeligem Grasland und großen Felsen besteht – inzwischen werden auf Lamma aber immer mehr Bäume gepflanzt.

Ein Stück weiter kommt man an einem zweiten Pavillon vorbei, der ebenfalls einen grandiosen Ausblick bietet. Von hier führt ein Pfad vom Family Trail zum Lo So Shing Beach hinunter, dem schönsten Strand auf ganz Lamma.

MO TAT WAN — STRAND

Der saubere und meistens relativ menschenleere Strand von Mo Tat Wan (Karte S. 206) ist über den Küstenpfad östlich von Sok Kwu Wan in nur 20 Gehminuten erreichbar. Am Mo Tat Wan kann man ganz gut baden, es gibt allerdings keine Rettungsschwimmer. Von Aberdeen aus ist er auch per *kaido* (kleine Hochseefähre) zu erreichen, das nach Sok Kwu Wan weiterfährt.

SHAM WAN — STRAND

Karte S. 206 (Tiefe Bucht) Sham Wan ist eine weitere wunderschöne Bucht im Südwesten, die man von Tung O Wan aus auf einer Wanderung über die Hügel erreicht. 200 m bergauf von Tung O Wan führt links ein Weg Richtung Süden zu einem kleinen

KAIDO-VERBINDUNGEN

Kaido sind kleine Fähren, die abgeschiedenere Inseln oder andere Ziele anfahren. Sie bieten allerdings wenig regelmäßige Verbindungen, und die Fahrpläne ändern sich von Zeit zu Zeit. Bevor man losfährt kann man sich auf der Website der Transportbehörde (www.td.gov.hk) über die aktuellsten Fahrpläne informieren.

Sandstrand. Zwischen Juni und Oktober darf man nicht hierherkommen, dann nisten hier Hongkongs bedrohte Grüne Meeresschildkröten.

TUNG O WAN STRAND

Obwohl er bei Städteplanern schon lange als gute Gegend für neue Wohnhäuser und einen Jachthafen begehrt ist, behauptet sich der unberührte Tung O Wan dank des gemeinsamen Widerstands der örtlichen Einwohner und Umweltschützer von nah und fern weiterhin wacker gegen das große Geld der Immobilienbranche. Die kleine, abgeschiedene Bucht wird von einem langen Sandstrand begrenzt und ist allemal einen Abstecher wert, wenn man von Yung Shue Wan nach Sok Kwu Wan wandert – oder man kommt einfach direkt von Sok Kwu Wan hierher. Kurz vor dem Tin-Hau-Tempel am Ortseingang von Sok Kwu Wan dem ausgeschilderten Pfad rechts nach Süden folgen, dann über den Hügel zum winzigen Dörfchen **Tung O** weitergehen. Die Wanderung dauert etwa 30 Minuten und führt durch raue Landschaft – die erste Hälfte des Wegs besteht aus einem ziemlich anstrengenden Anstieg über Stufen und einen Pfad. Außer bei Vollmond sollte man diesen Weg nicht nachts gehen, da nur am Anfang in Sok Kwu Wan ein paar Straßenlaternen stehen.

Wer aus Mo Tat Wan kommt, nimmt den Weg gleich westlich des Pavillons oberhalb des Strands und folgt dem ausgeschilderten Pfad bergauf durch Bambushaine und Felder. Nach etwa 25 Minuten Marsch erreicht man das verschlafene Dörfchen **Yung Shue Ha** am Rand der Bucht. Sämtliche hier lebende Chinesen gehören dem selben Clan an und teilen sich deshalb den Nachnamen Chow. Ein Mitglied dieses Clans, Chow Yun Fat, Star des Films *Tiger and Dragon*, ist in Tung Ho geboren und aufgewachsen.

ESSEN

Auch wenn in Lamma vor allem Fisch und Meeresfrüchte den Gaumen erfreuen, bietet die Insel unter allen Outlying Islands trotzdem die größte Vielfalt an Restaurants und Küchen. Die meisten Besucher steuern direkt Sok Kwu Wan an, wo Fisch die Speisekarte dominiert. Die Restaurants sind auf beiden Seiten des Fähranlegers am Wasser versammelt. Die Besucher kommen mit einer Fähre, einer privaten Jacht oder einem von den Restaurants selbst angeheuerten Boot hierher und bringen zusammen mit den einheimischen Gästen die Läden am Wochenende abends beinahe zum Platzen.

Yung Shue Wan, jenes Dorf der Insel, das die meisten Einwohner hat, bietet eine große, bunte Auswahl einladender Restaurants, die sich größtenteils entlang der Hauptstraße befinden. Auch die abgeschiedenen Strände Mo Tat Wan und Hung Shing Yeh warten mit ein paar guten Möglichkeiten zur Stärkung auf.

BOOKWORM CAFE CAFÉ, VEGETARISCH $

Karte S. 206 (南島書蟲; ☎2982 4838; 79 Main St, Yung Shue Wan; Gerichte ab 80 HK$; ⊙Mo–Fr 10–21, Sa 9–22, So 9–21 Uhr; @) Vegetarier fühlen sich im Bookworm, dem Großvater der gesunden, umweltbewussten Restaurantszene Hongkongs, wie im Himmel. Zu den köstlichen Gerichten gehören auch Dal- und Salatkombinationen, *sanga* mit Ziegenkäse und vegetarischer Shepherd's Pie, und sie alle passen wunderbar zu den sorgfältig ausgewählten Bioweinen. Das Café ist gleichzeitig ein Secondhand-Buchladen.

TAI HING SEAFOOD RESTAURANT KANTONESISCH, SEAFOOD $$

Karte S. 206 (大興海鮮酒家; ☎2982 0339; 53 Main St, Yung Shue Wan; Gerichte ab 250 HK$; ⊙mittags & abends) Das unscheinbare Tai Hing erfreut sich dank seiner ehrlichen Hausmannskost eines regen Stroms an Stammkunden. Der in Lamma geborene Cheong Gor ist Herz und Seele dieser halbprivaten Küche. Die Gäste können ihm einfach ein Budget nennen, dann wählt er das dazu passende beste saisonale Fisch- und Meeresfrüchtegericht aus. Für 400 HK$ (pro Nase) bekommt man ein wahres Festmahl. Reservierung empfohlen.

WATERFRONT INTERNATIONAL $

Karte S. 206 (☎2982 1168; 58 Main St, Yung Shue Wan; Gerichte ab 90 HK$; ⊙9–2 Uhr) Nur wenige Schritte von der Terrasse, die einen grandiosen Ausblick bietet, branden die Wellen sanft ans Ufer – dieses Restaurant ist sowohl zum Frühstück als auch bei Sonnenuntergang beliebt. Hier werden traditionelle britische und italienische Kost ebenso serviert wie schnörkellose indische Gerichte.

RAINBOW SEAFOOD RESTAURANT CHINESISCH, SEAFOOD $$

Karte S. 206 (天虹海鮮酒家; ☎2982 8100; www.rainbowrest.com.hk; Shops 1a–1b, EG, 23-25 First St, Sok Kwu Wan; Gerichte ab 180 HK$; ⏲10–22.30 Uhr) Das gigantische Rainbow verfügt zwar über 800 Plätze, aber man muss trotzdem im Voraus reservieren. Gedünsteter Zackenbarsch, Hummer und Meeresschnecken sind die Spezialitäten dieses Restaurants direkt am Wasser. Man kann sich am Pier 9 in Central oder am Tsim Sha Tsui Public Pier von den hauseigenen Booten abholen lassen. Näheres zu diesem Bootsservice gibt's online oder telefonisch.

BEST KEBAB & PIZZA TÜRKISCH $

Karte S. 206 (☎2982 0902; 4 Yung Shue Wan Back St, Yung Shue Wan; Gerichte ab 80 HK$; ⏲Mo–Fr 14–22, Sa 12–22 Uhr) Dieses kleine, unprätentiöse Lokal in türkischer Hand serviert genau das, was sein Name verspricht. Die Einheimischen schwärmen von der Pizza, den Lammkoteletts und den brutzelnden Schaschliks. Man kann sie prima mit einem frisch gebrühten türkischen Kaffee oder einem Früchtetee genießen.

AUSGEHEN & NACHTLEBEN

Lamma ist keine Partyinsel, aber in Yung Shue Wan gibt's ein paar gemütliche Kneipen, in denen man sich prima unterhalten und den Sonnenuntergang bei einem netten Gläschen genießen kann. In den Bars versammeln sich abends hauptsächlich Auswanderer, die auf der Insel leben. Manchmal wird man gebeten, sich ins Mitgliederbuch einzutragen, da einige Läden mit Clublizenzen betrieben werden.

DIESEL'S BAR BAR

Karte S. 206 (51 Main St, Yung Shue Wan; ⏲Happy Hour Mo–Fr 18–21 Uhr; ⛴Lamma, Yung Shue Wan) Das Diesel's ist in einem der ältesten Gebäude entlang der Hauptstraße untergebracht und die versiffteste, aber auch lus-

ÜBERNACHTEN IN LAMMA

In Yung Shue Wan gibt's jede Menge Ferienwohnungen:

Jackson Property Agency (☎2982 0606; 15 Main St, Yung Shue Wan; ⛴Lamma, Yung Shue Wan) Diese Agentur vermietet Wohnstudios und Wohnungen auf Lamma, alle mit TV, eigenem Bad, Mikrowelle und Kühlschrank. Die Zimmer kosten von Sonntag bis Freitag ab 380 HK$ pro Nacht für zwei Personen, samstags zwischen 780 HK$ und 880 HK$.

Concerto Inn (☎2982 1668; www.concertoinn.com.hk; 28 Hung Shing Yeh Beach, Hung Shing Yeh; Zi. So–Fr 700–900 HK$, Zi. Sa & am Abend vor gesetzlichen Feiertagen 800–1280 HK$; 📶; ⛴Lamma, Yung Shue Wan) Das Concerto ist eine hübsche Boutiquepension am Strand und lockt mit geschmackvoll eingerichteten Zimmern, aber sie liegt ziemlich ab vom Schuss. Hier sollte man nur absteigen, wenn man nach Ruhe und Entspannung sucht. Die Zimmer bieten Platz für drei oder vier Personen und sind eigentlich Doppelzimmer mit Sofa- oder Ausziehbetten. Viele Urlauber empfehlen den Nachmittagstee im Restaurant.

Man Lai Wah Hotel (☎2982 0220; manlaiwahhotel@yahoo.com; 2 Po Wah Garden, Yung Shue Wan; Zi. Mo–Fr 400–450 HK$, Sa & So 550–600 HK$; ⛴Lamma, Yung Shue Wan) Diese Pension liegt geradeaus vom Fähranleger und bietet winzige, aber makellose Doppelzimmer mit Hafenblick, einige sogar mit Balkon.

Bali Holiday Resort (☎2982 4580; Fax 2982 1044; 8 Main St, Yung Shue Wan; EZ/DZ So–Fr 350/400 HK$, Sa 700/800 HK$; ⛴Lamma, Yung Shue Wan) Das Bali Holiday Resort ist eher eine Agentur als ein Resort und vermietet 30 Wohnstudios und Wohnungen, die auf der ganzen Insel verstreut liegen. Alle haben einen Fernseher, einen Kühlschrank und eine Klimaanlage, und ein paar bieten sogar einen Blick aufs Meer.

tigste und bekannteste Kneipe der Insel. Im sonnendurchfluteten Innenhof kann man sich in Sachen Inseltratsch prima auf den neuesten Stand bringen.

FOUNTAINHEAD DRINKING BAR BAR

Karte S. 206 (17 Main St, Yung Shue Wan; ⌚Happy Hour ganztägig Mo–Fr; ⛴Lamma, Yung Shue Wan) Das fröhliche, schmucklose Fountainhead erfreut sich eines bunt gemischten Publikums aus Chinesen und hier lebenden Ausländern und bietet anständige Musik sowie Bier zu erschwinglichen Preisen.

ISLAND SOCIETY BAR BAR

Karte S. 206 (6 Main St, Yung Shue Wan; ⌚Happy Hour 16–20 Uhr; ⛴Lamma, Yung Shue Wan) Diese Bar liegt am nächsten am Fähranleger, ist besonders bei älteren hier lebenden Ausländern beliebt und veranstaltet die besten Jamsessions der ganzen Insel.

7TH AVENUE BAR

Karte S. 206 (7 Main St, Yung Shue Wan; ⌚12 Uhr–open end; ⛴Lamma, Yung Shue Wan) Auch wenn der Name nicht ganz zum Ambiente von Lamma passt, lockt dieser Neuling dank seines 20-jährigen Chefs mit einladender Atmosphäre, Wasserpfeifen und Tischen im Freien. Zudem werden Essen und Getränke zu recht vernünftigen Preisen angeboten.

Lantau

Rundgang

Lantau eignet sich allein dank seiner Größe perfekt für mehrtägige Ausflüge. Man kann entweder in Mui Wo oder Tung Chung beginnen, den wichtigsten Verkehrsknotenpunkten der größten Insel Hongkongs. Die Attraktion im Landesinneren, den Tian-Tan-Buddha auf dem Ngong-Ping-Plateau, sollte man möglichst früh morgens besuchen, um den Touristenhorden zu entgehen und die raue Schönheit der Gegend in aller Ruhe genießen zu können. Anschließend geht's direkt nach Tai O an der Westküste, ein charmantes Fischerdorf und eines der letzten, das in Hongkong noch überlebt hat.

Wer besonders viel Energie hat, kann sich mit Wanderwegen durch die Berge austoben, darunter auch der 70 km lange Lantau Trail, der sowohl den Lantau Peak (den höchsten Punkt auf Lantau) als auch den Sunset Peak (869 m) einschließt und einem im wahrsten Sinne des Wortes den Atem raubt. Man kann aber auch einfach an einem der besten Strände der Insel entlang der South Lantau Rd das herrlich kühle Nass genießen.

Highlights

- ➡ **Sehenswertes** Tian-Tan-Buddha (S. 205)
- ➡ **Essen** Solo (S. 219)
- ➡ **Unterkunft** Espace Elastique (S. 220)

Top-Tipp

Es gibt nur 50 Taxis auf der ganzen Insel. Man sollte die Telefonnummer immer zur Hand haben, besonders zu vorgerückter Stunde.

An- & Weiterreise

Airport Express Fährt zur Flughafenstation am Chek Lap Kok.

Bus Mui Wo: Wird von Bus 1 aus Tai O, Bus 2 aus Ngong Ping und Bus 3M aus Tung Chung angefahren (Hauptbusbahnhof neben der MTR-Station).

Ngong Ping: Außer mit der Seilbahn kommt man am besten mit Bus 2 aus Mui Wo oder Bus 23 aus Tung Chung hierher.

Tai O: mit Bus 1 aus Mui Wo, Bus 11 aus Tung Chung oder Bus 21 aus Ngong Ping erreichbar.

Tung Chung: mit Bus 3M aus Mui Wo, Bus 11 aus Tai O und Bus 23 aus Ngong Ping zu erreichen.

Alle hier genannten Busse fahren entlang der ganzen oder eines Teils der South Lantau Rd. Die Busse treffen an der Kreuzung mit der Tung Chung Rd auf diese Strecke bzw. verlassen sie dort.

Fähre Mui Wo: Die meisten Fähren aus Central legen am Pier 6 des Outlying-Islands-Fährterminals ab. Fähren starten außerdem in Chi Ma Wan (ebenfalls auf Lantau), Cheung Chau und Peng Chau.

Chi Ma Wan: Ist mit Mui Wo, Cheung Chau und Peng Chau durch die Fähre zwischen den Inseln verbunden.

MTR Die Station Tung Chung befindet sich am Ende der gleichnamigen Linie.

Taxi Den Taxiservice erreicht man unter der Nummer ☎2984 1328 bzw. 2984 1368. Eine Fahrt von Mui Wo nach Ngong Ping oder zum Tian Tan Buddha kostet 140 HK$, von Tung Chung/Tai O/Hong Kong International Airport 140/50/160 HK$.

Gut zu wissen

- **Vorwahl** ☎852
- **Lage** 8 km westlich von Hong Kong Island. Die einwohnerstärkste Stadt Tung Chung liegt an der Nordküste, während sich der zweitgrößte Ort Mui Wo an der Ostküste befindet. Der Flughafen liegt gleich nördlich von Tung Chung.
- **Letzte Fähre nach Central** 23.30 Uhr von Mui Wo

SEHENSWERTES

NGONG PING PLATEAU

Siehe S. 205.

LANTAU PEAK — BERG

Der Lantau Peak oder Fung Wong Shan (Phoenix-Berg) ist mit 934 m Höhe Hongkongs zweithöchster Berg – lediglich der Tai Mo Shan (957 m) in den New Territories überragt ihn noch. Die Aussicht vom Gipfel ist schlichtweg atemberaubend. An klaren Tagen sieht man bis nach Macao, das 65 km weiter westlich liegt.

Wer den **Lantau Trail** nach Ngong Ping komplett oder dessen erste Etappen absolviert, kommt automatisch am Gipfel vorbei. Falls man nur von Ngong Ping aus hinaufsteigen möchte, ist es am einfachsten und bequemsten, im **Ngong Ping** SG Davis Hostel zu übernachten und im Morgengrauen aufzubrechen. Ein beschilderter Pfad führt vom Hostel südostwärts zum Gipfel. Viele Kletterer stehen noch früher auf, um den Sonnenaufgang auf dem Gipfel genießen zu können. In diesem Fall unbedingt eine Taschenlampe und warme Kleidung mitnehmen – frühmorgens ist es da oben sogar im Sommer mitunter ganz schön frisch.

Ein weiterer beschilderter Weg führt vom Hostel ostwärts an der Nordflanke des Lantau Peaks zum **Po-Lam-Kloster** bei Tei Tong Tsai, dann südwärts durch ein Tal nach Tung Chung. Dort besteht eine MTR-Verbindung nach Kowloon bzw. Hong Kong Island, Bus 3M fährt nach Mui Wo. Im Rahmen dieser charmanten Wanderung kann man sich u. a. das **Lo-Hon-Kloster**, das **Fort** und die **Tung Chung Battery** von Tung Chung ansehen. Einziger Wermutstropfen: der Flughafen im Norden.

MUI WO — DORF

Karte S. 216 (Lantau) Mui Wo (Pflaumennest) war Lantaus größter Ort, bevor Tung Chung entstand. Auch heute noch lebt ein Drittel der Einwohner Lantaus in dieser verschlafenen Stadt und in den umliegenden Weilern.

Die **Silvermine Bay** (銀礦灣) im Nordwesten von Mui Wo bietet einen anständigen Strand mit toller Aussicht und guten Wandermöglichkeiten in den Hügeln darüber. Die Toiletten, Duschen und Umkleidekabinen sind von April bis Oktober geöffnet.

Man kann zum **Silvermine Waterfall** (銀礦瀑布) in der Nähe der alten **Silvermine Cave** nordwestlich der Stadt wandern, wenn man genügend Zeit hat. Während der Regenzeit, wenn es richtig schüttet, ist der Wasserfall wirklich spektakulär. In der Höhle wurde im 19. Jh. Silber abgebaut, sie ist heute jedoch geschlossen.

Auf dem Weg zum Wasserfall kommt man am **Man-Mo-Tempel** (文武廟) vorbei, der während der Regierungszeit von Kaiser Shenzong (1573–1620) erbaut und im vergangenen Jahrhundert mehrfach restauriert wurde.

Die Wanderung zum Tempel, zur Höhle und zum Wasserfall erstreckt sich von Mui Wo aus über ca. 3 km. Der Mui Wo Rural Committee Rd Richtung Westen folgen und dann auf dem markierten Pfad nach Norden gehen.

In der Gegend stehen mehrere alte Wachtürme aus Granit, darunter auch der **Luk Tei Tong Watchtower** (鹿地塘更樓) am Silver River und der **Butterfly Hill Watchtower** (蝴蝶山更樓) weiter nördlich. Sie wurden Ende des 19. Jhs. als sicherer Unterschlupf und Küstenverteidigungsposten gegen Piraten erbaut.

In Mui Wo gibt's ein paar sehr anständige Restaurants. Im **Friendly Bicycle Shop** (老友記單車專門店; ☎2984 2278; 13 Mui Wo Ferry Pier Rd; Mi–Mo 10–18 Uhr) in der Nähe des Supermarkts kann man sich ein Fahrrad leihen.

LP TIPP TAI O — DORF

Karte S. 214 (1 von Mui Wo, 11 von Tung Chung, 21 von Ngong Ping) Dieses Dorf an der weitläufi-

Lantau

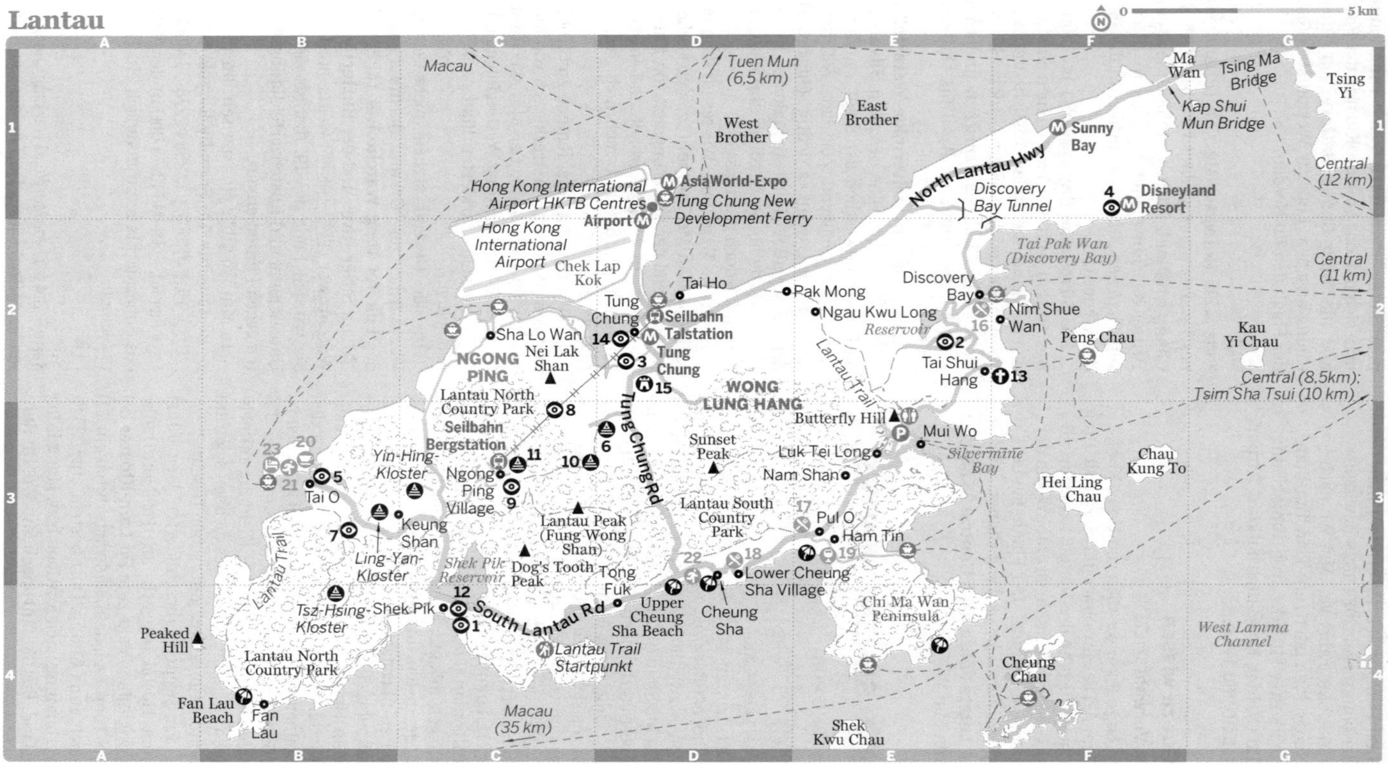
0
5 km
A
B
C
D
E
F
G
1
2
3
4
Macau
Tuen Mun (6,5 km)
West Brother
East Brother
Ma Wan
Tsing Ma Bridge
Kap Shui Mun Bridge
Tsing Yi
Sunny Bay
North Lantau Hwy
Central (12 km)
Hong Kong International Airport HKTB Centres
AsiaWorld-Expo
Tung Chung New Development Ferry
Airport
Discovery Bay Tunnel
4
Disneyland Resort
Hong Kong International Airport
Chek Lap Kok
Tai Pak Wan (Discovery Bay)
Central (11 km)
Tai Ho
Pak Mong
Discovery Bay
Tung Chung
Seilbahn Talstation
Ngau Kwu Long
Reservoir
Nim Shue Wan
16
Sha Lo Wan
14
Peng Chau
Kau Yi Chau
NGONG PING
Nei Lak Shan
3
Tung Chung
2
Tai Shui Hang
13
15
WONG LUNG HANG
Lantau Trail
Central (8,5km); Tsim Sha Tsui (10 km)
Lantau North Country Park
8
Seilbahn Bergstation
Butterfly Hill
Mui Wo
6
Tung Chung Rd
Sunset Peak
23
20
11
10
Luk Tei Long
Silvermine Bay
Chau Kung To
Yin-Hing-Kloster
Ngong Ping Village
9
Nam Shan
Hei Ling Chau
5
21
Tai O
Lantau South Country Park
17
Pui O
Keung Shan
Lantau Peak (Fung Wong Shan)
Ham Tin
7
Ling-Yan-Kloster
22
18
19
Shek Pik Reservoir
Dog's Tooth Peak
Tong Fuk
Lower Cheung Sha Village
Lantau Trail
12
Tsz-Hsing-Kloster
Shek Pik
1
South Lantau Rd
Upper Cheung Sha Beach
Cheung Sha
Chi Ma Wan Peninsula
West Lamma Channel
Peaked Hill
Lantau Trail Startpunkt
Lantau North Country Park
Cheung Chau
Fan Lau Beach
Fan Lau
Macau (35 km)
Shek Kwu Chau

gen Westküste Lantaus war früher die Heimat der Tanka und vor einem Jahrhundert ein wichtiger Handels- und Fischereihafen für den Export nach China. Salz und Fisch sind die wichtigsten Exportgüter. Heute ist Tai O im Niedergang begriffen, ausgenommen vielleicht als Touristenziel, das einen faszinierenden Einblick in das Leben in einem traditionellen Fischerdorf bietet.

Ein paar der Salzpfannen existieren noch immer, aber die meisten wurden zugeschüttet und Häuser darauf errichtet. Ältere Menschen bestreiten ihren Lebensunterhalt nach wie vor mit Entenzucht, der Fischerei, der Herstellung der berühmten Krabbenpaste des Dorfes und der Verarbeitung von Salzfisch, was man auch überall sehen (und riechen) kann. Die Einheimischen kaufen hier noch immer gern Fisch und Meeresfrüchte – frischen wie auch getrockneten.

Noch in den 1980er-Jahren tauschte Tai O „IIs" (illegale Immigranten), die von „Schlangenköpfen" (Menschenschmugglern) im Schutz der Dunkelheit in langen, schmalen Booten aus China ins Dorf gebracht wurden, gegen Schmuggelware wie Kühlschränke, Radios oder Fernseher fürs Festland ein.

Tai O befindet sich teils auf Lantau, teils auf einer winzigen Insel, die 15 m vom Ufer entfernt liegt. Bis Mitte der 1990er-Jahre war die einzige Möglichkeit, zu dieser Insel zu kommen, eine von Seilen gezogene Fähre, die von älteren Hakka-Frauen betrieben wurde. Gemeinsam mit den zahlreichen Sampans im kleinen Hafen des Ortes haben sie Tai O den Spitznamen „Venedig Hongkongs" eingebracht. Obwohl heute eine schmale eiserne Fußgängerbrücke von Tai Chung über den Kanal führt, wird die Seilfähre an einigen Wochenenden und Feiertagen wiederbelebt: Einfach 1 HK$ in das Kästchen werfen, wenn man aussteigt.

Im Zentrum stehen noch immer einige der winzigen Dorfhäuser im traditionellen Stil, darunter auch ein paar von Tai Os berühmten **Pfahlbauten** am Wasser. Einige Häuser und ein paar Baracken haben im Jahr 2000 ein Feuer überlebt, aber ihre Wellblechwände werden nur noch von Seilen zusammengehalten. Außerdem gibt's ein paar Hausboote, die seit Jahren nicht mehr in See gestochen sind.

Die Pfahlbauten und den örtlichen **Kwan-Tai-Tempel** (關帝廟), der dem Gott des Krieges gewidmet ist, findet man entlang der Kat Hing St. Wer sie besuchen möchte, muss vom Festland aus die Brücke zur Insel überqueren, der Tai O Market St folgen und am Restaurant Fook Lam Moon rechts abbiegen. Hier gibt's auch noch ein paar andere **Tempel**, darunter einer aus dem 18. Jh., der zu Ehren von Hung Shing errichtet wurde, dem Schutzheiligen aller Fischer. Er steht in der Shek Tsai Po St, 600 m westlich des Restaurants Fook Lam Moon.

Am Ende der Shek Tsai Po St befindet sich die wunderschön restaurierte **Alte Polizeistation von Tai O** (舊大澳警署). Die ehemalige Wache der Küstenpolizei wurde 1902 erbaut und diente ursprünglich dem Schutz der umliegenden Gewässer vor Piraten. Im Lauf des 20. Jhs. gehörten See-

Lantau

Mui Wo

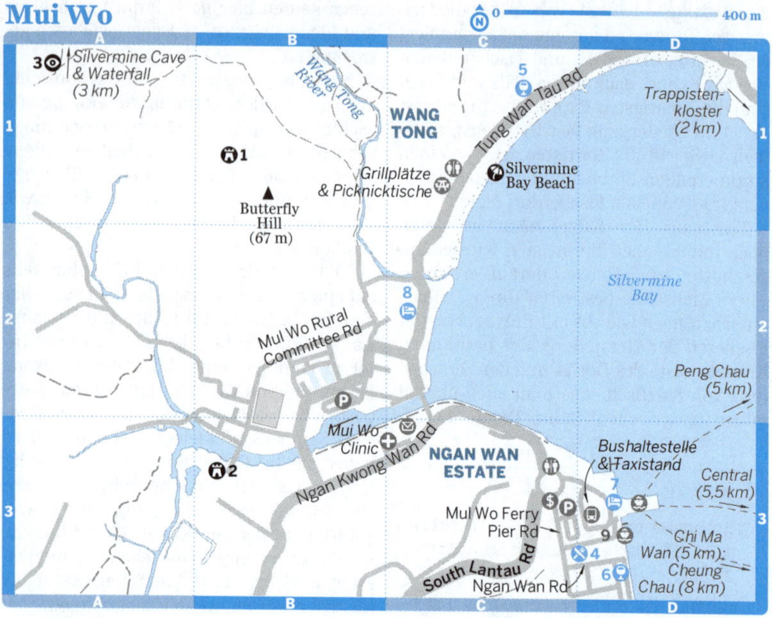

Mui Wo

Sehenswertes (S. 213)
1 Butterfly Hill Watchtower ... B1
2 Luk Tei Tong Watchtower ... B3
3 Man-Mo-Tempel ... A1

Essen (S. 219)
4 Bahçe ... D3

Ausgehen & Nachtleben (S. 221)
5 China Beach Club ... C1
6 China Bear ... D3

Schlafen (S. 220)
7 Mui Wo Accommodation Kiosks ... D3
8 Silvermine Beach Resort ... C2

Transport (S. 212)
9 Fähren nach Discovery Bay ... D3

räuber hier zwar mehr und mehr der Vergangenheit an, doch in den 1980er-Jahren tauchte ein neues Problem auf, als eine Welle illegaler Einwanderer und Schmuggler aus China versuchte, heimlich über Tai O in das Gebiet einzudringen. Als auch dieses Problem gelöst war, diente die Wache als Patrouillenposten, bis sie 2002 geschlossen wurde. Seither wurde das Gebäude einer umfassenden Renovierung unterzogen und eröffnete 2012 als das charmante Tai O Heritage Hotel (S. 220) wieder. Selbst wenn man nicht hier absteigt, lohnt es sich, eine der kostenlosen geführten Touren mitzumachen, die täglich um 15 Uhr beginnen. Man muss aber unbedingt vorab online reservieren.

Außerdem werden kurze **Bootstouren auf dem Fluss** (9629 4581, 9645 6652; 20 HK$/30 Min.) angeboten, die an der Fußgängerbrücke starten.

LUNG TSAI NG GARDEN GARTEN

Karte S. 214 (龍仔悟園; 1 von Mui Wo, 11 von Tung Chung, 21 von Ngong Ping) Dieser zauberhafte Garten südwestlich von Ngong Ping mit einem Lotusteich, der von einer wackeligen Zickzackbrücke überquert wird, wurde in den 1930er-Jahren von einem wohlhabenden Kaufmann in einem kleinen Tal in der Nähe jener Stelle erbaut, an der früher das Dörfchen Lung Tsai stand. Die Anlage ist ziemlich verfallen, aber trotzdem sehr stimmungsvoll, und die Gärten sind in ausgezeichnetem Zustand. Man erreicht sie von der Tai O Rd aus, einer Fortsetzung der South Lantau Rd gleich westlich von Keung Shan, über einen Pfad, der zu einem Wasserauffangbecken führt. Nach dem Kwum-Yam-Tempel, etwa 2 km hinter der Abzweigung zum Tian Tan Buddha, auf der Tai O

Rd aus dem Bus steigen und nach dem Hinweisschild zum Landschaftspark und zum Wasserreservoir Ausschau halten.

SOUTH LANTAU RD STRÄNDE

Karte S. 214 (1 von Mui Wo & Tai O, 2 von Ngong Ping, 3 von Tung Chung) Entlang der South Lantau Rd reihen sich mehrere Strände aneinander, die Surfer, Sonnenanbeter und Rentner gleichermaßen anziehen. 5 km südwestlich von Mui Wo bietet **Pui O** zwar einen anständigen Strand, aber da er Mui Wo am nächsten liegt, kann er ziemlich überlaufen sein. Im Dorf gibt's ein paar Restaurants, Ferienwohnungen en masse und, während der Hauptsaison, Straßenstände mit Fahrradverleih.

Hongkongs längster Strand, **Cheung Sha** (Langer Sand), erstreckt sich über 3 km an der Südküste Lantaus und ist in einen „oberen" (upper) und einen „unteren" (lower) Abschnitt unterteilt; ein Wanderweg über einen kleinen Hügel verbindet beide miteinander. Der **Upper Cheung Sha** lockt gelegentlich mit einer guten Brandung. Er ist der schönere und längere der beiden Strandstreifen und verfügt über eine moderne Anlage mit Umkleiden, Toiletten, Duschen und einer Snackbar. Im Dörfchen **Lower Cheung Sha** gibt's ein Strandrestaurant und ein Wassersportzentrum. Einige Experten sind der Meinung, der Strand sei dank des Venturi-Effekts bei Wind aus Richtung Tung Chung der beste Surfstrand in Hongkong, besonders zwischen November und März.

Der Strand in **Tong Fuk**, dem nächsten Dorf nach Cheung Sha, ist zwar nicht so schön, aber im Ort gibt's Ferienwohnungen sowie ein paar Läden und Restaurants. Weiter nordwestlich liegt die nicht ganz so idyllische Anlage des **Ma-Po-Ping-Gefängnis**.

Westlich von Tong Fuk klettert die South Lantau Rd die Hügel im Landesinneren hinauf, bevor sie einen riesigen Damm überquert, der das **Shek Pik Reservoir** staut, das 1963 fertiggestellt wurde und Lantau, Cheung Chau und Teile der Hong Kong Island mit Trinkwasser versorgt. Unterhalb des Damms steht sozusagen der Großvater des Gefängnis-Trios von Lantau, das **Shek-Pik-Gefängnis** (石壁監獄). Südlich unterhalb des Damms, noch vor dem Gefängnis, befindet sich ein **bronzezeitliches Felsrelief** (銅器時代石刻), das ungewöhnlich weit von der Küste entfernt liegt.

Der Weg durch das Wassereinzugsgebiet östlich des Shek Pik Reservoirs bietet nicht nur Picknicktische und Grillstellen, sondern auch einige der leichtesten und friedlichsten Wandermöglichkeiten auf Lantau. Hier trifft man auch auf den Serpentinenweg zum **Dog's Tooth Peak** (539 m), von wo aus ein weiterer Weg Richtung Norden zum Lantau Peak führt.

CHI MA WAN STRAND

Karte S. 214 (Inter-Island-Service von Mui Wo & Cheung Chau) Chi Ma Wan ist mit der Fähre, die zwischen den Inseln unterwegs ist, von Mui Wo aus erreichbar und bietet ausgezeichnete Wandermöglichkeiten. Man sollte aber auf alle Fälle eine Karte einpacken, da die Wege nicht immer klar ersichtlich oder markiert sind.

Der **Fähranleger** von Chi Ma Wan befindet sich an der Nordostküste. Der große Komplex gleich südlich des Piers ist die **Chi Ma Wan Correction Institution**. Im Süden, in **Tai Long Wan**, gibt's außerdem einen recht anständigen Strand.

FAN LAU STRAND

Fan Lau (Geteilter Strom) an der Südwestspitze von Lantau bietet ein paar gute Strände und die Überreste der **Festung Fan Lau**, die 1729 erbaut wurde, um den Kanal zwischen Lantau und dem Mündungsgebiet des Pearl River vor Piraten zu schützen. Sie war noch bis ins späte 19. Jh. bemannt und wurde 1985 renoviert. Von hier ist der Blick aufs Meer einfach atemberaubend.

Der antike **Steinkreis** liegt südöstlich der Festung. Der Kreis stammt vermutlich aus der Jungsteinzeit oder der Bronzezeit und wurde möglicherweise für Rituale genutzt.

Fan Lau ist nur zu Fuß erreichbar. Von der Bushaltestelle in Tai O 250 m in Richtung Süden gehen und dann auf dem Abschnitt 7 (also entlang der Südwestküste der Insel) des **Lantau Trail** weiterwandern, insgesamt sind es etwa 8 km. Der Weg führt dann über weitere 12 km Richtung Nordosten zum Shek Pik, wo man mit Bus 1 zurück nach Mui Wo fahren kann.

TRAPPISTENKLOSTER KLOSTER

Karte S. 214 (神樂院; 2987 6292; Tai Shui Hang; *kaido* von Peng Chau) Nordöstlich von Mui Wo und südlich von Discovery Bay in Tai Shui Hang befindet sich die römisch-katholische Lady of Joy Abbey („Abtei Unserer Lieben Frau von der Freude") – besser bekannt als Trappisten-Kloster. Das Kloster ist in ganz Hongkong für seine sahnige Milch berühmt, die überall in kleinen Flaschen verkauft wird. Die Kühe sind inzwischen allerdings in die New Territories umgezogen, und die Trappist Dairy Milk wird heute in Yuen Long hergestellt.

Die Trappisten haben den Ruf, eine der strengsten religiösen Gemeinschaften der römisch-katholischen Kirche zu sein. Die Ordensgemeinschaft Lantau wurde im 19. Jh. in Peking gegründet. Heute stammen alle Mönche hier aus Hongkong.

Trappistenmönche legen ein absolutes Schweigegelübde ab, und Besucher werden überall durch Schilder daran erinnert, Radios und Musikgeräte auszuschalten und leise zu sprechen.

Man erreicht das Kloster zu Fuß über einen gut markierten Küstenweg vom Nordende der Tung Wan Tau Rd in Mui Wo aus, aber es ist viel einfacher, mit dem *kaido* aus Peng Chau anzureisen, einer kleinen Insel östlich von Lantau.

HONG KONG DISNEYLAND — THEMENPARK

Karte S. 214 (香港迪士尼樂園; ☎1830 830; http://park.hongkongdisneyland.com; Erw./Kind 399/285 HK$; Ⓜ Disney Resort Station) Seit dieser Themenpark Hongkong 2005 im Sturm eroberte, dient er als Initiationsritus für die Scharen chinesischer Touristen, die täglich hierherkommen, um einen Blick auf Amerikas bekanntesten Kulturexport zu erhaschen. Der Park ist derzeit in sechs Hauptbereiche unterteilt – Main Street USA, Fantasyland, Adventureland, Toy Story Land, Tomorrowland und Grizzly Gulch (neu) – aber man sollte nicht zu viel erwarten. Insgesamt ist er (noch) eher klein und bietet nur eine einzige Achterbahn, die den Adrenalinspiegel wirklich in die Höhe jagt (Space Mountain). Der Rest des Parks besteht aus zahmeren Attraktionen und ist mit Läden vollgestopft, in denen Disney-Artikel und Fastfood verkauft werden.

Disneyland ist ans MTR-Netz angebunden und über die Station Sunny Bay der Tung-Chung-Linie zu erreichen. Man muss einfach nur auf der anderen Seite des Gleises in den Zug zum Disneyland Resort und zum Themenpark steigen. Eine Fahrt von den Stationen Central/Kowloon/Tsing Yi dauert 24/21/10 Minuten.

TUNG CHUNG — HISTORISCHE STÄTTE

Karte S. 214 (Ⓜ Tung Chung; 🚌 3M von Mui Wo, 11 von Tai O, 23 von Ngong Ping) Vor 1994 war Tung Chung an der Nordküste Lantaus noch ein unzugängliches Bauerndorf. Nicht einmal vier Jahre später wurde es in eine ganz neue Stadt verwandelt, und im nahen Chek Lap Kok wurde ein Flughafen erbaut. Heute verfügt Tung Chung über die größte Einwohnerzahl auf der Insel sowie ein 760 ha großes Wohngebiet und ist ans MTR-Netz angeschlossen.

Historische Quellen verzeichnen, dass es bei Tung Chung schon zur Zeit der Ming-Dynastie eine Siedlung gab. An den oberen Talhängen finden sich mehrere buddhistische Bauten, aber die Hauptattraktion ist das **Tung Chung Fort** (Tung Chung Rd; Eintritt frei; ⏲Mi–Mo 10–17 Uhr). Es wurde 1832 errichtet, als chinesische Truppen auf Lantau stationiert waren. Im Zweiten Weltkrieg besetzten die Japaner kurzzeitig die Festung. Die von Granitmauern eingefasste Anlage hat einen Umfang von 70 mal 80 m. Sechs alte Vorderladerkanonen sind noch heute auf das Meer gerichtet.

Rund 1 km weiter nördlich liegen die Reste der **Tung Chung Battery**, einer viel kleineren Festung von 1817. Übriggebliebén ist nur eine L-förmige Mauer mit einer Geschützstellung im Winkel. Nachdem die Ruinen ein Jahrhundert lang von Gestrüpp vollständig überwuchert waren, wurden sie erst 1980 entdeckt.

Im Dorf Sha Tsui Tau steht der mit einem doppelten Dach versehene **Hau-Wong-Tempel** und er blickt nach Südwesten auf die Tung Chung Bay. Der Tempel wurde am Ende der Song-Dynastie erbaut. Drinnen befindet sich eine Glocke aus dem Jahr 1765 mit einer Inschrift des Kaisers Qianlong aus der Qing-Dynastie.

DISCOVERY BAY — STRAND, GOLF

Karte S. 214 (⛴ Discovery Bay) Ein feiner Sandstrand, umringt von Luxusunterkünften – aus dem Vorort „DB" an Lantaus Nordostküste pendeln zahlreiche Einwohner zur Arbeit nach Central. Es gibt eigentlich keinen wirklichen Grund für einen Besuch hier, es sei denn, man möchte sich mal die Einwohner in ihren umgebauten Golfwagen anschauen, die um die 200 000 HK$ kosten.

An der **Discovery Bay Plaza** (愉景灣廣場), geradeaus vom Fähranleger und dem zentralen Platz, sind ein paar anständige Restaurants zu finden, und der **Discovery Bay Golf Club**, der mit 27 Löchern aufwarten kann, liegt versteckt in den Hügeln im Südwesten.

DIE ROSAFARBENEN DELFINE DES PEARL RIVER

Zwischen 100 und 200 falsch benannte Chinesische Weiße Delfine *(Sousa chinensis)* – denn eigentlich sind sie kaugummirosa – leben in den Küstengewässern rund um Hongkong und haben im Brackwasser des Mündungsgebiets des Pearl River ihren perfekten Lebensraum gefunden. Leider sind diese wunderschönen Säugetiere, die auch Indopazifische Buckeldelfine genannt werden, von Umweltverschmutzung bedroht, und ihre Zahl schwindet stetig.

Die Bedrohung zeigt sich in verschiedenen Formen, aber die vorherrschenden – und direktesten – Gefahren sind Abwässer, Chemikalien, Überfischung und Bootsverkehr. Rund 200 000 m^3 unbehandelter Abwässer werden jeden Tag in den westlichen Hafen gekippt, und in den Gewebeproben einiger Delfine wies man hohe Konzentrationen von Chemikalien wie DDT nach. Zahlreiche Delfine haben sich außerdem in Fischernetzen verfangen, und obwohl die Delfine Überwasserschiffe orten und ihnen ausweichen können, stoßen sie immer wieder mit Booten zusammen. Ausflugsboote, die durch die Gewässer rund um Tai O sausen, stellen eine besonders große Bedrohung dar.

Der Lebensraum der Delfine ist darüber hinaus durch die Zerstörung der natürlichen Küstenlinie von Lantau geschrumpft. Der North Lantau Hwy verschlang etwa 10 km der natürlichen Küste, und für den Vergnügungspark Hong Kong Disneyland wurden große Teile der Penny's Bay erschlossen.

Hong Kong Dolphinwatch (香港海豚觀察; ☎2984 1414; www.hkdolphinwatch.com; 15. St., Mittlerer Block, 1528a Star House, 3 Salisbury Rd, Tsim Sha Tsui) wurde 1995 gegründet, um ein größeres Bewusstsein für diese wunderbaren Geschöpfe zu schaffen und einen verantwortungsbewussten, umweltfreundlichen Tourismus voranzutreiben. Das Unternehmen bietet ganzjährig am Mittwoch, Freitag und Sonntag 2½-stündige **Bootstouren** (Erw./Kind 380/190 HK$) an, auf denen man die rosa Delfine in ihrem natürlichen Lebensraum beobachten kann. Die Führer sammeln ihre Gruppe um 9 Uhr in der Lobby des Kowloon Hotel Hong Kong in Tsim Sha Tsui ein, um den Bus über die Tsing-Ma-Brücke nach Tung Chung zu erwischen, wo die Boote ablegen. Rückkehr ist um 13 Uhr.

Busse fahren durch den **Discovery Bay Tunnel** und über den North Lantau Hwy nach und aus Tung Chung und zum Flughafen in Chek Lap Kok. Ein **Fußweg** führt in zwei, drei Stunden vom Golfplatz hinunter zur Silvermine Bay und zum Rest von Lantau.

ESSEN

Lantau kann es in kulinarischen Dingen vielleicht nicht ganz mit Lamma oder Cheung Chau aufnehmen, aber es bietet genügend anständige Restaurants, um jeden wie auch immer gearteten Appetit zu stillen. Tung Chung und Mui Wo verfügen über die größte Restaurantdichte der Insel, aber auch Discovery Bay kann rund um die Discovery Bay Plaza mit einigen guten Optionen zum Abendessen aufwarten. Auch etwas weiter abseits, auf dem Ngong Ping Plateau und in Tai O sowie in den Dörfern entlang der South Lantau Rd, warten ein paar gute Alternativen.

LP TIPP SOLO — CAFÉ $

(☎9153 7453; 86 Kat Hing St, Tai O; Gerichte ab 40 HK$; Mo–Sa 11–18 Uhr; 1 von Mui Wo) Umrahmt von einer Kulisse aus Pfahlbauten und herrlich grünen Bergen, lädt diese sonnige Terrasse direkt am Wasser zu einer entspannten Tasse Kaffee am Nachmittag ein. Das Tiramisu und der Apfelstreuselkuchen mit Eiscreme sind ebenso verlockend wie der frisch geröstete Kaffee.

BAHÇE — TÜRKISCH $

Karte S. 216 (☎2984 0222; Shop 19, EG, Mui Wo Centre, 3 Ngan Wan Rd, Mui Wo; Hauptgerichte ab 95 HK$; Mo–Fr 11–22.30, Sa & So 9.30–22.30 Uhr) In der Nähe des Fähranlegers ist dieser kleine, aber geschäftige Laden bei Einheimischen wie hier lebenden Ausländern dank seiner Tische im Freien in den wärmeren Monaten sehr beliebt. Beim Lamm und den Spießen läuft einem das Wasser im Munde zusammen, und beides passt ausgezeichnet zum Typhoon, einem Fassbier nach englischem Vorbild, das gleich nebenan in der Mikrobrauerei frisch gebraut wird.

TAI O LOOKOUT FUSION $

Karte S. 214 (☎2985 8383; Shek Tsai Po St, Tai O Heritage Hotel, Tai O; Gerichte ab 70 HK$; ⊙11.30–16.30 Uhr; 🚌1 von Mui Wo) Der Reiz dieses gläsernen Dachrestaurants liegt wahrscheinlich eher in der stimmungsvollen, altmodischen Einrichtung als im Essen. Die Deckenventilatoren, Sitzecken aus Holz und gekachelten Böden versprühen Alte-Welt-Charme, und dank des grandiosen Ausblicks auf das Südchinesische Meer nimmt es einem hier garantiert niemand übel, wenn man sich nur einen Kaffee bestellt und einfach genießt. Das Restaurant experimentierte zum Zeitpunkt der Recherche noch mit der Speisekarte, aber der gebratene Reis ist definitiv keine Nullachtfünfzehn-Spezialität des Hauses: Er wird mit Tai Os berühmter Krabbenpaste verfeinert. Dieselbe Zutat veredelt auch das Schweinekotelett-Brötchen, das man ebenfalls probieren sollte.

SICHUAN BACK GARDEN SICHUAN-KÜCHE $$

Karte S. 214 (cecilie@happyjellyfish.com; www.happyjellyfish.com; Lo Uk Tsuen, Pui O; Gericht mit Bier 300 HK$/Pers.; 🚌1 oder 2 von Mui Wo) Eine kantonesisch sprechende, hitzköpfige Norwegerin, die köstliche Gerichte aus Sichuan serviert? Klingt vielleicht, als sei da was gehörig durcheinander geraten, aber dieses kleine Lokal im verschlafenen Nest Pui O macht keine Abstriche, wenn es um Authentizität geht. Cecilie, eine selbsternannte kantonesische Fundamentalistin,

ÜBERNACHTEN IN LANTAU

An den Kiosken am Fähranleger in Mui Wo kann man Ferienwohnungen anmieten und sollte mit 250 HK$ an Werktagen und 350 HK$ am Wochenende für ein Doppelzimmer oder Wohnstudio rechnen. Nicht alle Unterkünfte liegen in Laufentfernung zum Fähranleger. Selbstverständlich gibt's auch am Flughafen jede Menge Hotels, die allen touristischen Ansprüchen genügen sollten.

Espace Elastique (歸田園居; ☎2985 7002; www.espaceelastique.com.hk; 57 Kat Hing St, Tai O; Zi. So–Do 600–1400 HK$, Fr & Sa 800–2230 HK$; @📶❄; ⛴Lantau) Dieses gemütliche B & B mit vier Zimmern ist eines der bestgehüteten Schmuckstücke auf Lantau. Alle Zimmer sind geschmackvoll eingerichtet. Das Doppelzimmer mit Balkon im oberen Stock hat einen tollen Blick auf die wichtigste Wasserstraße Tai Os und ist oft ausgebucht. Die freundliche Besitzerin, Veronica, bietet Reisetipps und ein herzhaftes Frühstück im Café. Der Whirlpool auf der Dachterrasse ist himmlisch!

Tai O Heritage Hotel (大澳文物酒店; www.taioheritagehotel.com; Shek Tsai Po St, Tai O; Zi. 1380–2500 HK$; @📶❄; ⛴Lantau) Das neueste Hotel Lantaus ist in einer 100 Jahre alten ehemaligen Polizeiwache untergebracht. Alle neun Zimmer sind sehr schön im zeitgenössischen Stil eingerichtet und bieten perfekten Komfort. Unser Favorit ist das ehemalige Kommissarsbüro, der Sea Tiger Room: es ist zwar das Kleinste von allen (24 m²), aber durch die Panoramafenster weht eine herrliche Meeresbrise herein. Es liegt 20 Fußminuten von der Kat Hing St entfernt. Alternativ kann man auch mit einem Boot von der Brücke nahe der Kat Hing St zum Hotel fahren (10 HK$).

Silvermine Beach Resort (銀鑛灣渡假酒店; ☎6810 0111; www.silvermineresort.com; Strand Silvermine Bay, Mui Wo; Zi. 1180–1880 HK$, Monatspauschale ab 13 800 HK$; @📶❄; ⛴Lantau) Der Nordflügel des Hotels wurde 2011 einem Lifting unterzogen, aber die ganze Anlage versprüht immer noch ein ziemlich veraltetes 1980er-Jahre-Ambiente. Die Zimmer sind schlicht, aber sauber, und die mit Meeresblick (in beiden Flügeln) besonders beliebt. Es liegt zu Fuß keine zehn Minuten vom Pier entfernt.

Ngong Ping SG Davis Hostel (☎2985 5610; www.yha.org.hk; Ngong Ping; B Mitglieder unter/über 18 Jahre 55/80 HK$, Nicht-Mitglieder ab 110 HK$; 🚌2, 21 oder 23) Dieses Hostel in der Nähe des Tian Tan Buddha ist die ideale Unterkunft, wenn man den Sonnenaufgang über dem Lantau Peak bestaunen möchte. Von der Bushaltestelle Ngong Ping mit Blick auf den Tian Tan Buddha den befestigten Weg zur Linken nehmen, an den öffentlichen Toiletten rechts vorbeigehen und dann den Schildern folgen. Das Hostel ist nur für Inhaber einer HKYHA/HI-Karte oder die Gäste eines Karteninhabers zugänglich und nur von Freitag bis Montag geöffnet.

ABSTECHER

PO TOI

Po Toi ist seit langem einer der Favoriten der Wochenendurlauber mit eigenem seefähigem Transportmittel. Es ist die größte einer Gruppe von fünf Inseln, von denen eine nicht viel mehr ist als ein riesiger Felsen. Hongkongs Territorialgrenze verläuft nur 2 km südlich. Besucher tummeln sich in den Fischrestaurants hinter dem Anleger in **Tai Wan**, dem Hauptort im Südwesten der Insel.

Auf Po Toi gibt's ein paar recht gute Wanderwege, einen winzigen **Tin-Hau-Tempel**, der vom Pier aus auf der anderen Seite der Bucht liegt, Felsformationen an der Südküste, die (angeblich) wie eine Palme, eine Schildkröte und ein Mönch aussehen, sowie einige geheimnisvolle **Felsritzungen**, die an stilisierte Tiere und Fische erinnern. Man kann alles innerhalb einer Stunde besichtigen.

Das **Ming Kee Seafood Restaurant** (明記海鮮酒家; ☎2849 7038; ⏲11–23 Uhr) gehört zu einer Handvoll Restaurants im Hauptdorf von Po Toi Island südlich von Hong Kong Island, und ist mit Abstand das beliebteste bei Tagesausflüglern. Am Wochenende unbedingt vorab reservieren.

Kaido (kleine Hochseefähren) fahren immer dienstags und donnerstags sowie am Wochenende und an gesetzlichen Feiertagen zum Fähranleger in Aberdeen und Stanley.

ist der geniale Kopf hinter dieser privaten Küche inklusive Sprachschule und Pension. Ihr kulinarisches Können und ihr verschrobener Sinn für Humor haben ihr eine treue Stammkundschaft aus Einheimischen und hier lebenden Ausländern beschert. Sie wohnt selbst hinten im Garten, mit Blick auf die Bucht von Pui O und die Outlying Islands. Man sollte drei Tage vorab reservieren; die Mindestanzahl beträgt sechs Personen.

STOEP RESTAURANT — MEDITERRAN **$$**

Karte S. 214 (☎2980 2699; 32 Lower Cheung Sha Village; Gerichte ab 180 HK$; ⏲Di–So 11–22 Uhr; 🚌1 oder 2 von Mui Wo) Dieses Restaurant im mediterranen Stil mit riesiger Terrasse am Strand von Lower Cheung Sha bietet akzeptable Fleisch- und Fischgerichte und ein südafrikanisches *braai* (Barbecue). Am Wochenende unbedingt reservieren.

AUSGEHEN & NACHTLEBEN

CHINA BEACH CLUB — BAR

Karte S. 216 (18 Tung Wan Tau Rd; ⏲Do & Fr 12–22, Sa & So 11.30–22 Uhr, Happy Hour ganztägig Fr–So; ⛴Lantau) Dieses gut gelaunte Restaurant mit luftiger Dachterrasse und Balkon mit Blick auf den Strand in der Silvermine Bay ist die richtige Wahl für alle, die eine hausgemachte griechische Moussaka genießen oder einfach bei einem Cocktail oder einem Bier an der Bar entspannen wollen. Die „Zwei für einen"-Cocktail-Happy-Hour kann schon mal die ganze Nacht dauern.

OOH LA LA — BAR

Karte S. 214 (☎2984 8710; Strand Pui O, Pui O; 🚌1, 2, 3M, 4 oder A35) In dieser Strandbar kann man den weichen Sand und die sanft ans Ufer brandenden Wellen genießen, während man perfekt gemixte Sangrias oder Mojitos schlürft. Beim mediterranen Barbecue explodieren die Geschmacksknospen. Die Bar hat etwas exzentrische Öffnungszeiten, man sollte deshalb vorher anrufen. Im Winter geschlossen.

CHINA BEAR — KNEIPE

Karte S. 216 (EG, Mui Wo Centre, Ngan Wan Rd; ⏲10–2, Happy Hour Mo–Fr 17–21, Sa & So 17–20 Uhr; ⛴Lantau) Das beliebteste Kneipen-Restaurant der in Mui Wo lebenden Ausländer: Das China Bear lockt mit einer schönen offenen Bar mit Blick aufs Wasser. Es liegt direkt am Fährterminal und ist der perfekte Ort für ein erstes oder letztes Bier in Mui Wo – und vielleicht auch für alle dazwischen.

SPORT & AKTIVITÄTEN

LONG COAST SEASPORTS — SURFEN

Karte S. 214 (☎8104 6222; www.longcoast.hk; 29 Lower Cheung Sha Village; ⏲Mo–Fr 10 Uhr–Sonnenuntergang, Sa & So 9 Uhr–Sonnenuntergang) Wer nach Sonne, Brandung und Sand sucht, hat hier sein Ziel gefunden: Dieses

Wassersportzentrum mit eigener Lodge und Campingplatz bietet Windsurfen, Seekajaken und Wakeboarden an. Surfkurse für Anfänger kosten ab 120/300/500 HK$ für eine Stunde/einen halben/ganzen Tag, und wer ein Einerkajak leihen möchte, zahlt 70/210 HK$ pro Stunde/halben Tag.

DISCOVERY BAY GOLF CLUB GOLF

Karte S. 214 (愉景灣高爾夫球會; ☎2987 7273; Valley Rd, Discovery Bay, Lantau; Platzgebühr 1700 HK$; ⛴Discovery Bay) Dieser Kurs mit 27 Löchern liegt versteckt auf einem Hügel und bietet einen beeindruckenden Blick auf die Outlying Islands. Nicht-Mitglieder können nur montags, dienstags und freitags den Schläger schwingen.

HONG KONG SHAOLIN WUSHU CULTURE CENTRE KAMPFSPORT

Karte S. 214 (香港少林武術文化中心; ☎2985 8898; Shek Tsai Po St, Tai O; http://shaolincc.org.hk; 2-Tages-/3-Tageskurse werktags 400/700 HK$, Wochenende 460/760 HK$) Diese unauffällige Kampfsportschule befindet sich abseits des Geschehens in Tai O und ist eine der wenigen in Hongkong, die auch kurze Intensivkurse für neugierige Anfänger anbieten. Die Kurse finden jedoch nur unregelmäßig statt. Es ist immer klug, vorher anzurufen. Unterkünfte vor Ort verfügbar. Die Schule liegt neben dem Hung-Shing-Tempel.

Cheung Chau

Rundgang

Die Insel kann mit mehreren interessanten Tempeln aufwarten, aber der bedeutendste ist der Pak-Tai-Tempel. Wer richtig etwas erleben und sich mitten ins Getümmel stürzen möchte, sollte während des alljährlichen Brötchenfests herkommen.

Die Insel bietet außerdem ein paar lohnenswerte Strände, und in Kwun Yam Wan und Nam Tam Wan kann man am Nachmittag besonders gut entspannen.

Wer genügend Zeit hat, sollte der Cheung-Po-Tsai-Höhle einen Besuch abstatten. Sie erinnert daran, dass die Insel im 18. Jh. ein Zufluchtsort von Piraten war, und außerdem wurde in der Höhle angeblich Schmuggelware gelagert.

Auf der Insel liebt man das Essen. Man kann sich die berühmten Straßensnacks der Insel schmecken lassen, während man durch das Dorf Cheung Chau schlendert, und am Abend in einem Hafenrestaurant Fisch und Meeresfrüchte unter freiem Himmel genießen.

Highlights

- **Sehenswertes** Pak-Tai-Tempel (S. 222)
- **Essen** Kam Wing Tai Fish Ball Shop (S. 267)
- **Ausgehen** Windsurfing Water Sports Centre & Café (S. 226)

Top-Tipp

Während des Brötchenfests empfiehlt es sich, mit der Fähre nach Mui Wo zu fahren und dann nach Cheung Chau auf das Boot umzusteigen, das zwischen den Inseln unterwegs ist, um die lange Wartezeit am Fähranleger in Central zu umgehen.

An- & Weiterreise

Fähre Die Fähren legen in Central am Pier 5 des Outlying-Islands-Fährterminals ab. Man kann außerdem von Mui Wo und Chi Ma Wan auf Lantau sowie von Peng Chau mit der Fähre fahren. Darüber hinaus verkehren regelmäßig *kaido* zwischen dem Dorf Cheung Chau (Sampan-Pier) und Sai Wan im Süden der Insel.

Gut zu wissen

- **Ortsvorwahl** ☎852
- **Lage** 10 km südwestlich von Hong Kong Island
- **Letzte Fähre nach Central** Montag–Samstag 23.45, Sonntag & gesetzliche Feiertage 23.30 Uhr

SEHENSWERTES

PAK-TAI-TEMPEL TAOISTISCH

Karte S. 224 (北帝廟; ☎2981 0663; Pak She Fourth Lane; ⏲7–17 Uhr; ⛴Cheung Chau) Dieser farbenfroh restaurierte Tempel aus dem Jahr 1783 ist das Epizentrum des alljährlichen Brötchenfests von Cheung Chau (s. Kasten S. 223) Ende April oder Anfang Mai. Er ist der wichtigste und älteste Tempel der Insel und der taoistischen Gottheit Pak Tai gewidmet, dem „Obersten Herrscher des Dunklen Himmels“, militärischer Beschützer des Staates, Wächter des Friedens und der Ordnung sowie Schutzheiliger der Fischer. Die Legende besagt, frühe Siedler aus der Provinz Kanton hätten eine Darstellung von Pak Tai mit nach Cheung Chau gebracht, und als sie die Statue durch das Dorf trugen, wurde Cheung Chau von der Pest verschont, die die Bevölkerung der Nachbarinseln stark dezimierte. Sechs Jahre später wurde ein Tempel erbaut und dem Retter gewidmet.

STRÄNDE STRAND

Karte S. 224 (Cheung Chau) Der **Tung Wan Beach** östlich des Fähranlegers ist nicht unbedingt der hübscheste von Cheung Chau, aber er ist der längste und beliebteste. Er liegt am südlichsten Ende von Tung Wan und eignet sich hervorragend zum Windsurfen. Gleiches gilt für **Kwun Yam Wan**, einen Strand gleich südlich des Tung-Wan-Strands.

Windsurfen war schon immer ein beliebter Zeitvertreib auf Cheung Chau, und Hongkongs bislang einzige olympische Goldmedaillengewinnerin, Lee Lai-shan, die bei der Olympiade in Atlanta 1996 den ersten Platz belegte, ist hier aufgewachsen. Am Nordende von Kwun Yam Wan verleiht das **Cheung Chau Windsurfing Water Sports Centre** (2981 2772; www.ccwindc.com.hk; 1 Hak Pai Rd; 10–19 Uhr) Surfbretter zwischen 90 HK$ und 150 HK$ pro Stunde sowie Einer-/Zweierkajaks für 80/120 HK$. Außerdem kann man für 1100 HK$ pro Tag einen Windsurfkurs belegen. Die beste Zeit zum Windsurfen ist hier von Oktober bis Dezember.

Am Südende von Kwun Yam Wan führt ein Fußweg bergauf an einem **Kwun-Yam-Tempel** (觀音廟) vorbei, der der Göttin der Barmherzigkeit gewidmet ist. Von hier aus weiter dem Weg folgen und nach dem Schild zum **Fa Peng Knoll** Ausschau halten. Der betonierte Fußweg führt an ruhigen, von Bäumen umringten Villen vorbei.

Vom Gipfel des Hügels kann man zur ausgeschilderten Don Bosco Rd hinunterwandern; sie führt zum steinigen **Nam Tam Wan** nach Süden, wo man auch baden kann.

Die Peak Rd ist die Hauptroute zum Friedhof im südwestlichen Teil der Insel.

INSIDERWISSEN

DAS BRÖTCHENFEST AUF CHEUNG CHAU

Das alljährliche **Bun Festival** (Brötchenfest; *Tai ping ching jiu* auf Kantonesisch; www.cheungchau.org) findet zu Ehren des taoistischen Gottes Pak Tai statt und ist absolut einzigartig. Es erstreckt sich über acht Tage Ende April oder Anfang Mai und beginnt traditionell am sechsten Tag des vierten Mondes. Es umfasst vier Tage mit religiösen Bräuchen.

Das Festival ist vor allem für seine Brötchentürme bekannt: Bambusgerüste von bis zu 20 m Höhe, die mit geweihten Brötchen bedeckt sind. Wer Cheung Chau etwa eine Woche vor Festivalbeginn besucht, kann dabei zusehen, wie die Türme vor dem Pak-Tai-Tempel errichtet werden.

Hunderte Menschen klettern um Mitternacht des ausersehenen Tages an den Türmen hinauf und schnappen sich die glücksverheißenden Brötchen. Je höher das Brötchen hängt, desto mehr Glück bedeutet es, deshalb versuchen alle, die Spitze zu erreichen. 1978 brach einer der Türme unter dem Gewicht der Kletterer zusammen, und zwei Dutzend Menschen wurden verletzt. Die Jagd nach den Brötchen fand danach über zwei Jahrzehnte lang nicht statt, bis es – mit strengen Sicherheitsmaßnahmen – 2005 wiederbelebt wurde.

Am dritten Tag des Festivals findet eine Prozession mit Festwagen und Stelzenläufern statt, und einige Teilnehmer verkleiden sich als Figuren aus chinesischen Legenden und der Oper. Am interessantesten sind die bunt gekleideten „schwebenden Kinder“, die an langen Stangen durch die Straßen getragen werden und sehr geschickt an Metallstützen festgemacht sind, die unter der Kleidung versteckt werden. Zu diesen Stützen gehören auch eine Fußbank und ein gepolsterter Sitz.

Den Geistern des Viehs und der Fische, die im vergangenen Jahr verspeist wurden, werden Opfergaben dargebracht. Während des viertägigen Festivals verwandelt sich die ganze Insel in eine vegetarische Oase.

Cheung Chau

Sie passiert mehrere Pavillons, die für Sargmacher errichtet wurden, die den hügeligen Anstieg auf sich nehmen müssen. Vom Friedhof aus ist der unterhalb gelegene **Pak Tso Wan**, ein isolierter Sandstrand, an dem man auch prima schwimmen kann, durchaus einen Abstecher wert.

CHEUNG CHAU VILLAGE DORF

Karte S. 224 (Cheung Chau) Die größte Siedlung der Insel liegt auf der schmalen Landenge, die den Nord- mit dem Südteil verbindet. Am Ufer wimmelt das Leben. Im Gewirr der Straßen und Gassen stehen Häuser im alten chinesischen Stil und schäbige Läden, in denen von Plastikeimern bis zu Totengeld und anderen Totenspenden zum Verbrennen alles zu finden ist. In den Straßen in Ufernähe riecht es stechend nach Weihrauch und den Fischen, die dort in der Sonne zum Trocknen aufgehängt sind.

SAMPAN-TOUREN BOOTSFAHRT

Karte S. 224 (Cheung Chau) Wer den Hafen und die Atmosphäre des Fischerdorfs richtig erleben will, sollte ein Sampan für eine halbstündige Tour chartern (Preis zwischen 70 und 120 HK$ je nach Wochentag, Jahreszeit und Nachfrage). Die meisten

Cheung Chau

Sehenswertes (S. 222)

1 Cheung Chau Windsurfing Water Sports Centre C3
2 Cheung-Po-Tsai-Höhle A4
3 Fa Peng Knoll D4
4 Kwun-Yam-Tempel C3
5 Markt C5
6 Nam-Tam-Wan-Tin-Hau-Tempel C4
7 Pak-She-Tin-Hau-Tempel B2
8 Pak-Tai-Tempel B2
9 Felsrelief D5
10 Sai-Wan-Tin-Hau-Tempel A4
11 Tai-Shek-Hau-Tin-Hau-Tempel B4

Essen & Ausgehen (S. 225)

12 Hing Kee Beach Bar D3
13 Hometown Teahouse D5
14 Kam Wing Tai Fish Ball Shop C5
15 Kwok Kam Kee Cake Shop C3
Windsurfing Water Sports Centre & Cafe .... (siehe 1)

Shoppen (S. 227)

16 Yuandme D5

Schlafen (S. 227)

17 Cheung Chau Accommodation Kiosks C5
Cheung Chau B&B .... (siehe 13)
18 Warwick Hotel D5

Sampans versammeln sich rund um den Frachtkai, aber man kann praktisch fast jedes Boot als Wassertaxi mieten, das im Hafen zu finden ist. Einfach pauschal den Booten zuwinken, dann kommen bestimmt gleich zwei oder drei herbeigeschippert. Vor dem Einsteigen unbedingt den Preis aushandeln!

CHEUNG-PO-TSAI-HÖHLE — HÖHLE

Karte S. 224 (張保仔洞; Cheung Chau) Diese „Höhle" – in Wahrheit nicht viel mehr als ein Loch im Felsen – auf der südwestlichen Halbinsel der Insel war angeblich das Lieblingsversteck des berüchtigten Piraten Cheung Po Tsai, der einst eine Flotte von 600 Dschunken und eine Privatarmee von 4000 Mann kommandierte. 1810 unterwarf er sich der Qing-Regierung und wurde sogar Beamter, aber sein Schatz liegt angeblich noch immer hier versteckt.

Vom Dorf Cheung Chau sind es entlang der Sai Wan Rd 2 km zu Fuß – aber man kann auch ein *kaido* (Erw./Kind 3/2 HK$) vom Frachtpier zum Anleger in Sai Wan nehmen. Von hier sind es nur noch 200 m zu Fuß (allerdings bergauf).

TIN-HAU-TEMPEL — TEMPEL

(Cheung Chau) Cheung Chau verfügt über vier Tempel, die Tin Hau gewidmet sind, der Herrscherin des Himmels und Schutzpatronin der Seefahrer: Der **Pak-She-Tin-Hau-Tempel** (北社天后廟) liegt 100 m nordwestlich des Pak-Tai-Tempels. Der **Nam-Tam-Wan-Tin-Hau-Tempel** (南氹灣天后廟) befindet sich gleich nördlich von Nam Tam Wan, der **Tai-Shek-Hau-Tin-Hau-Tempel** (大石口天后廟) westlich der Sai Wan Rd. Westlich von Sai Wan, an der Südwestspitze der Insel, steht der **Sai-Wan-Tin-Hau-Tempel** (西灣天后廟). Man kann ihn entweder zu Fuß besuchen oder am Frachtpier in ein *kaido* steigen.

ESSEN

Entlang der Pak She Praya Rd gibt's zahllose Fischrestaurants. Sie bieten alle ähnliche À-la-Carte- und Tagesmenüs, die recht günstig sind. Man sollte mit 140 HK$ für ein Drei-Gänge-Menü rechnen. Alternativ kann man sich am südlichen Ende des Piers und am Anfang der Tai Hing Tai Rd seinen Fisch und seine Meeresfrüchte direkt aus den Aquarien der Essenstände auswählen und die Händler dann dafür bezahlen, dass sie sie so zuzubereiten, wie man sie möchte. Der Nachtmarkt auf der Praya St direkt am Fähranleger erwacht allabendlich ab 22 Uhr zum Leben, wenn unzählige Stände Snacks und Desserts für Schlaflose anbieten. Allen, die gern mal abseits der Massen speisen möchten, empfehlen sich außerdem folgende Alternativen:

KAM WING TAI FISH BALL SHOP — CHINESISCH $

Karte S. 224 (甘永泰魚蛋; 2981 3050; 106 San Hing St; Bällchen 10 HK$; 10–20 Uhr) Die lange Schlange, die sich durch die Gasse erstreckt, sagt eigentlich schon alles über diesen hochgelobten Boxenstopp. Die Snack-Bällchen à la Hakka, mit Hackfleisch und gehacktem Fisch, werden kochend heiß serviert. Ein Stäbchen mit diesen kauintensiven Bällchen ist äußerst empfehlenswert.

HOMETOWN TEAHOUSE JAPANISCH $

Karte S. 224 (故鄉茶寮; ☎2981 5038; 12 Tung Wan Rd; Sushi ab 13 HK$; ⊙11.30–21 Uhr, zwischen 1 Tag/Woche und 1 Tag alle zwei Wochen geschl.) Dieses winzige Lokal in einer Nebenstraße wird von einem japanischen Pärchen geführt und von Einheimischen und Reisenden dank seines Sushi und seiner Teigtaschen mit roten Bohnen (5 HK$) förmlich überschwemmt.

KWOK KAM KEE CAKE SHOP BÄCKEREI $

Karte S. 224 (郭錦記餅店; ☎2986 9717; 46 Pak She St; Brötchen ab 4 HK$; ⊙6–19 Uhr) Nicht weit vom Pak-Tai-Tempel entfernt, beliefert diese 40 Jahre alte Bäckerei das Brötchenfest mit den *Ping On Bao* (Friedens- und Wohlstandsbrötchen), den runden, weißen Brötchen mit einem roten Glücksstempel. Aber man kann die Brötchen auch jeden Tag um 14 Uhr frisch aus dem Dampfgarer bekommen. Traditionell sind die Brötchen mit Sesampaste, Lotussamenpaste oder Rote-Bohnen-Paste gefüllt. Die Bäckerei hat kein englisches Schild und ist deshalb schwer zu finden. Am besten hält man nach der langen Schlange davor Ausschau.

WINDSURFING WATER SPORTS CENTRE & CAFÉ INTERNATIONAL $$

Karte S. 224 (長洲滑浪風帆中心露天茶座; ☎2981 8316; www.ccwindc.com.hk; 1 Hak Pai Rd; Gerichte ab 150 HK$; ⊙10–18 Uhr) Ein beliebter Treffpunkt von Windsurfern und Tauchern. Dieser Laden gehört Lai Gun, dem Onkel der großartigen Windsurferin Lee Laishan, die in Atlanta olympisches Gold für Hongkong gewann. An einem milden Nachmittag ist das Café genau der richtige Ort, um bei einem Fischsteak mit Pommes Frites und einer Flasche Wein zu entspannen.

HING KEE BEACH BAR BAR $

Karte S. 224 (興記士多; ☎2981 3478; Strand von Kwun Yam Wan; ⊙10–20 Uhr) Die kleine Kneipe am Kwun Yam Wan Beach ist ein

ABSTECHER

TUNG LUNG CHAU

Die unbewohnte „Östliche Dracheninsel", die alleingelassen am Osteingang des Victoria Harbour liegt, ist Hongkongs beste Adresse für Felsenkletterer und Sterngucker.

Die **Festung Tung Lung** (東龍洲炮台; ⛴Tung Lung Chau) in der Nordostecke der Insel zeugt davon, dass die Insel früher für wichtig genug befunden wurde, sie strategisch zu schützen. Sie wurde im späten 17. oder frühen 18. Jh. erbaut und mehrfach von Piratenbanden angegriffen, bevor sie 1810 aufgegeben wurde. Die Festung bestand einst aus 15 Wachhäusern und war mit acht Kanonen bewaffnet, aber heute ist außer dem Grundriss der äußeren Mauer kaum etwas erhalten geblieben.

Ein **Informationszentrum** (⊙Mi–Mo 9–16 Uhr) veranschaulicht mithilfe von Bildern die Geschichte der Festung.

An der Nordküste der Insel befinden sich die frühesten und größten **Felsreliefs** der Gegend. Die gewundenen Linien dieser drachenförmigen Ritzungen (2,40 m auf 1,80 m groß) sind noch immer ganz deutlich zu erkennen, und den Spaziergang zu den Klippen hinunter kann man ganz entspannt genießen.

Tung Lung Chau liegt südlich der Clearwater Bay Peninsula auf der anderen Seite des schmalen Fat Tong Mun Channel. Im Westen befinden sich Shek O und die Big Wave Bay an der Ostküste von Hong Kong Island.

Auf dem Weg zur Festung gibt's auch ein paar Läden, die am Wochenende Sandwiches, Fertignudeln und Kräutertee verkaufen. Man kann auf dem Campingplatz unterhalb der Festung oder rund um den Leuchtturm (der Zugang erfolgt durch den Holiday Store) sein Zelt aufschlagen. Von hier aus bietet sich ein grandioser Ausblick auf das Südchinesische Meer. Die Campingeinrichtungen sind allerding eher primitiv.

Kaido (Fähren) fahren von Sai Wan Ho auf Hong Kong Island über die Joss House Bay auf der Clearwater Bay Peninsula in den New Territories hierher. Es gibt jeden Donnerstag eine Verbindung (hin & zurück 40 HK$), am Wochenende und an gesetzlichen Feiertagen sind die Fahrten häufiger. Zudem wird am Wochenende und an Feiertagen eine Verbindung von Sam Ka Tsuen in der Nähe der MTR in Yau Tong angeboten.

ÜBERNACHTEN IN CHEUNG CHAU

Je nach Wochentag und Saison vermieten bis zu einem Dutzend Kiosks gegenüber dem Fähranleger Wohnstudios und Ferienwohnungen.

Warwick Hotel (☎2981 0081; www.warwickhotel.com.hk; Cheung Chau Sports Rd, Strand Tung Wan; EZ/DZ Mo–Fr 1090/1290 HK$, Sa & So 1490/1690 HK$, Suite ab 1600 HK$, Wochen-/Monatspauschale ab 5500/20 000 HK$; @; ⛴Cheung Chau) Man sollte angesichts der etwas veralteten Lobby und des Freiluftbereichs dieses einzigen Hotels der Insel nicht enttäuscht sein. Ein paar seiner 66 Zimmer, besonders die mit Panoramablick aufs Meer, wurden kürzlich neu gestrichen und renoviert. An Werktagen gibt's oft dramatische Rabatte.

Cheung Chau B&B (☎2986 9990; www.bbcheungchau.com.hk; 12-14 Tung Wan Rd; Zi. So–Do ab 520 HK$, Fr/Sa ab 650/850 HK$; 📶; ⛴Cheung Chau) Dieses B&B ist eine echte Alternative zum einzigen Hotel der Insel und zu den Unterkünften, die an den Kiosken angeboten werden. Alle 22 angenehmen Zimmer und Suiten befinden sich in der Nähe des Pak-Tai-Tempels und des Tung Wan Beach. Sie sind sehr freundlich eingerichtet, aber einige sind nicht viel größer als eine Kabine – vielleicht sollte man sich das Zimmer also vorher besser mal anschauen. Die Dachterrasse am Tung Wan ist der perfekte Ort, um den Sonnenaufgang oder -untergang zu genießen.

Mix aus Laden und Bar und ein beliebter Treffpunkt von Dorfbewohnern und Eingeweihten. Auntie Hing (die Besitzerin) zaubert leckeres Kneipenessen.

SHOPPEN

YUANDME TEE

Karte S. 224 (漁雁軒; ☎2981 8432; 2 Tung Wan Rd; ⏲10–20 Uhr) Das Yuandme ist der reine Himmel für Teeliebhaber: Dieser altmodische Teeladen ist auf Pu-Erh-Tee spezialisiert und ein absolutes Muss, bevor man wieder an Bord der Fähre geht. Die Auswahl an elegantem Teezubehör ist ebenso bezaubernd wie die asiatischen und westlichen Antiquitäten, die Besitzerin Lily mit ihrem Mann gesammelt hat. Die beiden Teeliebhaber geben ihren Kunden jederzeit gern eine inspirierende Lektion in Sachen Teezeremonie.

Tagesausflüge ab Hongkong

Shenzhen S. 229

Die meisten Tagesausflügler gehen in Shenzhen auf Schnäppchenjagd (und genießen dann eine günstige Massage oder ein gutes Dim Sum). Neben diesen Highlights hat Shenzhen auch ein paar interessante kulturelle Stätten, die immer beliebter werden. Hinzu kommen ein paar lohnende Themenparks. EU-Bürger und Schweizer können am Grenzübergang Lo Wu reine Shenzhen-Visa kaufen (160 ¥, 5 Tage gültig).

Guangzhou S. 235

Die weitläufige Hauptstadt der Provinz Guangdong wird oft auch Kanton genannt; sie hat 12 Mio. Einwohner und wirkt auf Fremde bisweilen chaotisch. Geduldige entdecken aber schöne, alte Straßen, uralte Tempel, majestätische Villen und die Schauplätze von Aufständen, die einst die Geschichte Chinas veränderten. Zur Vorbereitung auf die Asienspiele 2010 wurde Guangzhou obendrein kräftig aufgepeppt – inklusive strengerer Verkehrsüberwachung und grünerer Straßenränder. Und natürlich gibt's hier das Allerbeste der kantonesischen Küche.

Shenzhen

Rundgang

Von Shenzhens Bahnhof geht's mit Bus 101 oder 204 westwärts zum Themenpark Window of the World im Bezirk Nánshān (1 Std.). Dort verbringt man ungefähr zwei Stunden und fährt danach mit der U-Bahn zu den beiden nächsten Haltestellen in Richtung Osten (Huáqiáochéng bzw. Qiáochéngdōng), um dort ebenfalls etwa zwei Stunden lang Kunstgalerien und das OCT-LOFT Art Terminal zu besichtigen. Wer nun Hunger hat, genehmigt sich einen kleinen Imbiss. Dann geht's weiter gen Osten zur Station Chēgōngmiào, wo man nach günstigen Designermöbel-Imitaten stöbern und gut zu Mittag essen kann. Anschließend fährt man weiter ostwärts zur Station Shìmín Zhōngxīn, um im nahen Shenzhen-Museum die eigenen Eindrücke von der Gegend in einen Kontext zu setzen. Falls nach einer weiteren guten Stunde die Shoppinglust zurückkehrt, heißt es das Einkaufszentrum Luóhú erkunden. Zum Abschluss ein Abendessen im gleichnamigen Bezirk genießen und per Zug nach Hongkong zurückfahren!

Highlights

➡ **Sehenswertes** Window of the World (S. 231), OCT-LOFT Art Terminal (S. 230), Dàfēn Village (S. 234)

➡ **Restaurants** Phoenix House (S. 232), Jīn Yuè Xuān (S. 232), Máojiā Restaurant (S. 232)

Top-Tipp

Auf dem Dōngmén-Markt kann man sich Klamotten, Vorhänge oder Tagesdecken individuell anfertigen lassen und die Sachen noch am selben Tag abholen: Einfach morgens bestellen, eine Weile auf Sightseeing-Tour gehen und die Sachen vor dem Abendessen mitnehmen! In Sachen Bekleidung empfehlen sich vor allem unkomplizierte Schnitte (am besten noch ein Beispielfoto mitbringen!).

An- & Weiterreise

Bus Busse von China Travel Tours Transportation Services (CTS; ☎2764 9803; http://ctsbus.hkcts.com) fahren regelmäßig zu den Grenzübergängen Huánggǎng bei Lok Ma Chau und Shenzhen Bay (深圳灣) bei Shékǒu (einfache Strecke jeweils 20–50 HK$). Sie starten an diversen Stellen wie dem Metropark Hotel in Causeway Bay und CTS-Ablegern in Wan Chai, Sheung Wan, Mong Kok oder Prince Edward. Die praktischste Option ist unter http://ctsbus.hkcts.com/routes/hk/hk_shenzhen.html ermittelbar. Shenzhen hat ein günstig nutzbares, leistungsfähiges Bus- und Minibusnetz (Tickets 1,50–4 ¥).

Metro Momentan besitzt Shenzhen fünf Metrolinien (www.szmc.net; die ersten 4 km ab 4 ¥). Durch den Themenpark Window of the World führt die Linie 1 vom Grenzübergang Luóhú zum Flughafen. Wer über die Station Lok Ma Chau (Hongkong) anreist, kann an der benachbarten Endstation Fútián Check Point (China) zur Linie 4 umsteigen.

Schiff/Fähre Die Chu Kong Passenger Transportation Company (☎2858 3876; www.cksp.com.hk) schickt Hochgeschwindigkeitskatamarane (Economy Class/1. Class 110/145 HK$, 1 Std., 7.45–20.30 Uhr, 7-mal tgl.) vom **Fährhafen Macau** (Karte S. 248; 200 Connaught Rd, Sheung Wan) zum **Hafen Shékǒu** (☎2669 1213). Andere Fähren legen am Hongkonger Flughafen ab (einfache Strecke 220 HK$, 30 Min., 9–21.45 Uhr, 14-mal tgl.).

Taxi Shenzhens Taxifahrer verlangen 10 ¥ für die ersten 2 km (zzgl. 2,40 ¥/weiterem Kilometer).

Zug Von Hongkong nach Shenzhen kommen Traveller am einfachsten mit MTR-Zügen in Richtung Lo Wu oder Lok Ma Chau (bei Start in Hung Hom 1./2. Class 67/35 HK$; Lo Wu erster/letzter Zug 5.30/23.07 Uhr, ca. 43 Min.; Lok Ma Chau 5.35/21.35 Uhr, ca. 48 Min.). Gleich hinter der Grenze besteht jeweils Anschluss zu Shenzhens Metro.

Gut zu wissen

➡ **Vorwahl** ☎86 (0)755

➡ **Lage** 35 km zum Bahnhof Hung Hom

➡ **Touristeninformation** (Shenzhen Tourist Consultation Centre, 深圳旅遊咨詢中心; ☎8232 3045; EG Bahnhof Shenzhen, Ostausgang; ⌚9–18 Uhr) Ausreichend detaillierte Gratisstadtpläne gibt's auf Anfrage; ein zu den selben Zeiten geöffneter Ableger ist am Hafen Fútián.

Shenzhen

SEHENSWERTES

SHENZHEN-MUSEUM MUSEUM

(深圳博物馆新馆; Shēnzhèn Bówùguǎn Xīnguǎn; ☎0755-8201 3036; www.shenzhenmuseum.com.cn; Osttor, Citizens' Centre, Fuzhong Sanlu, Fútián; Eintritt frei; ⏲Di–So 10–17.30 Uhr; Ⓜ Shìmín Zhōngxīn, Ausgang B) Das riesige neue Museum führt Auswärtige prima an diese unglaubliche Stadt heran: Es porträtiert Shenzhens kurze, aber dynamische Geschichte des sozialen Wandels vor und nach Deng Xiaopings Agenda *gǎigé kāifàng* (Reform und Öffnung). Hierzu dienen spektakuläre Dioramen und interaktive Multimediapräsentationen. Besonders interessant sind die Sammlungen von populärer Propagandakunst der 1940er-Jahre und die bunten Modelle im Saal für Volkskultur.

ALTES SHENZHEN-MUSEUM MUSEUM

(深圳博物馆老馆; Shēnzhèn Bówùguǎn Lǎoguǎn; www.shenzhenmuseum.com.cn; ☎8210 1036; Tóngxīn Lù, Fútián; ⏲10–17.30 Uhr; Ⓜ Kēxué Guǎn, Ausgang A, 🚌3, 12, 101, 102 od. 104) Das alte Shenzhen-Museum im Litchi-Park (Lìzhī Gōngyuán) ist nunmehr der Alten Kunst gewidmet. Die vergleichsweise weniger attraktiven Ausstellungen zeigen ca. 20 000 Artefakte aus Jade, Porzellan und Bronze.

OCT-LOFT ART TERMINAL MUSEUM, KUNSTZENTRUM

(华侨城创意文化园; Huáqiáochéng Chuàngyì Wénhuàyuán; ☎2691 1976; Enping jie, Overseas Chinese Town; ⏲Di–So 10–17.30 Uhr; Ⓜ Qiáochéngdōng, Ausgang A) Dieses ehrgeizige Projekt soll Künstler und Kunstinteressierte zum Experimentieren, Diskutieren und Konsumieren anregen. Der tolle Museumskomplex zeigt zeitgenössische Werke von chinesischen Künstlern, die vor Ort oder im Ausland leben. Einige Lagerhallen aus kommunistischer Zeit sind zu Künstlerateliers, Bars und Cafés umgebaut worden.

Shenzhen

Ein Komplettverzeichnis mit Museen, Kunst- und Kulturevents enthält die zweimonatlich erscheinende Karte *Life Art* (bei Museen erhältlich).

HÉ XIĀNGNÍNG ART GALLERY KUNSTGALERIE

(何香凝美術館; Héxiāngníng Měishùguǎn; ☎2660 4540; www.hxnart.com; 9013 Shennan Lu; Eintritt 20 ¥, Fr frei; ⌚Di–So 10–17.30 Uhr; Ⓜ Huáqiáochéng, Ausgang C, 🚌245 ab Shenzhen Bay Port) Vom Art Terminal ist's nur eine Metrostation bis zur Hé Xiāngníng Art Gallery mit ihrer esoterischen Aquarellsammlung in chinesisch-japanischem Stil – gemalt von He Xiangning, dem legendären späten Meister der modernen chinesischen Kunst. Am besten eine englischsprachige Broschüre beim Ticketschalter besorgen, da die Infotafeln nur auf Chinesisch beschriftet sind!

OCT ART & DESIGN GALLERY KUNSTGALERIE

(华美术馆; Huá Měishùguǎn; ☎3399 3111; www.oct-and.com; 9009 Shennan Lu; Erw./Student 18/8 ¥; ⌚Di–So 10–17.30 Uhr; Ⓜ Huáqiáochéng, Ausgang C) Die neue OCT Art & Design Gallery neben der Hé Xiāngníng Art Gallery erinnert an das Nationale Schwimmzentrum in Peking. Ihr Schwerpunkt liegt auf Werken flotter Avantgarde-Designer vom chinesischen Festland. Die wunderbare Sammlung innovativer Stücke deckt verschiedene Kunst-Genres ab. Die Ausstellungen wechseln regelmäßig.

WINDOW OF THE WORLD THEMENPARK

(世界之窗; Shìjiè Zhīchuāng; ☎2660 8000; www.szwwco.com; Erw./Kind unter 12 Jahren 120/60 ¥; ⌚9–22.30 Uhr; Ⓜ Shìjiè Zhīchuāng, Ausgang J, 🚌90 od. 245 ab Shenzhen Bay Port) Nur ein paar Gehminuten von der OCT Art & Design Gallery entfernt tummeln sich stets viele knipswütige Besucher aus China in mehreren betagten Themenparks. Zu dieser Option für einen netten Familientag gehört auch das Window of the World (Fenster zur Welt) mit maßstabsgetreuen Repliken berühmter Bauwerke aus aller Welt. Angeblich wurden hier Ausländer fälschlicherweise schon für Teile der Ausstellung gehalten…

SPLENDID CHINA VERGNÜGUNGSPARK

(锦绣中华; Jǐnxiù Zhōnghuá; ☎2660 0626; www.cn5000.com.cn; Erw./Kind unter 12 Jahren inkl. China Folk Culture Village 130/60 ¥; ⌚9–18 Uhr; Ⓜ Huáqiáochéng, Ausgang B, 🚌245 ab Shenzhen Bay Port) Das angrenzende Splendid China (Großartiges China) zeigt dagegen die berühmten Attraktionen des Landes als Miniatur-Repliken. Im Eintritt inbegriffen sind mit dem **China Folk Culture Village** (中国民俗文化村; Zhōngguó Mínsú Wénhuà Cūn; ☎2660 0626; www.cn5000.com.cn; Erw./Kind unter 12 Jahren inkl. Splendid China 120/60 ¥; ⌚9–22 Uhr; Ⓜ Huáqiáochéng, Ausgang B) zwei Dutzend nachgebaute Dörfer chinesischer Minderheiten (inkl. Kulturvorführungen). Eine Mini-Schwebebahn der Shenzhen Happy Line Tour Co. verbindet die drei Parks mit diversen weiteren Sehenswürdigkeiten.

OCT EAST VERGNÜGUNGSPARK, RESORT

(东部华侨城; Dōngbù Huáqiáochéng; ☎2503 1837; www.octeast.com; Dàméishā, Bezirk Yán Tián; Eintritt 150–280 ¥; ⌚9.30–18 Uhr) Der Bau dieses wunderschönen Nobel-Vergnügungsparks mit Resort verschlang gigantische 3,5 Mrd. ¥. Rund 20 km östlich von Shenzhen fühlt man sich hier wie in XXL-Universal-Studios plus Disneyland. Für Wellness und Unterhaltung sorgen beispielsweise ein nachgebautes Schweizer

Dorf, eine Golfanlage, ein Tee-Tal und mehrere Luxushotels.

Die Traumausblicke sind eine mehrtägige Erkundungstour wert. Hierzu können auch Autos im Park gemietet werden. Zum Gelände geht's u.a. per Schnellbus ab Ausgang E der Hongkonger MTR-Station Kowloon Tong (65 ¥, 1 Std., 8.15–17.15 Uhr, stündl.). In Shenzhen fährt der Sightseeing-Bus 1 vom Window of the World über Dìwáng Dàxià an der Shennan Lu zum Park – einfach an der Endhaltestelle aussteigen! Eine Taxifahrt ab dem Bahnhof Luóhú kostet ca. 70 ¥.

FESTUNG DÀPÉNG FESTUNG

(大鹏所城; Dàpéng Shǔochéng; ☎8431 9269; Dorf Péngchéng, Dàpéng, Bezirk Lónggǎng; Erw./Student & Senior 20/10 ¥; ⏲10–18 Uhr) Die weiter östlich gelegene Festung Dàpéng ist ein bis heute erhaltenes und bewohntes Wehrdorf – errichtet vor 600 Jahren und im 19. Jh ein Hauptschauplatz von Schlachten der Opiumkriege. Anreise (insgesamt ca. 90 Min.): Am Busbahnhof Yínhú oder nahe dem China Regency Hotel (Sungang Lu) in Bus 360 steigen, zum Busbahnhof Dàpéng (Dàpéng Zǒngzhàn; 大鹏总站) fahren und dort Minibus 966 nehmen! Schneller und einfacher: Per Sha Tau Kok Express (60 HK$, 90 Min., 7–18.30 Uhr, stündl.) ab der MTR-Station Kowloon Tong (Ausgang C; Suffolk Rd) zum Busbahnhof Dàpéng fahren und dort dann Minibus 966 nehmen!

ESSEN

Als Einwandererstadt wartet Shenzhen zusätzlich zur kantonesischen Küche mit regionalen Köstlichkeiten auf (z.B. aus Hunan oder Sichuan). Einkaufszentren wie **The MixC** (Ⓜ Dàjùyuàn, Ausgang C3) oder **Coco Park** (Ⓜ Gòuwù Gōngyuān, Ausgang C) haben gute und günstige Gastrobereiche.

GRAND PRINCE CHINESISCH $

(王子国宴; Wángzǐ Guóyàn; ☎8269 0666; Shop 45, 5. Stock, The MixC, Bao'an Nanlu; Mittagessen 38–50 ¥, Abendessen 80–150 ¥; ⏲mittags & abends; Ⓜ Dàjùyuàn, Ausgang C3) In einem eindrucksvollen Raum tischt das elegante Lokal viele verschiedene und überraschend erschwingliche Gerichte aus ganz China auf.

MÁOJIĀ RESTAURANT HÚNÁN-KÜCHE $

(毛家飯店; Máojiāfàndiàn; ☎8221 6569; 2. Stock, Yúnjǐng Háoyuán, 2033 Chunfeng Lu, Luóhú; Gerichte 50–110 ¥; ⏲10–22 Uhr; 🚌387 ab Bahnhof Luóhú) Dieses anständige Húnán-Restaurant ehrt Mao Zedong, der einst in Húnán geboren wurde. Der Mao-Dekokram umfasst z.B. eine Kupferbüste des Großen Vorsitzenden und ein paar von dessen Gedichten. Unter den weniger pikanten Gerichten auf der Karte sind u.a. Kürbisstücke mit Datteln und Schweinebraten à la „Familie Mao". All das gibt's fünf Gehminuten von der Bushaltestelle Chūnfēngwànjiā entfernt.

JĪN YUÈ XUĀN DIM SUM $

(金悦轩; ☎8886 8880; 1.–4. Stock, Yǒusè Bldg, 6013 Shēnnán Dàdào; Gerichte ab 80 ¥/Pers.; ⏲mittags & abends; Ⓜ Chēgōngmiào, Ausgang C od. D) Das perfekt präsentierte Dim-Sum-Menü mit 200 Optionen ist genauso wunderbar wie die eindrucksvolle Inneneinrichtung.

LAUREL DIM SUM, KANTONESISCH $

(丹桂轩; Dānguìxuān; ⏲7–23 Uhr) Century Plaza Hotel (☎8232 1888; 2. Stock, Century Plaza Hotel, 1 Chunfeng Lu; Gerichte 50–180 ¥/Pers.) Filiale in Luóhú (☎8232 3668; Shop 5010, 5. Stock, Luóhú Commercial City) Die Filiale in Luóhú ist praktisch, wenn man in der Luóhú Commercial City einkauft. Das Hauptlokal im Century Plaza Hotel hat jedoch besseres Dim Sum.

MADE IN KITCHEN ASIATISCH, FUSION $

(厨房制造; Chúfáng Zhìzào; ☎8261 1639; 7. Stock, Kingglory Plaza, 2028 Renmin Lu; Mittagsmenüs ab 40 ¥; ⏲9.30–23.30 Uhr; Ⓜ Gúomào, Ausgang A) Das Menü des attraktiven, stilvollen Fusion-Restaurants ist ein Fest für Augen und Gaumen: Die 400 verschiedenen Gerichte reichen von Pad-Thai-Nudeln und Sashimi bis hin zum Steak. Manches davon ist aber eventuell nicht immer verfügbar.

MUSLIM HOTEL RESTAURANT HALAL-CHINESISCH $

(穆斯林宾馆大餐馆; Músīlín Bīnguǎn Dàcānguǎn; ☎8225 9664; 2. Stock, Muslim Hotel, 2013 Wenjing Nanlu; Gerichte 38–68 ¥; ⏲10–23 Uhr; 🚌Minibus 430) Prima für Fans der chinesisch-muslimischen *huí*-Küche: Hier gibt's eine gute Auswahl von Rind- und Hammelfleischgerichten.

PHOENIX HOUSE DIM SUM, KANTONESISCH $$

(凤凰楼; Fènghuánglóu; ☎8207 6688, 8207 6338; Ostflügel, Pavilion Hotel, 4002 Huaqiang

Beilu; Mittagessen 60–80 ¥, Abendessen 100–350 ¥; ⌚7.30–23 Uhr; Ⓜ Huáqiánglù, Ausgang A) Ab 11.30 Uhr müssen die Gäste des besten kantonesischen Restaurants der Stadt einen hohen Geräuschpegel ertragen und teilweise mindestens 30 Minuten warten. Manche Dim-Sum-Optionen lassen sich einzeln bestellen – super, wenn man alleine speist! Bedenkt man, was hier immer los ist, ist der Service recht aufmerksam.

SUMMER TEA HOUSE VEGETARISCH, DIM SUM $

(静颐茶馆; Jìngyí Cháguǎn; ☎2557 4555; 7. & 8. Stock, Jīntáng Dàxià, 3038 Bao'an Nanlu; Gerichte 50–80 ¥; ⌚10–1 Uhr; 🚭📝; Ⓜ Dàjùyuàn, Ausgang D) Dieser Vegetarier-Favorit mit gesundem Essen, entspannter Teestube und rauchfreiem Speiseraum (hurra!) versteckt sich nahe der Xīhú Bīnguǎn in einem Bürogebäude. Die Karte ist nicht auf Englisch beschriftet, stellt die Auswahl aber mittels bunter Bilder vor. Fleischloses Dim Sum kommt hier sogar abends auf den Tisch. Bei Bärenhunger helfen die größeren Gerichte.

WEST LAKE SPRING HANGZHOU-KÜCHE $

(西湖春天; Xīhú Chūntiān; ☎8211 6988; 2. & 3. Stock, Parkway Tower, 3019 Sungang Lu; Gerichte 21–180 ¥; ⌚mittags & abends; 🚌18, in Xīhú Bīnguǎn aussteigen) Einheimische loben die Hángzhōu-Küche hier. Die Speisekarte ist rein chinesischsprachig mit Bildern. Empfehlenswert sind die Spezialitäten des Hauses – darunter Süßwasser-Wokgarnelen mit Lóngjǐng-Teeblättern (龙井虾仁; *lóngjǐng xiārén;* 138 ¥).

AUSGEHEN

Wer den ganzen Tag lang auf Schnäppchentour war, bekommt in Shenzhen einen gediegenen Drink genauso leicht geboten wie eine wilde Party. Viele Nobelbars warten unterhalb der Citic City Plaza (中信城市广场; Zhōngxìn Chéngshì Guǎngchǎng), im Coco Park (Fútián) und SeaWorld (Hǎishàng Shìjiè; 海上世界; Shékǒu).

YĪDÙTÁNG BAR

(一渡堂; Block F3, OCT-LOFT Art Terminal, Enping Lu, Huáqiáochéng; ⌚10–2 Uhr; Ⓜ Qiáochéngdōng, Ausgang A) Im OCT Contemporary Art Terminal wurde eine Lagerhalle zum Bohemien-Treff umgebaut. Jeden Abend ab 22 Uhr starten Lokalbands hier eine Jamsession. Ansonsten gibt's guten, absolut popfreien Mix aus Blues und Punkrock.

TRUE COLOUR BAR, DISCO

(本色酒吧; Běnsè; ☎8230 1833; 4. Stock, Golden World, 2001 Jiefang Lu; ⌚9–1 Uhr; Ⓜ Lǎojiē, Ausgang A) Clubber sollten sich diesen Tummelplatz der jungen Einheimischen unbedingt anschauen: Die Bar mit Tanzfläche lockt gleichermaßen Großstädter und trendige, junge Erwachsene an.

BEFORE SUNSET LOUNGE

(日落之前; Rìluòzhīqián; ☎8393 3936; City Citic Plaza, 1095 Shennan Zhonglu, Fútián; ⌚16–2 Uhr; Ⓜ Kēxuéguǎn, Ausgang D) Diese Bar in der noblen City Citic Plaza ist nach einem Hollywoodstreifen benannt und gehört einem Filmemacher. Die Wanddeko besteht aus Schallplatten und Fotos von Filmszenen. Hinzu kommen Technomusik und ein alter Kinoprojektor.

UNTERHALTUNG

QUEEN'S SPA & DINING SPA

(皇室假期; Huángshì Jiàqī; ☎8225 3888; B1–5. Stock, Golden Metropolis Bldg, Chunfeng Lu; ⌚24 Std.; Ⓜ Gúomào, Ausgang B) Shenzhens vielfältige Verschönerungsoptionen reichen von Massagen bis hin zur Maniküre. Empfehlenswert ist das Queen's Spa & Dining nahe der Metrostation Guómào: Dieses Wellness-Wunderland bietet Aromatherapien und verschiedene Massagen an (168–218 ¥; obligatorisches Trinkgeld mind. 30 ¥). Pools, Schlafkabinen und Saftbar animieren zum mehrtägigen Verweilen.

SHOPPEN

Viele Leute kommen zum Shoppen nach Shenzhen. Unschätzbar wertvoll ist da Ellen McNallys Führer *Shop in Shenzhen: An Insider's Guide*, der in vielen Hongkonger Buchläden und online erhältlich ist.

Immer mehr Innenarchitekten und clevere Hongkonger Immobilienbesitzer suchen in Shenzhen nach Einrichtungsgegenständen (u.a. billigen Imitaten von Designermöbeln). Sofern man nicht unbedingt einen originalen Eames-Stuhl oder eine echte Artemide-Lampe möchte: Die meisten Repliken in Hongkong und Übersee stammen sowieso aus Shenzhen. Viele Läden verschicken Käufe entsprechend verpackt ins Ausland. Hartes Feilschen senkt ausgezeichnete Preise manchmal um 30 bis 50 %.

ÜBERNACHTEN IN SHENZHEN

Werktags senken Shenzhens Hotels ihre Tarife sehr stark (um bis zu 60 % des Standard-Listenpreises). Nach Rabatten kann man aber immer fragen.

➡ **Shangri-La Hotel** (香格里拉大酒店; Xiānggélǐlā Dàjiǔdiàn; ☎8233 0888; www.shangri-la.com/shenzhen; 1002 Jianshe Lu; DZ 1598–1950 ¥, Suite 2500 ¥; 📶) Das klassische Luxushotel in ca. 150 m Entfernung zum Bahnhof Luóhú hat Gratis-WLAN und zählt zu den besten Optionen im Bezirk Luóhú. Auch sein neuer Ableger **Fútián Shangri-La** (Shēnzhèn Fútián Xiānggélǐlā Dàjiǔdiàn; 福田香格里拉大酒店; ☎0755-8828 4088; 4088 Yitian Lu; Zi. 1340–1988 ¥, Suite 2500 ¥; 📶; Ⓜ Shìjiè Zhīchuāng) im Bezirk Fútián besitzt geräumige und blitzblanke Zimmer.

➡ **Shenzhen Loft Youth Hostel** (深圳侨城旅友国际青年旅舍; Shēnzhèn Qiáochéng Lǚyǒu Guójì Qíngnián Lǚshè; ☎2694 9443; http://weibo.com/loftyha; 3 Enping Lu, Huáqiáochéng; B/DZ ohne Bad/Zi. 60/138/158 ¥; Ⓜ Qiáochéngdōng, Ausgang A) Hervorragendes Hostel in einem ruhigen Wohngebiet hinter dem OCT-LOFT Art Terminal; tadellos saubere Zimmer und hilfsbereites Personal.

➡ **Vision Fashion Hotel** (深圳视界风尚酒店; Shēnzhèn Shìjiè Fēngshàng Jiǔdiàn; ☎2558 2888; www.visionfashionhotel.com; 5018 Shennan Donglu; Zi. 386–798 ¥; Ⓜ Dàjùyuàn, Ausgang B) Das neue Boutiquehotel in einem Theaterkomplex überzeugt mit Spitzenlage und ruhiger Umgebung. Die verschieden gestalteten Zimmer wirken teils schick, teils bizarr.

Shoppingsüchtige verlassen Shenzhen wohl nicht mit leeren Händen. Jedoch kann die Qualität variieren: Bei größeren Artikeln (z. B. Vitrinen-Sets auf Bestellung) halten sich manche Shops ungeniert weder an Vorgaben noch an Qualitätsstandards. Darum stets sorgfältig vergleichen und gnadenlos feilschen!

DÀFĒN VILLAGE KUNST

(大芬村; Dàfēncūn; ☎8473 2633; www.dafenvillageonline.com; Dàfēn, Bùjí, Bezirk Lónggǎng) Dieses Künstlerdorf sorgt für ein Aha-Erlebnis: 600 Ladenateliers produzieren hier wöchentlich Tausende gefälschter Rembrandts, Renoirs oder Picassos (ab 300 ¥). Die Website ist nach Künstlern, Stilrichtungen und Gemäldegrößen sortiert. Wohlgemerkt gibt's hier auch echte Werke: Neben zahllosen Kopisten arbeiten schätzungsweise ca. 50 Originalkünstler im Dàfēn Village. Doch in einer solchen Umgebung sind selbst Originalstücke meist auf den aktuellen Markt zugeschnitten. Trotzdem finden sich darunter ein paar schöne Sachen.

Vor Ort kann man sich auch prima mit Künstlerbedarf eindecken – und das rund 50% billiger als in der Innenstadt. Zum Dàfēn Village fährt Bus 306 ab dem Bahnhof Luóhú (ca. 1 Std.; Taxi ca. 70 ¥).

DŌNGMÉN-MARKT MARKT

(东门市场; Dōngmén Shìchǎng; Ⓜ Lǎojiē, Ausgang A) Der chaotische Markt ist eine beliebte Adresse für günstige, individuell geschneiderte Anzüge, Röcke, Vorhänge oder Bettwaren. Die meisten Läden haben von 10 bis 22 Uhr geöffnet. Achtung: Hier sind sehr viele Taschendiebe unterwegs!

HUÁQIÁNG BĚI COMMERCIAL STREET ELEKTRONIK

(Huáqiángběi Shāngyèjiē; Ⓜ Huáqiánglù, Ausgang A) Huáqiáng Běi ist quasi ein lebendes, begehbares eBay für Elektronik: Über ganze Blocks hinweg verkaufen hier Läden bzw. Einkaufszentren neue technische Spielereien, Audio- und Videogeräte, Android-Tablets, Bluetooth-Headsets und No-Name-Laptops nebst Zubehör zu Kampfpreisen.

KINGGLORY PLAZA BEKLEIDUNG, ACCESSOIRES

(金光华广场; Jīnguānghuà Guǎngchǎng; ☎8261 1100; www.kingglory.com.cn; 2028 Renmin Nanlu, Bezirk Luóhú; Ⓜ Gúomào, Ausgang A) In dem modernen Einkaufszentrum über der Metrostation Guómào tummeln sich viele Tagesausflügler aus Hongkong. Die Kingglory Plaza ist nobler als die deutlich ältere Luóhú Commercial City eine Metrostation weiter. Das Angebot umfasst importierte Klamotten, Lifestyle-Marken und eine Handvoll anständiger Restaurants.

LUÓHÚ COMMERCIAL CITY BEKLEIDUNG, ACCESSOIRES

(罗湖商业城; Luóhú Shāngyè Chéng; ☎8233 8178; www.tosz.com; Renmin Nanlu; ⏱6.30–24

Uhr) Das mehrstöckige Einkaufszentrum direkt neben dem Bahnhof Luóhú ist ein langjähriger Favorit von Hongkonger Tagesausflüglern. Die 1000 Shops (geöffnet meist 10.30–22 Uhr) verkaufen Handtaschen, Heimtextilien, Bekleidung, Accessoires, DVDs und allerlei Krimskrams. Parallel findet man hier Massage- und Maniküresalons, Kunstnagelstudios und sogar Zahnkliniken.

CENTURY FURNISHINGS CENTRAL MALL HAUSHALTSWAREN

(世纪中心家居广场; Shìjìzhōngxīn Jiājūguǎngchǎng; ☎8371 0111; www.sz-sjzx.com; Shen Nan Da Dao, westlich des Xiāngmì Hú Water Park, Bezirk Fútián; ⏲Mo–Fr 9.30–20, Sa & So 9.30–20.30 Uhr; Ⓜ Chēgōngmiào, Ausgang A, 🚌101 od. 215 ab Bahnhof Luóhú) Auf gewaltigen 30 000 m² werden hier Haushaltswaren und Lifestyle-Produkte feilgeboten. Dabei gibt's drei Hauptbereiche: In A und B gibt's größtenteils Fliesen, Duschen, Waschbecken, Toiletten und Spiegel, C (bei Freizeitshoppern am beliebtesten) präsentiert vor allem Lampen. Wer nicht den ganzen Tag vor Ort weilt, kann A und B erstmal ignorieren. Ein Taxi ab dem Bahnhof Luóhú kostet ca. 30 ¥.

GALAXY & TOP LIVING HAUSHALTSWAREN

(星河第三空间; Xīnghédìsān Kōngjiān; www.topliving.cn; Galaxy Century Bldg, 3069 Caitian Lu, Bezirk Fútián; Ⓜ Gǎngshà, Ausgang B) Unter einem Dach sind hier Mittel- und Oberklassemöbel zu haben – darunter Importmarken wie Simmons, Markor Furnishings oder Ligne Roset. Eine Taxifahrt ab dem Bahnhof Luóhú kostet ca. 40 ¥.

Guangzhou

Rundgang

Wer morgens ankommt und keine Lust auf Menschenmassen hat, sollte gleich das eindrucksvolle New Guangdong Museum (ab 17 Uhr & Mo geschl.) im südöstlichen Bezirk Zhūjiāng New Town aufsuchen – und nicht vergessen, auch noch die tolle Oper Guangzhous in der Nähe zu besichtigen. Insgesamt dauert das mindestens zwei Stunden. Dann geht's per Metro westwärts, wo man dem Ahnentempel des Chén-Klans weitere ein bis zwei Stunden widmen kann. Bei Zeitmangel lässt man das aber sein und begibt sich direkt zum Mausoleum des Nányuè-Königs (ab 17.30 Uhr geschl.) im Bezirk Yuèxiù. Darauf folgt ein gemütlicher Spaziergang durch den Yuèxiù-Park mit seinen berühmten Wahrzeichen. Je nach Lust und verfügbarer Zeit lässt sich die Reihenfolge auch umdrehen. Eine Alternative zum Chén-Ahnentempel ist ein Abstecher zur Insel Shāmiàn im Südwesten.

Highlights

➡ **Sehenswertes** Mausoleum des Nányuè-Königs (S. 236), New Guangdong Museum (S. 240), Insel Shāmiàn (S. 237)

➡ **Restaurants** Bǐngshèng Restaurant (S. 241), Táo Táo Jū Restaurant (S. 241), Nánxìn (S. 241)

Top-Tipp

Die meisten Taxifahrer sind Gastarbeiter und kennen Guangzhou nicht sonderlich gut. Daher möglichst auf die seltenen gelben oder roten Taxis zurückgreifen, die von Einheimischen gesteuert werden!

An- & Weiterreise

Bus Vom Metropark Hotel in Causeway Bay und vielen Hongkonger CTS-Filialen fahren CTS-Busse regelmäßig nach Guangzhou (110 ¥, 2½ Std.). Abfahrtszeiten und -stellen gibt's unter http://ctsbus.hkcts.com/routes/hk/hk_guangzhou.html.

Hochgeschwindigkeitszug Günstiger von Hongkong nach Guangzhou gelangt man, wenn man die Grenze bei Lo Wu überquert und in Shenzhen gleich darauf einen der häufig verkehrenden Hochgeschwindigkeitszüge zum Bahnhof Guangzhou East nimmt (75–95 ¥, 52–75 Min., 5.35–22.50 Uhr).

Metro Die meisten Sehenswürdigkeiten in diesem Kapitel sind mit Guangzhous acht Metrolinien (www.gzmtr.com; Betriebszeit je nach Linie ca. 6.20–23 Uhr; erste 4 km ab 4 ¥) erreichbar.

MTR Tickets nach Guangzhou (einfache Strecke od. hin & zurück) sind vorab bei den MTR-Stationen Hung Hom, Mong Kok, Kowloon Tong und Sha Tin oder bei MTR Travel an der Station Admiralty erhältlich. Alternativ kann man sie per Kreditkarte über die MTR-Website (www.

it3.mtr.com.hk) oder die Tele-Ticketing Hotline (☎2947 7888) kaufen.

Taxi Der Startpreis von 10 ¥ gilt für die ersten 2,3 km (zzgl. 2,60 ¥/weiterem Kilometer). Fahrten vom Hauptbahnhof zur Insel Shāmiàn sollten sich auf 25 bis 35 ¥ belaufen. Ein Taxi vom/zum Flughafen kostet ca. 160 ¥.

Zug Am stressfreiesten nach Guangzhou geht's mit den Hochgeschwindigkeits-Intercityzügen zwischen den Bahnhöfen Hung Hom und Guangzhou East (einfache Strecke in 1./2. Class Erw. 230/190 HK$, Kind 5–9 Jahre 115/95 HK$, 1¾ Std; hin 7.25–19.24 Uhr, zurück 8.19–21.32 Uhr, jeweils 12-mal tgl.).

Gut zu wissen

- **Vorwahl** ☎86 (0)20
- **Lage** 185 km zum Bahnhof Hung Hom
- **Touristeninformation** (China Travel Service, CTS; 广州中国旅行社; Zhōngguó Lǚxíngshè; ☎020-8333 6888; 8 Qiaoguang Lu; ⊙Mo–Fr 8.30–18, Sa & So 9–17 Uhr; Ⓜ Hǎizhū Guǎngchǎng, Ausgang A) Geführte Touren und Ticketbuchungen; neben dem Hotel Landmark Canton.
- **Visa** Sind vorab in Hongkong oder Macao zu besorgen.

SEHENSWERTES

LP TIPP **MAUSOLEUM DES NÁNYUÈ-KÖNIGS** MAUSOLEUM

(南越王墓; Nányuèwáng Mù; ☎8666 4920; 867 Jiefang Beilu; Eintritt/Audioguide 15/10 ¥; ⊙9–17.30 Uhr; Ⓜ Yuèxiù Gōngyuán) Hier verliert man schnell das Zeitgefühl: Das großartige Mausoleum des 2000 Jahre alten Nányuè-Königreichs ist heute eines von Chinas besten Museen. Ein Highlight ist die Grabrüstung des zweiten Nányuè-Herrschers Zhao Mo, die aus Tausenden winziger Jadefliesen, Goldschmuck und anderem Zierrat besteht.

YUÈXIÙ-PARK PARK

(越秀公園; Yuèxiù Gōngyuán; ☎8666 1950; www.yuexiupark-gz.com; 13 Jiefang Beilu; Eintritt 5 ¥; ⊙6–21 Uhr; Ⓜ Yuèxiù Gōngyuán) Die **Statue der fünf Ziegen** (五羊石像) in diesem Park nahe dem Mausoleum stellt fünf göttliche Wesen dar, die Guangzhou einst gegründet haben sollen.

Die roten Mauern des fünfstöckigen **Zhènhǎi-Turms** (镇海楼; Zhènhǎi Lóu) auf einem Hügelgipfel beherbergen das **Guangzhou City Museum** (广州市博物馆; Guǎngzhōushì Bówùguǎn; ☎020-8355 0627; Eintritt 10 ¥; ⊙9–17.30 Uhr; Ⓜ Yuèxiù Gōngyuán). Dessen hervorragende Sammlung porträtiert die Geschichte der Stadt ab der Jungsteinzeit.

Die **Guangzhou Art Gallery** (广州美术馆; Guǎngzhōu Měishùguǎn) auf der Ostseite des Turms zeigt kantonesische Stickereien, aus Elfenbein geschnitzte Zierelemente und seltsamerweise auch Ausstellungen, die Guangzhous historischen Handel mit der westlichen Welt beleuchten.

AHNENTEMPEL DES CHÉN-KLANS HISTORISCHES GEBÄUDE

(陈家祠; Chénjiā Cí; ☎020-8181 4559; 34 Enlongji Lu; Eintritt 10 ¥; ⊙8.30–17.30 Uhr; Ⓜ Chénjiācí) Diesen spektakulären Ahnentempel von 1894 errichteten die Bewohner von 72 regionalen Dörfern, in denen die Familie Chén bis heute am stärksten vertreten ist. Herrliche Schnitzereien, Statuen und Gemälde zieren die 19 Gebäude des Komplexes. Kunstvolle Bildrollen erzählen überall Geschichten aus der Folklore und Literatur Chinas.

TEMPEL DER SECHS BANYAN-BÄUME TEMPEL

(六榕寺; Liùróng Sì; 87–89 Liurong Lu; Eintritt 15 ¥; ⊙8–17 Uhr; 🚌56) Dieser Tempel entstand 537 zur Aufbewahrung buddhistischer Reliquien aus Indien. Etwa 400 m weiter westlich liegt Guangzhous ältester Schrein: Der **Tempel des Lichts und der Kindesliebe** (光孝寺; Guāngxiào Chánsì; 109 Jinghui Lu; Eintritt 5 ¥; ⊙6–17 Uhr; Ⓜ Xīmén Kǒu) stammt aus dem 4. Jh. Hier lehrten viele berühmte Mönche – so auch Bodhidharma, der Begründer des Zen-Buddhismus.

HUAISHENG-MOSCHEE MOSCHEE

(怀圣寺; Huáishèng Sì; ☎020-8333 3593; 56 Guangta Lu; Ⓜ Xīmén Kǒu) Die heutige Moschee entstand unter der Qing- bzw. Mandschu-Dynastie. Allerdings soll Abu Waqas (einer der Onkel des Propheten Mohammed) den Originalbau im Jahr 627 als Chinas erstes islamisches Gotteshaus errichtet haben.

KATHEDRALE DES HEILIGEN HERZENS KATHEDRALE

(石室教堂; Shíshì Jiàotáng; Yide Xilu; Ⓜ Hǎizhū Guǎngchǎng) Die römisch-katholische Kathedrale mit zwei Türmen wurde zwischen 1863 und 1888 nach dem Entwurf eines französischen Architekten erbaut. Ihre eindrucksvolle Neugotik besteht komplett aus Granit.

INSEL SHĀMIÀN INSEL

(Shāmiàn Dǎo; Ⓜ Huángshā) Südwestlich der Stadt liegt eine grüne Oase: Nach den beiden Opiumkriegen wurde die friedvolle Insel Shāmiàn im Jahr 1856 Konzessionsgebiet. Heute verspricht sie Erholung vom urbanen Trubel. Gärten, Bäume und alte chinesische Damespieler säumen die ruhige Hauptstraße namens Shamian Dajie. An deren Ostende errichteten die Franzosen 1892 die römisch-katholische **Kirche Unserer Lieben Frau von Lourdes** (天主教露德圣母堂; Tiānzhǔjiào Lùdé Shèngmǔ Táng; Shamian Dajie; ⏲8–18 Uhr). Traveller empfehlen die Massagen (68 ¥/Std.) im **Shāmiàn Traditional Chinese Medical Centre** (沙面国医馆; Shāmiàn Guóyīguǎn; ☎020-8121 8383; 85-87 Shamian Beijie; ⏲11–2 Uhr) am westlichen Inselende.

GRATIS GEDENKMUSEUM IN DER VILLA DES OBERBEFEHLSHABERS SUN YAT-SEN MUSEUM, HISTORISCHE STÄTTE

(孙中山大元帅府纪念馆; Sūnzhōngshān Dàyuánshuàifǔ Jìniànguǎn; ☎020-8900 2276; www.dyshf.com; 18 Dongsha Jie Fangzhi Lu, Bezirk Hǎizhū; Eintritt frei; ⏲Di–So 9–17 Uhr; Ⓜ Shì Èrgōng) Guangzhou hat mehrere bedeutende „Sehenswürdigkeiten der Revolution". In der kürzlich renovierten Villa am anderen Flussufer lebte Sun Yat-Sen, während er Regierungen in Guangzhou aufstellte (1917 & 1923).

Die beiden schmucken Gebäude im viktorianischen Stil beherbergen neben Suns Büro und Wohnzimmer auch Ausstellungen, die Guangzhous Geschichte während der Revolutionsära beleuchten. Hierher fahren Taxis ab Shāmiàn (ca. 25 ¥) und der Metrostation Shì Èrgōng (ca. 10 ¥).

GRATIS MILITÄRAKADEMIE WHAMPOA HISTORISCHES GEBÄUDE

(黄埔军校; Huángpǔ Jūnxiào; ☎020-8820 3564; ⏲Di–So 9–17 Uhr) Viel interessanter als das Gedenkmuseum ist die Militärakademie Whampoa auf der Insel Chángzhōu (Chángzhōu Dǎo; 长洲岛), die 1924 von den Kuomintang gegründet wurde. Sie bildete viele nationalchinesische und kommunistische Offiziere aus, die in zahlreichen folgenden (Bürger-)Kriegen kämpften. Das Museum im heutigen Gebäude erzählt von der Revolutionsgeschichte des modernen China.

Um es zu erreichen, Metrolinie 2 zur Station Chìgǎng (Ausgang C1) nehmen, dann mit Bus 262 von der Xingang Zhonglu zum Xīnzhōu-Pier (新洲码头; Xīnzhōu Mǎtou) fahren. Dort starten Fähren zur Akademie (1,50 ¥, 6.40–20.40 Uhr, jeweils 40 Min. nach der vollen Std.).

GRATIS MUSEUM DER XĪNHÀI-REVOLUTION MUSEUM

(辛亥革命纪念馆; Xīnhàigémìng Jìniànguǎn; ☎8252 5897; Junxiaolu, Changzhoujie, Bezirk Huángpǔ; ☎8820 3564; Eintritt frei; ⏲Di–So 9–17 Uhr) Seit Oktober 2011 erinnert dieses Museum an den 100. Jahrestag der Xīnhài-Revolution (alias Revolution von 1911), die unter der Führung Dr. Sun Yat-Sens die Qing- bzw. Mandschu-Dynastie (1644–1911) entmachtete. Der moderne Bau für ca. 320 Mio. ¥ erinnert an einen Granitblock. Er steht passenderweise auf der Insel Chángzhōu, wo sich auch die Militärakademie Whampoa, die Gedenkstätte zur Nordexpedition und die Geschützstellung Chángzhōu befinden.

Die 6600 Exponate auf 18 000 m² decken diverse Einzelthemen ab: die Revolution, berühmte Kantonesen dieser Zeit und das Leben von Sun Yat-Sens Tochter Sun Wan aus seiner ersten Ehe mit Lu Muzhen.

Hierher geht's mit Bus 383 oder 430 (in Chángzhōujie aussteigen); alternativ mit Metrolinie 4 zur Station Dàxuéchéng Běi fahren, Bus 383 nach Chángzhōujie nehmen und fünf Minuten zu Fuß gehen.

INSTITUT DER BAUERNBEWEGUNG HISTORISCHE STÄTTE

(农民运动讲习所; Nóngmín Yùndòng Jiǎngxísuǒ; ☎020-8333 3936; 42 Zhongshan Silu; Eintritt frei; ⏲Di–So 9–16.30 Uhr; Ⓜ Nóngjiǎng Suǒ) Die frühere Kaderschule wurde 1924 von der Kommunistischen Partei gegründet und 1926 wieder geschlossen. Bis dahin lehrte hier neben Zhou Enlai auch Mao Zedong, dessen persönliche Wohnräume heute als Replik besichtigt werden können.

MÄRTYRER-GEDENKGARTEN GEDENKSTÄTTE

(烈士陵園; Lièshì Língyuán; Eintritt 3 ¥; ⏲8–19 Uhr) Östlich des Instituts erstreckt sich an der Zhongshan Sanlu der Märtyrer-Garten zum Gedenken an die Opfer des 13. Dezember 1927. Bei diesem Massaker wurde

Guangzhou

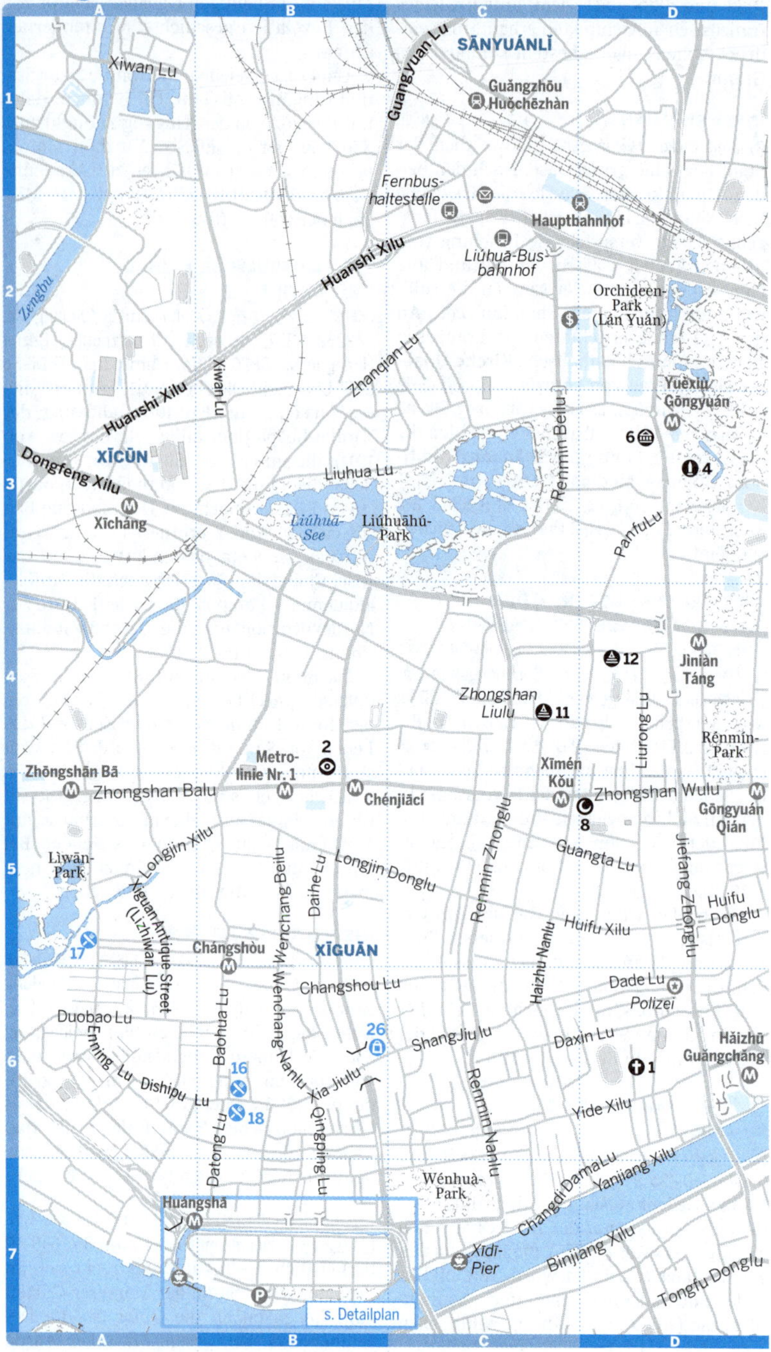
A
B
C
D
1
2
3
4
5
6
7
SĀNYUÁNLĬ
Guangyuan Lu
Xiwan Lu
Guǎngzhōu Huǒchēzhàn
Fernbus-haltestelle
Hauptbahnhof
Liúhuā-Busbahnhof
Huanshi Xilu
Zengbu
Orchideen-Park (Lán Yuán)
Zhanqian Lu
Yuèxiù Gōngyuán
Renmin Beilu
6
4
XĪCŪN
Dongfeng Xilu
Liuhua Lu
Xīcháng
Liúhuā-See
Liúhuāhú-Park
Panfu Lu
12
Jìniàn Táng
Zhongshan Liulu
11
Liurong Lu
Rénmín-Park
2
Metro-linie Nr. 1
Zhōngshān Bā
Zhongshan Balu
Chénjiācí
Xīmén Kǒu
Zhongshan Wulu
8
Gōngyuán Qián
Lìwān-Park
Longjin Xilu
Guangta Lu
Longjin Donglu
Xiguan Antique Street (Lizhiwan Lu)
Wenchang Beilu
Daihe Lu
Renmin Zhonglu
Jiefang Zhonglu
Huifu Donglu
Huifu Xilu
17
Chángshòu
XĪGUĀN
Changshou Lu
Haizhu Nanlu
Dade Lu
Polizei
Duobao Lu
Baohua Lu
26
Shang Jiu lu
Daxin Lu
Hǎizhū Guǎngchǎng
Enning Lu
Dishipu Lu
16
18
Wenchang Nanlu
Xia Jiulu
1
Yide Xilu
Renmin Nanlu
Datong Lu
Qingping Lu
Wénhuà-Park
Changdi Damalu
Yanjiang Xilu
Huángshā
Xīdī-Pier
Binjiang Xilu
Tongfu Donglu
s. Detailplan

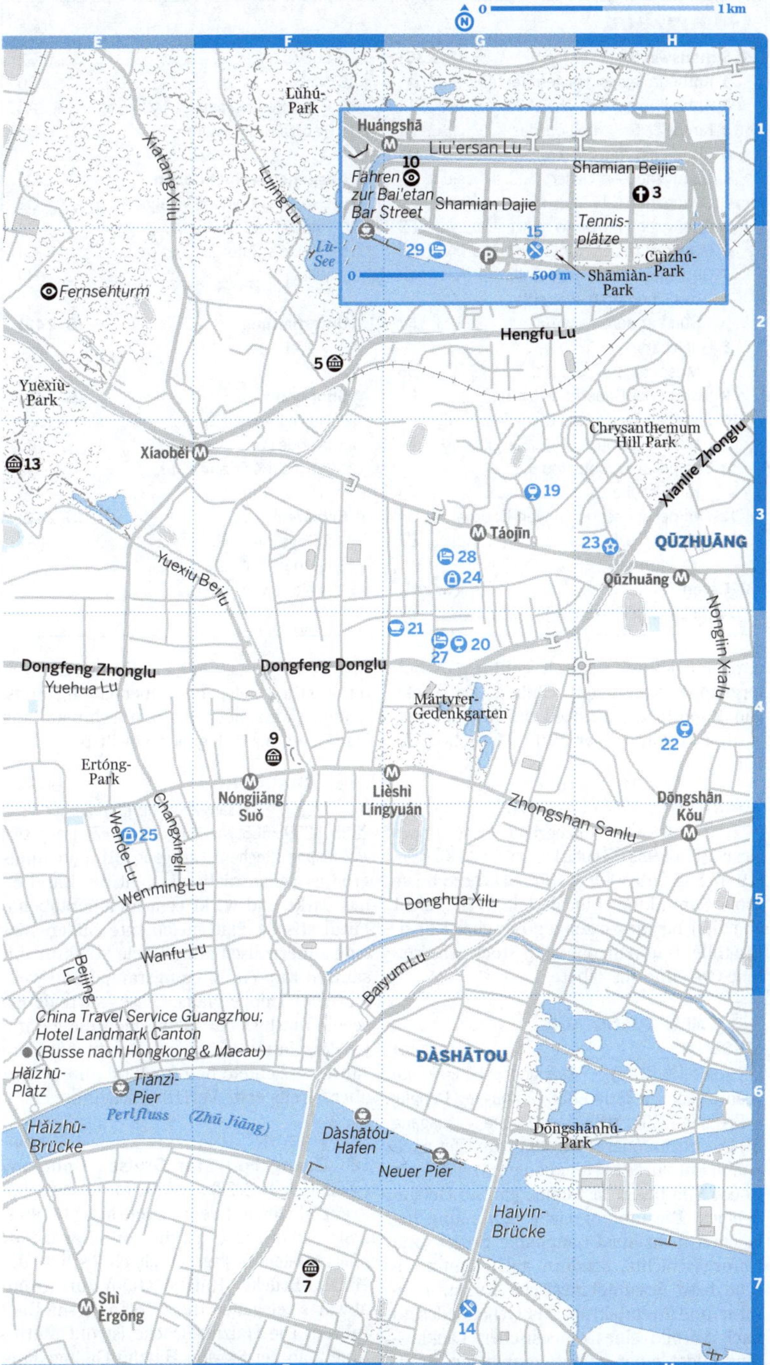

0
1 km
E
F
G
H
1
2
3
4
5
6
7
Lùhú-Park
Huángshā
Liu'ersan Lu
10
Fähren zur Bai'etan Bar Street
Shamian Beijie
3
Shamian Dajie
Tennis-plätze
15
29
Lù-See
Cuìzhú-Park
0
500 m
Shāmiàn-Park
Xiatang Xilu
Lujing Lu
Fernsehturm
Hengfu Lu
5
Yuèxiù-Park
Chrysanthemum Hill Park
Xianlie Zhonglu
Xiaobĕi
13
19
Táojīn
23
QŪZHUĀNG
28
24
Qūzhuāng
Yuexiu Beilu
Nonglin Xialu
21
27
20
Dongfeng Zhonglu
Dongfeng Donglu
Yuehua Lu
Märtyrer-Gedenkgarten
9
22
Ertóng-Park
Nóngjiăng Suŏ
Lièshì Língyuán
Zhongshan Sanlu
Dōngshān Kŏu
Changxingli
Wende Lu
25
Wenming Lu
Donghua Xilu
Wanfu Lu
Beijing Lu
Baiyum Lu
China Travel Service Guangzhou; Hotel Landmark Canton (Busse nach Hongkong & Macau)
DÀSHĀTOU
Hăizhū-Platz
Tiānzì-Pier
Perlfluss (Zhū Jiāng)
Hăizhū-Brücke
Dàshātóu-Hafen
Dōngshānhú-Park
Neuer Pier
Haiyin-Brücke
7
Shì Èrgōng
14

Guangzhou

u.a. eine kommunistisch geführte Arbeitergruppe auf Befehl Chiang Kai-Sheks von Kuomintang-Kräften erschossen. Insgesamt verloren über 5000 Menschen ihr Leben.

GUANGZHOU MUSEUM OF ART — MUSEUM

(广州艺术博物院; Guǎngzhōu Yìshù Bówùguǎn; ☎8365 9337; 3 Luhu Lu; Eintritt 20 ¥; ⌚Di–Fr 9–17, Sa & So 9.30–16.30 Uhr; 🚌10 od. 63) Die große Sammlung chinesischer Werke reicht von alter bis hin zu zeitgenössischer Kunst. Ein toller Raum im obersten Stock zeigt seltene Gobeline aus Tibet.

LP TIPP NEW GUANGDONG MUSEUM — MUSEUM

(广东省博物馆新馆; Guǎngdōngshěng Bówùguǎnxīnguǎn; ☎3804 6886; 2 Zhujiang Donglu; ⌚Di–So 9–17 Uhr; Ⓜ Zhūjiāng Xīnchéng, Ausgang B1) Das ultramoderne Museum am Ufer nach einem Entwurf des Hongkonger Architekten Rocco Yim belegt fast einen ganzen Gebäudeblock. Die umfangreiche Sammlung beleuchtet nicht nur Guangdongs Sozial- und Naturgeschichte, sondern auch kantonesische bzw. gesamtchinesische Kunst, Literatur und Architektur. Das Gebäudedesign nach Vorbild eines chinesischen Lackkastens bildet einen atemberaubenden Kontrast zu den geschwungenen Linien der weiter westlich gelegenen Oper Guangzhous. Letztere konzipierte der Stararchitekt Zaha Hadid, ein im Irak geborener Brite.

OPER GUANGZHOU — OPERNHAUS

(广州大剧院; Guǎngzhōu dà jù yuàn; ☎3839 2888, 3839 2666; www.chgoh.org; 1 Zhujiang Xilu; Ⓜ Zhūjiāng Xīnchéng, Ausgang B1) Südchinas größtes Schauspielhaus steht am Rand eines Parks und wirkt echt atemberaubend: Futuristische Plattenelemente bilden hier eine außerirdisch anmutende Struktur mit sanften Kurven, Eingangsrampe und weitläufigem Treppenhaus. Dieses surreale Erscheinungsbild hat inzwischen die gesamte Umgebung verändert. Der in nur fünf Jahren errichtete Bau für 1300 Mio. ¥ zeigt aber bereits erste Verfallserscheinungen.

BOOTSFAHRTEN — FLUSSFAHRT

Die **Guangzhou Star Cruises Company** (☎020-8333 2222) veranstaltet Abendkreuzfahrten auf dem Perlenfluss (48–88 ¥, 2 Std., 18.30–22 Uhr), die vom **Tiānzì-Pier** (Tiānzì Mǎtou; Beijing Lu) gleich östlich der Hǎizhū-Brücke (Hǎizhū Qiáo) zur stromabwärts gelegenen Insel Èrshā (Èrshā Dǎo) führen. Die Hǎizhū-Brücke ist mit Metrolinie 2 ab der Station Hǎizhū Guǎngchǎng erreichbar. Am **Xīdī-Pier** (Xīdī Mǎtou; Yanjiang Xilu). starten die Abendkreuzfahrten (23–38 ¥, 1½ Std., 19.30–21.50 Uhr) der **Guangzhou Passenger Ship Company** (☎020-8101 3912).

ESSEN

Guangzhou ist vor allem für sein Dim Sum berühmt. Einige kleine Restaurants des Bezirks Xīguān servieren lokal sehr geschätzte *xīguān xiǎochī* (Snacks und Süßspeisen), die man Seite an Seite mit vielen Einheimischen vertilgen kann. Dank der großen Auswanderergemeinde herrscht hier auch kein Mangel an internationaler Küche.

BǏNGSHÈNG RESTAURANT KANTONESISCH **$$**
(炳胜海鲜酒家; Bǐngshàng Hǎixiān Jiǔjiā; ☎020-3428 6910; 33 Dongxiao Lu; Gerichte ab 48 ¥; ⏲11–24 Uhr; 🚌293 od. 886) Trotz diverser Filialen in Guangzhou ist das riesige Hauptrestaurant nahe der Hǎiyìn-Brücke bis heute am besten: Die Wolfsbarsch-Sashimi mit Shùndé-Aroma (海鲈刺身; hǎilú cìshēn) oder der Bohnenquark mit Krabbeneiern (豆腐花蒸蟹羔; dòufuhuā zhēngxiègāo) schmecken außerordentlich lecker. Mangels einer englischsprachiger Speisekarte sollte ein chinesischer Bekannter als Übersetzer fungieren. Reservierungen sind nicht möglich.

CHUĀNGUÓ YǍNYÌ SICHUAN-KÜCHE **$$**
(川国演义; ☎020-3887 9878; Nánfāng Securities Bldg, 140–148 Tiyu Donglu; Gerichte ab 35 ¥; ⏲10–14 & 17–21 Uhr; Ⓜ Tǐyù Zhōngxīn, Ausgang B) Hier kitzelt echte Sìchuān-Küche den Gaumen: Der entsprechende Feuertopf gilt als bester in ganz Guangzhou. Am Metro-Ausgang rechts halten und ungefähr 300 m weiterlaufen!

LUCY'S US-AMERIKANISCH **$$**
(露丝酒吧餐厅; Lùsī Jiǔbā Cāntīng; ☎8121 5106; 3 Shamian Nanjie; Gerichte 28–40 ¥; ⏲11–2 Uhr; ⓂHuángshā) Das beliebte Lokal auf der Insel Shāmiàn ist etwas für westliche Fleischfans mit Lust auf Deftiges: Es serviert Burger, pikante Chicken Wings und Bier (16 ¥/Glas; Happy Hour 16–18 Uhr).

PĀNXĪ RESTAURANT DIM SUM **$$**
(泮溪酒家; Pānxī Jiǔjiā; ☎8172 1328; 151 Longjin Xilu; Gerichte ab 40 ¥; ⏲7.30–24 Uhr; ⓂChángshòu Lù) Der majestätische Restaurantgarten beeindruckt so sehr wie das Dim Sum und die übrigen Gerichte (z. B. Muschel-Fisch-Pfanne mit Gemüse). Mit etwas Glück erlebt man, wie andere Gäste spontan eine kantonesische Opernarie zum Besten geben.

NÁNXÌN SÜSSSPEISEN **$**
(南信; ☎8138 9904; 47 Dishipu Lu; Süßspeisen 5–12 ¥, Gerichte 8–15 ¥; ⏲10–24 Uhr; ⓂHuángshā) Dieser geschäftige Spezialist für *xīguān xiǎochī* liegt nahe dem Einkaufsviertel Xia Jiulu/Shang Jiulu und ist wegen der kantonesischen Süßspeisen beliebt. Tipp: das gedünstete Ei mit Milch (双皮奶; shuāngpínǎi)!

TÁO TÁO JŪ RESTAURANT DIM SUM, KANTONESISCH **$$**
(陶陶居; Táotáojū Jiǔjiā; ☎020-8139 6111; 20 Dishipu Lu; Gerichte ab 36 ¥; ⏲6.45–24 Uhr) In dem Akademiegebäude aus dem 17. Jh. bezahlt man etwas mehr als bei anderen kantonesischen Lokalen. Dafür ist das Dim Sum mit 200 Optionen absolut super. Ab 11 Uhr sind stets alle Tische belegt.

AUSGEHEN

Guangzhou besitzt eine Reihe internationaler Bars. Neben gekühltem Tsingtao und Importbier kann man sich hier auch Pizza, Burger, Reis oder Nudeln schmecken lassen.

PEOPLE'S CAFÉ CAFÉ
(☎8376 6677; 35 Jianshe Wumalu; Kaffee/Sandwiches ab 22/30 ¥; ⏲7.30–14.30 Uhr; ⓂTáojīn) Ein koreanisches Schwesternpaar führt dieses beliebte Café, das hausgemachte Backwaren und leckere Sandwiches feilbietet. Abends wird der Laden zur heiteren Kneipe.

C UNION BAR, LIVEMUSIK
(喜窝城市会; Xǐwō; ☎3584 0144; EG, Chéngshì Huì, 115 Shuiyin Lu; ⏲19–2 Uhr) Livemusik ist die Hauptattraktion der schlichten Bar hinter dem Chéngshìhuì-Gebäude (城市会) im Bezirk Yuèxiù: Lokalbands spielen hier einen guten Mix: von R&B bis Reggae. Der Laden ist ausschließlich mit dem Taxi erreichbar.

PADDY FIELD KNEIPE
(☎8360 1379; 2. Stock, Central Plaza, 38 Hua Le Lu; ⏲Mo–Fr 11.30–14.30 & 16.30–2, Sa & So 11.30–2 Uhr; ⓂTáojīn, Ausgang A) In puncto Spitzenbier ist der berühmte (aber teure) Irish Pub einer der Favoriten der ortsan-

sässigen Auswanderer. Samstags steigt hier eine Salsa-Party mit jeder Menge lauter Musik.

PING PONG BAR

(乒乓空间; ☎2829 6306; Starhouse 60, 60 Xianlie Donghenglu; ⊙18–2 Uhr) Dieser Bohemien-Treff offeriert einen Mix aus Theater, Ausstellungen und gelegentlicher Livemusik. Er ist jedoch etwas schwierig zu erreichen; am besten ein gelbes Taxi nehmen und den Fahrer bitten, einen hinter dem Xīnghǎi-Konservatorium (Xīnghǎi Yīnyuè Xuéyuàn Hòumiàn; 星海音乐学院后面) abzusetzen!

WILBER'S BAR

(☎3761 1101; 62 Zhusigang Ermalu; ⊙So–Do 17–24, Fr & Sa 17–2 Uhr; Ⓜ Qūzhuāng) Das versteckte Juwel in einer historischen Villa bietet für jeden etwas: Die Veranda ist bei Damen als ruhiger Plauderplatz beliebt. Über der schwulenfreundlichen Bar im Inneren befindet sich ein Nobelrestaurant. Zudem gibt's hier die besten Martinis und Margaritas der Stadt.

☆ UNTERHALTUNG

Wertvolle, aktuelle Veranstaltungstipps geben die umfangreiche Event-Website **Guangzhou Stuff** (www.gzstuff.com) und der monatlich erscheinende Gratis-Szeneführer **That's PRD** (http://guangzhou.urbanatomy.com), der bei den meisten Spitzenklassehotels und westlich geprägten Bars bzw. Restaurants erhältlich ist.

VELVET DISCO

(Sīróngbā; ☎8732 1139; EG, International Electronic Tower, 403 Huanshi Donglu; Bier/Cocktails 55/50 ¥; ⊙19.30–3 Uhr; Ⓜ Xiǎoběi) Guangzhous berühmtester Club ist bei DJs aus China und aller Welt angesagt. Ein Musikprogramm für jeden Geschmack macht ihn zu einer der besten örtlichen Nightlife-Adressen.

OPER GUANGZHOU OPER

(广州大剧院; Guǎngzhōu dà jù yuàn; ☎3839 2888, 3839 2666; www.chgoh.org; 1 Zhujiang Xilu; Ⓜ Zhūjiāng Xīnchéng, Ausgang B1) Das Programm des Weltklasse-Opernhauses

ÜBERNACHTEN IN GUANGZHOU

Guangzhous ohnehin teure Hotels verlangen während der Kanton-Messe (April & Okt.) sogar noch mehr. Die Listenpreise sind aber kein Grund zur Panik: Saisonabhängig gibt's Rabatte von 30 bis 60 %. Spitzenklassehotels berechnen zusätzlich 15 % Servicegebühr auf ihre Standardtarife. In den meisten Zimmern ist Breitband-Internet vorhanden.

➡ **7 Days Inn** (7 天连锁酒店; Qītiān Liánsuǒ Jiǔdiàn; ☎020-8364 4488; Fax 020-8364 4477; 32 Huale Lu; Zi. 199–329 ¥; Ⓜ Táojīn) Sehr annehmbares Kettenhotel; günstigste Option in der Fünfsterne-Enklave des Bezirks Yuèxiù.

➡ **Westin Guangzhou** (广州天誉威斯汀酒店; Guǎngzhōu Tiānyú Wēisītīng Jiǔdiàn; ☎020-2886 6868; www.starwoodhotels.com; 6 Linhe Zhonglu; EZ & DZ ab 1260 ¥, Suite ab 2076 ¥) Luxuriös und Tiānhés (wenn nicht gar Guangzhous) bestes Hotel; sehr freundliches, tüchtiges Personal und große, blitzblanke Zimmer in super Lage (Nähe Ostbahnhof).

➡ **Garden Hotel** (花园酒店; Huāyuán Jiǔdiàn; ☎8333 8989; www.thegardenhotel.com.cn; 368 Huanshi Donglu; Zi./Suite ab 3200/5200 ¥; Ⓜ Táojīn) Opulentes Fünf-Sterne-Hotel; beeindruckt mit prächtiger Lobby, Garten, Wendeltreppen, tadellosem Service und eleganten Zimmern.

➡ **Guangzhou Riverside International Youth Hostel** (广州江畔国际青年旅舍; Guǎngzhōu Jiāngpàn Guójì Qīngnián Lǚguǎn; ☎2239 2500; Fax 2239 2548; 15 Changdi Lu; B 50 ¥, EZ 108–138 ¥, DZ 148–198 ¥, Suite 268 ¥; Ⓜ Fāngcūn, Ausgang B) Sich langsam entwickelnder Backpacker-Treff mit einwandfrei sauberen Zimmern an einer Barmeile in Fāngcūn; vom Huángshā-Pier (Insel Shāmiàn) schippern viele Fähren zum Fāngcūn-Pier vor dem Haus.

➡ **White Swan Hotel** (白天鹅宾馆; Báitiān'é Bīnguǎn; ☎8188 6968; www.whiteswanhotel.com; 1 Shamian Nanjie; Zi. 1600–1800 ¥, Suite ab 4100 ¥; Ⓜ Huángshā) Gilt als Guangzhous repräsentativstes Hotel; Lobby mit Wasserfall und Fischteich, hervorragendes Zimmerspektrum (insgesamt 843) und tolle Einrichtungen.

(Architekt: Zaha Hadid) ist immer einen Blick wert.

SHOPPEN

Guangzhou ist ein super Pflaster für Besucher, die zu (halbwegs) günstigen Preisen ein bisschen shoppen möchten. In dem riesigen Angebot verbergen sich ein paar echte Schätze.

FĀNGCŪN-TEEMARKT TEE

(Fāngcūn Cháyè Shìchǎng; Fangcun Dadao; Ⓜ Fāngcūn) Die Läden und Kaufhäuser des weitläufigen Markts (mehrere Blocks) veräußern Tee nebst Kannen – meist gezielt an Großhändler, aber auf Anfrage auch oft an Privatkunden.

XĪGUĀN-ANTIQUITÄTENMEILE ANTIQUITÄTEN

(Xīguān Gǔwán Chéng; Lizhiwan Lu; Ⓜ Zhōngshān Bālù) Ein Traum für Antiquitätenfreunde: Die hiesigen Läden verkaufen von Keramik-Teekannen bis hin zu tibetischen Teppichen alles Mögliche.

TIĀNHÉ-COMPUTERMÄRKTE ELEKTRONIK

(天河电脑城; Tiānhé Diànnǎochéng; Ostende Tianhe Lu; Ⓜ Shípáiqiáo od. Gāngdǐng) Am Ostende von Tianhe Lu erstreckt sich diese XXL-Version von Shenzhens Huáqiáng Běi Commercial Street über mehrere Kilometer. Die Shops und Kaufhäuser bieten massenhaft Elektronikartikel plus technische Spielereien feil.

WENDE LU KUNSTHANDWERK

Östlich von Beijing Lu liegt das weniger touristische Viertel Wende Lu mit chinesischen Kunstläden und Galerien. Dort gibt's Kalligrafien, Malereien und alte Bücher.

XIA JIULU/SHANG JIULU BEKLEIDUNG

Xia Jiulu/Shang Jiulu („Obere/Untere 9. Straße") heißt eine weitere verkehrsberuhigte Einkaufsmeile mit etwas mehr Charakter: Sie liegt in einem der ältesten Stadtteile, der bis heute chinesische und westliche Architekturelemente vereint. Prima für die Jagd nach vergünstigten Klamotten!

HUALE LU & LIÙYÙN XIǍOQŪ BEKLEIDUNG

Das grüne Wohngebiet Liùyùn Xiǎoqū abseits der Tianhe Nanyilu strotzt nur so vor trendigen Boutiquen und Cafés. Auch in Huale Lu hinter dem Garden Hotel finden Modefreaks die heißesten Outfits zum Bruchteil des Originalpreises. Hinein nach Liùyùn Xiǎoqū führt die Gasse neben der 7-Eleven-Filiale an der Tianhe Nanyilu.

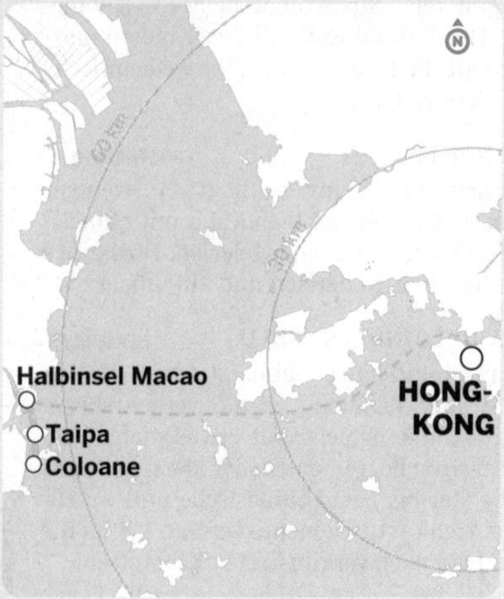

Macao

Halbinsel Macao S. 246

Das 65 km westlich von Hongkong gelegene Macao hat zwei Gesichter: Einerseits erzeugen die Festungen, die Kirchen und die Küche der früheren portugiesischen Kolonialherren einen einzigartigen mediterranen Stilmix in den eher fernöstlich geprägten Gassen, Tempeln und Schreinen an Chinas Küste. Andererseits gilt die Sonderverwaltungszone Macao auch als „Las Vegas des Ostens", denn nirgendwo sonst in China ist das Glücksspiel legal.

Die Inseln: Taipa & Coloane S. 265

Taipa bestand ursprünglich aus zwei Inseln, die im Lauf der Jahre durch die Schlammablagerungen des Perlflusses zusammengewachsen sind. Infolge von Landgewinnungsprojekten sind heute auch Taipa und Coloane miteinander verbunden. Taipa hat sich unglaublich schnell entwickelt. Es ist schwer zu glauben, dass die Insel noch vor ein paar Jahrzehnten nur aus Entenfarmen und Bootswerften bestand. Das kleine Coloane war bis 1910 eine Pirateninsel. Heute ist hier noch die alte Lebensart Macaos erhalten, obwohl inzwischen auch einige Luxusvillen auf der Insel Einzug gefunden haben.

MANFRED GOTTSCHALK/GETTY IMAGES ©

HIGHLIGHTS
RUINE DER PAULUSKIRCHE

Das „Tor ins Nirgendwo" ist das Wahrzeichen Macaos. Von der Jesuitenkirche aus dem 17. Jh. sind nur noch Fassade und Treppe erhalten. Mit den Statuen, Portalen und Skulpturen, der „Sinfonie aus Stein", gilt sie als eines der bedeutendsten christlichen Monumente Asiens.

Die Kirche wurde von einem italienischen Jesuiten entworfen und 1602 von geflohenen Christen aus Japan und chinesischen Handwerkern erbaut. Nach der Ausweisung der Jesuiten wurde ein Soldatenbataillon in der Kirche stationiert. 1835 brach in der Kasernenküche ein Feuer aus und zerstörte alles – bis auf das, was man heute noch sieht.

Die Fassade besteht aus fünf Stockwerken. Ganz oben hängt eine Taube, die den Heiligen Geist symbolisiert. Um sie gruppieren sich Reliefs von Sonne, Mond und Sternen. Drunter ist eine Figur des Jesuskinds zu sehen, umgeben von Kreuzigungsutensilien. Im Zentrum des dritten Stocks ist die Jungfrau Maria zu sehen, die in den Himmel eingeht und umgeben ist von Engeln und zwei Blumen – der Pfingstrose, die China repräsentiert, und der Chrysantheme, dem Symbol für Japan. Am Rand des Giebels befinden sich auch Wasserspeier in Form von chinesischen Löwen, die denen an den Eingängen von chinesischen Tempeln ähneln. Und unterhalb des Giebels, auf der rechten Seite der Fassade erblickt man einen Drachen mit der heiligen Jungfrau auf dem Rücken.

NICHT VERSÄUMEN

- Fassadendetails
- Treppe
- Museum für sakrale Kunst
- Krypta & Ossuarium

PRAKTISCH & KONKRET

- Ruinas de Igreja de São Paulo (大三巴牌坊)
- Karte S. 248
- Travessa de São Paulo
- Eintritt frei
- 8A, 17, 26; am Park Luis de Camoes aussteigen

Zur Fassade führen sechs Treppen mit je elf Stufen und Absätzen, die mit hübschen Balustraden versehen sind. Schöne Blumenbeete führen an der ganzen rechten Seite entlang.

Das **Museum für sakrale Kunst** (天主教藝術博物館; Museu de Arte Sacra; Karte S. 248; Rua de São Paulo; 9–18 Uhr) zeigt Holzfiguren, Kelche, Monstranzen und Ölgemälde. Krypta und Ossuarium (墓室; Museu de Arte Sacra e Cripta; Karte S. 248; Travessa de São Paolo; Eintritt frei; 9–18 Uhr) beherbergen die Überreste asiatischer Christen, die im 17. Jh. das Martyrium erlitten.

Halbinsel Macao

Rundgang

Mit Bus 3 vom Fährhafen Macao-Hongkong geht's zum Largo do Senado, wo man die Dominikuskirche, das Lou-Kau-Haus und andere Sehenswürdigkeiten rund um den Platz besichtigen kann. Man läuft hinauf bis zur Ruine der Pauluskirche und zum Fort Monte mit dem Museu de Macau ein Stück weiter oben. Dafür sollte man 90 Minuten einplanen. Bevor man die Ruine verlässt, kann man rechts noch den Nga-Cha-Tempel besichtigen und die Souvenirläden durchstöbern. Durch die winzigen Straßen schlendert man südwestwärts Richtung Innerer Hafen und legt unterwegs für eine oder zwei Stunden einen Zwischenstopp beim Mandarin-Haus und der Kapelle des Priesterseminars von St. Joseph ein. Nach dem Mittagessen geht es hinüber zum A-Ma-Tempel und zur Maurischen Kaserne. Danach nimmt man ein Taxi nach Norden, zum hübschen Viertel St. Lazarus, um das Neueste in der Kunstszene zu begutachten.

Highlights

- **Sehenswertes** Ruine der Pauluskirche (S. 245)
- **Essen** Alfonso III (S. 260)
- **Ausgehen** Macau Soul (S. 262)

Top-Tipp

Alle großen Kasinos betreiben kostenlose Shuttles von und zu den Fährhäfen, dem Grenztor und dem Flughafen. Diese Busse kann jeder nutzen, ohne zu fragen. Sie stehen vor den Fährhäfen und den Kasinos. Infos zu den Strecken zum Grenztor und zum Flughafen erhält man in den Kasinos.

An- & Weiterreise

Flugzeug Infos zu Fluglinien, die den Macao International Airport (☎2886 1111; www.macau-airport.com/en) auf Taipa bedienen, erhält man auf der Website. Sky Shuttle in Hongkong (☎852-2108 9898; www.skyshuttlehk.com; Mo–Do 2600 HK$; Fr–So 2800 HK$; ⏲9–23 Uhr) betreibt ein Hubschrauber-Shuttle; der Flug nach Macao dauert 15 Minuten.

Sampans & Fähren (12,50 MOP, Ausreisegebühr 20 MOP; ⏲8–16 Uhr stündl.) Von einem Pier nahe der Kreuzung Rua das Lorchas und Rua do Dr. Lourenço Pereira Marques legen Fähren nach Wanzai ab.

Schiffe nach China Yuet Tung Shipping Co. (☎2877 4478; 129 MOP) betreibt täglich Fähren vom Pier 11a, gleich abseits der Rua das Lorchas, nach Shekou in Shenzhen (80 Min.). Abfahrt ist um 10, 12.30, 18.15 und 20.15 Uhr, die Rückfahrt um 8.15, 9.45, 11.45 und 18.30 Uhr. Tickets können bis zu drei Tage im Voraus am Pier 11a gekauft werden.

Schiffe nach Hongkong TurboJet (☎in Hongkong 790 7039, Auskunft 852-2859 3333, Buchung 852-2921 6688; www.turbojet.com.hk; Economy/Superclass Mo–Fr 142/244 HK$, Sa & So 154/260 HK$, Nachtfahrt 176/275 HK$) bietet die meisten Überfahrten. Der Trip dauert 55 Minuten; Abfahrt in Hongkong ist am Hongkong-Macao-Fährhafen (☎2547 4386; 200 Connaught Rd, Sheung Wan) und in Macao am Fährhafen Macao (Karte S. 248; ☎8790 7039). Auf der Website gibt's Infos zu Verbindungen zum Flughafen Chek Lap Kok in Hongkong.

CotaiJet (☎2885 0595, in Hongkong 852-2359 9990; www.cotaijet.com.mo; Economy/Superclass Mo–Fr 142/244 MOP, Sa & So 154/260 MOP, Nachtfahrt 176/275 MOP) fährt zwischen 7 und 1 Uhr alle halbe Stunde zwischen Taipa und dem Hongkong-Macao-Fährhafen. Ein Zubringer bringt Fahrgäste zu Zielen am Cotai. Auf der Website gibt's Infos zu Verbindungen zum Flughafen Chek Lap Kok.

New World First Ferry (☎2872 7676, in Hongkong 852-2131 8181; www.nwff.com.hk; Economy/Deluxe Mo–Fr 140/245 HK$, Sa & So 155/260 HK$, Nachtfahrt 175/275 MOP; 60–75 Min.) verkehrt zwischen 7 und 22.30 Uhr alle halbe Stunde zwischen Macao und dem China-Hafen in Hongkong (33 Canton Rd, Tsim Sha Tsui).

Gut zu wissen

- **Vorwahl** ☎853
- **Lage** 60 km südwestlich von Hongkong
- **Touristeninformation** (☎2831 5566, Touristen-Hotline 2833 3000; www.macautourism.gov.mo; 335-341 Alameda Dr. Carlos d'Assumpcao, Edificio „Hot Line", 12o andar; ⏲Mo–Fr 9–13 & 14.30–17.35 Uhr)

SEHENSWERTES

Der Großteil aller Museen, Kirchen, Gärten, alten Friedhöfe und bedeutenden Kolonialgebäuden Macaos findet man auf der Halbinsel. 2005 erkannte die Unesco den kulturellen Reichtum an und erklärte die Altstadt Macaos mit ihren acht Plätzen und 22 historischen Gebäuden zum Weltkulturerbe. Bei vielen denkmalgeschützten Stätten haben Senioren ab 60 Jahren und Kinder unter elf freien Eintritt – einfach nachfragen! Mit dem Macao-Museumspass (25 MOP) kann man in einem Zeitraum von fünf Tagen ein halbes Dutzend Museen besuchen.

Zentrum der Halbinsel Macao

LEAL SENADO — HISTORISCHES GEBÄUDE

Karte S. 252 (民政總署大樓; 163 Avenida de Almeida Ribeiro; 3, 6, 26 A, 18A, 33, an der Almeida Ribeiro aussteigen) An der Westseite des Largo do Senado befindet sich das bedeutendste historische Gebäude Macaos, der „Loyale Senat" aus dem 18. Jh. Jetzt ist hier das Instituto para os Assuntos Cívicos e Municipais (IACM; Bürgeramt) untergebracht. Der Name geht darauf zurück, dass die hier tagende Vertretung sich während der 60-jährigen Besetzung Portugals durch Spanien weigerte, die spanische Herrschaft anzuerkennen. 1654, zwölf Jahre nach der Wiedereinrichtung der portugiesischen Herrschaft, ließ König Johann IV. eine heraldische Inschrift in der Eingangshalle des Senatsgebäudes anbringen, die noch heute zu sehen ist. Rechts von der Eingangshalle befindet sich die **IACM-Galerie** (民政總署展覽廳; Eintritt frei; Di–So 9–21 Uhr) mit Wechselausstellungen. Im 1. Stock ist die **Senatsbibliothek** (民政總署圖書館; 2857 2233; Eintritt frei; Mo–Sa 13–19 Uhr) untergebracht, die rund 18500 Bücher umfasst und mit wundervollen Holzmöbeln und getäfelten Wänden ausgestattet ist.

RUINE DER PAULUSKIRCHE — RUINE

Siehe S. 245.

FORT MONTE — FESTUNG

Karte S. 252 (大炮台; Fortaleza do Monte; 7–19 Uhr; 7, 8) Das Fort Monte gleich östlich der Fassadenruine der Pauluskirche wurde zwischen 1617 und 1626 von den Jesuiten als Teil des Marienkollegs errichtet. Kasernen und Lagerhäuser wurden so konzipiert, dass die Festung einer Belagerung von bis zu zwei Jahren trotzen konnte. Die Kanonen wurden allerdings nur ein einziges Mal benutzt: 1622 während des gescheiterten Versuchs der Holländer, Macao zu erobern. Am Sozialamt aussteigen!

MUSEU DE MACAU (MACAU MUSEUM) — MUSEUM

Karte S. 252 (澳門博物館; 2835 7911; www.macaumuseum.gov.mo; 15 MOP, am 15. jedes Monats Eintritt frei; Di–So 10–17.30 Uhr; 7, 8) Das ausgezeichnete Museum im Fort Monte erzählt die Geschichte Macaos. Im 1. Stock führt die Ausstellung über die Entstehung Macaos durch die Frühgeschichte des Gebiets. Als Vergleich und Kontrast werden parallele Entwicklungen in Ost und West aufgezeigt. Highlight des Museums ist die aufwendig gestaltete Abteilung über die verschiedenen Religionen im Territorium. Der 2. Stock widmet sich der Volkskunst und dem Brauchtum Macaos. Hier sieht und hört man alles – von einer nachgebauten Fabrik für Feuerwerkskörper bis hin zu Tonbandaufnahmen der Rufe von Straßenverkäufern, die Besen und Altmetall feilbieten. Nicht versäumen sollte man die Aufnahmen des aus Macao stammenden Dichters José dos Santos Ferreira (1919–1993), der in einheimischem Dialekt aus seinen Werken liest. Das oberste Stockwerk widmet sich dem Macao von heute. Dort kann man sich über die neuesten Bauten und Projektpläne informieren. Am Sozialamt aussteigen!

KATHEDRALE VON MACAO — KIRCHE

Karte S. 252 (大堂(主教座堂); A Sé Catedral; Largo da Sé; 8–18 Uhr; 3, 6, 26A, 18A) Östlich des Largo do Senado steht die Kathedrale. Sie wurde 1850 geweiht und 1937 komplett aus Beton neu gebaut. Das Bauwerk ist nicht besonders attraktiv, hat aber ein paar bemerkenswerte Buntglasfenster. Zu den christlichen Festen und Feiertagen ist hier jede Menge los.

WAISENHAUSMUSEUM — MUSEUM

Karte S. 252 (仁慈堂博物館; Núcleo Museológico da Santa Casa da Misericórdia; 2857 3938; 2 Travessa da Misericórdia; Erw./Student & Senior ab 65 Jahren 5 MOP/frei; Mo–Sa 10–17.30 Uhr; 3, 6, 26A) Mitten auf dem Largo do Senado steht die älteste soziale Einrichtung Macaos. Das Haus wurde 1569 gegründet und diente im 18. Jh. als Heim für Waisen

Halbinsel Macao

N 0 500 m

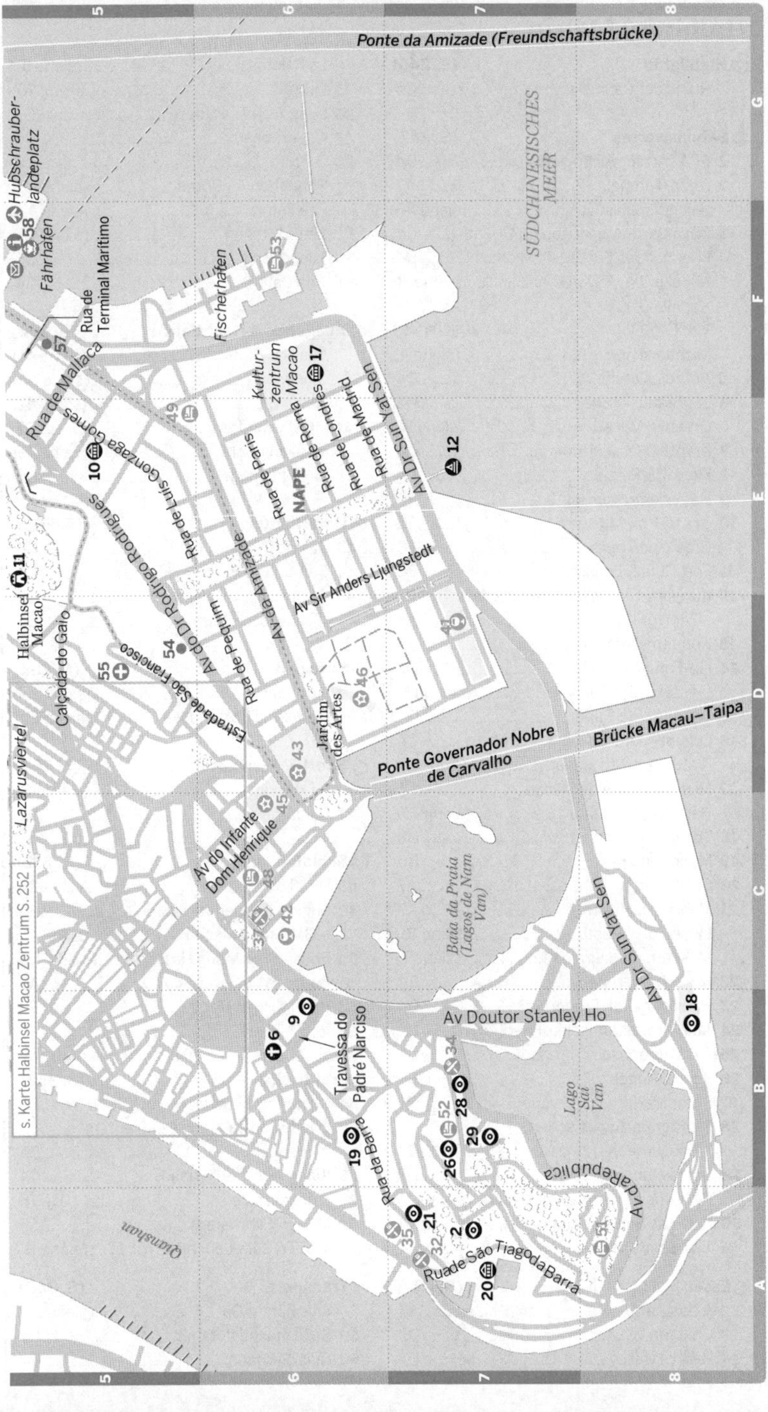
Ponte da Amizade (Freundschaftsbrücke)
SÜDCHINESISCHES MEER
Hubschrauberlandeplatz
58
Fährhafen
Rua de Terminal Marítimo
Fischerhafen
53
57
Rua de Mallaca
Rua de Luís Gonzaga Gomes
10
49
Kulturzentrum Macao
17
Rua de Paris
Rua de Roma
Rua de Londres
Rua de Madrid
Rua de Sun Yat Sen
NAPE
Av Dr Sun Yat Sen
12
Halbinsel Macao
11
Av Dr Rodrigo Rodrigues
Rua de Pequim
Av da Amizade
Av Sir Anders Ljungstedt
41
Calçada do Gaio
55
54
Estrada de São Francisco
Jardim des Artes
46
43
Ponte Governador Nobre de Carvalho
Brücke Macau–Taipa
Lazarusviertel
Av do Infante Dom Henrique
45
48
37
42
s. Karte Halbinsel Macao Zentrum S. 252
Baía da Praia (Lagos de Nam Van)
6
9
Travessa do Padré Narciso
Av Doutor Stanley Ho
Av Dr Sun Yat Sen
18
34
28
52
29
Lago Sai Van
19
Rua da Barra
26
Av da República
21
35
2
32
Rua de São Tiago da Barra
20
51
Qianshan
A
B
C
D
E
F
G
5
6
7
8

Halbinsel Macao

Highlights **(S. 245)**

Ruine der Pauluskirche ... C4

Sehenswertes **(S. 247)**

1 AFA (Art for All Society) ... D4
2 A-Ma-Tempel ... A7
Bischofspalast ... (siehe 26)
3 Casa Garden & Museu do Orient ... C4
4 Friedhof des Erzengels Michael ... D4
Kapelle U. L. F. von Guia ... (siehe 11)
Kapelle U. L. F. von Penha ... (siehe 26)
Michaelskapelle ... (siehe 4)
5 Antoniuskirche ... C4
6 Laurentiuskirche ... B6
Creative Macau ... (siehe 17)
7 Krypta & Ossuarium ... C4
8 Flora-Park ... E4
9 Haus der Regierung ... B6
10 Grand-Prix-Museum ... E5
Gray Line Tours ... (siehe 58)
11 Fort Guia & Leuchtturm ... E5
12 Kun-Iam-Statue & Ökumenisches Zentrum ... E7
13 Kun-Iam-Tempel ... E3
14 Lin-Fung-Tempel ... D2
Lin-Zexu-Gedenkhalle ... (siehe 14)
15 Lou-Lim-Ioc-Park ... D4
16 Luís-de-Camões-Park & Grotte ... C4
Kulturzentrum Macao ... (siehe 17)
17 Museu de Arte de Macau ... F6
Haus der Teekultur ... (siehe 15)
18 Torre de Macau ... B8
19 Mandarin-Haus ... B6
20 Schifffahrtsmuseum ... A7
21 Maurische Kaserne ... A7
Museu do Oriente ... (siehe 16)
Museum für sakrale Kunst ... (siehe 7)
22 Na-Tcha-Tempel ... C4
23 Haus der alten Frauen ... D4
24 Alter protestantischer Friedhof ... C4
25 Ox Warehouse ... D2
26 Penha-Hügel ... B7
27 Roter Markt ... D3
28 Sitz der portugiesischen Gouverneure ... B7
29 Santa-Sancha-Palast ... B7
Bibliothek Sr. Wong Ieng Kuan ... (siehe 16)
30 Sun-Yat-Sen-Gedenkstätte ... D4
31 Tap-Seac-Platz ... D4

Essen **(S. 259)**

32 A Lorcha ... A7
33 Chat Yin ... D3
34 Henri's Galley ... B7
La Paloma ... (siehe 51)
35 Litoral ... A7
36 Lung Wah Tea House ... C3
37 New Yaohan ... C6
38 O Porto ... E2
Robuchon Au Dôme ... (siehe 43)
The Eight ... (siehe 43)
Tim's Kitchen ... (siehe 43)
39 Toung King ... D3
40 Xina Cafe ... C4

Ausgehen & Nachtleben **(S. 262)**

Aba Bar ... (siehe 41)
Cinnebar ... (siehe 46)
Lion's Bar ... (siehe 41)
41 MGM Grand Macau ... D7
Russian Room ... (siehe 41)
42 Sky 21 Lounge ... C6

Unterhaltung **(S. 263)**

43 Casino Lisboa ... D6
44 Comuna de Pedra ... C4
45 Grand Lisboa Casino ... C6
46 Wynn Macau Casino ... D6

Shoppen **(S. 264)**

Lines Lab ... (siehe 23)
Mercearia Portuguesa ... (siehe 23)

Sport & Aktivitäten **(S. 264)**

AJ Hackett ... (siehe 18)
47 Canidrome ... D2

Schlafen **(S. 272)**

48 Hotel Sintra ... C6
49 Mandarin Oriental ... E5
MGM Grand Macau ... (siehe 41)
50 Pousada de Mong Há ... D2
51 Pousada de Saõ Tiago ... A8
52 Riviera Hotel Macau ... B7
53 Rocks Hotel ... F6

Praktisches **(S. 352)**

54 China Travel Service ... D5
55 Conde Saõ Januário Central Hospital ... D5
56 Kiang-Wu-Krankenhaus ... C4
57 Einreisestelle ... F5
58 MGTO (Fährhafen) ... F5
MGTO (Guia-Leuchtturm) ... (siehe 11)

Transport **(S. 340)**

Avis Rent A Car ... (siehe 58)
59 Seilbahnenstation ... E4
60 Guia-Seilbahn ... E4

und Prostituierte. Heute ist es ein Museum, in dem Gegenstände ausgestellt sind, die mit der Geschichte des Hauses zu tun haben – religiöse Artefakte, chinesisches, japanisches und europäisches Porzellan, der Schädel des Hausbegründers und ersten Bischofs von Macao, Dom Belchior Carneiro, und ein Porträt von Martha Merop, einer Waise, die Unternehmerin und Mäzenin des Hauses wurde.

DOMINIKUSKIRCHE KIRCHE

Karte S. 252 (玫瑰堂; Igreja de São Domingos; Largo de São Domingos; 10–18 Uhr; 3, 6, 26A) Die Barockkirche aus dem 17. Jh. mit schönem Altar und Holzdach steht nordöstlich vom Largo do Senado. Sie beherbergt die **Schatzkammer sakraler Kunst** (聖物寶庫; Tresouro de Arte Sacra; Eintritt frei; 10–18 Uhr), eine Art Aladdinhöhle auf drei Stockwerken voller sakraler Kunstwerke und liturgischer Objekte.

GRATIS **LOU-KAU-HAUS** HISTORISCHES GEBÄUDE

Karte S. 252 (盧家大屋; Casa de Lou Kau; 8399 6699; 7 Travessa da Sé; Di–So 9–19 Uhr; 2, 3, 3A, 4) Das 1889 im kantonesischen Stil erbaute Haus mit südeuropäischen Elementen gehörte dem Unternehmer Lou Wa Sio (alias Lou Kau), der auch den **Lou-Lim-Ioc-Park** anlegen ließ. Hinter der grauen Fassade versteckt sich ein faszinierendes Labyrinth aus offenen und halb geschlossenen Räumen, die einen fließenden Übergang zwischen drinnen und draußen kreieren. Das Blumen- und Vogelmotiv am Dach ist auch am **Mandarin-Haus** und am **A-Ma-Tempel** zu finden. An den Wochenenden finden hier kostenlose Führungen statt (10–19 Uhr).

LP TIPP **JOSEFSKAPELLE** KIRCHE

Karte S. 252 (聖若瑟修院及聖堂; Capela do Seminario Sao Jose; Rua do Seminario; 10–17 Uhr; 9, 16, 18) Die Josefskapelle liegt etwas außerhalb der üblichen Touristenrunde. Sie ist eines der schönsten Beispiele tropikalisierter Barockarchitektur in Macao. Als Teil eines Jesuitenseminars wurde sie 1758 geweiht. Sie besitzt eine weiß-gelbe Fassade, einen ausgekehlten Eingangsbereich europäischen Stils und die älteste, wenn auch nicht sehr hohe Kuppel, die je in China gebaut worden ist. Am interessantesten ist jedoch das Dach, das mit einheimischen Materialien auf chinesische Art eingedeckt wurde.

THEATER DOM PEDRO V. KULTUR

Karte S. 252 (崗頂劇院; Teatro Dom Pedro V; 2893 9646; Calçada do Teatro; 9, 16, 18) Das klassizistische Theater mit Säulenfassade steht gegenüber der Augustinuskirche. Es wurde 1858 als ältestes europäisches Theater in China erbaut. Geöffnet ist es nur im Rahmen von Kulturveranstaltungen.

LP TIPP **BIBLIOTHEK SIR ROBERT HO TUNG** BIBLIOTHEK

Karte S. 252 (何東圖書館; 3 Largo de St Agostinho; Mo–Sa 10–19, So 11–19 Uhr; @; 9, 16, 18) Das Kolonialgebäude aus dem 19. Jh. war ursprünglich der Landsitz des verstorbenen Unternehmers. Es hat eine Fassade mit ionischen Säulen, eine Kuppel und einen chinesischen Garten. Der Anbau stammt vom Architekten Joy Choi Tin Tin. Das neue, luftige vierstöckige Gebäude aus Glas und Stahl ist mit an Piranesi erinnernden Brücken mit dem Altbau verbunden; der Zwischenraum ist mit einem Glasdach überdeckt.

LP TIPP **MANDARIN-HAUS** HISTORISCHES GEBÄUDE

Karte S. 248 (鄭家大屋; Caso do Mandarim; 2896 8820; www.wh.mo/mandarinhouse; 10 Travessa de Antonio da Silva; Eintritt frei; Fr–Di 10–18 Uhr; 28B, 16) Das 1869 erbaute Mandarin-Haus mit mehr als 60 Zimmern war der Familiensitz von Zheng Guanying, einem einflussreichen Schriftsteller und Unternehmer, zu dessen Leserschaft Kaiser, Dr. Sun Yat-sen und Mao Zedong gehörten. Die Anlage ist in dem für einige chinesischen Bauwerke typischen labyrinthmäßigen Stil gestaltet und umfasst ein Mondtor, einen Zugang für Sänften, herrliche Höfe, exquisite Räume und eine Haupthalle mit Fenstern, die vom Boden bis zur Decke reichen.

LAURENTIUSKIRCHE KIRCHE

außerhalb der Karte S. 248 (聖老楞佐教堂; Igreja de São Lourenço; Rua de São Lourenço; Di–So 10–18, Mo 13–14 Uhr; 3, 6, 26A) Die ursprüngliche Holzkirche wurde in den 1560er-Jahren erbaut und Anfang des 19. Jhs. durch diese Kirche aus Stein ersetzt. Sie hat zauberhafte Deckenbemalungen, und einer der Kirchtürme diente einst als Kirchengefängnis. Der Eingang ist an der Rua da Imprensa Nacional.

AUGUSTINUSKIRCHE KIRCHE

Karte S. 252 (聖奧斯定教堂; Igreja de Santo Agostinho; Largo de São Agostinho; 10–18 Uhr;

Halbinsel Macao Zentrum

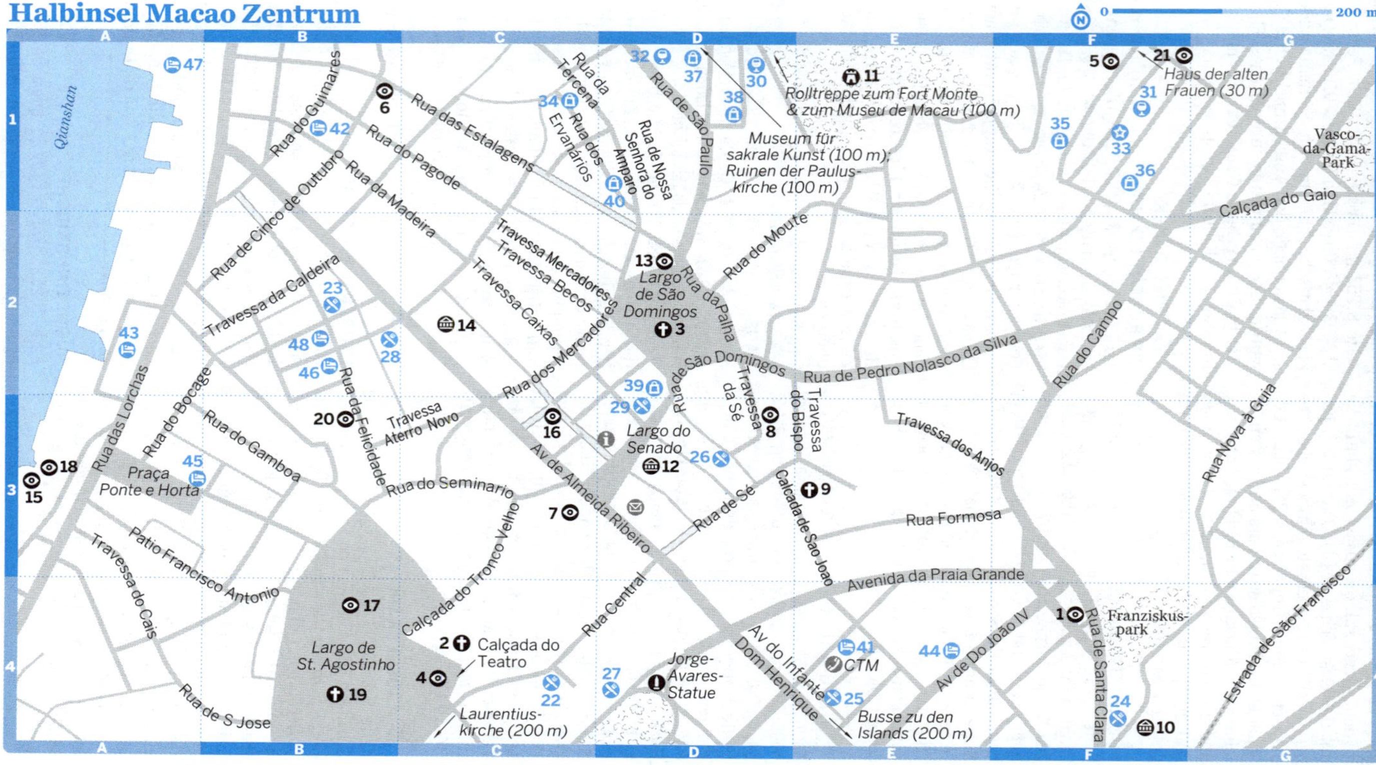

Halbinsel Macao Zentrum

3, 6, 26A) Südwestlich vom Largo do Senado erreicht man über die Rua Central die Augustinuskirche. Ihre Fundamente stammen von 1586, aber die heutige Kirche wurde 1814 erbaut. Auf dem Hochaltar steht die Statue eines kreuztragenden Christus. Die Figur wird am ersten Samstag der Fastenzeit während der Passionsprozession durch die Straßen getragen.

SAM-KAI-VUI-KUN-TEMPEL
TAOISTISCHER TEMPEL

Karte S. 252 (三街會館; Sam Kai Vui Kun; Rua Sui do Mercado de São Domingos; 8–18 Uhr; 3, 6, 26A) Der Name des Tempels bedeutet „Gemeindehalle für drei Straßen". Erst war das Gebäude ein Treff für Händler und dann ein Schiedsgericht, ehe 1912 die chinesische Handelskammer gegründet wurde. Der Tempel ist Kwan Yu gewidmet, dem Gott des Krieges und der Gerechtigkeit. Besonders lebendig geht es hier im Mai, Juni und Juli zu, wenn die Einheimischen drei Feste zu Ehren des Gottes feiern.

TEMPEL
TAOISTISCHE TEMPEL

Macao hat ein paar interessante chinesische Tempel, die wichtigen, aber weniger verehrten Gottheiten geweiht sind. Es gibt kein besseres Symbol für die kulturelle Vielfalt Macaos als den **Na-Tcha-Tempel** (Karte S. 248; 哪吒廟; Templo de Na Tcha; Rua de Sao Paulo: Eintritt frei; 8–17 Uhr; 8A, 17, 26), der friedlich neben der Ruine der Pauluskirche steht. Der Tempel wurde um 1888 gebaut und ist wegen der damals wütenden Pest dem kindlichen Kriegsgott geweiht. Die Außenmauern sollen angeblich Teil der alten Stadtmauern sein, gehörten tatsächlich aber zu dem früheren Kolleg neben der Pauluskirche. Der wie ein Schrein wirkende **Nu-Wa-Tempel** (Karte S. 252; 女媧廟; Nui Wo Miu; Ecke Rua das Estalagens & Travessa Dos Algibebes; Eintritt frei; 9–17 Uhr; 3, 6, 26A) in einem verblassten gelben Gebäude wurde ebenfalls 1888 erbaut und ist der chinesischen Erdgöttin geweiht. Der 200 Jahre alte **Hong-Kung-Tempel** (Karte S. 252; 康公廟; Hong Kung Miu; Ecke Rua das Estalagens & Rua de Cinco de Outubro; ⌚8–18 Uhr; 🚌3, 6, 26A) ist Li Lie geweiht, einem General der Han-Dynastie. Auf dem schiffsähnlichen Gebilde in der Mitte der Haupthalle wird im Rahmen religiöser Feste den Gottheiten Wein dargebracht.

HAUS DER REGIERUNG GEBÄUDE

Karte S. 248 (特區政府總部; Sede do Governo; Ecke Avenida da Praia Grande & Travessa do Padré Narciso) Südlich der Laurentiuskirche befindet sich der Sitz der Regierung der Sonderverwaltungszone Macao. Das mit Säulen versehene, rosafarbene Gebäude wurde 1849 für einen portugiesischen Adligen erbaut. Nur an einem Tag im Jahr – meistens im September oder Oktober – ist das Haus der Öffentlichkeit zugänglich.

CHINESISCHER LESESAAL HISTORISCHES GEBÄUDE

Karte S. 252 (八角亭圖書館; Rua de Santa Clara; ⌚9–12 & 19–24 Uhr; 🚌6) Der chinesische Name der ehemaligen Bar von 1926 bedeutet auf Deutsch „Achteckiger Pavillon". Der Saal hat rote Fenster und eine Flügeltreppe, die zwei Etagen miteinander verbindet.

LEIHHAUSMUSEUM HISTORISCHES GEBÄUDE

Karte S. 252 (典當業展示館; Espaço Patrimonial – Uma Casa de Penhores Tradicional; ☎2892 1811; 396 Avenida de Almeida Ribeiro; Eintritt 5 MOP; ⌚10.30–19 Uhr, am 1. Mo im Monat geschl.; 🚌3, 6, 26A) Das Museum ist im ehemaligen Leihhaus Tak Seng On (was „Tugend und Erfolg" bedeutet) von 1917 untergebracht. Der achtstöckige Granitturm, in dem die Waren in vielen Regalen und Tresoren gelagert wurden, erinnert mit seinen schlitzförmigen Fenstern stark an eine Festung.

STRASSE DES GLÜCKS STRASSE

Karte S. 252 (福隆新街; Rua da Felicidade; 🚌3, 6, 26A) Etwas weiter westlich vom Largo do Senado findet man die Rua da Felicidade. Die mit roten Rollläden versehenen Häuserzeilen bildeten einst das größte Rotlichtviertel Macaos. Die Straße kommt einem vielleicht bekannt vor, denn hier wurden einige Szenen von *Indiana Jones und der Tempel des Todes* gedreht. Es macht Spaß, von hier nach Westen zum Inneren Hafen zu schlendern.

LP TIPP LAZARUSVIERTEL VIERTEL

Karte S. 252 (瘋堂斜巷; Calcada da Igreja de Sao Lazaro; 🚌7, 8) In dem hübschen Viertel mit friedlichen Häusern und kopfsteingepflasterten Straßen haben sich in den letzten Jahren Künstler, Designer und Selbstständige niedergelassen. Der neue **Verein zur Förderung der Kreativwirtschaft im Lazarusviertel** (望德堂區創意產業促進會; www.cipa.org.mo) vereint die Mieter und organisiert Kulturveranstaltungen wie die wöchentliche öffentliche Vorstellung „Sun Never Left" (S. 263). Aktuelle Infos gibt's auf der Website. In diesem Viertel befinden sich auch das G17, eine neue Galerie für Keramikkünstler, und das Café Jabber der Modeschöpferin Venessa Cheah.

HAUS DER ALTEN FRAUEN HISTORISCHES GEBÄUDE

Karte S. 248 (仁慈堂婆仔屋; www.albcreativelab.com; 8 Calcada da Igreja de Sao Lazaro; ⌚Mi–Mo 12–19 Uhr) Das Haus beherbergte im Zweiten Weltkrieg portugiesische Flüchtlinge aus Shanghai und später obdachlose ältere Frauen. Heute verwaltet eine Künstlergruppe das Haus. Im malerischen Hof gibt es einen alten Brunnen und prächtige alte Bäume. Hier sind auch die Modeboutique Lines Lab und seit Neuestem auch der portugiesische Lebensmittelladen Mercearia Portuguesa untergebracht.

G32 HISTORISCHES GEBÄUDE

Karte S. 252 (☎2834 6626; 32 Rua de Sao Miguel; kostenlose Führung Sa & So 15–17 Uhr) Das G32 ist ein Mietshaus, das in den 1960er- und 1970er-Jahren zu einem typisch macanesischen Wohnhaus umgebaut und aufgehübscht wurde. Das dreistöckige Gebäude mit einer schmalen Treppe ist mit Holzdielen, apfelgrünen Blümchentapeten und Retro-Möbeln ausgestattet. Beim Blick vom Dach sieht man Macaos alte chinesische Gebäude Seite an Seite mit Unesco-Kulturerbestätten und kitschigen Kasinos.

KUNSTZENTRUM TAI FUNG TONG HISTORISCHES GEBÄUDE

Karte S. 252 (大瘋堂藝舍; ☎2835 3537; 7 Calcada de Sao Lazaro; ⌚14–18 Uhr, Mo geschl.) Das prächtige historische Gebäude mit einer Mischung aus chinesischen und europäischen Architekturstilen wurde vor fast 100 Jahren von einem Philanthropen erbaut. Es diente als katholische Schule und unmittelbar danach als Jugendzentrum. Heute hat hier eine Gruppe von Denkmalschützern ihren Sitz, die das chinesische Erbe bewahren will. Das Haus zeigt eine Ausstellung traditioneller chinesischer Artefakte. Außerdem demonstriert der Kalligraf Carlos Choi seine Kunst.

TAP-SEAC-PLATZ PLATZ

Karte S. 248 (塔石廣場; Praca do Tap Seac; 🚌7, 8) Den neuen Platz säumen bedeutsame historische Gebäude (das Kulturamt, die Zentralbibliothek Macao und die historische Archivbibliothek Macao). Er wurde vom macanesischen Architekten Carlos Marreiros gestaltet. Aus derselben Feder stammt auch das Gesundheitszentrum Tap Seac (neben dem Kulturamt), eine moderne Interpretation von Macaos klassizistischen Gebäuden.

OX WAREHOUSE KUNSTZENTRUM

Karte S. 248 (牛房倉庫; Armazem de Boi; ☎2853 0026; http://oxwarehouse.blogspot.com; Ecke Avenida Coronel Mesquita & Avenida do Almirante Lacerda; ⏲Mi–Mo 12–19 Uhr; 🚌1A, 12) Eines der geschäftigsten Nichtregierungskulturzentren von Macao ist der atmosphärische ehemalige Schlachthof. Hier gibt es moderne Installationen und Ausstellungen zu sehen sowie Workshops und Performances von lokalen und auswärtigen Künstlern. Die meisten Arbeiten hier sind recht experimenteller Natur.

LP TIPP AFA (ART FOR ALL SOCIETY) GALERIE

Karte S. 248 (全藝社; ☎2836 6064; www.afamacau.com; 10. Stock, Edificio da Fabrica de Baterias N E National, 52 Estrada da Areia Preta; ⏲Mo–Sa 12–19 Uhr) Macaos beste zeitgenössische Kunst bekommt man in dieser gemeinnützigen Galerie zu Gesicht. Sie wurde 2007 von dem einheimischen Künstler James Chu gegründet. Die Art for All Society hat bislang um die 60 Ausstellungen von Werken macanesischer Künstler in Europa, Asien, China und Macao auf die Beine gestellt. Jeden Monat gibt es außerdem eine Einzelausstellung eines macanesischen Künstlers. Die Galerie befindet sich in der Nähe des Sportpavillons Mong Ha Multi (廈體育館). Die AFA hat außerdem eine Zweigstelle in Peking.

Man fährt mit dem Bus 8, 8A, 18A oder 7 bis zur Rua Da Barca oder zur Rua De Francisco Xavier Pereira. Man gelangt aber auch zu Fuß vom Largo do Senado hierher (20 Min.).

Südliche Halbinsel Macao

KULTURZENTRUM MACAO KULTUR

Karte S. 248 (澳門文化中心; Centro Cultural de Macau; ☎2855 5555, in Hongkong 852 2380 5083; www.ccm.gov.mo; Avenida Xian Xing Hai; ⏲Di–So 9–19 Uhr; 🚌1A, 8, 12, 23) Wenn es um Theater, Oper oder andere Kulturveranstaltungen geht, ist das 100 Mio. US$ teure Kulturzentrum die wichtigste Adresse im Territorium. Es befindet sich neben dem wundervollen Museu de Arte de Macau.

LP TIPP MUSEU DE ARTE DE MACAU MUSEUM

Karte S. 248 (澳門藝術博物館; ☎8791 9814; www.mam.gov.mo; Kulturzentrum Macao, Avenida Xian Xing Hai; Erw./Student 5/2 MOP, So frei; ⏲Di–So 10–18.30 Uhr; 🚌1A, 8, 12, 23) Das gut kuratierte Kunstmuseum Macao ist in einem fünfstöckigen Gebäudekomplex neben dem Kulturzentrum Macao untergebracht. Es zeigt ausgezeichnete Ausstellungen von Werken chinesischer Künstler in Macao und China sowie Gemälde von bedeutenden westlichen Künstlern, die in Macao lebten, z. B. George Chinnery. Zu den Höhepunkten zählen Keramiken und Steingut, die bei Ausgrabungen in Heisha in Macao gefunden wurden, Gemälde aus der Zeit der Ming- und Qing-Dynastie, Kalligraphien aus der Provinz Guangdong, kostbare Keramikfiguren aus Shiwan in Guangdong sowie Siegelgravuren von Meistern aus Guangdong. Zu sehen sind auch westliche historische Gemälde aus dem 19. Jh. aus ganz Asien, zeitgenössische macanesische Kunst und Fotografien.

Das in dem Museumsgebäude untergebrachte **Creative Macau** (☎ 875 3282; www.creativemacau.org.mo; ⏲Mo–Sa 14–19 Uhr) ist ein Kulturzentrum, in dem Ausstellungen, Lesungen und Workshops stattfinden.

KUN-IAM-STATUE & ÖKUMENISCHES ZENTRUM DENKMAL

Karte S. 248 (觀音像; Estátua de Kun Iam; Avenida Dr. Sun Yat Sen; 🚌10A, 17) Die 20 m hohe Bronzefigur am äußeren Hafen sieht aus wie die Jungfrau Maria, die aus einer 7 m hohen Lotusblüte emporsteigt. Sie ist wohl die einzige Statue der Barmherzigen, die nicht aufs Meer blickt.

A-MA-TEMPEL TEMPEL

Karte S. 248 (媽閣廟; Templo de A-Ma; Rua de São Tiago da Barra; ⏲7–18 Uhr; 🚌1, 1A, 5) Der Tempel gegenüber vom Schifffahrtsmuseum stand vermutlich schon, als die Portugiesen hier ankamen. Der heutige Bau wurde wohl allerdings im 16. Jh. errichtet. Der Tempel ist der Göttin der See, A-Ma alias Tin Hau, gewidmet, woraus der Name Macaos abgeleitet ist. Viele glauben, dass die Portugiesen, als sie bei ihrer Ankunft nach dem Namen des Ortes fragten, als Antwort „A-Ma Gau" (Bucht von A-Ma) erhielten. Im modernen Kantonesisch heißt Macao „Ou Mun", was „Tor zur Bucht" bedeutet.

MAURISCHE KASERNE HISTORISCHES GEBÄUDE

Karte S. 248 (Calcada da Barra; 🚌2, 5, 7) Die ehemalige Kaserne von 1874 auf dem Barra-Hügel wurde von einem Italiener, der sich von der maurischen Architektur inspirieren ließ, im neoklassizistischen Stil erbaut, um 200 muslimisch-indische Polizisten aus Goa unterzubringen. Zwar ist die Verwechslung von Muslimen mit Mauren bedauerlich, interessant ist aber die Tatsache, dass die Kantonesen früher Inder als „moh loh cha" bezeichneten und „moh loh" eigentlich für „maurisch" steht. In der Kaserne ist heute die Hafenverwaltung (澳門港務局大樓) untergebracht. Vom A-Ma-Tempel rechts einbiegen und zehn Minuten bergauf laufen!

PENHA-HÜGEL VIERTEL

Karte S. 248 (西望洋山; Colina da Penha; 🚌6, 9, 16) Über den Kolonialvillen der Avenida da República thront der Penha-Hügel, der ruhigste und am wenigsten besuchte Ort auf der Halbinsel. Von oben hat man einen wundervollen Blick auf das Zentrum Macaos. Dort oben finden sich auch der 1837 erbaute Bischofspalast (主教府) und die **Kapelle Unserer Lieben Frau von Penha** (主教山小教堂; Capela de Nostra Señora da Penha; ⏲9–17.30 Uhr), zu der früher die Seeleute pilgerten.

SCHIFFFAHRTSMUSEUM MUSEUM

Karte S. 248 (海事博物館; Museu Marítimo; 1 Largo do Pagode da Barra; Erw./Kind Mo & Mi–Sa 10/5 MOP, So 5/3 MOP; ⏲Mi–Mo 10–17.30 Uhr;

MACAOS VERBORGENE SCHÄTZE

Für Leute mit Geduld und gutem Auge hat Macao über all die historischen und glitzernden Gebäude hinaus architektonisch einiges zu bieten.

Hübsche Bibliotheken

Macaos Bibliotheken fügen sich in ihre Umgebung ein und beweisen, dass auch kleine Gebäude interessant sein können.

Bibliothek Sir Robert Ho Tung Die Villa aus dem 19. Jh. ist über Brücken im Piranesi-Stil mit einem über dem Garten thronenden Anbau aus Glas und Stahl verbunden.

Chinesischer Lesesaal Senioren und Studenten bevölkern den „Achteckigen Pavillon" von 1926, um Zeitung zu lesen und zu studieren.

Bibliothek Sr. Wong Ieng Kuan Eine Oase der Ruhe zwischen einem Felsblock (der ins Innere des Gebäudes ragt) und einem Banyan-Baum (am Eingang) im Park Luís de Camões.

Bibliothek Coloane Der zugleich groteske und hübsche griechische Minitempel von 1917 hat einen Giebel, auf dem das Wort „Bibliothek" auf Chinesisch und Portugiesisch geschrieben steht, – und zu dicke Säulen.

Wunder der Moderne

Macao besitzt ein außerhalb der Stadt kaum bekanntes, bedeutendes modernistisches Erbe, besonders rund um den Inneren Hafen.

Pier 8 (8號碼頭; Karte S. 252; Rua do Dr. Lourenco Pereira Marquez; 🚌5, 7) Eine Augenweide in Grau, nur 50 Schritte südlich vom Macau Masters Hotel. Den besten Blick hat man vom **südlichen Sampan-Pier** daneben.

East Asia Hotel (東亞酒店; Karte S. 252; Ecke Rua do Guimares & Rua da Madeira; 🚌5, 7) Chinesisches Art-déco-Gebäude in Mintgrün, das etwas schäbig, aber sehr schick ist.

Penha-Hügel Der „Bischofshügel" ist übersät mit schicken Villen der Reichen.

Almirante Lacerda (Roter Markt) In dem Art-déco-Marktgebäude ist ein geschäftiger Nassmarkt (Markt für Frisches) untergebracht.

(🚌2, 5, 7) Das Museum zeigt interessante Schiffe und Artefakte aus der Geschichte der Seefahrt Macaos, das Modell eines Hakka-Fischerdorfs und eine Ausstellung der langen, schmalen Boote, die bei den Rennen während des Drachenbootfests im Juni zum Einsatz kommen.

GRAND-PRIX-MUSEUM
MUSEUM

Karte S. 248 (大賽車博物館; Museu do Grande Prémio; EG, CAT, 431 Rua de Luís Gonzaga Gomes; Erw./Kind 10 MOP/frei, Erw. inkl. Weinmuseum Macao 20 MOP; ⏲Mi–Mo 10–18 Uhr; 🚌1A, 3, 10) Hier gibt's Autos zu sehen, die am Formel-3-Grand-Prix von Macao teilgenommen haben, darunter den knallroten Triumph TR2, mit dem Eduardo de Carvalho den ersten Grand Prix im Jahr 1954 gewann. Außerdem kann man in Simulatoren das eigene Fahrtalent testen.

GRATIS POLIZEIMUSEUM MACAO
MUSEUM

Karte S. 252 (澳門保安部隊博物館; Museu das Forças de Segurança de Macau; Calçada dos Quartéis; ⏲Mo–Fr 9–17.45, Sa & So bis 17 Uhr; 🚌6, 28A) Das Museum ist in der **Franziskuskaserne** (加思欄炮台; Quartéis de São Francisco) aus dem 17. Jh. untergebracht. Die beiden Ausstellungsräume widmen sich der Polizei und ihrer Arbeit. Das Gebäude befindet sich mitten im hübschen **Franziskuspark** (加思欄花園; Jardim de São Francisco).

AVENIDA DA REPÚBLICA
VIERTEL

(🚌6, 9, 16) Die Avenida da República verläuft am nordwestlichen Ufer des Sai-Van-Sees und durch das älteste portugiesische Viertel Macaos. Hier stehen mehrere prächtige Kolonialvillen, die aber der Öffentlichkeit nicht zugänglich sind. Das frühere Bela Vista Hotel, eines der am stärksten sagenumwobenen Hotels in ganz Asien, ist heute das portugiesische Generalkonsulat (葡國領事官邸). In der Nähe befindet sich der schmucke **Santa-Sancha-Palast** (禮賓府; Palacete de Santa Sancha; Estrada de Santa Sancha), in dem früher die portugiesischen Gouverneure Macaos ihren Sitz hatten. Heute werden hier Staatsgäste beherbergt.

TORRE DE MACAU
WAHRZEICHEN

Karte S. 248 (澳門旅遊塔; www.macautower.com.mo; Largo da Torre de Macau; ⏲Mo–Fr 10–21, Sa & So 9–21 Uhr; 🚌9A, 18, 23) Der 338 m hohe Turm thront über der schmalen Landzunge südöstlich der Avenida da República. Man kann auf den **Aussichtsplattformen** (80 MOP) den Blick auf Macao genießen oder mithilfe des Extremsportveranstalters **A. J. Hackett** (☎988 8656) beim Bungeejumping in die Tiefe rauschen.

Nördliche Halbinsel Macao

LP TIPP FORT GUIA
FESTUNG, KIRCHE

Karte S. 248 (東望洋炮台/東望洋山堡壘; Fortaleza de Guia; ⏲9–17.30 Uhr; 🚌2, 17, 25 Haltestelle Flora-Park) Die Festung auf dem höchsten Punkt der Halbinsel Macao bietet einen schönen Panoramablick auf die Stadt und bei klarem Wetter sogar bis über die Inseln nach China. Auf der Spitze des Hügels steht ein 15 m hoher Leuchtturm. Er wurde 1865 erbaut und ist der älteste an der chinesischen Küste. Hier befindet sich auch die umwerfende **Kapelle Unserer Lieben Frau von Guia** (聖母雪地殿教堂; Capela de Nossa Señora da Guia; ⏲Di–So 10–17 Uhr), die 1622 erbaut wurde und deren Originaldetails noch fast vollständig erhalten sind, darunter einige der wertvollsten Wandmalereien Asiens.

Man kommt auch zu Fuß hinauf, aber einfacher geht's mit der **Guia-Seilbahn** (Teleférico da Guia; einfache Strecke/hin & zurück 3/5 MOP; ⏲Di–So 8–18 Uhr), die vor dem Eingang des **Flora-Parks** (Jardim da Flora; Travessa do Túnel; ⏲7.30–20.30 Uhr), Macaos größter öffentlicher Grünanlage, startet.

LOU-LIM-IOC-PARK
PARK

Karte S. 248 (盧廉若公園; Jardim Lou Lim Ioc; 10 Estrada de Adolfo de Loureiro; ⏲6–21 Uhr; 🚌12, 16) Die Leute strömen in diesen Park im Suzhou-Stil, um mitten zwischen Schatten spendenden Bäumen, Lotusteichen, Bambushainen und einer Brücke mit neun Kurven (weil böse Geister sich nur auf geraden Wegen fortbewegen können) zu relaxen, Tai Chi zu praktizieren oder chinesische Musikinstrumente zu spielen. In ihrem im viktorianischen Stil erbauten **Pavillon** (盧廉若公園; Pavilhão do Jardim de Lou Lim Ioc; ☎8988 4128; Eintritt frei; ⏲Di–So 9–21 Uhr) empfing die Familie Lou Gäste, darunter auch Dr. Sun Yat-sen. Heute wird der Pavillon für Ausstellungen und während des Internationalen Musikfestivals Macao Ende Oktober bzw. Anfang November für Konzerte genutzt. Neben dem Park befindet sich das **Haus der Teekultur** (澳門茶文化館; Caultura do Chá em Macau; ⏲Di–So 9–19 Uhr), das sich dieser einheimischen Tradition widmet und diverse Teekannen zeigt.

LP TIPP KUN-IAM-TEMPEL — TEMPEL

Karte S. 248 (觀音廟; Templo de Kun Iam; Avenida do Coronel Mesquita; Eintritt frei; ⌚10–18 Uhr; 🚌1A, 10, 18A, Haltestelle Travessa De Venceslau De Morais) Der 400 Jahre alte Tempel ist der älteste und interessanteste in Macao. In der Haupthalle befindet sich das Bildnis der Göttin der Barmherzigkeit Kun Iam. Links vom Altar steht hinter Glas die Statue eines bärtigen Arhat (buddhistischer Heiliger), der angeblich Marco Polo darstellen soll. Auf dem runden Steintisch im terrassierten Garten wurde 1844 das erste Handels- und Freundschaftsabkommen zwischen den USA und China unterzeichnet.

FLUÍS-DE-CAMÕES-PARK & GROTTE — PARK

Karte S. 248 (白鴿巢公園; Jardim e Gruta de Luís de Camões; ⌚6–22 Uhr; 🚌8A, 17, 26) Der entspannte Park trägt den Namen des einäugigen Dichters Luís de Camões (1524–1580), der sein Epos *Os Lusíadas* teilweise in Macao geschrieben haben soll, obwohl es kaum Beweise gibt, dass er jemals in der Stadt gewesen ist. Im Park befindet sich auch die **Bibliothek Sr. Wong Ieng Kuan**.

CASA GARDEN — HISTORISCHES GEBÄUDE

Karte S. 248 (東方基金會會址; 13 Praça de Luís de Camões; 🚌8A, 17, 26) Die wunderschöne Kolonialvilla liegt friedlich östlich vom Luís-de-Camões-Park. Hier hatte die britische Ostindienkompanie im frühen 19. Jh. den Sitz ihrer Vertretung in Macao. Heute ist hier das schicke **Museu do Oriente** (東方基金會博物館; ☎8398 1126; www.foriente.pt; 13 Praça de Luís de Camões; ⌚Mo–Fr 10–17.30 Uhr, bei Sonderausstellungen bis 19 Uhr) untergebracht, in dem chinesische Antiquitäten, Porzellan und zeitgenössische Kunst zu sehen sind.

ANTONIUSKIRCHE — KIRCHE

Karte S. 248 (聖安多尼教堂; Igreja de Santo António; Ecke Rua de Santo António & Rua do Tarrafeiro; ⌚7.30–17.30 Uhr; 🚌8A, 17, 26) Die zwischen 1558 und 1608 erbaute Kirche vor der Casa Garden und neben dem Kreisverkehr war der erste Hauptsitz der Jesuiten. Weil die hiesigen Portugiesen sich in dieser Kirche trauen ließen, heißt sie auf Kantonesisch „Fa Vong Tong“ (Blumenkirche).

ALTER PROTESTANTISCHER FRIEDHOF — FRIEDHOF

Karte S. 248 (基督教墳場; Antigo Cemitério Protestante; 15 Praça de Luís de Camões; ⌚8.30–17.30 Uhr; 🚌8A, 17, 26) Da das Kirchenrecht die Beerdigung von Nichtkatholiken auf geweihtem Boden untersagte, wurde 1821 dieser Friedhof für (überwiegend britische und amerikanische) Protestanten angelegt. Hier wurden u.a. der irische Künstler George Chinnery (1774–1852) sowie Robert Morrison (1782–1834), der erste protestantische Missionar in China und Verfasser des ersten chinesisch-englischen Wörterbuchs, begraben.

FRIEDHOF DES ERZENGELS MICHAEL — FRIEDHOF

Karte S. 248 (西洋墳場; Cemitério de São Miguel Arcanjo; 2a Estrada do Cemitério; ⌚8–18 Uhr; 🚌7, 8) Auf dem Friedhof nordöstlich vom Fort Monte befinden sich Grabmäler, die man nur als barocke Kirchenkunst bezeichnen kann. Nahe dem Haupteingang steht die **Michaelskapelle** (聖彌額爾小堂; Capela de São Miguel; ⌚10–18 Uhr), eine winzige, erbsengrüne Kirche mit einem kleinen Chorbalkon und hübschen Säulengängen.

GRATIS SUN-YAT-SEN-GEDENKSTÄTTE — MUSEUM

Karte S. 248 (國父紀念館; Casa Memorativa de Doutor Sun Yat Sen; ☎2857 4064; 1 Rua de Silva Mendes; ⌚Mi–Mo 10–17 Uhr; 🚌2, 9, 22, Haltestelle Siegespark) Das im maurischen Stil errichtete Haus von 1910 erinnert an Dr. Sun Yat-sen (1866–1925), den Gründer der Republik China. Dr. Suns Bruder finanzierte den Bau, Dr. Suns Sohns erbaute es, und seine erste Ehefrau Lu Muzhen lebte hier bis zu ihrem Tod im Jahr 1952. Aber Dr. Sun selbst, der 1915 seine zweite Ehefrau, die bekannte Song Qingling, heiratete, lebte nie in diesem Haus.

ROTER MARKT — MARKT

Karte S. 248 (紅街市大樓; Mercado Almirante Lacerda; Ecke Avenida Almirante Lacerda & Avenida Horta e Costa; ⌚7–19 Uhr; 🚌23, 32) Das von einem macanesischen Architekten erbaute dreistöckige Art-déco-Gebäude beherbergt einen lebendigen Markt, auf dem getrocknete Lebensmittel, frische Blumen, Federvieh, Fleisch und Meeresfrüchte verkauft werden.

LIN-FUNG-TEMPEL — TEMPEL

Karte S. 248 (蓮峰廟; Lin Fung Miu; Avenida do Almirante Lacerda; ⌚10–18.30 Uhr; 🚌8, 28B) Dieser 1592 errichtete, früher taoistische Tempel ist heute Kun Iam geweiht. Wenn Leute aus der Provinz Guangdong nach Macao kamen, stiegen sie hier ab. So auch der chinesische Sonderkommissar Lin Zexu, der den Opiumhandel unterbinden sollte. An ihn erinnert die **Lin-Zexu-Gedenkhalle** (林則徐紀念館; Museu de Lin Zexu; ☎2855 0166; Erw. Touristen/Einheimische 10/5 MOP; ⊙Di–So 9–17 Uhr).

ESSEN

In Macao ist zwar auch die chinesische Küche gut, aber die meisten Leute kommen wegen des macanesischen und portugiesischen Essens. Aber ganz egal, worauf man Appetit hat, in den meisten Restaurants der Mittel- und Spitzenklasse muss man erst einmal einen Tisch reservieren. Die meisten Restaurants sind etwa von 12 bis 15 Uhr sowie von 18 bis 1 Uhr geöffnet.

Zentrum der Halbinsel Macao

LP TIPP ROBUCHON AU DÔME FRANZÖSISCH $$$

Karte S. 248 (☎8803 7878; 43. Stock, Grand Lisboa, Avenida de Lisboa; Mittag-/Abendmenü ab 400/1588 MOP; ⊙mittags & abends; 🚌3, 10) Das ehemalige Robuchon A Galera ist wieder an seinen alten Standort im Grand Lisboa Hotel gezogen und bekam aufgrund seiner Glaskuppel den neuen Namen Robuchon Au Dôme verpasst. Zweifellos ist es eines der am geschmackvollsten dekorierten Kasinorestaurants. Darüber hinaus ist es in Macao aber auch das einzige Restaurant mit drei Michelin-Sternen. Hier gibt es alles, was man mit dem Namen Robuchon verbindet: elegante Einrichtung, außergewöhnliche französische Kreationen und einen makellosen Service. Der mit 8000 Flaschen bestückte Weinkeller zählt zu den besten in Asien.

CLUBE MILITAR DE MACAU PORTUGIESISCH $$

Karte S. 252 (陸軍俱樂部; ☎2871 4000; www.clubemilitardemacau.net; 975 Avenida da Praia Grande; Gerichte 250–400 MOP; ⊙mittags & abends; 🚌6, 28C) Der im bedeutendsten Kolonialgebäude Macaos untergebrachte Militärclub mit den sich träge drehenden Deckenventilatoren erinnert stark an längst vergangene Zeiten. Man bekommt hier ein paar hervorragende portugiesische Weine. Das Mittagsmenü für 128 MOP ist wahrlich ein Schnäppchen.

LITORAL MACANESISCH, PORTUGIESISCH $$

Karte S. 248 (海灣餐廳; ☎2896 7878; http://restaurante-litoral.com; 261a Rua do Almirante Sérgio; Gerichte ab 250 MOP; ⊙mittags & abends; 🚌1, 5, 7) Das zweistöckige Restaurant serviert gute macanesische und portugiesische Gerichte, darunter köstliche Eintöpfe und Reisaufläufe. Oft kommen dabei alte Familienrezepte der Betreiberin Manuela zum Einsatz.

CHAT YIN BIRMANISCH $

Karte S. 248 (1 Rua de Bras da Rosa, San Kiu; Nudeln 16–34 MOP; ⊙7.30–18.30 Uhr; 🚌23, 32) Das im „Dreilampenviertel“ gelegene Lokal mit mintgrünen, stuckverzierten Wänden ist für seine gute birmanische Küche bekannt und tischt große Portionen birmanische Fischsuppe mit Nudeln und Bananenbaumherzen auf.

TOUNG KING BIRMANISCH, CHINESISCH $

Karte S. 248 (東京小食館; 1c Rotunda da Carlos Da Maia, Santo Antonio; Gerichte 15–40 MOP; ⊙10–22 Uhr; 🚌23, 32) Die birmanischen Snacks sind so beliebt, dass die Feinschmecker wegen der Nudeln mit Schweinshirn (das wie Tofu schmeckt, wie der chinesisch-birmanische Inhaber versichert) und der Schweinsinnereien teilweise sogar aus Hongkong herkommen. Wem das zu gewagt ist, der könnte Gefallen an den Eiernudeln mit getrockneten Shrimps, Knoblauch, Chili und Erdnüssen finden. Wir kennen jemanden, der fünf Teller davon verputzt hat…

LA PALOMA SPANISCH, MEDITERRAN $$$

Karte S. 248 (芭朗瑪餐廳; ☎2837 8111; www.saotiago.com.ma; 2. Stock, Pousada de São Tiago, Avenida da República; Mittagsmenü ab 200 MOP, Abendmenü 700 MOP; ⊙mittags & abends; 🚌9) Das erstklassige Restaurant steht auf den Fundamenten einer Festung aus dem 17. Jh. und ist eine gute Abwechslung zu den glitzernden Kasinorestaurants. Man kann auch einfach nur auf eine Tasse Kaffee auf der Terrasse reinschauen. Das romantische Ambiente ist unschlagbar (gleiches gilt für die Tapas und die Paella).

PREISKATEGORIEN

Die Preise beziehen sich auf ein Zweigängemenü einschließlich Getränke.

$	weniger als 200 MOP
$$	200–400 MOP
$$$	mehr als 400 MOP

GEHEIMTIPP

MACAOS KÜCHE

Die verführerische, typisch macanesische Küche ist geprägt von chinesischen und südasiatischen Einflüssen, aber auch von den ehemaligen portugiesischen Kolonien in Afrika, Indien und Lateinamerika. Die Köche benutzen viel Kokosnuss, Tamarinden, Chili, Palmzucker und Shrimpspaste.

Eine macanesische Spezialität ist *galinha africana* (Hähnchen auf afrikanische Art), das mit Kokos, Knoblauch und Chili zubereitet wird. Andere beliebte Gerichte sind *casquinha* (gefüllter Krebs), *minchi* (Hackfleisch mit Kartoffeln, Zwiebeln und Gewürzen) und *serradura* (eine Art Milchpudding).

Es gibt hier auch viele portugiesische Gerichte, z. B. *arroz de pato* (Reis mit Entenconfit) und *leitão assado no forno* (gebratenes Spanferkel).

Das historische „Dreilampenviertel" (Sam Jan Dung) im Norden der Halbinsel Macao ist bekannt für seine birmanischen und indonesischen Lokale. Das Viertel beginnt an der Rotunda de Caros da Maia mit besagten drei Straßenlaternen (eigentlich vier) und erstreckt sich über mehrere Blocks.

TOU TOU KOI KANTONESISCH $$

Karte S. 252 (陶陶居酒家; ☎2857 2629; 6–8 Travessa do Mastro; Mittagessen 150 MOP, Abendessen ab 250 MOP; ⏲mittags & abends; 🚌3, 6, 26A) Das altehrwürdige chinesische Restaurant in einer Gasse gegenüber vom Leihhausmuseum serviert seit 80 Jahren üppige Portionen Dim Sum und traditioneller kantonesischer Speisen, darunter auch seltene Gerichte nach alten Rezepten. Viele Gourmets aus Hongkong und Macao sind Stammgäste.

EIGHT KANTONESISCH $$$

Karte S. 248 (8餐廳; ☎8803 7788; www.grandlisboahotel.com; 2. Stock, Grand Lisboa, Avenida de Lisboa; Mittag-/Abendessen ab 200/450 MOP; ⏲mittags & abends; 🚌3, 10, 28B) Mit dem Wasser, das als Symbol für Geld an einer Wand herunterläuft, den opulenten Kristallkronleuchtern und einer glückverheißenden Zahl als Namensgeber kann das Eight eigentlich nur zu einem Kasino gehören. Trotzdem ist es ein hervorragendes Restaurant, das sich von den anderen seiner Art durch sein gutes Dim Sum, die Kreativität seines Chefkochs und seine beiden Michelin-Sterne unterscheidet. Ohne Reservierung wird man aber kaum einen Tisch bekommen.

XINA CAFE MEDITERRAN $

Karte S. 248 (☎2835 0489; 72b Rua Tomas Vieira; Mittagessen 25–60 MOP, Abendessen 250 MOP/Pers.; ⏲Di–So 11.30–18.30 Uhr; 🖉; 🚌7, 8) Das „China" serviert tagsüber verschiedene einfache Salate und Tapas, und abends bereitet der Inhaber Pedro köstliche, mediterrane Gerichte für die wenigen glücklichen Gäste zu, die sich einen Tisch angeln konnten (Gruppen ab sechs Personen müssen mindestens zwei Tage im Voraus reservieren).

O PORTO MACANESISCH $

Karte S. 248 (☎2859 4643; 17 Travessa da Praia; Hauptgerichte 70–110 MOP ⏲12.30–14 & 18.30–22.30 Uhr, Mi geschl.; 🚌2, 10, 12) Das bescheidene Lokal (nicht mit dem O Porto Interior an der Rua do Almirante Sérgio verwechseln!) serviert gute, bezahlbare macanesische Gerichte und hat sogar noch ein paar luxuriöse Details: karierte Tischdecken, Fußballerinnerungsstücke und eine herzliche Bedienung. Das Lokal befindet sich nahe der Treppe, die auf den Mong-Ha-Hügel hinaufführt.

LP TIPP **LUNG WAH TEA HOUSE** KANTONESISCH $

Karte S. 248 (龍華茶樓; http://lungwahteahouse.com; Avenida do Almirante Lacerda; Dim Sum ab 14 MOP, Tee 10 MOP; ⏲7–14 Uhr; 🚭; 🚌23, 32) Die Retro-Möbel und das gemütliche Beisammensein machen den Reiz des schicken kantonesischen Teehauses von 1963 aus. Am besten nimmt man in einer der Sitznischen am Fenster Platz. Von dort aus blickt man auf den Roten Markt, wo sich das Teehaus tagtäglich seine Produkte besorgt. Eine englischsprachige Speisekarte gibt es nicht; man zeigt einfach, was man haben will. Lung Wah verkauft eine große Auswahl chinesischer Teesorten.

ALFONSO III PORTUGIESISCH $$

Karte S. 252 (亞豐素三世餐廳; ☎2858 6272; 11a Rua Central; Vorspeisen 70–200 MOP, Hauptgerichte 98–210 MOP; ⏲mittags & abends; 🚌3,

6, 26A) Das winzige Restaurant, einen kleinen Bummel südwestlich vom Leal Senado entfernt, hat unter den Portugiesen in Macao verdientermaßen einen guten Ruf. Die Tische sind oft voll besetzt, am besten also vorher anrufen!

A LORCHA MACANESISCH, PORTUGIESISCH **$$**
Karte S. 248 (船屋葡國餐廳; ☎2831 3193; 289a Rua do Almirante Sérgio; Mittag-/Abendessen ab 150/200 MOP; ⌚Mi–Mo mittags & abends; 🚌1, 5, 10) Das „Segelboot" ist in allen Reiseführern aufgeführt. Seit Jahrzehnten hat es einen extrem guten Ruf unter den Besuchern aus Hongkong. Ein Grund für seine Popularität ist, dass es in Gehweite zum A-Ma-Tempel liegt. Wenn man nicht gerade kreative Überraschungen erwartet, wird man Gefallen an den guten macanesischen Gerichten wie Ochsenschwanzsuppe finden, die in großen Portionen serviert werden.

HENRI'S GALLEY MACANESISCH **$$**
Karte S. 248 (美心亨利餐廳; ☎2855 6251; www.henrisgalley.com.mo; 4G-H Avenida da República; Gerichte 130–350 MOP; ⌚11–22 Uhr; 🚌6, 9, 16) Der wunderbare macanesische Chefkoch Henri Wong ist die Seele dieser 34 Jahre alten Institution. Herr Wong bereitet mit fachmännischer Sicherheit macanesische Spezialitäten wie Hähnchen auf afrikanische Art und macanesische Seezunge mit einzigartigen Rezepten und geheimen Zutaten zu. Die Lage am Sai-Van-See ist super, wenn auch etwas ab vom Schuss.

OU MUN CAFÉ CAFÉ **$**
Karte S. 252 (澳門咖啡; 12 Travessa de São Domingos; Sandwiches ab 22 MOP, Mittagsmenü 80 MOP; ⌚Di–So 9–22 Uhr) Das beliebte Café bietet ein komplettes Menü an. Viele macanesische und portugiesische Gäste kommen aber nicht wegen der herzhaften Gerichte, sondern bevorzugen die frischen portugiesischen Backwaren, Schokolade und Kaffee.

LP TIPP **TIM'S KITCHEN** CHINESISCH **$$$**
Karte S. 248 (桃花源小廚; ☎8803 3682; Shop F25, Ostflügel, Hotel Lisboa, Avenida de Lisboa, Praia Grande; Mittag-/Abendessen ab 200/400 MOP; ⌚mittags & abends; 🚌3, 6, 26A) Das mit einem Michelin-Stern ausgezeichnete Tim's perfektioniert die kantonesische Küche. Die frischen Zutaten werden sorgfältig so zubereitet, dass ihr Eigengeschmack erhalten bleibt oder betont wird. Das Resultat sind Gerichte, die zwar schlicht aussehen, aber köstlich munden: Da liegt eine gigantische, „glasige" Garnele auf einem Teller neben einer Scheibe chinesischen Schinkens, und eine Krebsschere ruht auf einem Kissen aus Wachskürbis, umgeben von Brühe.

WONG CHI KEI KANTONESISCH **$**
Karte S. 252 (黃枝記; 17 Largo do Senado; Gerichte 25–53 MOP; ⌚8–24 Uhr; 🚌3, 6, 26A) In dem Lokal mit einer Einrichtung aus traditionellem chinesischen Hartholz werden ähnliche Gerichte wie in den bescheidenen Nudelläden in den Seitenstraßen serviert, nur sind hier die Preise höher, das Gedränge erträglicher und der Laden sauberer. Wegen der bequemen Lage direkt am Largo do Senado kommen viele Touristen und Einheimische hierher.

CHEONG KEI KANTONESISCH **$**
Karte S. 252 (祥記麵家; 68 Rua da Felicidade; Nudeln 18–50 MOP; ⌚12–1 Uhr; 🚌3, 6, 26A) Die langen Schlangen an der Tür während der Spitzenzeiten sind ein Zeichen, dass die schon lange bestehende Nudelbude in der „Straße des Glücks" treue Kunden hat. Zu empfehlen sind die Dampfnudeln mit Shrimpsrogen. Es gibt nur ein paar große Tische – man muss also damit rechnen, mit den Einheimischen um einen Sitzplatz zu ringen.

MARGARET'S CAFÉ E NATA CAFÉ **$**
Karte S. 252 (瑪嘉烈蛋撻店; 17a Rua Alm Costa Cabral, Avenida de Almeida Ribeiro; Kuchen & Sandwichs 10–35 MOP; ⌚Mo–Sa 6.30–20, So 9–19 Uhr; 🚌3) Wer Appetit auf die legendären Eiertörtchen hat, dafür aber nicht extra ins Lord Stow's auf Coloane fahren will, bekommt die zart schmelzenden, reichhaltigen, süßen Leckerbissen auch in diesem geschäftigen Café (das angeblich Stows Ex-Frau gegründet hat). Es gibt auch gute Sandwichs.

PAVILIONS SUPERMERCADO SUPERMARKT
Karte S. 252 (百利來超級市場; 421 Avenida da Praia Grande; 🚌18, 23, 32) Der Supermarkt im Zentrum der Halbinsel Macao hat eine große Auswahl importierter Lebensmittel und Getränke. Im Untergeschoss gibt's auch eine portugiesische Abteilung.

NEW YAOHAN SUPERMARKT
(新八佰伴; Avenida Comercial de Macau; ⌚10.30–22 Uhr; 🚌18, 23, 32) Der Supermarkt im 7. Stock des Kaufhauses bietet importierte japanische und internationale Lebensmittel.

HYPER GOURMET SUPERMARKT

(EG, Magnolia Ct, Ocean Gardens, Avenida dos Jardins do Oceano, Taipa; ⏲10–22 Uhr) Der Supermarkt auf Taipa hat europäische Lebensmittel im Angebot.

AUSGEHEN & NACHTLEBEN

CORNER'S WINE BAR & TAPAS CAFÉ BAR, CAFÉ

Karte S. 252 (三巴角落; 3 Travessa de São Paulo, Halbinsel Macao; ⏲Café 12–17 Uhr, Bar So–Do 17–24 Uhr, Fr & Sa bis 1 Uhr; 🚌8A, 17, 26) Die beliebte Tapasbar oben auf dem Dach hat ein cooles, künstlerisch interessiertes Publikum. Die Lage gegenüber der Kirchenruine ist großartig. Auf den rosa Plüschsofas kann man bei Wein, schummrigem Licht und sanfter Musik einen nahezu perfekten Abend verbringen.

MACAU SOUL BAR

Karte S. 252 (澳感廊; ☎2836 5182; www.macausoul.com; 31a Rua de Sao Paulo; 🚌8A, 17, 26) Das Macau Soul im Schatten der Ruine der Pauluskirche ist elegant mit Holzmöbeln und Buntglasfenstern dekoriert. Es wird von zwei englischen Rentnern geführt. Im Keller kann's ziemlich voll werden, wenn Bluesbands spielen. Die Öffnungszeiten können variieren - also am besten vorher anrufen!

CINNEBAR BAR

Karte S. 248 (霞酒廊; EG, Wynn Macau, Rua Cidade de Sintra, NAPE, Halbinsel Macao; ⏲15–24 Uhr; 🚌8, 10A, 23) Im ruhigen Cinnebar kann man sich gut unterhalten. Es bietet eine fantastische Mischung aus Schick und Lässigkeit: einerseits einen edel gestalteten Innenraum mit richtig Klasse, andererseits einen entspannten Sitzbereich im Freien mit freundlicher Atmosphäre neben einem Swimmingpool und einem Garten. In dieser Lobbybar bekommen Gäste exotische Cocktails und hausgemachte Snacks serviert.

MGM GRAND MACAU BAR

Karte S. 248 (Grande Praça, Avenida Dr. Sun Yat Sen, Halbinsel Macao; 🚌8, 3A, 12) Wer sich nicht so recht für eine Location entscheiden kann, findet im MGM Grand mehrere hervorragende Bars für jeden Geschmack. Das schicke Nobeletablissement **Aba Bar** (⏲17–2 Uhr) ist ein Glaskeller mit großer Weinauswahl, der allzeit von schönen Städtern bevölkert ist. Der **Russian Room** (魚子屋; ⏲17–2 Uhr) direkt daneben ist ein funkelnder Designerpub extra für die Schönen und Reichen, die den Kaviar mit fachmännisch ausgesuchtem Wodka herunterspülen. In der munteren **Lion's Bar** (⏲Di–So 19–5 Uhr) in der Mitte des Kasinos spielen an den meisten Abenden in der Woche Livebands Musik der Richtungen Pop, Funk und R&B.

SKY 21 LOUNGE LOUNGE

Karte S. 248 (www.sky21macau.com; 21.–23. Stock, AIA Tower, 215a–301 Avenida Comercial de Macau, Avenida de Almeida Ribeiro; 🚌18, 23, 32) In der neuen Loungebar trifft Zen-Feeling auf Cyber-Atmosphäre. Es gibt einen Sitzbereich im Freien, von dem aus Gäste einen tollen Panoramablick auf Macao haben. Sonntags gibt's oft Livejazz, und samstags ist Partynacht.

JABBER CAFÉ

Karte S. 252 (34–38 Rua de Sao Roque; ⏲Di–Fr 12–19, Sa & So 15–19 Uhr; 🚌7, 8, Haltestelle Sozialamt) Das wirklich spektakuläre unterirdische Café mit den pinkfarbenen Wänden im Lazarusviertel gehört der malaysisch-chinesischen Modedesignerin Venessa Cheah, die ihr großes Talent auch bei den köstlichen, kreativen Gerichten auf der Speisekarte unter Beweis stellt. Die Cocktails verleihen einem einen schönen Nachmittagsrausch … Im Café werden eine kleine Auswahl verschiedenartigten Schnickschnacks wie Modeschmuck, alte Postkarten und handgemachte Seifen verkauft.

EVENTS & TICKETS

Der alle zwei Monate erscheinende Veranstaltungskalender *CCM+* und sein monatliches Äquivalent für etwas gehobenere Unterhaltung, *Destination Macau*, sind kostenlos in den Filialen der staatlichen Touristeninformation Macaos und in den größeren Hotels erhältlich. Karten für die meisten der darin genannten Veranstaltungen können über folgende Websites gebucht werden:

Macau Ticket (www.macauticket.com)

Cotai Ticketing (www.cotaiticketing.com)

UNTERHALTUNG

SUN NEVER LEFT – PUBLIC ART PERFORMANCE
MARKT

Karte S. 252 (Rua de Sao Roque, Lazarusviertel; Eintritt frei; ⌚Sa & So 15–18 Uhr; 🚌7, 8) Zum Zeitpunkt unserer Recherchen fand dieser Markt des **Vereins zur Förderung der Kreativwirtschaft im Lazarusviertel** (☎2834 6626; www.cipa.org.mo) immer nachmittags am Wochenende im hübschen Lazarusviertel statt. Es gibt Buden für Kunst und Kunsthandwerk, Livemusik, Essen und Getränke. Die Teilnehmer sind vor allem Künstler aus dem Viertel.

COMUNA DE PEDRA
TANZ

Karte S. 248 (石頭公社; ☎6628 0064; http://comunadepedra.blogspot.com) Das ausgefallene, schwer definierbare moderne Tanztheater hat schon Vorstellungen auf Plätzen, in Parks, leeren Geschäftsgebäuden, Fabriken, auf Dachterrassen, vor der Ruine der Pauluskirche und auf Bühnen in Macao, Hongkong und Übersee gegeben. Pinto Livros hat Infos zu den neuesten Inszenierungen und den Tickets.

GRAND LISBOA CASINO
KASINO

Karte S. 248 (新葡京; ☎2838 2828; Avenida de Lisboa, Halbinsel Macao; 🚌3, 10) Das noble Grand Lisboa ist über eine Fußgängerbrücke mit seiner kleineren Schwester, dem Lisboa Casino, verbunden. Das von außen golden leuchtende, zwiebelförmige Bauwerk mit dem echt kitschigen Turm in Form einer Fackel ist inzwischen ein Wahrzeichen von Macao, an dem sich die Leute in den Straßen auf der Halbinsel orientieren. Hier tritt auch das **Crazy Paris Cabaret** (巴黎瘋狂豔舞團; ⌚16.30–0.30 Uhr) auf.

WYNN MACAU CASINO
KASINO

Karte S. 248 (永利娛樂場; ☎2888 9966; Wynn Macau, Rua Cidade de Sintra, NAPE, Halbinsel Macao; 🚌8, 10A) Das im Las-Vegas-Stil erbaute Wynn Macau Casino hat unter den vielen Kasinos zweifellos die meiste Raffinesse und Klasse. Es bietet alle erdenklichen Glücksspiele (Mindesteinsatz bis zu 2500 US$), und an den Wänden hängen

DIE GRELLEN LICHTER IN DER STADT DER SÜNDE

Der Uferbereich Macaos hat sich zu King Kongs Spielplatz entwickelt. Gigantische Kolosse in allen Formen postmodernen Kitschs bevölkern die Gegend. Kasinos sind in dem sogenannten „Las Vegas des Ostens" nicht unbekannt, aber während es in der Vergangenheit unter den Spielhöllen nur ein Wahrzeichen gab, schießen sie heute zu Dutzenden in den Himmel. Die Wende begann 2002, als die Konkurrenz aus Las Vegas offenbar wurde und das Monopol des Kasinomoguls Stanley Ho sein Ende fand. Inzwischen gibt es um die 30 Kasinos in Macao, alle mit angeschlossenen Hotels.

Angesichts des Überflusses ist der erste Eindruck, den man in einem Kasino in Macao hat, Überraschung. Denn im Vergleich mit Las Vegas ist es hier erstaunlich ruhig. Man hört hier kaum Bimmeln und Klackern, denn die Spielautomaten machen nur 5 % des Gesamtgewinns der Kasinos aus (im Gegensatz zu den 60 % in Las Vegas). Hier dreht sich alles vor allem um die Spieltische, angeführt von Baccara, gefolgt von Roulette und einem Würfelspiel namens *dai sai* („Klein und Groß"). Außerdem sind Betrunkene selten, denn die Chinesen glauben, dass Alkohol ihr Geschick negativ beeinflusst (auch wenn man keines braucht).

Mehr als 80 % der Spieler und 95 % der Leute, die hohe Spieleinsätze tätigen, kommen vom chinesischen Festland. Die ganz hohen Einsätze kommen nur in für Mitglieder reservierten Spielzimmern auf den Tisch, wo die Gesamtsumme an jedem einzelnen Tag locker das Bruttoinlandsprodukt eines ganzen Landes übertreffen kann. Kein Wunder, dass Spieler es sich auch mal leisten können, mit dem Aschenbecher einen Kronleuchter zu zertrümmern, ohne ihn bezahlen zu müssen!

Kleine Fische lernen die unangenehmen Seiten des Spielens wahrscheinlich nur dann kennen, wenn sie von Trinkgeldjägern belagert werden. Diese streifen um die Tische, hängen sich an die Gewinner und agieren wie deren neue beste Freunde. Nicht selten klauen sie Chips, wollen am Gewinn beteiligt werden oder einen zu einem Kasino zu lotsen, in dem sie Provision erhalten, wenn sie Kunden anschleppen.

Die Kasinos sind rund um die Uhr geöffnet. Nur wer mindestens 18 Jahre alt und angemessen gekleidet ist, wird eingelassen.

sogar Originalgemälde von Matisse und Renoir.

SHOPPEN

LP TIPP MERCEARIA PORTUGUESA

ESSEN, SCHMUCK

Karte S. 248 (☎2856 2708; www.merceariaportuguesa.com; 8 Calcada da Igreja de Sao Lazaro; ⏲12–20 Uhr; 🚌7, 8) Der charmante Eckladen wurde von einer Regisseurin und Schauspielerin eröffnet. Er bietet eine kleine, erlesene Auswahl schön verpackter, günstiger Vorräte an, z.B. Konserven, Marmeladen, Honig, Seifen, Porzellan, Goldschmuck, Holzspielzeug und Kosmetikartikel aus Portugal.

ALTSTADT

ANTIQUITÄTEN, SOUVENIRS

Ein Bummel durch die Läden in der Altstadt, insbesondere in der uralten Rua dos Ervanários und der Rua de Nossa Senhora do Amparo (Karte S. 252) nahe der Ruine der Pauluskirche ist ein tolles Erlebnis. Es gibt Läden für Briefmarken, Jadeschmuck, Weihrauch und Goldfische. Auf dem nachmittäglichen Flohmarkt breiten die Verkäufer ihre Waren auf dem Boden aus.

Antiquitäten und Repliken findet man auch in den Läden rund um die Rua de São Paulo, Rua das Estalagens und Rua de São António. In der Rua de Madeira und der Rua dos Mercadores, die zur Rua da Tercena und zum Flohmarkt (Karte S. 252) führt, gibt es Läden für Mah-Jongg-Spielsteine und Vogelkäfige. Die hübschen Straßen mit ihren ein- oder zweistöckigen Häusern aus dörflicher Zeit laden zum Bummeln ein, selbst wenn man nichts kauft. Läden, die geräuchertes Schweinefleisch, Eiertörtchen und Mandelkekse verkaufen, gibt's überall in der Stadt. Das Niveau ist vergleichbar, also einfach in den nächsten Laden gehen!

LP TIPP MACAU CREATIONS

BEKLEIDUNG, HAUSHALTSWAREN

Karte S. 252 (澳門佳作; ☎2835 2954; www.macaucreations.com; 5a Rua da Ressurreicao; ⏲10–22 Uhr; 🚌3, 6, 26) Hier gibt es Bekleidung, Büroartikel und Memorabilien, die von 30 lokalen Künstlern gestaltet werden, darunter dem Russen Konstantin Bessmertny und dem Macanesen Carlos Marreiros.

G17 GALLERY

KERAMIK

Karte S. 252 (陶藝廊; ☎2834 6626; 17a Rua de Sao Miguel; ⏲Mo–Sa 10–19, So 14–18 Uhr; 🚌7, 8) Kleine, neue Galerie, die Keramik- und Töpferwaren von Künstlern aus Macao ausstellt und verkauft.

MOD DESIGN STORE

BEKLEIDUNG, ACCESSOIRES

Karte S. 252 (www.mod-store.com; B1, Tourismus- & Kulturzentrum Macao, Ruine der Pauluskirche & Companhia de Jesus Sq; ⏲9–19 Uhr; 🚌3, 6, 26) Der neu eröffnete Mod-Shop neben der Ruine der Pauluskirche verkauft Souvenirs aus Portugal und T-Shirts von macanesischen Designern.

PINTO LIVROS

BÜCHER

Karte S. 252 (邊度有書; http://blog.roodo.com/pintolivros; 1a Veng Heng Bldg, 31 Largo do Senado; ⏲11.30–23 Uhr; 🚌3, 6, 26A) Der Lesesaal im Obergeschoss mit Blick auf den Largo do Senado hat eine ordentliche Auswahl von Büchern zu Kunst und Kultur, einige esoterische CDs – und zwei Katzen.

LINES LAB

BEKLEIDUNG

Karte S. 252 (www.lineslab.com; Shop A3, 8 Calçada da Igreja de São Lazaro; ⏲13–20 Uhr, Mo geschl.; 🚌7, 8) Zwei in Lissabon ausgebildete Designer eröffneten diese Boutique im Haus der alten Frauen und verkaufen hier ihre macanesisch inspirierten Kleider und Taschen.

SPORT & AKTIVITÄTEN

CANIDROME

ZUSCHAUERSPORT

Karte S. 248 (逸園賽狗場; ☎2822 1199, Auskunft Rennen 2833 3399, Auskunft in Hongkong 800 932 199; www.macauyydog.com; Avenida do General Castelo Branco; Eintritt 10 MOP; 🚌1, 3, 25) Das Canidrome im Norden der Halbinsel Macao ist die einzige Arena für Windhunderennen in Asien. Die Hunderennen finden montags, donnerstags, samstags und sonntags um 19.30 Uhr statt. Es gibt 16 Rennen pro Abend, bei denen jeweils sechs bis acht Hunde auf der 455 m langen Rennbahn mit bis zu 60 km/h einem mechanischen Hasen nachjagen.

A. J. HACKETT

ABENTEUERSPORT

Karte S. 248 (☎8988 8875; http://macau.ajhackett.com) Das in Neuseeland ansässige A.J. Hackett organisiert alle Arten von Abenteuersport am Torre de Macau.

GRAND PRIX

ZUSCHAUERSPORT

(☎2855 5555; www.macau.grandprix.gov.mo) Das größte Sportevent im Jahr ist der Ma-

DER SCHWERTMEISTER VON MACAO

Lust auf ein ganz besonderes Andenken an diese Reise? Antonio Conceição Junior (alias Antonio Cejunior), einer der Top-Designer in Macao, gestaltet Schwerter (www.arscives.com/bladesign) nach Kundenwunsch, für die er sich von Macao, diversen alten Kulturen, Mythologien und der modernen Welt inspirieren lässt.

Der charismatische Künstler hat schon fernöstliche Hieb- und Stichwaffen wie Katanas, Tanto und Dhakris, westliche Säbel, Anderthalbhänder und Entermesser sowie Mischformen entworfen, z. B. mit einer Klinge nach westlicher Art und einem Heft, das vom Harley-Davidson-Rad inspiriert wurde. Die schicken, präzise gearbeiteten Stücke sind originale, moderne Kunstwerke und keine Imitate „echter" Waffen.

Nach Abschluss des Entwurfs empfiehlt Antonio seinen Kunden in Nordamerika ansässige Klingenschmiede, die dann einen Direktvertrag mit dem Kunden schließen und diesem auch das fertige Produkt zusenden. Interessenten sollten zunächst Antonio eine E-Mail (antonio.cejunior@gmail.com) senden. Die Fertigstellung des Entwurfs dauert eine bis zwei Wochen; das Honorar dafür beträgt 3000 US$.

Antonio, der frühere Direktor des Museu de Macau, ist ein vielseitiger Künstler, der auch Mode, Schmuck, Medaillen und Buchumschläge entwirft. Auf seiner Website (www.arscives.com) gibt es einen kleinen Ratgeber, wie man mit einem Designer arbeitet. Und ja, Antonio ist schon etwas pedantisch.

cau Grand Prix in der Formel 3, der in der dritten Novemberwoche stattfindet. Die 6,2 km lange Guia-Rundstrecke beginnt in der Nähe vom Casino Lisboa, folgt der Küste entlang der Avenida da Amizade und führt rund um den Stausee und zurück durch die Stadt.

WANDERN

WANDERN

Es gibt zwei Wanderwege auf dem Guia-Hügel im Zentrum der Halbinsel Macao, die sich gut zum Spazierengehen oder Joggen eignen. Der Weg der 33 Kurven (1,7 km) umrundet den Hügel. Er schließt einen Fitnessparcours mit 20 Übungsplätzen ein. Beide Wege sind mit der Guia-Seilbahn erreichbar.

Die Inseln: Taipa & Coloane

Rundgang

Mit dem Bus fährt man ins verschlafene Dorf Coloane. Bei einem entspannten zweistündigen Bummel lässt man die Atmosphäre, den Hafen, die Kapelle des hl. Franz Xaver und den Tam-Kong-Tempel auf sich wirken. Dann geht es per Bus oder zu Fuß zum Cotai, um einen Blick auf die Megakasinos zu werfen. Man kann ein Spiel an den Tischen wagen, eine der kostenlosen Shows anschauen oder sich einfach einen Drink genehmigen. Mit einem Taxi oder Bus fährt man weiter nach Taipa. Nach einem Spaziergang durch das Dorf Taipa geht es zur Avenida da Praia, wo man etwa eine Stunde lang die drei Museumshäuser besichtigt. Wenn der Magen knurrt, ist die Rua De Cunha ideal für ein gutes macanesisches Essen oder für hausgemachte Desserts. Sonst kann man sich die chinesischen Tempel auf Taipa anschauen, bevor man die Restaurants unsicher macht.

Highlights

- **Sehenswertes** Museumshäuser Taipa (S. 266)
- **Essen** António (S. 269)
- **Ausgehen** Macallan Whisky Bar & Lounge (S. 270)

Top-Tipp

Der kleine **Flohmarkt Taipa** (Karte S. 266; www.iacm.gov.mo; Bombeiros Sq, Rua do Regedor & Rua das Gaivotas; ⌚11–20 Uhr) findet fast das ganze Jahr über sonntags statt. Hier kann man gut Spielzeug und Souvenirs kaufen.

An- & Weiterreise

Bus (zwischen der Halbinsel und Taipa) 11, 22, 28A, 30, 33, AP1; (zwischen der

Halbinsel und Coloane über Taipa) 21, 21A, 2521, 21A, 25, 26, 26A.

SEHENSWERTES

Taipa

DORF TAIPA DORF

(🚌22, 26, 33) Das historische Taipa ist am besten in diesem Dorf im Süden der Insel erhalten. Hier findet man neben prächtigen Kolonialvillen, Kirchen und alten Tempeln überall auch traditionelle chinesische Läden und ein paar hervorragende Restaurants. Die Avenida da Praia ist eine hübsche, von Bäumen gesäumte Promenade mit Bänken aus Schmiedeeisen – perfekt für einen entspannten Spaziergang!

Bei **Aluguer de Bicicletas** (Karte S. 266; ☎2882 7975; 36 Largo Governador Tamagini Barbosa) im Dorf Taipa können Traveller sich ein Fahrrad ausleihen. Der Laden befindet sich neben dem Restaurant Don Quixote, hat aber kein englischsprachiges Schild.

MUSEUMSHÄUSER TAIPA MUSEUM

Karte S. 266 (龍環葡韻住宅式博物館; Casa Museum da Taipa; Avenida da Praia; Erw./Student 5/3 MOP, Di Eintritt frei; ⏲Di–So 10–18 Uhr; 🚌22, 28A, 26) Die restaurierten Villen waren einst Sommerresidenzen wohlhabender Macanesen. Das „Haus der Regionen Portugals" widmet sich portugiesischen Traditionen. Das „Haus der Inseln" beleuchtet die Geschichte von Taipa und Coloane und zeigt Ausstellungen zu traditionellen Wirtschaftszweigen der Inseln wie Fischerei und Herstellung von Feuerwerkskörpern. Das „Macanesische Haus" vermittelt Besu-

Taipa

Sehenswertes (S. 266)
1 Kirche U. L. F. von Carmel C2
2 Historisches Museum Taipa & Coloane A3
3 Pak-Tai-Tempel A3
4 Museumshäuser Taipa D1

Essen (S. 269)
5 A Petisqueira B2
6 Antonio A2
7 O Santos B2

Ausgehen & Nachtleben (S. 270)
8 Old Taipa Tavern A2

Shoppen (S. 265)
9 Flohmarkt B2

Taipa

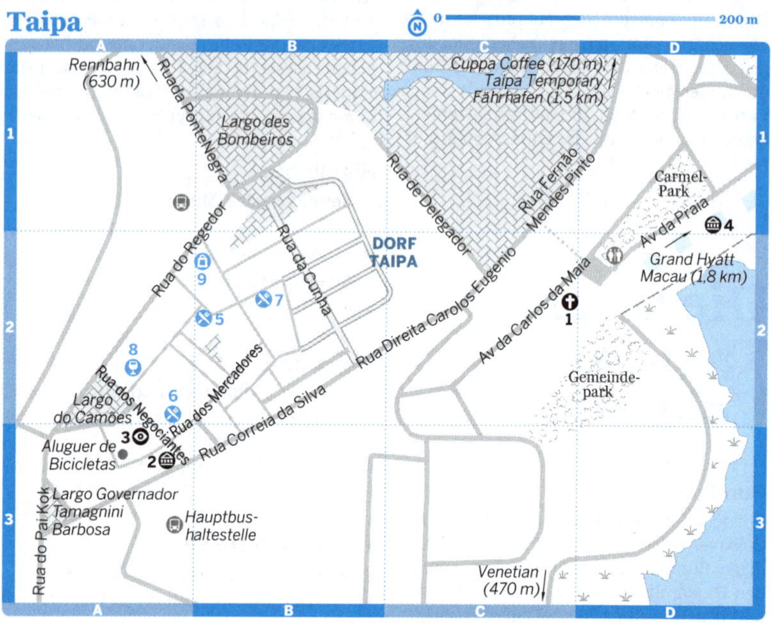

chern einen Einblick in das hiesige Leben im frühen 20. Jh.

HISTORISCHES MUSEUM TAIPA & COLOANE MUSEUM

Karte S. 266 (路氹歷史館; Museu da História da Taipa e Coloane; Rua Correia da Silva; Erw./Student & Senior 5/2 MOP, Di Eintritt frei; ⌚Di–So 10–18 Uhr; 🚌22, 28A, 26) Das Museum zeigt im 1. Stock Grabungsfunde und andere Artefakte sowie im 2. Stock religiöse Objekte, Kunsthandwerk und Architekturmodelle.

KIRCHE UNSERER LIEBEN FRAU VON CARMEL KIRCHE

Karte S. 266 (Igreja de Nossa Senhora de Carmo; Rue da Restauração; 🚌22, 28A, 26) Die hübsche, 1885 erbaute Kirche steht auf einem Hügel mit Blick auf den Hafen, das idyllische Dorf Taipa und die pastellfarbenen Villen von 1921, die heute als Museumshäuser Taipa bezeichnet werden.

PAK-TAI-TEMPEL TEMPEL

Karte S. 266 (北帝廟; Templo Pak Tai; Rua do Regedor) Der Pak-Tai-Tempel steht friedlich an einem Platz, der von alten Bäumen gesäumt ist. Der Tempel ist einem Kriegsgott geweiht, dem taoistischen Gott (Tai) des Nordens (Pak), der den Dämonenkönig besiegte, welcher das Universum terrorisierte. Zwei chinesische Löwen wachen am Tempeleingang. Am dritten Tag des dritten Mondmonats finden im Tempel Aufführungen kantonesischer Opern statt.

POU-TAI-TEMPEL TEMPEL

(菩提禪院; Pou Tai Un; 5 Estrada Lou Lim Ieok; ⌚9–18 Uhr; 🚌25, 33) Dies ist der größte Tempelkomplex auf den Inseln. Die Haupthalle ist den Drei Edlen Buddhas geweiht. Darin befindet sich eine riesige Bronzestatue von Gautama. Über das Gelände verteilen sich Gebetspavillons und Gewächshäuser voller Orchideen. Auf dem Gelände ist außerdem ein beliebtes vegetarisches Restaurant zu finden.

SCHREIN DES BUDDHAS MIT VIER GESICHTERN SCHREIN

(四面佛; O Buda de Quatro Faces; Ecke Estrada Governador Albano de Oliveira & Rua de Fat San; 🚌11, 22, 26) Der buddhistische Schrein nordöstlich vom Haupteingang zur Rennbahn des Jockeyclubs Macao wird von vier steinernen Elefanten bewacht und ist mit Blattgold und Blumensträußen im thailändischen Stil verziert. Die Leute kommen vor den Rennen gern hierher, um zu beten und Opfergaben zu leisten.

Coloane

KAPELLE DES HL. FRANZ XAVER KIRCHE

Karte S. 268 (聖方濟各教堂; Capela de São Francisco Xavier; Avenida de Cinco de Outubro; ⌚10–20 Uhr; 🚌21, 25, 26A) Die 1928 erbaute Kapelle ist das Highlight im Dorf Coloane. Sie beherbergt Bilder, die das Jesuskind mit einer chinesischen Madonna zeigen, sowie andere Andenken an das Christentum und die Kolonialzeit in Asien. Die ungewöhnliche kleine Kirche ist gelb gestrichen und mit roten Laternen beleuchtet. Vor ihr erinnern ein Denkmal und ein von vier Kanonenkugeln umgebener Springbrunnen an die erfolgreiche und endgültige Abwehr der Piraten im Jahr 1910.

BIBLIOTHEK COLOANE BIBLIOTHEK

Karte S. 268 (路環圖書館; Rua de Cinco de Outubro, Coloane; ⌚Mo–Sa 13–19 Uhr; @; 🚌21A, 25, 26A) Der kleine griechische Tempel von 1917 beherbergt immer noch eine öffentliche Bibliothek.

TEMPEL TEMPEL

(🚌21A, 25, 26A) Südöstlich der Kapelle des hl. Franz Xaver befindet sich zwischen der Travessa de Caetano und der Travessa de Pagode ein kleiner Kun-Iam-Tempel (觀音廟) – eigentlich nicht mehr als ein von vier Wänden umgebener Altar. Etwas weiter im Südosten stößt man oben auf dem Largo Tin Hau Miu auf einen Tin-Hau-Tempel (天后廟).

Am Südende der Avenida de Cinco de Outubro auf dem Largo Tam Kong Miu befindet sich der **Tam-Kong-Tempel** (Karte S. 268; 譚公廟; ⌚8.30–18 Uhr), der einem taoistischen Gott der Seefahrer geweiht ist. Rechts vom Hauptaltar sieht man einen langen Walknochen, aus dem ein Modell eines Drachenboots geschnitzt wurde. Links vom Hauptaltar führt ein Weg zum Dach hinauf, von dem aus sich ein toller Blick aufs Dorf und aufs Ufer bietet.

STRAND HÁC SÁ STRAND

außerhalb der Karte S. 268 (黑沙海灘; 🚌21A, 25, 26A) Hác Sá (Schwarzer Sand) ist der beliebteste Strand in Macao. Der Sand ist tatsächlich von grauschwarzer Farbe und lässt das eigentlich absolut saubere Wasser etwas schmutzig aussehen (vor allem bei

Coloane

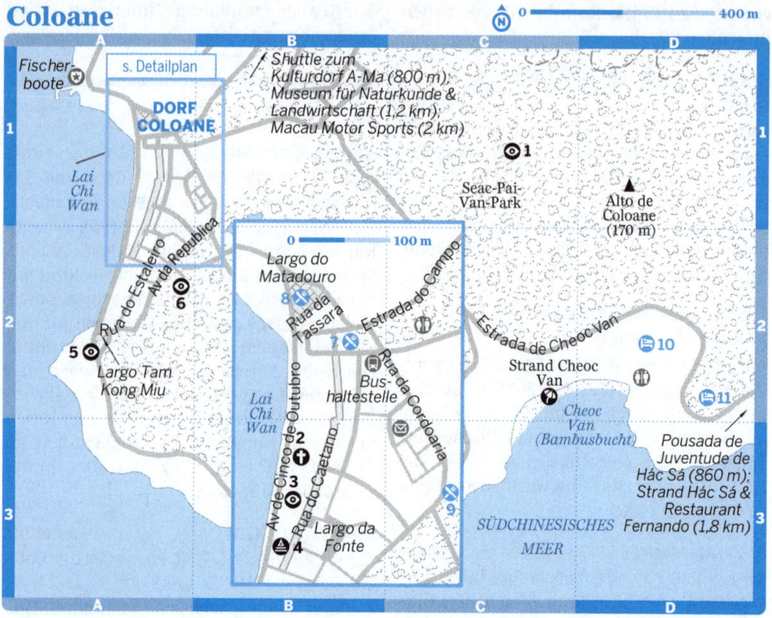

Coloane

Sehenswertes (S. 267)

- 1 A-Ma-Statue & Tempel C1
- 2 Kapelle des hl. Franz Xaver B3
- 3 Bibliothek Coloane B3
- 4 Kun-Iam-Tempel B3
- 5 Tam-Kong-Tempel A2
- 6 Tin-Hau-Tempel A2

Essen (S. 269)

- 7 Café Nga Tim B2
- 8 Lord Stow's Café B2
- 9 Lord Stow's Garden Café C3

Schlafen (S. 274)

- 10 Pousada de Coloane D2
- 11 Pousada de Juventude de Cheoc Van D2

Flut). Von Mai bis Oktober wird der Strand von Rettungsschwimmern bewacht (Mo–Sa 10–18, So 9–18 Uhr).

A-MA-STATUE & TEMPEL DENKMAL, TEMPEL

Karte S. 268 (媽祖像及媽閣廟; Estátua da Deusa A-Ma; Estrada do Alto de Coloane) Auf dem Alto de Coloane (176 m) steht seit 1998 eine 20 m hohe weiße Jadestatue der Göttin, nach der Macao benannt wurde. Darunter befindet sich der **Tian-Hou-Tempel** (天后廟; ⌚8–19.30 Uhr), der gemeinsam mit der Statue das Zentrum des Kulturdorfs A-Ma (媽祖文化村) bildet. Dieser religiöse Komplex umfasst auch ein Museum, Meditationsräume, medizinische Zentren und ein vegetarisches Restaurant.

Ein kostenlos nutzbarer Bus fährt von 8 bis 18 Uhr alle halbe Stunde vom verzierten A-Ma-Eingangstor (媽祖文化村石牌坊) an der Estrada de Seac Pai Van (Bus 21A, 25, 50) ab. Man kommt aber auch zu Fuß vom Seac-Pai-Van-Park über den Coloane-Weg (Trilho de Coloane) hierher.

STRAND CHEOC VAN STRAND

Karte S. 268 (竹灣海灘; Estrada de Cheoc Van; 🚌21A, 25, 26A) Läuft man die Estrada de Cheoc Van entlang, die vom Dorf Coloane zuerst nach Osten und dann nach Südosten führt, erreicht man nach etwa 1,5 km Cheoc Van (Bambusbucht), den besten Strand in der Gegend. Es gibt hier Umkleidekabinen und Toiletten und in der Hauptsaison (Mai–Okt. Mo–Sa 10–18, So 9–18 Uhr) auch Rettungsschwimmer.

GRATIS **SEAC-PAI-VAN-PARK** PARK

Karte S. 268 (石排灣郊野公園; Estrada de Seac Pai Van; ⌚Di–So 9–18 Uhr; 🚌21A, 26A, 50) Der 20 ha große Park am Ende des Cotai wurde an den bewaldeten Hügeln im Westen der Insel angelegt und besteht aus etwas ungepflegten Anlagen mit Pflanzen- und Baumarten aus aller Welt, einem Streichelzoo, einem See mit Schwänen und anderen Wasservögeln sowie einer begehbaren **Voliere** (小鳥天堂; ⏲Di–So 9–17 Uhr) mit seltenen Vögeln. Das **Museum für Naturkunde & Landwirtschaft** (土地暨自然博物館; Museu Natural e Agrário; ☎2882 7277; Eintritt frei; ⏲Di–So 10–18 Uhr) zeigt traditionelle landwirtschaftliche Geräte, Dioramen zum Ökosystem von Coloane und ein breites Spektrum von Exponaten zu Flora und Fauna der Insel.

ESSEN

Taipa

LP TIPP BANZA PORTUGIESISCH **$$$**

(百姓餐廳; ☎2882 1519; G&H, Block 5, Edificio Nam San Garden, 154a&b, Avenida de Kwong Tung, Taipa; Gerichte 200–500 MOP; ⏲mittags & abends; 🚌11, 16, 28A) Das einladende Restaurant wird von einem portugiesischen Feinschmecker betrieben, der früher Anwalt war und ein tolles Meeresfrüchterestaurant in Boracay gehabt haben soll, bevor er das Banza eröffnete. Die portugiesischen Spezialitäten sind fachmännisch zubereitet, und man kann sich den passenden Wein aus der interessanten Auswahl portugiesischer Tropfen empfehlen lassen.

LP TIPP ANTÓNIO PORTUGIESISCH **$$$**

Karte S. 266 (安東尼奧餐廳; ☎2899 9998; www.antoniomacau.com; 3 Rua dos Negociantes, Taipa; Gerichte 250–1200 MOP; ⏲ Mo–Fr mittags & abends, Sa & So 12–22.30 Uhr; 🚌22, 26) Das António muss man einfach lieben! Der gemütliche, mit Mahagoniholz getäfelte Raum, die gut durchdachte Speisekarte und der unterhaltsame, gefeierte Küchenchef António Coelho machen das Restaurant zur ersten Wahl, wenn man auf der Suche nach traditionellen portugiesischen Spezialitäten ist. Wer nur Zeit für ein portugiesisches Restaurant in Macao hat, sollte sich für dieses entscheiden.

A PETISQUEIRA PORTUGIESISCH **$$**

Karte S. 266 (葡國美食天地; ☎2882 5354; 15 Rua de São João; Gerichte 175–430 MOP; ⏲mittags & abends; 🚌22, 28A) Die „Snackbude" ist ein freundliches Lokal mit einer riesigen Auswahl portugiesischer Gerichte in einer kleinen Gasse, die leicht zu übersehen ist. Hier gibt es u.a. *queijo fresca da casa* (hausgemachten Käse). Zu empfehlen sind gebackene Meeresfrüchte mit Reis.

O SANTOS MACANESISCH **$$**

Karte S. 266 (☎2882 7508; 20 Rua da Cunha, Taipa; Gerichte 150–250 MOP; ⏲mittags & abends; 🚌22, 26) Trotz der Lage an der touristischen Rua da Cunha hält das charmante O Santos sein hohes Niveau. Seit 20 Jahren kommen die Stammkunden wegen des Hühnchens mit Reis in Blut (ja, in Blut!) und eines netten Plausches mit dem Inhaber (einem ehemaligen Schiffskoch) hierher.

BEIJING KITCHEN NORDCHINESISCH **$$**

(滿堂彩; ☎8868 1234; 1. Stock, City of Dreams, Estrada do Istmo, Cotai, Coloane-Taipa; Gerichte ab 300 MOP; ⏲mittags & abends; 🚌50, 35) In dem gehobenen Restaurant gibt's die (in Hongkong und Macao) äußerst seltene Peking-Ente (320 MOP, beim Buchen vorbestellen!) auf vier verschiedene Arten. Sie schmeckt wirklich hervorragend und wird auf Obstbaumholz gegrillt, das auf der knusprigen, mit einem Hauch geschmolzenem Fett bestrichenen Haut, dem zarten, köstlichen Fleisch und sogar auf den Knochen (die gebraten und auf Wunsch ebenfalls serviert werden) seinen Duft hinterlässt. Als Beilage gibt es himmlische Gemüseklöße.

POU-TAI-TEMPEL-RESTAURANT CHINESISCH, VEGETARISCH **$**

(5 Estrada Lou Lim Ieok; Gerichte 40–60 MOP; ⏲Mo–Sa 11–20, So 9–21 Uhr; 🌿) Das strikt vegetarische Restaurant in einem buddhistischen Tempel im Norden Taipas ist toll für alle, die sich gesundheitsbewusst ernähren wollen.

Coloane

RESTAURANTE FERNANDO PORTUGIESISCH **$$**

außerhalb der Karte S. 268 (法蘭度餐廳; ☎2888 2264; 9 Strand Hác Sá; Gerichte 150–270 MOP; ⏲12–21.30 Uhr; 🚌21A, 25, 26A) Das Fernando ist das wohl berühmteste Restaurant auf Coloane. Es hat ein treues Publikum und ist berühmt für seine Meeresfrüchte. Die entspannte, lässige Atmosphäre ist perfekt für ein langes Mittagessen am Wasser. Die Bar ist bis Mitternacht geöffnet.

CAFÉ NGA TIM MACANESISCH $

Karte S. 268 (雅憩花園餐廳; Rua Caetano, Coloane; Hauptgerichte 70–200 MOP; ⌚12–1 Uhr; 🚌21A, 25, 26A) Wir lieben das chinesisch-portugiesische Essen, die Kleinstadtatmosphäre, den Blick auf die Kapelle des hl. Franz Xaver, die Preise und den Inhaber – einen Gitarre und *erhu* spielenden Ex-Cop namens Feeling.

LORD STOW'S CAFÉ CAFÉ $

Karte S. 268 (安德魯咖啡店; 9 Largo do Matadouro; Gebäck ab 15 MOP, Sandwichs ab 38 MOP; ⌚10.30–19 Uhr; 🚌21A, 25, 26A) Der gefeierte britische Bäcker Andrew Stow ist zwar verstorben, aber die **Lord Stow's Bakery** (澳門安德魯餅店; 1 Rua da Tassara; ⌚Do–Di 7–22, Mi bis 19 Uhr) hält sein Vermächtnis in Ehren, indem es seine berühmten *pastéis de nata* serviert. Das **Lord Stow's Garden Café** (安德魯花園咖啡; 105 Rua da Cordoaria; ⌚10.30–19 Uhr) nahe der Bushaltestelle auf Coloane hat eine nette Terrasse.

AUSGEHEN

LP TIPP **MACALLAN WHISKY BAR & LOUNGE** BAR

(203, 2. Stock, Galaxy Hotel; 🚌25, 25X) Die wohl beste Adresse unter den neuen Bars in Macao ist diese schicke Whisky-Bar mit viel Eichenholz, jakobitischen Teppichen und einem echten Kamin. Es gibt hier mehr als 400 Whisky-Sorten aus Irland, Frankreich, Schweden und Indien und neben den üblichen Verdächtigen auch einen Glemorangie von 1963. Die Bar öffnet um 17 Uhr.

CLUB CUBIC CLUB, DJ

(www.cubic-cod.com; 2105–02, City of Dreams, Estrada do Istmo, Cotai; 🚌50, 35) Der glitzernde, zweistöckige Club Cubic im Hard Rock Hotel umfasst auf rund 2700 m² Themenräume, eine Champagner-Bar und eine große „Discokugel" mit Platz für vier Personen. Aus der erstklassigen Anlage tönt Musik diverser Richtungen, darunter Hip-Hop, Techno und koreanischer Pop.

MCSORLEY'S ALE HOUSE KNEIPE

(麥時利愛爾蘭酒吧; Shop 1038, Venetian Macao Resort Hotel, Estrada da Baía de Nossa Senhora da Esperança, Taipa; 🚌25, 25X) Die gemütliche, wie eine Taverne aufgemachte Kneipe im Venetian ist ein genialer Ort, an dem Rugby- und Fußballfans die per Satellit übertragenen europäischen Spiele live im TV verfolgen. Es gibt eine große Auswahl bezahlbarer importierter Biere und Kneipengerichte.

OLD TAIPA TAVERN KNEIPE

Karte S. 266 (好客鄉村餐廳; 21 Rua dos Negociantes, Taipa; 🚌22, 28A, 26; 📶) Das „OTT" in der Nähe vom Pak-Tai-Tempel im Dorf Taipa ist eine reizende Bar, in der man diskret das Kommen und Gehen mitten im Dorf beobachten kann. Montags spielen von 20 bis 24 Uhr lokale Bands.

CUPPA COFFEE CAFÉ

außerhalb der Karte S. 266 (104 Rua Fernão Mendes Pinto, Taipa; ⌚8–20 Uhr; 📶; 🚌25, 26) Das entspannte Café ist bei Hipstern und Travellern sehr beliebt. Neben ordentlichem Kaffee gibt's hier frisch gebackenes Brot, leckere Sandwichs und gesunde, köstliche Smoothies.

UNTERHALTUNG

GALAXY MACAU CASINO KASINO

(澳門銀河綜合渡假城; 🚌25,25X) Der jüngste Neuzugang am Glücksspielfirmament Macaos ist das Galaxy mit Hongkonger Besitzern. Der weitläufige, an einen Palast erinnernde Komplex verfolgt große Ambitionen, die eindeutig auf den chinesischen Massenmarkt abzielen. Das Kasino ist übersät mit Metaphern für Reichtum und Glück. Es wurde auch bereits angekündigt, dass das Kasino seine Größe verdoppeln soll. In dem neuen Flügel werden zwei neue Hotels, 500 weitere Spieltische und noch mehr Einzelhandelsgeschäfte untergebracht sein. Das Galaxy befindet sich in Gehweite vom Venetian und vom City of Dreams.

SPORT & AKTIVITÄTEN

Taipa

PFERDERENNEN PFERDERENNEN

Das ganze Jahr über finden regelmäßig Pferderennen auf der **Rennbahn Taipa** (Hipodromo da Taipa; 🚌11, 22, 25) des **Jockeyclubs Macao** (澳門賽馬會; Jockey Clube de Macau; ☎ 2882 1188, Auskunft Rennen 2882 0868; www.macauhorse.com; Estrada Governador Albano de Oliveira; Eintritt 20 MOP; 🚌11, 15,

22) statt. Der Startschuss fällt meistens samstags oder sonntags um 14 Uhr und werktags (meist Di od. Mi) um 17 Uhr. Die Sommerpause dauert von Ende August bis Mitte September.

RADFAHREN RADFAHREN

Es gibt zwei Radwege auf Taipa. Der längere Taipa-Grande-Weg (Bus 21A, 26, 28A) ist über eine gepflasterte Straße erreichbar, die nahe dem United Chinese Cemetery von der Estrada Colonel Nicolau de Mesquita abzweigt. Zum Taipa-Pequena-Weg (Bus 21A, 33, 35) gelangt man über die Estrada Lou Lim Ieok hinter dem Regency Hotel. Fahrräder kann man im Dorf Taipa an einem Kiosk nahe der Bushaltestelle neben dem Historischen Museum Taipa & Coloane mieten. Das Fahrradfahren auf den Brücken zwischen Macao und Taipa ist streng verboten.

WANDERN & TREKKEN WANDERN & TREKKEN

Der Kleine Taipa-Weg (Trilho de Taipa Pequena) ist ein 2 km langer Rundweg um einen 111 m hohen Hügel im Nordwesten Taipas. Er ist erreichbar über die Estrada Lou Lim Ieok. Der 2,2 km lange Große Taipa-Weg (Trilho de Taipa Grande) führt um den Taipa Grande, einen 160 m hohen Hügel am Ostende der Insel. Dorthin gelangt man über eine kleine gepflasterte Straße, die von der Estrada Colonel Nicolau de Mesquita abzweigt.

Coloane

WASSERSPORTAUSRÜSTUNGS-VERLEIH WASSERSPORT

(水上運動器材出租處) An beiden Enden des Strandes Hác Sá gibt es Stände mit Wassersportausrüstung, an denen man sich Surfbretter, Jetskis und Wasserscooter ausleihen kann.

COLOANE-WEG WANDERN & TREKKEN

Der längste Wanderweg von Coloane und Macao ist der 8,1 km lange Coloane-Weg (Trilho de Coloane). Er beginnt im mittleren Abschnitt der Estrada do Alto de Coloane (Bus 21A, Haltestelle Estrata Do Campo; über die Straße zur Estrata Militar gehen und nach 600 m rechts abbiegen!) und windet sich um die Insel. Man kann auch einen Abstecher zum Alto de Coloane (170 m) machen, um einen Blick auf die A-Ma-Statue zu werfen.

Der kürzere Nordöstliche Coloane-Weg (Trilho Nordeste de Coloane) verläuft in der Nähe von Ká Hó und ist ungefähr 3 km lang. Weitere gute Wanderwege sind der 1,5 km lange Weg Altinho de Ká Hó und der 1,5 km lange Rundweg um den Hác-Sá-Stausee (Circuito da Barragem de Hác Sá). Beide Wege führen nordwestlich vom Strand Hác Sá einmal rund um besagten Stausee.

MOTORSPORTCLUB MACAO GOKART

außerhalb der Karte S. 268 (☎2888 2126; Estrada de Seac Pai Van, Coloane; pro 10/20 Min. 100/180 MOP; ⌚Mo–Fr 11.30–19, Sa & So 11–20 Uhr; 🚌21A, 25) Die Clubbesitzer betreiben am Südende des Cotai ein Kartodrom (小型賽車場) mit einer malerischen, 1,2 km langen Profi-Go-Kartbahn.

GOLF & COUNTRY CLUB MACAO GOLF

(澳門高爾夫球鄉村俱樂部; ☎2887 1188; www.macaugolfandcountryclub.com; 1918 Estrada de Hác Sá; 🚌15) Der Par-71-Golfplatz mit 18 Löchern ist über eine Fußgängerbrücke mit dem 9. Stock des Westin Resort Macau auf Coloane verbunden, sodass Ausländer über das Hotel zum Golfplatz gelangen können. Die Spielgebühr beträgt werktags 1550 MOP und am Wochenende 2880 MOP. Die Bedingung für den Einlass ist allerdings ein Handicap-Zertifikat. Es gibt auch eine **Driving Range** (☎2887 1111; 45 MOP/40 Bälle), von der aus man die Bälle ins Meer drischt.

SCHLAFEN

Der Großteil der neuen Hotels in Macao zielt eher auf besser betuchte Reisende als auf Budgettraveller ab, sodass gute Billigunterkünfte wirklich schwer zu finden sind. Wer allerdings genug Bargeld in der Tasche hat, dem stehen erstklassige Optionen offen.

Auf der Halbinsel Macao gibt es die größte Auswahl von Unterkünften, die sich zudem praktischerweise in der Nähe der wichtigsten Sehenswürdigkeiten befinden. Auf den Inseln stehen Travellern entweder große Kasinohotels oder preisgünstige, etwas abseits gelegene Unterkünfte zur Verfügung.

Sofern nicht anders aufgeführt, sind alle Zimmer mit Klimaanlage und Bad ausgestattet. Genannt sind jeweils die Normalpreise für spontan angereiste Gäste.

GUT ZU WISSEN

Preise

Die meisten großen Hotels schlagen auf die Rechnung eine Servicepauschale von 10 % und eine staatliche Steuer von 5 % auf. Die Preise schießen freitags oder samstags in die Höhe, während der Werktage kann man unglaubliche Schnäppchen machen – bei Reisebüros und den folgenden Adressen:

Macau.com (www.macau.com)

Agoda (www.agoda.com)

Shun Tak Centre (200 Connaught Rd, Sheung Wan, Hong Kong)

Fährhafen Macao Infos gibt's in der Ankunftshalle.

Shuttlebusse

Die meisten Mittel- und Spitzenklassehotels betreiben Shuttlebusse vom/zum Fährhafen, jene am Cotai auch von/zur Halbinsel.

Halbinsel Macao

LP TIPP **POUSADA DE MONG HÁ** GASTHAUS **$$**

Karte S. 248 (澳門望厦迎賓館; ☎2851 5222; www.ift.edu.mo; Colina de Mong Há; Zi. 600–1200 MOP, Suite ab 1200 MOP; 🚭@📶; 🚌5, 22, 25) Das im portugiesischen Stil gehaltene Gasthaus thront auf dem Hügel Mong Há in der Nähe der Ruinen einer Festung von 1849. Studenten des Instituto de Formação Turística führen die Unterkunft. Die Zimmer sind gut ausgestattet (manche sogar mit Computern), und der Service ist aufmerksam. Im Zimmerpreis enthalten ist das Frühstück. Werktags und außerhalb der Saison sind Rabatte von 25 bis 40 % drin.

LP TIPP **MANDARIN ORIENTAL** LUXUSHOTEL **$$$**

Karte S. 248 (☎8805 8888; www.mandarinoriental.com/macau; Avenida Dr. Sun Yat Sen, NAPE; Zi. 3500–4500 MOP, Suite 6200–7000 MOP; 🚭@📶🏊) Das brandneue Mandarin ist ein großartiges Spitzenklassehotel. Es hat alles, was man mit dem Namen verbindet: Eleganz, tollen Service, komfortable Zimmer und exzellente Einrichtungen. Es ist zwar nicht sehr groß, aber ein erfrischender Kontrast zu den protzigen Kasinohotels.

PREISKATEGORIEN

In den mit $$ und $$$ gekennzeichneten Hotels ist das Frühstück in der Regel inbegriffen.

$	weniger als 700 MOP
$$	700–2000 MOP
$$$	mehr als 2000 MOP

POUSADA DE SÃO TIAGO HISTORISCHES HOTEL **$$$**

Karte S. 248 (☎2837 8111; www.saotiago.com.mo; Fortaleza de São Tiago da Barra, Avenida de República; Suite 3000–4200 MOP; 🚭@🏊; 🚌6, 9, 28B) Das Wahrzeichen São Tiago ist die wohl romantischste Unterkunft in Macao. Es wurde inmitten der Ruinen der aus dem 17. Jh. stammenden Festung Barra gebaut. Kein anderes Hotel in Macao kann sich einer solchen Geschichtsträchtigkeit rühmen. Alle zwölf Zimmer wurden renoviert und zu elegant möblierten Suiten umgebaut, verströmen aber trotzdem noch den Charme der Vergangenheit. Außerhalb der Saison sind durchaus Rabatte bis zu 35 % möglich.

MGM GRAND MACAU KASINOHOTEL **$$$**

Karte S. 248 (☎8802 1888; www.mgmgrandmacau.com; Avenida Dr. Sun Yat Sen, NAPE; Zi. ab 3200 MOP, Suite ab 7800 MOP; 🚭@📶🏊; 🚌8, 3A, 12) Das Kasinohotel hat eine jugendliche Atmosphäre. Die zeitgenössische Architektur ist mit barocken Wellenmotiven aufgelockert, die sich in den stilvollen Zimmern wiederholen. Am besten lässt man sich ein Zimmer auf der Meerseite geben, um den tollen Blick auf den Hafen zu genießen. Weitere Pluspunkte sind das optisch fantastische Spa und die schicken Bars. Außerhalb der Saison gibt es oft Rabatte von 35 bis 50 %.

HOTEL SINTRA HOTEL **$$**

Karte S. 248 (澳門新麗華酒店; ☎2871 0111; www.hotelsintra.com; Avenida de Do João IV; Zi. 1250–1900 MOP, Suite ab 2360 MOP; 🚌3, 11, 22) Das zentral gelegene Drei-Sterne-Hotel bietet ein wirklich gutes Preis-Leistungs-Verhältnis. Die Zimmer sind blitzblank geputzt und die Angestellten freundlich. Der einzige Minuspunkt ist der langsame Lift. Und wer ein Zimmer mit Blick zum Grand Emperor Hotel erwischt, könnte dessen große LED-Reklametafel als störend empfinden. Während der Arbeitswoche gibt es Rabatte von bis zu 50 %.

ROCKS HOTEL BOUTIQUEHOTEL **$$$**

Karte S. 248 (☎2295 6528; www.rockshotel.com.mo; Macau Fisherman's Wharf; Zi. 1880–2980 MOP, Suite ab 4080 MOP; ⊜ 🛜; 🚌3A, 5, 23) Das elegante Boutiquehotel im viktorianischen Stil steht zwischen einem afrikanischen Restaurant, das wie eine Stammeshütte aussieht, und einem Kasino. Alle Zimmer verfügen über einen Balkon, bei den meisten mit Blick auf die Bucht. Und anders als zu vielen anderen Hotels in Macao gehört zum Rocks kein Kasino.

SOFITEL MACAU AT PONTE 16 KASINOHOTEL **$$$**

Karte S. 252 (澳門十六浦索菲特大酒店; ☎8861 0016; www.sofitel.com; Rua do Visconde Paço de Arcos; Zi. 1420–2220 MOP, Suite ab 4220 MOP; 🛜; 🚌1, 3, 4) Das Luxushotel, für dessen Zimmer vernünftige Preise verlangt werden, gehört zu einer Hotelkette der Spitzenklasse. Die modernen, großen Gästequartiere sind mit einladenden Betten ausgestattet und bieten teilweise einen stimmungsvollen Blick auf den verschlafenen Inneren Hafen und auf der anderen Seite auf die Ruine der Pauluskirche.

RIVIERA HOTEL MACAU HOTEL **$$**

Karte S. 248 (濠璟酒店; ☎2833 9955; www.rivierahotel.com.mo; 11–13 Rua do Comendador Kou Ho Neng; Zi. 1080–1180 MOP, Suite ab 2080 MOP; 🚌9, 16, 28B) Wer es abgeschiedener mag, der sollte in diesem Hotel ganz in der Nähe des legendären Bela Vista absteigen. Die meisten Zimmer bieten ihren Bewohnern vom Balkon aus einen wundervollen Blick auf die historische Avenida da República und den Sai-Van-See.

OLE LONDON HOTEL GASTHAUS **$**

Karte S. 252 (澳萊英京酒店; ☎2893 7761; http://olelondonhotel.com; 4–6 Praça de Ponte e Horta; DZ 390–480 MOP; @🛜; 🚌2, 7, 10A) Das Hotel nahe dem Inneren Hafen hat nette, blitzblanke Zimmer, die klein, aber dafür recht günstig sind. Auch die Lage bietet keinen Grund zur Klage. Große Preisnachlässe gibt's bei Onlinebuchungen über www.macau.com.

NEW NAM PAN HOTEL PENSION **$**

Karte S. 252 (新南濱賓館; ☎2848 2842; www.cnMacauHotel.com; 2. Stock, 8 Avenida de D Joao IV; EZ/DZ/3BZ/4BZ 380/580/780/880 MOP, Wochenendzuschlag 100–200 MOP; 🛜; 🚌3, 5, 10) Die zentrale Lage, das rustikale Ambiente und die acht makellosen Zimmer machen das New Nan Pan zu einer guten Budgetunterkunft.

VILA UNIVERSAL PENSION **$**

Karte S. 252 (大利迎賓館; ☎2857 3247, 2857 5602; Cheng Peng Bldg, 73 Rua Felicidade; EZ/DZ ab 280/350 MOP; 🛜; 🚌3, 6, 26) Aquarien, Muscheln und gelbe Sofas in der Lobby schaffen eine heimelige Atmosphäre, aber die 32 Zimmer sind ziemlich unpersönlich, wenn auch sauber und ordentlich. Am Wochenende zahlt man 50 bis 80 MOP mehr.

SAN VA HOSPEDARIA PENSION **$**

Karte S. 252 (新華大旅店; ☎2857 3701; www.sanvahotel.com; 65–67 Rua de Felicidade; DZ/2BZ mit Gemeinschaftsbad 150–270 MOP; 🚌3, 6, 26A) Das 1873 erbaute San Va ist so ziemlich die billigste und stimmungsvollste Unterkunft in der Stadt (Wong Kar-wai drehte hier einige Szenen seines Films *2046*). Die Pension ist aber sehr einfach, mit winzigen Zimmern und Gemeinschaftsbädern. Zur Zeit unserer Recherchen waren die Zimmer mit Klimaanlage, die mit eigenen Duschen und der Zugang zum Patio bis über 2012 hinaus gesperrt.

AUGUSTERS LODGE PENSION **$**

Karte S. 252 (☎2871 3242, 6664 5026; www.augusters.de; Flat 3j, Block 4, Kam Loi Bldg, 24 Rua do Dr. Pedro Jose Lobo; B ab 130 MOP/Pers.; 🛜; 🚌6, 11, 19) Die winzige, freundliche Pension ist eine Art Backpackertreff mit schlichten, aber sauberen Zimmern, Gemeinschaftsbädern und einer Küche. Sie befindet sich über dem CTM-Laden und ist immer gut besucht. Bei Vorabbuchung gibt's 15 % Ermäßigung.

MACAU MASTERS HOTEL HOTEL **$$**

Karte S. 252 (萬事發酒店; ☎2893 7572; www.mastershotel-macau.com; 162 Rua das Lorchas; EZ/DZ ab 680/980 MOP; ⊜ 🛜; 🚌1, 2, 10) Hinter der schäbigen Fassade versteckt sich ein gut geführtes Hotel mit kleinen, gut ausgestatteten, wenn auch etwas altmodischen Zimmern. Manchmal fällt der Strom aus, und der Lift ist langsam.

Die Inseln

LP TIPP **POUSADA DE COLOANE** HOTEL $$

Karte S. 268 (路環竹灣酒店; ☎2882 2143; www.hotelpcoloane.com.mo; Estrada de Cheoc Van, Coloane; Zi. ab 750 MOP; 21A, 25; @) Das Hotel mit seinen 30 im portugiesischen Stil eingerichteten Zimmern (alle mit Balkon und Meerblick) hat ein tolles Preis-Leistungs-Verhältnis, auch wenn nicht alle Zimmer in gleich gutem Zustand sind. Auch die Lage oberhalb des Strands Cheoc Van ist klasse! Während der Werktage sind die Preise deutlich günstiger. Außerhalb der Saison gibt es Rabatte von 20 bis 40%.

POUSADA DE JUVENTUDE DE CHEOC VAN HOSTEL $

Karte S. 268 (☎2888 2024; www.dsej.gov.mo; Rua de António Francisco, Coloane; B/2BZ/4BZ ab 100/160/120 MOP; 21A, 25, 26A) Die preisgünstige Jugendherberge am Strand wird vom Amt für Bildung und Jugend betrieben. Man muss drei Monate im Voraus buchen und beim Einchecken einen Internationalen Jugendausweis oder einen Internationalen Jugendherbergsausweis vorlegen. In den Schlafsälen herrscht Geschlechtertrennung. Es gelten besondere Bestimmungen. Weitere Infos gibt's auf der Website.

POUSADA DE JUVENTUDE DE HÁC SÁ HOSTEL $

außerhalb der Karte S. 268 (☎2888 2024; Rua de Hác Sá Long Chao Kok, Coloane) Hier gelten die gleichen Angebote wie bei der Pousada de Juventude de Cheoc Van, nur dass diese Herberge an einem anderen Strand liegt.

GRAND HYATT MACAU KASINOHOTEL $$$

außerhalb der Karte S. 266 (☎8868 1234; http://macau.grand.hyatt.com; City of Dreams, Estrada do Istmo, Cotai; Zi. 1300–3200 MOP, Suite ab 2300 MOP; @; 35, 50) Das Grand Hyatt ist das geschmackvollste Kasinohotel am Cotai. Es gehört zu dem Kasino-Shopping-Performance-Komplex City of Dreams. Die großen Zimmer sind mit Duschbereichen aus Glas und Marmor und jeder Menge Technik ausgestattet.

BANYAN TREE LUXURY HOTEL LUXUSHOTEL $$$

(☎8883 8833; www.banyantree.com/en/macau; Galaxy, Avenida Marginal Flor de Lotus, Cotai; Suite 2880–63 800 MOP, Villa 23 600–35 100 MOP; 25, 25X) Eines von zwei Hotels im neuen Galaxy Macau ist dieses extravagante Resort, das den Luxus im Tropenstil wieder zurück nach Macao bringt. Alle zehn Villen verfügen jeweils über einen eigenen Garten und einen Swimmingpool, und die Suiten haben eine riesige Badewanne am Fenster. Im hauseigenen Spa mit allerneuesten Einrichtungen kann man sich so richtig verwöhnen lassen. Etwas preisgünstiger als das Banyan Tree ist das andere Hotel im Galaxy, das **Okura** (www.hotelokuramacau.com; Zi. 2200–5600 MOP, Suite 3000–20 000 MOP), das Luxus mit japanischem Einschlag bereithält.

Schlafen

In einer Stadt, in der der Immobilienpreis dem Goldpreis entspricht, entscheidet der Geldbeutel über die Unterkunft. Ist dieser groß genug, hat man dank zahlloser Luxushotels die Qual der Wahl. Die Mittelklasseoptionen sind nicht ganz so attraktiv, aber annehmbar. Das Budgetangebot ist vergleichsweise klein und besteht aus Hostels mit Minizimmern.

Neue Trends

Seit China 2003 die Bestimmungen zum Grenzübertritt gelockert hat, sind Besucher vom Festland Hongkongs größter Binnenmarktfaktor – meist sind es Shopping-Touristen aus der Mittelschicht, die auf zentral gelegene Mittelklasseunterkünfte aus sind. So florieren Letztere in Form von Hotels und Apartments mit Service, die auch bei Messebesuchern gefragt sind.

Wegen des Wettbewerbsvorteils bieten auch immer mehr Spitzenklassehotels Langzeittarife und Nachsaisonrabatte an.

Wichtig vor allem in Bezug auf Wan Chai, Yau Ma Tei und Tsim Sha Tsui: Zu Spitzenzeiten können die Preise einiger neuer Mittelklasseadressen bis zu fünfmal höher sein als die Nachsaisonspreise. Bei den günstigsten Optionen ist diese Diskrepanz nicht ganz so heftig – ebenso bei Spitzenklassehotels, die ihre Preise sogar z. T. senken, um konkurrenzfähig zu bleiben.

Für alle Preiskategorien gilt: In Hongkong ist Übernachten generell teurer als in anderen Städten Asiens, aber günstiger als in Europa oder den USA.

Hostels & Camping

Zur **Hong Kong Youth Hostels Association** (香港青年旅舍協會; HKYHA; ☎2788 1638; www.yha.org.hk; Shop 118, 1. Stock, Fu Cheong Shopping Centre, Shum Mong Rd, Sham Shui Po; Ⓜ Nam Cheong, Ausgang A) gehören insgesamt acht Hostels von HI (Hostelling International). Die HKYHA verkauft neben ihren eigenen Ausweisen auch Internationale Jugendherbergsausweise (HI Cards). Wer nicht bereits HI-Mitglied ist, kann dies direkt im HKYHA-Büro oder hiesigen Hostels werden. Dazu braucht man ein Passfoto und einen gültigen Lichtbildausweis.

Alle HKYHA-Hostels haben Gemeinschaftsküchen und getrennte Duschen bzw. Toiletten für Frauen und Männer. Zudem stellen sie Kissen, Bettdecken und -wäsche. Meist gibt's auch abschließbare Spinde.

Je nach Hostel und Mitgliedsalter (Erw. od. unter 18 Jahren) kosten Schlafsaalbetten 45 bis 100 HK$ pro Übernachtung.

In den New Territories und auf den Outlying Islands unterhält die **Country & Marine Parks Authority** (☎1823; www.afcd.gov.hk) insgesamt 40 einfache Campingplätze für Wanderer bzw. andere Naturfreunde.

Mietwohnungen

Für alle, die länger als einen Monat bleiben wollen, sind eventuell Apartments mit Zimmermädchenservice interessant. Deren Größenspektrum reicht von Wohnstudios bis hin zu Versionen mit drei Schlafzimmern. Die Ausstattung umfasst normalerweise eine Küche mit Utensilien, Geschirr, Besteck und einer Waschmaschine. Bei vornehmeren Apartments gibt's z. T. sogar DVD-Player, Fitnessraum- und Poolzugang.

Mittelklassehotels

Im Mittelklassesektor fand man früher austauschbare Geschäfts- und Urlaubshotels, die sich kaum voneinander unterschieden. Inzwischen wurden aber zahlreiche neue

Häuser eröffnet, die cool aussehen und den Geldbeutel schonen. Ihre Preise liegen im oberen dreistelligen Bereich und fallen in der Nebensaison auf Budgetniveau. Die Zimmer sind klein und mit Kabel-TV und WLAN ausgestattet, oft gibt's Zimmerservice.

Pensionen

Günstigere Übernachtungsoptionen sind Pensionen, deren meist winzige Zimmer in ein oder zwei umgebaute Apartments hineingequetscht wurden. Oft teilen sich mehrere Pensionen ein Gebäude. Reist man zu zweit, hat man bessere Karten: Ein Doppelzimmer in einer sauberen Pension ist oft für 200 bis 250 HK$ zu haben. Für Reisende mit kleinem Budget stehen manchmal Betten in Schlafsälen zur Verfügung.

Trotz der kleinen Zimmer sind die aufgeführten Adressen nicht düster, sondern sauber, klimatisiert und entweder sympathisch marode oder standardmäßig adrett. Meist gibt's TV, Telefon und eigene Bäder. Alles unter 600 HK$ gilt als Budgetbereich.

Saisonabhängig können sich Preisverhandlungen lohnen: Pensionsbesitzer sind oft sehr erpicht darauf, ihre freien Quartiere zu vermieten. Meist bieten sie auch einen Internetzugang (vom Gemeinschaftscomputer bis hin zu Gratis-WLAN im Zimmer).

Spitzenklassehotels

Hongkongs Spitzenklassehotels buhlen um die Moneten reicher Touristen. Ihre Argumente sind Sternerestaurants, Wellnesskomplexe und ein Service, der selbst die albernsten Wünsche erfüllt. Das hat jedoch seinen Preis: Spitzenklassezimmer gibt's ab 1600 HK$ aufwärts. Mitunter sind Komfort, Extras und Service denen der weltbesten Hotels ebenbürtig oder überlegen.

Infos im Internet

Lonely Planet (hotels.lonelyplanet.com) Hostel-, Hotel- und B&B-Verzeichnisse plus Online-Buchungsservice.

Hong Kong Hotels Association (www.hkha.org) Für Buchungen bei Verbandshotels.

Traveller Services (香港旅遊; www.traveller.com.hk) Für Unterkünfte in Hongkong, Macau und Shenzhen.

Phoenix Services Agency (峯寧旅運社; www.statravel.hk) Für Online-Buchungen von relativ günstigen Bleiben.

Hong Kong Tourism Board (www.discoverhongkong.com) Suchmaschine für ca. 200 lizenzierte Hotels und Pensionen.

Nachsaisonrabatte

Keine Panik wegen der Listenpreise: Außerhalb der Nachsaison senken viele Hotels ihre Tarife für Einzelübernachtungen um bis zu 70 %! Beispiele:

- Garden View (S. 279)
- Metropark (S. 282)
- Harbour View (S. 282)
- Wifi Boutique Hotel (S. 282)
- City Garden Hotel (S. 284)
- BP International (S. 286)
- Stanford Hillview Hotel (S. 287)
- Kowloon Hotel (S. 286)
- Knutsford Hotel (S. 287)
- Hotel Panorama (S. 288)
- Eaton Smart (S. 291)

Pauschalangebote

Neben den aufgeführten Apartments mit Service offerieren auch viele der genannten Hotels bzw. Pensionen Langzeitrabatte und/oder Pauschalangebote bei mindestens einwöchigen Aufenthalten. Manchmal muss dafür aber im Voraus gebucht werden. Gleich beim Reservieren nachfragen!

- Garden View (S. 279)
- Harbour View (S. 282)
- Mingle Place by the Park (S. 282)
- Ying King Apartment (S. 283)
- Cosmopolitan Hotel (S. 283)
- Chung Kiu Inn (S. 284)
- City Garden Hotel Hong Kong (S. 284)
- Butterfly on Prat (S. 287)
- Eaton Smart (S. 291)
- Anne Black YWCA (S. 292)

Standard

Sofern nicht anderweitig vermerkt, verfügen alle aufgeführten Zimmer über eigene Bäder und Klimaanlagen. Nur in den allergünstigsten Quartieren gibt's kein Kabel-TV. Fast alle Mittel- und Spitzenklassehotels sowie die meisten Pensionen warten mit Gästecomputern, Breitband-Internet und/oder WLAN auf. Alle Mittel- und Spitzenklassehäuser (z.T. auch Budgetoptionen) haben spezielle Nichtraucherstockwerke oder sind komplett qualmfrei.

Top-Tipps

Peninsula Hong Kong (S. 286) Weltklasse-Luxus und kolonialzeitliche Eleganz am Hafenende von Tsim Sha Tsui.

Upper House (S. 281) Zen-artige Atmosphäre, Yoga auf dem Rasen, herzlicher Service und Hügelblick im Stadtteil Admiralty.

Hyatt Regency Tsim Sha Tsui (S. 285) Stolzer, super gelegener Veteran mit gepflegten Zimmern und Top-Service.

T Hotel (S. 285) Verstecktes Juwel in Pok Fu Lam, das von charmanten Studenten der Hotelakademie betrieben wird.

Hotel Icon (S. 285) Cooles Ambiente mit super Service, für den Profis und Studenten der Hotelakademie sorgen.

Preiskategorien

$

Helena May (S. 281)

Y-Loft Square Youth Hostel (S. 284)

Salisbury (S. 286)

Hop Inn (S. 288)

$$

Hotel LKF (S. 280)

Harbour View (S. 282)

Madera (S. 290)

Hotel LBP (S. 280)

Fleming (S. 283)

$$$

Mandarin Oriental (S. 272)

Four Seasons (S. 279)

Landmark Oriental (S. 279)

Hyatt Regency Tsim Sha Tsui (S. 285)

Mit Kindern

InterContinental Hong Kong (S. 287)

Burlington II (S. 282)

Salisbury (S. 286)

Island Shangri-la (S. 281)

BP International (S. 286)

Boat Moksha (S. 285)

Für Nachtschwärmer

Lan Kwai Fong Hotel (S. 280)

Metropark (S. 282)

Knutsford Hotel (S. 275)

Stanford Hillview Hotel (S. 287)

Empire Kowloon (S. 288)

Minden (S. 288)

Lage

Pilgrim's Hall (S. 202)

Bradbury Jockey Club Youth Hostel (S. 202)

Ritz-Carlton (S. 288)

Garden View (S. 279)

Hyatt Regency Sha Tin (S. 202)

Design

Hotel Icon (S. 285)

Lanson Place (S. 283)

Landmark Oriental (S. 279)

Putman (S. 279)

Nic & Trig's (S. 292)

Retro-Atmosphäre

Nic & Trig's (S. 292)

Mariner's Club (S. 285)

Mei Ho House Youth Hostel (S. 288)

Schräges Flair

Boat Moksha (S. 285)

Mingle Place by the Park (S. 282)

Dragon Inn (S. 289)

Cosmopolitan (S. 283)

GUT ZU WISSEN

Preise

DZ pro Nacht:

- **$** bis 900 HK$
- **$$** 900–1500 HK$
- **$$$** über 1500 HK$

Monatsmiete für ein Einzimmerapartment:

- **$** bis 15 000 HK$
- **$$** 15 000–25 000 HK$
- **$$$** über 25 000 HK$

Hauptsaison

Während großer Messen (Termine unter www.discoverhongkong.com) sind Unterkünfte in Wan Chai und nahe gelegenen Bezirken wie Tsim Sha Tsui extrem rar und teuer.

- Januar, März bis Anfang Mai (Messesaison)
- Oktober bis November
- Chinesisches Neujahrsfest (Ende Jan. od. Feb.)

Reservierungen

Außerhalb der Spitzenzeiten ist Reservieren unnötig. In der Zwischen- und Nachsaison können Buchungen über das Internet, Reisebüros oder die **Hong Kong Hotels Association** (香港酒店業協會; HKHA; ☎2383 8380; www.hkha.org) allerdings bis zu 50 % Rabatt auf Listenpreise bringen. Die HKHA betreibt Reservierungszentren auf Ebene 5 des Flughafens.

Steuern

In den meisten Mittel- und Spitzenklassehotels sowie in ein paar wenigen Budgetoptionen erhöht sich die Rechnung zusätzlich um eine Servicegebühr (10 %) und staatliche Steuern (3 %).

Übernachten nach Stadtvierteln

Stadtviertel	Pro	Contra
Hong Kong Island: Central	Nähe zum Star-Ferry-Pier, zu berühmten Wolkenkratzern, Luxus-Malls; Laufentfernung zu Bars und Restaurants; gute Verkehrsanbindung	Nächstgelegene Restaurants, Hotels, Bars und Läden recht teuer; ruhig nach Büroschluss
Hong Kong Island: Peak & Nordwesten	Im Herzen der Nightlife- und Restaurantszene; Nähe zum Peak und zu den historischen Stätten von Sheung Wan	Mehr Bergauf und Bergab durch hügeliges Terrain; weiter westlich gelegene Bezirke ruhig und abseits der Action
Hong Kong Island: Wan Chai & Nordosten	Nähe zu Hong Kong Park, Happy Valley Racecourse und Shoppingoptionen; viele Bars und Restaurants; super Verkehrsanbindung	Verkehrsstau plus Menschenmassen in Wan Chai und Causeway Bay; weiter östlich gelegene Bezirke sind abgeschieden und etwas schäbig
Hong Kong Island: Aberdeen & Süden	Toll für Trips zu Aberdeen Typhoon Shelter, Stanley Market, Horizon Plaza; Nähe zu Repulse Bay und Shek O (baden & wandern)	Dezentrale Lage, oft Stau am Aberdeen Tunnel; nur wenige Hotels, Restaurants, Bars und Läden
Kowloon	Nähe zum Museum of Art bzw. History; bester Hafenblick; spitze zum Shoppen, Essen oder sogar zur „Slum-Besichtigung"; cooler Mix aus alt, neu, abgehoben und bescheiden; super Verkehrsanbindung	Verkehrsstau plus Menschenmassen im Bereich der Nathan Rd; mancherorts z. T. touristisch und/oder etwas schäbig
New Territories	Weniger Menschen, frischere Luft, generell niedrigere Preise; praktisch für Outdoor-Aktivitäten, Naturtouren, Trips zu Wehrdörfern	Weitab der Action; weniger Hotels, Restaurants, Bars und Läden; abends wenig los
Outlying Islands	Relaxte Atmosphäre, schöne Landschaft, viele Strände; prima für Seafood (Lamma), sowie zum Windsurfen (Cheung Chau) und Wandern (Lantau Trail)	Längere Anfahrtswege; weniger Hotels, Restaurants, Bars und Läden; Aktivitäten wetterabhängig

Hong Kong Island: Central

In Central liegen die meisten Luxushotels auf Hong Kong Island. Vor allem reiche Traveller und schwer beschäftigte Businesstypen genießen hier den besten Einrichtungs- und Servicestandard der Stadt. Ob Kinderbetreuung, Dinner-Reservierung oder Jetlag-Bekämpfung: Alles wird effizient und wahrscheinlich mit einem Lächeln erledigt.

FOUR SEASONS LUXUSHOTEL **$$$**

Karte S. 386 (四季酒店; ☎3196 8888; www.fourseasons.com/hongkong; 8 Finance St, Central; Zi. 4500–6500 HK$, Suite 9300–63 000 HK$; @ 📶 🏊; Ⓜ Hong Kong, Ausgang F) Tolle Aussicht sowie die Nähe zu Star Ferry, Bahnhof, Festland und Sheung Wan machen das Four Seasons zur wohl besten Option der Insel. Das Hotel hat zudem prächtige Zimmer, einen mondänen Spa-Komplex mit Pool und zwei Restaurants (Lung King Heen, Caprice) mit jeweils drei Michelin-Sternen. Perfekter und persönlicher Service.

MANDARIN ORIENTAL LUXUSHOTEL **$$$**

Karte S. 386 (文華東方酒店; ☎2522 0111; www.mandarinoriental.com/hongkong/; 5 Connaught Rd, Central; Zi. 3800–6000 HK$, Suite ab 6500–45 000 HK$, Landmark Oriental DZ ab 5200 HK$, Suite 9300 HK$; @ 📶 🏊; Ⓜ Central, Ausgang J3) Als es einst zu den elf weltbesten Hotels gezählt wurde, hat das ehrwürdige Mandarin den Standard für Asien gesetzt. Trotz Konkurrenten wie dem Four Seasons gilt es immer noch als Top-Adresse: Gestaltung, Service, Essen und Flair sind rundum vom Feinsten. Hinzu kommen ein Hauch würdevoller, altmodischer Charme und ein super Restaurant (Pierre). Das geschniegelte **Landmark Oriental** (Karte S. 386; ☎2132 0088; 15 Queen's Rd Central; Zi. 3500–6800 HK$, Suite 9300–45 000 HK$; @ 📶 🏊) gleich gegenüber bietet modernen Luxus – allerdings mit einem starken Business-Vibe, der auch das Hausrestaurant Amber prägt.

GARDEN VIEW HOTEL **$$**

Karte S. 394 (女青年會園景軒; ☎2877 3737; http://the-garden-view-ywca.hotel-rn.com; 1 MacDonnell Rd, Central; Zi./Suite NS 880/1760 HK$, HS 2500/2900 HK$, Woche ab 1500 HK$/Tag, Monat ab 19 500 HK$; @ 🏊; 🚌 Grüner Minibus 1A) Dieser YWCA-Familienfavorit an der Grenze zwischen Central und Mid-Levels wird auch von Businessleuten mit kleinerem Spesenkonto geschätzt. Die 133 zweckmäßigen Zimmer mit Blick auf die Zoological & Botanical Gardens liegen sehr nah bei einem großen Supermarkt und den Restaurants (u. a. Pure Veggie House) von Admiralty. Hier wohnt man schlicht, aber ruhig und hat auch einen Freiluftpool zur Verfügung. Kein Gratis-WLAN, aber kräftige Nachsaisonrabatte auf Tagestarife!

Hong Kong Island: The Peak & Nordwesten

PUTMAN APARTMENTS MIT SERVICE **$$**

Karte S. 392 (☎2233 2233; www.theputman.com; 202–206 Queen's Rd Central; Wohnstudio 1000–1200 HK$, Mietwohnung 2400 HK$, Wohnstudio/Mietwohnung pro Monat ab 23 000/48 000 HK$; @ 📶; Ⓜ Sheung Wan, Ausgang A od. E) Hinter seiner art-déco-mäßigen Glasfassade vermietet diese perfekt durchgestylte Designeroption u. a. drei Kurzzeitgast-Wohnstudios (30–40 m²) in kühlen Farbtönen. Für längere Aufenthalte gibt's 25 Mietwohnungen (120 m²) mit jeweils einem Schlafzimmer, die stets ein ganzes Stockwerk einnehmen. So genießt man viel Platz plus jede Menge Tageslicht dank Fenstern vom Boden bis zur Decke. Die Küchen sind mit Designer-Kochutensilien, -Geschirr, -Stielgläsern und einer Waschmaschine ausgerüstet. Der Preis beinhaltet die Mitgliedschaft in einem nahen Fitnessstudio.

BAUHINIA APARTMENTS MIT SERVICE **$**

Karte S. 392 (寶軒酒店; ☎2156 3000; www.apartments.com.hk; 119–121 Connaught Rd Central; Mietwohnung m. 1 B 15 500–19 000 HK$/Monat, Mietwohnung m. 2 B 20 000–28 000 HK$/Monat, Zi. 2500–2900 HK$; Ⓜ Sheung Wan, Ausgang A1) Im Bauhinia wurden die ursprünglichen Apartments mit Service nun um 42 kleine, blitzblanke und tageweise mietbare Zimmer ergänzt. Prima ist auch die Lage direkt neben der MTR-Station; hinein ins Gebäude geht's an der Man Wah Lane. Freundliches Personal und einwandfreier Service!

BISHOP LEI INTERNATIONAL HOUSE HOTEL **$**

Karte S. 392 (宏基國際賓館; ☎2868 0828; www.bishopleihtl.com.hk; 4 Robinson Rd, Mid-Levels; EZ/DZ/Suite ab 650/700/1250 HK$; @ 🏊; 🚌 23 od. 40) Dieses Hotel liegt zwar etwas abseits im Wohngebiet der Mid-Levels, hat aber ein tolles Preis-Leistungs-Verhältnis. Hierfür sorgen guter Service, ein Pool, ein Fitnessraum und die Nähe zu den Zoological & Botanical Gardens. Die standardmäßigen Einzel- und Doppelzimmer sind klein. Somit lohnt sich der geringe Aufpreis für die größeren Varianten, von denen man in luftiger Höhe schön auf Hafen, Skyline und Kathedrale schaut. Vor dem Eingang halten Busse nach Central und Wan Chai.

HOTEL LBP BUSINESSHOTEL **$$$**

Karte S. 392 (西關酒店; ☎2681 9388; www.hotellbp.com.hk; 77–91 Queen's Rd W; Zi. 1100–1820 HK$, Monatspauschale ab 17000 HK$; @📶; Ⓜ Sheung Wan) Ihr Geld wert ist auch diese Neueröffnung nur 600 m westlich der MTR-Station Sheung Wan: Trotz langweiliger Einrichtung gehen Komfort und Sauberkeit in Ordnung. Zudem hat jedes der 46 Zimmer mindestens 21 m² – für Hongkong ganz ordentlich. Auf der Südseite blickt man auf den Hollywood Rd Park.

COURTYARD BY MARRIOTT HONG KONG BUSINESSHOTEL **$$$**

(香港萬怡酒店; ☎3717 8888; www.marriott.com/hotel-search/china/; 167 Connaught Rd W; Zi. 1560–2440 HK$, Suite 3450 HK$; @📶; 🚌5 od. 5B ab Central) Hier werden Luxus und tadelloser Service bei begrenztem Platz umgesetzt. Die Zimmer punkten zumeist mit Hafenblick und fescher, moderner Einrichtung. Dicke Matratzen und hochwertige Bettwäsche garantieren einen erholsamen Schlaf. Gegenüber hält der Airbus (Linie A).

DORSETT REGENCY HOTEL HONG KONG HOTEL **$$$**

(香港帝盛酒店; ☎2655 5333; www.dorsettregency.com; 18 Davis Street, Kennedy Town; Zi. 1200–2500 HK$, Suite 4200 HK$; @📶≋; 🚌5B od. 5X ab Central) Das Boutiquethotel in Kennedy Town am Westende von Hong Kong Island hat 209 helle, mittelgroße Zimmer mit modernem Design und Gratis-WLAN. Der Aufpreis für die größere Variante mit Hafenblick lohnt sich. Zahlreiche Busse verbinden Kennedy Town mit Central. Wer sich dennoch etwas isoliert fühlt, gelangt mit dem kostenlosen Hausshuttle (stündl.) nach Sheung Wan, Wan Chai oder zum Bahnhof.

YWCA BUILDING APARTMENTS MIT SERVICE **$$**

Karte S. 392 (女青大廈; ☎2915 2345; www.ywca.org.hk; 38c Bonham Rd, Mid-Levels; Wohnstudio ab 9500 HK$/Monat, Apt. m. 1 Schlafzi. 18800 HK$; 🚌23, 40 od. 40M) Die 99 Wohnstudios und Apartments (je min. 7 Nächte) stehen beiden Geschlechtern offen. Recht abgeschieden, aber per Bus ab Admiralty und Central erreichbar.

HOTEL LKF HOTEL **$$$**

Karte S. 390 (隆堡蘭桂坊酒店; ☎3518 9688; www.hotel-lkf.com.hk; 33 Wyndham St, Central; Zi. ab 3500 HK$, Suite ab 5000 HK$; @📶; Ⓜ Central, Ausgang D2) Das LKF am flacheren, oberen Teil der Wydham St bietet den wohl besten Zugang zum Trubel in Lan Kwai Fong, bekommt aber, weil es weit genug weg ist, nicht zu viel Lärm ab. Die Hightech-Zimmer in gedeckten Farben warten mit allen erwünschten Extras auf (z.B. flauschigen Bademänteln, Espressomaschine oder Gratiskeksen plus Milch als Betthupferl). Das Hotel hat auch ein nobles Spa und ein Yogastudio.

LAN KWAI FONG HOTEL BOUTIQUEHOTEL **$$$**

Karte S. 392 (蘭桂坊酒店@九如坊; ☎3650 0000; www.lankwaifonghotel.com.hk; 3 Kau U Fong, Central; Zi./Suite ab 1480/2880 HK$; @📶; Ⓜ Sheung Wan, Ausgang E2) Dieses Hotel (nicht mit dem LKF verwechseln!) liegt günstig und näher zu Soho als zu Lan Kwai Fong. Das chinesische Dekor mit modernem Touch verleiht den ausreichend großen Zimmern Stil. Spitzenmäßiger Service!

BUTTERFLY ON WELLINGTON BOUTIQUEHOTEL **$$$**

Karte S. 392 (晉逸精品酒店中環; ☎3962 1688; www.butterflyhk.com; 122 Wellington St, Central; Zi. 2800–3600 HK$, Suite 5000 HK$; @📶; Ⓜ Sheung Wan, Ausgang D2) Im Herzen Sohos steht das Butterfly, nur einen Steinwurf von den Central Escalators entfernt. Da der Markt und die Läden an der Wellington St abends geschlossen sind, ist ruhiger Schlaf kein Problem. Die fröhlichen, geschmackvoll eingerichteten Zimmer wirken leicht orientalisch. In ruhigen Monaten gibt's kräftig Rabatt (bis zu 900 HK$). Ebenfalls Ermäßigungen gewährt der Ableger **Butterfly on Hollywood** (晉逸好萊塢精品酒店; Karte S. 392; ☎3962 8357; www.butterflyhk.com; 263 Hollywood Rd; Zi. 1850–2500 HK$, Suite 4500 HK$; @📶; Ⓜ Central, Ausgang E2) mit modern gestylten Zimmern.

IBIS HOTEL **$$**

Karte S. 392 (上環宜必思酒店; ☎2252 2929; www.ibishotel.com; 18–30 Des Voeux Rd W; @;

(🚌5B ab Central) Nach seiner geplanten Eröffnung (Ende 2012) wird das Ibis mit 550 Zimmern eine erschwinglichere Option in diesem teuren Stadtteil sein.

HANLUN HABITATS APARTMENTS MIT SERVICE **$$$**
Karte S. 390 (☎2868 0168; www.hanlunhabitats.com; 21. Stock, Winway Bldg, 50 Wellington St, Central; Ⓜ Central, Ausgang D2) In den Mid-Levels unterhält diese Agentur möblierte Apartments mit Service und je einem Schlafzimmer. Die insgesamt drei Gebäude, **Orchid** (Karte S. 392; 22 Mosque St; Apartment ca. 44 m²; ab 22000 HK$/Monat; 📶; Ⓜ Central, Ausgang D1), **Peach Blossom** (Karte S. 392; 15 Mosque St; Apartment ca. 52 m²; ab 28000 HK$/Monat; 📶; Ⓜ Central, Ausgang D1) und **Lily Court** (Karte S. 392; 28 Robinson Rd; Apartment ca. 48 m²; ca. 26000 HK$/Monat; 📶; 🚌26), liegen nahe beieinander. Per Central Escalator sind sie leicht ab Central und Soho erreichbar.

JOCKEY CLUB MOUNT DAVIS HOSTEL HOSTEL **$**
(賽馬會摩星嶺青年旅舍; ☎2817 5715; www.yha.org.hk; Mt. Davis Path, Kennedy Town; B für Mitglieder unter/über 18 Jahren 75/110 HK$, Zi. mit 2/4/6 B f. Mitglieder 300/460/680 HK$; @📶; 🚌5, grüner Minibus 54) Da dieses Hostel zum Recherchezeitpunkt gerade renoviert wurde, sind nun verbesserte Einrichtungen zu erwarten. Die sehr abgeschiedene Superlage auf dem Mt. Davis garantiert einen Traumblick auf den Victoria Harbour. Vom **Shun Tak Centre** (信德中心; 200 Connaught Rd Central, Sheung Wan) fährt ein kostenloser Shuttlebus hierher (Fahrplan auf der HKYHA-Website). Alternativ Bus 5 von der MTR-Station Admiralty nach Felix Villas nehmen, 100 m zurücklaufen und dem Mt. Davis Path (ca. 2 km; nicht mit der Mt. Davis Rd verwechseln!) folgen! Eine Taxifahrt ab Central kostet ca. 60 HK$.

Hong Kong Island: Wan Chai & Nordosten

Von Admiralty mit seiner Handvoll Spitzenklassehotels hat man leichten Zugang zum Hong Kong Park, zur Pacific Place Mall und zum Asia Society Hong Kong Centre. Wan Chai ist ein Favorit von Festlandstouristen und Messe-Stammbesuchern. Die Mittelklassehotels hier werden durch einige günstigere Pensionen und ein paar Spitzenklasseoptionen nahe dem Convention & Exhibition Centre ergänzt. Causeway Bay hat preiswerte Mittelklassebleiben und viele nette Pensionen (vor allem im Bereich der Paterson St). In der Nachsaison haben viele Pensionen Gästemangel; so gibt's bei längeren Aufenthalten oft Rabatt.

LP TIPP **HELENA MAY** HOSTEL **$**
Karte S. 394 (梅夫人婦女會主樓; ☎2522 6766; www.helenamay.com; 35 Garden Rd, Central; EZ/DZ 400/580 HK$, EZ/DZ pro Monat 9900/13 100 HK$, Wohnstudio m. 1-monatigem Mindestaufenthalt 13860–18060 HK$/Monat) Wer auf kolonialzeitliches, aber bezahlbares (!) Wohnen auf der Halbinsel aus ist, könnte bei dieser Grande Dame richtig sein: Das Helena May wurde 1916 als Territory-Gesellschaftstreff für alleinstehende Europäerinnen gegründet. Heute ist es zugleich ein Privatclub für Frauen aus aller Welt (S. 105) und ein Hostel mit 43 recht kleinen, aber anständigen Quartieren. Die Zimmer im Hauptgebäude mit Gemeinschaftsbädern sind Damen vorbehalten. Die Wohnstudios im Anbau (f. Gäste ab 18 Jahren) stehen auch Herren offen. Die Endstation der Peak Tram und die Zoological & Botanical Gardens liegen in nächster Nähe.

LP TIPP **UPPER HOUSE** BOUTIQUEHOTEL **$$$**
Karte S. 394 (☎2918 1838; www.upperhouse.com; 88 Queensway, Pacific Pl, Admiralty; Zi./Suite ab 4000/9000 HK$; @📶; Ⓜ Admiralty, Ausgang F) Mit feschen Öko-Zimmern, einer bewusst schlichten Lobby, Skulpturen, freundlich-diskretem Service und kostenlosen Yogakursen auf gepflegtem Rasen verbreitet das Upper House rundum zenartige Gelassenheit. Weitere Pluspunkte sind die Gratis-Minibar mit „Endlosnachschub" und die Nähe zur MTR-Station Admiralty. Gegen Gebühr dürfen Gäste die Poolbereiche benachbarter Hotels benutzen. Top-Alternative zu Luxusoptionen in Central und Admiralty, wenn man mit weniger Extras auskommt!

ISLAND SHANGRI-LA HONG KONG LUXUSHOTEL **$$$**
Karte S. 394 (港島香格里拉大酒店; ☎2877 3838; www.shangri-la.com; Pacific Pl, Supreme Court Rd, Admiralty; Zi./Suite ab 3700/8900 HK$; @📶🏊; Ⓜ Admiralty, Ausgang F, via Pacific Pl Mall) In diesem Klotz sind vornehme Raffinesse mit dem Vibe der frühen 1990er-Jahre kombiniert. Der gute Fitnessraum, der Pool und der hervorragende Service passen

zu den nicht funkelnagelneuen, aber immer noch reizvollen Zimmern. Wer den Glasaufzug vom 39. zum 56. Stock nimmt, blickt auf das eindrucksvolle Markenzeichen des Hotels: ein 60 m hohes Wandbild einer chinesischen Berglandschaft.

REGAL ICLUB HOTEL BUSINESSHOTEL $$

Karte S. 396 (☎3669 8668; www.regalhotel.com; 211 Johnston Rd, Wan Chai; DZ 800–1100 HK$, Suite 1900 HK$; @📶; Ⓜ Wan Chai, Ausgang A3) Das moderne Hotel (99 Zi.) im Herzen Wan Chais ist eine gute Wahl, wenn einem Zweckmäßigkeit und Lage wichtiger sind als viel Wohnfläche, perfekter Service oder üppiges Frühstück. Die kleinsten Quartiere sind winzig, wirken dank Glas, Spiegeln und weißen Möbeln aber größer.

BURLINGTON II APARTMENTS MIT SERVICE $$$

Karte S. 396 (☎Mieter-/Kundenhotline 3653 9888/3421 2968; www.burlington-hk.com; 55–57 Hennessy Rd; 1000–1600 HK$/Tag, Wohnstudio ab 19 000 HK$/Monat, Apt. m. 1 Schlafzi. ab 27 000 HK$/Monat; @📶; Ⓜ Wan Chai, Ausgang B1) Die 84 zentral gelegenen Apartments mit Service können für kürzere Zeiträume, mindestens aber für drei Tage gemietet werden. Von den schicken, neu wirkenden Wohneinheiten (28–60 m²) mit spartanischem Koch- und Esszubehör blickt man auf die Straßenbahngleise der Hennessy Rd. Außerhalb der Hauptsaison gibt's Rabatt.

GRAND HYATT HOTEL LUXUSHOTEL $$$

Karte S. 396 (君悅酒店; ☎2588 1234; www.hongkong.grand.hyatt.com; 1 Harbour Rd, Wan Chai; Zi. 2900–5600 HK$, Suite 8500–55 000 HK$; @📶🏊; 🚌18, Ⓜ Wan Chai, Ausgang A5) Die Gemeinschafts- und Privatbereiche sind von Luxus geprägt – subtil sieht anders aus! In den Riesenzimmern warten Marmorbäder, Schreibtische mit vielen Elektronik-Extras und z. T. eine tolle Aussicht. Zum Hotel gehören auch eine elegante Champagnerbar und das italienische Restaurant Grissini mit einem von Hongkongs besten Sonntagsbrunches. Im 11. Stock befindet sich eine echte Oase namens Plateau: Der atemberaubende Wellnesskomplex (7500 m²) punktet mit allen erdenklichen Behandlungen und eigenen Gästezimmern.

METROPARK HOTEL HOTEL $$$

Karte S. 396 (香港銅鑼灣維景酒店; ☎2863 7330; www.metroparkhotelwanchai.com; 41–49 Hennessy Rd, Wan Chai; Zi./FZ/Suite ab 2500/3800/6000 HK$, NS Zi. ab 770 HK$; @📶; Ⓜ Wan Chai, Ausgang B) Diese preiswerte Option in Wan Chai liegt in fußläufiger Entfernung zu Admiralty und Causeway Bay. Auch die Bars und das Computerzentrum befinden sich in nächster Nähe. Das Personal ist höflich und hilfsbereit. Da manche Zimmer feucht bzw. muffig riechen, ist vor dem Buchen eine Besichtigung ratsam. Zum Recherchezeitpunkt war der WLAN-Zugang begrenzt; das Hotel will diesen aber erweitern.

HARBOUR VIEW HOTEL $$$

Karte S. 396 (香港灣景國際; ☎2802 0111; www.theharbourview.com.hk; 4 Harbour Rd, Wan Chai; Zi. 2000 HK$, Pauschale halber/ganzer Monat ab 10 500/21 000 HK$; @🏊; 🚌18, Ⓜ Wan Chai, Ausgang A5) Das YMCA-Hotel (320 Zi.) mit super Preis-Leistungs-Verhältnis und sehr freundlichem Personal steht direkt neben dem Hong Kong Arts Centre. Hong Kong Convention & Exhibition Centre und Wan-Chai-Fähranleger liegen in Laufentfernung. Manche der einfach, aber annehmbar eingerichteten Zimmer grenzen an einen dunklen Innenhof und wirken gruselig. Besser nimmt man ein Quartier auf der Straßenseite. Der Nachsaisonrabatt von 45 % wird während der Messen nicht gewährt.

JJ HOTEL HOTEL $$

Karte S. 396 (君俊商務酒店; ☎2904 7300; www.jjhotel.com.hk; 9. Stock, Lucky Centre, 165–171 Wan Chai Rd, Wan Chai; Zi. 1200–1400 HK$, FZ 2700 HK$; @📶; Ⓜ Wan Chai, Ausgang A3) Die 40 sauberen, einfachen Zimmer auf vier Stockwerken sind für ihren Preis und für Hongkonger Verhältnisse recht groß. Gäste genießen keinen Luxus, fühlen sich aber ausreichend betreut. Gepäck wird gratis im Voraus aufbewahrt (max. 15 Tage). Frühstück gibt's nicht; aber in der Nähe sind Restaurants. Das malaysisch-chinesische Lokal Old Bazaar ist an derselben Straße.

WIFI BOUTIQUE HOTEL BUSINESSHOTEL $$

Außerhalb der Karte S. 396 (☎2558 8939; www.wifihotel.com.hk; 366 Lockhart Rd, Wan Chai; Zi./Suite ab 1288/2000 HK$; 📶; Ⓜ Causeway Bay, Ausgang C) Das zwei Jahre junge Hotel zwischen Wan Chai und Causeway Bay ist bei Shoppingtouris sehr beliebt. Seine 52 kleinen, sauberen Nichtraucherzimmer punkten mit Gratis-WLAN. Außerhalb der Spitzenzeiten können die Tarife niedriger sein.

MINGLE PLACE BY THE PARK HOTEL $$

Karte S. 396 (☎2838 1109; www.mingleplace.com; 143 Wan Chai Rd; Zi. 1100–2000 HK$, Monatspauschale 15000–24000 HK$; @📶; MWan Chai, Ausgang A3) Das interessanteste Hotel der Mingle-Place-Kette in einem restaurierten Mietshaus aus den 1960er-Jahren hat fünf Stockwerke, eine Loggia und einen attraktiven Terrazzo-Treppenaufgang. Die Zimmer sind clever mit schrägem 1960er-Nippes dekoriert. Manche Varianten (u.a. die winzigen Lite Rooms) besitzen Minibalkone.

YING KING APARTMENT PENSION $

Karte S. 396 (英京迎賓館; ☎2573 2049; 9. Stock, Mei Wah Mansion, 172–176 Johnston Rd, Wan Chai; Zi. ab 350 HK$, Monatspauschale ab 300 HK$/Tag; @; MWan Chai, Ausgang A3) Die kleine Pension liegt abseits von Wan Chais Geschäftsbezirk und ist entsprechend günstig. Die blitzsauberen, klimatisierten Zimmer haben eigene Bäder. Internetzugang in der Lobby, aber kein Nichtraucherbereich.

FLEMING BUSINESSHOTEL $$$

Karte S. 396 (芬名酒店; ☎3607 2288; www.thefleming.com; 41 Fleming Rd, Causeway Bay; Zi. 1200–3680 HK$; @📶; MWan Chai, Ausgang A2) Das stilvolle kleine Hotel in Wan Chai hat ein super Preis-Leistungs-Verhältnis. Es steht an einer ruhigen Straße abseits des ganzen Nightlife-Trubels. Die Zimmer punkten mit einer guten Balance zwischen schickem Minimalismus und schlichter Gemütlichkeit. Die Executive Rooms warten jeweils mit Home-Office, Kochecke und Yogamatten auf. Zudem gibt's ein sicheres Stockwerk nur für Frauen und eine Cocktailstunde mit Gratiswein in der Lobby. Das Personal ist höflich und freundlich.

J PLUS BOUTIQUEHOTEL $$$

Karte S. 398 (☎3196 9000; www.jiahongkong.com; 1–5 Irving St, Causeway Bay; Zi. 1500–2800 HK$, Suite 1900–6000 HK$; @📶; MCauseway Bay, Ausgang F) Das frühere Jia erfreut sich einer Spitzenlage in Laufentfernung zu Causeway Bays Bus-, Straßenbahn- und MTR-Haltestellen. Manche der kleinen Zimmer im Stile Philippe Starcks wirken langsam ältlich: Feuchtigkeit ist schlecht für helle Möbel. Falls der Taxifahrer das Hotel nicht kennt, das Regal Hotel gegenüber als Ziel angeben!

PARK LANE HONG KONG HOTEL $$$

Karte S. 398 (柏寧酒店; ☎2293 8888; www.parklane.com.hk; 310 Gloucester Rd, Causeway Bay; Zi./Suite ab 2800/8000 HK$; @📶; MCauseway Bay, Ausgang E) Dieses Hotel mit großem Fitnessraum ist prima für alle, die gleichzeitig mitten im und doch abseits vom Trubel wohnen wollen: Hier fällt der Blick erholsam auf den Victoria Park (Osten) und das belebte Causeway Bay (Westen). Die renovierten Zimmer oberhalb des 10. Stocks sind besser und daher zu bevorzugen. Da das Park Lane bei Shoppingtouristen sehr beliebt ist, sind Lobby und Eingangsbereich manchmal lärmig oder überfüllt.

LANSON PLACE HOTEL $$$

Karte S. 398 (☎3477 6888; www.lansonplace.com; 133 Leighton Rd; Zi. 270–3800 HK$, Suite ab 5800 HK$; @📶; MCauseway Bay, Ausgang F) Im lauten Causeway Bay wirkt das vornehme Lanson wie eine Oase der Ruhe und Eleganz. Die geräumigen Quartiere kombinieren klassischen Stil mit modernen Elementen und haben opulente Bäder. Eckzimmerbewohner schauen auf zwei verschiedene Straßen. Viele Gemeinschaftsbereiche plus Concierge-Service!

SHAMA APARTMENTS MIT SERVICE $$

Karte S. 398 (☎2202 5555; www.shama.com; 7. Stock, 8 Russell St, Causeway Bay; Zi. min. 2 Nächte ab 1350 HK$, Wohnstudio ab 26 200 HK$/Monat, Apt. m. 1/2 Schlafzi. pro Monat ab 36 300/63 000 HK$; @📶; MCauseway Bay, Ausgang A) Diese Apartments mit Service zählen zu den attraktivsten der Stadt und befinden sich in einem Block gegenüber des Einkaufszentrums am Times Square. Ihr Spektrum reicht von recht geräumigen Wohnstudios bis hin zu Varianten mit zwei Schlafzimmern – alle geschmackvoll und komfortabel eingerichtet. Die Extras umfassen z.B. Zimmermädchen-Service (tgl.), DVD-Player, WLAN, Waschmaschinen und Zugang zu Fitnessstudios. Die Wohnstudios und Apartments mit einem Schlafzimmer sind auch kurzzeitig mietbar. Shama-Bleiben gibt's noch an fünf weiteren Stellen in Hongkong. Die **Hauptverwaltung** (☎2522 3082; www.shama.com; 8. Stock, Shama Pl, 30 Hollywood Rd, Central) informiert.

COSMOPOLITAN HOTEL HOTEL $$

(香港麗都酒店; ☎3552 1111; www.cosmopolitanhotel.com.hk; 387–397 Queen's Rd E; Zi./Suite ab 900/1800 HK$; @📶; MCauseway Bay, Ausgang A) Gäste haben Ausblick auf den Hong Kong Cemetery (Süden) und die Happy Valley Racecourse (Osten). Wer Grabsteine gruselig findet, wählt ein Zimmer mit Milchglasfenstern. Nichtsdestotrotz soll das Feng Shui auf der Rennbahnseite besser sein. Alle Quartiere sind anständig. Man kann zwischen elf verschiedenen Kopfkissen wählen! Das Cosmopolitan liegt näher zu Wan Chai (Queen's Rd East) als zu Causeway Bay, schickt aber einen Shuttleservice zu Letzterem. Saisonabhängig gibt's 20 bis 30% Rabatt bei längeren Aufenthalten.

METROPARK HOTEL HOTEL $$$

Karte S. 398 (維景酒店; ☎2600 1000; www.metroparkhotel.com; 148 Tung Lo Wan Rd, Causeway Bay; EZ/DZ 1200/2500 HK$, Suite ab 6800 HK$; @; MCauseway Bay, Ausgang E) Mit dem funkelnden Turm am Victoria Park wird die Top-Lage im Hongkonger Osten bestmöglich ausgenutzt: Dank großer Fenster punkten 70% der 243 hellen Zimmer mit weitem Stadt- und Hafenblick. Die einfachsten besitzen keine Badewannen. Wie beim Ableger in Wan Chai wird auch hier am WLAN-Ausbau gearbeitet. Die Website informiert über Sonder- und Pauschalangebote.

CITY GARDEN HOTEL HONG KONG HOTEL $$$

Außerhalb der Karte S. 398 (城市花園酒店; ☎2887 2888; www.citygarden.com.hk; 9 City Garden Rd, North Point; Zi. 900–2850 HK$, Suite ab 3000 HK$, Suite halber/ganzer Monat 8200/13 800 HK$; @; MFortress Hill, Ausgang A) Dieses außergewöhnlich gute Hotel in fünf Gehminuten Entfernung zur MTR-Station Fortress Hill hat fünf Zimmer, die für Hongkonger Verhältnisse geräumig sind. Hinzu kommen guter Service, schnelles Gratis-WLAN und Ermäßigungen. Der Eingang liegt an der Ecke Electric Rd und Power St.

ALISAN GUEST HOUSE PENSION $

Karte S. 398 (☎2838 0762; http://home.hkstar.com/~alisangh; Flat A, 5. Stock, Hoito Ct, 23 Cannon St, Causeway Bay; EZ/DZ/3BZ 320/440/660 HK$, HS-Aufpreis 10%; @; MCauseway Bay, Ausgang D1) Die kleine, familiengeführte Pension (Eingang an der 23 Cannon St) überzeugt u.a. mit herzlichem Empfang und guten Lokaltipps. Die 21 blitzsauberen Zimmer mit Klimaanlage, Gratis-Internet und eigenen Bädern verteilen sich auf mehrere Apartments. Zudem gibt's einen Gästecomputer sowie eine Miniküche mit Gemeinschaftskühlschrank und Mikrowelle. Die hilfsbereiten Eigentümer sprechen mehrere Sprachen und organisieren Visa für China.

CHUNG KIU INN HOSTEL $

Karte S. 398 (中僑賓館; ☎2895 3304; www.chungkiuinn.com.hk; Flat P, 15. Stock, Hong Kong Mansion, 1 Yee Wo St; EZ 250–350 HK$, DZ & 2BZ 350–450 HK$, 3BZ 400–500 HK$, 4BZ 500–600 HK$, EZ/DZ pro Monat 5000/6000 HK$, EZ ohne Bad 4500 HK$/Monat; @; MCauseway Bay, Ausgang E) Die drei Dutzend kleinen, einfachen Zimmer des sauberen Hostels befinden sich im 9. und 15. Stock desselben Gebäudes. Zu haben sind auch günstigere Quartiere mit Gemeinschaftsbädern. Die Verständigung ist eventuell schwierig, da der Eigentümer kein Englisch spricht.

LP TIPP **CAUSEWAY CORNER** APARTMENTS MIT SERVICE $$

Karte S. 398 (銅鑼閣; ☎2838 3211; www.causewaycorner.com; 18 Percival St, Causeway Bay; 1000–1700 HK$/Nacht, 15 000–23 000 HK$/Monat; @; MCauseway Bay, Ausgang C) Diese Option in japanischem Besitz ist eine gute Ergänzung zu Hongkongs Angebot von Apartments mit Service. Die 105 kompakten Wohneinheiten warten jeweils mit Dusche, Mikrowelle, Kühlschrank, Esszubehör und Zimmermädchen-Service (2-mal wöchentl.) auf; sie wirken hübsch und nett möbliert. Highlight ist aber das japanische Gemeinschaftsbad mit Gemeinschaftsdusche und „Onsen-Thermalquelle"! Mindestaufenthalt ist drei Nächte. Ab 14 Tagen Aufenthalt sinkt der Tagestarif auf ca. 1000 KH$.

EAST HONG KONG BUSINESSHOTEL $$

(☎3968 3808; www.east-hongkong.com; 29 Taikoo Shing Rd, Taikoo Shing, Quarry Bay; Zi./Suite ab 1388/3500 HK$; @; MTai Koo, Ausgang D1) Ziemlich toll für ein Businesshotel: Diese 345 Zimmer im östlichen Inselteil weisen eine klare Linienführung und viel Tageslicht auf. Die Eckzimmer mit Hafenblick sind teurer als die weiter unten gelegenen Varianten mit Aussicht auf die Nachbargebäude. Das Angebot umfasst ein Fitnessstudio (24 Std.), Frühstück (zzgl. 160 HK$) und die Hausbar Sugar (super für Sundowner!). Bei zehn bis 20 Übernachtungen gibt's 20% Rabatt.

LP TIPP **Y-LOFT YOUTH SQUARE HOSTEL** HOSTEL $$

(☎3721 8989; http://youthsquare.hk; 238 Chai Wan Rd, Chai Wan; 2BZ/3BZ NS 600/900 HK$, 2BZ/3BZ HS 1200/1800 HK$, Suite 3000 HK$; @; MChai Wan, Ausgang A) Wem 20 zusätzliche Minuten Fahrt mit dem MTR nichts ausmachen, der ist in dieser hervorragenden Budgetoption in Chain Wan (nicht Wan Chai!) mit großen, sauberen und fröhlichen Zimmern gut aufgehoben. Von der Bushaltestelle gegenüber der MTR-Station geht's mit Linie 16X in nur 15 Minuten zu den

Stränden und Marktständen von Stanley. Um das Hostel von Exit A aus zu erreichen, durchs Einkaufszentrum genau geradeaus zur Fußgängerbrücke laufen und den ersten Ausgang rechts nehmen! Die Rezeption ist im 12. Stock. Das Personal ist nett.

Hong Kong Island: Aberdeen & Süden

LP TIPP THE T HOTEL HOTEL $$

(T 酒店; ☎3717 7388; www.vtc.edu.hk/thotel/; 6/F, VTC Pokfulam Complex, 145 Pokfulam Rd, Pok Fu Lam; Zi./Suite 1030/1880 HK$; @ 📶 🏊; 🚌7 od. 91 ab Central, 973 ab Tsim Sha Tsui) Dieses Inseljuwel hätten wir unseren Lesern fast vorenthalten: Die 30 Zimmer oben im ruhigen Po Fu Lam werden von Studenten der örtlichen Hotelakademie verwaltet. Die jungen Leute sind aufmerksam, fröhlich und erpicht darauf, ihre Fähigkeiten (vor allem an der Rezeption) zu perfektionieren. Die geräumigen Quartiere mit Meer- oder Bergblick wirken funkelnagelneu. Hausrestaurant und -bar mit chinesisch-westlicher Spitzenküche werden von der berühmten Kochschule im selben Gebäude betrieben.

BOAT MOKSHA HAUSBOOT $

Karte S. 400 (☎6935 9091; www.airbnb.com/rooms/65117; Shum Wan Rd, Wong Chuk Hang, Aberdeen; Zi. 760–1000 HK$; @ 📶 🏊; 🚌72A ab Causeway Bay od. 75 ab Central, unterhalb Exchange Sq) In dem Archipel aus über 260 Inseln gibt's auch eine Bleibe ohne festen Boden unter den Füßen: Das gemütliche, fest vertäute Hausboot auf Aberdeens Ostseite ist ein schwimmendes B&B mit modernen Einrichtungen, bequemen Betten und Blick aufs Meer. Die Vorderdeckkabine ist groß genug, damit man sich nicht eingeengt fühlt. Die Suite oben bietet bezahlbaren Luxus. Ebenfalls an Bord leben die freundlichen Eigentümer Saral und Sweety; sie geben viele Lokaltipps. Rechtzeitige Reservierung ist Pflicht. Hierher geht's mit Bus 72A oder 75 in Richtung Aberdeen; dort an der Endhaltestelle aussteigen und am gegenüberliegenden Kai ein Wassertaxi (7 HK$) nehmen!

Kowloon

In Kowloon liegen Eleganz und Elend direkt nebeneinander. Zwischen beiden Extremen findet man ein riesiges Spektrum von Hotels und Pensionen für jeden Geldbeutel. Tsim Sha Tsuis Spitzenklassehotels wirken teils opulent, teils anonym. Nordwärts wird's günstiger. Yau Ma Tei hat mehrere Mittelklasseoptionen, Billighotels und diverse Pensionen.

LP TIPP HYATT REGENCY TSIM SHA TSUI LUXUSHOTEL $$$

Karte S. 404 (尖沙咀凱悅酒店; ☎2311 1234; http://hongkong.tsimshatsui.hyatt.com; 18 Hanoi Rd, Tsim Sha Tsui; Zi. 1800–2900 HK$, Suite ab 3500 HK$; @ 📶 🏊; Ⓜ Tsim Sha Tsui, Ausgang D2) Diese Institution in Tsim Sha Tsui ist an anderer Stelle neben dem Einkaufszentrum K11 neu eröffnet worden und absolut spitze: Obwohl nicht übermäßig opulent, verbreitet das Hotel eine schlichte Eleganz und die Ruhe eines echten Klassikers. Das Personal ist nett, hilfsbereit und kompetent. Die gut gepflegten, recht geräumigen Zimmer punkten in den oberen Stockwerken mit super Stadtblick. Besonders attraktiv: Lokalaufnahmen eines örtlichen Fotografen tragen zum geschmackvollen Dekor bei.

LP TIPP MARINER'S CLUB HOTEL $

Karte S. 404 (☎2368 8261; www.marinersclub.org.hk; 11 Middle Rd; EZ/DZ ohne Bad 330/480 HK$, EZ/DZ mit Bad 600/810 HK$, Suite 1000 HK$, Reedereipersonal jeweils ca. 80 HK$ weniger; @ 📶 🏊; Ⓜ East Tsim Sha Tsu, Ausgang K) Eine tolle Budgetoption für Seeleute und Reedereiangestellte: Der zwölfstöckige Bau wurde 1967 als Club für China-Küstenfahrer auf Durchreise eröffnet. Er versprüht seinen gemütlich-altmodischen Charme am Rand des Middle Road Children's Playground und hat 100 Zimmer – darunter 30 neue Varianten (4. & 5. Stock), die als einzige über WLAN verfügen. Retro-Möbel und rot-schwarze Vinylböden verleihen den 70 alten, einfachen Quartieren eine gewisse Nüchternheit. Zum Club gehören ein super Pool, öffentlich zugängliche Restaurants und eine Kapelle mit anglikanischen bzw. katholischen Gottesdiensten. Buchen kann jeder; beim Einchecken ist ein Seemannsausweis oder die Beschäftigung bei einer Reederei nachzuweisen. Dies wird Berichten zufolge aber wohl nicht ganz so eng gesehen – vor allem, wenn wenig los ist.

HOTEL ICON LUXUSHOTEL $$$

Karte S. 404 (唯港薈; ☎3400 1000; www.hotel-icon.com; 17 Science Museum Rd, Tsim Sha Tsui; Zi. 2200–4100 HK$, Suite 3000–5100 HK$; 📶 🏊;

Ⓜ East Tsim Sha Tsui, Ausgang P1) Dieses Lehrhotel einer Hotelakademie hat saubere, geräumige und moderne Zimmer. Zudem überzeugt es mit Spitzenservice, Nähe zur MTR-Station (10 Min.) und Shuttles zu den zentraleren Bereichen Tsim Sha Tsuis. Obwohl nicht alle Zimmer Hafenblick haben und die Lounge-Terrasse für Kinder tabu ist, hat das Ganze ein super Preis-Leistungs-Verhältnis. Obendrein liegen das Science und das History Museum sowie der Nordabschnitt der Tsim Sha Tsui East Promenade in Laufentfernung.

PINNACLE APARTMENT APARTMENTS MIT SERVICE **$$**

Karte S. 404 (豪居; ☎2734 8288; www.pinnacleapartment.com; 8 Minden Ave, Tsim Sha Tsui; Apt. m. 1 Schlafzi. 24000–38000 HK$/Monat, Apt. m. 2 Schlafzi. 34000–49000 HK$/Monat; @ 🛜 🏊; Ⓜ Tsim Sha Tsui, Ausgang G) Diese Apartments mit Service (47–90 m²) gehören zum Miramar Hotel und liegen nahe dem Middle Road Children's Playground. Die Wohneinheiten in einem eleganten Bau warten z. T. mit Arbeitszimmer und Hafenblick auf. Sie offerieren jeweils ein bis drei Schlafzimmer, eine Küche und Zimmermädchen-Service (1-mal wöchentl.). Pool, Whirlpool und Fitnessraum können gratis genutzt werden.

PENINSULA HONG KONG LUXUSHOTEL **$$$**

Karte S. 402 (香港半島酒店; ☎2920 2888; www.peninsula.com; Salisbury Rd, Tsim Sha Tsui; Zi. 5000–7000 HK$, Suite ab 8200 HK$; @ 🛜 🏊; Ⓜ Tsim Sha Tsui, Ausgang E) Das beste Hotel der Stadt dominiert Kowloons Südspitze mit kolonialer Eleganz. Hauptproblem ist die Anreise: Entweder landet man per Hubschrauber direkt auf dem Dach oder greift auf einen der 14 hauseigenen Rolls Royce Phantoms zurück. Die ca. 300 Zimmer im klassisch-europäischen Stil verfügen über WLAN, Marmorbäder und CD- bzw. DVD-Player; im 20-stöckigen Anbau kommt oft noch ein toller Hafenblick hinzu. Gäste im Hauptbau müssen sich mit der mondänen Inneneinrichtung begnügen. Plus Spitzen-Spa mit Pool und einem von Hongkongs besten französischen Restaurants (Gaddi's).

MIRA LUXUSHOTEL **$$$**

Karte S. 402 (☎2368 1111; www.themirahotel.com; 118–130 Nathan Rd; Zi. 3200–4500 HK$, Suite ab 5000 HK$; @ 🛜 🏊; Ⓜ Tsim Sha Tsui, Ausgang B1) Das Mira versucht, mit Designerstühlen und farblich durchgestylten Zimmern zu beeindrucken – und mit einem abgedunkelten Eingang, dessen Coolness eigentlich einen Türsteher erfordert. Technikfreaks freuen sich über Spielereien wie iPod-Anschlüsse, Flachbild-TV oder Handys für Ortsgespräche. Die meisten Angestellten sind hilfsbereit. Die kleinen Standardquartiere haben niedrige Decken und dünne Wände. Der Kowloon Park ist ganz nah.

LANGHAM LUXUSHOTEL **$$$**

Karte S. 402 (香港朗廷酒店; ☎2375 1133; www.langhamhotels.com/langham/hongkong; 8 Peking Rd, Tsim Sha Tsui; Zi./Suite ab 2550/3000 HK$; @ 🛜 🏊; Ⓜ Tsim Sha Tsui, Ausgang E) Kronleuchter und kürzlich renovierte Zimmer im klassischen Stil sorgen hier für Opulenz. Für den kleinen, etwas abgenutzten Fitnessraum (24 Std.) entschädigt der einladende Pool. Ein weiterer Pluspunkt sind die Restaurants: Das T'ang Court hat mehrere Michelin-Sterne, das Bostonian serviert sonntags preiswertes Mittagessen (mit Buffet). Das Main Street Deli kredenzt super Sandwiches in coolem Art-déco-Ambiente.

KOWLOON HOTEL HONG KONG HOTEL **$$$**

Karte S. 402 (九龍酒店; ☎2929 2888; www.thekowloonhotel.com; 19–21 Nathan Rd; EZ ab 2000 HK$, DZ 2100 HK$, Suite ab 3900 HK$; @ 🛜; Ⓜ Tsim Sha Tsui, Ausgang E) Mit seiner Lobby à la Flughafen-Lounge und Techno-Ästhetik im Stil der 1990er-Jahre wirkt dieses Hotel etwas veraltet. Dennoch zieht es mit gutem Service, zentraler Lage und anständigen (kleinen) Zimmern viele Gäste an. Extreme Nachsaisonrabatte!

BP INTERNATIONAL HOTEL HOTEL **$$**

Karte S. 402 (龍堡國際酒店; ☎2376 1111; www.bpih.com.hk; 8 Austin Rd; Zi./Suite ab 1450/5200 HK$; @ 🛜; Ⓜ Jordan, Ausgang C) Dieses riesige Hotel am Kowloon Park liegt in praktischer Nähe zu den meisten Attraktionen Tsim Sha Tsuis. Der Wohnstandard ist vernünftig; gegen Aufpreis gibt's z. T. netten Hafenblick dazu. Familienzimmer mit Stockbetten machen das BP auch zur guten Wahl für Eltern. Vor dem Buchen unbedingt verhandeln: Je nach Saison und Wochentag zahlt man oft bis zu 50 % weniger.

SALISBURY HOTEL **$$**

Karte S. 402 (香港基督教青年會; ☎2268 7888; www.ymcahk.org.hk; 41 Salisbury Rd, Tsim Sha Tsui; B 260 HK$, EZ/DZ/Suite ab 850/950/1600 HK$; @ 🛜 🏊; Ⓜ Tsim Sha Tsui, Ausgang E) Wer in dem super gelegenen Hostel/Hotel ein Zimmer ergattern kann, genießt Profi-

Service und tolle Trainingseinrichtungen (u.a. Pool, Fitnesszentrum, Kletterwand). Die Zimmer und Suiten sind komfortabel, aber einfach. Der Hafenblick ist toll – das benachbarte Peninsula verlangt dafür fünfmal so viel! Die Schlafsäle mit vier Betten sind ein Bonus, aber mit Beschränkungen verbunden: Man muss um 14 Uhr einchecken, kann höchstens sieben Nächte bleiben und wird abgelehnt, wenn man nicht reserviert hat und schon mehr als sieben Tage in Hongkong ist. Im 7. Stock darf geraucht werden.

SEALAND HOUSE PENSION $

Karte S. 402 (海怡賓館; ☎2368 9522; www.sealandhouse.com.hk; Flat D, 8. Stock, Majestic House, 80 Nathan Rd, Tsim Sha Tsui; EZ 320–380 HK$, DZ 350–420 HK$, 3BZ 350–480 HK$; @; Ⓜ Tsim Sha Tsui, Ausgang B2) Die kleine, altmodische Pension hoch über der Nathan Rd (Eingang an der Cameron Rd) ist sauber und sehr hell. Unter den acht Zimmern sind auch günstigere Varianten ohne Bad. Aufgrund des Gebäudealters kann der Wasserdruck schwanken. WLAN ist im Preis enthalten.

INTERCONTINENTAL HONG KONG LUXUSHOTEL $$$

Karte S. 404 (香港洲際酒店; ☎2721 1211; www.intercontinental.com; 18 Salisbury Rd; Zi. 5100 HK$, Suite ab 9900 HK$; @; Ⓜ Tsim Sha Tsui, Ausgang F) Das Intercontinental in der angeblich besten Uferlage des Territory gibt sich durchaus modern, pflegt aber auch koloniale Traditionen – u.a. durch die blaue Rolls-Royce-Flotte, poliertes Messing und Türsteher in weißen Uniformen. Der Schwerpunkt auf Service garantiert viele Stammgäste von Rockstars bis Business-Promis. Die Hausrestaurants, Steak House, Nobu und Spoon, sind Spitzenklasse. Die Intercontinental Lobby Lounge bietet die beste Aussicht unter Hongkongs Bars.

CHELSEA HOTEL HOTEL $

Karte S. 404 (☎2311 9511; www.chelseahotel.hk; 8a Hanoi Rd, Tsim Sha Tsui; Zi. ab 600 HK$, HS-Aufpreis bis zu 100 %; ; Ⓜ Tsim Sha Tsui, Ausgang D2) Die Minizimmer in zentraler Lage sind einfach, aber akzeptabel, der Service ebenso. Im 15. und 16. Stock blickt man z.T. auf den Hafen. Die Rezeption ist im 1. Stock.

KNUTSFORD HOTEL HOTEL $$

Karte S. 404 (樂仕酒店; ☎2377 1180; www.acesitehotel.com; 8 Observatory Ct, Tsim Sha Tsui; EZ 1000 HK$, DZ 1200–1800 HK$; ; Ⓜ Tsim Sha Tsui, Ausgang B1) Dank cleveren Einsatzes von Glas und Weißtönen wirken die 28 kleinen Zimmer relativ geräumig bzw. hell. Für große Gäste sind die Betten eventuell zu eng. Der Service kommt mitunter gleichgültig rüber. Das Hotel steht an einer ruhigen Ecke in Tsim Sha Tsuis altem Wohnbezirk; es ist nicht weit bis zu den Bars der Knutsford Tce.

KOWLOON SHANGRI-LA LUXUSHOTEL $$$

Karte S. 404 (九龍香格里拉酒店; ☎2721 2111; www.shangri-la.com; 64 Mody Rd, Tsim Sha Tsui East; Zi. 2000–4000 HK$, Suite ab 3980 HK$; @; Ⓜ East Tsim Sha Tsui, Ausgang P1) Dieses Hotel ist fast so schick wie sein Schwesterhaus namens Shangri-La Hong Kong. Aussicht, Bars und Restaurants (darunter die Tapas Bar) sind hervorragend. Schöne Riesenwandbilder mit Szenen aus dem kaiserlichen China zieren die Lobby.

ROYAL GARDEN LUXUSHOTEL $$$

Karte S. 404 (帝苑酒店; ☎2721 5215; www.rghk.com.hk; 69 Mody Rd, Tsim Sha Tsui; Zi. 3400–3800 HK$, Suite ab 16 100 HK$; @; 5C od. 8, Ⓜ East Tsim Sha Tsui, Ausgang P1) Trotz des Dekors im Stil der 1980er ist das Royal Garden als eine der besten Adressen in Tsim Sha Tsuis Osten immer noch gut im Geschäft. Von der Lobby (helles Holz, Chrom) und dem Atrium bis zur Sportanlage auf dem Dach (25-m-Pool, Golfrasen, Tennisplatz mit Traumblick) lässt es keine Wünsche offen. Die Zimmer verfügen über Plasma-TV und bequeme, große Betten. Oft lassen sich Rabatte aushandeln. Das Sabatini im 3. Stock serviert norditalienische Köstlichkeiten.

BUTTERFLY ON PRAT HOTEL $$$

Karte S. 404 (☎3962 8888; www.butterflyhk.com; 21 Prat Av, Tsim Sha Tsui; Zi. NS/HS 900/4000 HK$, Suite 1900–5000 HK$; @; Ⓜ Tsim Sha Tsui, Ausgang A2) Die neobarocke und leicht geschmacklos wirkende Lobby täuscht: Alle 22 Zimmer sind hübsch. Hierfür sorgen farblich abgestimmte Textilien, gläserne Raumteiler, Queensize-Betten und Extras (z.B. Mikrowellen, Breitband-Internet, 30 Fernsehkanäle). Das Personal ist aufmerksam. Gäste bekommen Rabatt bei nahen Restaurants. Auch bei Aufenthalten ab drei bzw. 14 Tagen gibt's Ermäßigung (10–15 %). In manchen Zimmern ist Musik aus den benachbarten Clubs zu hören – daher vor dem Buchen nachfragen!

STANFORD HILLVIEW HOTEL HOTEL $$

Karte S. 404 (仕德福山景酒店; ☎2722 7822; www.stanfordhillview.com; 13–17 Observatory

Rd, Tsim Sha Tsui; Zi. 1480–2680 HK$, Suite ab 3180 HK$; 📶; Ⓜ Tsim Sha Tsui, Ausgang B1) Das Stanford am Ostende der Knutsford Tce ist eine gute Wahl, wenn einem die Lage wichtiger ist als neue Einrichtung oder Spitzenservice: Auf einem ruhigen Hügel direkt hinter dem Hong Kong Observatory wohnt man hier nur Sekunden von den Bars der Knutsford Tce entfernt; ein kurzer Marsch bergab führt zu Tsim Sha Tsuis altem Wohnbezirk. Kräftige Nachsaisonrabatte!

EMPIRE KOWLOON HOTEL $$$

Karte S. 404 (尖沙咀皇悅酒店; ☎3692 2222; www.empirehotel.com.hk; 62 Kimberley Rd; Zi./Suite ab 1600/3200 HK$; @📶🏊; Ⓜ Tsim Sha Tsui, Ausgang B2) In Tsim Sha Tsuis altem Wohnbezirk gibt's anständige Zimmer plus ein super Atrium mit Pool und Spa. Die Website informiert über Sonderangebote.

HOP INN HOSTEL $

Karte S. 402 (☎2881 7331; www.hopinn.hk; Flat A, 2. Stock, Hanyee Bldg, 19–21 Hankow Rd, Tsim Sha Tsui; EZ 410–510 HK$, DZ & 2BZ 520–740 HK$, 3BZ 650–930 HK$; @📶; Ⓜ Tsim Sha Tsui, Ausgang A1) Das rauchfreie Hostel mit jugendlichem Flair hat neun blitzblanke Minizimmer, die jeweils von Bildern verschiedener Hongkonger Künstler geziert werden. Die fensterlosen Varianten sind ruhiger. Der neue Ableger **Hop Inn on Carnarvon** (9. Stock, James S. Lee Mansion, 33–35 Carnarvon Rd) besitzt ebensolche Quartiere. Das attraktivste hat der lokale Künstler Sim Chan gestaltet. Beide Hostels bieten Gratis-WLAN im Zimmer und organisieren Visa für China.

MINDEN HOTEL $$

Karte S. 404 (棉登酒店; ☎2739 7777; www.theminden.com; 7 Minden Ave, Tsim Sha Tsui; Zi. 1300–1800 HK$, Suite 3000 HK$; @; Ⓜ Tsim Sha Tsui, Ausgang G) Dieses Beinahe-Boutiquehotel mit 64 Zimmern versteckt sich an der recht ruhigen Minden Ave und hat ein prima Preis-Leistungs-Verhältnis. Die MTR-Stationen Tsim Sha Tsui und East Tsim Sha Tsui liegen in günstiger Entfernung. Die Lobby ziert ein bunter asiatisch-westlicher Kuriositäten- und Möbelmix. Der Preis der ruhigen Zimmer beinhaltet alle erwartbaren Extras.

YHA MEI HO HOUSE YOUTH HOSTEL HOSTEL $

Karte S. 406 (☎2788 1638; www.meihohouse.hk; Block 41, Shek Kip Mei Estate, Sham Shui Po; 🚌A21, Ⓜ Sham Shui Po, Ausgang D2) Der 50 Jahre alte Sozialwohnungsblock müsste inzwischen fertig umgebaut und neu als YHA-Jugendherberge mit 129 Zimmern eröffnet worden sein. Interessenten können auf eine richtig coole Budgetoption hoffen.

HOTEL PANORAMA HOTEL $$$

Karte S. 404 (麗景酒店; ☎3550 0388; www.hotelpanorama.com.hk; 8a Hart Ave; Zi./Suite ab 3000/8000 HK$; @📶; Ⓜ East Tsim Sha Tsui, Ausgang N) Wie der Name vermuten lässt, gibt's hier Panoramablick. Allerdings nur oberhalb des 17. Stocks – von den darunter gelegenen Zimmern schaut man auf alte Nachbargebäude (nicht so toll). Nichtsdestotrotz sind alle Quartiere geschmackvoll eingerichtet. Der luftige Sky Garden im 40. Stock punktet mit Aussicht auf Tsim Sha Tsui. Die hauseigene Touristeninformation hilft beim Organisieren chinesischer Visa. Nachsaisonrabatte und WLAN in der Lobby.

STAR GUEST HOUSE PENSION $

Karte S. 404 (星華旅店; ☎2723 8951; www.starguesthouse.com.hk; Flat B, 6. Stock, 21 Cameron Rd; EZ/DZ ohne Bad 300 HK$, EZ/DZ mit Bad 400/500 HK$, 2BZ & 3BZ 650 HK$; @📶; Ⓜ Tsim Sha Tsui, Ausgang B2) Die Pension und ihr Ableger **Lee Garden Guest House** (利園旅店; Karte S. 404; ☎2367 2284; charliechan@iname.com; 8. Stock, D Block, 36 Cameron Rd) weiter oben an der Straße haben zusammen 45 Zimmer. Eigentümer ist Charlie Chan, der alles Mögliche organisiert (u.a. chinesische Visa) und bei längeren Aufenthalten gute Rabatte gewährt. Die Zimmer im Star verfügen über Satelliten-TV, während das Lee Garden einen Gästecomputer besitzt.

W HONG KONG LUXUSHOTEL $$$

Karte S. 406 (☎3717 2222; www.whotels.com; 1 Austin Rd West; Zi. ab 2500 HK$, Suite 8000 HK$; @📶🏊; Ⓜ Kowloon, Ausgang C1) Das Hotel für Designfans: Die stilvolle Inneneinrichtung wurde von einem australisch-japanischen Designerteam kreiert. Die Zimmer heißen „Wonderful", „Spectacular" oder „Fantastic" – zu Recht, insbesondere wegen der Aussicht ab dem 36. Stock. Ebenso eindrucksvoll sind der Fitnessraum und der „höchstgelegene Pool der Stadt" im 72. Stock. Das W zieht junge Businesstypen an, die in der Bar und der Pool-Lounge abhängen. Unter dem Hotel befinden sich die Elements Mall und die Airport-Express-Station Kowloon.

RITZ-CARLTON HONG KONG LUXUSHOTEL $$$

Karte S. 406 (麗思卡爾頓酒店; www.ritzcarlton.com; 1 Austin Rd West, Jordan; Zi. 6000–

BUDGETUNTERKÜNFTE IN TSIM SHA TSUI

Chungking Mansions

Bei Hongkonger Budgetunterkünften denkt jeder sofort an die 1961 erbauten **Chungking Mansions** (重慶大廈; Karte S. 402; 36–44 Nathan Rd, Tsim Sha Tsui; Ⓜ Tsim Sha Tsui, Ausgang F) im Herzen Tism Sha Tsuis. Dieses Labyrinth aus Wohnungen, Pensionen, indischen Restaurants, Souvenirständen und Wechselstuben erstreckt sich über fünf 17-stöckige Blocks. Dem Anthropologen Gordon Mathews zufolge tummeln sich hier ca. 4000 ständige Bewohner und 10 000 Tagesgäste. Über 120 Nationalitäten – vor allem aus Afrika und Südasien – durchschreiten jährlich die Eingangstüren.

Trotz stark variierender Standards sind die meisten CKM-Pensionen (darunter unsere Empfehlungen) sauber und recht komfortabel. Trotzdem nicht vergessen: Die Zimmer sind in der Regel winzig und haben ihre Duschen direkt neben den Toiletten! Größtenteils gibt's eine Klimaanlage und TV, mitunter auch ein Telefon. Das Personal vieler Pensionen kann Visa für China schnell besorgen. Meist ist ein Internetzugang vorhanden, teilweise auch WLAN und ein Wäscheservice.

Preisverhandlungen sind immer möglich, in der Hauptsaison aber wohl kaum von Erfolg gekrönt. Bei längeren Aufenthalten (z. B. ab einer Woche) lässt sich oft ein günstigerer Tarif herausholen. Aber bitte nie gleich am ersten Tag für einen längeren Zeitraum bezahlen: Besser zunächst nur einmal übernachten und dabei den Wohlfühlfaktor prüfen– denn normalerweise gibt's keine Rückerstattung!

Dragon Inn (龍滙賓館; Karte S. 402; ☎2368 2007; dragoinn@netvigator.com; Flat B5, 3. Stock, Block B; EZ 320–490 HK$, DZ 380–680 HK$, Flitterwochenzi. 550–670 HK$, 3BZ 530–620 HK$, 4BZ 560–680 HK$) Hier regiert die Vorstandsvorsitzende der Incorporated Owners of CKM – eine kluge, hilfsbereite Matrone mit einem Faible für Blumen und der politischen Korrektheit eines Ming-Kaisers. Die blitzblanken Zimmer warten mit eigenen Bädern, Trinkwasser und Haartrocknern auf. Studenten, Senioren und Stammgäste erhalten Rabatt. Und ja: Das „dragoinn" in der E-Mail-Adresse ist korrekt!

Holiday Guesthouse (Karte S. 402; ☎2316 7152, 9121 8072; Fax 2316 7181; Flat E1, 6. Stock, Block E; EZ 250–600 HK$, DZ 350–700 HK$; @ᯤ) 23 nette, etwas schickere Zimmer unter nepalesischer Leitung.

Yan Yan Guest House (欣欣賓館; Karte S. 402; ☎2366 8930, 9489 3891; Fax 2721 0840; Flat E1, 8. Stock, Block E; EZ 130–180 HK$, DZ 160–200 HK$; ᯤ) Eine der letzten chinesischen Pensionen im größtenteils indischen Block E; in den Vorderzimmern ist der WLAN-Empfang besser. Das **New Yan Yan Guesthouse** (新欣欣賓館; ☎2723 5671; Flat E5, 12. Stock, Block E; ᯤ) im gleichen Block steht unter derselben Leitung.

Park Guesthouse (百樂賓館; Karte S. 402; ☎2368 1689; Fax 2367 7889; Flat A1, 15. Stock, Block A; EZ/DZ 200/400 HK$, Zi. ohne Bad 200 HK$; ᯤ) 45 einfache, aber einladende Zimmer; von Lesern empfohlen.

Mirador Mansion

Zwischen Mody und Carnarvon Rd liegt das 54 Jahre alte **Mirador Mansion** (Karte S. 402; 54–64 Nathan Rd; Ⓜ Tsim Sha Tsui, Ausgang D2) oberhalb einer Arkade. Hier – und nicht in den Chungking Mansions – drehte Wong Kar-Wai den Großteil von *Chungking Express* (1994).

Cosmic Guest House (宇宙賓館; Karte S. 402; ☎2369 6669; www.cosmicguesthouse.com; Flat A1–A2, Block F1 (Rezeption), 12. Stock; DZ/2BZ 180/350 HK$, 3BZ 330–390 HK$, 4BZ 380–520 HK$, FZ ab 500 HK$; @ᯤ) Sauber, ruhig und mit ca. 80 Betten eine der größten Hongkonger Pensionen; der Eigentümer ist sehr hilfsbereit. Die großen Zimmer mit WLAN sind hell (falls Fenster vorhanden) und haben z. T. sogar Regenduschen in ihren 1-m²-Bädern!

Mei Lam Guest House (美林賓館; Karte S. 402; ☎2721 5278, 9095 1379; Fax 2723 6168; Flat D1, 5. Stock; EZ ab 200 HK$, DZ 250–350 HK$; ᯤ) Hervorragende Option mit modernen Zimmern voller Extras (u. a. Internetzugang).

7800 HK$, Suite ab 8000 HK$;) Das leicht abgelegene Luxushotel über der Airport-Express-Station Kowloon war zum Recherchezeitpunkt weltweit das höchste seiner Art: Die Lobby befindet sich im 103. Stock. Die übertrieben wirkende Dekoration mit schweren Möbeln und der Überfluss an Nobel-Dienstleistungen stehen bei Touristen vom Festland wohl hoch im Kurs. Nichtsdestotrotz genießt man hier einen Top-Service und an klaren Tagen eine Traumaussicht. Das Restaurant Tin Lung Heen serviert chinesische Spitzenküche.

MADERA HONG KONG — HOTEL $$

(www.hotelmadera.com.hk; 1–9 Cheong Lok St, Yau Ma Tei; DZ/2BZ/Suite 1400/1800/2800 HK$; Jordan, Ausgang B1) Diese flotte Ergänzung zu Kowloons Mittelklassesektor liegt nahe dem Temple Street Night Market und der MTR-Station Jordan; bis zur Star Ferry sind's 20 flotte Gehminuten. Die Zimmer in

STANDBY-HOTELS

Zu Spitzenzeiten können die besten Hotels ausgebucht sein. Die folgenden Standby-Alternativen im Mittelklassebereich haben dann meist noch Zimmer frei und sind für eine Nacht in Ordnung.

Hong Kong Island

Luk Kwok Hotel (六國酒店; Karte S. 396; 2866 2166; www.gloucesterlukkwok.com.hk; 72 Gloucester Rd, Wan Chai; Zi./Suite ab 2100/4000 HK$; @; 18) Wenige Extras, aber engagiertes Personal plus Nähe zum Convention Centre und zum Trubel in Wan Chai; Nachsaisonrabatte von 50 %.

Newton Hotel Hong Kong (香港麗東酒店; Karte S. 398; 2807 2333; www.newtonhk.com; 218 Electric Rd; Zi. 1600–2800 HK$, Suite 3500 HK$; @; Fortress Hill, Ausgang A) Tolles kleines Hotel – leider im hässlichen North Point. Direkt gegenüber liegt die MTR-Station Fortress Hill; nach Causeway Bay führt ein netter Marsch durch den Victoria Park.

Holiday Inn Express (香港銅鑼灣快捷假日酒店; Karte S. 398; 3558 6688; www.hiexpress.com/hotels/us/en/hong-kong/hkgcw/hoteldetail; 33 Sharp St E; Zi. 1480–1980 HK$; @; Causeway Bay, Ausgang A) Hält, was es verspricht: verlässliche, erschwingliche Logis direkt neben dem Einkaufszentrum am Times Square.

Regal Hongkong Hotel (富豪香港酒店; Karte S. 398; 2890 6633; www.regalhongkong.com; 88 Yee Wo St, Causeway Bay; Zi. 2000–5000 HK$, Suite ab 6000 HK$; @; Causeway Bay, Ausgang F) Chinesischer, vergoldeter Barockpalast mit *piscina* (Pool im römischen Stil) auf dem Dach; im besten Sinne überkandidelt. Die neuen Etagen (31–33) bieten mehr Privatsphäre. Sonderangebote bei Vorbuchung (2–3 Wochen).

Walden Hotel (華登酒店; 8200 3308; www.walden-hotel.com; 353 Hennessy Rd; Zi. ab 2100 HK$; @; Causeway Bay, Ausgang C) Zwar kettenmäßig und mit düsteren Bädern, aber die Lage ist sehr attraktiv! Unbedingt nach Sonderangeboten bzw. Langzeitpauschalen fragen und ansonsten vor den Preisen nicht zurückschrecken: Der Nachsaisonrabatt beträgt bis zu 70 %.

Kowloon

Harbour Plaza North Point (北角海逸酒店; 2187 8888; www.harbour-plaza.com; 665 King's Rd, Quarry Bay; EZ/DZ ab 1900/2150 HK$; @; Quarry Bay, Ausgang C) Liegt eher in Quarry Bay als in North Point und hat akzeptable Business-Zimmer; der Freiluftpool ist eine nette Überraschung.

Royal Pacific Hotel & Towers (皇家太平洋酒店; Karte S. 402; 2736 1188; www.royalpacific.com.hk; China Hong Kong City, 33 Canton Rd, Tsim Sha Tsui; Zi. ab 1500 HK$; @; Tsim Sha Tsui, Ausgang E) Zum Kowloon Park und zu den Fähren nach China oder Macau ist's jeweils nur ein kurzer Fußmarsch. Die Rezeption befindet sich im 3. Stock; mitunter kann der Service entweder lahm oder auch gehetzt sein.

Dorsett Seaview Hotel (Karte S. 406; 2782 0882; www.dorsettseaview.com.hk; 268 Shanghai St, Yau Ma Tei; Zi. 580–1900 HK$; ; Yau Ma Tei, Ausgang C) Sauberes, einfaches Standby-Hotel in prima Lage; beste Preise bei Online-Buchung.

neutralen Farben sind mit hellen Akzenten dekoriert. Der Fitnessraum ist winzig, aber zweckmäßig. Zudem gibt's jeweils ein extra Stockwerk für Frauen und Allergiker.

EATON SMART HOTEL **$$$**

Karte S. 406 (香港逸東「智」酒店; ☎2782 1818; www.hongkong.eatonhotels.com; 380 Nathan Rd, Yau Ma Tei; Zi. 2350–3200 HK$, Suite ab 3250 HK$; @; MJordan, Ausgang B1) Wer die prächtige Lobby (Eingang an der Pak Hoi St) betritt, lässt das Chaos der Nathan Rd hinter sich. Die relativ großen Zimmer sind bis auf manche „Superior"-Varianten meist gut in Schuss. Das Hotel hat höfliches Personal und einen Dachpool. Online-Buchung kann den Preis halbieren; außerdem gibt's Rabatt bei längeren Aufenthalten.

CITYVIEW HOTEL **$$$**

Karte S. 406 (城景國際; ☎27719111; www.thecityview.com.hk; 23 Waterloo Rd, Yau Ma Tei; Zi./3BZ 1880/2280 HK$, Suite ab 3080 HK$; @; MYau Ma Tei, Ausgang A2) Die 413 sauberen, schicken Zimmer des YMCA-Hotels punkten allesamt mit freundlichen Farben und stilvollen Textilien. Auch der Service ist super. Das Cityview steht an einer ruhigen Ecke zwischen Yau Ma Tei und Mong Kok. Das Yau Ma Tei Theatre und der Yau Ma Tei Wholesale Fruit Market liegen in kurzer Laufentfernung.

NOVOTEL HOTEL **$$**

Karte S. 406 (☎3965 8888; www.novotel.com; 348 Nathan Rd, Yau Ma Tei; Zi. 1200–3000 HK$; @; MJordan, Ausgang B2) Obwohl das Novotel angeblich Tsim Sha Tsuis „goldene Meile" säumt, steht es nicht in Hafennähe, sondern vielmehr schon fast in Yau Ma Tei. Zudem liegt der Eingang an der Saigon St und nicht an der Nathan Rd. Verwirrend! Ansonsten hat das helle, moderne Hotel eine weitläufige Lobby und 400 angenehme, gleich große Zimmer (2008 renoviert). In den teureren sind Aussicht und Dekor schöner.

NATHAN HOTEL HOTEL **$$$**

Karte S. 406 (彌敦酒店; ☎2388 5141; www.nathanhotel.com; 378 Nathan Rd, Yau Ma Tei; Zi./Suite ab 2180/4280 HK$; @; MJordan, Ausgang B1) Alle 166 Zimmer dieses Hotels (Eingang an der Pak Hoi St) sind ordentlich und geräumig. Die unteren Stockwerke bekommen aber z.T. Straßenlärm ab und sind nicht zu empfehlen. Die Lage in der Nähe der MTR-Station Jordan und der Temple St ist prima. Uns gefiel auch der Türsteher mit Turban.

CARITAS BIANCHI LODGE PENSION **$$**

Karte S. 406 (明愛白英奇賓館; ☎2388 1111; www.caritas-chs.org.hk/eng/bianchi_lodge.asp; 4 Cliff Rd; EZ/DZ & 2BZ/FZ inkl. Frühstück 750/870/1080 HK$; MYau Ma Tei, Ausgang D) Dieser Mix aus Hotel und Pension wird von einer katholischen Nichtregierungsorganisation geleitet. Trotz direkter Nähe zur Nathan Rd und zur MTR-Station Yau Ma Tei ist es in den hinteren Zimmern ruhig; manche davon bieten Aussicht auf den King's Park. Alle Quartiere sind sauber und haben eigene Bäder. Vor allem abends muss man aber manchmal lange auf einen Aufzug warten.

CASA HOTEL HOTEL **$$$**

Karte S. 406 (☎3758 7777; www.casahotel.com.hk; 487–489 Nathan Rd; EZ/DZ/FZ 1080/1580/2680 HK$; @; MYau Ma Tei, Ausgang C) Das Casa ist bei Travellern vom Festland sehr beliebt und für diesen Preis bzw. Stadtteil ziemlich schick. In den sauberen Zimmern duscht man direkt neben der Toilette. Zwischen 3. und 8. Stock gibt's z.T. mehr Wohnfläche (bei „04" oder „09" am Ende der Zimmernummer); der 7. Stock ist jedoch WLAN-frei. In der Lobby tummeln sich stets viele Eincheckwillige; auch die übrigen Gäste machen manchmal so viel Lärm wie der Verkehr auf der Nathan Rd.

BOOTH LODGE PENSION **$$**

Karte S. 406 (卜維廉賓館; ☎2771 9266; http://boothlodge.salvation.org.hk; 11 Wing Sing La, Yau Ma Tei; Zi. inkl. Frühstück 620–1500 HK$; @; MYau Ma Tei, Ausgang D) Die spartanische Pension der Heilsarmee (53 Zimmer; Rezeption im 7. Stock) ist sauber und komfortabel. Im Rahmen von Sonderaktionen kann der Preis auf 500 HK$ sinken.

GOLDEN ISLAND GUESTHOUSE PENSION **$**

Karte S. 406 (金島賓館; ☎9583 5051, 2783 7952; www.gig.com.hk; Flat 1–2, 7. Stock, Alhambra Bldg, 385 Nathan Rd, Yau Ma Tei; EZ 180–220 HK$, DZ 220–360 HK$, 3BZ 250–350 HK$, 4BZ 320–450 HK$; @; MYau Ma Tei, Ausgang C) Diese Pension mit 30 Zimmern, eigener Touragentur und Online-Reservierungsmöglichkeit bietet innerhalb des Alhambra Building das beste Preis-Leistungs-Verhältnis. Alle Quartiere warten mit eigenem Bad, Pflegeartikeln, TV, Telefon und Gratis-WLAN auf; manche haben auch elektronische Kartenschlösser. Das Personal organisiert Tickets und Tagestrips. Der junge, sympathische Eigentümer Jessie Fu spricht prima Englisch.

HAKKA'S GUEST HOUSE PENSION $

Karte S. 406 (嘉應賓館; ☎2771 3656; www.hakkas.hostel.com; Flat L, 3. Stock, New Lucky House, 300–306 Nathan Rd, Yau Ma Tei; DZ/2BZ/3BZ/FZ 250/300/350/400 HK$; @; ⓂJordan, Ausgang B1) Die beste Pension im New Lucky House verfügt über neun blitzsaubere Zimmer mit Telefon, TV und Dusche. Der freundliche Eigentümer Kevin Koo liebt das Wandern und lädt Gäste zu Sonntagstouren draußen auf dem Land ein. Wenn das Hakka's ausgebucht ist, bringt er Interessenten gelegentlich einen Stock tiefer im einfachen **Ying Pin** (☎2771 0888; 2. Stock, New Lucky House) unter. Das Gebäude steht zwischen Jordan und Yau Ma Tei.

ANNE BLACK YWCA PENSION $$

Karte S. 407 (女青柏顏露斯; ☎2713 9211; www.ywca.org.hk; 5 Man Fuk Rd, Yau Ma Tei; Zi. ohne Bad 750 HK$, Zi. mit Bad 1100–1300 HK$, Monatspauschale ab 6000 HK$; @; ⓂYau Ma Tei, Ausgang D) Diese YWCA-Pension in Mong Kok nimmt Damen und Herren auf. Nahe der Pui Ching und Waterloo Rd liegt sie hinter sowie oberhalb einer Tankstelle. Zum Haus gehören eine Waschküche und ein anständiges Restaurant. Angenehm: Fast 50 % der Quartiere sind Einzelzimmer.

CARITAS LODGE PENSION $

Karte S. 407 (明愛賓館; ☎2339 3777; www.caritas-chs.org.hk; 134 Boundary St, Mong Kok; EZ/DZ inkl. Frühstück ab 550/600 HK$; @; ⓂMong Kok East, Ausgang C od. D) Die Caritas Lodge mit nur 40 Zimmern ist so nett wie ihre Schwesterpension (Caritas Bianchi Lodge), liegt aber weiter draußen und bietet vergleichsweise weniger Wohnfläche. Näher am Vogelmarkt kann man aber kaum übernachten. Zudem beginnen die New Territories offiziell gleich gegenüber.

LANGHAM PLACE HOTEL HOTEL $$$

Karte S. 407 (朗豪酒店; ☎3552 3388; http://hongkong.langhamplacehotels.com; 555 Shanghai St; EZ 2600–3600 HK$, Zi./DZ 3000–5200 HK$, Suite ab 5100 HK$; @; ⓂMong Kok, Ausgang C3) Linst man aus einem der Zimmer dieses kolossalen Hotelturms nach draußen, würde man nie vermuten, dass man sich in Mong Kok befindet. Das Langham Place Hotel ist ein echter Gewinn für das Viertel. Unter den speziellen Einrichtungen in den Unterkünften finden sich multifunktionale SIP-Telefone, DVD-Spieler, marmorne Badezimmer und Zimmersafes, die groß genug sind für einen Laptop (und diesen während des Verwahrens auch noch aufladen). Der Empfang ist im 4. Stock, und das Hotel ist mit der **Langham Place Mall** verbunden. Der 20 m lange Dachpool, das Fitnessstudio und das Spa bieten einen super Blick über Kowloon.

ROYAL PLAZA HOTEL HOTEL $$$

Karte S. 407 (帝京酒店; ☎2928 8822; www.royalplaza.com.hk; 193 Prince Edward Rd W, Mong Kok; EZ 2600–4100 HK$, DZ 3000–4500 HK$, Suite ab 5800 HK$; @; ⓂMong Kok East Rail) Das Royal Plaza (671 Zi.) ist etwas übertrieben vornehm, aber komfortabel und zentral gelegen: Gegenüber säumen der Vogel- und der Blumenmarkt die Prince Edward Rd. Die gut ausgestatteten Zimmer mit beheizten, nicht beschlagenden Badspiegeln verfügen z. T. auch über Kochecken und WLAN. Der Freiluftpool mit Unterwassermusik ist ein Paradies für Wellnessfans. Zur KCR-Station Mong Kok geht's durch das angrenzende Einkaufszentrum Grand Century Place. So ist das Hotel eine praktische Basis für Ausflüge in Richtung New Territories oder chinesisches Festland.

SUNNY DAY HOTEL HOTEL $$

Karte S. 407 (新天地酒店; ☎3760 8888; www.sunnydayhotel.cn; 419 Reclamation St, Mong Kok; EZ/DZ 900/1300 HK$, NS EZ ab 680 HK$; ; ⓂMong Kok, Ausgang C4) Von den 39 kleinen Zimmern blickt man auf die Reclamation St und den Langham Pl. Das warme Rotbraun an den Wänden der Räume vor den Aufzügen wirkt attraktiv; das Personal ist sehr hilfsbereit. Der Müll draußen vor den Fenstern erinnert einen aber ganz schnell wieder an Mong Kok …

NIC & TRIG'S PENSION $

Karte S. 407 (☎6333 5352; rooms@nostalgic.org; 705 Shanghai St, Mong Kok; Zi. ab 400 HK$; ; ⓂPrince Edward, Ausgang C1) Ein cooles, hippes Ehepaar betreibt diese schlichte Pension in einem fahrstuhllosen Wohnhaus von 1957. Die drei Zimmer erinnern jeweils an verschiedene Perioden: die 1960er-Jahre (à la Wong Kar-Wais Film *In the Mood for Love*), die 1970er-Jahre (inkl. Bruce-Lee-Poster) und die Cantopop-Ära (mit Schallplatten und stilechten Möbeln). Toilette und Dusche werden gemeinschaftlich genutzt. Wer irgendetwas braucht, fragt einfach: Die supernetten Eigentümer geben gern Tipps zu Restaurants oder Sehenswürdigkeiten und versenden Wegbeschreibungen per E-Mail.

Hongkong & Macao verstehen

Hongkong aktuell

Im März 2012 wurde mit Leung Chun-ying der vierte Regierungschef der Sonderverwaltungsregion Hongkong seit der Rückgabe durch Großbritannien gewählt. Die Zukunft der Region ist damit ungewiss. Für viele Menschen haben sich aufgrund weltwirtschaftlicher Unwägbarkeiten die Lebensbedingungen verschlechtert, die Lebenshaltungskosten erhöht und das Verhältnis zum großen Nachbarn und Steuermann im Norden verkompliziert. Doch eines ist gewiss: Diese nimmermüde Stadt wird ihren Weg finden.

Die besten Filme

Der Klang der Liebe (2000) Melancholische Liebesgeschichte von Wong Kar-Wai, spielt in den 1960er-Jahren.

Little Cheung (1999) Ein düsteres Bild der Zeit nach der Übergabe.

Love in a Puff (2010) Eine Kette rauchende Hommage an das zeitgenössische Hongkong.

My Life as McDull (2001) Herzerwärmender Animationsfilm über ein einheimisches Schweinchen.

Comrades: Almost a Love Story (1996) Zwei Festlandchinesen in Hongkong.

Die besten Bücher

Hong Kong State of Mind (Jason Ng; 2011) Crashkurs über die Besonderheiten Hongkongs.

The Hungry Ghosts (Anne Berry; 2009) Kraftvoller Roman über ruhelose Geister.

Gweilo: Memories of a Hong Kong Childhood (Martin Booth; 2004) Eine Kindheit in den 1950er-Jahren.

Hong Kong: A Cultural History (Michael Ingham; 2007) Der beste Titel in dieser Kategorie.

Triad (Derek Lambert; 1991) Ein britischer Polizist im Kampf gegen die chinesische Unterwelt.

Stand der Dinge

Hongkong hat in den vergangenen zehn Jahren viel politischen Zwist und öffentliche Unzufriedenheit mit der Regierung erlebt. Beklagt wurden vor allem lang anhaltende Missstände – von schleppenden demokratischen Reformen und illegalen Absprachen zwischen Regierung und Wirtschaft über horrende Grundstückspreise bis hin zum Schwinden wirtschaftlicher Perspektiven der Festlandimmigranten. Der Einfluss Beijings, der den Aufstieg Leung Chun-yings ermöglicht hat, markiert eine Verschiebung in der politischen Landschaft Hongkongs und wird als Vorwarnung dessen empfunden, was dem „Ein Land – zwei Systeme"-Modell drohen könnte.

Viele Einwohner leben in der Hoffnung, Leung könne seine populistischen Versprechen umsetzen – z. B. durch Förderung des sozialen Wohnungsbaus. Doch die Realität sieht anders aus. Auch wenn die neue Legislaturperiode 2012–2017 vielversprechender zu sein scheint: Das politische System Hongkongs füllt die Waagschale der Macht eher auf Seiten der Elite.

Wirtschaftsdaten

2011 erreichte die Inflation ein 16-Jahres-Hoch. Zwar hat sich die Verteuerung der Güter inzwischen verlangsamt – trotzdem ist Hongkong für viele zu einer frustrierend teuren Heimat geworden. Nebenkosten, öffentliche Verkehrmittel, Lebensmittel, Mieten und Grundstückspreise sind auf bestem Wege, für viele nicht mehr bezahlbar zu werden. Auch vom großen Geld zu träumen, ist Luxus geworden: Im Jahr 2010 wurde sogar das Lottospielen doppelt so teuer. Obwohl die Wirtschaft innerhalb der vergangenen Jahre zulegte, hat sich die Schere zwischen Reich und Arm noch weiter geöffnet. In Hongkong leben mehr Milliardäre als in den meisten anderen Ländern der Welt, dafür leben dort aber auch umso mehr Menschen am Rande des Existenzminimums.

Eine neue Ära

Laut der vorherrschenden öffentlichen Meinung hat Hongkong seine Blütezeit hinter sich. Seinen Einwohnern sollte man jedoch nicht unterstellen, sie würden einfach hinnehmen, dass Hongkong China immer ähnlicher wird. Wer durch die Straßen geht, hört und sieht im Vergleich zur katonesischen Sprache und zur traditionellen Schrift mehr Putonghua und vereinfachte Zeichen als jemals zuvor. Jeden Morgen um 6 Uhr erklingt die chinesische Nationalhymne im Fernsehen. Selbst das Sha-Tin-Pferderennen am Samstagnachmittag – für viele Familien eine allwöchentliche Tradition – wurde auf Sonntag verlegt. Den Reichen jenseits der Grenze kommt das entgegen – der arbeitenden Bevölkerung, die nur diesen einen Tag pro Woche Zeit für die Familie hat, nicht.

Obwohl generell eher die Angst vor der Zukunft viele Menschen beschäftigt, herrscht trotzdem keine negative Stimmung. Die Bevölkerung muss sich vielen Herausforderungen stellen, doch kann das auch mitreißend wirken: Die Hongkonger wollen Gesetz und Bürgerrechte verteidigen und ihre Stellung angesichts der Beijinger Homogenisierung selbst definieren.

Neue Impulse

Fast jeden Sonntag kommt es in Hongkong zu Protesten. Immer mehr junge Menschen drängen in den Widerstand. So sind z.B. im Juli 2012 zehntausende Menschen auf die Straße gegangen, um gegen die Einführung des Fachs „Moral und nationale Erziehung" zu demonstrieren. Schüler, Lehrer und Eltern befürchteten eine politische Gehirnwäsche an den Schulen.

Gleichzeitig ist Hongkong aber auch der einzige Ort in China, an dem man öffentlich der Opfer des Tian'anmen-Massakers vom 4. Juni 1989 gedenken kann. Der einmalige Status der Stadt hat es möglich gemacht, dass Hongkong auch weiterhin Veränderungen im ganzen Land auslöst. Beijing versucht verzweifelt, auf der internationalen Bühne als sanfte Regierungsmacht dazustehen. Wie das machbar wäre, könnte vielleicht der aufwieglerische Geist der halbautonomen Region im Süden beantworten.

Dass die Stadt wiederholt auf ihrer eigenen Identität beharrt, zeugt davon, wie sehr sich die jüngere Generation ihres sozialen Erbes bewusst ist – und wie sehr sie dieses Erbe zu erhalten versucht. In den vergangenen Jahren wurden immer neue Verbände gegründet, die es sich zum Ziel gesetzt haben, den sozialen Hintergrund berühmter Distrikte zu dokumentieren, die der Urbanisierung zum Opfer fielen. Der Kampf um jeden Quadratmeter in der Stadt generierte aber auch ungewöhnliche Kulturzentren oder landwirtschaftliche Betriebe in alten Fabrikgebäuden. In dieser pulsierenden Metropole gibt es mehr als auf den ersten Blick zu sehen ist. Hongkong hat immer wieder bewiesen, dass es in der Lage ist, auf die Füße zu kommen, sich anzupassen und erneut zu glänzen.

Einwohner pro km²

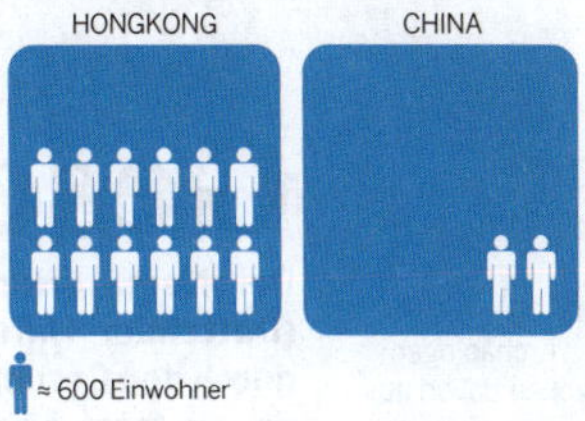

Beschäftigungen
(% der Bevölkerung)

Gäbe es nur 100 Hongkonger, wären …

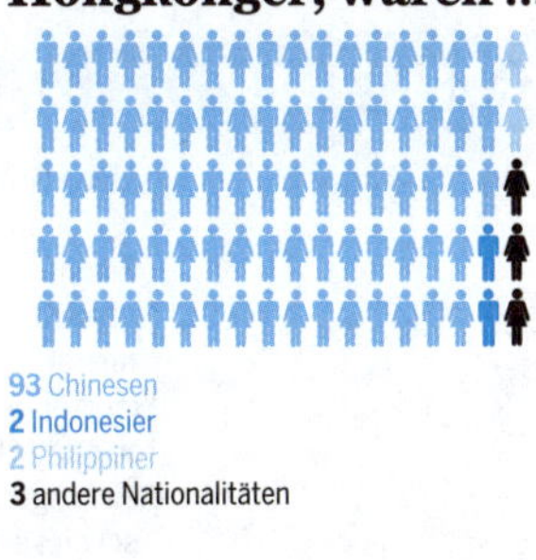

Geschichte

Der Name „Hongkong" kommt vom kantonesischen *hèung-gáwng* (Duftender Hafen oder Weihrauchhafen). Inspiriert wurde er wohl durch den Geruch des Sandelholzräucherwerks, das dort gelagert wurde, wo jetzt Aberdeen ist. Im Verhältnis zur Menschheitsgeschichte besteht Hongkong, wie wir es heute kennen, eigentlich erst seit einem Augenblick. Aber in der Region war schon eine Menge los, lange bevor an einem Wintermorgen des Jahres 1841 britische Marineinfanteristen an Land kletterten und den Union Jack auf dem Westteil von Hong Kong Island pflanzte und es für die britische Krone beanspruchte.

Archäologen gehen davon aus, dass sich die steinzeitlichen Bewohner Hongkongs relativ gut ernährten. Auf dem Speiseplan standen eisenreiches Gemüse, kleine Säugetiere, Schalentiere und Fisch, der weit vor der Küste gefangen wurde. Frühe chinesische historische Aufzeichnungen berichten von den verschiedenen Seevölkern in Chinas südöstlichem Küstengebiet, die als die Hundert-Yue-Stämme bezeichnet wurden. Einige der frühgeschichtlichen Einwohner Hongkongs könnten zu diesen Stämmen gehört haben.

ERSTE BESIEDLUNG

Hongkong ist mindestens seit dem Mittleren Neolithikum (ca. 4000–2500 v. Chr.) besiedelt. Artefakte von fast 100 Grabungsstellen im Territorium deuten darauf hin, dass die Bewohner dieser Siedlung gewisse Kulturelemente mit den Bewohnern des Perlflussdeltas teilten. Die Reste bronzezeitlicher Siedlungen (ca. 1500–220 v. Chr.) – ausgegraben nebst acht geometrischen Felsritzungen auf Lamma, Lantau und an anderen Stellen –, die immer noch an verschiedenen Orten entlang Hongkongs Küstenlinien zu sehen sind, zeigen, dass diese frühen Völker eine Form der Naturreligion ausübten, zu der auch die Anbetung von Tieren gehörte.

DIE FÜNF GROSSEN KLANS

Der erste von Hongkongs mächtigen „Fünf Klans" (Han-Chinesen, deren Nachkommen die politische und wirtschaftliche Macht bis heute innehaben) begann um das 11. Jh., Gebiete zu besetzen. Die ersten und mächtigsten Neuankömmlinge waren die Tan, die sich zu Beginn um Yuen Long niederließen (das Dorf Kat Hing Wai bildete einen Teil dieser Siedlung).

Den Tan folgten die Hau und die Pang, die sich um das heutige Sheung Shui und Fanling ausbreiteten. Im 14. Jh. erschienen die Liu auf der Bildfläche und ein Jahrhundert später die Man.

Die kantonesisch sprechenden Neulinge nannten sich *bun-day* (Punti), was „einheimisch" bedeutet – aber das waren sie definitiv nicht. Sie sahen

ZEITLEISTE

4000–1500 v. Chr.

Eine Gruppe von Jägern, Sammlern und Fischern lässt sich in den Küstengebieten nieder. Eine Handvoll Werkzeuge, Töpferwaren und Artefakte sind die einzigen Überbleibsel dieser Menschen.

214 v. Chr.

Kaiser Qin Shi Huang bringt nach langen Kriegen die Region Nan Yue (heute Guangxi, Guangdong & Fujian) an sich. Hongkong gerät unter den kulturellen Einfluss aus dem Norden.

1000–1400

Hongkongs „Fünf Klans" – Tang, Hau, Pang, Liu und Man – lassen sich dort nieder, wo jetzt die New Territories sind und bauen in den fruchtbaren Ebenen und Tälern ummauerte Dörfer.

auf die ursprünglichen Einwohner, die Tanka, herab. Viele Tanka wurden vertrieben und wichen auf das Meer aus, wo sie auf Booten lebten.

Münzen und Töpferwaren der östlichen Han-Dynastie (25–220 n. Chr.), die man auf Lantau und an mehreren anderen wichtigen Stätten fand, z. B. in einer Grabstätte bei Lei Cheng Uk in Zentral-Kowloon, belegen, dass Hongkong zu Beginn des ersten Jahrtausends unter den Einfluss der Han-Kultur geriet.

EIN IMPERIALER AUSSENPOSTEN

Am südlichen Rand der Provinz Kanton (jetzt Guangdong) gelegen, galten die Halbinsel und Inseln, die später zu Hongkong gehören sollten, nur als unbedeutender Fleck in einer Ecke des chinesischen Reiches.

Die Punti-Gesellschaft blühte bis zu jenem Kampf, der die Ming-Dynastie (1368–1644) zu Fall brachte. Die siegreichen Qing (1644–1911) ärgerten sich über den Widerstand der Südländer, die dem *ancien régime* treu waren. So befahlen die Qing in den 1660ern eine Zwangsevakuierung des Küstengebiets inklusive Hongkong ins Landesinnere.

Erst mehr als vier Generationen später lebten dort wieder so viele Menschen wie Mitte des 17. Jhs. Viele Einwohner waren Hakka (kantones. „Gastleute"), die zwischen dem 18. und der Mitte des 19. Jhs. einwanderten. Überbleibsel ihrer Sprache, Kultur und Küche blieben erhalten – am deutlichsten erkennbar sind sie an den breitkrempigen, schwarz gesäumten Bambushüten, die Hakka-Frauen in den New Territories tragen.

1276 waren der minderjährige Kaiser Duan Zong und sein jüngerer Bruder Bing gezwungen, aus Hongkong zu fliehen, als die Mongolen die Reste der Armee der Song-Dynastie (960–1279 n. Chr.) besiegten. Nachdem mongolische Schiffe die kümmerlichen Überbleibsel der kaiserlichen Flotte bei einem Gefecht auf dem Perlfluss geschlagen hatten, war das Ende der Song-Dynastie besiegelt.

ANKUNFT DER BARBAREN

Seit Jahrhunderten war die Mündung des Perlflusses eine wichtige Handelsstraße; Zentrum war der Hafen Kantons. Einige der ersten ausländischen Händler („Barbaren") waren Araber, welche schon im 8. Jh. v. Chr. den Fuß in die Ansiedlung setzten – und sie plünderten. Die Ming-Kaiser betrachteten ihre Untertanen im Süden als einen entsetzlich unzivilisierten Haufen. Sollten diese Kantonesen doch mit den „Barbaren" Handel treiben!

Der regelmäßige Handel zwischen China und Europa begann 1557, als portugiesische Seefahrer einen Posten in Macau, 65 km westlich von Hongkong errichteten. Holländische Händler schipperten im Kielwasser der Portugiesen heran, ihrerseits gefolgt von den Franzosen. Britische Schiffe kamen schon 1683 von den Niederlassungen der britischen Ostindienkompanie an der indischen Küste. 1711 gründete die Kompanie Büros und Lager in Guangzhou und handelte mit Tee, Seide und Porzellan.

ERSTER OPIUMKRIEG & KOLONIE HONGKONG

China jedoch erwiderte Europas unersättliche Nachfrage nach chinesischen Produkten nicht, sondern mied ausländische Produkte fast ganz. Das zunächst entstehende Handelsdefizit der Fremden kehrte sich aber

1557	1644	1683	1757
Portugiesische Seefahrer errichten einen Posten in Macau. Niederländische und dann französische Händler treten auf den Plan. Der Handel zwischen China und Europa beginnt.	Die Ming-Dynastie (1368–1644) wird von der Qing-Dynastie abgelöst, die bis 1911 regiert.	Schiffe der britischen Ostindienkompanie kommen an. Bis 1711 hat die Kompanie Büros und Lager in Guangzhou eingerichtet und handelt mit Tee, Seide und Porzellan.	Laut einer Verordnung dürfen die Europäer nur noch über die *cohong* in Guangzhou Handel treiben. Die wachsende Unzufriedenheit darüber ebnet den Weg für den ersten Opiumkrieg.

bald ins Gegenteil: Denn die Briten entdeckten, welche Ware die Chinesen unbedingt wollten – Opium.

Die Briten mit ihrem Opiumvorrat von den Mohnfeldern Indiens trieben den Handel aggressiv voran. Infolgedessen breitete sich die Sucht schnell aus und die Silberreserven Chinas schwanden deutlich.

Heutige Triaden schwören zwar immer noch einen Treueid auf die Ming, aber ihre Loyalität gilt dem Dollar und nicht dem besiegten Sohn des Himmels.

Gegen Ende des Jahres 1838 ermächtigte Kaiser Dao Guang (1820–1850) Lin Zexu, Gouverneur von Hunnan und Hubei und Mann von großer Integrität, den Opiumhandel auszumerzen. Dessen erfolgreiches Vorgehen führte schließlich zum Ersten Opiumkrieg (1839–1842).

Im Januar 1841 hisste ein Landetrupp der Marine die britische Flagge am Possession Point (heute Possession St) auf Hong Kong Island.

Mit dem anschließend vereinbarten Vertrag von Nanking wurden das Handelsmonopol abgeschafft, fünf „Vertragshäfen“ für britische Staatsbürger und ausländischen Handel geöffnet und die Briten von allen chinesischen Gesetzen befreit. Großbritannien wurde das „ewige Besitzrecht“ an Hong Kong Island übertragen.

Am 26. Juni 1843 wurde Hongkong britisch und sein erster Gouverneur, Sir Henry Pottinger, übernahm das Ruder. Schon bald entstand eine primitive Siedlung ohne Gesetze. Dennoch bot es der britischen Flotte einen strategischen Vorteil: einen großen, geschützten Hafen.

DIE TRIADEN

Hongkongs Triaden mögen bei Drogen- und Menschenhandel, Prostitution, Glücksspiel und Kreditwucherei noch immer die Fäden ziehen – trotz der Veränderung der Regierungsverhältnisse –, doch sie waren nicht immer Gangsterbanden.

Gegründet als geheime und patriotische Gesellschaften, kämpften sie gegen die Korruption und Brutalität der Quin-Dynastie. Die Triaden unterstützten die Revolution, die 1911 die Quin-Herrschaft beendete. Die Tatsache, dass die Triaden Kwan Tai (oder Kwan Yu), den Gott des Krieges und den Bewahrer von Gerechtigkeit, Integrität und Loyalität, als Schutzpatron wählten, steigerte ihre Ehrenhaftigkeit. Unglücklicherweise versanken die Triaden während des Bürgerkriegs auf dem Festland im Sumpf des Verbrechens und flohen nach der kommunistischen Machtergreifung 1947 in Scharen nach Hongkong. Heute sind sie das chinesische Äquivalent zur Mafia.

Die Kommunisten zerstörten den von den Triaden kontrollierten Drogenhandel in Shanghai nach der Revolution von 1947. Daher verlegten viele Gruppen aus Hongkong ihre Operationen kurz vor der Übergabe Hongkongs an China 1997 in große chinesische Gemeinden in Thailand, auf den Philippinen, in Australien, Kanada und den USA. Später sind viele Triaden wieder nach Hongkong zurückgekehrt und haben über Verbindungen zu korrupten Beamten ihren Einfluss bis aufs Festland ausgeweitet.

Das Werk über die Triaden ist *Triad Society in Hong Kong* (Government Press, Hongkong 1960) von W. P. Morgan, einem ehemaligen Inspektor der Royal Hongkong Police.

1773

Nachdem die britische Ostindienkompanie die Produktion und den Export von indischem Opium an sich gerissen hat, explodiert der Opiumhandel mit China.

1799

Wegen der Verbreitung der Opiumsucht und des Schwunds an Silber, mit dem die Droge zu bezahlen ist, erlässt der Qing-Kaiser eine Verordnung, die den Opiumhandel in China verbietet.

1841

Britische Marineinfanteristen pflanzen den Union Jack auf dem Westteil der Insel von Hongkong und beanspruchen das Land für die britische Krone.

IMAGESTATE MEDIA PARTNERS LIMITED - IMPACT PHOTOS/ALAMY ©

DIE PROBLEME WACHSEN

Der Zweite Opiumkrieg brach im Oktober 1856 aus. Die siegreichen Briten zwangen den Chinesen 1860 die Pekinger Konvention auf, die den Vertrag von Tientsien bestätigte und die Halbinsel Kowloon sowie Stonecutters Island unter britische Herrschaft stellte. Damit kontrollierte Großbritannien nun den gesamten Victoria Harbour und seine Zufahrtswege.

Als die Qing-Dynastie gegen Ende des 19. Jhs. ins Schleudern geriet, beantragte die britische Regierung in China, die Kolonie bis zu den New Territories auszudehnen. Mit der Pekinger Konvention vom Juni 1898 übergaben die Chinesen Großbritannien einen unerwartet großen Teil des Gebiets, zu dem 235 Inseln gehören und das im Norden bis zum Fluss Sham Chun reicht, was die Kolonie um 90% vergrößerte.

EIN VERSCHLAFENES KAFF

Zwar wuchsen Hongkongs wichtigste Handelshäuser, darunter Jardine Matheson und Swire, dank des Handels mit China, doch die Kolonie überstand die ersten Jahrzehnte gerade so eben. Fieber, Beulenpest und Taifune bedrohten Leben und Besitz, und in dieser ersten Zeit zog Hongkong zahlreiche Kriminelle und zwielichtige Händler an.

Nach und nach begann sich die Kolonie in eine bodenständige Gemeinde zu verwandeln. Nichtsdestotrotz existierte Hongkong vom späten 19. Jh. bis zum Zweiten Weltkrieg im Schatten des Handelshafens Shanghai, der zu Asiens wichtigstem Handels- und Finanzzentrum avancierte – und zur Stilikone.

Die Bevölkerung Hongkongs wuchs kontinuierlich dank der vielen Einwanderer, die wegen der Xinhai-Revolution von 1911 aus China flohen. Auf diese Weise wurde die geschwächte Qing-Dynastie verdrängt. Es begann ein Zeitraum von mehreren Jahrzehnten, in denen Streit, randalierende Banden und Hunger in der Kolonie dominierten. Mit dem Einmarsch Japans in China 1937 wurde aus dem Einwandererstrom dann eine wahre Flut.

Hongkongs Status als britische Kolonie bot den Flüchtlingen aber nur zeitweise eine Zuflucht. Nachdem Japan am 7. Dezember 1941 den US-Marinestützpunkt Pearl Harbor angegriffen hatte, „widmete" sich das japanische Militär einen Tag später Guangzhou und Hongkong.

Die Bedingungen unter der japanischen Herrschaft waren hart. Viele chinesische Zivilisten wurden wahllos massakriert. Westliche Zivilisten wurden im Stanley Prison auf Hong Kong Island festgehalten. Viele Hongkong-Chinesen flohen nach Macao, das vom neutralen Portugal verwaltet wurde.

Der Kaiser der Qing war alarmiert, weil sich die Sucht so schnell ausbreitet und so viel Silber aus dem Land floss, mit dem das Opium bezahlt wurde. So erließ er 1799 eine Verordnung, die den Handel mit Opium in China untersagte. Das Verbot zeigte wenig Wirkung und der lukrative Handel hielt an.

„Albert ist sehr zufrieden, dass ich Hong Kong Island bekommen habe", schrieb Königin Viktoria 1841 an König Leopold von Belgien. Zu dieser Zeit war Hongkong ein verschlafenes Nest mit rund 20 Dörfern und Weilern.

1842

China tritt die Insel Hongkong an Großbritannien ab. In einem Brief an Kapitän Elliot nennt Lord Palmerson Hongkong „eine unfruchtbare Insel mit kaum einem Haus darauf".

1860

Mit dem Vertrag von Nanking überlässt China die Halbinsel Kowloon und Stonecutters Island Großbritannien, das nun die vollständige Kontrolle über den Victoria Harbour und dessen Zugänge hat.

1894

Die Beulenpest bricht erstmals in Hongkong aus und tötet 2500, hauptsächlich einheimische, Chinesen. Der Handel leidet schwer, da Schiffe den pestverseuchten Hafen meiden.

1895

Der zukünftige Nationalheld Sun Yat-sen benutzt Hongkong als Basis für einen Aufstand im südlichen China; er scheitert und die Briten verbannen Sun aus ihrem Gebiet.

DER WEG ZUR BOOMTOWN

Nach Japans Rückzug aus Hongkong und nach der anschließenden Kapitulation im August 1945 sah es so aus, als würde die Kolonie ihren Winterschlaf fortsetzen. Aber die Ereignisse in Hongkong wie auch auf dem Festland zwangen sie, eine neue Richtung einzuschlagen.

Die Chinesische Bürgerkrieg (1945–1949) produzierte eine neue Flut von Flüchtlingen – reiche und arme – nach Hongkong. Die Neuankömmlinge brachten Kapital und ihre Arbeitskraft mit, was für die Ankurbelung der Wirtschaft Hongkongs bedeutungsvoll war. Auf einem armseligen, vom Krieg zerrütteten Posten bauten einheimische und fremde Geschäftsleute ein riesiges Produktions- (vor allem für Stoffe und Textilien) und Finanzzentrum auf: In Hongkong ereignete sich eines der größten Wirtschaftswunder der Welt.

1967, als die Kulturrevolution ihren Höhepunkt erreichte, geriet Hongkongs Stabilität wieder ins Wanken. Die prokommunistischen Gruppen in Hongkong verwandelten einen Arbeiterstreit in eine „antikoloniale Bewegung". Bombenattentate und Brandstiftungen waren die Folge. Hongkongs Wirtschaft war monatelang wie gelähmt. Im Dezember 1967 flauten die Aufstände ab, als der chinesische Premierminister Zhou Enlai den prokommunistischen Gruppen befahl aufzuhören.

Opiumhöhlen, Spielclubs und Bordelle florierten. Nur ein Jahr nachdem Großbritannien die Herrschaft übernommen hatte, arbeiteten schätzungsweise 450 Prostituierte in zwei Dutzend Bordellen, darunter eine stattliche Anzahl ausländischer Freudenmädchen, die sich in Lyndhurst Tce sammelten – wo heute einige der angesagtesten Bars Hongkongs zu finden sind.

EINE GESELLSCHAFT IM UMBRUCH

Nach der Krise von 1967 startete die Regierung der Kolonie Reformen, die die soziale Unzufriedenheit eindämmen und eine Art Heimatgefühl erzeugen sollten. Im folgenden Jahrzehnt verabschiedete die Regierung mehrere Arbeitsgesetze und investierte in den sozialen Wohnungsbau, die medizinische Versorgung und in Bildung und Freizeitangebote.

Obwohl 1973 die Hongkonger Börse zusammengebrochen war, konnte die Wirtschaft später ihren Aufwärtstrend fortsetzen. 1976 übernahm Deng Xiaoping nach Mao Zedongs Tod die Kontrolle über die chaotischen Zustände in China. Seine „Politik der offenen Tür" belebte Hongkongs Rolle als Tor zum Festland, und die Stadt boomte. Ende der 1980er-Jahre war Hongkong einer der reichsten Orte Asiens und musste sich in Sachen Pro-Kopf-Bruttoinlandsprodukt nur Japan geschlagen geben.

DIE 1997-FRAGE

Bis 1979 hatte kaum jemand an die Zukunft Hongkongs gedacht, doch der Gouverneur von Hongkong, Murray MacLehose, diskutierte das Thema bei seinem ersten offiziellen Besuch in Peking mit Deng Xiao-

1898

China übergibt die New Territories an die Briten. Statt die Gebiete anzugliedern, unterzeichnen die Briten einen Vertrag, der am 1. Juli 1898 beginnt und am 30. Juni 1997 um Mitternacht endet.

1911

Wellen von Einwanderern, die vor der Xinhai-Revolution auf dem Festland fliehen, lassen die Bevölkerungszahl der Kolonie weiter wachsen.

1937

Japan überfällt ein bürgerkriegsgeschwächtes China. Auf der Flucht vor den Invasoren suchen 750 000 Festlandchinesen im Lauf der nächsten drei Jahre Schutz in Hongkong.

1941

Die Briten ergeben sich den Japanern am 1. Weihnachtsfeiertag. Die Bevölkerung Hongkongs schrumpft während der fast vierjährigen japanischen Besatzungszeit um mehr als die Hälfte.

ping. Großbritannien war lediglich verpflichtet, die New Territories zurückzugeben, nicht aber Hong Kong Island und Kwoloon. Allerdings machte die Tatsache, dass fast die Hälfte der Einwohner Hongkongs in den New Territories lebten, eine Teilung praktisch unmöglich.

Deng Xiaoping entschied schließlich, dass es an der Zeit war, Hongkong zurückzuholen, und zwang die Briten an den Verhandlungstisch. Die Meinung der Bevölkerung Hongkongs interessierte dabei nicht. Der gefasste Beschluss schaffte die politischen Streitigkeiten und wirtschaftlichen Bedenken aus der Welt, die 1983 zum Verfall des Hongkong-Dollars geführt hatten, der dann an den US-Dollar gekoppelt wurde.

Obwohl die chinesische, die britische und die Regierung Hongkongs versuchten, die Bevölkerung zu beruhigen, machten sich die Einwohner Hongkongs während der nächsten 13 Jahre Sorgen über die möglichen politischen und wirtschaftlichen Konsequenzen der Übergabe.

EIN LAND, ZWEI SYSTEME

Nach der *Sino-British Joint Declaration on the Question of Hong Kong of December 1984* sollte Hongkong als „Special Administrative Region of the People's Republic of China (SAR)" (Sonderverwaltungszone Hongkong der Volksrepublik China) wieder auferstehen. So könnte Hongkong das kapitalistische System weiterführen, während auf der anderen Seite der Grenze Chinas Version des Sozialismus herrschen würde. Der chinesische Slogan dafür war „Ein Land, zwei Systeme".

Im *Basic Law for Hong Kong*, der Verfassung der SAR, wurde Hongkongs englisches Rechtssystem verankert, das das Recht auf Grund und Boden garantierte und Streikrecht, Versammlungsfreiheit, freie Rede, Gewerkschaften, Reise- und Religionsfreiheit beinhaltete. Die SAR würde Autonomie genießen, außer in der Außen- und Verteidigungspolitik.

Trotz dieser Zusicherungen hatten viele Menschen wenig Vertrauen in eine Zukunft Hongkongs unter chinesischer Herrschaft. Zehntausende verließen Ende der 1980er-Jahre die Kolonie in Richtung Vereinigte Staaten, Kanada, Australien und Neuseeland.

NEW TOWNS

In den frühen 1970er-Jahren begann Hongkong den Bau der ersten drei „New Towns" – Sha Tin, Tsuen Wan und Tuen Mun. Es war der Start eines großen, bisher nie dagewesenen sozialen Wohnungsbauprogramms, dank dem bis heute Millionen von Einwohnern ein Zuhause haben.

DAS TIAN'ANMEN-MASSAKER & DIE FOLGEN

Die Sorgen der Einwohner Hongkongs verwandelten sich am 4. Juni 1989 in Angst, als chinesische Truppen prodemokratische Demonstranten auf Pekings Platz des Himmlischen Friedens niederschlugen.

Das Massaker war ein Wendepunkt. Die chinesisch-britischen Beziehungen verschlechterten sich, der Aktienmarkt brach ein und ein großer Teil des Kapitals wurde abgezogen und in Übersee angelegt.

1962

Die durch den „Großen Sprung nach vorn" ausgelöste Hungersnot lässt 70 000 Menschen in weniger als drei Monaten nach Hongkong fliehen.

1967

Aufstände prokommunistischer Gruppen erschüttern Hongkong; chinesische Milizen töten fünf Polizisten und dringen 3 km in die New Territories vor, bevor sie sich zurückziehen.

1971

Ein ehemaliger Kinderdarsteller spielt seine erste Hauptrolle in dem Kung-Fu-Film *Bruce Lee – Die Todesfaust des Cheng Li*, der ein weltweiter Hit wird.

Bruce-Lee-Statue (S. 136)

Hongkongs Regierung versuchte, das Vertrauen wieder aufzubauen, indem sie Pläne für einen neuen Flughafen und einen Containerhafen ankündigte. Mit Kosten von 160 Mrd. HK$ war es das teuerste Infrastrukturprojekt weltweit.

Die Proteste auf dem Platz des Himmlischen Friedens untermauerten die Entschlossenheit der Menschen, die Hongkong nicht verlassen konnten oder wollten und die nun die ersten offiziellen Parteien des Territoriums gründeten. Um ihre Glaubwürdigkeit wieder herzustellen, verabschiedete die Regierung 1990 eine *Bill of Rights* und erlaubte den Einwohnern Hongkongs im folgenden Jahr, 18 der 60 Mitglieder der LegCo zu wählen. Bis dahin war das Gremium hauptsächlich ein Werkzeug der Regierung und einiger spezieller Interessenvertretungen.

YELLOW BIRD

Infolge des Massakers auf dem Platz des Himmlischen Friedens stellten die Hongkonger eine Untergrund-Schmuggeloperation mit dem Codenamen Yellow Bird auf die Beine, um die Verfolgten in Übersee in Sicherheit zu bringen. In Hongkong stationierte chinesische Offizielle, die sich gegen die Morde auf dem Platz des Himmlischen Friedens ausgesprochen hatten, wurden ihrer Posten enthoben oder suchten in den USA und Europa Asyl.

DEMOKRATIE & DER LETZTE GOUVERNEUR

Eine der ersten Parteien hieß United Democrats of Hong Kong, geführt von Martin Lee und Szeto Wah. Beide waren einst von China wegen ihrer antikolonialen Position gefördert und in das Komitee für das Grundgesetz berufen worden. Sie brachten Peking aber gegen sich auf, als sie aus Protest gegen das Tian'anmen-Massaker Kopien der Proto-Verfassung verbrannten, und wurden als Umstürzler gebrandmarkt.

Chris Patten, Hongkongs 28. und letzter britischer Gouverneur, kam 1992 an und versprach der Bevölkerung, dass die Demokratie wieder auf den richtigen Weg gebracht würde. China gefiel das nicht. Zunächst griff es den Gouverneur täglich verbal an, dann bedrohte es die Karrieren aller prodemokratischen Politiker und Offiziellen. Als das nicht fruchtete, ging China auf Hongkongs Wirtschaft los. Verhandlungen über bestimmte Geschäftsverträge und Infrastrukturprogramme über 1997 hinaus wurden plötzlich gestoppt, darunter auch der Bau des neuen Flughafens.

Als auffiel, dass man so sogar die Hongkonger vergrätzt hatte, die China eigentlich unterstützten, gab China 1994 seinen Segen zum neuen Flughafen in Chek Lap Kok. Direkte Wahlen waren aber weiterhin unmöglich und man drohte, die gewählte Legislative nach 1997 wieder zu entmachten. Und das passierte: China setzte einen provisorischen Legislativrat ein, der bis zum Juni 1998 meist abnickte, was Peking wünschte.

Die „Wahlen" der Exekutive wurden im Dezember 1996 von China organisiert und dabei wurde Hongkongs erster postkolonialer Verwaltungschef bestimmt. Aber Tung Chee Hwa, der in 1937 in Shanghai geborene Schiffsmagnat, der als erster SAR-Verwaltungschef auserkoren worden war, gewann an Zustimmung, als er Pattens rechte Hand, Frau Anson Chan, als Staatssekretärin und Donald Tsang als Wirtschaftssekretär behielt.

1976

Deng Xiaoping, der nach dem Tod von Mao Zedong die Kontrolle in China übernahm, belebt Hongkongs Rolle als Tor zum Festland wieder.

AFP/GETTY IMAGES ©

Deng Xiaoping

1982

Die britische Premierministerin Margaret Thatcher besucht Peking, um über die Zukunft Hongkongs zu sprechen, die nach zwei Verhandlungsjahren besiegelt wird.

1984

Die *Sino-British Joint Declaration on the Question of Hong Kong* besiegelt Hongkongs Zukunft; das kapitalistische System der Stadt wird nach 1997 fortgesetzt.

In der Nacht des 30. Juni 1997 wurden die Übergabefeierlichkeiten in einer eigens hierfür errichteten Erweiterung des Hongkong Conventions & Exhibition Centre in Wan Chai begangen – verfolgt von Millionen Menschen weltweit. Chris Patten weinte, der chinesische Präsident Jiang Zemin strahlte und Prinz Charles gab sich stoisch (Jahre später bezeichnete er den chinesischen Regierungschef gegenüber der britischen Presse abschätzig als „schreckliche, alte Wachsfigur").

So fiel nach über 150 Jahren britischer Herrschaft der Vorhang. Der neue Verwaltungschef Tung fasste die Emotionen der Chinesen mit den Worten zusammen: „Jetzt sind wir die Herren im eigenen Haus".

HONGKONG NACH 1997

Sobald die Begeisterung über die Übergabe nachließ, lief in Hongkong einiges schief. Die Finanzkrise, die auch andere Teile Asiens erschüttert hatte, wurde Ende 1997 auch in Hongkong spürbar. Wegen eines Erregerstamms der tödlichen Vogelgrippe mussten in Hongkong mehr als 1 Mio. Hühner geschlachtet werden.

Die Glaubwürdigkeit der SAR-Regierung wurde 1999 stark beschädigt, als sie eine richterliche Entscheidung anfocht, mit der in China

CHINAS PLAN ZUR INVASION HONGKONGS

Die friedliche Übereinkunft, mit der der heutige Status Hongkongs besiegelt wurde, war in den vorangegangenen Jahrzehnten nicht abzusehen. Die Verhandlungsführer bestätigten nachträglich, wie empfindlich China beim Thema Hongkong reagierte und wie nahe die Volksrepublik davor stand, das Territorium gewaltsam einzunehmen.

Die britische Premierministerin Margaret Thatcher, die die Verhandlungen führte, berichtete später, dass ihr Deng Xiaoping, der damalige Führer Chinas, sagte, er „könne einmarschieren und das Ganze innerhalb eines Nachmittags einnehmen".

Sie hatte ihm geantwortet, dass China alles verlöre, wenn es dies täte. „Ich kann Sie nicht aufhalten", sagte sie, „aber die Welt würde merken, wie China wirklich ist".

Lu Ping, der Hauptverhandlungsführer Chinas, bestätigte, dass Deng nicht geblufft hat. Deng hatte gefürchtet, dass die Ankündigung der Übergabe 1997 zu schweren Unruhen führen würde und China gezwungen hätte, Hongkong gewaltsam einzunehmen.

Lu zufolge stand China bereits 1967 kurz vor einer Invasion. Auf dem Höhepunkt der Kulturrevolution bereitete sich ein radikaler Flügel der Volksbefreiungsarmee während der prokommunistischen Unruhen auf den Einmarsch in die britische Kolonie vor. Die Invasion wurde nur durch einen in letzter Sekunde erteilten Befehl des Premiers Zhou Enlai an den Armeekommandanten Huang Yongsheng verhindert, einen radikalen Maoisten, der darauf brannte, in Hongkong einzumarschieren.

1989

Mehr als 1 Mio. Hongkonger marschieren zur Unterstützung der Prodemokratie-Bewegung in Peking; Soldaten töten protestierende Studenten auf dem Platz des Himmlischen Friedens.

1990

Ein Gesetz zu bürgerlichen und politischen Rechten wird eingeführt. Seit 1991 haben die Bürger Hongkongs das Recht, 18 der 60 Mitglieder des Gesetzgebenden Rats (LegCo) zu wählen.

1997

Regen fällt, Chris Patten weint und Hongkong steht wieder unter chinesischer Herrschaft. Die Vogelgrippe fordert sechs Menschen- und mehr als 1 Mio. Hühnerleben.

2001

Tung Chee Hwa folgt seinen Pekinger Herren, bezeichnet Falun Gong als einen „bösartigen Kult" und beschränkt die Tätigkeiten der Gruppe in Hongkong.

geborenen Kindern von Eltern, die nach 1997 Bürger Hongkongs geworden waren, ein Aufenthaltsrecht bewilligt wurde. Die Entscheidung basierte auf bestimmten Einzelheiten des Basic Law - Hongkongs Miniverfassung -, nach denen 1,67 Mio. Menschen vom Festland ein Bleiberecht in Hongkong haben würden. Die SAR-Regierung wandte sich an das Ständige Komitee des Nationalen Volkskongresses (NPC), Chinas Pseudoparlament, wo diese Bestimmungen „neu interpretiert" werden sollten. Das NPC willigte ein und entschied, dass zum Zeitpunkt der Geburt mindestens ein Elternteil ein Daueraufenthaltsrecht haben musste.

Das Festland mischte sich also erkennbar in Hongkongs Angelegenheiten ein, indem es sich um das Rechtssystem der Stadt kümmerte und damit den Hongkongern das universelle Wahlrecht vorenthielt. Natürlich hatte die Regierung auf dem Festland großen Einfluss, aber in den meisten Fällen hielt sie sich in den ersten Jahren eher zurück und erkannte die Vereinbarungen der Übergabeerklärung an (bis zu den historischen 500 000 Mann starken regierungsfeindlichen Protesten vom 1. Juli 2003, die Pekings Haltung zu Hongkong änderten).

EMIGRANTEN

Nach dem Massaker auf dem Platz des Himmlischen Friedens emigrierten reiche und gut ausgebildete Einwohner Hongkongs schnellstmöglich in irgendein Land, das sie aufnahm. In der schlimmsten Zeit verließen jede Woche 1000 Menschen das Land, vor allem Richtung Kanada und Australien.

DER SCHREI NACH DEMOKRATIE

Tung Chee Hwas erste Amtsperiode ist wegen seiner verwirrenden Wohnungspolitik, die viele für eine nachhaltigen Rückgang der Immobilienpreise verantwortlich machten, ebenso in Erinnerung wie für nichtssagende Infrastrukturideen, z. B. den Hafen für chinesische Heilkräuter. Trotz schlechter Umfragewerte trat Tung im März 2002 eine zweite fünfjährige Amtszeit an.

Kontroversen prägten seine Amtszeit weiterhin: Am offensichtlichsten war dies im März 2003, als es die Regierung versäumte, die SARS-Epidemie rechtzeitig einzudämmen. Sie wurde wüst dafür beschimpft. Der Krankheit fielen 299 Menschen zum Opfer, 1755 wurden krank und Hongkong war wochenlang nahezu lahmgelegt.

Im Juli 2003 geriet die Regierung aufgrund eines äußerst unpopulären Beschlusses erneut unter Druck. Der Artikel 23 des Basic Law sollte Gesetz werden. Der Entwurf betraf Aktivitäten „die die öffentliche Sicherheit gefährden", z. B. Hochverrat, Umsturz und Volksverhetzung. Das schürte in Hongkong die Angst, dass in Kürze auch die Pressefreiheit und die Bürgerrechte unterwandert würden. Wegen massiver Proteste von über 500 000 Menschen legte die Regierung den Entwurf auf Eis.

Im März 2005 trat Tung von seinem Amt als Verwaltungschef zurück. Sein Nachfolger war der Fliege tragende Chefsekretär Sir Donald Tsang, der in beiden Regierungen Hongkongs von 1995 bis 2001 als Finanzsekretär tätig gewesen war.

2003

SARS legt Hongkong für Wochen lahm. Der mit China vereinbarte Wirtschaftsgesellschaftsvertrag (CEPA) sorgt für vorteilhafte Geschäfte.

2006

Eine Flut von Schwangeren vom Festland, die nach Hongkong reisen, um zu entbinden und die Staatsbürgerschaft zu beantragen, führt zum Einreiseverbot für Hochschwangere.

2009

Hongkongs Bevölkerungszahl übersteigt 7 Mio. und die Arbeitslosigkeit steigt auf fast 5 % angesichts der größten Wirtschaftskrise in der Welt seit der Great Depression.

2009

Ca. 150 000 Menschen wohnen am 20. Jahrestag der Nachtwache im Viktoria Park bei, um an die Niederschlagung der Prodemokratiebewegung am 4. Juni 1989 zu erinnern.

Verglichen mit Tung war Tsang für viele ein willkommener Ersatz. Wegen seines guten Verhältnisses zu den Machthabern in Peking bekam er gleichzeitig sehr hohe öffentliche Zustimmung in den Umfragen auch nach der üblichen politischen Eingewöhnungszeit. 2007 stand Tsang wieder zur Wahl und gewann problemlos mit Pekings Segen. Trotzdem wurde Tsangs Akzeptanz in der Öffentlichkeit schnell kleiner, als er eine ganze Reihe von Versprechen zurücknehmen musste – z. B. musste er die lange erwarteten Beratungen zur Reform des Wahlprozesses für den Chief Executive und Legislativrat aufschieben, durch die die Wahlen 2012 demokratischer werden sollten.

2010 wurde der Ruf nach Demokratie unüberhörbar. Binnen zweier Monate fanden zwei wegweisende politische Ereignisse statt. Im Mai wurden fünf Politiker der prodemokratischen Bewegung in den LegCo (Legislativrat) wiedergewählt, nachdem sie vier Monate zuvor gemeinsam zurückgetreten waren – in der Hoffnung, die daraus resultierende Nachwahl würde als De-facto-Referendum zum allgemeinen Wahlrecht dienen. Allerdings boykottierten die pekingfreundlich eingestellten Parteien die Wahl, und das Vorhaben des Quintetts scheiterte – auch wenn die Politiker behaupten konnten, mit respektablen Wahlergebnissen wieder in die Kammer gewählt worden zu sein.

Tatsächlich konnten sich die diversen Parteien der Demokratiebewegung auf keine gemeinsame Strategie in Sachen erzwungene Nachwahlen einigen. Die seit Langem schwelenden Differenzen der bedeutenden politischen Akteure traten schließlich im darauffolgenden Monat offen zutage, als sich die größte der Parteien, die Democratic Party, bei einem Reformpaket auf die Seite der Regierung stellte – obwohl die Reform lediglich eine geringe Erhöhung der Anzahl der vom Volk frei wählbaren Sitze des LegCo vorsah, noch dazu auf Kosten einer erneuten Verschiebung der Einführung des allgemeinen Stimmrechts für die Wahl der Legislative und des Verwaltungschefs von Hongkong.

Die Rufe nach Demokratie sind seitdem nicht verstummt. Das zeigte sich insbesondere im März 2012 bei den Wahlen des vierten SAR-Verwaltungschefs, die durch ein 1200-köpfiges Gremium von überwiegend pekingnahen Honoratioren durchgeführt wurden.

Leung Chun-ying, ein unerschütterlicher Bestandteil der Hongkonger Politik mit tadellos engen Verbindungen nach Peking, schlug an der Wahlurne Henry Tang, den ehemaligen Leiter des öffentlichen Dienstes, dem lange Zeit die meisten Chancen eingeräumt worden waren – und zwar in einem Wahlkampf, der wegen seiner teils grotesken Skandale ebenso in der Erinnerung der Menschen bleiben wird wie wegen der kaum als sanft zu bezeichneten Einmischung hinter den Kulissen in Wahlangelegenheiten seitens Pekings.

Hongkong ist der einzige Ort unter chinesischer Herrschaft, in dem die Morde von 1989 immer noch öffentlich betrauert werden. Jedes Jahr am 4. Juni versammeln sich Zehntausende im Victoria Park zu einer Mahnwache mit Kerzen zum Gedenken an die Menschen, die damals ihr Leben verloren haben.

Einen Eindruck davon, wie erfolgreich die Übergabe war, erhielt man 2007 durch ein BBC-Interview mit Margaret Thatcher. Zur Feier des 10. Jahrestags der Übergabe Hongkongs von Großbritannien an China erklärte Thatcher, dass zu ihrer eigenen Überraschung die grundsätzliche Leistung Chinas ein großer Erfolg war.

IMAGESTATE MEDIA PARTNERS LIMITED - IMPACT PHOTOS/ALAMY ©

Mahnwache am Jahrestag des Tian'anmen-Massakers

2010

Der Legislativrat genehmigt nach 25 Stunden Debatte 66,9 Mrd. HK$ für den Hongkong-Teil der umstrittenen Guangzhou-Hongkong-Hochgeschwindigkeitsbahnverbindung.

2010

Das prodemokratische Lager ist gespalten: Das Reformpaket sorgt zwar für einen repräsentativeren Legislativrat, nennt aber kein Datum für die Einführung des allgemeinen Wahlrechts.

EINE ANDERE STADT?

Travellern wird kaum ein Unterschied zwischen dem Hongkong von vor 1997 und dem heutigen auffallen – abgesehen vielleicht davon, dass inzwischen fast 70 % aller Besucher vom Festland stammen.

In vielerlei Hinsicht hat Hongkong von den engeren Beziehungen zu China profitiert. Das Wachstum im Tourismusbereich wäre ohne den Zustrom von Besuchern vom Festland nicht möglich gewesen, und das Closer Economic Partnership Agreement mit der Regierung in Peking, das 2003 unterzeichnet wurde, brachte viele Vergünstigungen für Hongkongs Investoren und Industrie mit sich.

Dass man sich gierig auf den chinesischen Touristen-Dollar stürzte, führte zur Ausbreitung von Luxus-Boutiquen in Gegenden wie Causeway Bay und der Canton Road in Tsim Sha Tsui. Das wiederum trieb die Ladenmieten in die Höhe und heizte die Inflation ordentlich an. Viele kleine Händler sind inzwischen aus dem Straßenbild Hongkongs verschwunden.

Auch der Immobilienmarkt, der mit dem Geld von Festlandsspekulanten geradezu überschwemmt wurde, ist normalen Menschen inzwischen verschlossen; Wohneigentum ist für sie unerschwinglich. Am meisten beunruhigen die Einwohner Hongkongs allerdings die Migranten, die in den zurückliegenden zehn Jahren vom Festland zu Zehntausenden in die Stadt geströmt sind – ganz besonders die schwangeren Frauen (jedes in Hongkong geborene Kind, egal ob Bürger oder nicht, hat Bleiberecht). Man befürchtet, dass der Zustrom zu einer immer größeren Belastung für die öffentlichen Einrichtungen in Hongkong wird.

Die Unterschiede zwischen Einheimischen und Festland-Chinesen – in kultureller wie auch in materieller Hinsicht – werden sicherlich noch für manche Schlagzeile sorgen, für reißerische, aber auch für ernüchternde.

Zwar rufen die stetig enger werdenden Beziehungen mit dem Festland bei vielen Bürgern Hongkongs unangenehme Gefühle hervor, aber wäre es nicht denkbar, dass eines Tages Historiker eine ähnliche oder entgegengesetzte Reaktion feststellen können? Hongkongs erstaunlicher Erfolg und seine Grundwerte haben durchaus Einfluss auf das Denken auf dem Festland, einen Einfluss, der wohl zwar nur schwer messbar sein dürfte, aber bei einer Enklave, die bedeutende Bewegungen (Sun Yatsen und Zhou Enlai) auf dem Festland inspirierte und unterstützte, ist dieser Gedanke nicht von der Hand zu weisen.

Sicher ist, dass die Menschen in Hongkong mehr als 15 Jahre nach der Übergabe der Frage nach ihrer Identität stärker nachgehen denn je. Ob nun im Guten oder im Schlechten – die Verflechtung Hongkongs mit Festlandchina schreitet unaufhaltsam fort.

Im September 2008 wurden melaminverseuchte Milchprodukte aus Festlandchina importiert, was die Skespis Vieler bezüglich der zunehmenden Assimilation der Stadt an das Festland nur noch verstärkte.

2011

Ein Mindestlohn von 28 HK$ wird eingeführt, die Inflation steigt. Nach einer 180°-Wende in der Haushaltspolitik verteilt die Regierung an jeden mit ständigem Wohnsitz 6000 HK$.

2011

Öffentliche Krankenhäuser nehmen keine Anmeldungen von Schwangeren vom Festland mehr an. Grenzbeamte verweigern 1930 hochschwangeren Frauen den Grenzübertritt.

2012

Nachdem er Henry Tang in einer skandalumwitterten Wahl geschlagen hat, tritt Leung Chun-ying eine fünfjährige Amtszeit als vierter SAR-Verwaltungschef Hongkongs an.

2012

Zehntausende gehen auf die Straße, weil sie die Einführung des neuen nationalen Lehrplans für einen Versuch halten, Propaganda der Komministischen Partei Chinas zu verbreiten.

Kunst

Hongkongs Kunstszene ist lebendiger, als es ihr Ruf vermuten lässt. Es gibt Musiker aller Art, Theatergruppen, Gruppen für chinesischen und modernen Tanz und viele Kunstorganisationen. In den letzten Jahren haben neue Veranstaltungsorte die Tore geöffnet, z.B. das Jockey Club Creative Arts Centre in New Kowloon und die berühmten Galerien White Cube und Gagosian Gallery in Central. Durch finanzielle Mittel der Regierung können die Organisatoren erstklassige Werke internationaler Künstler zeigen, und die Anzahl der großen Kunstfestivals, die hier stattfinden, scheint jedes Jahr zu wachsen. Chinesische Opern können sowohl im üblichen Ambiente als auch auf der Straße angesehen werden.

BILDENDE KUNST

Hongkong ist wie New York und London eines der drei wichtigsten Kunstauktionszentren der Welt. Und theoretisch kann es nur weiter bergauf gehen, wenn man bedenkt, dass China die USA als weltgrößten Markt für Kunst und Antiquitäten schon überholt hat. Obwohl sich die Industrie darum sorgt, ob der chinesische Markt ein beständiges Wachstum vorantreiben kann, wird Hongkong die Chance nutzen, solange der Markt es hergibt.

Trotzdem könnte man mehr tun, um die einheimische Kunstszene zu fördern. Die langwierige Unsicherheit über die Richtung des West Kowloon Cultural District hat viele hiesige Künstler frustriert. 2013 soll eine neue Regierungsabteilung speziell für Kunst und Kultur gegründet werden, und es bleibt zu hoffen, dass diese die nötige Kraft aufbringt, um kulturbezogene Richtlinien für die Stadt zu entwickeln und durchzusetzen.

Die zeitgenössische Kunst aus Hongkong hält sich nicht mit bombastischen Geschichten über nationale Identität und Religion auf. Sie zieht einen introvertierten Blick auf die Welt und den Ausdruck chinesischer Visionen außerhalb des nationalen Rahmens vor.

Die besten Quellen für aktuelle Informationen über Kunst aus Hongkong und Asien sind die *Asian Art News* (www.asianartnews.com), das kostenlose Monatsmagazin *Art Map* (www.artmap.com.hk), das **Asia Art Archive** (Karte S. 392; ☏2815 1112; www.aaa.org.hk; 11. Stock, Hollywood Centre, 233 Hollywood Rd, Sheung Wan; ⌚Mo–Sa 10–18 Uhr) und die **Hong Kong International Association of Art Critics** (www.aicahk.org), die Online-Kritiken über Kunstausstellungen in der Stadt veröffentlicht.

Top-Museen für Kunst aus Hongkong

Hong Kong Museum of Art (Tsim Sha Tsui)

Hong Kong Arts Centre (Wan Chai)

Hong Kong Visual Arts Centre (Wan Chai)

Traditionelle Kunst

Die chinesischen Maler der Vergangenheit interessierten sich für traditionelle Formen und Malprozesse, nicht unbedingt für Komposition und Farbe. Pinselstriche und die Utensilien, die dafür benötigt werden, waren das Wichtigste. Der traditionellen chinesischen Kunst ging es nie um Veränderung nur um der Veränderung willen. Die chinesischen Künstler verglichen ihre Werke mit denen des Meisters und beurteilten sie danach.

Die einflussreiche Lingnan School of Painting, die in den 1930er-Jahren vom Aquarellmaler Chao Shao-an (1905–1998) gegründet und 1948 nach Hongkong versetzt wurde, versuchte, von dieser Tradition abzuweichen.

KUNSTHIGHLIGHTS & GALERIEN

Zu den nicht auf Profit ausgerichteten Ausstellungsräumen in Hongkong gehören **Para/Site Artspace** (藝術空間; Karte S. 392; ☎2517 4620; www.para-site.org.hk; 4 Po Yan St, Sheung Wan; ⌚Mi–So 12–19 Uhr), die beständigste und vielversprechendste Kooperative einheimischer Künstler, **Fotan Art Studios** (伙炭藝術工作室; www.fotanian.com), ein Atelierverbund in verlassenen Fabrikgebäuden in den Hügeln von Fo Tan, das neunstöckige Jockey Club Creative Arts Centre (S. 145), das einst ein Industriegebäude war und nun Ateliers beherbergt, und das Cattle Depot Artist Village (S. 146), ein ehemaliges Schlachthaus, in dem jetzt einheimische Künstler wohnen. Die beste Zeit für einen Besuch in den Fotan Art Studios und dem JCCAC ist während ihrer offenen Atelierzeiten (genaue Daten auf den Websites).

Der Besuch in folgenden kommerziellen Galerien kostet keinen Eintritt.

➡ **10 Chancery Lane Gallery** (Karte S. 390; ☎2810 0065; www.10chancerylanegallery.com; EG, 10 Chancery Lane, Central; ⌚Mo–Sa 10–18 Uhr) Spezialisiert auf zeitgenössische Kunst von einheimischen, regionalen und internationalen Künstlern.

➡ **Amelia Johnson Contemporary** (Karte S. 392; ☎2548 2286; www.ameliajohnsoncontemporary.com; EG, 6-10 Shin Hing St, Central; ⌚Di–Sa 11–19 Uhr) Zeigt die Arbeiten aufstrebender und bekannter Künstler aus Hongkong und dem Ausland mithilfe verschiedener Medien. Jährlich findet eine Ausstellung von Werken vielversprechender junger Künstler statt.

➡ **Blindspot Gallery** (Karte S. 390; ☎2517 6238; www.blindspotgallery.com; 24-26a, Aberdeen St, Central; ⌚Di–Sa 11–19 Uhr) Gute Galerie, die sich auf zeitgenössische Fotografie überwiegend aus Hongkong und anderen Teilen Asiens spezialisiert hat.

➡ **Grotto Fine Art** (嘉圖; Karte S. 390; ☎2121 2270; www.grottofineart.com; 2. Stock, 31c-d Wyndham St, Central; ⌚Mo–Sa 11–19 Uhr) Die einzige Galerie, die ausschließlich Werke von Künstlern aus Hongkong zeigt. Sie stellt moderne und zeitgenössische Arbeiten von Malerei über Bildhauerei bis hin zu Installationen aus.

➡ **Hanart TZ Gallery** (漢雅軒; Karte S. 386; ☎2526 9019; www.hanart.com; 407 Pedder Bldg, 12 Pedder St, Central; ⌚Mo–Sa 10–18.30 Uhr) Hanart ist die *crème de la crème* der Galerien und half mit, die moderne chinesische Kunst der Welt näher zu bringen.

➡ **Osage Gallery** (☎2793 4817; www.osagegallery.com; 5. Stock, Kian Dai Industrial Bldg, 73-75 Hung To Rd; ⌚Mo–So 10–19 Uhr) Diese Galerie verfügt über einen enormen Ausstellungsraum im Lagerhallenstil in Kwun Tong und hat sich auf Kunst aus Hongkong, China und Asien spezialisiert.

➡ **Schoeni Art Gallery** (Karte S. 390; ☎2869 8802; www.schoeni.com.hk; 21-31 Old Bailey St, Soho; ⌚Mo–Sa 10.30–18.30 Uhr) Etablierte Galerie mit hauptsächlich neorealistischer und postmoderner chinesischer Kunst vom Festland. Die Galerie hat drei Filialen und ihren Hauptsitz in der Old Bailey St.

➡ **Sin Sin Fine Art** (Karte S. 392; ☎2858 5072; www.sinsin.com.hk; 53-54 Sai St, Sheung Wan; ⌚Mo–Sa 9.30–18.30, So 14–18 Uhr) Die vielseitige Galerie im Besitz und unter der Leitung eines einheimischen Modedesigners zeigt Kunst aus Hongkong, vom chinesischen Festland und aus Südostasien.

➡ **Input/Output Gallery** (Karte S. 392; ☎3105 1127; http://inputoutput.tv; 28 Tai Ping Shan St, Sheung Wan; ⌚Di–Sa 11–19, So 12–17 Uhr) Die einzige Galerie in Hongkong, die sich auf die Kunst der neuen Medien spezialisiert hat.

Sie verband die traditionellen chinesischen, japanischen und westlichen Methoden, um einen eher dekorativen Stil zu erschaffen und dominierte den kleinen Kunstmarkt Hongkongs für die nächsten zwei Jahrzehnte.

Die individuellste Gruppe von Malern und Bildhauern in Hongkong bildeten die Anhänger der New-Ink-Painting-Bewegung, die Ende der 1960er-Jahre Berühmtheit erlangten. Die meisten waren stark mit China oder seinem kulturellen Erbe verbunden. Ziel der Bewegung war es, chinesische und westliche Ideen unter einen Hut zu bringen, indem sie die traditionelle chinesische Tuschemalerei in Richtung des abstrakten Expressionismus lenkte. Lui Shou-kwan (1919–1975), der 1948 nach Hongkong kam, war der erste und bekannteste Künstler der New-Ink-Painting-Bewegung. Lui arbeitete bei der Yau-Ma-Tei-Fähre als Pieraufseher und unterrichtete in seiner Freizeit. Er sprach kein Englisch, und die einzigen Erfahrungen mit dem Westen machte er durch Bilder und Bücher, die er sich von der British-Council-Bibliothek auslieh. Viele Künstler, die später mit der Bewegung verbunden wurden, waren seine Schüler.

Der einzige große Künstler, der sich dem vorherrschenden Stil dieser Zeit entzogen hatte, war Luis Chan (1905–1995). Der in Panama geborene Chan kam im Alter von fünf Jahren nach Hongkong, wo er von Kunstmagazinen und in einem Korrespondenzkurs das Malen lernte. Stilistisch gesehen war Chan ein Einzelgänger ohne Zugehörigkeit zu irgendeiner Maltradition. Er war auch ein Genie, das Hongkong besonders in seinen Werken nach den 1960er-Jahren in ein fantastisches Reich der Träume und Halluzinationen verwandelte. Sein Gemälde *Ping Chau* von 1976 ist eine bizarre Interpretation der schlaftrunkenen, entlegenen Insel, die gleichzeitig verwirrend und liebenswert ist.

Die Avantgarde

In den 1980er- und 1990er-Jahren wurden jene Künstler berühmt, die nach dem Zweiten Weltkrieg geboren wurden. Viele von ihnen hatten im Ausland gelernt. Da sie nicht mehr unbedingt Ost und West vereinigen mussten, konnten sie ihre Bemühungen darauf verwenden, die Avantgarde-Kunst abzustecken – oft mithilfe westlicher Medien. Auch waren sie politisch sehr engagiert. Wong Yan-kwai, ein Maler, der in Frankreich gelernt hatte, war der wohl einflussreichste Künstler dieser Zeit und ist auch heute noch einer der besten. Seine kraftvollen Gemälde in lebhaften Farben sind frei von jedem sozialen oder historischen Zusammenhang. Wongs Wandgemälde verziert den Club 71 in Central.

Der in London ausgebildete Antonio Mak (1951–1994) ist Hongkongs berühmtester moderner Bildhauer und bekannt für seine symbolischen Stücke in Bronzeguss. Sein Augenmerk liegt sowohl auf Menschen als auch auf Tieren, die in chinesischen Legenden und der Mythologie eine große Rolle spielen (z. B. Pferde, Tiger). Er wurde von Rodin beeinflusst.

Die Salisbury Gardens, die zum Eingang des Hong Kong Museum of Art in Tsim Sha Tsui führen, sind mit modernen Skulpturen von Bildhauern aus Hongkong gesäumt. Zwischen dem Grün des Kowloon Park befindet sich der Sculpture Walk (Karte S. 402) mit 30 Arbeiten aus Marmor, Bronze und anderen wetterbeständigen Materialien von einheimischen und auch ausländischen Künstlern – z. B. eine Bronzefigur von Mak mit dem Namen *Torso* und eine des Engländers Sir Eduardo Paolozzi (1924–2005) mit dem Namen *Concept of Newton*.

In Antonio Maks Arbeiten stecken viele bildliche Wortspiele. Sein Werk *Bible from Happy Valley* (1992) stellt ein Rennpferd dar, das ein flügelähnliches Buch aus Blei auf seinem Rücken hat. Das Wort „Buch" hat im Kantonesischen die gleiche Bedeutung wie „verlieren" (beim Glücksspiel).

ANTONIO MAK

Zeitgenössische Kunst

Verglichen mit ihren Vorgängern haben die jungen Künstler aus Hongkong, die in den 1970er- und 80er-Jahren geboren wurden, einen eher verinnerlichten Blick auf die Welt. Die orthodoxe chinesische Kultur und die Versuche der älteren Generationen, Ost und West zu vereinigen, berühren sie erstaunlich wenig. Stattdessen halten sie oft Ausschau nach etwas, das einzigartig für Hongkong ist – vielleicht versuchen sie auch, es wiederzufinden. Nichtsdestotrotz strahlen ihre Werke durch die Verwendung unterschiedlicher Medien Eloquenz aus, von Wilson Shiehs frechen, urbanen Gemälden aus chinesischen *gōngbǐ*-(Feiner-Pinsel-)Techniken bis hin zu Jaffa Lams Skulptureninstallationen.

Chow Chun-fais Werdegang führte ihn über ein breites Spektrum von Medien zum Arbeiten mit verschiedenen Kunstformen, z. B. Fotografien von klassischen Gemälden oder Gemälde von Filmen. Adrian Wongs verspielte Werke beziehen seine Familienbande zur Prominenz der einheimischen Unterhaltungsindustrie und den Aberglauben der indigenen Bevölkerung mit ein. Kacey Wongs Aufbauten können normalerweise umherwandern und sind immer mit Hongkong betreffenden Themen oder mit alltäglichen Haushaltsgegenständen, die in etwas Spielerisches umgewandelt wurden, verknüpft. Sein neumodischer Apparat mit dem Namen *Sleepwalker* (2011) haucht dem Stockbett – eine unabkömmliche Vorrichtung in den engen Wohnungen Hongkongs – Leben ein und spricht die Sehnsucht (oder die hoffnungslose Verzweiflung) vieler an, die sich einen menschenwürdigeren Lebensraum wünschen.

TSANG TSOU-CHOI

Heute gibt es in den Straßen von Hongkong nur noch vier Arbeiten von Tsang Tsou-choi, wovon drei den Naturgewalten ausgesetzt sind. Nicht zu übersehen ist die Betonsäule am Star-Ferry-Pier in Tsim Sha Tsui, auf der seine kaiserliche Abhandlung verewigt ist.

Fotografie

Hongkong ist voller international wetteifernder Fotografen; einige ihrer Arbeiten sind im Hong Kong Heritage Museum (S. 194) ausgestellt.

Der Dokumentarfotograf Yau Leung (1941–1997) arbeitete mit Schwarz-Weiß-Fotografie und schoss in den 1960er-Jahren einige der erstaunlichsten und kultigsten Bilder von Hongkong. Der Kunstfotograf So Hing-keung dagegen konzentriert sich in Kreationen, die für ihre psychologische Tiefe bekannt sind, auf die Schatten der Stadt – bildlich und wörtlich. Der in Hongkong geborene, mittlerweile in London lebende bildende Künstler Kurt Tong erkundet seine vielschichtige Identität, seinen Familienstammbaum und Erinnerungen mithilfe nachdenklicher Dokumentarfotografie. *In Case it Rains in Heaven* (2010) ist sein bekanntestes Projekt und wird wie ein Luxuskatalog mit stilisierten Bildern von Papierobjekten, die als Opfergaben für Verstorbene verbrannt wurden, präsentiert. Die Objekte zeigen die ganze Skala moderner menschlicher Wünsche in der chinesischen Gesellschaft.

Straßenkunst & andere Künste

Straßengraffitis waren in Hongkong so gut wie nicht existent oder größtenteils unbeachtet, bis 2007 der selbsternannte „König von Kowloon"

KUNST GEGEN UNSICHTBARKEIT: LEUNG PING-KWAN

Warum ist Essen eine Ihrer Lieblingsmetaphern? Als Hongkong 1997 an China zurückgegeben wurde, hieß es im Westen: „Ihr Armen!" Von China hörten wir: „Ihr könnt euch glücklich schätzen." Aber es stimmt beides nicht. Wir lieben weiter, und wir essen weiter. Also schreibe ich statt über Tragödien über die Abnutzung des täglichen Lebens, Geschichte, unsere emotionalen Verflechtungen durch Essen und Romantik.

Was sind die Erkennungsmerkmale der Literatur aus Hongkong? Eine ausgereifte städtische Empfindsamkeit. Als die Literatur des chinesischen Festlands sich auf die kollektiven Werte konzentrierte und realistische Geschichten über die Entstehung einer Nation schrieb, drang die Hongkonger Literatur tief in die Psyche jedes Einzelnen und experimentierte mit dem Modernismus. Heute ist die beste Belletristik vom Festland die, die das Leben der Bauern beschreibt – ländliche Probleme sind die Sorgen des zeitgenössischen Chinas. Aber die Schilderungen von städtischem Leben oder von ausländischer Kultur sind oft melodramatisch und klischeehaft. Im Gegensatz dazu verarbeitet Literatur aus Hongkong beides mit viel mehr Gewandtheit.

Warum ist Literatur aus Hongkong so „unsichtbar"? Wir haben kein eigenes Literaturmuseum. Unsere Regierung fördert die Literatur nicht durch internationalen kulturellen Austausch. Unsere Gesellschaft und die sie vertretenden Medien sind kommerziell orientiert, und ihnen fehlt es an kulturellen Visionen. Die Literatur aus Hongkong hat sich zum größten Teil unter der Kolonialherrschaft gebildet.

Interview mit dem Dichter Leung Ping-kwan, genannt „Ya Si" (geb. 1948).

verstarb. Tsang Tsou-choi (sein richtiger Name) bedeckte die Stadt jahrzehntelang mit seinen charakteristischen großen, kindlichen Graffiti, welche die Königin von England schmähten, weil sie sein rechtmäßiges Land „an sich gerissen" habe. Seine unkontrollierbaren Träumereien und der unnachahmliche Stil inspirierten viele Künstler und Designer und brachten ihm sowohl in der Heimat als auch im Ausland Preise ein.

Seitdem ist die Straßenkunst in Hongkong merklich präsenter, vielleicht durch den Segen des „Königs". Dieser Trend rührt teilweise von dem neu gefundenen Selbstvertrauen der jüngeren Künstlergeneration her, die auf offenerem und aggressiverem Weg ihre Unzufriedenheit mit den sozialen Problemen des Alltags ausdrückt. Als im April 2011 auf dem chinesischen Festland der berühmte Künstler und Aktivist Ai Weiwei festgenommen wurde, kamen viele Künstler in Hongkong mit kreativen Überraschungen an, um die öffentliche Aufmerksamkeit auf seinen Fall zu lenken und um für seine Freilassung zu demonstrieren. Am meisten wird in Erinnerung bleiben, dass fünf Nächte lang Graffitis zum Thema Ai auf Gehwegen, Straßenüberführungen und Wänden in der ganzen Stadt erschienen. Das war das Werk eines einzelnen Künstlers, den man nur unter dem Namen „Tangerine" kennt.

Ähnlich unorthodox in ihrer Nutzung des öffentlichen Raumes ist Street Art Movement, eine neue Gruppierung, die scheinbar aus dem Nichts Galerieausstellungen an den gewöhnlichsten Alltagsorten veranstaltet. Im März 2012 organisierte die Gruppe eine Kunstfahrt mit dem MTR auf der Tsuen-Wan-Linie, wobei sie ihre fertigen Bilder an Wäscheleinen in die Zugwaggons hängte – und an jeder Haltestelle neues Publikum hatte.

Zeitgenössische Keramik ist ein weiteres Feld, auf dem sich Künstler aus Hongkong einen Ruf über die Grenzen der Stadt hinweg erworben haben. Fiona Wong, eine der bekanntesten Keramikkünstlerinnen der Stadt, stellt lebensgroße Skulpturen von Kleidung, Schuhen und anderen Alltagsgegenständen her.

GRATIS-EVENTS

Das Leisure and Cultural Services Department (www.lcsd.gov.hk) veranstaltet regelmäßig kostenlose Kunst- und Unterhaltungs-Events an verschiedenen Orten im ganzen Territorium.

MUSIK

Westliche Klassik

Westliche Klassik ist in Hongkong sehr beliebt. Das Philharmonieorchester von Hongkong, die Hong Kong Sinfonietta und das städtische Kammerorchester sind auf diesem Gebiet besonders vertreten. Gelegenheiten, berühmte Solokünstler und große Orchester zu sehen, bieten sich das ganze Jahr über reichlich, vor allem während des Kunstfestivals im Februar/März. Die **Hong Kong International Piano Competition** (http://chshk.brinkster.net) mit ihrer Star-Jury findet alle drei Jahre im Oktober/November statt. Die **Hong Kong Academy for Performing Arts** (Karte S. 396; www.hkapa.edu) veranstaltet fast täglich Gratis-Konzerte.

Jazz

Die besten Zeiten, um Weltklasse-Jazz in der Stadt zu erleben, sind während des **Hong Kong International Jazz Festival** (www.hkijf.com), das im letzten Viertel des Jahres stattfindet, und während des Kunstfestivals im Februar/März. Hongkong hat auch einen kleinen, aber feinen Kreis einheimischer Musiker zu bieten, darunter das 17-köpfige **Saturday Night Jazz Orchestra** (www.saturdaynight-jazz.com), das jeden Monat Big-Band-Musik spielt. Weitere bekannte Stars sind der Gitarrist Eugene Pao, der erste heimische Jazzkünstler, der bei einem internationalen Label unterschrieben hat, und der Pianist Ted Lo, der schon mit Astrud Gilberto und Herbie Hancock gespielt hat.

Traditionelle chinesische Musik

Auf den Straßen Hongkongs hört man nicht besonders viel traditionelle chinesische Musik, außer vielleicht den Klang der melancholischen *dìdaa*, eines klarinettenähnlichen Instruments, das bei Beerdigungszeremonien gespielt wird, der hohl klingenden *gú* (Trommeln) und der krachenden *luó* (Gongs) und *bat* (Zimbeln) beim Löwentanz. Auch die *èrhú*, eine zweisaitige Fiedel, die wegen ihres traurigen Klanges bei Bettlern sehr beliebt ist, ist zu hören, ebenso sind es vielleicht die Melodien einer kantonesischen Oper, die aus dem Radio eines Minibusfahrers erklingen. Die beschriebenen Instrumente kann man in Form eines Sinfonieorchesters bei Konzerten des **Hong Kong Chinese Orchestra** (www.hkco.org) auch auf einmal hören. Wer es authentischer mag, der sollte sich eine chinesische Oper ansehen oder auf den Temple Street Night Market gehen, wo Straßenkünstler opernartige Vorstellungen zum Besten geben.

Cantopop

Das Hong Kong Coliseum in Hung Hom wurde ursprünglich für Sportveranstaltungen entworfen, ist aber auch die erste Adresse für Cantopop-Konzerte. Früher traten hier nur die Superstars auf, aber mittlerweile kann praktisch jeder, der in der einheimischen Unterhaltungsindustrie ein bisschen bekannt ist, hier ein Konzert geben.

Hongkongs einheimische Popmusikszene wird vom „Cantopop“ dominiert, eine Mischung aus westlichem Rock, Pop und R&B mit chinesischen Melodien und Texten. Die Lieder sind selten radikal und handeln ausnahmslos von Teenagerproblemen wie unerwiderter Liebe und Einsamkeit. Für viele hören sie sich an wie die amerikanischen Popsongs aus den 1950er-Jahren. Die Musik ist gut hörbar und besonders gut mitzusingen – daher auch die Karaokebars, die in der ganzen Gegend aus dem Boden schießen. Wer ein Cantopop-Konzert besucht, sieht die Stadt von ihrer kitschigsten Seite – meistens wird ziemlich übertrieben mit Geschrei, komischem Getanze, neonfarbenen Perücken und genug Blumen, um einen ganzen Blumenmarkt zu beliefern.

Der Cantopop nahm von Mitte der 1980er-Jahre bis Mitte der 90er-Jahre ungeahnte Ausmaße an und verwandelte Sänger wie Anita Mui, Leslie Cheung, Alan Tam, Priscilla Chan und Danny Chan in Berühmtheiten, die in jedem Haushalt Hongkongs und in chinesischen Gemeinden auf der ganzen Welt bekannt waren. Der Gipfel dieses goldenen Zeitalters des Cantopop war mit den sogenannten „Four Kings“ erreicht: Schauspieler/Sänger Andy Lau, Mr. Nice Guy Jacky Cheung, Tänzer und Sänger Aaron Kwok und Teenieschwarm Leon Lai.

So einen Erfolg hatte der Cantopop nie wieder. Nachfolgende Künstler wie Faye Wong aus Peking, Sammi Cheung, Kelly Chen und Protopunk Nicholas Tse nahmen nur für kurze Zeit den Thron ein. Aber heute kommen die meisten Stars woanders her. Sänger vom Festland und aus Taiwan – Sänger/Songschreiber Jay Chou ist so ein Beispiel – konkurrieren mit einheimischen Stars und gewinnen hier immer neue Fans. Der stärkste Einfluss auf die hiesige Musik kommt jetzt aus Japan und Korea. Es gibt auch Künstler, die sich am Rand des Mainstream bewegen, beispielsweise Ellen Lo und Eman Lam, zwei „urbane“ Volkssänger und Liedermacher, und My Little Airport, eine adrette Gruppe, deren respektlose, mehrsprachige Texte oft mit pfiffigem „Chinglish“ durchsetzt sind.

THEATER

Theater in Hongkong ist formal, wenn auch nicht inhaltlich, nicht immer, aber meistens westlich geprägt. Es gibt zwar noch das traditionelle chinesische Theater, aber das westliche Theater war und ist sehr einflussreich. Die meisten Produktionen werden in kantonesischer Sprache aufgeführt, und viele sind neue Stücke von Drehbuchautoren aus Hongkong. Die durch und durch professionellen Gruppen **Hong**

Kong Repertory Theatre (www.hkrep.com) und **Chung Ying Theatre Company** (www.chungying.com) führen kantonesische Produktionen, sehr oft mit englischen Titeln, auf. Das **Theatre du Pif** (www.thtdupif.com), das von einem schottisch-chinesischen Paar gegründet wurde, zeigt innovative Stücke und lässt Text, Bewegung und Visuelles auf Englisch und/oder Kantonesisch einfließen. Die **Hong Kong Players** (www.hongkongplayers.com) bestehen aus ausgewanderten Amateuren und stellen klassische und moderne Stücke auf Englisch auf die Beine. **Zuni Icosahedron** (www.zuni.org.hk) kreieren konzeptionelle Multimedia-Stücke, die für ihr experimentelles Format bekannt sind.

Zu den beliebteren Aufführungsorten zählen die Fringe-Club-Theater in Central. Das Hong Kong Cultural Centre, die Hong Kong Academy for the Performing Arts, die Hong Kong City Hall und das Hong Kong Arts Centre zeigen alle ausländische Produktionen, von groß angelegten westlichen Musicals bis hin zu minimalistischem japanischem Theater.

Chinesische Oper

Die chinesische Oper *(hei kuk)* ist eine der drei ältesten dramatischen Kunstformen der Welt und ein buntes, kakophonisches Spektakel mit Musik, Gesang, Kampfkunst, Akrobatik und Schauspielerei. Daran muss man sich erst mal gewöhnen. Weibliche Charaktere, egal ob von Männern oder Frauen gespielt, singen im Falsett. Die instrumentale Begleitung wird oft von Trommeln, Gongs und anderen unmelodischen Klängen gebildet. Und das Ganze kann vier bis sechs Stunden dauern! Die Kostüme allerdings sind herrlich, und die Inhalte basieren auf Legenden und historischen Erzählungen mit allgemeinen Themen. Wer die Gelegenheit hat, sich eine Vorführung einer führenden kantonesischen Operntruppe wie Chor Fung Ming anzusehen, wird einige der Highlights der chinesischen Oper erleben.

Die kantonesische Oper *(yuet-kek)* ist eine regionale Abwandlung der chinesischen Oper, die besonders in den 1950er-Jahren in Hong-

Chinesische Oper im Sunbeam Theatre (S. 120)

kong florierte, als die Opernvirtuosen aus China flohen und eine Reihe von originellen Stücken im Territorium komponierten und aufführten. Doch schließlich verlagerte sich die allgemeine Aufmerksamkeit aufs Kino, und seitdem geht es mit der kantonesischen Oper bergab. Dabei ist ein Problem der Mangel an Aufführungsorten. Zurzeit gibt es nur zwei Orte, an denen man sich um die Unterstützung und Entwicklung der chinesischen Oper kümmert: das Sunbeam Theatre (S. 120) in North Point und das kürzlich restaurierte Yau Ma Tei Theatre (S. 145).

Alle paar Jahre, wenn der Pachtvertrag ausläuft, steht das Sunbeam Theatre kurz vor der Schließung. Die jüngste Krise im Februar 2012 konnte erst in letzter Minute abgewendet werden, als sich eine Gruppe privater Investoren einmischte.

Am besten erlebt man die kantonesische Oper bei einer „Vorführung für die Götter" *(sun kung hei)* in einem provisorischen Theater. Bei größeren chinesischen Festen wie dem Mondneujahr, dem Mondfest und dem Tin Hau Festival laden die ländlichen Gemeinden Operngruppen zu Vorführungen ein. Die Aufführungen finden normalerweise auf behelfsmäßigen Bühnen in einem Tempel oder einer Bambushütte statt. Es ist ein fröhliches, lockeres Ereignis für die ganze Familie, das mehrere Tage dauert.

Wer es offizieller mag, der kann sein Glück auf dem Kunstfestival im Februar/März versuchen. Auch im **Ko Shan Theatre** (www.lcsd.gov.hk/CE/CulturalService/KST) werden kantonesische Opernstücke aufgeführt. Der beste Ort für Opern das ganze Jahr über ist allerdings das Sunbeam Theatre. Vom Yau Ma Tei Theatre auf der anderen Hafenseite ist ebenfalls ein gut gefüllter Spielplan zu erwarten. Hin und wieder kann man auch auf dem nahe gelegenen Temple Street Night Market in den Genuss von Opernaufführungen kommen.

Im Hong Kong Heritage Museum gibt es eine aufschlussreiche Ausstellung über die kantonesische Oper, in deren Rahmen das Hong Kong Tourist Board (HKTB) jeden Samstag von 14.30 bis 15.45 Uhr einen Kurs zur chinesischen Oper anbietet.

Liu Yichang (geb. 1918), Hongkongs angesehenster und „dienstältester" Schriftsteller, ist der Autor des Bewusstseinsstrom-Romans *Tête-bêche*, der Wong Kar-wais zu *In the Mood for Love* inspirierte.

Weitere Abwandlungen der chinesischen Oper, die in Hongkong von einheimischen und/oder auswärtigen Truppen aufgeführt werden, sind z.B. die Peking-Oper, eine sehr verfeinerte Form, die fast keine Kulisse, sondern nur verschiedene traditionelle Requisiten benutzt, und die Kun-Oper, die älteste Form der Oper. Sie wurde einst von der Unesco zum Meisterwerk des mündlichen und immateriellen Erbes der Menschheit erklärt.

LITERATUR

Hongkong hat lange unter der falschen Vorstellung gelitten, dass es keine eigene Literatur hätte. Aber tatsächlich hat sich die Stadt in der großen Weite der chinesischen Literatur ein gut gedeihendes Mikroklima geschaffen, wo dieselbe Sonne, die in anderen Teilen Chinas scheint, individuelle Noten, Strukturen und Stimmen hervorgebracht hat.

Auf der Website www.renditions.org gibt es ausgezeichnete Infos zu chinesischer Literatur, die auf Englisch erschienen ist. Die Hong Kong University Press (www.hkupress.org) veröffentlicht ebenfalls Arbeiten von hiesigen Chinesen.

Von den 1920er- bis zu den 1940er-Jahren war Hongkong ein Paradies für chinesische Schriftsteller auf der Flucht. Diese Emigranten führten ihr Schreiben hier fort, und ihr Einfluss dauerte bis in die 1970er-Jahre an. Dann kam die erste Generation von Schriftstellern, die hier geboren und/oder aufgewachsen sind, zum Zug. Die relativ kreative Freiheit, die von der Stadt geboten wurde, hat zu Arbeiten verschiedener Genres und Themen geführt, von Prosagedichten bis zu experimentellen Romanen und von der Schwertkampfromantik bis hin zum Leben als Maskenbildner für die Toten.

Hong Kong Collage: Contemporary Stories and Writing (Hrsg. Martha P.Y. Cheung; 1998) ist eine wichtige Sammlung von Belletristik und Essays von 15 zeitgenössischen einheimischen Schriftstellern. *To Pierce the Material Screen: an Anthology of Twentieth Century Hong Kong Literature* (Hrsg. Eva Hung; *Renditions;* 2008) ist eine zweiteilige Antholo-

ERZÄHLUNGEN UND ROMANE AUS HONGKONG

The Cockroach and Other Stories (1995) von Liu Yichang Liu Yichang (geb. 1918), Hongkongs angesehenster und „dienstältester" Schriftsteller, soll den ersten Bewusstseinsstrom-Roman der chinesischen Literatur geschrieben haben. *The Cockroach* ist eine kafkaeske Erforschung der Psychologie und Philosophie. In *Indecision* steht eine Frau vor der Entscheidung, in Hongkong zu bleiben oder zu ihrem verrückten Ehemann nach Shanghai zurückzukehren.

Islands and Continents: Short Stories (2007) von Leung Ping-kwan Mit dem historischen Hongkong als Kulisse treten Antihelden ins Rampenlicht. In *Postcolonial Affairs of Food and the Heart* stürzt sich ein Mann in die kulinarischen und erotischen Genüsse anderer Kulturen, um seine Identität zu finden. Leung hat auch das zweisprachige Werk *Travelling with a Bitter Melon: Selected Poems (1973–1998)* veröffentlicht.

Eine Liebe in Hongkong von Eileen Chang Chang (1920–1995) wird von einigen als beste moderne Schriftstellerin Chinas bezeichnet. In der Titelstory, die während des Zweiten Weltkriegs spielt, führt eine geschiedene Frau ihre Shanghaier Affäre mit einem Playboy in Hongkong fort. Die Regisseurin Ann Hui machte daraus einen Film mit Chow Yun-fat. Chang schrieb auch *Gefahr und Begierde*, eine Geschichte über Liebe und Spionage, die als Vorlage für einen Films von Ang Lee diente.

My City: A Hong Kong Story (1993) von Xi Xi Dieser Roman bietet über das Leben eines Telefontechnikers, seiner Familie, seiner Freunde und – wenn man genau darüber nachdenkt – über Ananas und Schreibwaren einen persönlichen Einblick in das Hongkong der 1960er- und 1970er-Jahre. In der *Asia Weekly* kam das Werk unter die Top 100 der besten chinesischen Romane des 20. Jhs.

Renditions Nos 47 & 48: Hong Kong Nineties (1997) Zwei Schriftsteller, auf die in dieser Sammlung von Belletristik aus Hongkong der 1990er-Jahre besonderes Augenmerk gelegt werden sollte, sind Wong Bik-wan (geb. 1961) und Dung Kai-cheung (geb. 1969). Wong, ein Flamencotänzer, schreibt mit brutaler Leidenschaft. *Plenty and Sorrow* ist eine Erzählung über Shanghai mit ein bisschen Kannibalismus darin. In *The Young Shen Nong* greift Dung die Legende des „Vaters der chinesischen Landwirtschaft" wieder auf.

gie von alteingesessenen Autoren, neueren Namen und aufstrebenden Schriftstellern, die 75 Jahre überbrückt. In *From the Bluest Part of the Harbour: Poems from Hong Kong* (Hrsg. Andrew Parkin; 1996) enthüllen zwölf moderne Dichter die Emotionen der Menschen Hongkongs vor 1997. Kritische Artikel über Literatur aus Hongkong stehen in der Sonderausgabe „Hongkong" (Winter 2008) des *Journal of Modern Literature in Chinese* (Lingnan University of Hong Kong).

Das größte Literaturfestival der Stadt ist das **Hong Kong Literary Festival** (www.festival.org.hk), das scheinbar jedes Jahr in einem anderen Monat stattfindet.

Kino

Früher als „Hollywood des Fernen Ostens" bekannt, war Hongkongs Filmindustrie jahrzehntelang die drittgrößte der Welt (nach Mumbai und Hollywood) und der zweitgrößte Exporteur. Derzeit werden hier im Jahr ein paar Dutzend Filme produziert – in den 1990er-Jahren waren es noch über 200. Trotzdem spielen Filme aus Hongkong auch heute noch eine wichtige Rolle in der weltweiten Kinoszene, während sie nach einer neuen Identität auf dem breiteren chinesischen Markt suchen.

Das goldene Schwert des Königstigers (1967) unter der Regie von Chang Cheh war einer der ersten Martial-Arts-Filme eines neuen Stils, die sich durch männliche Helden und jede Menge Blutvergießen auszeichneten.

MARTIAL ARTS

Kino aus Hongkong wurde einem breiteren westlichen Publikum bekannt, als ein ehemaliger Kinderstar als Held in einem Kung-Fu-Film auftrat. Aber schon bevor Bruce Lee in *Die Todesfaust des Cheng Li* (1971) seinen Kampfschrei ausstieß, war das Kung-Fu-Genre populär. Die *Wong Fei-hung*-Reihe, die von den Abenteuern eines Volkshelden erzählt, steht als längste Filmreihe, die sich einer einzigen Person widmet, im Guinness-Buch der Rekorde: zwischen 1949 und 1970 wurden etwa 100 Episoden produziert. Die Werke der wichtigsten Regisseure jener Zeit – Chang Cheh, dessen Macho-Ästhetik auch Quentin Tarantino begeisterte, und King Hu, der einen etwas feineren Kampfstil bevorzugte – beeinflussen Filmemacher bis heute.

In der Dekade nach Lees Tod wurden zwei andere Martial-Arts-Künstler zu Superstars: Jackie Chan und Jet Li. Chans Mischung aus Slapstick und Action, z. B. in *Die Schlange im Schatten des Adlers* (1978) – eine Zusammenarbeit mit dem Action-Choreografen Yuen Wo-ping (der auch die Kampfszenen in *Tiger and Dragon* und *Matrix* choreografierte) – traf sofort den Publikumsgeschmack. Später ergänzte er seine Erfolgsformel durch Stunts, und es folgten Hits wie *Police Story* und die *Rush Hour*-Reihe. Li erntete internationales Lob, als er sich für *Once Upon a Time in China* (1991) mit Regisseur Tsui Hark zusammentat. Trotz seines Rufs, noch kurz vor der Premiere Änderungen an seinen Filmen vorzunehmen, führte Tsui aufwendige visuelle Effekte und rhythmische Schnitte in das Genre ein, vor allem bei Hongkongs erstem großen Special-Effects-Spektakel *Zu Warriors – Die Legende der Schwertkrieger* (1983). Als Produzent half er John Woo, seinen Gangster-Klassiker *City Wolf* (1986) zu realisieren.

In den 1970er-Jahren setzte sich allmählich ein weiterer Trend durch, der von Schauspieler, Regisseur und Autor Michael Hui angeführt wurde. Er produzierte Komödien, die das wahre Leben und die Träume der Menschen in Hongkong satirisch darstellten. *Games Gamblers Play* (1974) war bei seinem Kinostart in Hongkong ungeheuer erfolgreich und überflügelte sogar die Filme von Bruce Lee.

Spulen wir ins 21. Jh. vor: Zu seinem 35. Todestag lebte der Hype um Bruce Lee für kurze Zeit noch einmal auf, als *Ip Man* (2008) in die Kinos kam, eine schmeichelnde, halb spekulative Filmografie über Lees Mentor. Die Fortsetzung, *Ip Man 2* (2011), war etwas schlagkräftiger und weniger getragen, obwohl sich das Thema „Nationalheld" auch durch dieses Werk zog und es einen sinophoben britischen Boxer zeigte, der im Nachkriegs-Hongkong die japanischen Soldaten als Feindbild ersetzte. Auch *Bruce Lee – Die Legende des Drachen* (2010) versuchte, aus Lees wiederbelebter Legende Gewinn zu schlagen: Die Komödie um das Erwachsenwerden basiert auf einer veröffentlichten Sammlung von Kindheitserinnerungen, die die Geschwister des Meisters mit ihrem berühmten Bruder teilten. Ähnlich nostalgisch ist *Tiger and Dragon Reloaded* (2010), eine Retro-Komödie, in der diverse Kung-Fu-Stars von einst streitlustig wie eh und je einem alten Genre huldigen. Der Low-Budget-Film gewann 2001 die Auszeichnung als bester Film bei den Hong Kong Film Awards. *Ashes of Time: Redux* (2008) ist eine kürzere Schnittfassung von Wong Kar Wais gleichnamigem, fesselndem „Actionfilm ohne Action" von 1994.

NEUE WELLE

Tsui Hark gehörte der Neuen Welle an, einer Gruppe von Filmemachern Ende der 1970er- und 1980er-Jahre, die in Hongkong aufwuchsen und an Filmhochschulen in Übersee sowie beim heimischen TV ausgebildet wurden. Ihre Arbeiten zeichneten sich, im Gegensatz zu denen ihrer ausgewanderten Vorgänger, durch ein sensibleres Gespür für den Zeitgeist aus und waren in künstlerischer Hinsicht deutlich abenteuerlustiger.

Ann Hui, die wichtigste Regisseurin Asiens, gehört ebenfalls zur Neuen Welle und konnte sich über viele Auszeichnungen zu Hause und im Ausland freuen. *Song of the Exile* (1990) erzählt die Geschichte der Ehe zwischen einer Japanerin und einem Chinesen kurz nach dem Japanisch-Chinesischen Krieg. Das Werk gewann den Preis als bester Film beim Asian Pacific Film Festival und bei den Filmfestspielen in Rimini.

Once Upon a Time in China (1991) ist der erste Teil von Tsui Harks fünfteiligem Epos, das dem Volkshelden Wong Fei (Jet Li) folgt, der im 19. Jh. in China gegen Regierungsbeamte, Gangster und ausländische Unternehmer kämpft, um seine Kampfsportschule zu erhalten.

INTERNATIONALE ANERKENNUNG

In den 1990er-Jahren erlangte Hongkong im weltweiten Festivalzirkus bisher ungekannten Respekt. Nicht nur Ann Hui erhielt diverse Auszeichnungen, auch Wong Kar Wai gewann für *Happy Together* bei den Filmfestspielen in Cannes 1997 den Preis für die Beste Regie. Wong, Autor des Kult-Hits *Chungking Express* (1994), ist für seine elliptischen Charakterstudien beinahe so berühmt wie für seine Missachtung von Deadlines bei Filmdrehs. Im selben Jahr heimste Fruit Chan beim Internationalen Filmfestival von Locarno mit *Made in Hong Kong* den Sonderpreis der Jury ein. Dieses Werk entstand aus Filmmaterial, das Chan zusammengetragen hatte, während er an anderen Projekten arbeitete.

Jet Li

HARTE ZEITEN & NEUE RICHTUNGEN

Aufgrund der Marktveränderungen versank die Filmindustrie Hongkongs in den 1990er-Jahren in eine Schwermütigkeit, von der sie sich noch nicht wieder erholt hat. Mit der Rückgabe an China kam es auch zu Problemen mit der Zensur oder, noch häufiger, zur Selbstzensur. Aber es gab auch Lichtblicke: *Infernal Affairs* (2002) unter der Regie von Andrew Lau und Alan Mak schlug ein wie eine Bombe und wurde als kommerzielles Kinowunder gefeiert, auch wenn in der Übertragung in Martin Scorseses Adaption *Departed: Unter Feinden* einiges verloren ging. Auch *Election* (2005) und *Election 2* (2006) von Hongkongs Film-noir-Meister Johnnie To waren bei Kritikern und an der Kinokasse erfolgreich.

Days of Being Wild (1990), ein starbesetztes Werk unter der Regie von Wong Kar Wei, lässt seine Charaktere von scheinbar banalen Ereignissen berichten und gewann 1991 bei den Hong Kong Film Awards die Auszeichnung als Bester Film.

Echoes of the Rainbow (2010), eine ziemlich rührselige Geschichte über den Kampfgeist der Menschen in Hongkong in den turbulenten 1960er-Jahren, gewann bei der Berlinale einen Gläsernen Bären. Unterdessen konnte sich Deanie Ip bei den Filmfestspielen in Venedig für ihre Rolle als traditionelles Hausmädchen in Ann Huis *A Simple Life* (2011), einem eleganten Drama über das Älterwerden und die Einsamkeit, über die Auszeichnung als Beste Schauspielerin freuen.

In den vergangenen Jahren arbeiteten Hongkong und China außerdem bei einer Reihe teurerer Filmproduktionen zusammen. Am bekanntesten sind die *Ip Man*-Reihe und *Bodyguards and Assassins* (2009), die Geschichte einer Anti-Qing-Intrige im Hongkong des Jahres 1905. Der Trend zu Gemeinschaftsproduktionen mit dem reichen – und lukrativen – chinesischen Markt scheint sich fortzusetzen, da die örtlichen Filmemacher stets nach neuen Wegen suchen müssen, um ihre Zelluloid- (oder digitalen) Fantasien zu finanzieren.

The Warlords (2007) von Regisseur Peter Chan ist ein epischer Kriegsfilm über drei Blutsbrüder, die durch die Realität des Krieges gezwungen sind, einander zu verraten – und zeigen, dass es möglich ist, gleichzeitig das Publikum in Hongkong und das auf dem Festland zu begeistern.

FILMFESTIVALS & AUSZEICHNUNGEN

Das Hong Kong International Film Festival (jeden März/April) hat inzwischen sein drittes Jahrzehnt erreicht. Es ist das beste Filmfest in Asien und kann sich einer löblichen, wenn auch heiklen Balance aus Arthouse-Titeln und größeren Produktionen rühmen, für die man durchaus einen roten Teppich ausrollen kann. Auch die Hong Kong Film Awards gehören zu den meistrespektierten Preisen in diesem Teil der Welt. Das Hong Kong Film Archive (S. 110) ist eine wahre Schatztruhe mit Filmen aus Hongkong und den entsprechenden Hintergrundinformationen.

HONG KONG IM FILM

Hongkong diente vielen im Westen produzierten Filmen als Kulisse. *Alle Herrlichkeit auf Erden* (1955) mit William Holden und Jennifer Jones als eurasische Ärztin und Geliebte, bietet einige tolle Einstellungen rund um den Victoria Peak. *Die Welt der Suzie Wong* (1960), ebenfalls mit Holden sowie Nancy Kwan als Barmädchen aus Wan Chai, wurde ebenso hier gedreht wie *Der Mann mit dem goldenen Colt* (1974) mit Roger Moore als James Bond – der Film entstand teilweise in einer Strip-Bar in Tsim Sha Tsui. In jüngerer Vergangenheit gelang Christian Bales Batman in *The Dark Knight* (2008) eine spektakuläre Flucht aus dem Two International Finance Centre (auch wenn ein Stunt, bei dem der Superheld aus einem Flugzeug in den Hafen stürzen sollte, gestrichen wurde, nachdem die Produzenten zu dem Schluss kamen, die Wasserqualität könne ein Gesundheitsrisiko darstellen). Wer diese und weitere vertraute Schauplätze aufspüren möchte, findet im zweiteiligen *Hong Kong Movie Odyssey Guide*, der beim Hong Kong Tourist Board (HKTB) kostenlos erhältlich ist, ausgezeichnete Unterstützung.

Architektur

Willkommen in der schwindelerregendsten Skyline der Welt. Es ist praktisch unmöglich, nicht in Ehrfurcht zu erstarren, wenn man zum ersten Mal in Tsim Sha Tsui am Hafen steht und auf das majestätische Panorama der Wolkenkratzer blickt, die die steilen, von Regenwald bewachsenen Hügel hinaufklettern. Dieser spektakuläre Anblick ist der Tatsache zu verdanken, dass in Hongkong unzählige Gebäude abgerissen und prompt durch höhere, glänzendere Versionen ersetzt wurden – und man hat ihnen nur mal kurz den Rücken zugedreht. Das knappe Land, die Belastungen durch eine stetig wachsende Bevölkerung und die Gier der Bauunternehmer – sowie der Opportunismus der meisten Spekulanten – treiben diesen endlosen Kreislauf der Zerstörung und Neuerschaffung stetig fort.

DENKMALSCHUTZ

Bis vor Kurzem äußerte praktisch niemand sein Bedauern über die geradezu lächerliche Bilanz der Regierung, was die Erhaltung architektonisch wichtiger Gebäude betrifft. Durch die Zerstörung des Star Ferry Terminals in Central, so etwas wie einer Art Ikone des Bauens, veränderte sich das apathische Verhalten der Bevölkerung jedoch ebenso überraschend wie grundlegend. Ende 2006 wurden die Abrissbirnen von flammenden Protesten empfangen, allerding ohne Erfolg (s. Kasten S. 335).

Sehr darum bemüht, einen weiteren Fauxpas zu vermeiden, verkündete die Regierung, sie werde den Wan Chai Market im Stil der Streamline-Moderne teilweise erhalten (wenn dieses Buch erscheint, dürfte über dem Markt ein Turm mit Luxusapartments in den Himmel ragen).

Unterdessen erweist sich das ganz in der Nähe gelegene Pawn, eine schicke Kneipe, die aus vier alten Mietwohnungen und einem hundert Jahre alten Pfandhaus entstand, als eine Art Eitergeschwür für Denkmalschutzaktivisten: Sie sind der Ansicht, die Städtebaubehörde habe die Öffentlichkeit hintergangen, weil sie es ablehnte, die Dachterrasse des Gebäudes als öffentlich zugänglichen Raum auszuweisen. Ähnliches gilt für das ehemalige Hauptrevier der Küstenpolizei in Tsim Sha Tsui, an dessen Stelle heute auch nur ein weiteres Hotel mit Einkaufszentrum steht, das nach der Umgestaltung viele enttäuschte Gesichter zurückließ.

Es gab jedoch auch einige Lichtblicke, vor allem, als die Regierung der Zerstörung des wunderschönen King Yin Lei (1937; s. Kasten S. 87) Einhalt gebot, ein privates Herrenhaus im chinesischen Renaissance-Stil in der Stubbs Rd in Happy Valley. Noch bedeutender war jedoch der Regierungsbeschluss zur „Revitalisierung" historischer Denkmäler im Jahr 2008, der es auch gemeinnützigen Organisationen erlaubt, sich für die Nutzung dieser Gebäude zu bewerben. Dank dieses noch jungen Programms wurden bereits die Alte Polizeistation von Tai O (s. S. 215) und das charakteristische Shophouse **Lui Seng Chun** (Karte S. 407) aus der Zeit vor dem Zweiten Weltkrieg restauriert.

Trotz dieser positiven Beispiele für den Denkmalschutz sieht die Realität leider nach wie vor so aus, dass die Gesetze des Immobilienmarkts – im Namen der urbanen Neuentwicklung – die Zukunft der Stadt und

Vorkoloniale Gebäude

- *Pagode Tsui Sing Lau (Yuen Long)*
- *Tang-Ahnenhalle (Yuen Long)*
- *Yu-Kiu-Ahnenhalle (Yuen Long)*
- *Sam Tung Uk Museum (Tsuen Wan)*

„Revitalisierte" Baudenkmäler

- *Lui Seng Chun (Sham Shui Po)*
- *King Yin Lei (The Peak)*
- *Béthanie (Pok Fu Lam)*
- *Sprengstoffdepot (Marineamt)*
- *Alte Polizeistation von Tai O (Tai O)*
- *Crown Wine Cellars (Aberdeen)*

ihre Verbindung zur Vergangenheit bestimmen. Die tiefe, seit Langem bestehende Unsicherheit in Bezug auf das Schicksal des Westflügels des ehemaligen Regierungssekretariats in Central – ein schönes Beispiel für unaufdringliche Eleganz und eine wichtige Kontaktstelle zwischen der ehemaligen Kolonialregierung und den Bürgern – beweist, dass kein Gebäude in Hongkong, ganz gleich, wie hoch sein architektonischer und historischer Stellenwert auch sein mag, wirklich sicher vor den Bulldozern ist.

TRADITIONELLE CHINESISCHE ARCHITEKTUR

Die mehr oder weniger letzten Beispiele für die chinesische Architektur des 19. Jhs., die im Stadtgebiet von Hongkong noch erhalten geblieben sind, sind die beliebten Tin-Hau-Tempel, darunter auch jene in Tin Hau nahe Causeway Bay sowie in Aberdeen, Stanley und Yau Ma Tei. Auch in einigen Museen in Chai Wan und Tsuen Wan sind ein paar Bauten aus Hakka-Dörfern aus dem 18. Jh. erhalten geblieben. Etwas greifbarere Andenken an vergangene Zeiten finden sich in den New Territories und auf den Outlying Islands, wo ummauerte Dörfer, Festungen und sogar eine Pagode aus dem 15. Jh. überdauert haben.

Viktorianische & edwardianische Gebäude

Polizeistation Central (Soho)

Nam Koo Terrace (Wan Chai)

Kam Tong Hall (Mid-Levels)

Western Market (Sheung Wan)

OST-TRIFFT-WEST-ARCHITEKTUR

Architektonisches Crossover war längst schon in Mode, bevor die „Soy Sauce Western“ (S. 37) im kolonialen Hongkong auftauchte. Größtenteils den Reichen und Religiösen vorbehalten, gelang es den örtlichen Beispielen dieser Mix-Architektur nie ganz, dieselbe öffentliche Anerkennung zu erlangen wie es einige der echten Wahrzeichen geschafft haben, bei deren Anblick so mancher umgehend in Nostalgie verfällt.

Das verlassene Häuschen Shek Lo in Fanling (1925; S. 173) erinnert an den Kaiping-*diāolóu* (einen Wehrturm, bei dem Elemente chinesischer und westlicher Architektur verschmelzen) auf der anderen Seite der Grenze in Guangdong. Das vordergründig chinesische Herrenhaus Tai Fu Tai (1865; S. 173) in Yuen Long verbirgt hinter seinen Ziegelsteinmauern die Liebe eines Mandarins für Rokoko-Stuckarbeiten, geometrische Buntglasfenster und barocke Türbögen.

Die anglikanische **St. Mary's Church** (Karte S. 398) in der 2a Tai Hang Rd in Causeway Bay mutet an wie eine unfreiwillig komische Übung in orientalischer Architektur aus dem Jahr 1937, während den kathedralenähnlichen buddhistischen Tempel in der 15 Shan Kwong Rd in Happy Valley, der aus derselben Zeit stammt, ein subtil eurasisches Interieur ziert.

Der Lin-Fa-Tempel (S. 109) in Tai Hang ist ein kleiner Kwun-Yum-Tempel mit einzigartigem achteckigem Design und Seiteneingängen, die an eine mittelalterliche katholische Kapelle erinnern.

Neoklassizistische Gebäude

Ehemaliges Legislative Council Building (Central)

Hung-Hing-Ying-Gebäude, University of Hong Kong (Mid-Levels)

KOLONIALARCHITEKTUR

Der Großteil der kolonialen Architektur, die in der Stadt erhalten geblieben ist, befindet sich auf Hong Kong Island, vorwiegend in Central. Dort sind etwa das ehemalige Legislative Council Building (1912; S. 71) und das Government House zu bewundern, der Wohnsitz sämtlicher britischer Gouverneure von 1855 bis 1997. In Sheung Wan hat der Western Market (1906; S. 84) überdauert, in den Mid-Levels das ehemalige Pathologische Institut im edwardianischen Stil, in dem heute das Hong Kong Museum of Medical Sciences (1905; S. 85) untergebracht ist. Die

Old Stanley Police Station (1859; S. 129) und das nahe gelegene Murray House (1848; S. 128) sind weitere bedeutende Kolonialbauten im Süden von Hong Kong Island.

Das interessante **Hong Kong Antiquities & Monuments Office** (Karte S. 402; ☏2721 2326; www.amo.gov.hk; 136 Nathan Rd, Tsim Sha Tsui; ⌚Mo–Sa 9–17 Uhr) befindet sich in einem britischen Schulhaus aus dem Jahr 1902 und bietet Informationen und Ausstellungen zu aktuellen Denkmalschutzprojekten.

ZEITGENÖSSISCHE ARCHITEKTUR

Hongkongs Stadtbild der Vertikalen entstand aus purer Notwendigkeit – aufgrund der Landknappheit und des abschüssigen Terrains hatten Grundstücke in diesem dicht bevölkerten Gebiet schon immer ihren Preis. Einige Gebäude, etwa das Central Plaza und das International Commercial Centre, strebten in immer größere Höhen – koste es, was es wolle. Nur wenige Privilegierten, darunter das Hong Kong Convention & Exhibition Centre (S. 105) und das fensterlose Hong Kong Cultural Centre (S. 140), haben sich hingegen ganz dreist in der Horizontalen ausgebreitet.

Zu den international gefeierten Beispielen moderner Architektur in der Stadt gehören auch das Gebäude der Hong Kong & Shanghai Bank in Central, der Hong Kong International Airport in Chep Lap Kok (eröffnet 1998) – beide stammen vom englischen Architekten Norman Foster und sind im Stil der Spätmodernen oder High-Tech-Architektur erbaut – sowie I. M. Peis hoch aufragende Symphonie dreieckiger Geometrie, auch bekannt als Bank of China Tower (S. 70).

Noch mehr zu Hongkongs zeitgenössischer Architektur findet sich im illustrierten Taschenführer *Skylines Hong Kong* von Peter Moss oder dem etwas spezielleren *Hong Kong: A Guide to Recent Architecture* von Andrew Yeoh und Juanita Cheung.

Moderne Trends

Bank of China (Central)

International Finance Centre (Central)

Hongkong & Shanghai Bank (Central)

Hong Kong International Airport (Lantau)

Innenraum des HSBC-Gebäudes (S. 68)

STADTANSICHTEN

Abenteuerlustige aufgepasst: Bei einer scheinbar ganz normalen Fahrt mit der Straßenbahn entlang der Nordküste von Hong Kong Island hat man nicht selten das Gefühl, man würde durch einen unendlichen Canyon aus Wolkenkratzern fahren. Tatsächlich lässt sich eine ganz ähnliche Psychogeografie in weiten Teilen des urbanen Hongkongs erleben. Auch wenn die meisten Gebäude hier uninspirierte Büro- und Apartmenthäuser sein mögen, die dicht an dicht in die Höhe schießen, finden sich darunter auch einige unglaublich spektakuläre Beispiele. Denn die konventionellen Vorstellungen von Maßstäben und Proportionen in dieser dicht bebauten Gegend stellen die Baumeister regelmäßig vor neue Herausforderungen, damit sie die gestellten Anforderungen erfüllen.

Ein klassisches Beispiel ist das baufällige Oceanic Mansion (1010–1030 King's Rd), ein wirklich abschreckender Betonklotz mit verfallenen Wohnungen, der im Schatten des Landschaftsgartens in Quarry Bay hoch über einer schmalen Kurve aufragt. In der Nähe des westlichen Endes der Straßenbahnlinie in Kennedy Town erhebt sich die Überführung in der Hill Rd (außerhalb der Karte S. 400), eine regelrechte urbane Rennstrecke, die mit Centrals Sirenengesang den Verkehr aus den Schwindel erregenden Höhen von Pok Fu Lam anlockt – erinnert ein bisschen an *Blade Runner*.

Dieses Gefühl von ganz viel Platz und Freiheit stellt sich in den zahlreichen Luxusimmobilien, die in Hongkong ebenfalls zu finden sind, jedoch nur selten ein, auch wenn sie so romantische Namen tragen wie Sorrento, Leguna Verde oder Cullinan. Wohnen auf engstem Raum ist in dieser Stadt nach wie vor die Norm.

Wer sich für die Zukunft der urbanen Landschaft dieser Stadt interessiert, sollte der **Hong Kong Planning & Infrastructure Exhibition Gallery** (Karte S. 386; ☎3102 1242; www.infrastructuregallery.gov.hk; EG, Murray Rd, Parkhaus, 2 Murray Rd, Central; ⏰Mi–Mo 10–18 Uhr) einen Besuch abstatten.

Geschichte & Kultur Macaos

GESCHICHTE

Ou Mun, Macaos chinesischer Name (Mandarin: Aomén), bedeutet „Tor zur Bucht". Und das war es, was die Portugiesen suchten, als sie im 16. Jh. hier ankamen: einen Handelsweg nach Fernost. Eine Zeit lang florierte der Handel – die Kolonialbauten in Macao sind der Beweis für die einstige Pracht. Aber der Untergang Portugals als Kolonialmacht und der Aufstieg Hongkongs zum wichtigen Handelsposten veränderten das Schicksal Macaos.

Die Ankunft der Portugiesen

Das erste portugiesische Aufgebot, das von Jorge Álvares angeführt wurde, setzte 1513 seinen Fuß auf chinesischen Boden. Sie nannten den Ort, an dem sie ankamen, Tamaõ. Er lag 80 km südwestlich der Mündung des Perlflusses. Der ungeschützte Ankerplatz dort zwang die portugiesischen Händler jedoch dazu, sich einen besseren Hafen zu suchen.

Zu dieser Zeit wurde Macao von ein paar Bauern und Fischern aus Fujian bewohnt, die überwiegend Kantonesisch sprachen. 1557 ließen Behörden die Portugiesen bei Guangzhou Behelfsunterkünfte auf der Halbinsel errichten und verlangten dafür Zollgebühren und Miete. Die Portugiesen stimmten auch zu, die Gegend vor Piraten zu schützen, die sich dort herumtrieben. Keine der beiden Seiten ahnte, dass die Portugiesen die Geschichte Macaos die nächsten 400 Jahre beherrschen würden.

Die portugiesische Kolonialarchitektur findet sich in ganz Macao wieder. Sie weist zwar chinesische Elemente auf, zeigt aber die verschiedenen Stile der Handelspartner Portugals und der ehemaligen Kolonien. (In Hongkong dagegen wurde der westliche Stil weitaus weniger angenommen.)

Eine treibende Handelsmacht

Macao wuchs schnell zum Handelszentrum heran. Die portugiesischen Händler fungierten als Agenten für die chinesischen Kaufleute, die auf kaiserliche Anordnung das Land nicht verlassen durften. Die Portugiesen brachten chinesische Waren nach Goa und tauschten sie gegen Baumwolle

BRUTALE BANDEN

Die Jahre von 1996 bis 1998 waren eine echte Kraftprobe für Macao und seine sehr bedeutsame Tourismusindustrie. In dieser Zeit häuften sich die Morde im Milieu der Unterwelt. Als ältere Triadenanführer die Kontrolle über das Glücksspielgeschäft an sich reißen wollten, kamen etwa 40 Menschen ums Leben, und in einem Hotel mit internationaler Kundschaft wurde mit einer Kalaschnikow geschossen.

Als die Übergabe näher rückte, setzte China Portugal unter Druck, endlich etwas gegen die Gewalt zu tun. Die Regierung arbeitete einen neuen Anti-Triaden-Gesetzesentwurf aus, in dem jedem Anführer einer Triade mit einer langen Freiheitsstrafe gedroht wurde. Wan Kwok Koi, ein bekannter Triadenanführer, wurde festgenommen und zu 15 Jahren Haft verurteilt. Viele andere Triadenmitglieder flüchteten ins Ausland. Die Ausschreitungen wurden weniger, aber die Triaden sind aus Macao noch lange nicht verschwunden.

ZEITLEISTE

4000 v. Chr.

Archäologische Funde von den Küsten Hác Sá und Ká Hó belegen, dass Macao in der Jungsteinzeit bewohnt war.

500 n. Chr.

Macao dient als Zwischenstopp für Handelsschiffe, die zwischen Südostasien und Guangzhou verkehren.

1277

Die Mongolen fallen während der Song-Dynastie in China ein; etwa 50 000 Menschen suchen in Macao Zuflucht.

1513

Die Portugiesen landen unter Jorge Álvares im Perlfluss-Delta in China.

1557

Der Ming-Hof verpachtet Macao an Portugal; die Portugiesen bauen das erste ummauerte Dorf.

1560–1580

Jesuiten und Dominikaner verwandeln Macao in ein katholisches Zentrum.

1601

Die Holländer greifen Macao an. Weitere Angriffe gipfeln 1622 in einer – letztendlich erfolglosen – Invasion, auf welche die Errichtung des Forts Guia folgte.

1680

Lissabon ernennt den ersten portugiesischen Gouverneur von Macao. Macaos Bedeutung als Handelshafen schwindet.

und Textilien. Die Stoffe wurden dann nach Malakka gebracht, wo sie wiederum gegen Gewürze und Sandelholz eingetauscht wurden. Die Portugiesen fuhren dann weiter nach Nagasaki in Japan, wo die Fracht aus Malakka in japanisches Silber, Schwerter, Lackkunst und Fächer umgewandelt wurde. Diese Dinge wurden dann in Macao gegen weitere chinesische Güter eingetauscht.

Ende des 16. Jhs. beherrschten die Portugiesen in Macao den gesamten internationalen Handel zwischen China und Japan. 1586 wurde Macao von der Portugiesischen Krone zur Stadt ernannt: Cidade de Nome de Deus (Stadt des Namens Gottes).

Anfang des 17. Jhs. hatte Macao einige Tausend Einwohner, darunter etwa 900 Portugiesen, christliche Konvertiten aus Malakka und Japan sowie eine große Anzahl Sklaven aus kolonialen Außenposten in Afrika, Indien und auf der Malaiischen Halbinsel. Viele Chinesen kamen über die Grenze nach Macao und arbeiteten als Händler, Handwerker, Hausierer, Hilfsarbeiter und Lastträger. Ende des 17. Jhs. waren es schon 40 000.

Macao wurde auch ein christliches Zentrum. Zu den ersten Missionaren zählte Francisco de Xavier von der Gesellschaft Jesu, der später heilig gesprochen wurde.

Die Portugiesen schafften sich zusammen mit ihren Nachfahren ein Zuhause fern der Heimat – mit luxuriösen Villen mit Blick auf Praia Grande und herrlichen Barockkirchen, die mit dem Reichtum bezahlt wurden, der durch ihr Handelsmonopol entstand.

Der Niedergang der Portugiesen

1580 besetzten spanische Armeen Portugal, und drei spanische Könige herrschten mehr als 60 Jahre lang über das Land. Anfang des 17. Jhs. kamen die Holländer, um die reichen portugiesischen Enklaven Macao, Nagasaki und Malakka an sich zu reißen. Im Juni 1622 griffen 13 holländische Kriegsschiffe mit 1300 Mann an Bord Macao an. Als ein Jesuitenpriester jedoch eine der Kanonen vom Monte Fort abfeuerte, die wiederum ein Schwarzpulverlager traf und die Holländer aus dem Wasser katapultierte, mussten diese den Rückzug antreten.

Die Portugiesen wollten unbedingt in die Fußstapfen der Briten treten und China die Herrschaft über Macao – das sie 300 Jahre lang besetzt hatten – streitig machen. Die Verhandlungen begannen im Jahr 1862. Der Vertrag, in dem China die portugiesische Herrschaft für alle Zeiten anerkannte, wurde aber erst 1887 unterzeichnet.

Mit der Einführung des Dampfschiffs wurde Macao als Umschlagplatz für chinesische Ware immer uninteressanter. Die wirtschaftliche Zukunft der Enklave lag in der Legalisierung des Glücksspiels in den 1850er-Jahren. Ende des 19. Jhs. konnten der Aufstieg der britischen Kolonie und der Untergang des portugiesischen Hoheitsgebiets jedoch nicht mehr aufgehalten werden.

Macao im 20. Jh.

Zu Beginn des 20. Jhs. war Macao nicht viel mehr als ein Paradies für Chinesen, die vor Krieg, Hungersnot und politischer Unterdrückung flohen. Unter ihnen befand sich auch Sun Yat-sen, der Gründer der Volksrepublik China, der vor der Revolution von 1911 in Macao lebte.

Mitte der 1920er-Jahre kamen viele Chinesen hierher, die vor dem Bürgerkrieg in China flohen. Während des Zweiten Weltkriegs suchten dann Menschen aus Hongkong und China sowie Europäer asiatischer Herkunft in der neutralen Hafenstadt Zuflucht. 1943 war die Einwohnerzahl auf 500 000 gestiegen. Als die Kommunisten 1949 in China an die Macht kamen, gab es einen weiteren Zustrom von Chinesen.

1974 begann die neue linke Regierung Portugals mit der Abstoßung der letzten Überbleibsel des Reiches. Lissabon versuchte, Macao an China zurückzugeben, aber aus Peking ließ man den Wunsch Chinas verlauten, dass Macao bleiben sollte, was es war – zumindest fürs Erste.

Im April 1987 schlossen China und Portugal den sino-portugiesischen Pakt: Macao wurde zur Sonderverwaltungszone der Volksrepublik China. Am 20. Dezember 1999 endeten 442 Jahre portugiesischer Herrschaft. Wie Hongkong genießt auch Macao seit 50 Jahren viel Autonomie in allen Belangen außer in der Verteidigungs- und Außenpolitik.

Seit der Gründung der gesetzgebenden Versammlung im Jahr 1976 hat Macao einige Mitglieder direkt gewählt und nicht wie Hongkong Anträge durchgedrückt, um das Wahlrecht zu erweitern oder die Demokratisierung voranzutreiben. Die existierende Legislative blieb, anders als zu Zeiten der Briten, während der ganzen Übergabe bestehen.

Macao nach 1999

Die größte Veränderung seit 1999 war die Liberalisierung der Kasino-Lizenzen 2001. Das führte zu einem Ansturm amerikanischer Kasinos, und 2006 löste Macao Las Vegas als Welthauptstadt des Glücksspiels ab, was eine drastische soziale Kluft mit sich brachte. Die Spielindustrie wurde zwar zum Hauptantrieb des Wirtschaftswachstums, hat Macao aber auch immer abhängiger vom Glücksspiel gemacht und die Ungleichheit der Einkommen vergrößert. Der ständig wachsende Industriezweig hat auch Arbeitskräftemangel nach sich gezogen, da die gut bezahlten Jobs wenige oder keine Qualifikationen voraussetzen. Das verleitete viele junge Leute dazu, ihr Studium aufzugeben. Außerdem kam es zu einem Ansturm von illegalen Gastarbeitern und zu ständigen Arbeiterprotesten.

KULTUR

Während die traditionelle Kultur der Macao-Chinesen der der Hongkong-Chinesen ähnelt, hat die winzige macanesische Gemeinde, die aus Nachfahren von Portugiesen und Asiaten besteht, eine andere Kultur. Diese hat sich über Jahrhunderte hinweg entwickelt und ist sehr indivi-

KONFUZIANISMUS GEGEN KATHOLIZISMUS

Als die Portugiesen ihre Handelsmacht an die Holländer und Briten abgegeben mussten, schwächten religiöse Machtkämpfe Macaos Status als christliches Zentrum. Im sogenannten Ritenstreit behaupteten die Jesuiten, dass zentrale Aspekte des chinesischen Glaubens – Ahnenkult und Konfuzianismus – nicht unvereinbar seien mit dem christlichen Glauben. Die Dominikaner und Franziskaner, die gleichermaßen in Macao vertreten waren, hatten da eine andere Meinung. So kam es 1715 zu der Verordnung von Papst Clemens XI., in der die Riten als götzendienerisch erklärt wurden. Damit war das Streitthema erledigt, und es kamen keine weiteren Missionare mehr nach China.

1851
Portugal nutzt die Schwäche Chinas während des Opiumkriegs, besetzt erst Taipa und übernimmt 1864 die Kontrolle über Coloane.

1865
Die Portugiesen machen Macao zu einem wichtigen Punkt auf der Sklavenhandelsroute. Die *Dea del Mar* segelt mit 550 Sklaven aus Südchina von Macao nach Tahiti; nur 162 überleben die Reise.

1937–1945
Macao genießt den Wohlstand eines neutralen Hafens im Zweiten Weltkrieg.

1949
Die Kommunisten übernehmen China und schimpfen über den „ungleichen Vertrag".

1966
Unruhen brechen aus. Die Regierung regt an, dass Portugal das Gebiet verlässt, aber aus Angst vor dem wirtschaftlichen Schock für Hongkong lehnt China das ab.

1974
Die neue linke Regierung in Portugal beschließt, alle Kolonien abzustoßen, u.a. die in Afrika und auf dem indonesischen Archipel.

1999
Am 20. Dezember geht Macao als Sonderverwaltungszone (SAR) an China zurück. Damit enden fast 450 Jahre portugiesischer Herrschaft.

2001
Die Kasinolizenz wird gelockert; der Wirtschaftsboom polarisiert die Gesellschaft.

duell. Die Macanesen haben einzigartige Gerichte, Feste und Traditionen und einen eigenen Dialekt. Patuá ist eine Kreolsprache, die sich aus dem Malaiischen, dem Singhalesischen, dem Kantonesischen und dem Portugiesischen gebildet hat. José dos Santos Ferreira (Adé; 1919–1993) war ein Dichter, der in Patuá schrieb.

Macao ist in Sachen Sprachen ziemlich komplex: Es wird Kantonesisch, Englisch, Portugiesisch, Mandarin und Patuá gesprochen, dazu kommen die Sprachen der Minderheiten: u.a. Thailändisch, Tetum, Indonesisch, Filipino und Birmanisch.

Heute wird mehr Englisch gesprochen und verstanden als Portugiesisch. Einige Macanesen befürchten, dass der Einfluss des Englischen und des Mandarin den eigenen Charakter Macaos schwächen könnte.

Für die große Mehrheit der Macanesen sind Taoismus und Buddhismus die vorherrschenden Religionen. Trotzdem ist auch die römisch-katholische Kirche mit geschätzten 30000 Anhängern (etwa 6% der Einwohner) immer noch sehr stark. Macao ist eine einzige Diözese, die Rom direkt untersteht.

Architektur

In Macao ist ein einzigartiges Erbe von portugiesischer und chinesischer Architektur zu finden. Was auf den ersten Blick oft portugiesisch aussieht, ist eigentlich eine komplexe Mischung aus portugiesischen und chinesischen Stilen, Techniken und Materialien mit Einflüssen aus anderen Teilen Asiens wie Goa, den Philippinen und Malakka. Auch die italienischen und spanischen Missionare haben ihren Teil zur Architektur beigetragen. Die einzigen Gebäude, die komplett chinesisch oder portugiesisch sind, sind Tempel und Burgen.

Fusion

Es gibt massenhaft Beispiele für „mediterasische" Architektur, darunter die Ruine der Pauluskirche (S. 233) und mehrere „portugiesische" Kirchen.

Sogar die chinesischen Wohnhäuser unterliegen gemischten Einflüssen. Das Mandarin-Haus (S. 251) verfügt über Bögen im westlichen Stil und Fensterbretter mit eingelegtem Perlmutt – eine Verzierungstechnik, die in Indien, auf den Philippinen und in anderen Teilen Asiens praktiziert wird. In einem anderem Wohnhaus, dem Lou-Kau-Haus (S. 251), schmücken neoklassizistische Balustraden und Buntglasfenster ein chinesisches Labyrinth hinter grauer Fassade.

Modernismus

Macao ist stark von der Moderne beeinflusst. Genau wie die modernen Villen auf dem Bishop Hill sind auch der „Rote Markt", Pier 8 und das East Asia schöne Beispiele für den chinesischen Art-déco (s. S. 256).

Landwirtschaftlicher Einfluss

Die „Altstadt" – rund um Rua das Estalagens, Rua de Madeira, Rua dos Mercadores, Rua da Tercena und

DER CHRONIST VON MACAO

George Chinnery war ein englischer Maler, der als Stadtschreiber Macaos berühmt wurde. Taipane und Mandarine aus dem frühen 19. Jh. gaben gerne Porträts von sich selbst und ihren Lieben in Auftrag, und Chinnery war der Meister dieses Fachs. Heute ist er aber für seine Landschaftsbilder und die Skizzen von Alltagsszenen bekannt.

Chinnery wurde 1774 in London geboren und segelte 1802 nach Indien. Er verbrachte die nächsten 23 Jahre als Porträtmaler für die britische Kolonialgesellschaft in Madras und Kalkutta. 1825 floh er nach Macao, um seinen Schulden und seiner Frau („die hässlichste Frau, die ich je gesehen habe") zu entkommen. Er wohnte bis zu seinem Tod 1852 in der Rua de Inácio Baptista Nr. 8, südlich der St.-Lazarus-Kirche.

Rua de Felicidade – weist Clan-bezogene Strukturen auf und besteht aus einer Gasse, einem Gemeindealtar und ärmlichen ein- oder zweistöckigen chinesischen Häusern (s. S. 264).

Literatur

Die aktivste literarische Organisation in Macao ist die Association of Stories in Macao (ASM), die Poesie und Belletristik von Autoren aus Macao verlegt. Der Gründer ist Christopher (Kit) Kelen, ein australischer Dichter und Kritiker, der lange in Hongkong und Macao gelebt hat.

Kelen bringt die verschiedenen Autoren aus Macao (und manchmal sogar aus Hongkong) zusammen, die auf Chinesisch, Englisch und Portugiesisch schreiben. Seine Bemühungen führten zu zwei großen Sammelbänden mit Dichtkunst aus Macao: *I Roll the Dice: Contemporary Macao Poetry* (2008) und *Portuguese Poets of Macao* (2010). Im ersten Band sind die Arbeiten zeitgenössischer chinesischsprachiger Dichter aus Macao und Dichtkunst portugiesisch- oder englischsprachiger Bewohner der Stadt gesammelt. Der zweite Band beinhaltet Werke von etwa 40 Dichtern, die ins Englische übersetzt wurden. Zu den Mitwirkenden zählen zeitgenössische Autoren und frühe Schriftsteller, die ihre Spuren in Macao hinterlassen haben, z. B. der Nationaldichter Portugals Luís de Camões (1524–1580) und Camilio de Almeida Pessanha (1867–1926), der auf dem Friedhof des Erzengels Michael begraben ist.

Zu weiteren Arbeiten von oder über Macaos Schriftsteller gehören:

As from the Living Page: One Hundred Poems for Yao Feng Christopher Kelen
Republic of the East John Mateer
Glitter on the Sketch Agnes Vong
Antologia de Poetas de Macao Jorge Arrimar & Yao Jingming
Nam Wan Henrique de Senna Fernandes

Malerei

Macao kann sich damit rühmen, viele Künstler hervorgebracht oder beeinflusst zu haben, die in der Gegend geboren wurden oder aus der Provinz Guangdong kommen. Ihre Arbeiten sind im Macao Museum of Art ausgestellt. Einige Beispiele von Macaos bester zeitgenössischer Kunst sind im AFA Macao zu sehen.

Der wichtigste westliche Künstler, der in Macao gelebt hat, war George Chinnery (1774–1852). Zu weiteren einflussreichen europäischen Malern, die Zeit in Macao verbracht haben, gehören der schottische Arzt Thomas Watson (1815–1860), Chinnerys Schüler Frenchman Auguste Borget (1808–1877) und der Aquarellmaler Marciano António Baptista (1856–1930), der in Macao geboren wurde.

Guan Qiaochang (1825–1860), noch ein Schüler von Chinnery, war ein chinesischer Künstler, der im westlichen Stil unter dem Namen Lamqua malte.

Praktische Informationen

Hongkong: Verkehrsmittel & -wege

AN- & WEITERREISE

Die meisten Traveller aus dem Ausland reisen über den Hong Kong International Airport (Flughafen Chek Lap Kok) ein und aus. Zur Einreise nach Festlandchina bzw. zur Anreise von dort stehen Travellern Fähr-, Straßen- und Zugverbindungen nach Guangdong und ins weitere Umland zur Verfügung. Von Macao aus ist Hongkong per Fähre oder Helikopter zu erreichen.

Mehr als 100 Fluglinien verbinden den Hong Kong International Airport mit rund 160 Zielen weltweit, z. B. Beijing (3½ Std.). Regelmäßig fahren Busse von Hongkong zu den größeren Städten in der benachbarten Provinz Guangdong. Zwischen Hongkong und Guangzhou fahren täglich zwölf Züge (2 Std.), alle zwei Tage fahren Züge nach Beijing (23½ Std.) und Shanghai (18½ Std.). Zur Einreise aus der Sonderverwaltungszone in die VR China ist ein Visum erforderlich.

Regelmäßig verkehrende Fähren schippern vom China Ferry Terminal in Kowloon und/oder dem Macau Ferry Terminal auf Hong Kong Island zu einer Reihe von Ortschaften und Städten im Delta des Perlflusses, darunter Macao. Die Fahrten dauern zwei bis drei Stunden.

Flüge, Touren und Zugtickets können online unter lonelyplanet.com/bookings gebucht werden.

Nach günstigen Flugtickets kann man auf folgenden Websites suchen:

Cheapflug (www.cheapflug.de)

ebookers (www.ebookers.de)

Expedia (www.expedia.de)

Last Minute (www.lastminute.at)

Opodo (www.opodo.ch)

Skyscanner (www.skyscanner.net)

Infos zu Reisebüros in Hongkong stehen auf S. 349.

Bus

Mehrere Transportunternehmen in Hongkong bieten Busverbindungen nach Guangzhou, zum Flughafen Shenzhen und zu weiteren Zielen im Delta des Perlflusses an:

China Travel Tours Transportation Services (CTS; ☎2764 9803; http://ctsbus.hkcts.com)

Trans-Island Limousine Service (☎3193 9333; www.trans-island.com.hk) Busse fahren von Hongkong u. a. zu folgenden Zielen (die Preise beziehen sich auf die einfache Strecke): Dongguan (100 HK$), Foshan (100 HK$), Guangzhou (110 HK$), Huizhou (80 HK$), Kaiping (160 HK$), Shantou (120–200 HK$), Flughafen Baoan in Shenzhen (120 HK$), Xiamen (310–348 HK$) und Zhongshan (100 HK$). Die Fahrpläne unterscheiden sich je nach Unternehmen und Ziel erheblich, aber die Busse fahren den ganzen Tag und meist häufig.

Vom Hong Kong International Airport fahren Busse von CTS und Trans-Island zu vielen Zielen im Süden Chinas.

Flugzeug

Flüge verbinden Hongkong mit rund 40 Städten in China, u. a. mit Beijing (hin & zurück 3000–4500 HK$), Chengdu (2500–3700 HK$), Kunming (2500–4000 HK$) und Shanghai (2500–4500 HK$). Der Preis für die einfache Strecke beträgt etwas mehr als die Hälfte des Preises für das Hin- und Rückflugticket.

Große Fluglinien, die zwischen Hongkong und China fliegen, sind:

Cathay Pacific Airways (CX; ☎2747 1888; www.cathaypacific.com) Hongkongs größte internationale Airline bietet Flüge zu 15 Städten Chinas.

Dragonair (KA; ☎3193 3888; www.dragonair.com) Die Tochtergesellschaft von Cathay Pacific ist auf regionale Flüge spezialisiert und fliegt 18 Städte in China an.

Hong Kong Airlines (HX; ☎3151 1888; www.hongkongairlines.com) Die günstigere Fluglinie bedient regionale

REISEN & KLIMAWANDEL

Der Klimawandel stellt eine ernste Bedrohung für unsere Ökosysteme dar. Zu diesem Problem tragen Flugreisen immer stärker bei. Lonely Planet sieht im Reisen grundsätzlich einen Gewinn, ist sich aber der Tatsache bewusst, dass jeder seinen Teil dazu beitragen muss, die globale Erwärmung zu verringern.

Fast jede Art der motorisierten Fortbewegung erzeugt CO_2, doch Flugzeuge sind mit Abstand die schlimmsten Klimakiller – wegen der großen Entfernungen und der entsprechend großen CO_2-Mengen, aber auch, weil sie diese Treibhausgase direkt in hohen Schichten der Atmosphäre freisetzen. Die Zahlen sind erschreckend: Zwei Personen, die von Europa in die USA und wieder zurück fliegen, erhöhen den Treibhauseffekt in demselben Maße wie ein durchschnittlicher Haushalt in einem ganzen Jahr.

Die englische Website www.climatecare.org und die deutsche Internetseite www.atmosfair.de bieten CO_2-Rechner. Damit kann jeder ermitteln, wie viele Treibhausgase seine Reise produziert. Das Programm errechnet den zum Ausgleich erforderlichen Betrag, mit dem der Reisende nachhaltige Projekte zur Reduzierung der globalen Erwärmung unterstützen kann, z. B. Projekte in Indien, Honduras, Kasachstan und Uganda.

Lonely Planet unterstützt gemeinsam mit Rough Guides und anderen Partnern aus der Reisebranche das CO_2-Ausgleichs-Programm von climatecare.org. Alle Reisen von Mitarbeitern und Autoren von Lonely Planet werden ausgeglichen. Weitere Informationen gibt's auf www.lonelyplanet.com.

Strecken und fliegt 13 Städte in China an.

Hong Kong International Airport

Der von dem britischen Architekten Sir Norman Foster entworfene **Hong Kong International Airport** (☎2181 8888; www.hkairport.com) befindet sich auf Chek Lap Kok, einem weitgehend dem Meer abgerungenen Gelände vor der Nordküste von Lantau. Autobahnen, Brücken (darunter die 2,2 km lange Tsing-Ma-Brücke, eine der längsten Hängebrücken der Welt) und ein Hochgeschwindigkeitszug verbinden den Flughafen mit Kowloon und Hong Kong Island.

In den beiden Terminals finden sich viele Läden, Restaurants, Cafés, Geldautomaten und Wechselstuben. Nützliche Schalter:

Hong Kong Tourism Board (HKTB; ☎2508 1234; www.discoverhongkong.com) Betreibt Infozentren in den Buffer Halls A und B neben der Zollabfertigung in Terminal 1.

Hong Kong Hotels Association (HKHA; ☎2383 8380, 2769 8822; www.hkha.org; ⏲7–24 Uhr) Die Schalter befinden sich in den Buffer Halls. Die HKHA vertritt nur Mittelklasse- und Spitzenklassehotels und nimmt keine Buchungen für Hostels, Pensionen und andere Budgetunterkünfte vor.

China Travel Service (中國旅行社; CTS; ☎2261 2472; www.ctshk.com; ⏲7–22 Uhr) Hat vier Schalter in den Terminals, darunter einen in der Ankunftshalle A, an dem Visa zur Einreise nach China ausgestellt werden (das dauert normalerweise 5–6 Std.).

AIRPORT EXPRESS

Der **Airport Express** (☎2881 8888; www.mtr.com.hk) der Mass Transit Railway (MTR) ist die schnellste (und teuerste) Verbindung zum Hong Kong International Airport. Er fährt täglich zwischen 6 und 1 Uhr zum Bahnhof Hong Kong (100 HK$) in Central mit Zwischenstopps am Bahnhof Kowloon (90 HK$) in Jordan sowie auf Tsing Yi (60 HK$); die gesamte Fahrt dauert 24 Minuten. Ein Ticket hin und zurück (1 Monat gültig) kostet für Erwachsene 180/160/110 HK$, für Kinder zwischen 3 und 11 Jahren wird nur der halbe Preis fällig.

Fahrscheinautomaten gibt's am Flughafen und an den Bahnhöfen der Strecke. Ebenfalls erhältlich ist der Airport Express Travel Pass, mit dem man drei Tage unbegrenzt die MTR und die Light Rail und einmal/zweimal den Airport Express nutzen kann (220/300 HK$).

Der Airport Express betreibt zwei Shuttlebuslinien auf Hong Kong Island (H1 & H2) und fünf in Kowloon (K1–K5), auf denen Passagiere sich kostenlos zwischen den Bahnhöfen und den größeren Hotels hin und her transportieren lassen können. Die Busse fahren zwischen 6.12 und 23.12 Uhr alle 12 bis 20 Minuten. Fahr- und Streckenpläne erhält man beim Airport Express, in den MTR-Bahnhöfen sowie über die Website des Airport Express.

Bei den meisten Fluglinien kann man, wenn man einen Flug gebucht hat und den Airport Express zum Flughafen nimmt, sein Gepäck von einem Tag bis zu 90 Minuten vor Abflug an den Airport-Express-Bahnhöfen Hongkong oder Kowloon abgeben und dort seine Bordkarte holen (5.30–0.30 Uhr).

FAHRPREISE TAXI

ZIEL	PREIS (HK$)
Central, Admiralty, Wan Chai, Causeway Bay (Hong Kong Island)	280–300
Tsim Sha Tsui, Jordan, Yau Ma Tei, Mong Kok, Hung Hom (Kowloon)	220–230
Sha Tin (New Territories)	260
Tsuen Wan (New Territories)	195
Tung Chung (Lantau)	40–50

BUS

Es gibt auch mehrere gute Busverbindungen vom/zum Flughafen. Die wichtigsten Gebiete mit Hotels und Pensionen auf Hong Kong Island werden von den Bussen A11 (40 HK$) und A12 (45 HK$) angefahren; die entsprechenden Gebiete in Kowloon bedient der A21 (33 HK$). Die Busse fahren von ungefähr 6 bis 0 oder 1 Uhr alle 10 bis 30 Minuten. Es gibt auch einige Nachtbusse (erkennbar am „N"). Fahrkarten bekommt man am Schalter nahe der Bushaltestelle auf dem Flughafen.

Diese Busse haben viel Stauraum für Gepäckstücke. Die Ansagen erfolgen auf Englisch, Kantonesisch und Mandarin; bei jeder Haltestelle werden auch die in der Umgebung liegenden Hotels genannt.

Die Busfahrer in Hongkong geben kein Wechselgeld, aber im Ground Transportation Centre am Flughafen kann man Kleingeld einwechseln oder Octopus Cards (S. 335) kaufen. Hin- und Rückfahrkarten kosten normalerweise das Doppelte der Tickets für einfache Fahrten. Wenn nicht anders angegeben, fahren Kinder zwischen 3 und 11 Jahren und Senioren über 65 Jahre zum halben Preis.

Weitere Einzelheiten zu den Strecken kann man dem Abschnitt „Transport" der Website www.hkairport.com entnehmen.

TAXI

Zusätzlich zu den aufgeführten Preisen wird für jedes Gepäckstück, das im Gepäckraum verstaut wird, eine Gebühr von 5 HK$ erhoben.

In der Ankunftshalle sowie im Ground Transportation Centre gibt es Schalter von Limousinendiensten wie **Parklane Limousine Service** (%2730 0662; www.hongkonglimo.com) und **Intercontinental Hire Cars** (%3193 9333; www.trans-island.com.hk). Die Fahrt in einem Auto, in dem bis zu vier Personen Platz finden, kostet zu Zielen auf Hong Kong Island und in städtischen Gebieten Kowloons zwischen 650 und 810 HK$ und zu Zielen in den New Territories zwischen 600 und 1000 HK$.

Schiff/Fähre

Fahrplanmäßig fahren Fähren der **Chu Kong Passenger Transportation Company** (☎2858 3876; www.cksp.com.hk) vom **China Ferry Terminal** (中港碼頭; Karte S. 402; 33 Canton Rd, Tsim Sha Tsui) in Kowloon und/oder dem **Hong Kong–Macau Ferry Terminal** (Karte S. 392; 200 Connaught Rd, Sheung Wan) auf Hong Kong Island zu einer Reihe von Ortschaften und Städten im Perlflussdelta, aber nicht direkt nach Guangzhou und Shenzhen.

Ziele, günstigste Preise (jeweils einfache Strecke) und Fahrtdauer ab Hongkong:

Zhuhai 190 HK$, 70 Min.

Zhongshan 210 HK$, 1½ Std.

Shunde 228 HK$, 2 Std.

Zhaoqing 220 HK$, 4 Std.

Kaiping 180 HK$, 4 Std.

Shekou 110 HK$, 1 Std.

Die Schnellfähre **Skypier** (☎2215 3232) verbindet den Flughafen Hongkongs mit sieben Zielen im Perlflussdelta, und zwar Shekou nahe Shenzhen, Shenzhen Fuyong, Dongguan, Zhongshan, Zhuhai, Nansha sowie Macao. Reisende können vom Flughafen aus direkt die Fähre nehmen, ohne dass sie die Zoll- und Einreisestellen für Hongkong passieren müssen. Das Ticket vor dem Einchecken am Ticketschalter im Transitbereich der Ankunftsebene 5 (nahe bei den Einreiseschaltern) kaufen! Ein Bus bringt einen dann zum Fährhafen.

Visa

Mit Ausnahme der in Hongkong ansässigen Bürger der VR China braucht jeder ein Visum, um in die VR China einzureisen. Visa lassen sich über den **China Travel Service** (CTS; ☎2998 7888; www.ctshk.com) besorgen, über die Filiale der chinesischen Reiseagentur, über viele Hostels sowie über die meisten Reisebüros in Hongkong.

Zug

Fahrkarten nach Guangzhou, Beijing und Shanghai können bis zu 60 Tage im Voraus an den MTR-Stationen Hung Hom, Mong Kok, Kowloon Tong und Sha Tin sowie bei MTR Travel im Bahnhof Admiralty gebucht werden. Fahrkarten nach Guangzhou kann man per Kreditkarte auf der MTR-Website (www.it3.mtr.com.hk) oder über die **Tele-Ticketing Hotline** (☎2947 7888) kaufen.

Shenzhen

Die Fahrt nach Shenzhen geht ruckzuck: Man steigt

einfach in den MTR East Rail und fährt bis Lo Wu oder Lok Ma Chau; die Grenze ist nur 200 m entfernt. Der erste Zug nach Lo Wu/Lok Ma Chau fährt vom Bahnhof Hung Hom um 5.30/5.35 Uhr ab, der letzte um 23.07/21.35 Uhr. Die Fahrt dauert rund 43/48 Minuten. Der Grenzübergang in Lo Wu ist täglich von 6.30 bis 24 Uhr, jener in Lok Ma Chau durchgängig geöffnet.

Guangzhou

Vom Bahnhof Hung Hom fahren schnelle Intercity-Züge zum Bahnhof Guangzhou-Ost (7.25–19.24 Uhr, 12-mal/Tag, Rückfahrt 8.19–21.32 Uhr, einfache Strecke Erw. 1./2. Klasse 230/190 HK$, Kind 5–9 Jahre 115/95 HK$); die Fahrt dauert rund 105 Minuten. Eine billigere, aber umständlichere Möglichkeit besteht darin, mit dem MTR East Rail nach Lo Wu zu fahren, die Grenze nach Shenzhen zu überqueren und dort einen Nahverkehrszug nach Guangzhou zu nehmen. Den ganzen Tag über fahren zahlreiche Hochgeschwindigkeitszüge (75–95 ¥, 52 Min.–1¼ Std.).

Beijing & Shanghai

Direkt verkehrende Züge verbinden den Bahnhof Hung Hom mit Shanghai und Beijing. Die Züge zum Bahnhof Beijing-West (Hard/Soft/Deluxe Sleeper Class ab 574/934/1191 HK$) fahren jeden zweiten Tag um 15.15 Uhr ab und kommen am Folgetag um 14.51 Uhr an. Die Züge nach Shanghai (Hard/Soft/Deluxe Sleeper Class ab 508/825/1039 HK$) fahren ebenfalls jeden zweiten Tag um 15.15 Uhr ab und kommen um 10 Uhr des Folgetags an ihrem Ziel an.

UNTERWEGS VOR ORT

Hongkong ist klein und dicht besiedelt, daher sind öffentliche Verkehrsmittel die einzige praktische Möglichkeit, sich fortzubewegen. Die meisten Ziele in der Stadt sind am schnellsten mit der ultramodernen Mass Transit Railway (MTR) erreichbar. Das Busnetz ist gut ausgebaut und so effizient, wie der Verkehr es zulässt, jedoch für ortsunkundige Traveller mitunter verwirrend. Die Fähren sind schnell und günstig; zudem hat man von ihnen ohne Extrakosten einen wunderbaren Ausblick auf den Hafen. Die Straßenbahnen sind eine nette Attraktion, aber kein wirkliches Verkehrsmittel.

Auto & Motorrad

Hongkongs Labyrinth aus Einbahnstraßen und schwindelerregenden Autobahnen ist nichts für Leute mit schwachen Nerven. Es herrscht viel Verkehr, und Parkplätze sind knapp und sehr teuer. Wer Hongkong unbedingt im Auto erleben will, sollte sich wenigstens einen Mietwagen mit Fahrer gönnen.

In Hongkong herrscht wie in Großbritannien, Australien und Macao – aber anders als in der VR China – Linksverkehr. Für Fahrer und Beifahrer (egal ob vorne oder hinten) sind Sicherheitsgurte Vorschrift. Die Polizei kennt da keinen Spaß, sondern schreibt bei Übertretungen sofort einen Strafzettel aus.

Die meisten Ausländer über 18 Jahren dürfen in Hongkong bis zu 12 Monate lang mit dem gültigen heimischen Führerschein Auto fahren. Es kann aber nicht schaden, einen internationalen Führerschein dabeizuhaben. Die Autovermieter akzeptieren sowohl internationale, als auch ausländische Führerscheine, doch muss man als Fahrer in der Regel mindestens 25 Jahre alt sein, um einen Mietwagen zu erhalten.

Ace Hire Car (☎2572 7663, 2893 0541; www.acehirecar.com.hk) Vermietet Mercedes-Limousinen mit Fahrer für 250 HK$ pro Stunde (mind. 2–5 Std., je nach Standort).

Avis (☎2890 6988; www.avis.com.hk) Vermietet einen Toyota Corolla oder Honda Civic für 930/1980/3700 HK$ pro Tag/Wochenende/Woche. Mit Fahrer kostet das gleiche Gefährt 350 HK$ pro Stunde (mind. 3 Std.).

Bus

Mit Hongkongs umfangreichem Busnetz kann man fast jede Ecke im Territorium erreichen. Da Kowloon und der Norden von Hong Kong Island bestens durch die MTR erschlossen sind, benutzen die meisten Besucher Busse hauptsächlich zu Fahrten in den Süden von Hong Kong Island sowie in den New Territories und auf Lantau.

Die meisten Buslinien sind von 5.30 oder 6 Uhr bis 24 oder 0.30 Uhr in Betrieb, es gibt aber auch eine geringere Zahl von Nachtbussen, die zwischen 0.45 und 5 Uhr oder später fahren. Die Fahrpreise liegen zwischen 2,50 und 52 HK$, abhängig vom Ziel. Die Fahrpreise der Nachtbusse betragen 6 bis 32 HK$. Man muss passend zahlen oder die Octopus Card benutzen.

Auf Hong Kong Island sind die wichtigsten Bushaltestellen der Busbahnhof unterhalb des Exchange Sq (Karte S. 386) in Central und die Haltestelle in Admiralty. An diesen Haltestellen fahren Busse nach Aberdeen, Repulse Bay, Stanley und zu weiteren Zielen im Süden von Hong Kong Island. In Kowloon fahren Busse vom Star-Ferry-Busbahnhof (Karte S. 402) die Nathan Rd hinauf und zum Bahnhof Hung Hom.

Herauszufinden, welcher Bus der richtige ist, kann Schwierigkeiten bereiten, aber **City Bus** (☎2873 0818) und **First Bus** (☎2136 8888;

www.nwstbus.com.hk), die zum selben Unternehmen gehören, sowie **Kowloon Motor Bus** (KMB; ☎2745 4466; www.kmb.hk) bieten auf ihren Websites eine benutzerfreundliche Streckensuche an. KMB hat auch eine Strecken-App für Smartphones.

Die meisten Ziele auf Lantau Island sind mit Bussen von **New Lantao Bus** (☎2984 9848; www.newlantaobus.com) erreichbar. Wichtige Haltestellen befinden sich am Fährhafen Mui Wo sowie an der MTR-Station Tung Chung.

Fahrrad

Im Stadtgebiet von Kowloon oder Hong Kong Island herumzuradeln, wäre Selbstmord, aber in den ruhigeren Gebieten auf den Inseln (auch im Süden von Hong Kong Island) sowie in den New Territories kann eine Radtour ganz nett sein. Das ist dann aber eine Freizeitaktivität, denn wegen des hügeligen Terrains kommen allenfalls Mountainbiker schnell voran. Achtung: An Wochenenden sind bei gutem Wetter die Räder der Vermietungen und Verleihstände schnell vergriffen!

Minibus

Minibusse sind Kleintransporter mit höchstens 16 Sitzplätzen. Es gibt rote und grüne Minibusse.

Die roten Minibusse (2–22 HK$) sind beige mit rotem Dach oder roten Streifen. Sie fahren auf festen Strecken; Fahrgäste können sie beliebig heranwinken und an jeder möglichen Stelle aussteigen. Das Ziel und der Fahrpreis sind auf einer Tafel an der Windschutzscheibe angegeben, die aber oft nur Chinesisch beschriftet ist. Man reicht dem Fahrer beim Aussteigen das Fahrgeld; Wechselgeld wird zurückgegeben. Auf manchen Strecken kann man auch die Octopus Card einsetzen.

Die Großtaxis (2,50–24 HK$), die allgemein als „grüne Minibusse" bezeichnet werden, sind ebenfalls beige, haben aber ein grünes Dach oder grüne Streifen. Sie fahren nur feste Haltestellen an. Beim Einsteigen ist der exakte Fahrpreis in die Box einzuwerfen, man kann aber auch die Octopus Card nutzen. Zwei beliebte Linien sind die 6 (4,70 HK$) von der Hankow Rd in Tsim Sha Tsui nach Tsim Sha Tsui East und zum Bahnhof Hung Hom in Kowloon sowie die 1 (8,40 HK$) vom Bahnhof Hongkong zum Victoria Peak.

MTR

Mass Transit Railway (MTR; ☎2881 8888; www.mtr.com.hk) ist die Bezeichnung für das Bahnnetz Hongkongs, das aus U-Bahn, Vorortbahnen und der Light Rail (langsameren, straßenbahnähnlichen Zügen) besteht. Die Züge der MTR sind sauber, schnell und sicher; sie transportieren täglich rund 4 Mio. Fahrgäste.

Die Fahrt mit der MTR kostet zwar mehr als die mit dem Bus, die meisten Ziele in Hongkong erreicht man aber mit ihr auch am schnellsten.

Zug

Das Netz umfasst 82 Bahnhöfe an neun unter- und oberirdisch fahrenden Linien, hinzu kommt das Light-Rail-Netz, das die nordwestlichen New Territories anbindet. Die Züge fahren zwischen ungefähr 6 und 24 oder 1 Uhr alle zwei bis 14 Minuten.

Die Fahrkarten kosten zwischen 4 und 25 HK$, für Fahrten bis zu Bahnhöfen an der Grenze zur VR China (Lo Wu & Lok Ma Chau) aber bis zu 50 HK$. Kinder zwischen drei und elf Jahren sowie Senioren über 65 Jahre fahren zum halben Preis. Die Fahrscheinautomaten nehmen Banknoten und Münzen an und geben Wechselgeld heraus.

Nach dem Passieren der Sperre ist der Fahrschein 90 Minuten lang gültig. Wer (z. B. aus Versehen) einen nicht ausreichenden Fahrschein gelöst hat, kann den Differenzbetrag an einem MTR-Serviceschalter neben dem Drehkreuz nachzahlen.

Wenn möglich, sollte man die Spitzenzeiten (werktags 7.30–9.30 & 17–19 Uhr) meiden. Rauchen sowie der Verzehr von Speisen und Getränken sind in den Bahnhöfen und Zügen der MTR verboten; Übertretungen dieses Verbots werden mit einer Geldstrafe von 5000 HK$ geahndet. In den MTR-Bahnhöfen gibt es keine Toiletten.

Die Ausgänge der MTR-Bahnhöfe sind mit Buchstaben und Zahlen gekennzeichnet; manche Bahnhöfe haben bis zu zwölf Ausgänge. In diesem Führer sind für Sehenswürdigkeiten und Ziele, wo immer möglich, die genauen Ausgangsbezeichnungen angegeben, doch zuweilen steht man vor dem Lageplan und kratzt sich ratlos am Kopf. An jedem Ausgang sind aber Pläne der umliegenden Gegend aufgehängt.

Light Rail

Die Light Rail der MTR ist praktisch eine moderne, mit Klimaanlage ausgerüstete und viel schnellere Version der Hongkonger Straßenbahn. Die Triebwagen sind zwischen ungefähr 5.30 und 0.15 bis 1 Uhr in den nordwestlichen New Territories unterwegs. Sie fahren alle vier bis zwölf Minuten, je nach Linie und Tageszeit.

Die Fahrpreise liegen zwischen 4 und 5,80 HK$, abhängig von der Zahl der durchquerten Tarifzonen (von denen es fünf gibt); Kinder und Senioren über 65 Jahren zahlen 2 bis

2,90 HK$. Wer keine Octopus Card hat, kann aus den Automaten auf den Bahnsteigen Einzelfahrscheine ziehen. Zugangssperren oder Drehkreuze gibt es nicht; die Fahrgäste entwerten ihren Fahrschein oder die Octopus Card beim Ein- und Aussteigen.

Sammel- & Touristenkarten

Die **Octopus Card** (✆2266 2222; www.octopuscards.com) ist eine wiederaufladbare Karte, die für die MTR und die meisten anderen öffentlichen Verkehrsmittel in Hongkong gültig ist. Sie kann auch zum Einkaufen in Läden überall in der Sonderverwaltungszone (z. B. in Minimärkten und Supermärkten) benutzt werden.

Die Karte kostet 150 HK$ (Kind & Senior 70 HK$), darin sind 50 HK$ Kaution und 100 HK$ Fahrtguthaben enthalten. Mit der Octopus Card zahlt man bei der MTR rund 5 % weniger als für Normalfahrscheine. Die gekaufte Karte kann man an jedem MTR-Bahnhof neu aufladen.

Für kürzere Aufenthalte:

Airport Express Travel Pass (1/2 Fahrten mit dem Airport Express 220/300 HK$) Mit dieser Karte kann man drei aufeinanderfolgende Tage lang die MTR unbegrenzt nutzen.

MTR Tourist Day Pass (Erw./Kind 3–11 Jahre 55/25 HK$) Die MTR-Tageskarte ist ab Ersteinsatz 24 Stunden gültig.

Tourist Cross-Boundary Travel Pass (1/2 aufeinanderfolgende Tage 85/120 HK$) Mit dieser Karte kann man unbegrenzt mit der MTR fahren und zwei Einzelfahrten zum/vom Bahnhof Lo Wu oder Lok Ma Chau unternehmen.

Schiff/Fähre

Trotz des gut ausgebauten Bus- und Bahnnetzes ist man in Hongkong immer noch sehr stark auf Fähren angewiesen, wenn man den Hafen überqueren oder die Outlying Islands erreichen möchte. Bei der Überquerung des Hafens ist eine Fahrt mit der Star Ferry schneller und billiger als eine mit Bussen oder der MTR. Außerdem macht die Fahrt Spaß, und man hat eine tolle Aussicht. Lantau ist mit der MTR oder Bussen erreichbar, aber für die übrigen Outlying Islands ist man ausschließlich auf Fähren angewiesen.

FÄHRGESCHICHTEN

Die Star Ferry ist eine Institution, die ihren Nutzern ans Herz gewachsen ist. Wer daran herumpfuscht, riskiert, dass die sonst recht phlegmatischen Einwohner der Stadt richtig wütend werden.

Im Jahr 1966 beispielsweise, als die VR China mitten in den Wirren der Kulturrevolution steckte, nutzten kommunistische Agitatoren eine Erhöhung der Fährpreise um 0,05 HK$ als Vorwand, um gewalttätige Demonstrationen anzuzetteln. Die Unruhen in Hongkong hielten fast ein Jahr an.

Neuen Ärger gab es 2006 um den recht schmucklosen Central Ferry Pier aus den 1950er-Jahren, der zu einem Wahrzeichen geworden war und nun neuen Gebäuden und weiterem Neuland weichen sollte. An den Tagen vor dem Beginn des Abrisses drängten sich Tausende erboster Einwohner Hongkongs um die Anlage, stellten Transparente auf und forderten die Erhaltung des einmaligen historischen Gebäudes. Aber ihre Proteste waren vergeblich.

Die Star-Ferry-Strecke zwischen Pedder's Wharf (auf heute trockengelegtem Gelände) und Tsim Sha Tsui wurde erstmals in einem Zeitungsartikel im Jahr 1888 erwähnt. Damals fuhren die Schiffe „alle 40 Minuten bis jede Stunde zu allen Tageszeiten" außer montags und freitags, wenn sie als Kohletransporter eingesetzt wurden. Seither fuhr die Fähre unentwegt. Die einzige größere Pause musste sie während des Zweiten Weltkriegs einlegen. Aber auch hier tat die Star Ferry noch treue Dienste, denn sie wurde während der japanischen Invasion benutzt, um Flüchtlinge und alliierte Soldaten von der Halbinsel Kowloon zu evakuieren, ehe sie dann für mehr als vier Jahre ihren Betrieb einstellte.

Bis zur Eröffnung des Cross-Harbour Tunnel im Jahr 1978 und der ersten MTR-Strecke zwei Jahre später war die Star Ferry die einzige Verbindung über den Hafen. Im Berufsverkehr reichten die Pendlerschlangen auf Hong Kong Island bis zur Hauptpost und in Kowloon bis zum Star House.

Star Ferry

Man hat Hongkong nicht wirklich gesehen, wenn man keine Fahrt mit einer **Star Ferry** (✆2367 7065; www.starferry.com.hk) mitgemacht hat. Die wunderbare Flotte besteht aus elektrischen und mit Diesel betriebenen Schiffen mit so klangvollen Namen wie *Morning Star, Celestial Star* oder *Twinkling Star*.

Es gibt zwei Star-Ferry-Strecken, aber die bei Weitem beliebteste ist die zwischen Central (Pier 7) und Tsim Sha Tsui (2–3 HK$, 6.30–23.30 Uhr, alle 6–12 Min.). Mit dieser Fahrt lässt sich nichts auf der Welt vergleichen, schon gar nicht, wenn man in einer klaren Nacht von Kowloon nach Central übersetzt. In der Gegenrichtung ist der Ausblick nicht halb so spektakulär.

Die Star Ferry verbindet außerdem Wan Chai mit Tsim Sha Tsui (2,50–3 HK$, 7.20–23 Uhr alle 8 bis 20 Min.). An den Drehkreuzen wirft man Münzen ein, erhält aber kein Wechselgeld zurück. Man kann aber auch am Schalter einen Fahrschein kaufen oder die Octopus Card einsetzen.

Fähren zu den Outlying Islands

Regelmäßig verkehrende Fähren verbinden die wichtigsten Outlying Islands mit Hong Kong. Die Fahrpreise sind nicht hoch, die Fähren komfortabel und meist sogar mit Klimaanlagen ausgerüstet. Sie verfügen über Toiletten und manche auch über eine Bar, an der man Snacks und kalte Getränke bekommt. Am Samstagnachmittag und den ganzen Sonntag hindurch können die Fähren überfüllt sein, vor allem in den wärmeren Monaten.

Es gibt zwei Arten von Fähren: die großen „normalen" Fähren, die mit Ausnahme der Boote nach Lamma eine Standard- und eine Luxusklasse anbieten, sowie die kleineren „Schnellfähren", die 10 bis 20 Minuten schneller, dafür aber auch 50 bis 100 % teurer sind.

An Sonn- und Feiertagen gelten höhere Preise. Wenn nicht anders angegeben, zahlen Kinder von 3 bis 11 Jahren, Senioren über 65 Jahre und Menschen mit Behinderungen bei beiden Fährtypen und in beiden Klassen den halben Preis. Ein Hin- und Rückfahrschein kostet das Doppelte eines Einzelfahrttickets.

Die Tickets sind an den Schaltern an den Anlegestellen erhältlich. Um bei starkem Andrang hier das Anstehen zu vermeiden, benutzt man am besten eine Octopus Card oder wirft am Eingangsdrehkreuz den passenden Betrag ein. Die Fahrpläne hängen an allen Anlegestellen deutlich sichtbar aus, man findet sie aber auch auf den Websites der Fährunternehmen.

Drei separate Unternehmen bieten vom Fährhafen in Central (Karte S. 392) Verbindungen zu den Outlying Islands an:

Discovery Bay Transportation Service (☎2987 7351; www.hkri.com) Die regelmäßige Schnellfähre fährt zwischen Central (Pier 3) und Discovery Bay auf Lantau Island.

Hong Kong & Kowloon Ferry Co (HKKF; ☎2815 6063; www.hkkf.com.hk) Fährt nur Ziele auf Lamma an.

New World First Ferry (NWFF; ☎2131 8181; www.nwff.com.hk) Die Fähren von NWFF fahren von/nach Cheung Chau, Peng Chau und Lantau und verbinden die drei Inseln mit dem Interisland Service (11,10 HK$ für alle Sektoren, 6–22.50 Uhr alle 1¾ Std.).

Im Folgenden sind besonders beliebte Verbindungen aufgeführt:

Central (Pier 6)–Mui Wo auf Lantau Island Erw. Standard-/Luxusklasse/Schnellfähre 14,50/24,10/28,40 HK$ (So & Feiertage 21,40/35,30/40,80 HK$); 50–55 Min. (große Fähre) bzw. 31 Min. (Schnellfähre); ab 6.10 Uhr (So & Feiertage ab 7 Uhr) jede halbe Stunde. Die letzte Fähre von Mui Wo nach Central legt um 23.30 Uhr ab.

Central (Pier 4)–Yung Shue Wan auf Lamma Island Erw. 16,10 HK$ (So & Feiertage 22,30 HK$); 30–35 Min.; Abfahrt etwa jede halbe Stunde bis Stunde. Das letzte Boot von Yung Shue Wan nach Central legt um 23.30 Uhr ab.

Central (Pier 4)–Sok Kwu Wan auf Lamma Island Erw. 19,80 HK$ (So & Feiertage 28 HK$); 40 Min.; zw. 7.20 & 23.30 Uhr ca. alle 1½ Std. Die letzte Fähre von Sok Kwu Wan nach Central legt um 22.40 Uhr ab.

Central (Pier 5)–Cheung Chau Erw. Standard-/Luxusklasse/Schnellfähre 12,60/19,20/24,60 HK$ (So & Feiertage 18,40/28,70/35,30 HK$); 55–60 Min. (große Fähre) bzw. 35 Min. (Schnellfähre); ab 6.10 Uhr etwa alle 30 Min. Die letzte Fähre von Cheung Chau nach Central geht um 23.45 Uhr.

Fährverbindungen zu weniger besuchten, aber malerischen Zielen:

Tsui Wah Ferry Service (☎2527 2513, 2272 2022; www.traway.com.hk) Das Unternehmen fährt mit langsameren Fähren von Ma Liu Shui (15 Gehminuten vom MTR-Bahnhof University) nach Tap Mun Chau und zur Halbinsel Sai Kung (2-mal/Tag), von Ma Liu Shui nach Tung Ping Chau (nur an Wochenenden & Feiertagen) und von Aberdeen nach Po Toi Island (Di, Do, Sa & So).

Straßenbahn

Die altehrwürdigen Straßenbahnen der **Hongkong Tramways Ltd** (☎2548 7102; www.hktramways.com) sind hohe, schmale Doppeldecker. Sie sind langsam, aber die Fahrt ist preiswert und wunderbar, um die Stadt zu erkunden. Am besten schnappt man sich einen Sitzplatz in der ersten Reihe auf dem Oberdeck, dann hat man den besten Ausblick, während das Gefährt durch die verstopften Straßen rumpelt.

Für einen Fahrpreis von 2,50 HK$ (beim Aussteigen in die Box neben dem Fahrersitz einwerfen) kann man die gesamte 16 km lange Schienenstrecke abfahren, von der 3 km nach Happy Valley führen. Die Straßenbahnen fahren von 6 bis 24 Uhr alle paar Minuten. Es gibt sechs Linien, die aber alle auf denselben Gleisen entlang der Nordküste von Hong Kong Island fahren. Die längste Linie (Kennedy Town–Shau Kei Wan mit Umsteigen am Western Market) abzufahren, dauert rund 90 Minuten.

Peak Tram

Die **Peak Tram** (☎2522 0922; www.thepeak.com.hk; einfache Strecke/hin & zurück Erw. 28/40 HK$, Senioren über 65 & Kind 3–11 Jahre 11/18 HK$) ist keine Straßenbahn, sondern eine Standseilbahn, die seit 1888 die 396 m lange Steigung zum höchsten Punkt auf Hong Kong Island bewältigt. Sie ist damit das älteste öffentliche Verkehrsmittel im Territorium. Die Strecke ist so steil, dass der Fußboden der Bahn geneigt gebaut ist, damit Fahrgäste besser aufrecht stehen können.

Die Peak Tram fährt von 7 bis 24 Uhr alle 10 bis 15 Minuten. Die Talstation befindet sich hinter dem St. John's Building (Karte S. 394), die Bergstation im Peak Tower. Besser nicht an Sonn- und Feiertagen fahren, denn dann bilden sich meist lange Schlangen! Zum Bezahlen kann die Octopus Card genutzt werden.

Von 10 bis 23.40 Uhr verkehrt der offene (oder klimatisierte) Bus 15C (4,20 HK$, alle 15–20 Min.) zwischen dem Busbahnhof nahe dem Central Ferry Pier 7 und der Talstation.

Taxi

Verglichen mit den Preisen in anderen Weltstädten sind Taxifahrten in Hongkong recht billig. Und da mehr als 18 000 Taxis auf den Straßen der Sonderverwaltungszone unterwegs sind, ist auch meist leicht eines zu bekommen – außer während des Berufsverkehrs, bei Regen oder während des Schichtwechsels der Fahrer (tägl. gegen 16 Uhr).

Die Urban-Taxis fahren in Kowloon und auf Hong Kong Island. Sie sind rot und haben ein silbernes Dach. Sie können einen überall hinbringen, außer nach Lantau. Die New-Territories-Taxis sind grün mit weißem Dach; die Lantau-Taxis sind blau. In den New Territories muss man ein rotes Taxi nehmen, wenn sich das Fahrziel auf Hong Kong Island, in Kowloon oder in den Stadtzentren der Neustädte in den New Territories befindet.

Freie Taxis sind an dem rot erleuchteten „For Hire"-Zeichen am Taxameter erkennbar, das durch die Windschutzscheibe zu sehen ist. Abends ist auch das „Taxi"-Schild auf dem Dach erleuchtet. Taxis halten nicht an Bushaltestellen sowie in Halteverbotszonen, die mit einer gelben Linie neben der Bordsteinkante markiert sind.

Manche Taxifahrer sprechen gut Englisch, andere gar nicht. Deshalb ist es keine schlechte Idee, sich sein Fahrziel vorher in chinesischen Schriftzeichen aufschreiben zu lassen.

Gesetzlich ist für alle Insassen die Benutzung des Sicherheitsgurts vorgeschrieben. Sowohl der Fahrer, als auch die Fahrgäste müssen mit einer Geldstrafe rechnen, wenn sie ohne Gurt erwischt werden; die meisten Fahrer erinnern einen vor Fahrtantritt daran, sich anzuschnallen.

Beim Gepäck beträgt die Gebühr 4,50 HK$ pro Stück, aber nicht alle Fahrer fordern dies ein, vor allem nicht bei kleineren Gepäckstücken. Bestellt man ein Taxi telefonisch, muss man dafür 4,50 HK$ zusätzlich bezahlen. Man sollte kleinere Geldscheine und Münzen dabei haben, da die meisten Fahrer ungern auf 100 HK$ oder mehr herausgeben. Es fallen keine zusätzlichen Gebühren für Nachtfahrten oder weitere Fahrgäste an. Ein Trinkgeld von bis zu 10 % ist in Ordnung, aber die meisten Leute geben nur die kleinen, braunen Münzen und einen oder zwei Dollar.

Wenn das Taxi durch einen der vielen Tunnel in Hongkong fährt, sei es unter dem Hafen oder in den Hügeln, muss der Fahrgast die Maut bezahlen. Dies gilt auch, wenn das Taxi den Lantau Link nach Tung Chung oder zum Flughafen benutzt. Obwohl das Passieren des Cross-Harbour-Tunnels nur 10 HK$ kostet, muss man für eine Fahrt mit einem Taxi aus Hong Kong Island nach Kowloon 20 HK$ bezahlen. Wer ein Taxi aus Kowloon findet, das „nach Hause" fährt, bezahlt nur 10 HK$ (umgekehrt gilt natürlich dasselbe). Wer den Hafen via Western-Harbour-

DAS TAXISYSTEM

TYP	ERSTE 2 KM	PRO ZUSÄTZLICHE 200 M & MINUTE WARTEZEIT
Urban-Taxi (rot)	20 HK$	1,50 HK$ (1 HK$, wenn der Preis 72,50 HK$ überschreitet)
New-Territories-Taxi (grün)	16,50 HK$	1,30 HK$ (1 HK$, wenn der Preis 55 HK$ überschreitet)
Lantau-Taxi (blau)	15 HK$	1,30 HK$ (1,20 HK$, wenn der Preis 132 HK$ überschreitet)

Tunnel durchquert, muss 40 HK$ für die Maut und noch einmal 15 HK$ für die Rückfahrt des Taxis bezahlen – es sei denn, man findet auch in diesem Fall ein Taxi, das „nach Hause" fährt. Für den Eastern Harbour Crossing beträgt die Maut 25 HK$ und der Fahrpreis 15 HK$.

Es gibt keine andere Möglichkeit, als die saftigen 30 HK$ pro Richtung zu bezahlen, wenn ein Taxi den Lantau Link benutzt.

Für die anderen Straßen und Tunnels muss man nicht doppelt bezahlen: Aberdeen (5 HK$), Lion Rock (8 HK$), Shing Mun (5 HK$), Tate's Cairn (14 HK$), Tai Lam (30 HK$) und Tseung Kwan O (3 HK$).

Die meisten Hongkonger Taxifahrer sind absolut ehrlich, wenn man aber das Gefühl hat, betrogen worden zu sein, sollte man sich die Nummer des Taxis oder der Fahrerlizenz (in der Regel an der vorderen Sonnenblende angeschlagen) aufschreiben und die Hotline der **Transport Complaints Unit** (☎2889 9999) oder des **Transport Department** (☎2804 2600) anrufen, um sich zu beschweren. Man sollte dazu alle relevanten Einzelheiten angeben: wann, wo und welcher Preis. Wenn man etwas im Taxi vergessen hat, kann man die **Road Co-op Lost & Found Hotline** (☎187 2920) anrufen; die meisten Fahrer liefern Fundsachen ab.

GEFÜHRTE TOUREN

Obwohl Hongkong nicht allzu groß ist, gibt es jede Menge organisierter Touren. Sie führen fast überall hin und sind durchaus eine gute Option, wenn man sich in Hongkong nur kurze Zeit aufhält oder sich nicht auf den öffentlichen Nahverkehr einlassen will. Manche Touren sind klassische Stadtausflüge, im Rahmen derer die wichtigsten Sehenswürdigkeiten auf Hong Kong Island, etwa den Peak oder die Hollywood Rd, abgeklappert werden. Daneben gibt es Hafenrundfahrten sowie Ausflüge zu den Inseln und in die New Territories.

Einige der besten Touren werden vom **Hong Kong Tourism Board** (HKTB; ☎2508 1234; www.discoverhongkong.com) angeboten. Die Touren der einzelnen Unternehmen können in der Regel in jeder HKTB-Filiale gebucht werden.

Hafen

Wer das ganze Ausmaß des Victoria Harbour von Meereshöhe aus sehen will, macht am besten eine **Star Ferry Harbour Tour** (☎2118 6201; www.starferry.com.hk/tour). Diese Hafenrundfahrt gibt's in mehreren Versionen. Die meisten Rundfahrten beginnen am Star Ferry Pier in Tsim Sha Tsui, einige aber auch an den Piers in Central und Wan Chai; Details stehen auf der Website.

Tagesrundfahrt Abfahrt stündlich zwischen 14.05 & 19.05 Uhr; Preis Erw./erm. (Kind 3–11 Jahre & Senior über 65 Jahre) 70/63 HK$.

Tageskarte/Halbtageskarte Erhältlich zwischen 11.05 & 22.05 bzw. 18.05 Uhr; Preis Erw./erm. 200/95 HK$.

Nachtrundfahrt (2 Std.) Inbegriffen ist das Zuschauen bei einer Multimedia-Show über dem Hafen; Abfahrt 19.05 Uhr, Preis Erw./erm. 170/153 HK$.

Einfache Nachtfahrt Abfahrt zwischen 19.05 (Winter 18.05) & 22.05 Uhr, Preis Erw./erm. 140/126 HK$.

Wer es schicker haben will, sollte sich die Angebote der folgenden Veranstalter anschauen, die Hafentouren mit Speisen, Getränken und sogar Buffet anbieten:

Hong Kong Ferry Group (☎2802 2886; www.cruise.com.hk) Bietet zweistündige Hafenrundfahrten in einem großen Boot mit Abendbuffet und Liveband; die *Sunset Cruise* kostet 300 HK$ (Kind 210 HK$), die *Symphony of Lights Cruise* 400 HK$ (Kind 260 HK$).

Water Tours (☎2926 3868; www.watertours.com.hk) Im Angebot sind sechs verschiedene Hafentouren sowie Dinner- und Cocktail-Kreuzfahrten. Die Preise rangieren zwischen 230 HK$ (Kind 2–12 Jahre 135 HK$) für die *Morning Harbour & Noon Day Gun Firing Cruise* über 310 HK$ (Kind 220 HK$) für die *Harbour Lights Cruise* bis zu 450 HK$ (Kind 420 HK$) für die *Lei Yue Mun Seafood Village Dinner Cruise*.

Kultur

Gray Line (☎2368 7111; www.grayline.com.hk) Bei der stets beliebten fünfstündigen *Heritage Tour* (Erw./Kind unter 16 Jahre 380/330 HK$) besichtigt man Sehenswürdigkeiten in den New Territories, darunter den Man-Mo-Tempel in Tai Po, die Tang-Chung-Ling-Ahnenhalle im Dorf Leung Yeuk Tau und das Wehrdorf Lo Wai.

Sky Bird Tours (☎2736 2282; www.skybird.com.hk) Diese vierstündigen Touren (298 HK$/Pers.) sind der traditionellen Lebensweise gewidmet – man erfährt hier alles über Tai Chi, Feng Shui und chinesischen Tee. Die Touren beginnen montags, mittwochs und freitags um 7.30 Uhr am Excelsior Hong Kong Hotel in Causeway Bay bzw. um 7.45 Uhr am Salisbury YMCA in Tsim Sha Tsui.

Splendid Tours & Travel (☎2316 2151; www.splendidtours.com) Die *Come Horse-racing*-Tour (770 HK$/Pers.) wird während der Rennsaison

(Sept.–Anfang Juli) angeboten. Im Eintritt inbegriffen sind der Eintritt zur Besuchertribüne des Clubgeländes des Hong Kong Jockey Club sowie Selbstbedienung am Getränkebuffet. Die Abendtouren (Mi) dauern rund fünfeinhalb Stunden, die Tagestouren (Sa od. So) rund sieben Stunden.

Natur

Eco Travel (☎3105 0767; www.ecotravel.hk) Die Geopark-Tour in den nordöstlichen New Territories ist ein charmanter siebenstündiger Trip zu den Sediment-Felsformationen des Yan Chau Tong Marine Park (Double Haven) mit einem Halt beim Hakka-Wehrdorf Lai Chi Wo, wo man die am besten erhaltenen Feng-Shui-Bäume Hongkongs sieht. Der letzte Halt ist Ap Chau (Duck Island), das berühmt ist für seine Brekzien, die Meeresklippe und weitere durch die Wellen herausgewaschene Landformen. Manche Touren umfassen auch ein traditionelles Mittagessen der Hakka. Die Touren beginnen um 9 Uhr an der MTR-Haltestelle University (580 HK$/Pers.).

Hong Kong Dolphinwatch (☎2984 1414; www.hkdolphinwatch.com) Die vierstündige Tour (Erw./Kind 380/190 HK$) vor Lantau umfasst nicht nur nette Delfinbeobachtungen, sondern auch viele Infos über den gefährdeten Chinesischen Weißen Delfin; 100 bis 200 dieser Tiere leben in Hongkongs Küstengewässern. Los geht's immer mittwochs, freitags und sonntags um 8.50 Uhr am Kowloon Hotel in Tsim Sha Tsui.

Kayak and Hike (☎9300 5197; www.kayak-and-hike.com) Die siebenstündige Kajaktour ist eine tolle Möglichkeit, die Schönheit des Sai-Kung-Geoparks zu erkunden. In einer Dschunke geht es zu der Kajakstelle auf der nahe gelegenen Bluff Island. Von dort wird zu einem Strand gepaddelt, an dem man baden und schnorcheln kann. Die Tour startet um 8.45 Uhr am alten Pier von Sai Kung (700 HK$/Pers.). Sein Mittagessen muss man selbst mitbringen.

Splendid Tours & Travel (☎2316 2151; www.splendid.hk) Veranstaltet die Sai-Kung-Küstentour, eine sechsstündige Kreuzfahrt, auf der man die schöne Küste, die friedlichen Gewässer und vielfältigen geologischen Formationen von Sai Kung, dem „Garten hinter Hongkong" erkundet. Inbegriffen ist ein Halt am Hung-Shing-Tempel, einer UNESCO-Welterbestätte auf Kau Sai Chau. Die Tour beginnt um 8.20 Uhr am Excelsior Hotel in Causeway Bay (680 HK$/Pers.).

Walk Hong Kong (☎9187 8641; www.walkhongkong.com) Veranstaltet eine Reihe von Wandertouren zu besonders schönen Stellen in Hongkong, z. B. zu verlassenen Stränden auf der Halbinsel Sai Kung (800 HK$/Pers., 8½ Std.), zum Dragon's Back in Shek O (500 HK$/Pers., 4 Std.) und zur sechseckigen vulkanischen Säulenwand in Sai Kung (800 HK$, 8½ Std.).

Stadt

Big Bus Company (☎2723 2108; www.bigbustours.com; Erw./Kind 24 Std. 350/250 HK$, Nachttour 200 HK$) Eine gute Art, die Stadt kennenzulernen sind die Touren mit den oben offenen Doppeldeckern, bei denen man beliebig oft ein- und aussteigen kann. Drei Strecken werden angeboten: auf der Kowloon-Route sieht man einen guten Teil des Ufers von Tsim Sha Tsui und Hung Hom, die Hong-Kong-Island-Route führt durch Central, Admiralty, Wan Chai und Causeway Bay, und die *Green Tour* führt zum Stanley Market und nach Aberdeen.

Gray Line (☎2368 7111; www.grayline.com.hk; Erw./Kind 3–11 Jahre ab 560/460 HK$) Bei der Tagestour besucht man den Man-Mo-Tempel, den Victoria Peak, Aberdeen und den Stanley Market.

Heliservices (☎2802 0200; www.heliservices.com.hk) Wer Hongkong von oben kennenlernen will und keine Kosten scheut, kann mit dem Eurocopter Ecureuil von Heliservices, der Platz für bis zu fünf Passagiere bietet, über die Stadt fliegen. (12-/30-/45-minütiger Flug 5200/13 000/19 500 HK$).

Splendid Tours & Travel (☎2316 2151; www.splendidtours.com) Interessante Halb- und Ganztagestouren; die Preise liegen für Erwachsene zwischen 420 und 800 HK$ und für Kinder (3–12 Jahre) zwischen 320 und 680 HK$.

Macao: Verkehrsmittel & -wege

AN- & WEITERREISE

Die meisten Traveller kommen per Fähre aus Hongkong nach Macao. Aus China kann man ab Guangdong mit der Fähre oder dem Bus sowie ab diversen Städten auch per Flugzeug nach Macao einreisen.

Vom Macao International Airport gibt es Flüge zu einer begrenzten Zahl von Zielen in Asien. Wer von außerhalb Asiens nach Macao reisen will, bucht am besten einen Flug zum Hong Kong International Airport (s. S. 331) und dort die Fähre nach Macao, in die man einsteigen kann, ohne die Hongkonger Zoll- und Einreiseformalitäten erledigen zu müssen.

Bürger der EU-Staaten und der Schweiz können ihr China-Visum direkt an der Grenze nach Zhuhai kaufen, aber man spart Zeit, wenn man es sich vorab besorgt. Visa werden meist innerhalb eines Tages in Hongkong (s. S. 332) oder in Macao vom **China Travel Service** (中國旅行社; CTS; Karte S. 248; ☎2870 0888; www.cts.com.mo; 207 Avenida do Dr. Rodrigo Rodrigues, Nam Kwong Bldg; ⌚9–18 Uhr) ausgestellt.

Flugzeug

Von Macao gehen regelmäßig Flüge nach Beijing, Hangzhou, Nanjing, Ningbo, Shanghai und Xiamen und weniger häufig Flüge nach Chengdu, Chongqing, Fuzhou, Hefei, Nanning, Taiyuan, Wuhan und Wuxi. Flugpläne und Hinweise zu den Fluglinien gibt's auf der Website www.macau-airport.com.

Macao International Airport

Der auf Taipa gelegene **Macao International Airport** (Aeroporto Internacional de Macau; ☎2886 1111; www.macau-airport.com) ist nur 20 Minuten vom Stadtzentrum entfernt. Vom Flughafen aus gibt es häufige Verbindungen u. a. nach Bangkok, Chiang Mai, Kaohsiung, Kuala Lumpur, Manila, Osaka, Seoul, Singapur, Taipeh und Tokio.

Wer per Flugzeug nach Macao einreist, sollte sich bei seinem Hotel erkundigen, ob es einen Abholservice gibt. Eine Taxifahrt vom Flughafen ins Stadtzentrum sollte rund 50 MOP kosten, zuzüglich einer Gebühr von 5 MOP. Für große Taschen wird ein weiterer Aufschlag von 3 MOP erhoben.

Der Flughafenbus AP1 (4,20 MOP) umrundet nach dem Verlassen des Flughafens zunächst Taipa, bevor er den Fährhafen und dann das Grenztor ansteuert. Der Bus hält unterwegs an einigen der größeren Hotels. Zwischen 6.30 und 24 Uhr fährt dieser Bus alle 5 bis 12 Minuten. Andere Busse verkehren zur Praça de Ferreira do Amaral (MT1 & MT2) sowie nach Coloane (Bus 26).

SCHIFF/FÄHRE

Macao ist durch TurboJet (Erw./Kind/Kleinkind 233/178/126 MOP, 45 Min., 8-mal zw. 10 & 22 Uhr) direkt mit dem Hong Kong International Airport verbunden. Diese Fähre steht allerdings nur Transitreisenden zur Verfügung. Wer aus Hongkong kommt, kann sie nicht benutzen.

Hubschrauber

Die Anreise nach Macao mit dem Hubschrauber ist eine Möglichkeit, die bei Einheimischen und Besuchern gleichermaßen immer beliebter wird. **Sky Shuttle** (☎in Hongkong 2108 9898; www.skyshuttlehk.com) bietet einen Hubschrauber-Shuttle zwischen Macao und Hongkong (3700 HK$ inkl. Steuern, 15 Min.) mit täglich bis zu 27 Flügen in der Zeit von 9 bis 23 Uhr an. In Macao starten und landen die Helikopter auf dem Dach des Fährhafens, in Hongkong auf dem Landeplatz auf dem Fähranleger, der mit dem **Shun Tak Centre** (信德中心; Karte S. 392; 200 Connaught Rd Central) in Sheung Wan verbunden ist.

Sky Shuttle hat auch einen Hubschrauberservice zwischen Macao und Shenzhen (4800 HK$, 15 Min., 6-mal tgl. ab Macao zw. 10.15 & 19.45 Uhr, ab Shenzhen zw. 11.45 & 20.30 Uhr).

Auf dem Landweg

Von Macao kommt man problemlos auf dem Landweg in die VR China. Einfach mit dem Bus 3, 5 oder 9 zum **Grenztor** (關閘; Portas do Cerco; ⌚7–24 Uhr) fahren und die Grenze zu Fuß überqueren. Ein zweiter – weit weniger benutzter – Übergang ist der **Grenzposten Cotai** (⌚9–20 Uhr) am Verbindungsdamm zwischen Taipa und Coloane, von wo aus Besucher mit einem Shuttlebus (4 MOP) über die Lotusblütenbrücke nach Hengqin in Zhuhai fahren können. Die Busse 15, 21 und 26 setzen einen an diesem Übergang ab.

Wer weiter ins Landesinnere Chinas reisen will, kann am Busbahnhof in der Rua das Lorchas in einen Bus der **Kee Kwan Motor Road Co** (歧關車路有限公司; ☎2893 3888; ⌚7.15–21 Uhr) steigen. Die Busse fahren nach Guangzhou (77 MOP, 2½ Std., alle 15 Min.) und nach Zhongshan (40 MOP, 1 Std., zw. 8 & 18.30 Uhr alle 20 Min.). Vom Internationalen Flughafen Macao fahren viele Busse nach Guangzhou (150 MOP) und Dongguan (150 MOP).

Übers Meer

Tickets für die Fahrten mit Fähren und Katamaranen kann man vorab an den Fährhäfen, bei vielen Reisebüros und online buchen. Es ist zwar auch möglich, das Ticket vor Ort vor Antritt der Fahrt zu kaufen, doch empfiehlt es sich vor allem an Wochenenden und Feiertagen, das Ticket vorab zu reservieren. Es gibt eine Warteliste für Passagiere, die früher fahren wollen als auf dem Ticket angegeben. Man muss mindestens 15 Minuten vor Abfahrt am Pier sein, besser aber eine halbe Stunde, da sich an der Einreisestelle manchmal lange Schlangen bilden.

In der Economy Class sind nur 10 kg Handgepäck erlaubt, aber größere oder schwerere Gepäckstücke können aufgegeben werden.

Von/Nach Hongkong

Die meisten Traveller kommen mit der Fähre von Hongkong nach Macao. Die Überfahrt dauert nur eine Stunde, und den ganzen Tag über verkehren zahlreiche Fähren, nur zwischen 24 und 7 Uhr gibt's weniger.

Die meisten Fähren fahren vom **Hong Kong–Macau Ferry Terminal** (Karte S. 392; 200 Connaught Rd, Shun Tak Centre, Sheung Wan) auf Hong Kong Island oder vom **China Ferry Terminal** (中港碼頭; Karte S. 402; 33 Canton Rd, Tsim Sha Tsui) in Kowloon zum Fährhafen Macao (im äußeren Hafen) oder zum Provisorischen Fährhafen Taipa.

TurboJet (☎800 3628 3628, Auskunft in Hongkong 2859 3333, kostenlose Reservierung 800 1628 1628; www.turbojet.com.hk) fährt zwischen 7 und 24 Uhr regelmäßig vom Hong Kong–Macau Ferry Terminal (alle 15 Min.) und vom China Ferry Terminal (alle 30 Min.) nach Macao sowie nach Mitternacht weniger häufig (Economy/Superclass 151/291 HK$, an Wochenenden zzgl. 10 % Preisaufschlag, nachts – 18.15–6.30 Uhr – zzgl. 20 %).

CotaiJet (☎2885 0595, in Hong Kong 2359 9990; www.cotaijet.com.mo) fährt zwischen 6.30 und 24 Uhr halbstündlich vom Hong Kong–Macau Ferry Terminal zum **Provisorischen Fährhafen Taipa** (außerhalb der Karte S. 266; ☎2885 0595), und zwar mit Hochgeschwindigkeitskatamaranen (Cotai Class/Cotai First Class 151/201 HK$, an Wochenenden zzgl. 10 % Preisaufschlag, nachts – nach 18 Uhr – 20 % Preisaufschlag). Vom Fährhafen in Taipa bringen einen kostenlose Shuttlebusse zu den Unterkünften auf Cotai.

Von/Nach China

TurboJet fährt zehnmal täglich zwischen 9.45 und 20.45 Uhr vom Fährhafen Macao zum Hafen von Shekou in Shenzhen. Die Überfahrt dauert 60 Minuten (Economy/Super Class 210/330 MOP). Die zehn täglichen Fähren aus Shekou starten ebenfalls dort zwischen 8.15 und 19.30 Uhr. Fähren von TurboJet fahren auch zum Flughafen Shēnzhèn (210/355 MOP, 1 Std. 5-mal zw. 11.30 & 19.30 Uhr) sowie nach Nansha in Guangzhou (180/280 MOP, 10.45 & 16.15 Uhr).

Auch die **Yuet Tung Shipping Co** (☎2893 9944; www.ytmacau.com) betreibt Fähren zwischen Macao (Provisorischer Fährhafen Taipa) und Shekou (155 MOP). Das Boot legt in Macao um 11, 14 und 19 Uhr ab, die Fahrt dauert eineinhalb Stunden. Täglich um 15.15 Uhr fährt ein Boot von Taipa nach Jiangmen (50 MOP); die Fahrt dauert 70 Minuten. Vom Fährhafen Macao fahren außerdem auch Fähren nach Wanzai in Zhuhai (12 MOP, zw. 8 & 16.15 Uhr alle 30 Min., Rückfahrt 30 Min. später).

UNTERWEGS VOR ORT

Auto & Motorrad

Die Straßen auf der Halbinsel Macao sind verstopft von Autos und Mopeds, die einem ständig den Weg abschneiden.

Avis Rent A Car (☎2872 6571; www.avis.com.mo; Zi. 1022, EG, Maritimer Fährhafen Macao; ⌚10–13 & 14–16 Uhr) Vermietet Autos zu Preisen zwischen 700 und 1400 MOP pro Tag (an Wochenenden 20 % Aufschlag). Autos mit Chauffeur gibt's ab 300 MOP pro Stunde. Eine weitere Filiale (geöffnet 8–22 Uhr) befindet sich auf dem Parkplatz des Grand Lapa Hotel.

Burgeon Rent A Car (☎2828 3399; www.burgeonrentacar.com; Shop O, P & Q, Block 2, La Baie Du Noble, Avenida Do Nordeste) Vermietet Kia-Autos, das billigste Modell ab 190/270/390 MOP für 6/11/24 Stunden. Das günstigste Auto mit Chauffeur kostet 160 MOP pro Stunde (min. 2 Std.).

Öffentliche Verkehrsmittel

Die öffentlichen Busse von **TCM** (☎2885 0060; www.tcm.com.mo), **Transmac** (☎2827 1122; www.transmac.com.mo) und **Reolian** (☎2877 7888; www.reolian.com.mo) fahren von 6 Uhr bis kurz nach Mitternacht. Den Fahrpreis – 3,20 MOP auf der Halbinsel, 4,20 MOP zum Dorf Taipa, 5 MOP zum Dorf Coloane und 6,40 MOP zum Strand Hac Sa – wirft man beim Einsteigen in den Kasten (passend!). Man kann aber auch mit dem Macao-Pass bezahlen, der in zahlreichen Supermärkten und Minimärkten erhältlich ist. Die Karte kostet 130 MOP, worin eine Kaution von 30 MOP enthalten ist. Beim Aufladen beträgt der Mindestbetrag 50 MOP. Die Busse in Macao sind meist überfüllt.

Die *Macau Tourist Map* listet alle Linien der Busunternehmen auf, sie ist in den Filialen des Staatlichen Tourismusamts von Macao erhältlich. Infos über die Buslinien erhält man auch online. Die beiden nützlichsten Buslinien auf der Halbinsel sind die Linien 3 und 3A, die vom Fährhafen bis zum Stadtzentrum in der Nähe der Post fahren. Beide setzen ihren Weg dann bis zum Grenzübergang nach China fort. Zum Grenzübergang fährt auch der Bus 5, in den man an der Avenida Almeida Ribeiro einsteigen kann. Bus 12 startet am Fährhafen, fährt vorbei am Lisboa Hotel und dann hinauf zum Lou-Lim-Ioc-Park und zum Kun-Iam-Tempel. Die besten Verbindungen nach Taipa und Coloane sind die Busse 21A, 25 und 26A. Zum Flughafen fahren die Busse AP1, 26, MT1 und MT2.

Taxi

In Taxis zahlt man für die ersten 1,6 km 13 MOP und danach jeweils 1,50 MOP pro 230 m. Für die Fahrt nach Coloane wird eine Zuschlag von 5 MOP erhoben, für die Fahrt zwischen Taipa und Coloane ein Zuschlag von 2 MOP. Die Rufnummern für ein gelbes Funktaxi lauten ☎2851 9519 oder ☎2893 9939.

Hongkong: Allgemeine Informationen

Ermäßigungen

Hong Kong Museums Pass

Mit dieser Kombikarte kann man sechs Museen in Hongkong unbegrenzt häufig besuchen: auf Hong Kong Island das Hong Kong Museum of Coastal Defence, in Kowloon das Hong Kong Science Museum, das Hong Kong Museum of History, das Hong Kong Museum of Art und das Hong Kong Space Museum (mit Ausnahme des Space Theatre) sowie in den New Territories das Hong Kong Heritage Museum. Die Tickets, die an sieben aufeinanderfolgenden Tagen gültig sind, kosten 30 HK$, und man erhält sie in den Büros des Hong Kong Tourism Board (HKTB) sowie in den beteiligten Museen. In diesen hat man mittwochs freien Eintritt.

Jugendherbergsausweis

Ein internationaler Jugendherbergsausweis von Hostelling International (HI) oder dessen nationales Pendant nützen in Hongkong nicht viel: Die lediglich sieben lokalen HI-Hostels liegen auch noch größtenteils in abgeschiedenen Ecken der New Territories. Wer dort übernachten will und keinen HI-Ausweis hat, kann sich diesen bei der **Hong Kong Youth Hostels Association** (HKYHA; ☎2788 1638; www.yha.org.hk; Shop 118, 1/F, Fu Cheong Shopping Centre, Sham Mong Rd, Sham Shui Po, Kowloon; HI-Ausweis unter/über 18-Jährige 50/130 HK$) oder direkt beim jeweiligen Hostel ausstellen lassen.

Senioren

Viele Sehenswürdigkeiten Hongkongs können Menschen über 60 oder 65 Jahre zu einem ermäßigten Eintrittspreis besichtigen. An den Kassen der Hongkonger Museen zahlen sie die Hälfte oder manchmal auch gar nichts. In den öffentlichen Verkehrsmitteln kosten Fahrten für alle über 65 den halben Preis. Als Nachweis reicht der Reisepass oder Personalausweis.

Studenten, Schüler & Lehrer

Der Internationale Studentenausweis (International Student Identity Card; ISIC; www.isic.de, www.isic.at, www.isic.ch) ist eine Art Ausweis mit Foto und berechtigt zu Ermäßigungen in einigen öffentlichen Verkehrsmitteln, Museen und sonstigen Sehenswürdigkeiten. Man erhält den Ausweis in den Studierendenvertretungen der Universitäten oder in studentischen Reisebüros. Wer unter 26 Jahre alt ist und nicht studiert, kann sich eine International Youth Travel Card (IYTC) besorgen. Sie wird von der Federation of International Youth Travel Organisations (FIYTO) ausgestellt. Inhaber erhalten ähnliche Rabatte wie Studenten mit einem Internationalen Studentenausweis. Lehrer bekommen die International Teacher Identity Card (ITIC) .

Alle drei Ausweise sind auch über Hong Kong Student Travel im Büro von **Sincerity Travel** (Karte S. 402; ☎2730 2800; Zi. 833-834, Star House, 3 Salisbury Rd, Tsim Sha Tsui; ⏲Mo–Sa 9.30–20, So 12-18 Uhr) zu beziehen; Kostenpunkt: 100 HK$. Den nationalen Studentenausweis oder sonstige Ausweispapiere nicht vergessen!

Feiertage & Ferien

Die chinesisch-westliche Kulturkombination sorgt in Hongkong wie in Macao für einen interessanten Mix von diversen Feiertagen. Da sich diese nach zwei Kalendern (gregorianischer bzw. westlicher Sonnenkalender und chinesischer Mondkalender) richten, sind die genauen Termine teilweise etwas schwer zu bestimmen.

Neujahr 1. Januar

Chinesisches Neujahr 11.–13. Februar 2013, 31. Januar–2. Februar 2014

Ostern 29. März–1. April 2013, 18.–21. April 2014

Ching Ming 4. April

Tag der Arbeit 1. Mai

Buddhas Geburtstag 17. Mai 2013, 6. Mai 2014

Drachenbootfestival (Tuen Ng) 12. Juni 2013, 2. Juni 2014

Gründungstag der Sonderverwaltungszone Hongkong 1. Juli (nicht in Macao)

Mittherbstfest 20. September 2013, 9. September 2014

Chinesischer Nationalfeiertag 1. Oktober

Chung Yeung 14. Oktober 2013, 2. Oktober 2014

1. Weihnachtsfeiertag 25. Dezember

2. Weihnachtsfeiertag 26. Dezember

Frauen unterwegs

Hongkong ist für Frauen recht sicher: Nur wenige Touristinnen und Einheimische beschweren sich über mangelnden Respekt, Einschüchterungsversuche oder Handgreiflichkeiten. Dennoch sind vor allem bei Dunkelheit stets angemessene Vorsicht und gesunder Menschenverstand angebracht. Einige chinesische Männer denken, dass Frauen aus dem Westen „leicht zu haben" seien. Opfer sexueller Übergriffe sollten schnellstmöglich die **Rape Crisis Centre Hotline** (Krisenhotline für Opfer sexueller Gewalt; ☎2375 5322) kontaktieren.

Gefahren & Ärgernisse

Auch im allgemein sehr sicheren Hongkong kann wie überall sonst auf der Welt etwas schiefgehen. Obwohl nächtliches Herumlaufen praktisch im ganzen Territorium nicht gefährlich ist, hält man sich am besten an gut beleuchtete Bereiche. In Touristenzonen wie Tsim Sha Tsui ist die Polizei sehr präsent (im Notfall ☎999 wählen!).

Aufgrund des lokalen Risikos für (Taschen-)Diebstähle sollte man so wenig Wertsachen und Bargeld wie möglich mitführen. Wer seine Tasche auf den Boden stellt, sollte auch in Restaurants, Kneipen und vor allem in Touristenzonen (inkl. Peak Tram) gut darauf aufpassen: Wenn das gute Stück z. B. nicht mit auf die Toilette kommt, ist es bei der Rückkehr wahrscheinlich verschwunden.

Überfall- und Diebstahlopfer sollten sich von der Polizeiwache des jeweiligen Bezirks einen Verlustbericht für ihre Versicherung ausstellen lassen. Kontaktinfos und -adressen der Hongkonger Polizei gibt's unter www.police.gov.hk (auf „e-Report Room" klicken!).

Geld

Lokale Währung ist der Hong Kong Dollar (HK$). Ein Dollar besteht aus 100 Cent. Scheine haben einen Wert von 10, 20, 50, 100, 500 oder 1000 HK$. Außerdem gibt's Münzen zu 10, 20 oder 50 ¢ (klein & kupferfarben), zu 1, 2 oder 5 HK$ (silberfarben) sowie zu 10 HK$ (nickel- und bronzefarben).

Geldscheine werden von drei Banken ausgegeben: der HSBC (früher Hong Kong & Shanghai Bank), der Standard Chartered Bank und der Bank of China (außer der 10-HK$-Variante).

Geldautomaten

Geldautomaten gibt's in Hongkong fast überall, und fast immer sind sie an das internationale Bankennetz angeschlossen und akzeptieren die wichtigsten Karten wie Cirrus, Maestro, Plus und Visa Electron. An einigen „Electronic Money"-Automaten der HSBC können Inhaber von Visa- und MasterCard-Karten Geld abheben; mit einer American Express kann man die Jetco-Geldautomaten nutzen. An den Express-Cash-Automaten in der Stadt kann man Hongkong-Dollar abheben und Reiseschecks einlösen.

Geldwechsel

Hongkong hat keine Devisenkontrollen: Einheimische und Ausländer können so viel Fremdwährung ein- oder ausführen, wie sie wollen.

Die Banken bieten in Hongkong in der Regel die besten Umtauschkurse, auch wenn zwei der größten, die Standard Chartered Bank und die Hang Seng Bank, eine Bearbeitungsgebühr von 50 HK$ pro Transaktion erheben für alle, die kein Konto bei der jeweiligen Bank besitzen. Vorsicht: Bei der HSBC beträgt die Bearbeitungsgebühr sogar 100 HK$! Ab mehreren hundert Euro wird der Wechselkurs günstiger, was in aller Regel die Bearbeitungsgebühr wettmacht.

Lizenzierte Wechselstuben wie Chequepoint gibt's in touristischen Gegenden (auch in Tsim Sha Tsui) in Hülle und Fülle. Sie sind praktisch (da in der Regel auch sonntags, an Feiertagen und spätabends geöffnet) und erheben keine Bearbeitungsgebühren, aber der schlechte Wechselkurs, den sie bieten, schlägt wie anderswo eine Bearbeitungsgebühr von 5 % zu Buche. Die angebotenen Kurse hängen aus, aber bei größeren Summen ab mehreren hundert Euro lässt sich vielleicht ein besserer Kurs aushandeln. Vor Abschluss des Handels sind die Geldwechsler verpflichtet, sich vom Kunden ein Formular unterschreiben zu lassen, in dem der Auszahlungsbetrag, der Wechselkurs und eventuelle Gebühren genau aufgeführt sind. Möglichst die Wechselschalter am Flughafen oder in den Hotels meiden – deren Wechselkurse gehören zu den schlechtesten in ganz Hongkong. In Hongkong gibt's keinen Schwarzmarkt für ausländische Devisen. Wenn einen also jemand auf der Straße anspricht und Devisen tauschen will, kann man sicher sein, dass es sich um einen Betrüger handelt.

Kreditkarten

Die am weitesten verbreiteten Kreditkarten in Hongkong sind (in dieser Reihenfolge) Visa, MasterCard, Amex, Diners Club und JCB. Es empfiehlt sich, für alle Fälle zwei dieser Karten dabei zu haben.

Einige Läden in Hongkong verlangen bei Zahlung mit Kreditkarte einen Aufschlag zwischen 2,5 und 7 %, um die Gebühren der Kreditgesellschaften auszugleichen. Diese Vorgehensweise ist von den Kreditgesellschaften eigentlich untersagt, daher bieten viele Geschäfte im Gegenzug bei Barzahlung einen Rabatt von 5 % an.

Der Verlust oder Diebstahl einer Karte ist umgehend sowohl bei der **Polizei** (☎2527 7177) als auch beim Kreditkarteninstitut anzuzeigen, ansonsten muss man für die Käufe geradestehen, die der Dieb oder ein unehrlicher Finder mit der Karte getätigt hat. Einige rund um die Uhr geschaltete Hotlines, bei denen man die Karte sperren lassen kann, sind:

American Express (☎2811 6122)

Diners Club (☎2860 1888)

MasterCard (☎800 966 677)

Visa (☎800 900 782) Hilft theoretisch bei Verlust oder Diebstahl von Visa-Karten; meist ist im Notfall aber die ausstellende Bank zu kontaktieren.

Reiseschecks

Reiseschecks und ihr modernes Äquivalent – Karten, die wie solche für den Geldautomaten aussehen und vorab mit Geld aufgeladen werden können – bieten einen Schutz gegen Diebstahl, werden aber dank der omnipräsenten Geldautomaten immer seltener verwendet. Die meisten Banken lösen Reiseschecks ein, alle erheben dafür eine Gebühr (oft selbst dann, wenn man bei der Bank ein Konto hat).

Wenn Schecks verloren gehen, sollte die Ausgabestelle oder die nächste Filiale des ausgebenden Instituts sofort benachrichtigt werden. **American Express** (☎3002 1276) kann Ersatzschecks normalerweise innerhalb von 24 Stunden ausstellen.

Trinkgeld

➡ Hongkonger sind nicht sonderlich wild auf Trinkgeld. Es besteht keine Verpflichtung, z. B. Taxifahrern einen bestimmten Prozentsatz zu spendieren – einfach den Betrag aufrunden oder ein bis zwei Dollar drauflegen.

➡ Eine finanzielle Zuwendung wird dennoch fast standardmäßig von Gepäckträgern in Hotels (10–20 HK$) und am Flughafen (2–5 HK$/Koffer) erwartet. Dies gilt aber nicht für ihre Kollegen am Hongkonger Hauptbahnhof oder an der Station des Airport Express in Kowloon: Dort gehört das Schleppen jeweils zum Service.

➡ Die meisten Hotels und viele Restaurants berechnen zusätzlich eine Servicegebühr von 10 %; Spendierwillige sollten die Rechnung vorher auf versteckte Extras überprüfen.

Gepäckaufbewahrung

➡ Gepäckschließfächer gibt's an großen MTR-Bahnhöfen (u. a. Hung Hom), am West Tower des Shun Tak Centre (Sheung Wan; Fährterminal gen Macao) und am Fährhafen in Richtung China (Tsim Sha Tsui). Je nach Schließfachgröße kostet die Stunde 20 bis 30 HK$ pro Gepäckstück.

➡ Am Bahnhof des Hong Kong Airport Express findet sich eine Gepäckaufbewahrung (geöffnet 5.30–1.30 Uhr; 10 HK$/Std. od. 120 HK$/Tag) in **Terminal 2** (Level 3; ☎2261 0110; ⏲5.30–1.30 Uhr). Die generell schlüssellosen Schließfächer geben nach dem Bezahlen und Verriegeln der Frontklappe einen Beleg mit Nummer aus. Letztere ist zum Öffnen wieder einzutippen; daher stets aufschreiben oder den Beleg sorgfältig aufbewahren! Auch die meisten Hotels und selbst manche Pensionen oder Hostels bewahren Gepäck in entsprechenden Räumen auf – sogar, wenn man schon ausgecheckt hat und nach der Rückkehr von einem Ausflug nicht mehr übernachtet. Achtung: Das kostet normalerweise extra (vorher nachfragen)!

Gesundheit

Abgesehen von gelegentlichen Ausbrüchen der Vogel- oder Schweinegrippe ist die regionale Gesundheitssituation gut: Bis auf Reisedurchfall (den man sich in ganz Asien holen kann) besteht nur ein geringes Risiko für Infektionskrankheiten; die medizinische Versorgung ist allgemein ausgezeichnet. Momentan brauchen Hongkongreisende keine speziellen Schutzimpfungen. Dennoch sind wirksamer Moskitoschutz plus sorgfältige Köper- und Nahrungsmittelhygiene stets ratsam.

Empfohlene Schutzimpfungen

Sofern das chinesische Festland bzw. andere Teile der Region nicht auf dem Reiseplan stehen, erfordert die Einreise nach Hongkong oder Macao keine speziellen Schutzimpfungen.

Falls die eigene Reiseversicherung keine medizinischen Behandlungen im Ausland abdeckt, empfiehlt sich entsprechender Zusatzschutz (weitere Infos unter www.lonelyplanet.com/bookings/insurance.do).

Gesundheitsrisiken

INSEKTEN
Moskitos gibt's in ganz Hongkong. Zur Vorbeugung gegen Stiche an warmen und heißen Tagen Insektenschutzmittel benutzen! Stiche sollten mit einer entsprechenden Salbe (z. B. mit Hydrokortison) behandelt werden, um Schwellungen so gering wie möglich zu halten. Auf Lamma lebt der Große Rote Tausendfüßler, dessen giftiger Biss in den meisten Fällen Schwellungen und Unwohlsein verursacht. Für kleine Kinder kann dies recht gefährlich werden (und in äußerst seltenen Fällen angeblich sogar tödlich enden).

SÄUGETIERE
Wildschweine und angriffslustige Hunde stellen in einigen abgelegeneren Gegenden der New Territories ein Risiko dar, wenn auch ein geringes. Wildschweine sind scheu und leben meist zurückgezogen. Wenn sie sich aber bedroht fühlen, können sie ganz schön ungemütlich werden – also am besten einen großen Bogen um diese Tierchen machen! Wer durch dichtes Gestrüpp wandert, sollte die Augen offen halten und sie keinesfalls aufschrecken.

SCHLANGEN
In Hongkong gibt's viele verschiedene Schlangenarten, von denen einige auch giftig sind. Die Wahrscheinlichkeit, auf eine von ihnen zu treffen, ist jedoch recht gering. Vorsicht ist dennoch geboten, vor allem wenn man auf Lamma und Lantau durchs Gestrüpp wandert. Sollte dennoch einmal eine Schlange zugebissen haben, sofort ein öffentliches Krankenhaus aufsuchen! Arztpraxen haben Schlangenserum nicht vorrätig.

WASSER
Leitungswasser sollte nie unbehandelt getrunken oder zumindest vor dem Genuss abgekocht werden (3 Min.). Sicherer ist Mineralwasser aus Flaschen.

Infektionskrankheiten

DENGUEFIEBER
Denguefieber ist eine Virusinfektion, die durch Moskitos übertragen wird. In Hongkong kommt es gelegentlich zu Erkrankungen

Die Denguefieber-Moskitos *Stegomyia aegypti* sind im Gegensatz zu den Malaria-Moskitos tagaktiv und hauptsächlich in städtischen Ballungsgebieten, oft auch in Gebäuden, anzutreffen. Anzeichen und Symptome von Denguefieber sind plötzlich einsetzendes hohes Fieber, Kopf- und Gliederschmerzen – früher war Denguefieber auch als „Knochenbrecherfieber" bekannt –, Übelkeit und Erbrechen. Drei bis vier Tage nach Einsetzen des Fiebers bekommen Erkrankte manchmal auch einen Ausschlag mit kleinen, roten Punkten.

Erkrankte sollten so schnell wie möglich ärztliche Hilfe in Anspruch nehmen. Durch einen Bluttest kann Malaria ausgeschlossen werden. Es gibt leider keine spezielle Behandlung. Aspirin sollte nicht eingenommen werden, da es die Neigung zu Blutungen erhöht. Der beste Schutz besteht darin, sich erst gar nicht von den Mücken stechen zu lassen: also den kleinen Biestern möglichst wenig Angriffsflächen bieten sowie Mückenschutzmittel und Moskitonetze benutzen!

DURCHFALLERKRANKUNGEN
Um Durchfall vorzubeugen, sollte man kein Leitungswasser trinken, sofern es nicht abgekocht, gefiltert oder (z. B. mit Jodtabletten) chemisch gereinigt wurde. Frisches Obst und Gemüse sollte nur gekocht oder geschält gegessen werden. Vorsicht auch bei Molkereiprodukten, die nicht pasteurisierte Milch enthalten! An Imbissständen auf der Straße ist besondere Vorsicht geboten.

Bei Durchfall immer viel trinken – vorzugsweise eine Rehydrationslösung mit viel Salz und Zucker! Weicher Stuhl bedarf noch keiner Behandlung, wer aber häufiger als vier-, fünfmal am Tag auf die Toilette flitzen muss, sollte Antibiotika (normalerweise Chinolon) und ein Durchfallmittel (wie Loperamid) einnehmen. Ist der Durchfall blutig, hält er länger als 72 Stunden an oder wird er von Fieber, Schüttelfrost oder starken Unterleibsschmerzen begleitet, sollte ein Arzt aufgesucht werden.

GIARDIASIS
Diese zähe Krankheit sucht vor allem Traveller heim, die ohnehin schon von Durchfall geplagt werden. Sie wird durch den Parasiten Giardia übertragen und äußert sich in sporadischen Durchfällen oder weichem Stuhl, Blähungen, Müdigkeit und gelegentlich Übelkeit. Manchmal haben Patienten auch einen metallenen Geschmack im Mund. Verunreinigte Lebensmittel sollten gemieden werden. Außerdem kann häufiges Händewaschen dazu beitragen, dass man sich diese Krankheit nicht zuzieht.

GRIPPE
Im Winter (Dez.–März) grassiert in Hongkong die Grippe. Zu den Symptomen zählen Erkältungsbeschwerden (z. B. Schnupfen), hohes Fieber, Schmerzen und ein allgemeines Krankheitsgefühl. Vorbeugung: häufiges Händewaschen, Vermeidung des Kontakts mit erkrankten Personen und Grippeimpfung vor der Abreise.

HEPATITIS A
Diese Infektion ist in Hongkong und Macao weit verbreitet. Die Viren verbergen sich u. a. in verunreinigtem

Wasser und verdorbenen Meeresfrüchten.

HEPATITIS B
Auch Hepatitis B ist in der Region keine Seltenheit. Sie wird jedoch nur durch ungeschützten Geschlechtsverkehr und gebrauchte bzw. infizierte Injektionsnadeln übertragen – in sehr abgelegenen Gegenden Chinas eventuell auch durch Bluttransfusionen.

Internetzugang

Dank langjähriger Komplettverkabelung mit Breitband-Internet sollte das Einloggen in Hongkong normalerweise kein Problem sein.

Gratis-WLAN steht in immer mehr Hotels und öffentlich zugänglichen Einrichtungen zur Verfügung. Dazu zählen der Flughafen, kommunale Bibliotheken, bedeutende Kultur- oder Freizeitzentren, große Parks oder MTR-Stationen (z. B. Central, Causeway Bay), Einkaufszentren, Cafés und Bars. Bei HKTB-Touristeninformationen gibt's zudem den PCCW Wi-Fi Pass (60 Min. gratis).

Alternativ kann man sich übers Internet sowie bei PCCW-Filialen oder Verbrauchermärkten einen kostenpflichtigen PCCW-Account zulegen. Online geht's dann über ca. 7000 lokale WLAN-Hotspots von PCCW. Bei Shops von IT-Anbietern wie **PCCW** (www2.pccwmobile.com) oder **SmarTone** (www.smartone.com) sind 3G-SIM-Karten zu ähnlichen Grundpreisen und z. T. schon für 48 HK$ erhältlich (zzgl. PCCW 3 HK$/15 Min., Smartone 8 HK$/Std.).

Optionen für Traveller ohne eigenen Computer:

Central Library (Karte S. 398; ☎3150 1234; www.hkpl.gov.hk; 66 Causeway Rd, Causeway Bay; ⏲Do–Di 10–21, Mi 13–21 Uhr) Gratis-Internet.

Pacific Coffee Company (Karte S. 402; ☎25371688; www.pacificcoffee.com; G/F, The Workstation, 43 Lyndhurst Tce, Central; ⏲Mo–Mi 7–23, Do–Sa 7–1, So 8–23 Uhr) Eine von zahllosen Hongkonger Filialen; Gratis-Internet für zahlende Cafégäste.

Karten & Stadtpläne

Die beliebtesten Wanderwege sind zweisprachig beschildert; am Anfang hängt jeweils eine große Übersichtskarte. Für Hongkongs vier Hauptrouten empfiehlt sich die entsprechende Gesamtkarte der Country & Marine Parks Authority, die bei folgenden Map Publication Centres erhältlich ist:

North Point (☎2231 3187; 23. Stock, North Point Government Offices, 333 Java Rd; ⏲Mo–Fr 8.45–17.30 Uhr)

Yau Ma Tei (☎2780 0981; 382 Nathan Rd; ⏲Mo–Fr 8.45–17.30 Uhr)

Maße & Gewichte

Obwohl in Hongkong offiziell das internationale metrische System gilt, sind die traditionellen Maße und Gewichte Chinas nach wie vor gebräuchlich. So werden Fleisch, Fisch oder Gemüse auf örtlichen Märkten pro *léung* (37,8 g) und *gàn* (ca. 600 g) verkauft. Ein *gàn* hat 16 *léung*. Bei Gold und Silber gilt die Gewichtseinheit *tael* (entspricht exakt dem *léung*).

Medizinische Versorgung

Die medizinische Versorgung vor Ort ist allgemein hervorragend, aber sehr teuer. Somit empfiehlt sich grundsätzlich eine entsprechende Reisekrankenversicherung. Die öffentlichen und privaten Gesundheitssysteme Hongkongs agieren völlig getrennt voneinander.

Apotheken

- Apotheken gibt's in Hongkong zuhauf. Ein Schild mit rot-weißem Kreuz weist darauf hin, dass der jeweilige Betreiber eine offizielle Zulassung hat.
- Viele Medikamente werden hier rezeptfrei angeboten. Allerdings muss man auf bekannte Marken und die Einhaltung des Verfallsdatums achten!
- Apotheken und Ladenketten wie Watson's oder Mannings verkaufen auch Antibabypillen, Monatsbinden, Tampons und Kondome ohne Rezept.

Arztpraxen

In der Stadt gibt es viele Englisch sprechende Allgemein-, Fach- und Zahnärzte, die man z. B. über die Gelben Seiten *(Yellow Pages)*, Privatkliniken oder die eigene Botschaft ausfindig machen kann. Bei kleinem Geldbeutel empfiehlt sich die Notaufnahme des am nächsten gelegenen öffentlichen Krankenhauses; dort ist jedoch mit einer gewissen Wartezeit zu rechnen. Die allgemeine Krankenhausauskunft hat die Nummer ☎2300 6555.

Krankenhäuser & Notaufnahmen

Der Rettungsdienst (☎999) bringt Traveller grundsätzlich in öffentliche Krankenhäuser, wo für diesen Service eine hohe Gebühr fällig wird. Behandelt wird man aber auf jeden Fall – wer nicht gleich zahlen kann, bekommt später eine Rechnung. Die Notfallversorgung ist hervorragend. Bei wieder stabilem Gesundheitszustand sollte man jedoch eventuell erwägen, sich in eine Privatklinik verlegen zu lassen.

Öffentliche und private Krankenhäuser mit Notfalldienst rund um die Uhr:

HONG KONG ISLAND

Hong Kong Central Hospital (港中醫院; Karte S. 390; ☎2522 3141; 1 Lower Albert Rd, Central) Privat.

Matilda International Hospital (明德國際醫院; ☎2849 0111; 41 Mt Kellett Rd, The Peak) Privat.

Queen Mary Hospital (瑪麗醫院; ☎2255 3838; 102 Pok Fu Lam Rd, Pok Fu Lam) Öffentlich.

KOWLOON

Hong Kong Baptist Hospital (瑪嘉烈醫院; ☎2339 8888; 222 Waterloo Rd, Kowloon Tong) Privat.

Princess Margaret Hospital (☎2990 1111; 2-10 Princess Margaret Hospital Rd, Lai Chi Kok) Öffentlich.

Queen Elizabeth Hospital (伊利沙伯醫院; ☎2958 8888; 30 Gascoigne Rd, Yau Ma Tei) Öffentlich.

NEW TERRITORIES

Prince of Wales Hospital (威爾斯親王醫院; ☎2632 2211; 30–32 Ngan Shing St, Sha Tin) Öffentlich.

Notfall

Polizei, Feuerwehr & Rettungsdienst (☎999)

Öffnungszeiten

Sofern nicht anderweitig vermerkt, nennen die Kapitel dieses Buchs nur Öffnungs- und Geschäftszeiten, die von diesen Standards abweichen:

Banken Mo–Fr 9–16.30 od. 17.30, Sa 9–12.30 Uhr

Büros Mo–Fr 9–17.30 od. 18 Uhr (Mittagspause 13–14 Uhr)

Geschäfte Meist 10–20 Uhr

Museen 10 bis zw. 17 & 21 Uhr (Mo, Di od. Do geschl.)

Lokale 11–15 & 18–23 Uhr

Post

Die allgemein hervorragende **Hong Kong Post** (☎2921 2222; www.hongkongpost.com) stellt Briefe innerhalb der Stadt oft noch am selben Tag und auch samstags zu. Die meisten Filialangestellten sprechen Englisch. Die hellgrünen Briefkästen auf lavendelfarbenen Säulen sind deutlich auf Englisch beschriftet.

Post empfangen

Briefe mit dem Adresszusatz c/o Poste Restante, GPO Hong Kong gehen an die Hauptpost (General Post Office; GPO) auf Hong Kong Island und können dort an Schalter 29 abgeholt werden (nur Mo–Sa 8–18 Uhr). Kowloon als gewünschter Abholort erfordert die Adressangabe c/o Poste Restante, Tsim Sha Tsui Post Office, 10 Middle Rd, Tsim Sha Tsui, Kowloon. Auslandspost wird normalerweise zwei Monate lang aufbewahrt (lokale Sendungen zwei Wochen).

Post versenden

Das **General Post Office** (Hauptpost; 中央郵政局; Karte S. 386; 2 Connaught Pl, Central; ⏲Mo–Sa 8–18, So 9–17 Uhr) auf Hong Kong Island liegt gleich östlich des Hauptbahnhofs. Das **Tsim Sha Tsui Post Office** (尖沙咀郵局; EG, Hermes House, 10 Middle Rd, Tsim Sha Tsui; ⏲Mo–Sa 9–18, So 9–14 Uhr) in Kowloon findet man östlich der Nathan Rd (Südende). Alle anderen Postfilialen haben kürzer und sonntags meist nicht geöffnet.

Postkarten, Briefe und Luftpost (Aerogramme) erreichen Europa nach ca. fünf Tagen.

KURIERDIENSTE

In Hongkong sind z. B. folgende private Kurierdienste vertreten:

DHL International (☎2400 3388)

Federal Express (☎2730 3333)

UPS (☎2735 3535)

Alle drei Firmen haben Abholstationen im ganzen Territory. DHL-Filialen gibt's in vielen MTR-Bahnhöfen wie **Central** (neben Ausgang H; ☎2877 2848) oder **Admiralty** (neben Ausgang E; ☎2529 5778).

PORTO

Lokalbriefe bis maximal 30 g kosten 1,40 HK$ Porto. Luftpostbriefe und Postkarten nach Europa sind mit 3 bzw. 5,30 HK$ zu frankieren (für die ersten 20/30 g; 130 HK$/kg). Aerogramme kosten immer 2,30 HK$.

SPEEDPOST

Die **Speedpost** (☎2921 2288; www.hongkongpost.com/speedpost) der Hong Kong Post verschickt Briefe und Päckchen innerhalb von zwei Tagen zu 210 Zielen in aller Welt – automatisch registriert und je nach Bestimmungsort zu stark variierenden Tarifen. Gebührentabellen und Zeitpläne gibt's in allen Postfilialen.

Radio

Hongkongs beliebteste englischsprachige Radiosender:

AM 864 Charts (864 AM).

Metro Plus Nachrichten (1044 AM).

RTHK Radio 3 Aktuelles und Sendungen mit Hörerbeteiligung (567 & 1584 AM; 97,9 & 106,8 FM).

RTHK Radio 4 Klassische Musik (97,6–98,9 FM).

RTHK Radio 6 Übertragungen des BBC World Service (675 AM).

Eine tägliche Programmübersicht gibt's in der *South China Morning Post*.

Rechtsfragen

➡ Traveller sollten ihren Reisepass stets mitführen, da dieser bei polizeilichen Personenkontrollen vorzuzeigen ist.

➡ Ob Heroin, Opium, „Ice", Ecstasy oder Marihuana: Jegliche Drogen sind in Hongkong strengstens verboten; das hiesige Gesetz macht da keinerlei Unterschiede. Wer von Polizei bzw. Zoll mit Drogen und/oder „Konsumzubehör" erwischt wird, wird sofort verhaftet.

➡ Bei Problemen mit dem Gesetz wendet man sich am besten an das **Legal Aid Department** (☎2537 7677; ⏲Hotline 24 Std.). Nach einer Fallbewertung (inkl. Überprüfung der finanziellen Verhältnisse) erhalten Traveller wie Einheimische dort Rechtsbeistand.

Reisebüros

Reisebüros finden sich in ganz Hongkong. Folgende Optionen zählen zu den verlässlichsten Adressen, welche die günstigsten Flugtickets verkaufen:

Concorde Travel (Karte S. 390; ☎2526 3391; www.concorde-travel.com; 1. Stock, Galuxe Bldg, 8–10 On Lan St, Central; ⏲Mo–Fr 9–17.30, Sa 9–13 Uhr) Gehört australischen Auswanderern und wird von diesen betrieben; alteingesessen und höchst verlässlich.

Natori Travel (樂途旅遊有限公司; Karte S. 390; ☎2810 1681; www.natoritvl.com; Room 2207, Melbourne Plaza, 33 Queen's Rd Central; ⏲Mo–Fr 9–19, Sa 9–16 Uhr) Wird von Lesern seit Langem genutzt und empfohlen.

Phoenix Services Agency (峯寧旅運社; Karte S. 404; ☎2722 7378; Room 1404, 14. Stock, Austin Tower, 22–26 Austin Ave, Tsim Sha Tsui; ⏲Mo–Fr 9–18, Sa 9–16 Uhr) Eine der besten Hongkonger Adressen für Flugtickets, Reiseinfos und chinesische Visa; vertritt auch den Studenten- und Billigreisenanbieter STA Travel vor Ort.

Traveller Services (Karte S. 402; ☎2375 2222; www.taketraveller.com; 1813 Miramar Tower, 132 Nathan Rd, Tsim Sha Tsui; ⏲Mo–Fr 9–18, Sa 9–13 Uhr) Sehr verlässliche Option für preiswerte Flugtickets.

Reisen mit Behinderung

Reisende mit Behinderung müssen in Hongkong erhebliche Hinternisse meistern – darunter steile Straßen, Fußgängerbrücken, schmale und überfüllte Bürgersteige oder die Treppen vieler MTR-Stationen. Andererseits sind Taxis niemals weit und einige Busse rollstuhlgerecht. Die meisten Gebäude haben Fahrstühle, deren Bedienelemente oft mit Braille-Schrift markiert sind. Letzteres gilt auch für die Streckenkarten von MTR-Stationen (zusätzlich unterstützt durch Audio-Informationen). Die meisten Fähren besitzen barrierefreie Unterdecks.

Weitere Details zu Einrichtungen und Services für Hongkong-Besucher mit Handicap liefern:

Easy Access Travel (☎2772 7301; www.travpulse.com; EG, HKSR Lam Tin Complex, 7 Rehab Path, Lam Tin, Kowloon) Informationen zu geführten Touren und barrierefreien Verkehrsmitteln.

Hong Kong Society for Rehabilitation (香港復康會; ☎3143 2800; www.accessguide.hk) Website mit praktischen Informationen für Reisende mit Behinderung.

Verkehrsbehörde (Transport Department; www.td.gov.hk) Gibt behindertenspezifische Führer zu öffentlichen Verkehrsmitteln, Parkplätzen und Fußgängerüberwegen heraus.

Allgemeine Infos erteilen z. B. folgende Institutionen:

Mobility International Schweiz (☎062-212-6740; www.mis-ch.ch; Amthausquai 21, 4600 Olten)

MyHandicap Deutschland (☎089-7677-6970; www.myhandicap.de; Steinheilstr. 6, 85737 München-Ismaning)

MyHandicap Schweiz (☎043-211-4949; www.myhandicap.ch; Weinbergstr. 29, 8006 Zürich)

Nationale Koordinierungsstelle Tourismus für Alle e. V. (Natko; ☎0211-3368-001; www.natko.de; Fleher Str. 317a, 40223 Düsseldorf)

Schwule & Lesben

Die schwul-lesbische Gemeinde in der Sonderverwaltungszone (Special Administrative Region; SAR) Hongkong ist klein, aber lebendig und wächst schnell. Sie kann zwar noch nicht mit der von London oder Sydney mithalten, hat sich aber inzwischen schon recht stark entwickelt.

Dank einer lokalen Strafgesetzänderung (1991) sind einvernehmliche homosexuelle Handlungen zwischen Erwachsenen über 18 Jahren nicht mehr illegal. Seitdem setzen sich Schwulenorganisationen für eine Gesetzgebung ein, die jegliche Diskriminierung aufgrund sexueller Neigung untersagt. Doch trotz dieser Änderungen sind viele Hongkong-Chinesen immer noch recht konservativ eingestellt. So ist es für Schwule und Lesben bis heute potenziell riskant, sich gegenüber der eigenen Familie oder dem Arbeitgeber zu outen.

Als Hongkongs erstes schwules Lifestyle-Magazin informiert das *DS Magazine* gratis über aktuelle Szene-events.

Steuern & Rückerstattungen

In Hongkong gibt's keine Verkaufs- bzw. Mehrwertsteuer.

Strom

Standard ist Wechselstrom mit 220 V und 50 Hz. Die meisten Dosen sind für britische Dreipol-Flachstecker (Typ G) ausgelegt.

Telefon

Auslandsgespräche

Um aus der Stadt hinauszutelefonieren, wählt man nacheinander ☎001, Hongkongs „Ländercode" ☎852, Ortsvorwahl (ohne anfängliche „0") und Anschlussnummer.

Von 21 bis 8 Uhr und übers ganze Wochenende sind die Gesprächstarife niedriger. Falls es das jeweilige Gerät erlaubt, immer ☎0060 vorwählen: Dann telefoniert sich's ganztägig und rund um die Uhr günstiger.

Die meisten Telefonzellen der Stadt erlauben vermittlungsfreie Auslandsgespräche (International Direct Dial; IDD) in fast alle Nationen der Welt. Dazu ist eine spezielle Telefonkarte nötig, die von den meisten Telekommunikationsfirmen angeboten wird (z. B. die Hello Card von PCCW). Telefonkarten gibt's bei allen PCCW-, 7-Eleven- und Circle-K-Filialen, Mannings-Apotheken oder Vango-Supermärkten.

Im ganzen Territory verkauft **PCCW** (☎2888 2888; www.pccw.com) neben Telefonkarten auch Handys nebst Zubehör. Die Filiale in **Central** (EG, 113 Des Voeux Rd Central; ⏰Mo–Sa 10–20.30, So 11–20 Uhr) ist für Touristen am praktischsten. Auch in **Causeway Bay** (G3, EG, McDonald's Bldg, 46–54 Yee Wo St; ⏰Mo–So 10–22 Uhr) findet man einen PCCW-Ableger.

Handys

Die Hongkonger können ihrer Handysucht überall frönen – sogar in der MTR und den Hafentunnels. Vor Ort funktionieren alle GSM-Geräte.

Telekommunikationsanbieter wie PCCW verkaufen Handys ab 48 HK$ (inkl. aufladbarer SIM-Karte und Zubehör). Ortsgespräche mit dem Handy kosten meist 6 bis 12 ¢ pro Minute (aufs Festland ca. 1,80 HK$/Min.).

Nützliche Telefonnummern

Hongkongs Gelbe Seiten *(Yellow Pages)* und ein Telefonverzeichnis finden sich online unter www.yp.com.hk. Nützliche Nummern bzw. Vorwahlen:

Internationale Telefonauskunft (☎10015)

Internationale Vorwahl (☎001)

Lokale Telefonauskunft (☎1081)

Vermittlung für R-Gespräche (☎10010)

Wetter (☎187 8200)

Zeit & Temperatur (☎18501)

Ortsgespräche

Alle Telefonate von Hongkonger Privatanschlüssen sind Ortsgespräche und daher gratis. In Telefonzellen (akzeptieren Münzen zu 1, 2, 5 und 10 HK$) bezahlt man 1 HK$ für fünf Minuten. Hotels verlangen 3 bis 5 HK$ pro Ortsgespräch.

Alle Festnetznummern des Territory sind achtstellig (außer spezielle Hotlines und gebührenfreie Dienste mit ☎800 am Anfang).

Toiletten

In Hongkong gab's lange Zeit bei Weitem nicht so viele Toiletten wie in anderen Weltmetropolen, doch das ändert sich gerade in rasendem Tempo. Neue werden gebaut, alte aufpoliert. Die Benutzung ist kostenlos. Fast alle öffentlichen Toiletten sind behindertengerecht, und sowohl auf den Damenals auch auf den Herrentoiletten gibt's Wickelvorrichtungen für Säuglinge. Auf Toilettenpapier hofft man jedoch häufig vergeblich.

Touristeninformation

Das geschäftstüchtige und tatkräftige **Hong Kong Tourism Board** (HKTB; www.discoverhongkong.com) ist eine der leistungsfähigsten und hilfreichsten Touristeninformationen weltweit. Die Mitarbeiter sind zuvorkommend und haben Unmengen Informationen zu bieten. Die meisten Broschüren sind kostenlos, außerdem werden aber auch ein paar nützliche Bücher und Publikationen sowie Postkarten, T-Shirts und Souvenirs verkauft.

In Hongkong kann man bei Fragen, Beschwerden und Problemen die **HKTB-Touristenhotline** (☎2508 1234; ⏰9–18 Uhr) anrufen: Das Personal wird immer versuchen, einem weiterzuhelfen.

Besucherinformations- & Servicezentren von HKTB gibt's auf Hong Kong Island, in Kowloon, am Hong Kong International Airport auf Lantau sowie in Lo Wu an der Grenze zum chinesischen Festland. Vor diesen Zentren und an mehreren anderen

Orten in der Sonderverwaltungszone stehen iCyberlink-Monitore, über die man rund um die Uhr Zugang zur Website und zur Datenbank des HKTB hat.

Hong Kong International Airport HKTB Centres (Chek Lap Kok; ⌚7–23 Uhr) Im Ankunftsbereich (Terminal 1, Halle A und B) sowie im Transferbereich E2.

Hong Kong Island HKTB Centre (港島旅客諮詢及服務中心; Peak Piazza; ⌚9–21 Uhr)

Kowloon HKTB Centre (香港旅遊發展局; Karte S. 402; Star Ferry Concourse, Tsim Sha Tsui; ⌚8–20 Uhr)

Lo Wu HKTB Centre (羅湖旅客諮詢及服務中心; 2. Stock, Ankunftshalle, Lo Wu Terminal Bldg; ⌚8–18 Uhr)

Visa & Reisepass

Alle Hongkong-Besucher brauchen einen Reisepass. Dieser muss nach geplanter Abreise noch mindestens einen Monat lang gültig sein und ist vor Ort mitzuführen: Die Polizei akzeptiert keine anderen Ausweisdokumente.

EU-Bürger und Schweizer können sich in der Sonderverwaltungszone Hongkong 90 Tage lang visumfrei aufhalten. Die aktuellen Einreisebestimmungen gibt's unter www.immd.gov.hk/ehtml/hk visas_4.htm.

Wenn der genannte Aufenthaltszeitraum überschritten werden soll oder muss, ist vorab ein entsprechendes Visum bei einer Auslandsvertretung Chinas in der Heimat zu beantragen (Infos & Adressen unter www.fmprc.gov.cn/eng/wjb/zwjg/).

Abstecher aufs chinesische Festland erfordern ebenfalls ein Visum (Details unter www.fmprc.gov.cn.). Infos liefert die Website des eigenen Außenministeriums.

Visumverlängerungen

Verlängerungen müssen persönlich und spätestens sieben Tage vor Visumsablauf beim **Hong Kong Immigration Department** (Einwanderungsbehörde; Karte S. 396; ☎2824 6111; www.immd.gov.hk; 2. Stock, Immigration Tower, 7 Gloucester Rd, Wan Chai; ⌚Mo–Fr 8.45–16.30, Sa 9–11.30 Uhr) beantragt werden (s. www.immd.gov.hk/ehtml/hkvisas_4.htm).

Zeit

Hongkong hat keine Sommerzeit. Die Differenz zur MEZ beträgt sechs bzw. sieben Stunden (Sommer/Winter).

Zeitungen & Zeitschriften

➡ Als Hongkongs größte englischsprachige Tageszeitung hat sich die großformatige *South China Morning Post* (www.scmp.com) vor wie nach der Übergabe an China stets regierungskonform gezeigt. Sie ist am weitesten verbreitet und wird von mehr Hongkong-Chinesen als Auswanderern gelesen.

➡ Bunter, etwas bissiger und vergleichsweise schwerer aufzutreiben ist das Boulevardblatt *Hong Kong Standard* (www.thestandard.com.hk), das von Montag bis Samstag (Wochenendausgabe) erscheint.

➡ Das Pekinger Sprachrohr *China Daily* (www.chinadaily.com.cn) ist in Hongkong auch auf Englisch zu haben.

➡ Unter den diversen englischsprachigen Magazinen sind viele lokale Businessblätter mit Schwerpunkt auf Asien. Zudem bekommt man in Hongkong auch die aktuellen Ausgaben von *Time*, *Newsweek* und *Economist*.

Zoll

➡ Zollfreimengen auch bei Ankunft aus Macao oder vom chinesischen Festland: 1 l Spirituosen und 19 Zigaretten (od. 1 Zigarre od. 25 g Tabak).

➡ Ansonsten gibt's kaum Einfuhrzölle; so darf man fast alles in angemessenen Mengen mitbringen.

Macao: Allgemeine Informationen

Der Großteil der Infos zu Hongkong (s. S. 343) gilt auch für Macao.

Ermäßigungen

Der Macau Museums Pass (5 Tage gültig; Erw./Erm. 25/12 MOP) gilt für das Grand-Prix-Museum, das Schifffahrtsmuseum, die Lin-Zexu-Gedenkhalle im Lin-Fung-Tempel, das Macau Museum of Art und das Museu de Macau. Er ist beim Macau Government Tourist Office (MGTO; s. S. 354) und allen beteiligten Museen erhältlich.

Feiertage & Ferien

Neujahr 1. Januar

Chinesisches Neujahr 11.–13. Februar 2013, 31. Januar–2. Februar 2014

Ostern 29.–30. März 2013, 18.–19. April 2014

Ching Ming 4. April

Tag der Arbeit 1. Mai

Buddhas Geburtstag 17. Mai 2013, 6. Mai 2014

Drachenbootfestival (Tuen Ng) 12. Juni 2013, 2. Juni 2014

Mittherbstfest 20. September 2013, 9. September 2014

Chinesischer Nationalfeiertag 1. Oktober

Chung Yeung 14. Oktober 2013, 2. Oktober 2014

Allerseelen 2. November

Fest der Unbefleckten Empfängnis 8. Dezember

Wintersonnenwende 9. Dezember 2013, 29. Dezember 2014

Gründungstag der Sonderverwaltungszone Macao 20. Dezember

Heiligabend 24. Dezember

1. Weihnachtsfeiertag 25. Dezember

Gefahren & Ärgernisse

- In Macao kommen Traveller kaum mit Gewaltverbrechen in Berührung, müssen aber mancherorts mit Taschendiebstahl und anderer Straßenkriminalität rechnen.
- In belebten Gebieten oder bei spätabendlichen Kasinobesuchen heißt's besonders gut auf Reisepass und Wertsachen aufpassen!

Geld

Macaos Währung heißt Pataca (MOP). Ein Pataca besteht aus 100 Avos. Scheine haben einen Wert von 10, 20, 50, 100, 500 oder 1000 MOP. Parallel kursieren kleine Kupfermünzen (10, 20 oder 50 Avos) und silberfarbene Geldstücke (1, 2, 5 oder 10 MOP).

Da der Pataca an den Hongkong-Dollar gekoppelt ist (103,20 MOP = 100 HK$), sind beide Wechselkurse fast gleich. Geldscheine und -stücke in HK$ (außer 10-HK$-Münzen) werden überall in Macao akzeptiert. Wer in großen Hotels, Restaurants und Kaufhäusern mit HK$ bezahlt, bekommt sein Wechselgeld üblicherweise in derselben Währung zurück. Vor dem Verlassen Macaos möglichst alle Patacas ausgeben!

An den meisten Geldautomaten hat man die Wahl zwischen MOP und HK$. Macaos Hotels, große Restaurants und Kasinos akzeptieren Kreditkarten. Große Hotels sowie die Banken an der Avenida da Praia Grande oder de Almeida Ribeiro tauschen Bares und Reiseschecks um.

Trinkgeld ist nicht obligatorisch, wird aber erwartet (Hotelgepäckträger 10–20 MOP, Kellner ca. 10 % des Rechnungsbetrags).

Gepäckaufbewahrung

- Ankunfts- und Abfahrtsbereich von Macaos Fährterminal besitzen jeweils elektronische Schließfächer (klein/groß erste 2 Std. 20/25 MOP, weitere 12 Std. zzgl. 25/30 MOP).
- Die Gepäckaufbewahrung im Abflugbereich des Macao International Airport (Std./Tag 10/80 MOP) hat rund um die Uhr geöffnet.

Gesundheit

Der Abschnitt zum Thema Gesundheit (S. 345) gilt größtenteils auch für Macao.

Infos im Internet

Nützliche Websites zu Macao:

Cityguide (www.cityguide.gov.mo) Prima für praktische Informationen (z. B. zu Verkehrsverbindungen).

Macau Cultural Institute (www.icm.gov.mo) Monatlicher Kulturkalender.

Macau Government Information (www.macau.gov.mo) Beste Quelle für nichttouristische Infos.

Macau Government Tourist Office (www.macautourism.gov.mo) Beste Quelle für Touristeninfos.

Macau Yellow Pages (www.yp.com.mo) Telefonverzeichnis mit Stadtplänen.

Internetzugang

Gratis-WLAN

In Touristenzonen und belebten Gebieten steht öffentliches Gratis-WLAN zur Verfügung (tgl. 8–1 Uhr): einfach „wifigo" als Benutzername und Passwort eingeben! Nach 45 Minuten wird die Verbindung automatisch getrennt, kann aber gleich wiederhergestellt werden.

Kostenpflichtiges WLAN

CTM (S. 353) verkauft Prepaid-Karten (50–130 MOP) für mobiles Breitband-Internet. Letzteres kann unbegrenzt mit Einwahlpässen (1/5 Tage 120/220 MOP) genutzt werden.

Macao hat nur wenige Internetcafés, aber man kann in den großen Hotels und hier online gehen:

MGTO-Infoschalter am Largo do Senado (旅遊諮詢處; Karte S. 252; ☎8397 1120; ⌚9–18 Uhr)

Multimedia-Bliothek im Macau Museum of Art (Karte S. 248; Macau Cultural Centre, Avenida Xian Xing Hai; ⌚Di–Fr 14–19, Sa & So 11–19 Uhr)

Öffentliche Bibliotheken Adressen und Öffnungszeiten gibt's unter www.library.gov.mo oder library.iacm.gov.mo.

Karten & Stadtpläne

Die tolle, kostenlose *Macau Tourist Map* des MGTO ist auf Englisch, Portugiesisch und Chinesisch beschriftet. Zudem umfasst sie kleine Extrakarten von Taipa und Coloane. Eingezeichnet sind jeweils die wichtigsten Sehenswürdigkeiten, Straßen und Buslinien.

Medizinische Versorgung

Die beiden Krankenhäuser Macaos versorgen Notfälle rund um die Uhr.

Centro Hospitalar Conde São Januário (山頂醫院; Karte S. 248; ☎2831 3731; Estrada do Visconde de São Januário) Südwestlich der Festung Guia.

Hospital Kiang Wu (鏡湖醫院; Karte S. 248; ☎2837 1333; Rua de Coelho do Amaral) Nordöstlich der Pauluskirche.

Notfall

Polizei, Feuerwehr & Rettungsdienst (☎999; ⌚24 Std.)

Notfallhotline für Touristen (☎112; ⌚24 Std.)

Öffnungszeiten

Banken Mo–Fr 9–17, Sa 9–13 Uhr

Behörden Mo–Fr meist 9–13 & 14.30–17.30 od. 17.45 Uhr

Post

Macaos Post namens Correios de Macau ist günstig und effizient.

Die Schalter 1 und 2 der **Hauptpost** (郵政總局; Karte S. 252; ☎2832 3666; 126 Avenida de Almeida Ribeiro; ⌚Mo–Fr 9–18, Sa 9–13 Uhr) am Largo do Senado geben postlagernde Sendungen aus. Zu den anderen Postfilialen der Halbinsel zählt auch die im **Fährhafen** (☎2872 8079; ⌚Mo–Sa 10–19 Uhr).

Briefe bis 20/50 g kosten innerhalb Macaos 1,50/2 MOP und gehen für 2,50/4 MOP nach Hongkong. Für Auslandspost gelten zwei Kategorien: Zone 1 (bis 10/20 g 4/5 MOP) umfasst Ost-, Süd- und Südostasien, Zone 2 (5/6,50 MOP) die übrige Welt außer Festlandchina (3,50/4,50 MOP).

EMS Speedpost (☎2859 6688) kann man in der Hauptpost aufgeben. Expresssendungen verschickt man ebenfalls hier.

DHL (☎2837 2828)

Federal Express (☎2870 3333)

UPS (☎2875 1616)

Rechtsfragen

➡ Macaos Spielkasinos akzeptieren Traveller ab 18 Jahren.

➡ Der Besitz jeglicher illegaler Drogen kann eine Haftstrafe nach sich ziehen.

Reisen mit Behinderung

Macao ist mancherorts nicht barrierefrei: Die historische Altstadt ist hügelig und hat viele holprige Bürgersteige. Neuere Stadtteile (z. B. im Bereich des Cotai Strip) sind jedoch flacher und besitzen breitere Straßen.

Das örtliche Gesetz verlangt barrierefreie Zugänge an öffentlichen Gebäuden (meist über Rollstuhlrampen realisiert) und Behindertenparkplätze auf öffentlichen Abstellflächen. Fußgängerampeln sind generell mit Audiosignalen für Hörbehinderte versehen.

Macaos öffentliche Verkehrsmittel (inkl. Taxis) sind nicht behindertengerecht ausgestattet. Auch auf die Fähren zwischen Hongkong und Macao gelangen körperlich eingeschränkte Passagiere nur mithilfe des Bordpersonals. Der Flughafen ist dagegen recht gut zugänglich.

Strom

➡ Die Netzspannung liegt bei 220 V, 50 Hz.

➡ In hiesige Steckdosen passen Dreipolstecker mit flachen oder runden Kontaktstiften.

Telefon

Macaos Telefongesellschaft **Companhia de Telecomunicações de Macau** (澳門電訊; CTM; ☎Infohotline 1000; www.ctm.net) unterhält vor Ort u. a. folgende Filialen in günstiger Lage:

Leal Senado (Karte S. 252; 21 Largo do Senado; ⌚10.30–19.30 Uhr)

Pedro Coutinho (澳門電訊總店; 25 Rua Pedro Coutinho; ⌚10.30–19.30 Uhr) Zwei Blocks nordöstlich des Lou-Lim-Loc-Parks.

Von Privatanschlüssen aus sind Ortsgespräche gratis. Aus Telefonzellen kosten sie 1 MOP pro fünf Minuten, in den meisten Hotels pauschal 3 MOP.

Nützliche Telefonnummern

Internationale Auskunft (☎101)

Lokale Auskunft (☎181)

Telefonkarten

Alle Telefonzellen erlauben vermittlungsfreie Auslandsgespräche (International Direct Dialling; IDD) mit Easy-Call-Karten von CTM (Guthaben 10, 50, 90 oder 100 MOP). Von 21 bis 8 Uhr (Mo–Fr) und übers ganze Wochenende sind die Tarife niedriger. CTM verkauft zudem Prepaid-SIM-Karten (für Ortsgespräche 50 od. 130 MOP, inkl. IDD und internationales Roaming 50, 100 od. 130 MOP), die auch eine mobile Breitband-Internetnutzung ermöglichen.

Vorwahlen

Bei allen Gesprächen ins Ausland lautet die Vorwahl ☎00 – mit einer Ausnahme: Wer nach Hongkong telefonieren möchte, wählt ☎01 und die jeweilige Anschlussnummer; Hongkongs Ländercode (☎852) ist nicht erforderlich. Internationale Verbindungen nach Macao (auch von Hongkong aus) erfordern den Ländercode ☎853.

Touristeninformation

Beim gut organisierten **Macau Government Tourist Office** (澳門旅遊局; MGTO; Karte S. 386; ☎2831 5566; www.macautourism.gov.mo) gibt's nützliche Infos. Die vielen Gratisbroschüren beschreiben von chinesischen Tempeln, katholischen Kirchen, Festungen und Gärten bis hin zu Stadtspaziergängen alles Mögliche. Das MGTO unterhält ein halbes Dutzend Ableger in ganz Macao – z. B. hier:

Guia-Leuchtturm (Karte S. 248; ☎2856 9808; ⌚9–13 & 14.15–17.30 Uhr)

Largo do Senado (Karte S. 252; ☎8397 1120; ⌚9–18 Uhr)

Fährterminal (Karte S. 248; ☎2872 6416; ⌚9–22 Uhr)

Macau International Airport (☎2886 1418; ⌚10–19 Uhr) Zwischenebene.

Die **Touristenhotline** (☎2833 3000; ⌚24 Std.) erteilt Infos und Tipps. Wer in Schwierigkeiten gerät, kontaktiert die **Notfallhotline** (☎112; ⌚24 Std.).

Das MGTO hat auch eine Filiale in **Hongkong** (☎2857 2287; 336–337 Shun Tak Center, 200 Connaught Rd, Central; ⌚9–22 Uhr).

Visa

Mit einem gültigen Reisepass können sich EU-Bürger und Schweizer 30 bis 90 Tage lang visumfrei in Macao aufhalten.

Längere Besuche erfordern jedoch ein Visum. Diesbezügliche Infos erteilt Macaos **Einwanderungsbehörde** (Immigration Department; 澳門入境處; Karte S. 248; ☎2872 5488; Erdgeschoss, Travessa da Amizade; ⌚Mo–Fr 9–17 Uhr), die auch für Visumsverlängerungen zuständig ist.

Zoll

➡ Es gibt nur wenige Zollformalitäten.

➡ Freimengen für Besucher: 100 Zigaretten und 1 l Spirituosen.

Sprache

KANTONESISCH

Die meisten Bewohner Hongkongs und Guangzhous sprechen Kantonesisch, eine chinesische Sprache bzw. einen chinesischen Dialekt. Kantonesisch wird mit denselben Schriftzeichen geschrieben wie Mandarin, sie werden aber anders ausgesprochen.

Zur Umsetzung des Kantonesischen in lateinische Buchstaben gibt es mehrere Systeme. In diesem Kapitel verwenden wir eine vereinfachte, leicht verständliche Umschrift.

Aussprache

Vokale

a	wie das „a" in „Blatt"
ai	wie das „ei" in „Beil" (kurz)
au	wie das „au" in „aus"
ei	wie Englisch „pay"
i	wie das „i" in „tief"
iu	wie Englisch „you" (mit „i" am Anfang)
o	wie das „o" in „holen"
oi	wie das „eu" in „heulen"
ö	wie in „Örtchen" (kurzes, offenes „ö")
öi	wie Französisch „feuille" (ö+i)
u	wie das „u" in „Mutter"
ui	wie Französisch „oui" (u+i)
uw	wie Englisch „blew" (kurzes, ungerundetes „u")

Konsonanten

Im Kantonesischen kann der ng-Laut am Wortanfang auftreten. Man kann das üben, indem man „singen" sagt und das „si" weglässt.

Bei Wörtern, die auf p, t, und k enden, werden diese Laute „abgeschnitten" und nicht behaucht – ähnlich wie im Englischen. Beim Hören kommen sie einem kürzer und weniger artikuliert vor als am Wortanfang.

Viele Kantonesisch-Sprecher, vor allem jüngere, ersetzen ein „n" am Wortanfang durch ein „l" – so hört man häufig lái statt nái („du"). Wenn das bei Wörtern und Sätzen in diesem Sprachführer vorkommt, wird darauf hingewiesen.

Töne

Kantonesisch ist eine Tonsprache. Viele Wörter unterscheiden sich einzig durch die Tonhöhe, in der die Silben artikuliert werden, z. B. gwàt („ausgraben") und gwàt („Knochen"). Die Töne fallen auf die Vokale und den Konsonanten „n".

In unserer vereinfachten Ausspracheanleitung sind die sechs Töne, gegliedert in Hoch- und Tieftöne, angegeben. Bei Hochtönen wird die Muskulatur des Vokaltrakts angespannt, um einen höheren Ton zu erzielen, bei Tieftönen werden die Stimmbänder entspannt, um einen tieferen Ton hervorzubringen. Die Töne werden hier mit den folgenden Akzenten dargestellt:

à	hoch
á	hoch-steigend
a	mittel
à (unterstrichen)	tief-fallend
á (unterstrichen)	tief-steigend
a (unterstrichen)	tief

Konversation & Nützliches

Hallo.	哈佬 。	hàa·ló
Auf Wiedersehen.	再見 。	dschoi·gin
Wie geht es Ihnen?	你幾好啊嗎？	lái gái hó à maa
Danke, gut.	幾好 。	gái hó
Entschuldigung. (beim Ansprechen)	對唔住 。	döi·ǹg·dsch uw
Entschuldigung. (wenn man vorbeigelassen werden möchte)	唔該借借 。	ǹg·gòi dsche·dsche
Tut mir leid.	對唔住 。	döi·ǹg·dsch uw
Ja.	係 。	hai
Nein.	不係 。	ǹg·hai
Bitte …	唔該……	ǹg·gòi …
Danke.	多謝 。	dàw·dsch e
Keine Ursache.	唔駛客氣 。	ǹg·sái haak·hai

Wie heißen Sie?
你叫乜嘢名？ — lái giu màt·jé méng aa

Ich heiße ...
我叫…… — ngáw giu ...

Sprechen Sie Englisch?
你識唔識講英文啊？ — lái sìk·ǹg·sìk góong jìng·mán aa

Ich habe Sie nicht verstanden.
我唔明 。 — ngáo ǹg mìng

Essen & Ausgehen

Was empfehlen Sie?
有乜嘢好介紹？ — jáu màt·jé hó gaai·siu

Was ist in dem Gericht drin?
呢道菜有啲乜嘢？ — lài do tschoi jáu dì màt·jé

Das war köstlich.
真好味 。 — dschàn hó·m ai

Zum Wohl!
乾杯！ — gàon·buì

Ich hätte gern die Rechnung.
唔該我要埋單 。 — ǹg·gòi ngáo jiu màai·dàan

Ich möchte gern einen Tisch für ... reservieren.	我想訂張檯，……嘅 。	ngáo sǒng deng dschöng tói ... ge
(acht) Uhr	(八)點鐘	(bàat) dím·dschùng
(zwei) Personen	(兩) 位	(lǒng) wái

Ich esse kein/e/n ...	我唔吃……	ngáo ǹg sik ...
Fisch	魚	júw
Nüsse	果仁	gwáo·jàn
Geflügel	雞鴨鵝	gài ngaap ngào
rotes Fleisch	牛羊肉	ngàu jǒng juk

Wichtige Begriffe

Abendessen	晚飯	máan·faan
Babynahrung	嬰兒食品	jìng·ji sik·bán
Bar	酒吧	dschǎu·bàa
Café	咖啡屋	gaa·fè·ngùk
Essen	食物	sik·mat
Flasche	樽	dschòn
Frühstück	早餐	dschó·tschàan
Gabel	叉	tschàa
Glas	杯	buì
halal	清真	tschìng·dschàn
Hauptgänge	主菜	dschúw·tschoi
heiß	熱	jit
Hochstuhl	高凳	gò·dang
(zu) kalt	(太) 凍	(taai) dung
Kinderkarte	個小童菜單	gao siú·tung tschoi·dàan
koscher	猶太	jàu·tàai
Löffel	羹	gàng
Lokales Essen	地方小食	dai·fàong siú·sik
Markt	街市	gàai·sí
Messer	刀	dò
Mittagessen	午餐	ńg·tschàan
Restaurant	酒樓	dschǎu·làu
Schale	碗	wún
(zu) scharf	(太) 辣	(taai) laat
Speisekarte (auf Englisch)	(英文) 菜單	(jìng·màn) tschoi·dàan
Supermarkt	超市	tschiù·sí
Teller	碟	díp
Vegetarisches	齋食品	dschàai sik·bán
Vorspeisen	涼盤	lǒng·pún

> **WICHTIGE SATZMUSTER**
>
> Um mit Kantonesisch durchzukommen, diese einfachen Satzmuster mit dem gewünschten Wort verbinden:
>
> **Wann findet (die nächste Tour) statt?**
> (下個旅遊團係)幾時？ — (haa·gao lói·jàu·tùn hai) gái·sì
>
> **Wo befindet sich (der Bahnhof)?**
> (車站)喺邊度？ — (tschè·dschaam) hái·bìn·do
>
> **Wo kann ich (ein Vorhängeschloss kaufen)?**
> 邊度可以(買倒鎖)？ — bìn·do háo·jí (máai dó sáo)
>
> **Haben Sie (einen Stadtplan)?**
> 有冇(地圖)？ — jáu·mó (dai·tò)
>
> **Ich brauche (einen Mechaniker).**
> 我要(個整車師傅) 。 — ngáo jiu (gao dschíng·tschè sì·fú)
>
> **Ich hätte gern (ein Taxi).**
> 我想(坐的士) 。 — ngáo sǒng (tscháo dik·sí)
>
> **Kann ich (ein Standby-Ticket bekommen)?**
> 可唔可以(買張ý 補飛)呀？ — háo·ǹg·háo·yí (máai dschòng hau·bó fài) aa
>
> **Können Sie mir (das aufschreiben), bitte?**
> 唔該你(寫落嚟)? — ǹg·gòi lái (sé laok lài)
>
> **Muss ich (reservieren)?**
> 駛唔駛(定飛先)呀？ — sái·ǹg·sái (deng·fài sìn) aa
>
> **Ich habe (eine Reservierung).**
> 我(預定)咗 。 — ngáo (juw·deng) jáo

Fleisch & Fisch

Ente	鴨	ngaap
Fisch	魚	júw

Hühnchen	雞肉	gài·juk
Lamm	羊肉	yjǒng·juk
Meeresfrüchte	海鮮	hói·sìn
Rindfleisch	牛肉	ngàu·juk
Schweinefleisch	豬肉	dschùw·juk

Obst & Gemüse

Ananas	菠蘿	bào·lào
Apfel	蘋果	pìng·gwáo
Banane	香蕉	hòng·dschiù
Birne	梨	lái
Gemüse	蔬菜	sào·tschoi
grüne Bohnen	扁荳	bín·dau
grüner Salat	生菜	sàang·tschoi
Gurke	青瓜	tschèng·gwàa
Kartoffeln	薯仔	sùw·dschái
Kohl	白菜	baak·tschoi
Mohrrübe	紅蘿蔔	hùng·lào·baak
Obst	水果	söi·gwáo
Orange	橙	tscháang
Pfirsich	桃	tó
Pflaume	梅	muì
Pilz	蘑菇	mào·gù
Sellerie	芹菜	kàn·tschoi
Spinat	菠菜	bào·tschoi
Tomate	番茄	fàan·ké
Weintrauben	葡提子	pò·tài·dschí
Zitrone	檸檬	lìng·mùng
Zwiebeln	洋蔥	yǒng·tschùng

Weitere Lebensmittel

Brot	麵包	min·bàau
Ei	蛋	dáan
Essig	醋	tscho
Kräuter/Gewürze	香料	hòng·liú
Pfeffer	胡椒粉	wù·dschiù·fán
Pflanzenöl	菜油	tschoi·jàu
Reis	白飯	baak·faan
Salz	鹽	jìm
Sojasauce	豉油	si·jàu
Zucker	砂糖	sàa·tàong

Getränke

Bier	啤酒	bè·dschául
Kaffee	咖啡	gaa·fè
Milch	牛奶	ngàu·láai
Mineralwasser	礦泉水	kaong·tschön·söi
Rotwein	紅葡萄酒	hùng·pò·tò dscháu
Saft	果汁	gwáo·dschàp
Tee	茶	tschàa
Weißwein	白葡萄酒	baak·pò·t ò·dscháu

Notfall

Zu Hilfe!	救命！	gau·meng
Gehen Sie weg!	走開！	dscháu·hòi
Ich habe mich verlaufen.	我蕩失路 。	ngáo daong·sàk·lo
Ich bin krank.	我病咗 。	ngáo beng·dscháo

Rufen Sie einen Arzt!
快啲叫醫生！ faai·dì giu jì·sàng

Rufen Sie die Polizei!
快啲叫警察！ faai·dì giu gíng·tschaat

Wo sind die Toiletten?
廁所喺邊度？ tschi·sáo hái bìn·do

Ich bin allergisch gegen ...
我對……過敏 。 ngáo döi ... gao·mán

Shoppen & Service

Ich hätte gern ...
我想買…… ngáo sŏng máai ...

Ich schaue mich nur um.
睇下 。 tái haa

Kann ich mir das ansehen?
我可唔可以睇下？ ngáo háo·ǹg·háo·jí tái haa

Wie viel kostet das?
幾多錢? gái·dào tschín

Das ist zu teuer.
太貴啦 。 taai gwai laa

Können Sie mit dem Preis heruntergehen?
可唔可以平啲呀？ háo·ǹg·háo·jí pèng dì aa

In der Rechnung ist ein Fehler.
帳單錯咗 。 dschöng·dàan tschao dscháo

Geldautomat	自動提款機	dschi·dung tài·fún·gài
Kreditkarte	信用卡	sön·jung·kàat
Internetcafé	網吧	máong·bàa

Schilder

入口	**Eingang**
出口	**Ausgang**
廁所	**Toiletten**
男	**Männer**
女	**Frauen**

Post	郵局	jàu·gúk
Touristen-information	旅行社	lǿi·hàng·sé

Uhrzeit & Datum

Wie spät ist es?	而家 幾點鐘？	ji·gàa gái·dím·dschùng
Es ist (10) Uhr.	（十）點鐘 。	(sap)·dím·dschùng
Halb (11).	（十）點半 。	(sap)·dím bun

Morgen	朝早	dschiù·dschó
Nachmittag	下晝	haa·dschau
Abend	夜晚	je·máan
gestern	寢日	kàm·jat
heute	今日	gàm·jat
morgen	听日	ting·jat

Montag	星期一	sìng·kài·jàt
Dienstag	星期二	sìng·kài·ji
Mittwoch	星期三	sìng·kài·sàam
Donnerstag	星期四	sìng·kài·sai
Freitag	星期五	sìng·kài·ńg
Samstag	星期 六	sìng·kài·luk
Sonntag	星期日	sìng·kài·jat

Januar	一月	jàt·jut
Februar	二月	ji·jut
März	三月	sàam·jut
April	四月	sai·jut
Mai	五月	ńg·jut
Juni	六月	luk·jut
Juli	七月	tschàt·jut
August	八月	baat·jut
September	九月	gáu·jut
Oktober	十月	sap·jut
November	十一月	sap·jàt·jut
Dezember	十二月	sap·ji·jut

Unterkunft

Campingplatz	營地	jìng·dai
Pension	賓館	bàn·gún
Hostel	招待所	dschiù·doi·sáo
Hotel	酒店	dscháu·dim

Haben Sie ein ... Zimmer?	有冇…… 房？	jáu·mó ... fáong
Einzel-	單人	dàan·jàn
Doppel-	雙人	sòng·jàn
Wie viel kostet es pro ...?	一……幾多 錢？	jàt ... gái·dào tschín
Nacht	晚	máan
Person	個人	gao jàn

Badezimmer	沖涼房	tschùng·lòng·fáong
Bett	床	tschàong
Fenster	窗	tschòng
Klimaanlage	空調	hùng·tiù
Liege	BB床	bi·bì tsch àong

Verkehrsmittel & -wege

Öffentliche Verkehrsmittel

Boot	船	sùn
Bus	巴士	bàa·sí
Flugzeug	飛機	fài·gài
Straßenbahn	電車	din·tschè
Taxi	的士	dìk·sí
Zug	火車	fáo·tschè

Wann fährt der ... (Bus)?	……（巴士） 幾點開？	... (bàa·sí) gái dím hòi
erste	頭班	tàu·bàan
letzte	尾班	mái·bàan
nächste	下一班	haa·jàt·bàan

Eine ... Fahrkarte nach (Panyu), bitte.	一張去 （番禺）嘅 ……飛 。	jàt dschòng höi (pùn·jù) ge ... fài
1. Klasse	頭等	tàu·dáng
2. Klasse	二等	ji·dáng
einfache	單程	dàan·tsching
Hin- & Rück-	雙程	sòng·tsching

Wann ist Abfahrt?
幾點鐘出發？ gái·dím dschùng tschöt·faa

Hält er in/an ...?
會唔會喺 ……停呀？ wuí·ǹg·wuí hái ... tìng aa

Wann kommt er in ... an?
幾點鐘到……？ gái·dím dschùng do ...

Fragewörter

Wann?	幾時?	gái·sì
Warum?	點解?	dím·gáai
Was?	乜嘢?	màt·jé
Wer?	邊個?	bìns·gao
Wie?	點樣?	dím·jöng
Wo?	邊度?	bìn·do

Was ist die nächste Haltestelle?
下個站叫乜名？ — haa·gao dschaam giu màt méng

Ich möchte gerne in/an … aussteigen
我要喺……落車 。 — ngáo jiu hái … laok·tschè

Bitte sagen sie mir Bescheid, wenn wir in/an … sind
到……嘅時候，唔該叫聲我 。 — do … ge si·hau ng·gòi giu sèng ngáo

Bitte halten Sie hier.
唔該落車 。 — ng·gòi laok·tschè

abgesagt	取消	tschöi·siù
Bahnhof	火車站	fó·tschè·dsch aam
Bahnsteig/ Plattform	月台	yút·tòi
Fahrkarten-schalter	售票處	sau·piu·tschu
Fahrplan	時間表	si·gaan·biú
Fenster	窗口	tschöng·háu
Gang	路邊	lo·bìn
verspätet	押後	ngaat·hau

Auto- & Motorradfahren

Ich würde gerne ein/einen … mieten.
我想租架…… — ngáo sǒng dschò gaa …

Auto	車	tschè
Fahrrad	單車	dàan·tschè
Geländewagen	4WD	fào·wiù·dschàai·fù
Motorrad	電單車	din·dàan·tschè

Babysitz	BB座	bi ·bì dschao
Benzin	汽油	hai·jàu
Diesel	柴油	tschàai·jàu
Mechaniker	修車師傅	sàu·tschè sì·fú
Sturzhelm	頭盔	táu·kwài
Tankstelle	加油站	gàa·jàu·dschàam

Ist das die Straße nach …?
呢條路係唔係去……㗎？ — lài tiu lo hai· ng·hai höi … gaa

Kann ich hier parken?
呢度泊唔泊得車㗎？ — lài·do paak·ng·paak·dàk tschè gaa

Wie lange kann ich hier parken?
我喺呢度可以停幾耐？ — ngáo hái lài·do háo·jí ting gái·loi

Wo ist der Fahrradparkplatz?
喺邊度停單車？ — hái·bìn·do ting dàan·tschè

Das Auto/Motorrad hat eine Panne bei …
架車/電單車係……壞咗 。 — gaa tschè/din·dàan·tschè hái … waai dscháo

Zahlen

1	一	jà
2	二	ji
3	三	sàam
4	四	sai
5	五	ńg
6	六	luk
7	七	tschàt
8	八	baat
9	九	gáu
10	十	sap
20	二十	ji·sap
30	三十	sàam·sap
40	四十	sai·sap
50	五十	ńg·sap
60	六十	luk·sap
70	七十	tschàt·sap
80	八十	baat·sap
90	九十	gáu·sap
100	一百	jàt·baak
1000	一千	jàt·tschìn

Der Reifen ist geplatzt.
我爆咗肽 。 — ngáo baau·dscháo tàai

Der Tank ist leer.
我冇晒油 。 — ngáo mó saai jáu

Ich will mein Fahrrad reparieren lassen.
我想修呢架車 。 — ngáo sǒng sàu lài gaa tschè

Wegbeschreibungen

Wo befindet sich …?
……喺邊 度 ？ — … hái bìn·do

Wie ist die Adresse?
地址係？ — dai·dschí hai

hinter	後面	hau·min
links	左邊	jáo·bìn
nahe …	……附近	… fu·gan
neben …	……旁邊	… paòng·bìn
an der Ecke	十字路口	sap·dschi ·lo·háu
gegenüber	對面	döi·min
rechts	右邊	yau·bìn
geradeaus	前面	tschìn·min
Ampel	紅綠燈	hùng·luk·dàng

ENGLISCH

In Hongkong ist Englisch neben dem Kantonesischen Amtssprache, sodass man mit

MEHR INFOS?

Wer Englisch versteht, findet weitergehende Infos zur Sprache und praktische Redewendungen im *China Phrasebook* von Lonely Planet. Das gibt's online unter **shop.lonelyplanet.com**. Weiterführende Informationen zur englischen Sprache enthält der *Reise-Sprachführer Englisch* von Lonely Planet, erhältlich unter http://shop.lonely planet.de.

ein wenig Kenntnis der Sprache weit kommt. Englisch ist ohnehin die am weitesten verbreitete Sprache der Welt (wenn's auch nur den zweiten Platz für die am meisten gesprochene Muttersprache gibt – Chinesisch ist die Nr. 1).

Und selbst die, die nie Englisch gelernt haben, kennen durch Musik oder Anglizismen in Technik und Werbung immer ein paar Wörter. Ein paar Brocken mehr zu lernen, um beim Smalltalk zu glänzen, ist nicht schwer. Hier sind die wichtigsten Wörter und Wendungen für die fast perfekte Konversation in fast allen Lebenslagen aufgelistet:

Konversation & Nützliches

Wer einen Fremden nach etwas fragt, sollte die Frage oder Bitte mit einer höflichen Entschuldigung einleiten („Excuse me, …").

Hallo.	*Hello.*
Guten …	*Good …*
Tag	*day*
Tag (nachmittags)	*afternoon*
Morgen	*morning*
Abend	*evening*
Auf Wiedersehen.	*Goodbye.*
Bis später.	*See you later.*
Tschüss.	*Bye.*
Wie geht es Ihnen/dir?	*How are you?*
Danke, gut.	*Fine. And you?*
Und Ihnen/dir?	*… and you?*

Wie ist Ihr Name?/ Wie heißt du?	*What's your name?*
Mein Name ist …	*My name is …*
Wo kommen Sie her?/ Wo kommst du her?	*Where do you come from?*
Ich komme aus …	*I'm from …*
Wie lange bleiben Sie/ bleibst du hier?	*How long do you stay here?*
Ja.	*Yes.*
Nein.	*No.*
Bitte.	*Please.*
Danke/Vielen Dank.	*Thank you (very much).*
Bitte (sehr).	*You're welcome.*
Entschuldigen Sie, …	*Excuse me, …*
Entschuldigung.	*Sorry.*
Es tut mir leid.	*I'm sorry.*
Verstehen Sie (mich)?	*Do you understand (me)?*
Ich verstehe (nicht).	*I (don't) understand.*
Könnten Sie …?	*Could you please …?*
bitte langsamer sprechen	*speak more slowly*
das wiederholen	*repeat that*
das aufschreiben	*write it down*

Fragewörter

Wer?	*Who?*
Was?	*What?*
Wo?	*Where?*
Wann?	*When?*
Wie?	*How?*
Warum?	*Why?*
Welcher?	*Which?*
Wie viel/viele?	*How much/many?*

Gesundheit

Wo ist der/die/das nächste …?
Where's the nearest …?

Apotheke	*chemist*
Arzt	*doctor*
Krankenhaus	*hospital*
Zahnarzt	*dentist*

Ich brauche einen Arzt.
I need a doctor.

Gibt es in der Nähe eine (Nacht-)Apotheke?
Is there a (night) chemist nearby?

Ich bin krank.	*I'm sick.*
Es tut hier weh.	*It hurts here.*
Ich habe mich übergeben.	*I've been vomiting.*
Ich habe …	*I have …*
Durchfall	*diarrhoea*
Fieber	*fever*
Kopfschmerzen	*headache*

(Ich glaube,) Ich bin schwanger.	*(I think) I'm pregnant.*
Ich bin allergisch gegen ...	*I'm allergic to ...*
Antibiotika	*antibiotics*
Aspirin	*aspirin*
Penizillin	*penicillin*

Mit Kindern reisen

Ich brauche ...	*I need a/an ...*
Gibt es ...?	*Is there a/an ...?*
einen Babysitter	*babysitter*
eine Kinderkarte	*children's menu*
einen Kindersitz	*booster seat*
einen Kinderstuhl	*highchair*
einen Kinderwagen	*stroller*
einen Wickelraum	*baby change room*
ein Töpfchen	*potty*
(Einweg-)Windeln	*(disposable) nappies*

Stört es Sie, wenn ich mein Baby hier stille?
Do you mind if I breastfeed here?

Schilder

Danger	*Gefahr*
No Entry	*Einfahrt verboten*
One-way	*Einbahnstraße*
Entrance	*Einfahrt*
Exit	*Ausfahrt*
Keep Clear	*Ausfahrt freihalten*
No Parking	*Parkverbot*
No Stopping	*Halteverbot*
Toll	*Mautstelle*
Cycle Path	*Radweg*
Detour	*Umleitung*
No Overtaking	*Überholverbot*
Police	*Polizei*
Entrance	*Eingang*
Exit	*Ausgang*
Open	*Offen*
Closed	*Geschlossen*
No Entry	*Kein Zutritt*
No Smoking	*Rauchen verboten*
Prohibited	*Verboten*
Toilets	*Toiletten*
Men	*Herren*
Women	*Damen*

Sind Kinder zugelassen?
Are children allowed?

Notfall

Hilfe!	*Help!*
Es ist ein Notfall!	*It's an emergency!*
Rufen Sie die Polizei!	*Call the police!*
Rufen Sie einen Arzt!	*Call a doctor!*
Rufen Sie einen Krankenwagen!	*Call an ambulance!*
Lassen Sie mich in Ruhe!	*Leave me alone!*
Gehen Sie weg!	*Go away!*

Papierkram

Name	*name*
Staatsangehörigkeit	*nationality*
Geburtsdatum/-ort	*date/place of birth*
Geschlecht	*sex/gender*
(Reise-)Pass	*passport*
Visum	*visa*

Shoppen & Service

Ich suche ...
I'm looking for ...

Wo ist der/die/das (nächste) ...?
Where's the (nearest) ...?

Wo kann ich ... kaufen?
Where can I buy ...?

Ich möchte ... kaufen.
I'd like to buy ...

Wie viel (kostet das)?
How much (is this)?

Das ist zu viel/zu teuer.
That's too much/too expensive.

Können Sie mit dem Preis heruntergehen?
Can you lower the price?

Ich schaue mich nur um.
I'm just looking.

Haben Sie noch andere?
Do you have any others?

Können Sie ihn/sie/es mir zeigen?
Can I look at it?

mehr	*more*
weniger	*less*
kleiner	*smaller*
größer	*bigger*

Nehmen Sie ...?	*Do you accept ...?*
Kreditkarten	*credit cards*
Reiseschecks	*traveller's cheques*
Ich möchte ...	*I'd like to ...*
Geld umtauschen	*change money*
Reiseschecks einlösen	*change traveller's cheques*

Ich suche ...	*I'm looking for ...*
einen Arzt	*a doctor*
eine Bank	*a bank*
die ... Botschaft	*the ... embassy*
einen Geldautomaten	*an ATM*
das Krankenhaus	*the hospital*
den Markt	*the market*
ein öffentliches Telefon	*a public phone*
eine öffentliche Toilette	*a public toilet*
die Polizei	*the police*
das Postamt	*the post office*
die Touristen-information	*the tourist information*
eine Wechsel-stube	*an exchange office*

Wann macht er/sie/es auf/zu?
What time does it open/close?

Ich möchte eine Telefonkarte kaufen.
I want to buy a phone card.

Wo ist hier ein Internetcafé?
Where's the local Internet cafe?

Ich möchte ...	*I'd like to ...*
ins Internet	*get Internet access*
meine E-Mails checken	*check my email*

Uhrzeit & Datum

Wie spät ist es?	*What time is it?*
Es ist (ein) Uhr.	*It's (one) o'clock.*
Zwanzig nach eins	*Twenty past one*
Halb zwei	*Half past one*
Viertel vor eins	*Quarter to one*
morgens/vormittags	*am*
nachmittags/abends	*pm*

jetzt	*now*
heute	*today*
heute Abend	*tonight*
morgen	*tomorrow*
gestern	*yesterday*
Morgen	*morning*
Nachmittag	*afternoon*
Abend	*evening*
Montag	*Monday*
Dienstag	*Tuesday*
Mittwoch	*Wednesday*
Donnerstag	*Thursday*
Freitag	*Friday*
Samstag	*Saturday*
Sonntag	*Sunday*

Januar	*January*
Februar	*February*
März	*March*
April	*April*
Mai	*May*
Juni	*June*
Juli	*July*
August	*August*
September	*September*
Oktober	*October*
November	*November*
Dezember	*December*

Unterkunft

Wo ist ...?	*Where's a ...?*
eine Pension	*bed and breakfast guesthouse*
ein Campingplatz	*camping ground*
ein Hotel/Gasthof	*hotel*
ein Privatzimmer	*room in a private home*
eine Jugend-herberge	*youth hostel*

Wie ist die Adresse?
What's the address?

Ich möchte bitte ein Zimmer reservieren.
I'd like to book a room, please.

Für (drei) Nächte/Wochen.
For (three) nights/weeks.

Haben Sie ein ...?	*Do you have a ... room?*
Einzelzimmer	*single*
Doppelzimmer	*double*
Zweibettzimmer	*twin*

Wieviel kostet es pro Nacht/Person?
How much is it per night/person?

Kann ich es sehen?
May I see it?

Kann ich ein anderes Zimmer bekommen?
Can I get another room?

Es ist gut, ich nehme es.
It's fine. I'll take it.

Ich reise jetzt ab.
I'm leaving now.

Verkehrsmittel & -Wege

Wann fährt ... ab?
What time does the ... leave?

das Boot/Schiff	*boat/ship*
die Fähre	*ferry*
der Bus	*bus*
der Zug	*train*

Wann fährt der ... Bus?
What time's the ... bus?

erste	*first*
letzte	*last*
nächste	*next*

Wo ist der nächste U-Bahnhof?
Where's the nearest metro station?

Welcher Bus fährt nach ...?
Which bus goes to ...?

Straßenbahn	*tram*
Straßenbahnhaltestelle	*tram stop*
S-Bahn	*suburban (train) line*
U-Bahn	*metro*
(U-)Bahnhof	*(metro) station*

Eine ... nach (Kowloon).
A ... to (Kowloon).

einfache Fahrkarte	*one-way ticket*
Rückfahrkarte	*return ticket*
Fahrkarte 1. Klasse	*1st-class ticket*
Fahrkarte 2. Klasse	*2nd-class ticket*

Der Zug wurde gestrichen.
The train is cancelled.

Der Zug hat Verspätung.
The train is delayed.

Ist dieser Platz frei?
Is this seat free?

Muss ich umsteigen?
Do I need to change trains?

Sind Sie frei?
Are you free?

Was kostet es bis ...?
How much is it to ...?

Bitte bringen Sie mich zu (dieser Adresse).
Please take me to (this address).

Wo kann ich ein ... mieten?
Where can I hire a/an ...?

Ich möchte ein ... mieten.
I'd like to hire a/an ...

Auto	*car*
Fahrrad	*bicycle*
Fahrzeug mit Automatik	*automatic*
Fahrzeug mit Schaltung	*manual*
Geländewagen	*4WD*
Motorrad	*motorbike*

Wieviel kostet es pro Tag/Woche?
How much is it per day/week?

Wo ist eine Tankstelle?
Where's a petrol station?

Benzin	*petrol*
Diesel	*diesel*
Bleifreies Benzin	*unleaded*

Führt diese Straße nach ...?
Does this road go to ...?

Wo muss ich bezahlen?
Where do I pay?

Ich brauche einen Mechaniker.
I need a mechanic.

Das Auto hat eine Panne.
The car has broken down.

Ich habe einen Platten.
I have a flat tyre.

Das Auto/Motorrad springt nicht an.
The car/motorbike won't start.

Ich habe kein Benzin mehr.
I've run out of petrol.

Wegweiser

Können Sie mir bitte helfen?
Could you help me, please?

Ich habe mich verirrt.
I'm lost.

Wo ist (eine Bank)?
Where's (a bank)?

In welcher Richtung ist (eine öffentliche Toilette)?
Which way's (a public toilet)?

Wie kann ich da hinkommen?
How can I get there?

Wie weit ist es?
How far is it?

Können Sie es mir (auf der Karte) zeigen?
Can you show me (on the map)?

links	*left*
rechts	*right*
nahe	*near*
weit weg	*far away*
hier	*here*
dort	*there*
an der Ecke	*on the corner*
geradeaus	*straight ahead*
gegenüber ...	*opposite ...*
neben ...	*next to ...*
hinter ...	*behind ...*
vor ...	*in front of ...*

Norden	*north*
Süden	*south*
Osten	*east*
Westen	*west*

Biegen Sie ... ab.	*Turn ...*
links/rechts	*left/right*
an der nächsten Ecke	*at the next corner*
bei der Ampel	*at the traffic lights*

Zahlen

0	*zero*
1	*one*
2	*two*
3	*three*
4	*four*
5	*five*
6	*six*
7	*seven*
8	*eight*
9	*nine*
10	*ten*
11	*eleven*
12	*twelve*
13	*thirteen*
14	*fourteen*
15	*fifteen*
16	*sixteen*
17	*seventeen*
18	*eighteen*
19	*nineteen*
20	*twenty*
21	*twentyone*
22	*twentytwo*
23	*twentythree*
24	*twentyfour*
25	*twentyfive*
30	*thirty*
40	*fourty*
50	*fifty*
60	*sixty*
70	*seventy*
80	*eigthy*
90	*ninety*
100	*hundred*
1000	*thousand*
2000	*two thousand*
100 000	*hundred thousand*

GLOSSAR

Arhat – Buddhistischer Heiliger, der sich aus dem Kreislauf von Tod und Wiedergeburt befreit hat

Bodhisattva – Buddhistisches Streben nach Erleuchtung

cha chaan tang – lokale Teestuben, die westliche Getränke und Snacks und/oder chinesische Gerichte anbieten

cheongsam – modisches, eng sitzendes chinesisches Kleid mit einem Schlitz an der Seite (*qípáo* auf Mandarin)

dai pai dong – Imbissstand unter freiem Himmel. Sie sind vor allem abends gut besucht, verschwinden aber immer mehr aus dem Stadtbild Hongkongs.

dim sum – wörtlich „das Herz anrühren"; ein kantonesisches Mahl aus Häppchen, die zum Frühstück, Brunch oder Mittagessen gegessen werden. In Restaurants kommen sie auf Servierwagen mit Warmhaltevorrichtung; s. auch *yum cha*

Drachenboot – langes, schmales Ruderboot in Form eines Drachens; kommt während der Rennen beim Drachenbootfest zum Einsatz

Dschunke – ursprünglich chinesische Fischer- oder Kriegsboote mit quadratischem Segel; heute hölzerne Freizeitjachten mit Dieselmotor, zu sehen im Victoria Harbour

feng shui – Die Mandarin-Schreibung für Kantonesisch *fung sui*, was „Wind Wasser" bedeutet; die chinesische Kunst der Geomantie, die darauf abzielt, die Umwelt nach Glück verheißenden Anzeichen zu analysieren oder solche in ihr künstlich zu schaffen

Hakka – eine chinesische Ethnie mit einer eigenen, sich vom Kantonesischen unterscheidenden chinesischen Sprache. Manche Hakka leben in den New Territories immer noch ein traditionelles, bäuerliches Leben.

hell money – „Höllengeld"; falsche Geldscheine, die als Opfergaben für die Seelen der Verstorbenen verbrannt werden

HKTB – Hong Kong Tourism Board, die Tourismusbehörde der Sonderverwaltungszone Hongkong

kaido – kleines bis mittelgroßes Fährboot, das kurze Fahrten ins offene Meer unternimmt und normalerweise für außerplanmäßige Fahrten zwischen kleinen Inseln und Fischerdörfern eingesetzt wird; manchmal auch *kaito* geschrieben

Kung Fu – die Grundlage verschiedener asiatischer Kampfkunstformen

Mah-Jongg – beliebtes chinesisches Gesellschaftsspiel für vier Personen, benutzt werden Spielsteine mit chinesischen Schriftzeichen

MTR – Mass Transit Railway, die Hongkonger Schnellbahnen

nullah – nur in Hongkong gebräuchliches Wort für einen Rinnstein oder ein Abflussrohr, kommt gelegentlich in Ortsnamen vor

Punti – die ersten kantonesischsprachigen Siedler in Hongkong

sampan – motorisierte Barkasse, die nur wenigen Passagieren Platz bietet und für Fahrten in die offene See zu klein ist; wird meist für Transporte innerhalb des Hafens verwendet

SAR – „Special Administrative Region of China"; Sonderverwaltungszone der VR China; sowohl Hongkong als auch Macao sind heute Sonderverwaltungszonen mit weitgehender Autonomie

SARS – Severe Acute Respiratory Syndrome; offizielle Bezeichnung der Vogelgrippe

si yau sai chaan – „Soy Sauce Western"; ein in den 1950er-Jahren entstandener Kochstil, bei dem westliche Gerichte unterschiedlicher Herkunft auf chinesische Art zubereitet werden

Tai Chi – die chinesische Kunst des langsamen Schattenboxens

tai tai – jede verheiratete Frau, insbesondere aber die nicht berufstätige Frau eines Geschäftsmannes

Tanka – chinesische Volksgruppe, deren Angehörige traditionellerweise auf Booten leben

Triaden – chinesische Geheimgesellschaften, die ursprünglich als patriotische Vereinigungen zum Schutz der chinesischen Kultur angesichts der Usurpation der Mandschu gegründet wurden; heute das Hongkonger Äquivalent für die Mafia

wan – Bucht

wet market – Nassmarkt; ein Freiluftmarkt, auf dem Obst, Gemüse, Fisch und Fleisch verkauft werden

yum cha – wörtlich „Tee trinken"; gebräuchlicher kantonesischer Ausdruck für *dim sum*

KÜCHENGLOSSAR

Fisch & Meeresfrüchte

baau-ju	鮑魚	Seeohr
daai-haa	大蝦	Garnele
haa	蝦	Shrimp
ho	蠔	Auster
jau-ju	魷魚	Tintenfisch
ju	魚	Fisch
ju daan	魚蛋	Fischbällchen, normalerweise aus Hecht
ju tschi	魚翅	Haifischflosse
lung haa	龍蝦	Steinhummer

Fleisch & Geflügel

dschu sau	豬手	Schweinehaxe
dschu-juk	豬肉	Schweinefleisch
gai	雞	Hühnchen
ju dschu	乳豬	Spanferkel
ngaap	鴨	Ente
ngao	鵝	Gans
ngau juk	牛肉	Rindfleisch
paai guat	排骨	Schweinerippchen

Gebäck

bo lo baau	菠蘿包	Ananasbrötchen
gai mei baau	雞尾包	Cocktailbrötchen

Reis- & Nudelgerichte

baak-faan	白飯	gedämpfter weißer Reis
dschuk	粥	Congee
faan	飯	Reis
fan-si	粉絲	Glasnudeln
hao-fan	河粉	weiße breite und flache Reisnudeln, meist in der Pfanne gebraten
jau-dschaa-gwai	油炸鬼	„Teufelsschwänze“: gerollter, in heißem Öl frittierter Teig
min	麵	Nudeln
sin-haa haa wan-tan	鮮蝦餛飩	Wan Tan mit Garnelen
tschaau faan	炒飯	gebratener Reis
tschaau-min	炒麵	gebratene Nudeln
wan-tan min	餛飩麵	Wan-Tan-Nudelsuppe

Saucen

gaai laat	芥辣	scharfer Senf
ho jau	蠔油	Austernsauce
laat dschiu dschöng	辣椒醬	Chilisauce
si jau	豉油	Sojasauce

Suppen

aai juk suk mai gang	蟹肉粟米羹	Krabben-Mais-Suppe
baak-tschoi taong	白菜湯	chinesische Kohlsuppe
daan faa taong	蛋花湯	„Eierblumensuppe“: leichte Brühe mit hineingegebenem rohem Ei
dung-gwaa taong	冬瓜湯	Wintermelonensuppe
jin wao gang	燕窩羹	Schwalbennestsuppe
juw-tschi taong	魚翅湯	Haifischflossensuppe
wan-tan taong	餛飩湯	Wan-Tan-Suppe

Vegetarische Gerichte

gai lo mai	雞滷味	Gericht, das wie Hühnchen, gegrilltes Schweinefleisch oder gebratene Ente schmecken soll
gam gu sun dschim	金菇筍尖	geschmorte Bambussprossen und Shiitake-Pilze
lao hon dschaai	羅漢齋	geschmortes gemischtes Gemüse
lao hon dschaai ji min	羅漢齋伊麵	gebratene Nudeln mit geschmortem Gemüse

tschun guwn	春卷	vegetarische Frühlingsrollen

Kantonesische Gerichte

baak tschök haa	白灼蝦	gedünstete Garnelen mit Dips
dschaa dschi gai	炸子雞	knusprig gebratenes Hühnchen
dschiu jim jau-juw	椒鹽魷魚	ohne Flüssigkeit angebratener Tintenfisch mit Salz und Pfeffer
göng tschung tschaau haai	薑蔥炒蟹	gedünsteter Krebs mit Ingwer und Frühlingszwiebeln
haai juk paa dau miu	蟹肉扒豆苗	sautierte Erbsensprossen mit Krabbenfleisch
ho jau tschoi sam	蠔油菜心	*choisum* mit Austernsauce
ho jau ngau juk	蠔油牛肉	frittierte Rippchen mit grobem Salz und Pfeffer
jìm guk gai	鹽焗雞	in Salz gebackenes Hühnchen auf Hakka-Art
mui tschoi kau juk	霉菜扣肉	zweimal gegartes Schweinefleisch mit eingelegtem Kohl
sai laan faa daai dschi	西蘭花帶子	kurz gebratener Brokkoli mit Jakobsmuscheln
siu juw dschu	燒乳豬	gebratenes Ferkel
siu juw gaap	燒乳鴿	gebratene Taube
siu ngaap	燒鴨	gebratene Ente
tschaa siu	叉燒	Schweinebraten
tsching dsching ju	清蒸魚	gedämpfter Fisch mit Frühlingszwiebeln, Ingwer und Sojasauce
tsching tschaau gaai laan	清炒芥蘭	kurz gebratener Kai-lan (chinesischer Brokkoli)

Dim Sum

fan gwao	粉果	gedämpfte Klöße mit Shrimps und Bambussprossen
fu pai guwn	腐皮卷	knusprige Tofu-Rollen
fung dschaau	鳳爪	gebratene Hühnerfüße
haa gaau	蝦餃	gedämpfte Shrimps-Klöße
lao mai gai	糯米雞	Duftreis im Lotusblatt
paai gwat	排骨	kleine geschmorte Rippchen mit schwarzen Bohnen
saan dschuk ngau juk	山竹牛肉	gedünstete Bällchen aus Rinderhackfleisch
siu maai	燒賣	gedünstete Klöße aus Schweinefleisch und Shrimps
tschaa siu baau	叉燒包	gegrillte Brötchen mit gedünstetem Schweinefleisch
tsching tschaau si tschoi	清炒時菜	gebratenes grünes Gemüse der Saison
tschiu dschau fan gwao	潮州粉果	gedämpfte Klöße mit Schweinefleisch, Erdnüssen und Koriander
tschöng fan	腸粉	gedämpfte Reismehltaschen, gefüllt mit Shrimps, Rind- oder Schweinefleisch
tschun guwn	春卷	gebratene Frühlingsrollen

Chaozhou-Gerichte

bing faa gwun jin	冰花官燕	kalte, süße Schwalbennestsuppe (Dessert)
dschin ho beng	煎蠔餅	Austernomelette
dung dsching haai	凍蒸蟹	kalt servierter gedünsteter Krebs
sek lau gai	石榴雞	gedämpfte Eiweißtaschen mit Hühnchenfleischfüllung
tim-suwn hung-siu haa/haai kau	甜酸紅燒蝦蟹球	Garnelen-/Krabbenbällchen mit süßem Dip
tschiu dschau ju tong	潮州魚湯	würzige Fischsuppe
tschiu dschau ji min	潮州伊麵	pfannengebratene Eiernudeln mit Schnittlauch

tschiu dshau lo söi ngao	潮州滷水	geschmorte Gans auf Chaozhou-Art

Nordchinesische Gerichte

bak·ging tin ngaap	北京填鴨	Pekingente
gaau·dschi	餃子	Klöße
gon tschaau ngau juk si	乾炒牛肉絲	getrocknetes Rinderhack mit Chilisauce
haau jöng·juk	烤羊肉	gebratenes Lammfleisch
suwn laat tong	酸辣湯	Sauer-scharfe Suppe mit Schweinehackfleisch (manchmal auch mit geronnenem Schweineblut)
tschong baau jöng juk	蔥爆羊肉	Lammstreifen mit Zwiebeln auf heißer Platte

Gerichte aus Shanghai

baat bo faan	八寶飯	gedämpfter oder kurz gebratener Klebreis mit „acht Kostbarkeiten“ (Dessert)
daai dschaap haai	大閘蟹	Wollhandkrabbe (Gericht für Herbst und Winter)
dschöi gai	醉雞	„betrunkenes Hühnchen“
fu gwai gai/ hat ji gai	富貴雞/乞丐雞	„Bettlerhühnchen“: teilweise entbeintes Hühnchen, gefüllt mit Schweinefleisch, eingelegtem chinesischem Kohl, Zwiebeln, Pilzen, Ingwer und anderen Gewürzen, eingewickelt in Lotusblätter und unter feuchtem Lehm oder Teig in heißer Asche gegart
gon dschin sai gwai dau	乾煎四季豆	kurz gebratene Stangenbohnen
hung·siu si·dschi·tau	紅燒獅子頭	geschmorte „Löwenkopf“-Bällchen: übergroße Bällchen aus Schweinefleisch
lung dscheng haa jan	龍井蝦仁	Shrimps mit „Drachenbrunnen“-Teeblättern
siu lung baau	小籠包	gedünstete Schweinehackbällchen
söng·hoi tscho tschaau	上海粗炒	gebratene Nudeln auf Shanghai-Art mit Schweinefleisch und Kohl
tschong jau beng	蔥油餅	pfannengebratener Frühlingszwiebelkuchen
tschung·dschi wong juw	松子黃魚	gelber Umberfisch, süßsauer, mit Pinienkernen

Gerichte aus Sichuan

daam daam min	擔擔麵	Nudeln in würziger Sauce
dschöng tschaa haau ngaap	樟茶烤鴨	über Kampferholz geräucherte Ente
gong baau gai ding	宮爆雞丁	sautierte Hühnchenteile mit Erdnuss in süßer Chilisauce
juw höng ke dschi	魚香茄子	sautierte Aubergine in pikanter Sauce
maa ngai söng suw	螞蟻上樹	„Ameisen, die den Baum hinaufklettern“: geschmorte Glasnudeln mit gewürztem Schweinehack
maa paw dau fu	麻婆豆腐	geschmorter Tofu mit Schweinehackfleisch und Chili
sai·tschuwn ming haa	四川明蝦	Garnelen mit Chili auf Sichuan-Art
tsching dschiu ngau jok si	青椒牛肉絲	sautiertes Rinderhackfleisch mit grünem Pfeffer
wui gwao juk	回鍋肉	geschmorte Schweinefleischstreifen mit Chili

Hinter den Kulissen

WIR FREUEN UNS ÜBER EIN FEEDBACK

Post von Travellern zu bekommen, ist für uns ungemein hilfreich – Kritik und Anregungen halten uns auf dem Laufenden und helfen, unsere Bücher zu verbessern. Unser reiseerfahrenes Team liest alle Zuschriften ganz genau, um zu erfahren, was an unseren Reiseführern gut und was schlecht ist. Wir können solche Post zwar nicht individuell beantworten, aber jedes Feedback wird garantiert schnurstracks an die jeweiligen Autoren weitergeleitet, rechtzeitig vor der nächsten Nachauflage.

Wer uns schreiben will, erreicht uns über **www.lonelyplanet.de/kontakt**.

Hinweis: Da wir Beiträge möglicherweise in Lonely Planet Produkten (Reiseführer, Websites, digitale Medien) veröffentlichen, ggf. auch in gekürzter Form, bitten wir um Mitteilung, falls ein Kommentar nicht veröffentlicht oder ein Name nicht genannt werden soll. Wer Näheres über unsere Datenschutzpolitik wissen will, erfährt das unter www.lonelyplanet.com/privacy.

DANK VON LONELY PLANET

Vielen Dank an die Leser, die mit der letzten Ausgabe dieses Führers unterwegs waren und uns mit wertvollen Hinweisen, nützlichen Ratschlägen und interessanten Geschichten weitergeholfen haben:

Ian Boyce, Kevin Burgess, Astrid Chan, Leslie Chiand, Rupert Cox, Anne & Philippe Croquet-Zouridakis, Dirk Dillinger, Nancy Engelaberg, Monica Fernandez, Mick Garton, Igor Golovko, Jana Green, Paul Gurn, David Harris, Adrian Ineichen, Diogenes Jesus, Renja Kinnunen, Ambrose Lee, Holger Lichau, Cecilia Litchfield, Ingeborg Moa, Delia Pereira, Eileen Synnott, Peter Tolman, Fransiska Weckesser.

ÜBER DIESES BUCH

Dies ist die 3. deutschsprachige Auflage von *Hongkong*, basierend auf der mittlerweile 15. englischsprachigen Ausgabe von *Hong Kong*. Der Band wurde von Piera Chen und Chung Wah Chow recherchiert und verfasst, die gemeinsam mit Andrew Stone bereits bei der vorausgegangenen Ausgabe die Autoren waren. Dieser Reiseführer wurde vom Lonely Planet Büro in Melbourne in Auftrag gegeben und von folgendem Team betreut:

Verantwortliche Redakteurin Emily K. Wolman
Leitende Redakteure Kate Mathews, Erin Richards
Leitende Kartografin Rachel Imeson
Leitende Layoutdesignerin Carol Jackson
Redaktion Barbara Delissen, Brigitte Ellemor, Bruce Evans
Redaktionsleitung Susan Paterson
Kartografie Shahara Ahmed, Anita Banh, Mark Griffiths
Layout Chris Girdler
Redaktionsassistenz Anne Mulvaney, Charlotte Orr, Helen Yeates
Kartografieassistenz Mick Garrett
Umschlagrecherche Naomi Parker
Bildrecherche Aude Vauconsant
Sprache Branislava Vladisavljevic

Dank an Barbara Di Castro, Ryan Evans, Jane Hart, Anna Lorincz, Annelies Mertens, Kathleen Munnelly, Chung Charn Or, Trent Paton, Raphael Richards, Alison Ridgway, Gerard Walker

DANK DER AUTOREN

Piera Chen

Ich danke Ernesto Corpus, Yuen Ching-sum, Herman Lee, Teddy Lui, Janine Cheung und Madeleine Slavick für ihre Hilfe. Großen Dank auch an die hilfsbereiten Leute in Macau und Guangzhou, Venessa Cheah, Jeremy Chan, Luo Man Hua und Wen Zhaofang. Küsschen an die Engel und Musen in meinem Leben. Tiefe Dankbarkeit gilt vor allem meinem Ehemann Sze Pang-cheung für seine Geduld, sein Verständnis und seine wunderbare Unterstützung.

Chung Wah Chow

Mein großer Dank gilt Rebecca Kwok, Carol Leung, Lam Yee Yi, Wong Ka Man, Trey und Hera Menefee sowie Tse Woon Cheung für die nette Begleitung, die für eine Menge Spaß bei meinen Rechercheresen in die entlegensten Ecken von Hongkong sorgte. Außerdem noch ein dreifaches Hoch auf Walter Ng und Mark Mak für ihr unglaubliches Wissen über die New Territories. Eine große Umarmung geht an meinen Seelenfreund und Reisebegleiter Haider Kikabhoy für seine klugen Erkenntnisse, seine Liebe und die unendliche Unterstützung, die er mir gab.

QUELLENNACHWEIS

Titelfoto: Stanley Market, Hong Kong Island, Hong Kong; Huw Jones/Lonely Planet Images©.

DIE LONELY PLANET STORY

Ein ziemlich mitgenommenes, altes Auto, ein paar Dollar in der Tasche und eine Vorliebe für Abenteuer – 1972 war das alles, was Tony und Maureen Wheeler für die Reise ihres Lebens brauchten, die sie durch Europa und Asien bis nach Australien führte. Die Tour dauerte einige Monate, und am Ende saßen die beiden – pleite, aber voller Inspiration – an ihrem Küchentisch und schrieben ihren ersten Reiseführer *Across Asia on the Cheap*. Innerhalb einer Woche hatten sie 1500 Exemplare verkauft. Lonely Planet war geboren.

Heute hat der Verlag Büros in Melbourne, London und Oakland und mehr als 600 Mitarbeiter und Autoren. Und alle teilen Tonys Überzeugung: „Ein guter Reiseführer sollte drei Dinge tun: informieren, bilden und unterhalten." Und an diesem Grundsatz änderte sich auch nichts, als 2011 BBC Worldwide alleiniger Inhaber von Lonely Planet wurde.

DIE AUTOREN

Piera Chen

Hauptautorin, Central, Wan Chai & der Nordosten, Kowloon, Macao Piera wurde in Hongkong geboren; ihr Vater kommt aus Shanghai, ihre Mutter aus Beijing. Als Autorin, Redakteurin und Übersetzerin ist sie immer zwischen Hongkong, Peking, Vancouver und diversen exotischen realen und fiktiven Urlaubszielen unterwegs. Piera ist passionierte Reisende, hingebungsvolle Mutter und leidenschaftliche Sammlerin von Lebenserfahrungen. Sie arbeitete als Autorin bei der vorangegangenen Ausgabe dieses Reiseführers sowie an den Lonely Planet Reiseführern *Hong Kong Encounter* und *China* mit. Bei den Recherchen für diese Ausgabe hatte sie viel Spaß daran, ihr gut bekannte Gegenden aus anderen Perspektiven zu sehen. Neben den oben aufgeführten Kapiteln war sie auch Autorin der Abschnitte „Geschichte & Kultur Macaos" und „Praktische Informationen" sowie Koautorin des Abschnitts „Reiseplanung".

Mehr über Piera Chen gibt's hier:
lonelyplanet.com/members/PieraChen

Chung Wah Chow

The Peak & der Nordwesten, Aberdeen & der Süden, New Territories, Outlying Islands, Tagesausflüge Chung Wah liebt es, alle Ecken und Winkel in ihrer Heimatstadt Hongkong und anderswo zu erkunden. Mit einem Abschluss in Übersetzungswissenschaften, einer unbändigen Lust am Reisen und einer Affinität zu obskuren Wörtern und Klängen hat Chung Wah ihre Talente gebündelt und ist Reiseautorin geworden. Sie hat auch an den zwei vorangegangenen Ausgaben dieses Reiseführers mitgearbeitet und war Koautorin im Lonely Planet Band *China*. Für diese Ausgabe von *Hongkong* verfasste sie auch das Kapitel „Hongkong & Macao verstehen" und war Koautorin des Abschnitts „Reiseplanung".

Mehr über Chung Wah Chow gibt's hier:
lonelyplanet.com/members/cwchow

Siehe auch die gesonderten Register für:
ESSEN S. 379
AUSGEHEN & NACHTLEBEN S. 380
UNTERHALTUNG S. 381
SHOPPEN S. 381
SPORT & AKTIVITÄTEN S. 382
UNTERKUNFT S. 382

Register

Sehenswertes 000
Kartenverweise **000**
Fotoverweise **000**

F

G

H

I

J

K

Sehenswertes 000
Kartenverweise **000**
Fotoverweise **000**

ESSEN

Sehenswertes 000
Kartenverweise **000**
Fotoverweise **000**

AUSGEHEN & NACHTLEBEN

UNTERHALTUNG

SHOPPEN

SPORT & AKTIVITÄTEN

UNTERKUNFT

Sehenswertes 000
Kartenverweise **000**
Fotoverweise **000**

Cityatlas Hongkong

Kartenlegende

Sehenswertes
- Strand
- buddhistisch
- Burg
- christlich
- hinduistisch
- islamisch
- jüdisch
- Denkmal
- Museum/Galerie
- Ruine
- Weingut/Weinberg
- Zoo
- Sehenswürdigkeit

Essen
- Restaurant

Ausgehen & Nachtleben
- Bar/Kneipe/Club
- Café

Unterhaltung
- Unterhaltung

Shoppen
- Shoppen

Schlafen
- Hotel/Hostel
- Camping

Sport & Aktivitäten
- tauchen/schnorcheln
- Kanu/Kajak fahren
- Ski fahren
- surfen
- Swimmingpool
- wandern
- windsurfen
- sonstige Sportarten & Aktivitäten

Praktisches
- Post
- Touristeninformation

Transport
- Flughafen
- Grenzübergang
- Bus
- Seilbahn/Standseilbahn
- Radweg
- Fähre
- Metro
- Schwebebahn
- Parkplatz
- S-Bahn
- Taxi
- Bahn
- Straßenbahn
- Tube Station
- U-Bahn
- sonstiger Transport

Verkehrswege
- Mautstraße
- Autobahn
- Hauptstraße
- Landstraße
- Verbindungsstraße
- sonstige Straße
- unbefestigte Straße
- Platz, Promenade
- Treppe
- Tunnel
- Fußgängerbrücke
- Spaziergang
- Abstecher vom Spaziergang
- Pfad

Grenzen
- Staatsgrenze
- Provinzgrenze
- umstrittene Grenze
- Bezirksgrenze
- Meeresschutzgebiet
- Klippen
- Mauer

Geografie
- Hütte/Unterstand
- Leuchtturm
- Aussichtspunkt
- Berg/Vulkan
- Oase
- Park
- Pass
- Rastplatz
- Wasserfall

Gewässer
- Fluss, Bach
- periodischer Fluss
- Sumpf/Mangroven
- Riff
- Kanal
- Gewässer
- Salzsee/trockener/periodischer See
- Gletscher

Gebietsform
- Strand/Wüste
- christlicher Friedhof
- sonstiger Friedhof
- Park/Wald
- Sportplatz
- Sehenswertes (Gebäude)
- Highlight (Gebäude)

KARTENINDEX

Kartenlegende auf S. 388

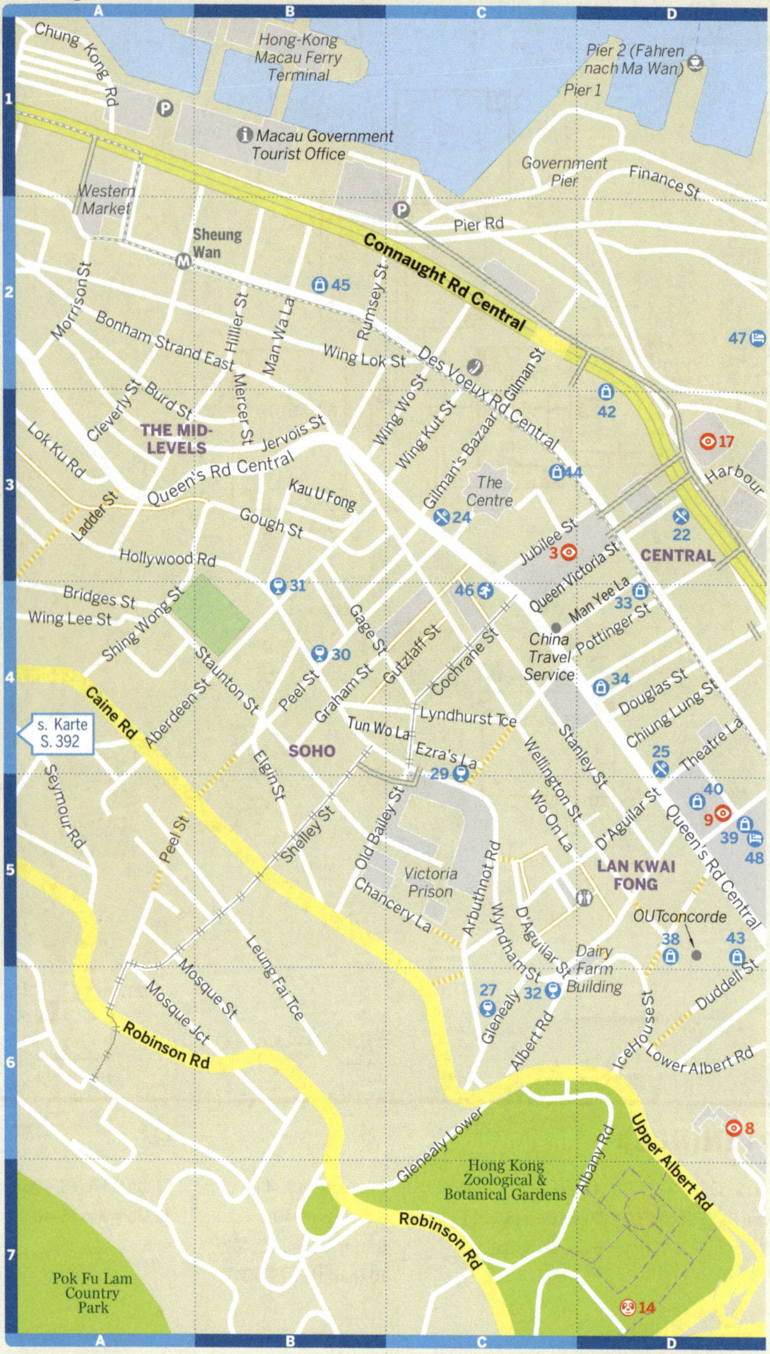

0 200 m
E
F
G
H
1
2
3
4
5
6
7
Pier 3 (Fähren nach Discovery Bay)
Pier 4 (Fähren nach Lamma)
Pier 5 (Fähren nach Cheung Chau)
Pier 6 (Fähren nach Lantau & Peng Chau)
Victoria Harbour
Star Ferry
Pier 7
26
28
Pier 8
Pier 9
Man Kwong St
New World First Ferry
20
Finance St
Hong Kong Airport Express Station
37
Man Cheong St
36
View St
Man Yiu St
Central Bus Terminus (Exchange Sq)
6
Japanisches Konsulat
Kanadisches Konsulat
15
Connaught Garden
35
21
Central
Edinburgh Pl
Memorial Gardens
10
11
13
Urbtix
Lung Wui Rd
49
Chater Rd
Gloucester Tower
2
12
Club St
Edinburgh Pl
Harcourt Rd
Connaught Rd Central
Prince of Wales Building
Tim Wa Ave
41
Statue Square
19
HSBC
7
Jackson Rd
HSBC Building
Chater Garden
Murray Rd
Lambeth St
s. Karte S. 394
Ice House St
23
Bank St
16
Drake St
Queensway
Admiralty
5
4
1
Lippo Centre
Tamar St
Queensway Plaza
18
Cheung Kong Garden
High Court
United Centre
Garden Rd
Citibank Plaza
Cotton Tree Dr
Flagstaff House Museum of Tea Ware
Amerikanisches Konsulat
Murray Building
ADMIRALTY
Peak-Tram-Talstation
Hong Kong Park
Forsgate Conservatory
Island Shangri-La Hotel
Pacific Place
CENTRAL

CENTRAL *Karte auf S. 386*

LAN KWAI FONG & SOHO *Karte auf S. 390*

Kartenlegende auf S. 389

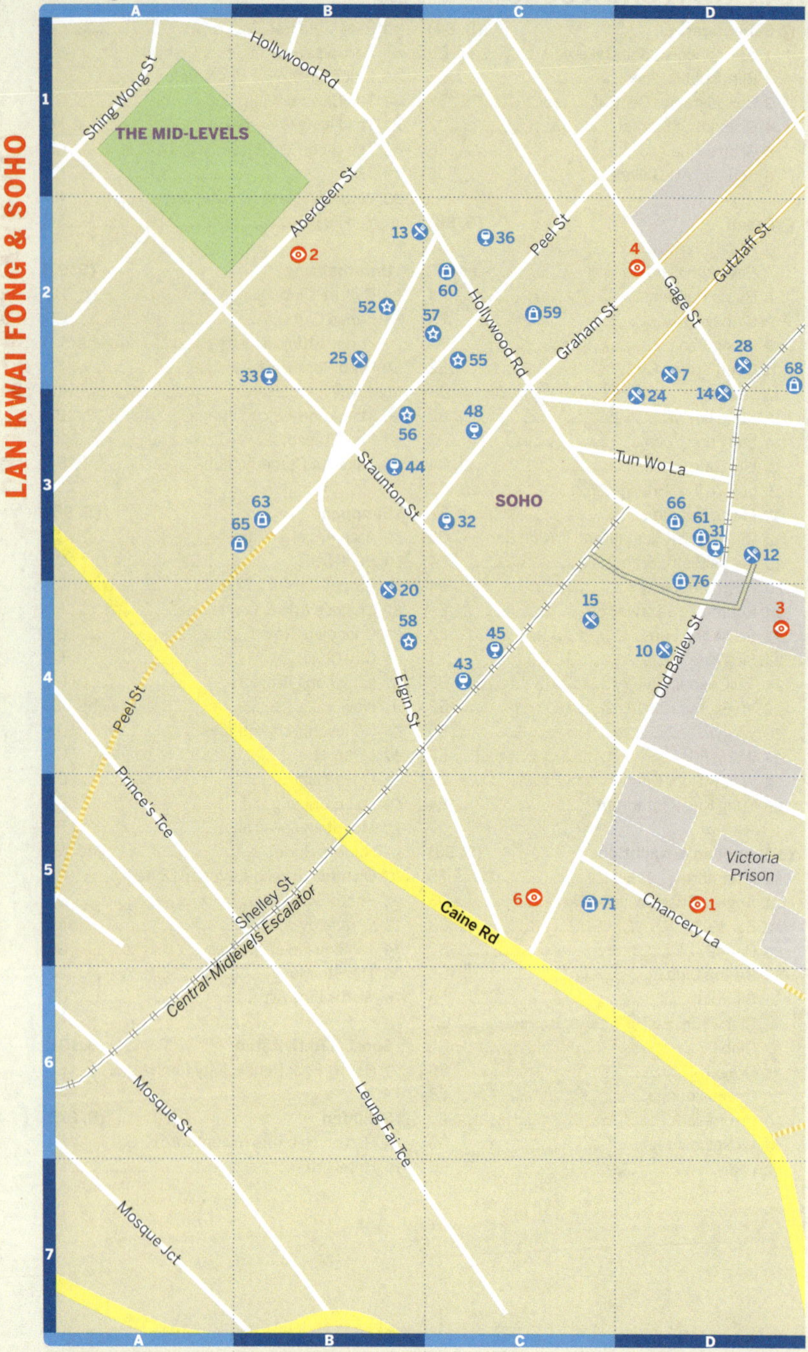

LAN KWAI FONG & SOHO
CENTRAL
LAN KWAI FONG
ehemaliger Central Market
Queen Victoria St
Man Yee La
Pottinger St
MTR Tramway
Des Voeux Rd Central
Li Yuen St West
Li Yuen St East
Douglas St
Chiung Lung St
Queen's Rd Central
Natori Travel
Fußgänger-Rolltreppe
Cochrane St
Lyndhurst Tce
Ezra's La
Wyndham St
Stanley St
Wellington St
Wo On La
Theatre La
Pedder Bldg
D'Aguilar St
Wing Wah La
Arbuthnot Rd
Concorde Travel
On Lan St
Dairy Farm Building
Ice House St
Hong Kong Central Krankenhaus
Glenealy
Albert Rd
Duddell St
0
100 m
E
F
G
H
1
2
3
4
5
6
7

SHEUNG WAN

Victoria Harbour
Western Harbour Crossing
Connaught Rd West
West Fire Service St
Chung Kong Rd
Macau Ferry Pier Bus Terminus
Shun Tak Centre
Chu Kong Passenger Transport
Connaught Rd Central
Des Voeux Rd West
Kwun Kee Restaurant (200 m); Yuen Kee Dessert (300 m); Ko Shing St
Queen St
Bonham Strand West
Wing Lok St
New Market St
Macau Government Tourist Office
Sheung Wan
Queen's Rd West
Hollywood Road Park
THE MID-LEVELS
Morrison St
Cleverly St
Hillier St
Man Wa La
Bonham Strand East
Hospital Rd
New St
Possession St
Wa La
Queen's Rd Central
Burd St
Jervois St
University of Hong Kong (1,5 km)
Po Yan St
Pound La
Sai St
Tung St
Lok Ku Rd
Hollywood Rd
Po Hing Fong
Blake Garden
Tai Ping Shan St
Tank La
Man-Mo-Tempel
Caine Rd
Bonham Rd
Breezy Path
Bridges St
Wing Lee St
Ladder St
Caine La
Shing Wong St
Staunton St
Aberdeen St
Caine Rd
Seymour Rd
Park Rd
Conduit Rd
Castle Rd
Elgin St
Peel St
Shelley St
Leung Fai Tce
Mosque Jct
Robinson Rd
Pok Fu Lam Country Park
Lugard Rd
0 200 m

Highlights (S. 83)

Man-Mo-Tempel ... C4

Sehenswertes (S. 84)

1 Amelia Johnson Contemporary ... D4
2 Asia Art Archive ... B3
3 Cat Street Galleries ... C4
4 Dr. Sun Yat Sen Museum ... D5
5 Hong Kong Museum of Medical Sciences ... C5
6 Input/Output Gallery ... B4
7 Jamia-Moschee ... D6
8 Kwun-Yam-Tempel ... B4
9 Ohel Leah Synagogue ... B5
10 Pak Sing Ancestral Hall ... B3
11 Para/Site Artspace ... B3
12 Queen's Rd West Incense Shops ... C3
13 Roman Catholic Cathedral of the Immaculate Conception ... E7
14 Sin Sin Fine Art ... B4
15 Western Market ... C2

Essen (S. 91)

16 Chan Chun Kee ... B2
17 Chan Kan Kee ... B3
18 Gaia Ristorante ... E3
19 Kau Kee Restaurant ... D4
20 Lin Heung Kui ... B2
21 Ngau Kee Food Café ... E4
22 The Chairman ... D4
The Grand Stage ... (siehe 15)
23 Tim's Kitchen ... C3
24 Yardbird ... C4

Ausgehen & Nachtleben (S. 97)

25 Barista Jam ... C3
26 Cafe Loisl ... B4
27 Cage ... D4
28 Capo's Espresso ... E4
Knockbox Coffee Company ... (siehe 30)
29 Oolaa ... C4
30 Teakha ... B4

Unterhaltung (S. 97)

31 Java Java ... B3
32 Sheung Wan Civic Centre ... C3
33 XXX ... B2

Shoppen (S. 100)

34 Haji Gallery ... B4
35 Homeless ... D4
36 Indosiam ... D4
37 Karin Weber Gallery ... D5
38 La Cabane a Vin ... D4
39 Lam Kie Yen Tea Co ... D3
40 Lomography ... B3
41 Ranee K ... E4
42 Select 18 ... C4
43 The Pottery Workshop ... B4
44 Wing On ... E3

Sport & Aktivitäten (S. 101)

45 Wan Kei Ho International Martial Arts Association ... D3

Schlafen (S. 275)

46 Bishop Lei International House ... E7
47 Butterfly on Hollywood ... B3
48 Butterfly on Wellington ... E4
49 Hotel LBP ... B3
50 Ibis ... B2
51 Lan Kwai Fong Hotel ... E4
52 Lily Court ... D7
53 Orchid ... D6
54 Peach Blossom ... D6
55 Putman ... D4
56 The Bauhinia ... D3
57 YWCA Building ... A4

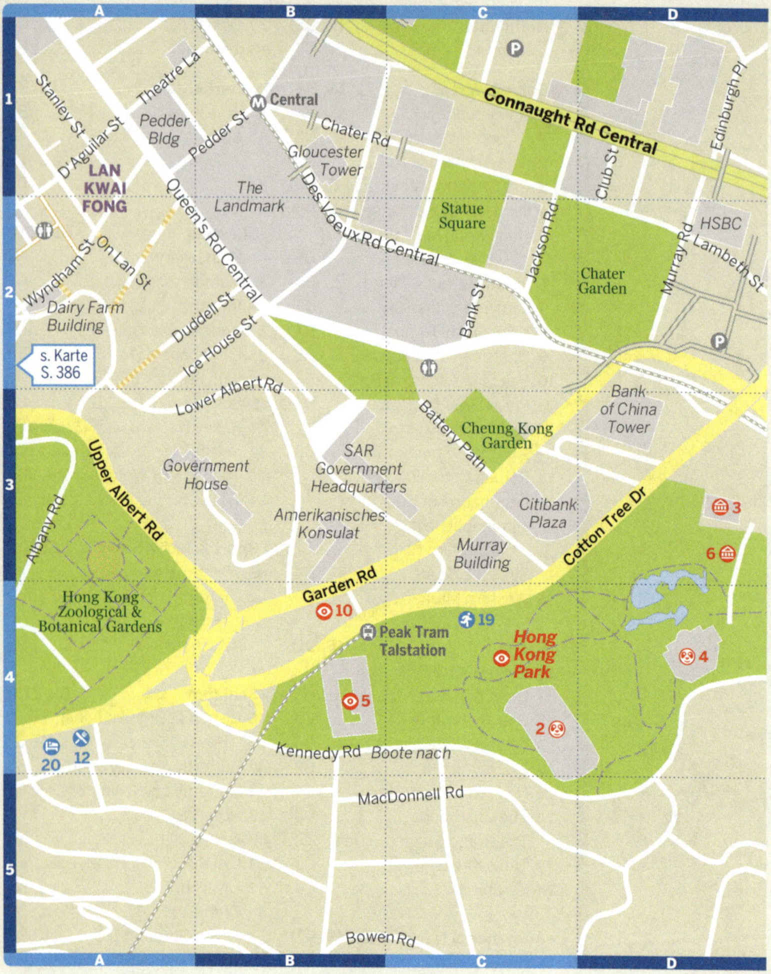

Highlights (S. 104)
Hong Kong Park C4

Sehenswertes (S. 105)
1 Asia Society Hong Kong Centre F5
2 Edward Youde Aviary C4
3 Flagstaff House Museum of Tea Ware..... D3
4 Forsgate Conservatory D4
5 Hong Kong Visual Arts Centre B4
6 KS Lo Gallery D3
7 Lippo Centre... E3
8 New Central Government Offices............ F2
9 Tamar Park F1
10 The Helena May B4

Essen (S. 112)
AMMO .... (siehe 1)
Cēpage .... (siehe 15)
11 DALAT H4
Great Food Hall .... (siehe 17)
Lock Cha Tea Shop .... (siehe 6)
12 Pure Veggie House A4
San Xi Lou .... (siehe 12)
13 Vero Chocolates H2
Yè Shanghai .... (siehe 17)

Ausgehen & Nachtleben (S. 118)
14 1/5 .... G4
15 Classified Mozzarella Bar G4

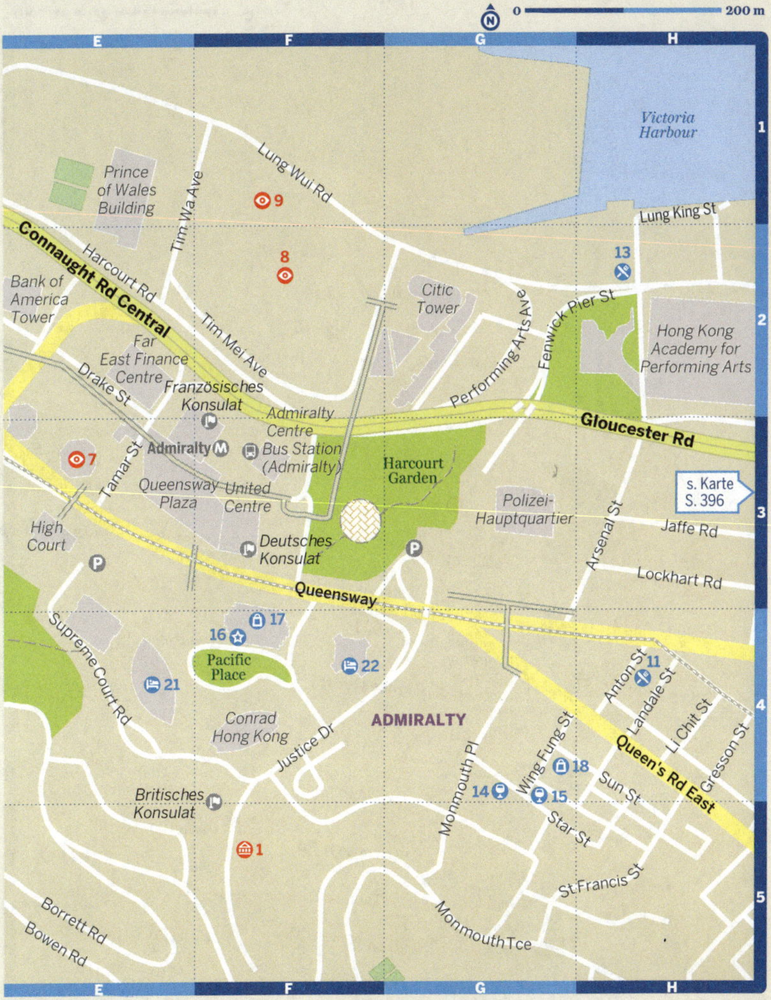

Unterhaltung (S. 120)

16 AMC Pacific Place F4

Shoppen (S. 121)

Anteprima .... (siehe 17)
Chinese Arts & Crafts .... (siehe 17)
Joyce .... (siehe 17)
Kelly & Walsh .... (siehe 17)
Lane Crawford .... (siehe 17)
17 Pacific Place F4
18 Sonjia G4

Sport & Aktivitäten (S. 124)

19 Hong Kong Squash Centre C4

Schlafen (S. 277)

20 Garden View A4
21 Island Shangri-La Hong Kong E4
The Helena May .... (siehe 10)
22 The Upper House F4

WAN CHAI
0 200 m
Tsim Sha Tsui (650 m)
Hung Hom (2 km)
Victoria Harbour
Expo Dr
Hong Kong Convention & Exhibition Centre (New Wing)
Expo Dr Central
Expo Dr East
Wan Chai Ferry Pier
Wan Chai Ferry Pier Bus Terminus
Hung Hing Rd
Wan Chai Sports Ground
Convention Ave
Harbour Centre
Great Eagle Centre
Australisches Konsulat
Tonnochy Rd
Harbour Rd
Wan Chai Tower
Neuseeländisches Konsulat
Fleming Rd
Causeway Centre
Sun Hung Kai Centre
Revenue Tower
Hong Kong Immigration Department
Central Plaza
Visabüro der Volksrepublik China
Harbour Dr
Gloucester Rd
s. Karte S. 394
WAN CHAI
Stewart Rd
Wifi Boutique Hotel (100 m)
Jaffe Rd
Art & Culture Outreach (ACO) Books (100 m)
Fenwick St
Lockhart Rd
Lockhart Rd Market
Wan Chai
Hennessy Rd
Heard St
Busse nach China
China Travel Service
O'Brien Rd
Thomson Rd
Old Bazaar Kitchen (50 m)
Li Chit St
Southorn Playground
Johnston Rd
Wan Chai Rd
Lun Fat St
Ship St
Tai Wo St
Ruttonjee Hospital
Cross La
Wood Rd
Burrows St
s. Karte S. 398
Swatow St
Amoy St
Lee Tung St
Spring Garden La
Cross St
MORRISON HILL
Nam Koo Terrace
Tai Wing St West
Tai Wong St East
Wan Chai Rd
Wan Chai Park
Hopewell Centre
Queen's Rd East
Cosmopolitan Hotel (50 m)
Stubbs Rd
Kennedy Rd
Fung Wong Terr
Kennedy St
St. Margaret's College
HAPPY VALLEY
Wan Chai Gap Rd
Lung On St
Pak-Tai-Tempel (150 m)
A
B
C
D
1
2
3
4
5
6
7
1
2
3
4
5
6
7
8
9
10
11
12
13
14
15
16
17
18
19
20
21
22
23
24
25
26
27
28
29
30
31
32
33
34
35
36
37
38
39
40
41
42
43
44
45
46
47
48
49

WAN CHAI

0
400 m
A
B
C
D
1
2
3
4
5
6
7
Victoria Harbour
Cross-Harbour Tunnel
Causeway Bay Typhoon Shelter
Causeway Bay
Kellett Island
3
Cargo Handling Basin
2
Eastern Corridor Island Rd
Watson Rd
King Ming Rd
Whitfield St
Gordon Rd
Victoria Park Rd
Tsing Fung St
Schimmbecken
Victoria Park
Hing Fat St
Gloucester Rd
Paterson St
Houston St
15
20
Bubble La Villa 37 (100 m)
World Trade Centre
34
Cannon St
CAUSEWAY BAY
26
42
China Travel Service
Jaffe Rd
8
35
24
14
Lockhart Rd
16
23
Sogo
28
25
Causeway Rd
Causeway Bay Sports Ground
Causeway Bay
36
HSBC
Sugar St
Gun Gei Healthy Vegetarian & Bowrington Rd Market (50 m)
Causeway Bay Plaza
Kai Chiu Rd
12
Yee Wo St
Shelter St
Central Library
Percival St
Lee Garden Rd
Yun Ping Rd
29
44
Russell St
31
17
43
39
Irving St
38
18
30
9
Hysan Ave
Sun Wui Rd
St. Paul's Hospital
St. Mary's Church
School St
27
22
37
7
19
33
5
21
6
Leighton Rd
Haven St
St. Paul's Hospital
Kaning Path
SO KON PO
Lee Theatre Plaza
11
Caroline Hill Rd
Cotton Path
s. Karte S. 396
CAROLINE HILL
Eastern Hospital Rd
32
South China Association Stadium
Sports Rd
Hong Kong Football Club
Hong Kong Racing Museum (200 m)
LEIGHTON HILL
Broadwood Link Rd
Wong Nai Chung Rd
Happy View Tce
Stadium Path
Tung Wah Eastern Hospital
Happy Valley Racecourse
Ventris Rd
Hong Kong Stadium

Sehenswertes (S. 109)
1 Lin-Fa-Tempel ...E5
2 Noonday Gun ...B3
3 Royal Hong Kong Yacht Club ...A2
4 Tin-Hau-Tempel ...E3

Essen (S. 115)
5 Bella Vita ...B5
Citysuper ...(siehe 30)
6 Farm House ...B5
7 Fiat Caffe ...A5
8 Forum ...A4
9 Ho Hung Kee ...A5
10 Hong Kee Congee Shop ...E5
11 IR 1968 ...A5
12 Iroha ...B5
Irori ...(siehe 22)
13 Kin's Kitchen ...E2
14 Manor Seafood Restaurant ...A4
15 Pumpernickel ...B3
16 Sushi Fuku-suke ...B4
17 Tai Ping Koon ...B5
18 West Villa ...B5
19 Yu ...A5

Ausgehen & Nachtl. (S. 119)
20 Dickens Bar ...B3
21 East End Brewery & Inn Side Out ...B5
22 Executive Bar ...A5
Explode ...(siehe 12)
23 Oriental Sake Bar Yu-Zen ...A4
24 Virus ...A4

Unterhaltung (S. 121)
25 Windsor Cinema ...C4

Shoppen (S. 121)
Citysuper ...(siehe 30)
26 D-Mop ...C4
27 G.O.D. ...A5
In Square ...(siehe 25)
28 Island Beverley ...B4
Lane Crawford ...(siehe 30)
29 Peoples' Recreation Community ...A5
30 Times Square ...A5
31 Yiu Fung Store ...B5

Sport & Aktivitäten (S. 124)
32 South China Athletic Association ...C6
33 Towngas Cooking Centre ...A5

Schlafen (S. 277)
34 Alisan Guest House ...B4
35 Causeway Corner ...A4
36 Chung Kiu Inn ...B4
37 Holiday Inn Express ...A5
38 J Plus ...C5
39 Lanson Place ...C5
40 Metropark Hotel ...E4
41 Newton Hotel Hong Kong ...E1
42 Park Lane Hong Kong ...C4
43 Regal Hongkong Hotel ...C5
44 Shama ...A5

ABERDEEN

Sehenswertes (S. 127)
1 Private Sampans B3
2 Sampan-Touren A3
3 Schreine C3
4 Tin-Hau-Tempel B2

Essen (S. 130)
5 Aberdeen Fish Market Canteen A2
6 Ap Lei Chau Market Cooked Food Center B4
7 Chef Studio E2
8 Jumbo Kingdom Floating Restaurant D4
Top Deck ..... (siehe 8)

Sport & Aktivitäten (S. 132)
9 Aberdeen Boat Club E4
10 Aberdeen Marina Club E4

Schlafen (S. 285)
11 Boat Moksha E4

STANLEY

Sehenswertes (S. 128)

1 Hong Kong Correctional Services Museum E4
2 Murray House A3
3 Old Stanley Police Station C3
4 St. Stephen's College's Heritage Trail D4
5 Tai-Wong-Schrein A2
6 Tin-Hau-Tempel A2

Essen (S. 131)

7 Lucy's B3
8 Saffron Bakery Café A2
9 Sei Yik B2

Ausgehen (S. 132)

10 Smugglers Inn B2

Shoppen (S. 132)

11 Stanley Market C3

0 200 m
s. Karte S. 406
Bowring St
Kwun Chung St
Shanghai St
Temple St
Woosung St
Parkes St
Pilkem St
Nathan Rd
Austin Rd
Austin Rd West
39
18
24
Cross-Border Coach Terminus
Kowloon Park Swimming Complex
11
3
36
23
China Hong Kong City
44
Gateway Arcade
48
35
Arirang
Kowloon Park
9
Festland China
China Ferry Terminal
16
Kowloon Mosque & Islamic Centre
Central (1,5 km)
Haiphong Road Temporary Market
46
Haiphong Rd
15
1
27
Lock Rd
20
Tsim Sha Tsui
Marco Polo Gateway
14
17
Kowloon Park Dr
43
TSIM SHA TSUI
37
HARBOUR CITY
Canton Rd
22
34
29
Ashley Rd
41
13
32
47
Peking Rd
40
38
Ocean Centre
31
21
Eternal East Cross Border Coach (Busse nach China)
42
Hankow Rd
10
Peninsula Academy
25
Sincerity Travel/ Hong Kong Student Travel
45
Ocean Terminal
12
19
30
Watertours
4
33
26
Hong Kong Dolphinwatch
Salisbury Rd
Star Ferry Bus Terminal
8
5
2
Star Ferry Pier
Kowloon HKTB Centre
6
Victoria Harbour
Central (800 m)
Wan Chai (1 km)

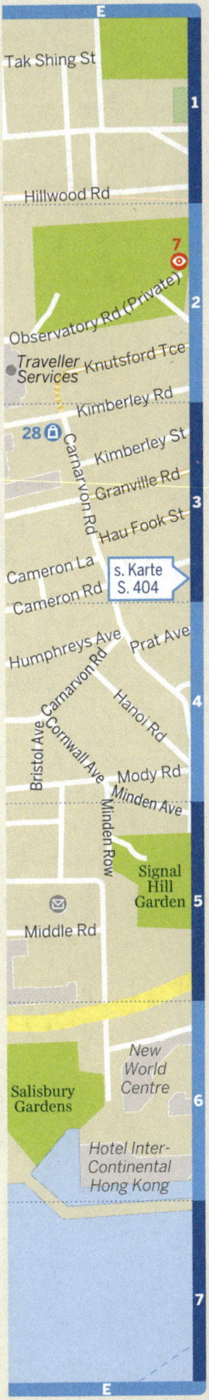

Sehenswertes (S. 140)

1 Alter Fook-Tak-Tempel ... C4
2 Uhrenturm der ehemaligen KCR-Station ... C6
3 Ehemalige britische Schule von Kowloon ... D2
4 Ehemalige Zentrale der Hafenpolizei ... C6
Hong Kong Antiquities & Monuments Office ..(siehe 3)
5 Hong Kong Cultural Centre ... C6
6 Hong Kong Museum of Art ... D6
7 Hong Kong Observatory ... E2
8 Hong Kong Space Museum & Theatre ... D6
9 Kung Fu Corner ... D3
10 Peninsula Hong Kong ... D5
11 St. Andrew's Anglican Church ... D2

Essen (S. 148)

12 Al Molo ... B5
13 Branto ... D5
14 Din Tai Fung ... C4
Gaddi's ... (siehe 10)
Golden Bull ... (siehe 30)
15 Paramita Vegetarian House ... D4
Stables Grill ... (siehe 4)
16 Sweet Dynasty ... C3
17 Tak Fat Beef Ball ... C4
T'ang Court ... (siehe 47)
18 Typhoon Shelter Hing Kee Restaurant ... D1
19 Yé Shanghai ... C5
20 Ziafat ... D4

Ausgehen & Nachtl. (S. 154)

21 Aqua Spirit ... C5
22 Ned Kelly's Last Stand ... C4
23 Pacific Coffee Company ... D2
24 Utopia ... D1
Vibes ... (siehe 48)

Unterhaltung (S. 156)

25 Grand Ocean Cinema ... C5
Hong Kong Cultural Centre ... (siehe 5)
The One Broadway Cinema ... (siehe 35)
UA iSquare ... (siehe 29)

Shoppen (S. 156)

26 Chinese Arts & Crafts ... C6
27 Curio Alley ... D4
28 David Chan Photo Shop ... E3
I.T. ... (siehe 14)
29 iSquare ... D4
30 Lane Crawford ... B6
31 Page One ... C5
32 Premier Jewellery ... D5
Star Computer City.(siehe 26)
33 Star House ... C6
34 Swindon Books ... D4
35 The One ... D3
Venilla Suite ... (siehe 35)
36 Yue Hwa Chinese Products Emporium ... D2

Sport & Aktivitäten (S. 161)

37 Ocean Sky Divers ... D4
38 Wing Chun Yip Man Martial Arts Athletic Association ... D5

Schlafen (S. 285)

39 BP International Hotel ... C1
40 Chungking Mansions ... D5
Cosmic Guest House ....(s. 43)
Dragon Inn ... (siehe 40)
Holiday Guesthouse ......(s. 40)
41 Hop Inn ... D5
42 Kowloon Hotel Hong Kong ... D5
Mei Lam Guesthouse ...(s. 43)
43 Mirador Mansion ... D4
New Yan Yan Guesthouse ... (siehe 40)
Park Guesthouse ... (siehe 40)
Peninsula Hong Kong. ..(s. 10)
44 Royal Pacific Hotel & Towers ... B3
45 Salisbury ... D5
46 Sealand House ... D4
47 The Langham ... C5
48 The Mira ... D3
Yan Yan Guest House...(s. 40)

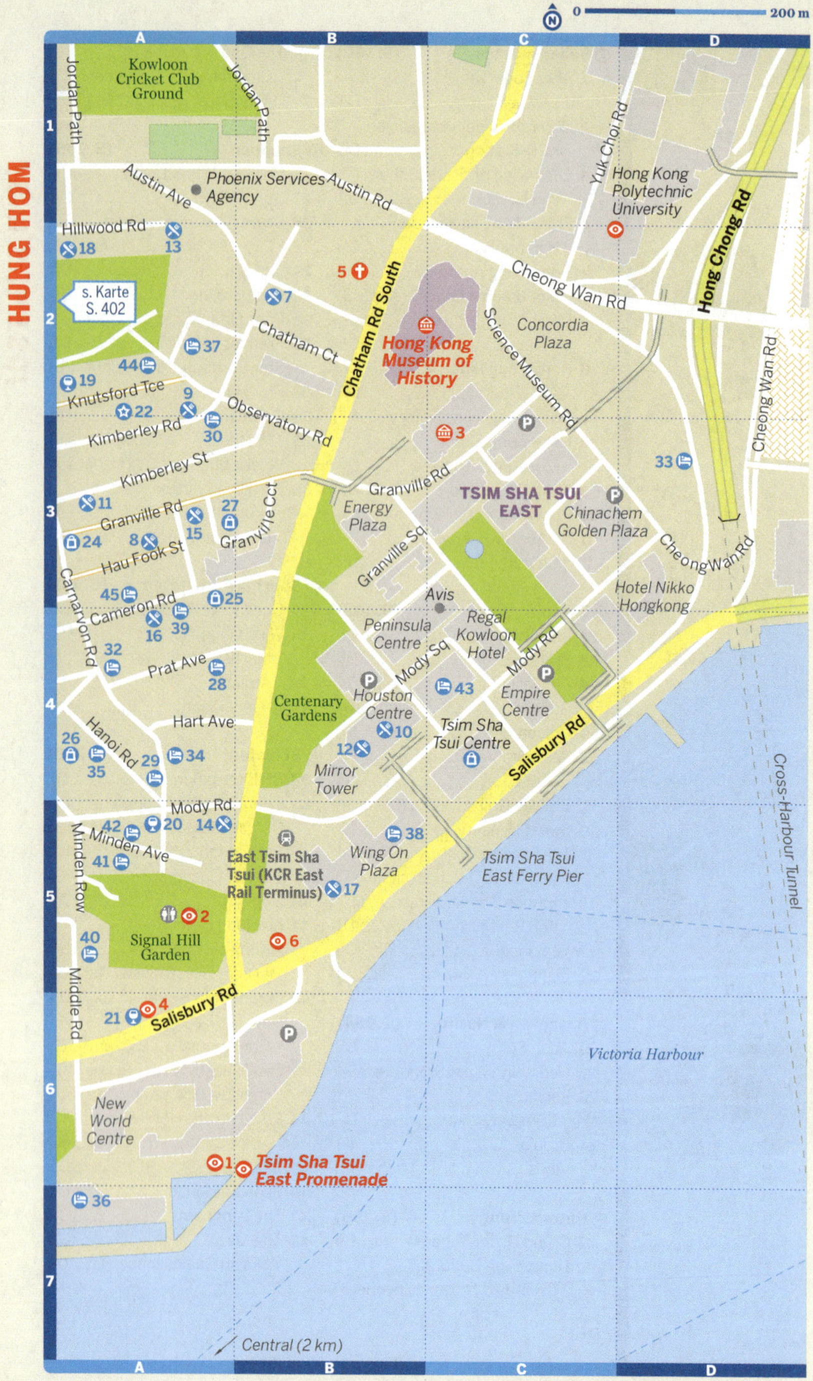

HUNG HOM
0 200 m
A
B
C
D
1
2
3
4
5
6
7
Kowloon Cricket Club Ground
Jordan Path
Jordan Path
Phoenix Services Agency
Austin Ave
Austin Rd
Hillwood Rd
s. Karte S. 402
Chatham Rd South
Chatham Ct
Hong Kong Museum of History
Hong Kong Polytechnic University
Yuk Choi Rd
Cheong Wan Rd
Hong Chong Rd
Concordia Plaza
Science Museum Rd
Cheong Wan Rd
Knutsford Tce
Kimberley Rd
Observatory Rd
Kimberley St
Granville Rd
Granville Rd
Energy Plaza
TSIM SHA TSUI EAST
Chinachem Golden Plaza
Granville Cct
Hau Fook St
Granville Sq
Cheong Wan Rd
Hotel Nikko Hongkong
Carnarvon Rd
Cameron Rd
Avis
Peninsula Centre
Regal Kowloon Hotel
Mody Sq
Mody Rd
Prat Ave
Houston Centre
Empire Centre
Centenary Gardens
Hart Ave
Tsim Sha Tsui Centre
Hanoi Rd
Salisbury Rd
Mirror Tower
Cross-Harbour Tunnel
Mody Rd
Minden Ave
Minden Row
East Tsim Sha Tsui (KCR East Rail Terminus)
Wing On Plaza
Tsim Sha Tsui East Ferry Pier
Signal Hill Garden
Middle Rd
Salisbury Rd
Victoria Harbour
New World Centre
Tsim Sha Tsui East Promenade
Central (2 km)

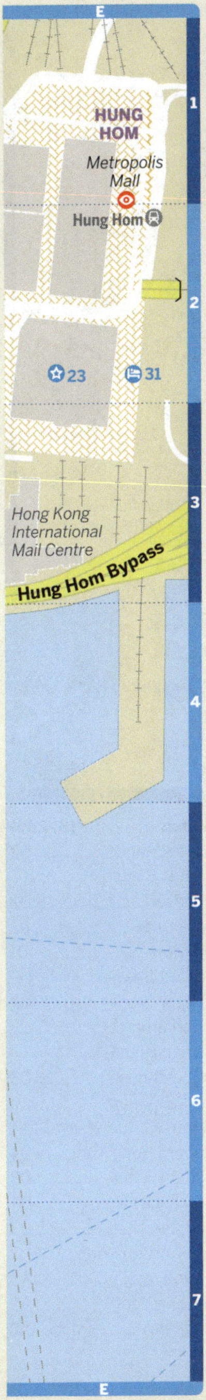

Highlights **(S. 135)**
Hong Kong Museum of History B2
Tsim Sha Tsui East Promenade B6

Sehenswertes **(S. 140)**
1 Avenue of the Stars A6
2 Blackhead Point Tower A5
3 Hong Kong Science Museum C3
4 Middle Road Children's Playground A6
5 Rosary Church B2
6 Tsim Sha Tsui East Waterfront Podium Garden B5

Essen **(S. 148)**
7 Chicken HOF & Soju Korean B2
8 Ching Yan Lee Chiu Chow Restaurant A3
Dong Lai Shun .... (siehe 43)
9 Fook Lam Moon A2
10 Good Satay B4
11 Kimberley Chinese Restaurant A3
12 Lei Garden B4
13 Mandarin Chicken Rice A2
Sabatini .... (siehe 43)
14 Spring Deer A5
Steak House .... (siehe 36)
15 Tai Ping Koon A3
16 Tandoori Nights A4
17 Woodlands B5
18 Yoga Interactive Vegetarian A2

Ausgehen & Nachtl. **(S. 155)**
19 Bahama Mama's A2
20 Butler A5
InterContinental Lobby Lounge .... (siehe 36)
21 King Ludwig Beer Hall A6
Tapas Bar .... (siehe 38)

Unterhaltung **(S. 156)**
22 Dada A2
23 Hong Kong Coliseum E2

Shoppen **(S. 156)**
24 Granville Rd A3
25 Initial A3
26 K11 .... A4
27 Rise Shopping Arcade A3

Sport & Aktivitäten **(S. 161)**
Gauranga Nityananda ... (s. 18)

Schlafen **(S. 285)**
28 Butterfly on Prat A4
29 Chelsea Hotel A4
30 Empire Kowloon A3
31 Harbour Plaza Metropolis ... E2
32 Hop Inn on Carnarvon A4
33 Hotel Icon D3
34 Hotel Panorama A4
35 Hyatt Regency Tsim Sha Tsui A4
36 InterContinental Hong Kong A7
37 Knutsford Hotel A2
38 Kowloon Shangri-La B5
39 Lee Garden Guest House A4
40 Mariner's Club A5
41 Minden A5
42 Pinnacle Apartment A5
43 Royal Garden C4
44 Stanford Hillview Hotel A2
45 Star Guest House A3

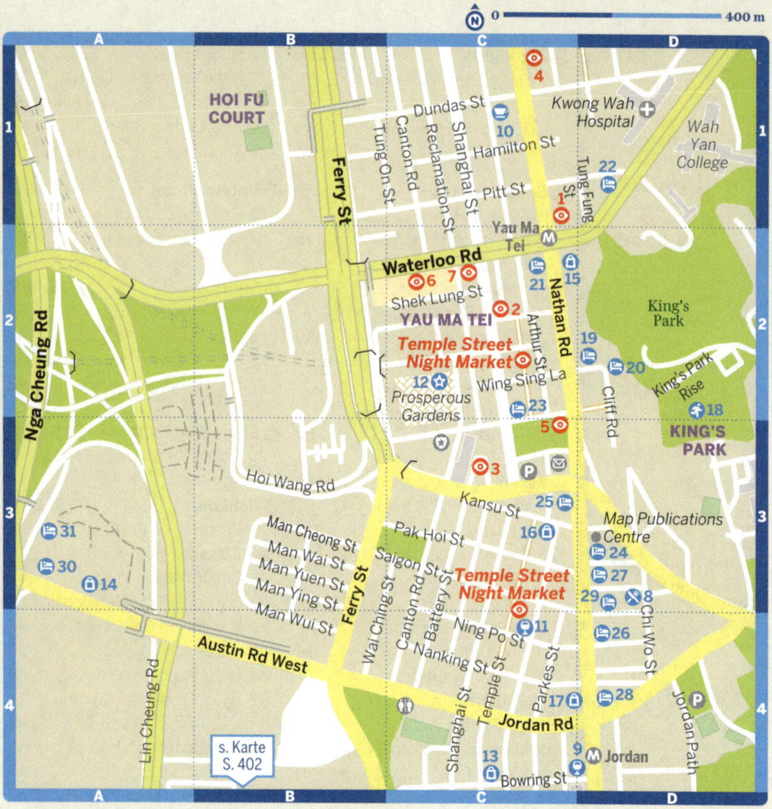

Highlights (S. 138)
- Temple Street Night Market ... C2
- Temple Street Night Market ... C3

Sehenswertes (S. 144)
- 1 Bruce Lee Club ... C1
- 2 Hong Kong International Hobby & Toy Museum ... C2
- 3 Jademarkt ... C3
- Red Brick House ... (siehe 7)
- 4 Sino Centre ... C1
- 5 Tin-Hau-Tempel ... C3
- 6 Wholesale Fruit Market C2
- 7 Yau Ma Tei Theatre ... C2

Essen (S. 152)
- Kowloon Tang ... (siehe 14)
- Lei Garden ... (siehe 14)
- Mido Cafe ... (siehe 23)
- 8 Tai Ping Koon ... D3

Ausgehen & Nachtl. (S. 155)
- 9 Boo ... D4
- 10 Fullcup Café ... C1
- Ozone ... (siehe 30)
- 11 Snake King Yan ... C4

Unterhaltung (S. 156)
- 12 Broadway Cinematheque ... C2

Shoppen (S. 158)
- Bruce Lee Club ... (siehe 1)
- 13 Chan Wah Kee Cutlery Store ... C4
- 14 Elements ... A3
- 15 Protrek ... C2
- 16 Tak Hing Dried Seafood C3
- 17 Yue Hwa Chinese Products Emporium .. C4

Sport & Aktivitäten (S. 161)
- 18 King's Park Tennis Courts ... D2

Schlafen (S. 285)
- 19 Booth Lodge ... D2
- 20 Caritas Bianchi Lodge ... D2
- 21 Casa Hotel ... C2
- 22 Cityview ... D1
- 23 Dorsett Seaview Hotel ... C2
- 24 Eaton Smart ... D3
- 25 Golden Island Guesthouse ... C3
- Hakka's Guest House ... (siehe 28)
- 26 Madera Hong Kong ... D4
- 27 Nathan Hotel ... D3
- 28 New Lucky House ... D4
- 29 Novotel ... D3
- 30 Ritz-Carlton Hong Kong ... A3
- 31 W Hong Kong ... A3
- Ying Pin ... (siehe 28)

MONG KOK

Sehenswertes (S. 145)
1 C&G Artpartment ... B2
2 Blumenmarkt ... C1
3 Lui Seng Chun ... A1
4 Tung Choi St Market ... C4
5 Yuen Po St Bird Garden ... D1

Essen (S. 152)
6 Canton Rd ... A4
7 China Cafe ... A4
8 Good Hope Noodle ... C3
9 Lei Garden ... C3
10 One Dim Sum ... B1

Shoppen (S. 158)
11 Hong Kong Reader ... B4
12 Langham Place Mall ... B4
13 Mong Kok Computer Centre ... C4
14 Sin Tat Plaza ... C4
Tung Choi St Market ... (siehe 4)
Venilla Suite ... (siehe 12)

Sport & Aktivitäten (S. 161)
15 South China Sea Collective ... B2

Schlafen (S. 285)
16 Anne Black Guest House ... E4
17 Caritas Lodge ... E1
18 Langham Place Hotel ... B4
19 Nic & Trig's ... A2
20 Royal Plaza Hotel ... D2
21 Sunny Day Hotel ... A4

Lonely Planet Publications,

Locked Bag 1, Footscray,
Melbourne, Victoria 3011,
Australia

Verlag der deutschen Ausgabe:
MAIRDUMONT, Marco-Polo-Str. 1, 73760 Ostfildern,
www.mairdumont.com,
lonelyplanet@mairdumont.com

Chefredakteurin deutsche Ausgabe: Birgit Borowski
Übersetzung: Berna Ercan, Tobias Ewert, Derek Frey, Karen Gerwig, Gabriela Huber Martins, Christina Kagerer, Anna Kranz, Dr. Christian Rochow,
An früheren Auflagen haben mitgewirkt: Jürgen Kucklinski, Marion Matthäus, Annika Plank, Andrea Schleipen, Katja Weber
Redaktion: Adriana Popescu, Olaf Rappold, Katrin Schmelzle, Ellen Weitbrecht, Julia Wilhelm (red.sign, Stuttgart)
Satz: Annette Zeininger (red.sign, Stuttgart)

Hongkong

3. deutsche Auflage Mai 2013, übersetzt von *Hong Kong, 15th edition*, Januar 2013, Lonely Planet Publications Pty

Printed in China